프렌즈 시리즈 37

프렌즈
체코

권나영 지음

Czechia

중앙books

Prologue
저자의 말

'여행'이란 단어를 들으면 누구나 가슴이 떨리곤 합니다. 일상에 지친 삶을, 일에 지친 삶을, 관계에 지친 삶을 잠시라도 훌훌 털어버리고 자유롭게 떠나는 것이 여행입니다. 우리는 여행을 하면서 자기만의 인생을, 추억을, 역사를 생성하고 간직합니다.

지금으로부터 20여 년 전, 초등학교 시절 한 살 어렸던 남동생이 지구본을 돌리다 미국을 가리키며 이 나라를 가고 싶다고 눈물까지 펑펑 쏟으며 어머니를 졸랐습니다. 당시 어머니는 일을 하고 계셨기에 '세계 여행' 혹은 '해외여행'이라는 단어는 우리 가족에게 생소했고 멀리 있었습니다.

그러던 차 여름방학이 시작되며 우리 가족은 두려움 반 설렘 반으로 미국이 아닌 유럽으로 첫 해외여행을 떠나게 되었습니다. 매우 놀라웠고, 새로웠고, 즐거웠고, 행복했으며 점차 그리움이 되었습니다. 첫 여행 후에는 방학을 이용해 여행을 하곤 했고, 이후 해외 호텔에서 근무를 하는 등의 업무 관련 출장과 여행으로 여행의 빈도는 높아졌습니다. 그러던 중 체코 관광청에 이직한 후로는 정기적으로 체코에 출장을 다니기 시작하며 이전의 여행에서 만나지 못했던 새로운 체코의 모습들을 발견했습니다. 그리고 지금까지는 없던 다양한 지역의 자세한 정보를 포함한 체코 가이드북을 만들어야겠다는 결심을 하게 되었습니다.

체코는 지리적으로나 문화적으로도 유럽의 중심부에 자리 잡고 있는 유럽의 중심이자 교통의 요지입니다. 기차를 이용해 근교 국가 오스트리아, 폴란드, 헝가리, 독일, 슬로바키아는 물론 더 먼 나라로의 이동이 가능하고 유럽 내는 물론 한국과의 연결편도 많아 이동이 편리합니다. 유럽 연합 회원국이면서도 자체 통화를 사용해 타 유럽에 비해 합리적으로 여행할 수 있습니다. 과거와 전통을 잘 보존하면서도 감각적인 현대의 모습이 조화롭고, 프라하를 조금만 벗어나면 잘 보존된 순수한 자연을 즐길 수 있으며, 한국과 많이 다른 듯 하면서도 비슷한 식재료와 음식, 수천 년의 역사 속에서도 체코만의 정체성과 문화를 아주 잘 지켜온 매력적인 국가입니다.

체코는 아직 잘 알려지지 않은 멋진 지역들이 많습니다. 풍요로운 여행 콘텐츠를 가진 체코를 모든 여행자들이 쉽고 친숙하게 다가설 수 있도록 세심하게 가이드북을 작업했습니다. 이 책을 읽고 체코를 여행하시는 모든 분들이 행복한 시간을 보내기를 기원합니다.

2023년, 권나영

Thanks to

프렌즈 체코를 만드는 데 큰 도움을 주신 중앙북스의 박수민 대리님, 문주미 파트장님께 감사드립니다. 체코는 현재까지 프렌즈 시리즈에 없던 국가로, 두 분의 노하우와 섬세함과 정성으로 드디어 처음으로 체코 가이드북이 탄생할 수 있었습니다. 또한 체코관광청 미카엘 프로하스카 한국지사장님의 전폭적인 지원이 있었기에 업무를 책으로 연결하여 발전시킬 수 있었습니다. 진심으로 감사의 인사를 드립니다. 더불어 많은 지원과 도움을 주신 체코 외교부의 파벨 칼리나, 주한 체코대사관의 윤희영 공보관, 이트카 스코츠도폴로바, 체코 현지의 장선영 님, 신민선 님, 임이지 님과 지역 관광청 담당자에게도 깊이 감사드립니다. 마지막으로 첫 책을 출간할 수 있도록 사랑 가득한 격려와 지지를 보내준 가족과 친지에게 깊은 감사를 표합니다.

추천사

미카엘 프로하스카 Michal Procházka 체코관광청 한국지사장
이 책은 일반 여행서의 정보와 통찰력을 훨씬 앞서가고 있습니다. 권나영 작가는 5년 이상 체코관광청 한국지사에서 근무하며 체코 전역을 주기적으로 다녀온 경험을 통해 독자에게 다양한 정보를 제공합니다. 인기 있는 여행지인 프라하를 비롯해 체코 소도시에 관한 가장 통찰력 있는 최신 가이드북입니다.

파벨 칼리나 Pavel Kalina 체코 외교부
해외여행을 간다면 가이드북은 매우 유용합니다. 시중에는 다양한 종류의 가이드북이 있지만 저는 '한국인을 위한 체코 가이드북'을 추천하고 싶습니다. 이 책의 장점은 저자가 한국인 여행객들을 위해 작성한 것으로, 저자는 수없이 많이 체코를 방문했다는 것입니다. 덕분에 저자는 체코 민족의 사고방식과 체코 환경의 특수성을 이해하고 있습니다. 이 가이드북은 체코에 대한 많은 정보를 담고 있습니다. 특히 패키지뿐만 아니라 여행사의 도움 없이 개별적으로 여행하는 경우 큰 도움이 될 것입니다.

윤희영 주한 체코대사관 문화·공공외교 담당관
체코를 진심으로 사랑하는 사람의 눈으로 본 체코는 반짝반짝 빛나는 매력적인 나라입니다. 권나영 작가는 몇 년 동안 체코관광청에서의 경험을 통해 얻은 진심 어린 애정을 이 책에 가득 담았습니다. '체코'라고 하면 프라하만을 떠올리는 사람들도 이 책을 읽고 나면 체코 곳곳에 얼마나 다양하고 매혹적인 여행지들이 많이 숨어있는지 깨닫게 될 것입니다. 권나영 작가와 함께 새로운 모험과 경이로움이 가득한 체코 여행을 경험하시기를 바랍니다.

How to Use
일러두기

이 책에 실린 정보는 2023년 12월까지 수집한 정보를 바탕으로 하고 있습니다. 현지 교통·볼거리·레스토랑·쇼핑센터의 요금과 운영 시간, 숙소 정보 등이 수시로 바뀔 수 있음을 말씀드립니다. 때로는 공사 중이라 입장이 불가능하거나 출구가 막히는 경우도 있습니다. 저자가 발빠르게 움직이며 바뀐 정보를 수집해 반영하고 있지만 예고 없이 현지 요금이 인상되는 경우가 비일비재합니다. 이 점을 감안하여 여행 계획을 세우시기 바랍니다. 혹여 여행의 불편이 있더라도 양해 부탁드립니다. 새로운 정보나 변경된 정보가 있다면 아래로 연락 주시기 바랍니다. 더 나은 정보를 위해 귀 기울이겠습니다.

저자 이메일 heidi.kwon.czechia@gmail.com

1. 완벽하게 체코를 여행하는 법

이 책은 체코를 처음 방문하는 초보 여행자들도 낯설지 않게 여행할 수 있도록 '체코 알아가기'를 통해 여러가지 테마로 체코를 소개합니다. 체코의 대표 명소, 다양한 액티비티, 꼭 먹어봐야 할 음식, 인기 쇼핑 아이템 등을 알기 쉽게 정리했습니다. '여행 설계하기'에서는 체코 국가 정보와 역사, 간단한 체코어 정보 등을 소개하며 낯선 여행지에 대한 두려움을 해소시켜 줍니다.

특히, 일정별·테마별로 정리한 '체코 여행 추천 코스'는 여행지로서 가장 매력적인 곳만을 중심으로 다뤘습니다. 체코 땅의 좌측에 자리한 보헤미아 지역을 위주로 둘러보는 일정, 우측에 자리잡은 모라비아 지역을 위주로 둘러보는 일정부터 맥주와 관련된 지역을 둘러보는 일정, 체코 예술가들의 발자취를 따라가볼 수 있는 일정까지 다양하게 소개합니다.

2. 지역별 최신 여행 정보 수록

〈프렌즈 체코〉에서는 프라하를 포함한 체코의 주요 도시 11곳(프라하, 체스키 크룸로프, 올로모우츠, 카를로비 바리, 쿠트나 호라, 플젠, 브르노, 미쿨로프, 즈노이모, 리토미슐, 크리스털 밸리)을 상세하게 소개합니다. 또한 스타레 메스토, 요제포프, 카를린 등 프라하 여행에서 가볼 만한 구역들과 함께 여행하면 좋을 근교 국가 3곳(헝가리, 오스트리아, 독일)도 소개합니다.

3. 각 도시의 하이라이트를 한눈에!

각 도시가 시작될 때마다 Best 5 또는 Best 7을 선정하여 도시의 하이라이트를 한눈에 볼 수 있게 구성했습니다. 볼거리·먹거리·즐길 거리를 따로 구분하지 않고 공평하게 순위를 매긴 만큼 해당 도시의 매력을 파악하는 데 큰 도움이 될 것입니다.

4. 길 찾기도 척척! 지역별 최신 지도

책에서 소개하는 모든 관광, 식당, 쇼핑 명소와 숙소는 본문 속 또는 맵북 지도에 위치를 표시했습니다. 본문 속 **지도 P.000-00** 는 해당 스폿이 표시된 페이지와 구역 번호를 의미합니다. 모든 지도는 지도만으로도 길을 찾기 쉽도록 길 찾기의 표식이 될 수 있는 길 이름 등을 표기했습니다.

5. 보는 즐거움·먹는 즐거움·사는 즐거움의 의미

- **보는 즐거움** 기본 볼거리에 충실하면서도 요즘 또는 새로운 볼거리와 많이 알려지지 않은 숨은 곳까지 소개합니다.
- **먹는 즐거움** 저렴한 현지 전통 레스토랑 및 카페부터 한국 음식점, 베트남 음식점 등을 다양하게 소개합니다.
- **사는 즐거움** 작은 슈퍼마켓부터 시장, 백화점, 대표적인 쇼핑 거리 등 다양하게 소개하며 체코의 유기농 화장품, 최고 품질의 크리스털 등 다양한 브랜드를 소개합니다.

지도에 사용된 기호

● 볼거리	● 레스토랑	● 쇼핑	● 호텔
❶ 인포메이션	갤러리	버스 정류장	버스터미널
푸니쿨라	트램	Ⓜ 메트로	국철
페리터미널	기차	Ⓟ 주차장	다리

Contents
체코

저자의 말 002 | 일러두기 004 | 체코 전도 008 | 체코 한눈에 알아보기 010

체코 알아가기
Things to know about Czechia

체코에서 꼭 해봐야 할 Best 10 014
색다른 체코 액티비티 Best 12 018
체코의 보물, 세계문화유산 17 022
체코의 보물, 무형문화유산 9 026
체코에서 크리스마스 즐기기 028
마법 같은 다리, 카를교 더 알아보기 030
아름다운 체코의 성_레드니체 성 & 발티체 성 034
치유와 힐링의 힘이 가득, 스파 트라이앵글 038
체코를 이끈 인물들 040
체코에서 태어났다고? 체코 국민 만화 캐릭터 046
이야기로 알아보는 체코 연금술의 세계 048
체코에서 어떤 것을 먹을까? 050
매력적인 과일향, 체코 와인의 세계 054
쌉쌀함과 달콤함, 체코 맥주의 세계 061
알아두면 편리한 체코 마트 064
슈퍼마켓 쇼핑 필수 아이템 066
꼭 사야 할 체코 기념품 Best 12 068
예술적 감성이 가득한 공연 즐기기 070
현지 분위기 물씬, 체코 서점 탐방 072
체코로 떠나기 전에 보면 좋은 영화 & 책 074

여행 설계하기
Plan the Travel

체코 국가 정보 078
알아두면 좋은 체코 여행 에티켓과 팁 082
여행과 자연 보호를 한번에!
지속 가능한 체코 여행 084
체코, 언제 여행하는 것이 좋을까? 086
2024년 체코 축제 캘린더 088
한 줄로 보는 체코의 역사 090
간단한 여행 체코어 배우기 093
체코 여행 추천 코스 094

프라하 Praha 098

프라하 주요 여행 구역 100
프라하 Best 7 102
프라하 여행 완전 정복 104
루프탑 레스토랑 & 카페 & 바 Best 5 106
유서 깊은 카페 Best 5 110
노트북 하기 좋은 카페 & 공유 오피스 114
국립 미술관 116
프라하 교통편 120

스타레 메스토(구시가지) 128
요제포프 162
노베 메스토(신시가지) 168
흐라드차니 194
말라 스트라나(소지구) 210
스미호프 224
홀레쇼비체 228
카를린 234
비셰흐라드 238
비노흐라디 242
지즈코프 246
브르제브노프 248

체코 숙소 어디로 예약하면 좋을까? A to Z 251

체스키 크룸로프
Cesky Krumlov 258

SPECIAL PAGE 체스키 크룸로프 특별하게 여행하기 276
SPECIAL PAGE 체스키 크룸로프 근교 여행 282

카를로비 바리 Karlovy Vary 286

SPECIAL PAGE 카를로비 바리의 콜로나다 산책 292
SPECIAL PAGE 특별한 카를로비 바리의
특산품을 찾아 299
SPECIAL PAGE 카를로비 바리 근교 여행하기 302
SPECIAL PAGE 카를로비 바리 국제 영화제 305
SPECIAL PAGE 카를로비 바리 쇼핑템 306

쿠트나 호라 Kutná Hora 308

SPECIAL PAGE 쿠트나 호라의 특별한 6월
왕실 은광 축제 323

플젠 Plzen 326

올로모우츠 Olomouc 346

SPECIAL PAGE 분수의 도시 올로모우츠 356
SPECIAL PAGE 올로모우츠 근교 여행
성스러운 언덕 주변 364
SPECIAL PAGE 올로모우츠 특산품 370

브르노 Brno 372

ZOOM IN 브르노 구 시청사에 관한
흥미로운 3가지 전설 직접 확인해 보기 382
SPECIAL PAGE 브르노에서 문화 공연 & 축제 즐기기 394
SPECIAL PAGE 유네스코 세계문화유산 탐험하기 396
브르노 근교 여행, 모라브스키 크룸로프 성 398

미쿨로프 Mikulov 410

ZOOM IN 미쿨로프식 전통 숙소,
비니 스크렙 포드 코킵 흐라드켐 423
SPECIAL PAGE 미쿨로프에서 탄생한 독특한 맥주,
와일드 크리에이처스 브루어리 424
SPECIAL PAGE 1년에 단 1번! 팔라바 와인 축제 425

즈노이모 Znojmo 426

SPECIAL PAGE 국립공원으로 떠나자,
포디이 국립공원 436
SPECIAL PAGE 즈노이모 와인 축제,
즈노이모 히스토릭 빈티지 438
SPECIAL PAGE 와인 마을 브르비체와
와인 라벨 읽는 법 439

리토미슐 Litomyšl 440

SPECIAL PAGE 스메타나의 리토미슐 453

크리스털 밸리
Crystal Valley 454

ZOOM IN 체코 크리스털 더 알아보기 461
SPECIAL PAGE 함께 여행하기 좋은 도시 462

체코 근교 여행 준비하기 466

헝가리 467
오스트리아 468
독일 470

여행 준비
Before the Travel

체코 여행 준비: 계획편 474
체코 여행 준비: 항공편 476
화폐 단위 및 환전, 카드 사용 478
체코 유심 480
체코 여행에 편리한 앱 & 웹사이트 481
체코 병원 & 약국 정보 482

지도 484

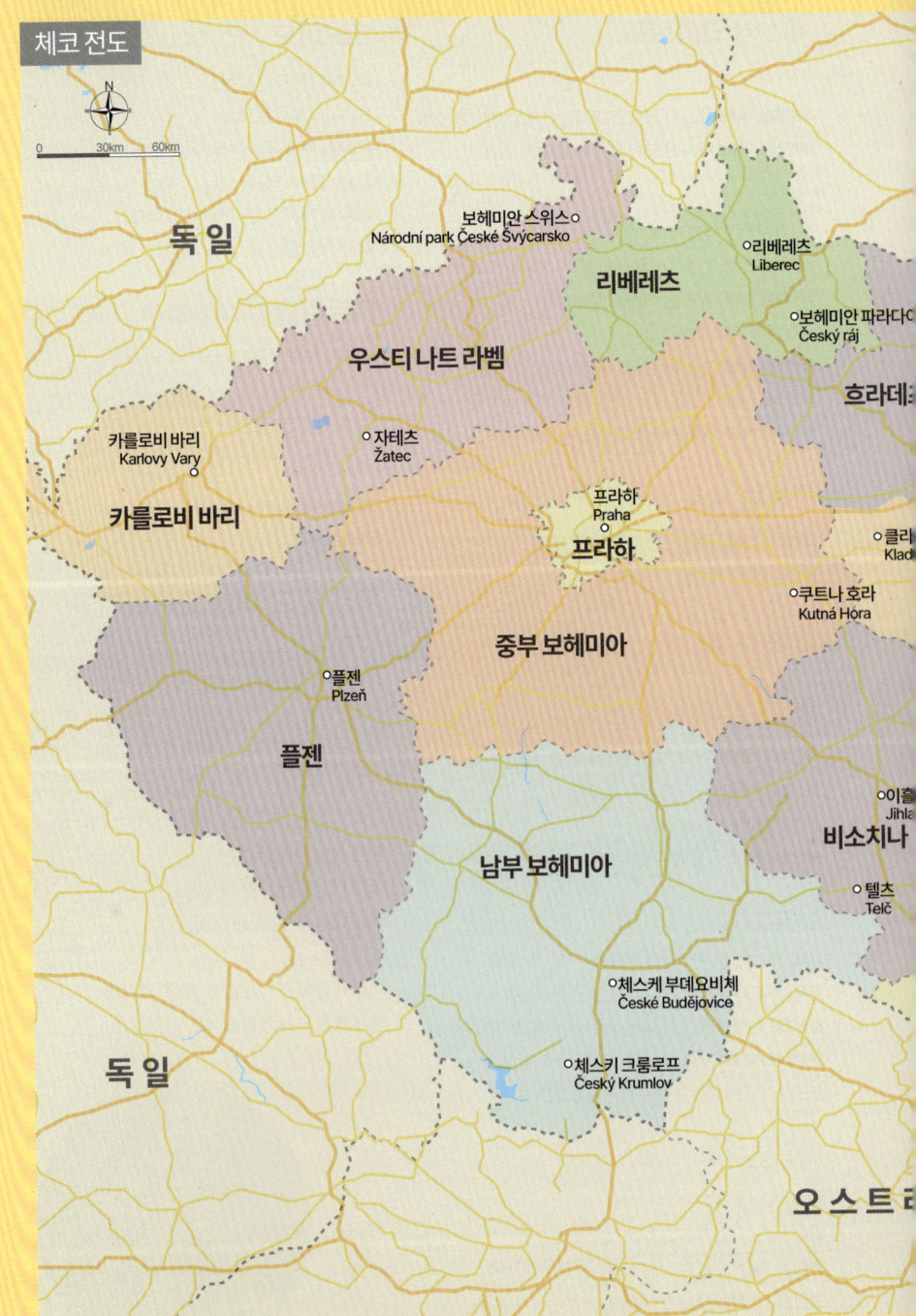

체코 한눈에 알아보기

프라하 지역

프라하 Praha
체코 여행의 시작이 되는 아름다운 체코의 수도. 유럽에서 가장 큰 성채 단지 프라하 성, 블타바 강을 든든히 지키는 아름다운 카를교, 중세 시대의 보물인 천문시계 등 전 세계 여행자들로부터 많은 사랑을 받는 곳. **P.98**

카를로비 바리 지역

카를로비 바리 Karlovy Vary
체코의 대표적인 온천 도시. 아기자기한 거리 곳곳에 샘솟는 온천수를 마시며 산책하는 재미가 있는 곳이다. **P.286**

`프라하 기준` ▶ 버스로 약 2시간 10분

우스티 나트 라벰 지역

자테츠 Žatec
맥주의 원료가 되는 홉의 대표적인 생산지. 최고급 홉으로 꼽히는 사츠홉이 바로 이곳에서 생산된다.

`프라하 기준` ▶ 자동차로 약 1시간 30분

보헤미안 스위스 국립공원 České Švýcarsko
체코의 대표적인 국립 공원. 그림같이 아름다운 전경, '천국의 문'으로 불리는 아치형 사암 지형물이 인상적인 곳.

`프라하 기준` ▶ 자동차로 약 1시간 50분

리베레츠 지역

크리스털 밸리 Crystal Valley
전통적인 유리 생산 지역. 예로부터 최고급 품질로 손꼽히던 보헤미아 유리의 전통이 전승되어 오고 있다. **P.454**

`프라하 기준` ▶ 자동차로 약 1시간 50분

보헤미안 파라다이스 Český ráj
체코 최초의 유네스코 세계지질공원. 독특한 형태의 거대한 사암이 웅장하게 뻗어 있다.

`프라하 기준` ▶ 자동차로 약 1시간 10분

리베레츠 Liberec
리베레츠 지역의 중심 도시. 크리스털 밸리 여행의 시작과 끝이 되는 곳으로 근교 예슈테트 산의 TV 탑은 독특한 산의 모습을 완성하고 있다.

`프라하 기준` ▶ 자동차로 약 1시간 30분

남부 보헤미아 지역

체스케 부데요비체 České Budějovice
미국 맥주 버드와이저의 원조로 알려진 '부드바르 부데요츠키'맥주의 역사적인 탄생지.

`프라하 기준` ▶ 기차로 약 2시간 20분

체스키 크룸로프 Český Krumlov
그림 속 동화 마을로 잘 알려진 곳. 중세 시대의 모습을 고스란히 간직하고 있는 체코의 대표적인 소도시. **P.258**

`프라하 기준` ▶ 버스로 약 2시간 50분

플젠 지역

플젠 Plzeň
최초의 라거로 잘 알려진 필스너 우르켈의 역사적인 탄생지. 1842년 황금빛 첫 라거가 양조된 이후 현재도 필스너 우르켈은 체코에서만 생산되어 전 세계로 수출되고 있다. **P.326**

`프라하 기준` ▶ 버스로 약 1시간

중부 보헤미아 지역

쿠트나 호라 Kutná Hora
한때 체코의 국고로 불렸을 만큼 은광으로 많은 번영을 이루었다. 해골 성당으로 잘 알려져 있다.
P.308
`프라하 기준` ▶ 기차로 약 1시간 15

모라비안-실레지안 지역

오스트라바 Ostrava
과거 철강 산업이 활발했던 곳으로 현재는 문화 복합 공간으로 재탄생했다.
`프라하 기준` ▶ 사통사 약 3시간 40분

올로모우츠 지역

올로모우츠 Olomouc
풍요로운 번영을 이루었던 과거 모라비아 왕국의 수도. 종교적인 건축물들이 많은 성스럽고도 영적인 도시로 잘 알려져 있다. P.346
`프라하 기준` ▶ 기차로 약 2시간 40분

즐린 지역

크로메르지시 Kroměříž
아름다운 바로크식 정원과 성으로 유명한 곳. 올로모우츠의 주교와 대주교의 영향을 크게 받아 13세기에 설립되었다.
`프라하 기준` ▶ 자동차로 약 2시간 35분

즐린 Zlín
전 세계적으로 유명한 신발 브랜드 바타(Baťa)의 탄생지. 유럽식 기능주의 도시의 원형으로 꼽히는 바로 이곳이다.
`프라하 기준` ▶ 자동차로 약 3시간

남부 모라비아 지역

브르노 Brno
체코에서 두 번째로 큰 규모의 도시. 전통을 간직하면서도 대학생들이 많은 힙하고 트렌디한인곳이다. P.372
`프라하 기준` ▶ 기차로 약 2시간 35분

미쿨로프 Mikulov
체코의 대표적인 와인 생산지. 크고 작은 포도밭으로 둘러싸여 있는 곳으로 매년 가을 대규모 와인 축제가 펼쳐진다. P.410
`프라하 기준` ▶ 자동차로 약 2시간 30분

즈노이모 Znojmo
남부 모라비아의 또 다른 와인 마을. 르네상스 양식의 모습을 고스란히 간직한 곳이자 유럽에서 가장 오래된 포도밭 중 하나로 알려진 쇼베스 포도밭이 자리 잡고 있다. P.426
`프라하 기준` ▶ 버스로 약 3시간

비소치나 지역

이흘라바 Jihlava
음악가 구스타프 말러의 탄생지. 비소치나 지역의 현대적인 중심지로 과거에는 은광 산업으로 유명했다.
`프라하 기준` ▶ 자동차로 약 1시간 20분

흐라데츠 크랄로베·파르두비체 지역

클라드루비 나트 라벰 Kladruby nad Labem
체코의 토착 품종인 '클라드루버'의 고향. 현재도 유럽 왕실의 의식용 마차 말인 클라드루버를 사육 및 훈련시키고 있다.
`프라하 기준` ▶ 자동차로 약 1시간 10분

리토미슐 Litomyšl
세계적인 작곡가 베드르지흐 스메타나의 탄생지. 리토미슐 성은 유네스코 세계유산에 등재되었다.
P.440
`프라하 기준` ▶ 자동차로 약 2시간

체코 알아가기
Things to know about Czechia

체코에서 꼭 해봐야 할 Best 10
색다른 체코 액티비티 Best 12
체코의 보물, 세계문화유산 17
체코의 보물, 무형문화유산 9
체코에서 크리스마스 즐기기
마법 같은 다리, 카를교 더 알아보기
아름다운 체퀴이 섬_레드니체 성 & 발티체 성
치유와 힐링의 힘이 가득, 스파 트라이앵글
체코를 이끈 인물들
체코에서 태어났다고? 체코 국민 만화 캐릭터
이야기로 알아보는 체코 연금술의 세계
체코에서 어떤 것을 먹을까?
매력적인 과일향, 체코 와인의 세계
쌉쌀함과 달콤함, 체코 맥주의 세계
알아두면 편리한 체코 마트
슈퍼마켓 쇼핑 필수 아이템
꼭 사야 할 체코 기념품 Best 12
예술적 감성이 가득한 공연 즐기기
현지 분위기 물씬, 체코 서점 탐방
체코로 떠나기 전에 보면 좋은 영화 & 책

체코에서 꼭 해봐야 할 Best 10

체코는 그림 같은 전경, 로맨틱한 분위기, 맛있는 맥주와 음식, 신나는 액티비티 등 즐겨야 할 것이 무궁무진하다. 체코를 여행한다면 꼭 해봐야 할 10가지를 소개한다. 10가지 모두 즐긴 당신을 진정한 체코 덕후라 명한다.

#1 카를교 걷기 & 소원 빌기

아예 안 걸어본 사람은 있어도 한 번만 걸어본 사람은 없다는 마법 같은 다리. 카를 4세의 유산 중 하나로 최초 완공이 무려 600년 전이다. 구시가지와 소지구를 이어주는 약 515m 길이의 다리는 어느 방향으로 걷든 아름다운 프라하를 느낄 수 있다. 체코의 대표적인 성인 얀 네포무츠키(영어명 : 얀 네포무크) 성인과 관련된 상징을 찾아 소원을 꼭 빌어보자. 간절히 원했던 소원을 들어줄 것이다. P.138

#2 프라하의 멋진 뷰 즐기기

체코에서도 특히 프라하에는 뷰 맛집이 많다. 프라하 성 옆의 스트라호프 수도원은 유서 깊고도 아름다운 도서관으로 유명하지만 사실 프라하의 그림 같은 빨간 지붕의 전경을 감상할 수 있는 뷰 맛집이기도 하다. 구시가지 광장을 한눈에 담을 수 있는 천문시계 탑은 언제나 사람들로 붐빈다. 구시가지 교탑에서는 프라하 성, 카를교 그리고 블타바 강이 함께하는 환상적인 사진을 남길 수 있어 인기다.

저온살균 No, 여과 No, 신선한 필스너 우르켈 마시기

체코의 맥주는 두말하면 입 아플 정도로 최상급 퀄리티를 자랑한다. 특히 전 세계 최초의 라거인 세계적인 맥주 필스너 우르켈이 탄생한 플젠이라면 더더욱. 저온살균되지 않고 여과되지 않은 날것 그대로의 필스너 우르켈을 마음껏 마실 수 있다. 필스너 우르켈 브루어리 투어 및 플젠 곳곳에 위치한 필스너 우르켈 펍에서도 쉽게 만날 수 있다. P.336

체코 축제 즐기기

여름 시즌에는 중세 시대를 가득 담은 전통 축제가 체코 도시 곳곳에서 열린다. 체스키 크룸로프의 다섯 개의 장미 꽃잎 축제, 쿠트나 호라의 왕실 은광 축제 등 중세 복장의 화려한 퍼레이드, 공연과 행사는 여름의 체코를 더욱 즐겁게 한다. 겨울 시즌에 열리는 크리스마스 마켓은 구시가지 광장, 바츨라프 광장은 물론 체코 전역에서 약 한 달 이상 열린다. 와인 애호가라면 가을, 남부 모라비아 지역의 미쿨로프 혹은 즈노이모를 기억하자. 포도 수확을 축하하는 와인 축제가 매년 9월 성대하게 열린다. P.425

체코 소도시 여행하기

체코는 프라하 외에도 여행할 도시들이 아주 많다. 버스나 기차로 1~3시간만 이동하면 프라하와는 전혀 다른 분위기의 도시들을 만날 수 있다. 스파 도시 카를로비 바리에서는 전용 컵에 온천수를 마시는 이색 경험을, 플젠에서는 역사적인 필스너 우르켈 브루어리 투어가, 쿠트나 호라에서는 진짜 해골이 장식된 해골 성당이, 미쿨로프에서는 체코 와인 투어가 여러분을 기다린다.

체코에서 탄생한 술 마셔보기 : 와인, 베헤로브카, 슬리보비체

남부 모라비아는 체코 최대의 와인 산지로 체코 와인의 약 90~95%를 생산하고 있다. 지리적 특성상 화이트 와인의 품종이 자라기 좋은 조건을 갖추고 있어 레드 와인보다 화이트 와인이 유명하고 생산량도 많다. 베헤로브카는 치료 목적의 온천수가 유명한 카를로비 바리의 온천수와 다양한 체코의 허브를 원료로 만든 약주로, 체코인들은 소화제 대신 베헤로브카를 마시기도 한다. 슬리보비체는 체코의 전통 리큐르로, 자두를 원료로 한 자두 슬리보비체가 가장 유명하다. 도수는 약 45도로 높은 편이다.

#6

#7

체코 출신 예술가의 발자취를 따라

아르누보 양식의 대가 알폰스 무하가 바로 체코 출신. 알폰스 무하의 작품들을 만날 수 있는 박물관과 더불어 전시 등이 프라하를 비롯해 체코 소도시에서도 열리고 있다. 그의 흔적을 찾아 여행하는 무하 트레일을 따라가도 좋다. 그뿐만 아니라 세계적인 음악가 안토닌 드보르자크, 베드르지흐 스메타나, 레오시 야나체크 등도 체코 출신으로 클래식 음악이나 발레 공연을 감상해 보는 것도 추천. 만화와 일러스트레이션 또한 유명한 곳이 바로 체코다. 패트와 매트, 스페이블과 후르비네크 부자, 일러스트레이터이자 화가인 요세프 라다 모두 체코에서 태어났다. <변신>으로 유명한 소설가 프란츠 카프카 또한 체코 출신으로 프라하를 여행한다면 프란츠 카프카 박물관을 들러볼 수도 있다.

체코의 순수한 자연 속으로

#8

이웃 나라의 알프스처럼 높은 산은 없지만 오히려 하이킹하기 좋은 산들이 많은 곳이 바로 체코다. 프라하에서 일일 투어로도 다녀올 수 있는 보헤미안 스위스와 천국의 문이라고 불리는 프라프치츠카 브라나는 TV 프로그램에 소개되어 더욱 유명해졌다. 북부 보헤미아의 보헤미안 파라다이스 또한 독특한 암석 지대, 깊은 숲으로 인기다. 두 국립 공원 모두 어린이도 하이킹을 할 수 있을 만큼 험하지 않은 데다가 피톤치드가 가득 느껴질 정도로 푸르름이 가득하다.

#9

독특한 액티비티 즐기기

맥주의 원료인 홉과 그 성분을 이용한 스파. 맥주 스파는 피부의 혈액순환을 도우며 매끈한 피부를 선사하고 스파를 하는 동안 무제한으로 맥주가 제공된다. 현지 와이너리 방문 및 테이스팅이 포함된 와인 투어, 순수한 자연 속 하이킹 오감을 자극하는 체험이 가능하다. P.341

체코 특식 맛보기

#10

체코는 바다가 없는 내륙 국가다. 이에 고기류를 주재료로 한 요리가 많다. 마늘을 많이 사용해 한국인의 입맛에도 상당히 잘 맞는다. 스튜인 굴라쉬, 체코식 족발로 잘 알려진 콜레노, 바삭한 빵에 마늘을 갈고 신선한 소고기와 허브를 버무려 올려먹는 타르타르, 돼지고기를 주재료로 한 슈니첼, 구운 오리고기, 멧돼지고기 요리, 토끼고기 요리 등 한국에서 접하기 어려운 식재료의 요리를 만날 수 있다.

색다른 체코 액티비티 Best 12

1

블타바 강에서 보트 타기
프라하 베니스 또는 프라하 보트

프라하를 또 다르게 여행하는 방법. 보트 투어다. 카를교에서 바라보는 블타바 강도 아름답지만 로맨틱한 보트 위에서 블타바 강을 직접 느끼는 투어는 또 다른 재미를 선사한다. 여러 개의 보트 회사들이 저마다의 개성을 가진 투어를 운영한다.

2

스카이다이빙 Sky Diving
스카이 서비스

생각만 해도 짜릿한 스카이다이빙은 체코의 인기 액티비티다. 다른 유럽 국가에 비해 합리적인 금액으로 안전하게 즐길 수 있기 때문. 경비행기에 탑승한 후 약 4,200m 높이에 도착하면 뛰어내리기 때문에 프라하 시내가 아닌 근교의 경비행장에서 진행된다. 약 1분간의 첫 자유 낙하에서 무중력의 세계를 체험하게 되고 그 후 약 6분간 이어지는 낙하산 비행에서는 하늘에서의 진정한 자유가 무엇인지 몸소 체험하게 된다.

> **Travel tip!** 착륙 시에는 다리를 쭉 펼 것. 물론 함께하는 다이빙 전문가가 안전하게 착륙을 돕는다.

3

열기구 Hot Air Ballooning
벌룬 어드벤처

벌룬 어드벤처사의 열기구 투어는 약 1,000m 상공에서 체코를 즐길 수 있는 액티비티다. 프라하에서 약 40분 떨어진 곳에서 전문 파일럿에게 간단한 안전 교육을 받은 후 비행을 시작한다. 특성상 바람의 영향을 많이 받아 코스가 달라질 수 있지만 대부분의 비행은 아름다운 빨간 지붕의 코노피슈테 성 주위에서 이루어진다. 비행은 약 1시간가량 진행되며 대부분 새벽에 투어가 시작되므로 비행 후 계획했던 여행을 진행하기에도 무리가 없다.

> **Travel tip!** 열기구 자체가 바람의 영향을 많이 받기 때문에 투어 전날 비행 여부가 확정된다.

4 맥주 스파 Beer Spa
베르나르드 맥주 스파

맥주로 목욕을 한다고? 믿기 어렵지만 체코에서는 가능하다. 실제로는 맥주의 원료가 되는 홉, 이스트, 천연 재료와 허브들을 사용한 스파로 따뜻한 욕조 안에 들어가 있노라면 홉 특유의 향이 기분 좋게 느껴진다. 모공의 노폐물을 청소하면서 피부와 모발의 재생에 도움이 된다 하여 중세 시대에는 맥주로 목욕하는 치료법이 있을 정도로 인기가 많았다고. 실제로 스파가 진행되는 동안에는 체코의 맥주가 무제한 제공된다.

5 역사적인 42번 트램타기 Historical Tram Line No.42

트램을 타지 않고 체코를 다녀왔다고 할 수 없다. 프라하에서는 과거의 모습을 간직한 귀여운 '42번 트램'을 탈 수 있다. P.125

6 보헤미안 스위스 하이킹
Bohemian Switzerland Hiking 노던 하이크

체코의 산들은 대체적으로 험준하지 않고 경사가 가파르지 않아 가벼운 하이킹을 즐기기 좋은 곳들이 많다. 보헤미안 스위스라고 불리는 체스케 슈비르차르스코 České Švýcarsko는 프라하에서 2시간이면 도착할 수 있는 국립공원이다. 독특한 사암 지형과 낭만적이면서도 신비로운 체코의 숲 그리고 협곡이 조화롭게 어우러져 있다. 하이킹의 하이라이트는 '천국의 문'이라고 불리는 프라프치츠카 브라나 Pravčická brána다. 유럽에서 가장 큰 아치형 사암으로 약 16m 높이에 단일 사암으로 형성되어 거대하고 아름답다. 보헤미안 스위스의 티스케 벽은 '나니아 연대기'의 촬영지이기도 하다.

Travel tip! 보헤미안 스위스는 대중교통으로는 가기가 어려워 노던하이크(Nothern Hike)의 일일 투어 이용을 추천한다. 전문 투어 가이드, 프라하에서의 왕복 픽업 서비스 등이 포함되어 있어 편리하다.

맥주 양조장 투어
필스너 우르켈 브루어리 Pilsner Urquell Brewery

체코는 전 세계 1인당 맥주 소비량 1위를 자랑하는 곳이다. 1842년 플젠에서 탄생한 황금빛 필스너 우르켈을 필두로 부드러운 맛이 일품인 코젤 다크, 미국 버드와이저의 원조로 잘 알려진 부드바르 모두 체코에서 태어났다. 깊은 역사와 세계적인 유명세만큼 양조장 투어가 잘 발달되어 있다. 그중에서도 프라하에서 약 1시간이면 닿을 수 있는 플젠의 필스너 우르켈 브루어리 투어를 추천한다. 홉과 맥아 등의 준비에서부터 하면 발효를 이용한 필스너 우르켈이 양조되는 과정을 생생하게 체험할 수 있다. P.336

와인 투어
와인 투어스 모라비아 Wine Tours Moravia

체코 와인 생산량의 약 90~95%를 차지하는 남부 모라비아를 여행할 때 꼭 추천하고픈 투어. 남부 모라비아 지역 내 숙소에서 픽업 및 샌딩이 가능하며 개인이 가기 힘든 크고 작은 현지 와이너리들을 방문한다. 와이너리 및 싱그러운 포도밭에서의 와인 테이스팅은 투어에 화룡점정을 찍는다. 일반인과 와인 애호가를 위한 투어뿐만이 아닌 전문가를 위한 투어도 운영 중. P.60

공연 감상
발레 & 오페라 Ballet & Opera

문화와 예술이 가득한 체코에서는 매일 밤 다양한 공연이 펼쳐진다. 국립 극장, 국립 오페라 극장은 물론 구시가지의 시민회관 주변 공연장들은 클래식 음악 콘서트, 오페라, 발레를 감상하려는 사람들로 붐빈다. 1946년부터 프라하에서는 매년 5월 중순에서 6월 초까지 '프라하의 봄 국제 음악 축제'가 열릴 정도로 체코는 예술의 중심에 있다.
특히 추천하는 것은 발레와 오페라 공연. 약 1만 원 선부터 시작하는 가격도 굉장히 매력적이다.

나만의 유리 만들기
크리스털 밸리 아예토(Ajeto) 또는 노보트니 글라스(Novotny Glass)

체코는 전통적인 유리 제조 강국이었다. 체코의 유리는 보헤미안 크리스털로 불리며 최상급 품질을 자랑하며 유럽 왕실로부터 많은 사랑을 받았다. 북부 보헤미아 지역의 크리스털 밸리는 크고 작은 공방들이 모여있는 유리 특화 지역으로 무려 470년 이상이나 유리를 생산해왔다. 투어를 통해 유리 장인들의 섬세한 손끝에서 탄생하는 유리를 직접 볼 수도 있고, 일부 작업장은 방문객들이 직접 유리를 만들어 볼 수 있는 체험 코스를 운영한다. P.459, 460

모차르트 디너 Mozart Dinner

불멸의 작곡가이자 예술가인 볼프강 아마데우스 모차르트Wolfgang Amadeus Mozart는 알고 보면 체코와 인연이 깊다. 그의 오페라 '피가로의 결혼'은 1786년 말 프라하에서 엄청난 성공을 거뒀고, 1787년 '돈 조반니'를 프라하에서 초연하며 굉장한 찬사를 받을 정도로 체코와 모차르트는 서로 사랑했다. 그랜드 호텔 보헤미아의 보카치오 홀에서 진행되는 프로그램은 전문 오페라 가수가 모차르트의 유명한 아리아를 부르는 동안 체코-오스트리아의 전통 3코스 디너로 구성되어 있다.

블타바 강 액티비티
페달 보트, 보트, 패들 보트

로맨틱한 프라하 블타바 강을 즐기는 또 다른 방법은? 직접 발로 움직이는 작은 보트나 손으로 직접 젓는 작은 보트를 타는 것. 블타바 강의 작은 섬인 슬로반스키 오스트로브Slovanský ostrov, 캄파 섬, 호텔 레오나르도 근처 강변 등에서 여러 대여 업체가 운영 중이다. 노를 젓는 보트에서부터 페달 보트, 패들 보트, 백조 모양의 보트 등 종류, 사이즈, 형태가 다양해서 고르는 재미도 쏠쏠하다. 특히 봄, 여름에 인기가 많다.

체코의 보물, 세계문화유산 17

체코에는 17개의 유네스코 세계문화유산이 등재되어 있다. 일부는 여행객들에게도 잘 알려진 곳으로 도심 내에 있어 쉽게 접근할 수 있다.

1 프라하

역사 지구 및 프루호니체 공원(1992년)
Historic Centre of Prague and Pruhonice Park, 1992

프라하는 고딕 양식, 르네상스 양식, 바로크 양식 등 거의 모든 건축 양식의 교회, 성 등의 다양한 건축물이 공존한다.

2 체스키 크룸로프

역사 지구(1992년)
Český Krumlov Historic Centre

독특한 바로크 양식의 극장이 있는 성, 도시를 감싸듯이 흐르는 블타바 강, 중세의 분위기가 가득한 거리, 다섯 개의 장미 꽃잎이 그려진 문양 등은 모두 체스키 크룸로프의 역사지구를 잘 나타낸다.

3 텔츠

역사지구(1992년)
Telč, Historic Centre

14세기 말의 큰 화재 이후 재건된 도시. 르네상스와 바로크 양식의 가옥이 연못으로 둘러싸여 있다.

4 즈다르 나드 사자보우

젤네라 호라의 성 얀 네포무츠키 순례 교회(1994년)
Žďár nad Sázavou: Pilgrimage Church of St. John of Nepomuk at Zelená Hora

건축가 얀 블라제이 산티니의 걸작으로 꼽히는 교회는 성인 얀 네포무츠키를 기리기 위해 1820년 초 건축되었다.

5 쿠트나 호라

6 레드니체 & 발티체

역사 지구, 성 바르바라 성당, 세들레츠의 성모 마리아 대성당(1995년)
Kutná Hora: Historic Centre, Cathedral of St. Barbara, Cathedral of Our Lady and St. John the Baptist in Sedlec

13세기 말 이후 은광 산업과 은화 주조 등으로 엄청난 번영을 누렸던 도시. 쿠트나 호라의 역사지구는 유럽의 중요한 건축 유산이기도 하다.

레드니체 - 발티체 문화 경관(1996년)
Lednice & Valtice: Lednice - Valtice Cultural Landscape

일명 유럽의 정원이라고 불린다. 카를 1세가 17세기 초 공작 작위 수여 후 발티체 성은 거주지로 레드니체 성은 여름 별장으로 이용하면서 레드니체-발티체 복합 단지는 수 세기 동안 가꿔졌다.

7 홀라쇼비체

8 크로메르지시

역사 마을 보존 지구(1998년)
Holašovice: Village reservation

완벽하게 보존된 중부 유럽의 전통 마을. 일명 '남부 보헤미아 민속 바로크'라고 알려졌던 18세기와 19세기의 독특한 전통 주택들이 중세의 도시 배치 방식으로 보존되어 있다.

정원과 성(1998년)
Kroměříž: Gardens and castle

17~19세기의 경관이 잘 보존되어 있는 것은 물론 유럽 바로크 양식에서도 완성도가 높기로 유명하다.

9　리토미슐

정원과 성(1999년)
Litomyšl: Gardens and castles
16세기 후반 건축된 이탈리아식 아케이드를 가진 르네상스 양식의 성. 성과 함께 아름다운 정원 또한 잘 보존되어 있다.

10　올로모우츠

성 삼위일체 석주(2000년)
Olomouc: Holy Trinity Column
유럽을 휩쓸었던 흑사병의 종식을 기념하여 18세기 중반에 세워졌다. 올로모우츠의 호르니 광장 중심에 위치하며 높이는 무려 32m로 1층에는 아주 작은 예배당도 있다.

11　브르노

투겐타트 별장(2002년)
Brno: Tugendhat Villa
유럽 건축사에 있어 기능주의적 건축양식의 가장 중요한 예시로 꼽히는 별장. 건축가 루트비히 미스 반데어로에가 설계하고 1929~1930년 건축되었다.

12　트르제비치

유대인 지구와 성 프로코피우스 바실리카(2003년)
Třebíč: Jewish Quater and Basilica of St. Procopius
중세부터 20세기까지 기독교 문화와 유대 문화가 공존해온 독특한 곳. 13세기 초 베네딕트 수도원의 일부로 설립되었던 성 프로코피우스 바실리카는 서유럽의 건축 철학으로부터 영향을 받았다고 알려진다.

13 크루슈노호르지 광산 지역

14 클라드루비 나드 라벰의 훈련소

크루슈노호르지 광산 지역(2019년)
Erzgebirge / Krušnohoří Mining Region
중세 시대부터 주석을 비롯한 다양한 금속을 채굴해왔고 19세기 말에는 우라늄의 세계적인 생산지가 되었다. 체코 북서부 및 독일 남동부에 걸쳐져 있다.

클라드루비 나드 라벰의 의전용 말 사육 및 훈련소 경관(2019년)
Landscape for Breeding and Training of Ceremonial Carriage Horses at Kladruby nad Labem
니베 평원의 슈트르제드니 폴라비에 위치한다. 의전을 담당하는 말들을 훈련하고 사육하는 기관이 있는 곳. 1579년 설립된 후 귀족을 포함한 수송, 농업, 군사 지원을 돕는 등 유럽 최고의 말 사육 기관 중 하나다.

15 유럽의 대 온천 마을들

16 크로메르지시

유럽의 대 온천 마을들(2021년)
The Roman Great Bath and Abbey – City of Bath
1700~1930년대까지 발달했던 유럽의 세계적인 온천 문화를 잘 보존하고 있는 초국경 연속 유산. 전성기의 유럽 온천 현상 가치, 완전성, 진정성을 모두 갖추고 있다고 평가받았다.

자테츠와 사츠 홉의 풍경(2023년)
Žatec and the Landscape of Saaz Hops
유네스코에 등재된 세계 최초의 홉 재배 지역. 홉은 체코 맥주의 주원료로 700여 년 이상 자테츠와 그 주변에서 재배되며 전통을 이어오고 있다.

17 체코의 유네스코 세계자연유산

이제라 산맥의 너도밤나무 숲은 '카르파티아 및 유럽의 기타 지역에 생육하는 고대 및 원시 너도밤나무 숲'에 속하며 2007년 처음 세계자연유산에 등재된 이후 2021년 체코의 지역이 추가됐다.

체코의 보물, 무형문화유산 9

1. 슬로바츠키 베르분크, 모병(募兵) 댄스
Slovácko Verbuňk, recruit dances(2008년)

체코 남부 모라비아와 즐린 지역에서 시작된 춤으로 모집이라는 뜻을 가졌다. 18세기 강제로 군 복무를 하곤 했던 소년과 청년들이 추었던 춤으로, 정해진 동작이 없이 즉흥적인 표현을 중시하고 있으며 오늘날에는 주로 슬로바츠코 지역이나 호디 공동체의 축제에서 공연된다.

2. 흘리네츠코 지역 마을의 슈로브타이드 집집마다 방문하는 행렬과 가면들
Shrovetide door-to-door processions and masks in the villages of the Hlinecko area(2010년)

마소푸스트의 모습을 잘 보존하고 있는 흘리네츠코 지역의 축제. 겨울의 끝을 알리는 사순절 직전, 재의 수요일 전에 슈로브타이드 기간이라고 불리는 3일간 열린다. 미혼 남성은 붉은색 가면, 기혼 남성은 검은색 가면을 쓰고 관악대와 함께 집을 방문해 가정의 번성과 풍년을 기원하는 춤을 춘다.

3. 체코 남동부 지방의 '왕들의 기마행렬'
Ride of the Kings in the south-east of the Czech Republic(2011년)

오순절 전통의 일부로 체코 남동부 지역인 흘루크, 쿠노비체, 스코로니체 그리고 블치노프 마을에서 대대로 이어지는 전통 축제. 소년 왕, 시동, 왕실의 기마행렬이 마을을 통과한다. 마을의 소년 왕은 여성용 민속 복장을 입고 가면을 쓴 채 장미꽃을 입에 물고 침묵을 유지한다. 기마대는 장식된 말을 타고 이를 따른다. 몇 시간의 기마행렬이 끝난 후 왕의 집에 모여 음식, 춤이 있는 작은 연회를 즐긴다.

4. 슬로바키아와 체코의 인형극 Puppetry in Slovakia and Czechia(2016년)

인형극은 인형사의 가족이나 왕의 인형사에 의해 18세기부터 체코와 슬로바키아의 시골 마을에서 공연되었다. 나무를 이용해 실제 혹은 가상 인물을 재미있는 인형으로 만들었고, 이는 당시 도심의 독일식 극장에서의 공연을 대체하는 중요한 문화생활이 되었다. 인형극을 통해 전통적인 오락을 대중적 형태로 표현했을 뿐만 아니라 체코의 지역 사회에 문화와 역사를 전달하며 민족성과 함께 사회적인 정체성을 강화할 수 있었다.

매사냥, 살아있는 문화유산 Falconry, a living human heritage(2016년)

매를 포함한 맹금류를 훈련시켜 사냥하는 것이다. 매사냥꾼들은 매의 보호자로서 매와 정신적으로 유대감을 형성하고 또 매를 날게 하기 위해 훈련시킨다. 전문적인 계승과 더불어 특히 세대에 걸친 가족 간의 학습을 통해 유대감을 형성하는 과정의 가치, 지식과 기술 등을 전수받는다.

블라우드루크/모드로티스크/켁페슈테시/모드로틀라치, 유럽의 블록 방염날염과 쪽빛 염색공예
Blaudruck/Modrotisk/Kékfestés/Modrotlač, resist block printing and indigo dyeing in Europe(2018년)

블루 프린트로 알려진 쪽빛 염색 공예는 방염 풀을 일정한 패턴이 있는 틀에 묻혀서 천에 인쇄한 후 남색, 인디고색으로 불리는 쪽빛으로 염색하는 방법이다. 방염 풀로 먼저 인쇄된 부분은 쪽빛 염료가 스며들지 않아서 직물의 본래 색을 유지하거나 흰색으로 남아 패턴을 살릴 수 있다. 현재는 남부 모라비아 지역의 소규모 가족 공방에 의해 전승되고 있다.

블로운 글라스 비즈로 만든 크리스마스트리 수공예 장식품
Handmade production of Christmas tree decorations from blown glass beads(2020년)

유리 제조는 체코의 오랜 전통이다. 18세기부터 북부 보헤미아의 크르코노셰와 이제라 산악 지역에서는 블로운 글라스 비즈(불어서 만드는 유리 비즈)를 생산했다. 가열된 작은 유리관을 불어 모양을 만들고, 색을 입히거나 은도금을 했다. 그리고 하나하나 손으로 장식한 후 알맞게 잘라 하나씩 와이어로 꿰면 겨우내 크리스마스트리를 예쁘게 장식해 줄 크리스마스 오너먼트가 탄생한다.

뗏목 타기 Timber rafting(2023년)

뗏목으로 수로를 통해 목재, 상품, 사람 등을 운반하는 독특한 고대의 전통이다. 뗏목 타기는 나무로 뗏목을 만들고, 강을 항해하는 것과 관련된 전통 지식과 기술, 사공의 노래, 말씨 등 특유의 문화를 포함한다. 초국경 문화유산이다.

핸드메이드 유리 제조에 대한 지식, 공예 및 기술
Knowledge, craft and skills of handmade glass production(2023년)

오랜 전통을 가진 체코의 핸드메이드 유리 제조 및 관련 기술이 2023년 12월 새롭게 등재되었다. 최초의 유리 제조는 13세기로 알려져 있다. 현재 약 5,000여 명의 유리 관련 장인들이 활동하고 있다.

체코에서 크리스마스 즐기기

체코의 크리스마스

체코의 크리스마스는 특별하다. 유럽에서도 아름답기로 소문난 크리스마스 마켓이 열리기 때문이다. 체코의 크리스마스 분위기는 어드벤트 Advent라고 불리는 대림절부터. 대림절은 크리스마스 전 4주간의 기간으로 대개 11월 말~12월 초 시작한다. 많은 체코인들이 대림절이 시작하는 첫 번째 일요일에 베들레헴에서 예수가 탄생하는 장면을 집안 곳곳에 장식하며, 대림절 화환에 있는 4개의 양초에 일요일이 돌아올 때마다 하나씩 불을 밝힌다. 체코의 크리스마스 하이라이트는 24일인 크리스마스이브! 온 가족이 모여 크리스마스이브에 저녁을 먹고 선물을 교환하는 뜻깊은 시간을 갖는다. 크리스마스에 얽힌 체코의 흥미로운 미신과 전통을 알면 여행이 더욱 즐겁다.

크리스마스 전후의 특별한 이벤트

12월 5일, 성 니콜라스의 날

성 니콜라스의 날 이브인 12월 4일 오후 4~7시에 프라하 구시가지 광장을 걷노라면 성 니콜라스, 천사 그리고 악마를 만날 수 있다. 흰 수염의 성 니콜라스는 언뜻 보면 산타클로스처럼 보이기도 한다. 셋은 함께 다니며 아이들을 만나 지난 1년간 착한 아이였는지 묻는다. 착한 아이라면 천사에게 달콤한 사탕, 초콜릿 등과 같은 간식을 얻고, 나쁜 아이라면 악마의 가방에 담겨 지옥으로 가거나 사탕 대신 감자나 석탄을 받게 된다.

1월 6일, 동방 박사의 날

아기 예수의 탄생을 축하하기 위해 베들레헴을 찾아왔던 낙타를 탄 동방 박사 3인의 행렬로 크리스마스의 끝을 대대적으로 장식한다. 동방 박사는 아기 예수 탄생의 선물로 황금, 유향, 몰약을 가져왔다고 전해진다. 이날 체코 곳곳에서 동방 박사 3인의 행렬을 만날 수 있는데 재미있는 것은 동방 박사들이 다양한 대륙에서 온 여러 인종으로 묘사되었던 만큼 피부색이 다 다르다는 것이다. 참고로 체코에서는 3명의 왕이라고 부른다.

대표적인 체코의 크리스마스 마켓

아름답기로 소문난 체코의 크리스마스 마켓. 특별한 크리스마스 분위기를 즐기기 위해 일부러 겨울에 여행을 계획할 만큼 인기 있는 이벤트다. 특히 프라하 구시가지 광장에서 열리는 크리스마스 마켓은 체코에서도 가장 크고 유럽에서도 가장 아름다운 마켓 중 하나로 손꼽힌다. 2016년 CNN이 세상에서 가장 아름다운 크리스마스 마켓으로 선정할 정도다.

11월 말~12월 초에 시작한 크리스마스 마켓은 동방 박사가 떠나며 1월 6일 성대하게 막을 내린다. 크리스마스 마켓 기간 동안 베들레헴 장식, 크리스마스 쿠키, 나무 인형, 전통 크리스마스 장식, 체코 수공예품 판매는 물론 추위를 녹여줄 따뜻한 와인 스바르작Svařák, 꿀 와인, 뜨르들로, 구운 밤 등 다양한 먹거리의 달콤한 냄새가 거리를 가득 채운다.

프라하에서는 구시가지 광장을 비롯해 프라하 성, 바츨라프 광장, 안델 역 등 프라하 곳곳에서 만날 수 있고 브르노, 올로모우츠, 체스키 크룸로프, 플젠, 리베레츠 등 체코 전역에서도 지역의 특색을 살린 크리스마스 마켓이 열려 각 지역의 마켓을 비교해 보는 것도 꽤 재미있다.

> **Travel tip!** 프라하 구시가지 광장은 화려한 크리스마스 트리 점등식으로 크리스마스 마켓의 시작을 공식적으로 알린다.

크리스마스 마켓 일정
*2024년 체코 크리스마스 마켓 일정은 아직 공식 발표 전, 2023년의 크리스마스 마켓 일정으로 안내

프라하 크리스마스 마켓
- 구시가지 광장 2023년 11월 30일~2024년 1월 6일(예정)
- 바츨라프 광장 2023년 11월 30일~2024년 1월 6일(예정)

체스키 크룸로프 크리스마스 마켓
2023년 12월 1일~2024년 1월 1일

올로모우츠 크리스마스 마켓
2023년 11월 19일~12월 23일

브르노 크리스마스 마켓
2023년 11월 24일~12월 23일

플젠 크리스마스 마켓
2023년 11월 23일~12월 23일

마법 같은 다리, 카를교 더 알아보기

카를교에는 총 30개의 조각상이 좌우로 장식되어 있다. 하루 약 3만~3만 5천 명의 시민, 여행객들은 마치 야외 박물관과도 같은 카를교를 건너며 조각상들을 감상하고 소원을 빈다. 대개의 조각상들은 실제 비율의 모조품으로 진품은 국립 박물관-라피다리움(Lapidárium), 비셰흐라드의 골리체(Gorlice) 등에 여러 장소에 나뉘어 전시 및 보관 중이다.

구시가지에서 소지구쪽 방향으로(오른쪽)

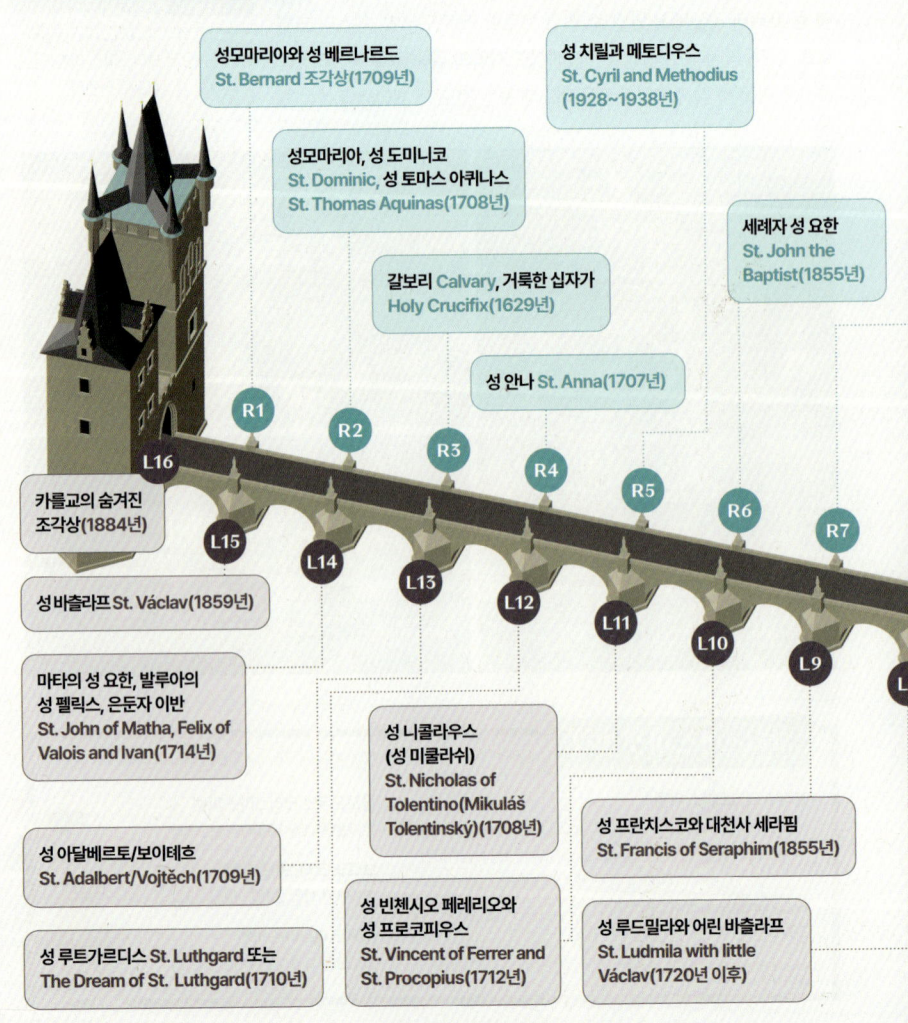

- 성모마리아와 성 베르나르드 St. Bernard 조각상(1709년)
- 성 치릴과 메토디우스 St. Cyril and Methodius (1928~1938년)
- 성모마리아, 성 도미니코 St. Dominic, 성 토마스 아퀴나스 St. Thomas Aquinas(1708년)
- 갈보리 Calvary, 거룩한 십자가 Holy Crucifix(1629년)
- 세례자 성 요한 St. John the Baptist(1855년)
- 성 안나 St. Anna(1707년)
- 카를교의 숨겨진 조각상(1884년)
- 성 바츨라프 St. Václav(1859년)
- 마타의 성 요한, 발루아의 성 펠릭스, 은둔자 이반 St. John of Matha, Felix of Valois and Ivan(1714년)
- 성 니콜라우스 (성 미쿨라쉬) St. Nicholas of Tolentino(Mikuláš Tolentinský)(1708년)
- 성 프란치스코와 대천사 세라핌 St. Francis of Seraphim(1855년)
- 성 아달베르토/보이테흐 St. Adalbert/Vojtěch(1709년)
- 성 빈첸시오 페레리오와 성 프로코피우스 St. Vincent of Ferrer and St. Procopius(1712년)
- 성 루드밀라와 어린 바츨라프 St. Ludmila with little Václav(1720년 이후)
- 성 루트가르디스 St. Luthgard 또는 The Dream of St. Luthgard(1710년)

체코 알아가기

성 노르베르토, 바츨라프와 지그문드
St. Norbert, Václav and Sigismund(1853년)

성 코스마 & 성 다미아누스와 구원자
St. Cosmas & Damian with Salvatore(1709년)

성 요한 네포무츠키
St. John of Nepomuk(1683년)

성 필립보 베니시오
St. Philip Benitius(1714년)

성 이보 St. Ivo(1711년)

파도바의 성 안토니오
St. Anthony of Padua(1707년)

성 바르바라, 성 마르가리타, 성 엘리사벳
St. Barbara, Margaret, Elisabeth(1707년)

성 카예타노
St. Cajetan(1709년)

피에타
Piet(Bewailing of Christ)(1859년)

성 아우구스티노
St. Augustine(1708년)

성 요셉과 아기 예수
St. Joseph with baby Jesus(1854년)

성 유다 타대오
St. Jude Thaddeus (1708년)

성 비투스
St. Vitus(1714년)

R9 R10 R11 R12 R13 R14 R15
L6 L5 L4 L3 L2 L1

성 크리스토포로
St. Christopher (1857년)

성 프란치스코 보르자
St. Francis Borgia(1710년)

성 프란치스코 사베리우스
St. Francis Xaverius(1711년)

구시가지에서 소지구쪽 방향으로(왼쪽)

구시가지에서 소지구쪽 방향으로(오른쪽)

R1 성모 마리아와 성 베르나르드 St. Bernard 조각상(170년) 시토회 교단의 대표자 중 한 명이자 12세기의 종교 사상가. 양봉업자의 수호성인

R2 성모마리아, 성 도미니크(St. Dominic), 성 토마스 아퀴나스 St. Thomas Aquinas(1708년) 도미니크 수도회의 설립자들. 성 도미니크 - 천문학자의 수호성인. 성 토마스 아퀴나스 - 대학교와 학교의 수호성인이자 스콜라학의 창시자

R3 갈보리 Calvary, 거룩한 십자가 Holy Crucifix(1629년) 카를 4세 때의 첫 번째 십자가 이후 여러 번 교체되어 1657년 청동 금도금 십자가로 교체됨

R4 성 안나 St. Anna(1707년) 성모 마리아의 엄마, 성모마리아와 예수를 묘사한 조각상

R5 성 치릴과 메토디우스 St. Cyril and Methodius(1928~1938년) '슬라브 민족의 선교사'라고 불리는 형제이자 유럽의 수호성인

R6 세례자 성 요한 St. John the Baptist(1855년) 요한-몰타(Johanites - Maltese) 기사단의 수호성인

R7 성 노르베르트, 바츨라프와 지그문드 St. Norbert, Václav and Sigismund(1853년) '프레몽트레 수도회'의 창시자 성 노르베르트의 조각상

R8 성 요한 네포무츠키 St. John of Nepomuk(1683년) 카를교에서 가장 인기있는 조각상이자 가장 오래된 조각상. 체코의 수호성인이자 고해자들의 수호성인

R9 파도바의 성 안토니오 St. Anthony of Padua(1707년) 프란체스코회의 회원이자 전설적인 설교자. 가난한 이들의 수호성인

R10 성 유다 타대오 St. Jude Thaddeus(1708년) 예수 그리스도의 12사도 중 한 명. 곤봉 또는 몽둥이를 들고 있음

R11 성 아우구스티노 St. Augustine(1708년) '고백록(Confessiones)'과 '신국론(De ciavitate Dei)'의 저자로 불타는 심장을 들고 있음

R12 성 카예타노 St. Cajetan(1709년) 테아티노회(Theatines)의 설립자. 조각상 뒤 삼각형은 삼위일체를 상징

R13 성 필립보 베니시오 St. Philip Benitius(1714년) 카를교의 유일한 대리석 조각상. 마리아의 종 수도회의 총장으로 십자가, 꽃 가지, 책을 들고 있음(오른쪽 다리 뒤 -교황의 티아라)

R14 성 비투스 St. Vitus(1714년) 보헤미아의 수호성인이자 간질 환자, 댄서, 배우, 코미디언의 수호성인

R15 성 코스마 & 성 다미아누스과 구원자 St. Cosmas & Damian with Salvatore(1709년) 의사의 수호성인. 약이 들은 용기를 들고 있는 두 성인 사이에는 예수 그리스도가 있음

구시가지에서 소지구쪽 방향으로(왼쪽)

L1 성 이보 St. Ivo(1711년) 법률가의 수호성인

L2 성 바르바라, 성 마르가리타, 성 엘리자베트 St. Barbara, Margaret, Elisabeth(1707년) '거룩한 처녀들' 조각상

L3 피에타 Pieta(Bewailing of Christ)(1859년) 그리스도를 애도하는 성모 마리아 조각상

L4 성 요셉과 아기 예수 St. Joseph with baby Jesus(1854년) 어린 예수를 이끄는 성 요셉 조각상

L5 성 프란체스코 사베리우스 St. Francis Xavierus(1711년) 비기독교도 왕자들이 성 프란체스코에게 세례를 받고 있는 모습. 가톨릭 선교활동의 수호성인

L6 성 크리스토포로 St. Christopher(1857년) 개울에서 어린아이의 모습을 한 그리스도를 옮기는 성인의 모습. 여행자, 선원을 폭풍과 물로부터 보호하는 수호성인

L7 성 프란치스코 보르자 St. Francis Borgia(1710년) 예수회 제2의 설립자. 성모 마리아의 사진과 성례를 들고 2명의 천사와 동행하고 있는 모습의 조각상

L8 성 루드밀라와 어린 바츨라프 St. Ludmila with little Václav(1720년 이후) 체코의 수호성인인 성 바츨라프의 할머니. 왼손에는 베일, 오른손에는 손자 바츨라프가 읽기를 배우고 있는 성경을 들고 있음

L9 성 프란치스코와 대천사 세라핌 St. Francis of Seraphim(1855년) 프란치스코회 창시자. 1853년 암살 시도에서 구해진 프란츠 요셉 1세(Franz Joseph I)를 기념하는 조각상으로 대천사 세라핌과 서 있음

L10 성 빈첸시오 페레리오와 성 프로코피우스 St. Vincent of Ferrer and St. Procopius(1712년) 예술적으로 가치 있는 조각상. '성 빈첸시오 페레리오'와 '성 프로코피우스'는 10만 명의 죄인들을 구원했다고 알려짐

L11 성 니콜라우스(성 미쿨라쉬) St. Nicholas of Tolentino (Mikuláš Tolentinský)(1708년) 병자를 치료하고 기적을 행한 것으로 유명한 성인. 가난한 자들을 위한 빵을 들고 있음

L12 성 루트가르디스 St. Luthgard 또는 The Dream of St. Luthgard(1710년) 그리스도의 발현을 보곤 했던 시토회 수도원의 수녀

L13 성 아달베르토/보이테흐 St. Adalbert/ Vojtěch(1709년) 프라하의 두 번째 주교이자 체코인으로서는 첫 번째 프라하 주교. 브르제브노프(Břevnov)에 베네딕트 수도원 설립

L14 마타의 성 요한, 발루아의 성 펠릭스, 은둔자 이반 St. John of Matha, Felix of Valois and Ivan(1714년) 삼위일체 수도회의 설립자인 성 펠릭스와 성 요한, 은둔자 이반을 묘사한 조각상

L15 성 바츨라프 St. Václav(1859년) 체코의 수호성인. 성 루드밀라의 손자이자 동생 볼레슬라프에게 암살을 당한 순교자

L16 카를교의 숨겨진 조각상(1884년) 브룬스비크 Bruncvík: 전설적인 체코의 기사이자 꼬리가 두개 달린 사자와 모험했던 통치자

카를교 31번 조각상과 관련된
흥미로운 체코의 전설 이야기

체코의 국가 문장에는 왜 꼬리가 두 개 달린 사자가 있을까?

브룬츠비크의 전설 Legend of Bruncvík

체코의 국가 문장에서 꼬리가 둘 달린 사자를 발견할 수 있다. 체코의 역사에서 기사이자 왕자인 브룬츠비크Bruncvík와 꼬리 둘 달린 사자 이야기는 빼놓을 수 없는 전설이다. 체코의 왕자 브룬츠비크는 정의롭고 고결한 마음을 지닌 통치자였다. 그는 안주하지 않고 사랑하는 아내 네오메니아Neomenia와 장인에게 나라를 맡기고 기사들과 모험을 떠났다. 브룬츠비크와 그의 용맹한 기사단은 항해하는 중 폭풍우를 만났고 반경 50마일 내 모든 것을 끌어당기며 절대 떠날 수 없게 하는 힘을 지닌 호박Amber 산을 만났다. 폭풍이 지나가고 그들은 산을 떠나려고 했지만 번번이 실패했다. 준비해 갔던 식량이 떨어지며 말을 먹기 시작했고 기사들이 죽기 시작했다. 결국에는 브룬츠비크와 늙은 기사 발라드Balád만이 남았다. 나이는 있었지만 지혜로웠던 발라드는 1년에 한 번 호박 섬에 온다는 거대한 새 노흐Noh에 대해 알고 있었고, 기회를 놓치지 않고 브룬츠비크는 말 가죽에 몸을 숨겨 새가 말을 낚아챌 때 함께 섬을 탈출할 수 있었다. 새가 말 가죽을 둥지에 내려놨을 때 브룬츠비크도 새와 새끼들의 눈을 피해 무사히 빠져나올 수 있었다. 그리고 브룬츠비크는 꼬리가 아홉 개 달린 용과 싸우고 있는 사자를 발견했다. 그는 사자가 용을 물리치는 것을 도왔고, 용과 싸우는 과정에서 사자의 꼬리는 두 갈래로 나뉘는 상처를 입었다. 사자는 그의 충실하면서도 영원한 친구가 되었다. 그 후 7년의 시간 동안 둘은 함께 모험하며 용맹함을 떨쳤고 함께 프라하로 돌아와 그를 기다렸던 아내를 다시 만나 40년을 더 살며 체코를 지혜롭게 통치했다. 브룬츠비크는 죽기 전 카를교에 무엇이든 물리칠 수 있는 마법의 검을 숨겨두었다고 한다. 체코가 위기에 처하면 성 바츨라프가 죽음에서 일어나 블라니크Blaník 기사단을 이끌고 카를교를 건널 것이며, 이때 브룬츠비크의 검이 나타나 체코를 도와줄 것이라고 전해진다.

아름다운 체코의 성
레드니체 성 & 발티체 성

레드니체 성 Státní zámek Lednice | Castle Lednice

남부 모라비아에서도 아름다운 캐슬로 손꼽히는 레드니체 성은 1996년 유네스코 세계문화유산에 등재된 레드니체-발티체 문화 경관에 위치한다. 유럽에서도 가장 아름다운 네오고딕 복합 단지 중 하나로 손꼽힌다. 13세기 말, 리히텐슈타인Liechtensteins 가문이 레드니체와 인근 미쿨로프의 소유주가 되었고, 30년 전쟁 후에는 막강하고도 부유한 귀족 가문으로 부상하게 되어 레드니체 성을 놀라운 풍경이 함께하는 장소로 탄생시킬 수 있었다.

레드니체 성의 화려한 대표 홀Representative hall에서는 당시 유럽에서도 가장 강력한 권력을 가졌던 가문이 어떤 생활을 했는지 엿볼 수 있다. 섬세하면서도 우아하게 장식된 나무 천장, 나무를 통으로 조각해 만든 화려한 계단 등 말 그대로 화려함의 극치다.

Travel Plus
레드니체 정원 산책하기

당시 부유한 귀족들은 정원을 꾸미는 것으로 호화로운 삶을 과시했다. 레드니체 성은 기존의 클래식함에 신고딕 양식과 영국식 낭만주의 양식이 조화롭게 어우러지며 자연 질서를 살린 환상적인 조경을 만들어냈고, 정원 내에는 당시 귀족들의 럭셔리한 삶을 보여주는 예시로서 미나레트 첨탑, 무어리쉬의 급수 건물, 야자수가 있는 온실, 로마식 수로, 잔의 캐슬(John's Castle)과 같은 작지만 예쁜 건물들을 세웠다. 302개 계단의 미나레트 첨탑 전망대에서는 레드니체 성과 공원의 광활한 전경을 바라볼 수 있고, 공원 내 디예(Dyje) 강에서는 낭만적인 경치를 즐기며 보트를 탈 수도 있을 정도로 레드니체 성은 당시 귀족 생활의 축소판이라고도 볼 수 있다.

지도 P.502-C1 **주소** Zámek 1, 691 44 Lednice **홈페이지** www.zamek-lednice.com/en **운영** [2~3월] 토~일요일 10:00~16:00 [4·10월] 토~일요일, 공휴일 09:00~16:00(평일은 10명 이상 예약 시 가능) [5·6·9월] 화~일요일 09:00~17:00 [7·8월] (매일) 09:00~17:00 [11·12월] (12월 17일까지) 토~일요일(12월 17일까지) 10:00~16:00 **휴무** 시즌마다 상이함. 방문 전 홈페이지 체크 필수 **요금** [기본 투어] 성인 240Kč, 어린이(6~17세) 70Kč, 청소년(18~24세)&시니어(65세 이상) 190Kč, 6세 미만 어린이 무료, 그 외 다양한 투어 운영 중. 영어 등 외국어 가이드 투어의 경우 10인 이상 시 가능 **가는 방법** [차량 이용 시] 프라하에서 약 2시간 30분(253km), 브르노에서 약 40분(54km), 미쿨로프에서 약 15분(14km) [대중교통 이용 시] 기차 + 버스 환승, 약 3시간 40분 소요.

발티체 성 Státní zámek Valtice | Valtice Chateau

거대한 바로크 양식의 발티체 성도 레드니체-발티체 문화 경관에 있다. 레드니체 성에서는 약 8km, 미쿨로프에서는 약 12km, 체코 근교 오스트리아 마을까지는 약 5 km면 닿을 수 있다.

발티체 성의 가장 최초의 기록은 1193년으로 거슬러 올라간다. 오스트리아-헝가리 제국의 막강했던 3대 가문 중 하나인 리히텐슈타인Lichtenstein 가문이 1391년에서부터 1945년까지 발티체 성을 소유했던 역사가 있다. 그들이 소유했던 레드니체 성과 마찬가지로 발티체 성, 레드니체-발티체 문화경관은 리히텐슈타인 가문의 명성을 대표할 만큼 거대하고, 독특하면서도, 놀라운 모습으로 변화했다.

발티체 성은 총 13명의 왕자들에 의해 단계적으로 지어졌다. 당시의 가구, 화려한 컬렉션, 풍부한 비품, 다채로운 장식품들은 빈 황실과도 경쟁할 정도였다고.

안타깝게도, 발티체 성도 제2차 세계대전을 피해 갈 수 없었다. 그 후 1970년 리뉴얼 작업이 시작되었고 2014~2015년에는 EU 펀드와 국립 유산 연구소의 노력 덕에 대대적인 재건과 복원을 거치며 후기 바로크 양식의 극장이 원형을 복제한 모습으로 원래의 자리에 지어질 수 있었다. 2016년에는 리히텐슈타인 공주의 개인 방이 처음으로 대중에게 공개되기도 했다

방대한 규모의 쿠르 도뇌르Cour d'honneur(가장 격식이 높은 건물의 안뜰), 샤토식 인테리어, 지하의 대규모 와인 셀러, 체코의 베스트 100대 와인을 선정하는 경연 대회, 와인 전시와 테이스팅이 이루어지는 와인 살롱, 광대한 정원에서의 산책 등 거대한 공간인 만큼 시간적인 여유를 두고 방문할 것을 추천한다.

Travel tip! 발티체 성의 가이드 투어는 기본적으로 체코어로 진행된다. 하지만 한국어로도 투어 내용을 확인할 수 있도록 한국어 설명서를 QR코드로 다운로드해서 휴대폰으로 쉽게 확인할 수 있게 해두었다.

지도 P.502-C2

Travel Plus 발티체 성에서 꼭 들러야 할 곳: 와인 살롱

국립 와인 센터의 와인 살롱은 체코에서 가장 권위 있는 와인 대회이자 전시. 체코에서 가장 큰 와인 경연 대회로 체코에서 재배된 와인만이 참여할 수 있다. 최고의 와인 테이스터로 구성된 전문 심사위원의 전문적이고 공정한 심사를 거쳐 체코 최고의 100대 와인을 선정한다. 선정된 와인은 'Salon vín České republiky'를 라벨에 부착할 권리를 갖게 된다.

지도 P.502-C2 주소 Zámek 1, 691 42 Valtice 홈페이지 www.zamek-valtice.cz/en 운영 [7~8월] 매일 운영. 투어별 상이 휴무 시즌마다 상이함. 방문 전 홈페이지 체크 필수 요금 기본 투어 성인 240Kč, 어린이(6~17세) 70Kč, 청소년(18~24세)&시니어(65세 이상) 190Kč, 6세 미만 어린이 무료, 그 외 다양한 투어 운영 됨 가는 방법 [차량 이용 시] 프라하에서 약 2시간 30분(261km), 브르노에서 약 50분(63km), 미쿨로프에서 약 15분(13km) [기차 이용 시] 약 4시간 30분 소요.

고성 호텔에서의 하룻밤

로맨틱한 고성에서의 하룻밤은 상상만 해도 달콤하다. 기존의 고성을 개조해서 만든 호텔은 모던하고 세련되면서도 고성의 우아한 분위기를 간직하고 있다. 타 유럽권에 비해 상대적으로 저렴한 비용으로 특별한 하룻밤을 보내기에 부담스럽지 않다.

샤토 므첼리 Chateau Mcely

프라하에서 1시간 정도면 도착할 수 있는 샤토 므첼리는 자연 친화적이면서도 세련된 고성 호텔이다. 오래된 성을 현대적인 인테리어의 호텔로 변신시킨 곳. 연보랏빛의 지붕과 크림색의 고성을 보는 순간 마치 작은 동화 속 공주가 된 듯하다. 고성 호텔 특성상 일반 호텔에 비해 객실 수는 적은 편. 총 24개의 객실은 '현대적인 샤토' 스타일로 디자인되어 있다. 일반 객실인 슈페리어 룸, 디럭스 룸, 다양한 테마의 스위트룸 등 각각의 객실에 개성이 가득하다. 호텔의 피아노 노빌레Piano Nobile 레스토랑 역시 마우러 그랑 레스토랑 가이드Maurer's Grand Restaurant Guide의 체코 톱10 레스토랑 중 하나로 선정될 정도로 훌륭하다. 또한 스파를 운영하고 있어 기분 좋은 마사지와 휴식의 시간을 가질 수도 있다.
주소 Mcely 61, 289 36 Mcely **홈페이지** www.chateaumcely.cz/ko
가는 방법 프라하에서 자동차로 약 50분. 추가 금액으로 픽업 & 샌딩 서비스 이용 가능(프라하 호텔 또는 프라하 공항).

고성 호텔 슈티르진 Hotel Zámek Štiřín

후기 바로크 양식의 고성을 개조한 4성급 고성 호텔. 프라하에서 남쪽으로 30분이면 도착할 수 있다. 신비로운 켈트족이 정착했다고 알려진 슈티르진 성의 주변은 무척이나 오랜 역사를 자랑한다. 500년경 슬라브인이 정착했고 1562년에는 황제 막시밀리안 2세가 체코 왕 대관식을 하러 가는 길에 머문 지역에 요새가 지어졌다. 그리고 기나긴 30년 전쟁 후, 요새는 그림 같은 정원과 멋진 공원이 있는 성으로 탈바꿈했다. 오래된 성을 최대한 보존하고 과거의 전통을 유지하다 보니 호텔은 아직도 과거를 그대로 간직한 듯하다. 이에 현대적인 엘리베이터, 에어컨 등의 시설을 기대하기는 어렵다는 것이 조금 아쉽다. 그렇지만 63개의 객실을 운영하고 있어 타 고성 호텔에 비해 비교적 예약이 쉽고 가격이 합리적인 것 또한 장점. 진짜 체코의 고성 분위기를 느껴보고자 하는 여행객에게 좋은 곳이다. 근교에 코젤 브루어리가 있어 브루어리 투어를 함께 이용하기 좋다.
주소 Ringhofferova 711, 25168 Kamenice-Štiřín **홈페이지** www.stirin.cz/en
가는 방법 프라하에서 차량으로 약 30분.

샤토 헤랄레츠 Chateau Herálec

럭셔리 5성급 부티크 고성 호텔인 샤토 헤랄레츠는 프라하와 브르노 사이에 위치한다. 12세기의 암석 지반에 처음 세워졌던 고성은 개조 후 우아한 모습으로 여행객들을 맞이하고 있다. 고풍스럽지만 개성 있는 모던한 객실, 기분 좋은 완벽한 서비스와 와인 컬렉션이 인상 깊은 곳. 고성 호텔인 만큼 일반 호텔 만큼 객실 수가 많지 않아 날짜가 정해졌다면 바로 예약하는 것을 추천한다. 객실 수는 적은 편이지만 객실당 모두 다른 디자인을 자랑하는 데다가 제일 작은 객실이 31m² 부터 시작해 굉장히 여유롭다. 또한 체코 최초의 프랑스 내추럴 화장품인 록시땅의 라이선스를 획득한 스파도 샤토 헤랄레츠의 자랑. 록시땅을 이용한 전문 마사지를 제공하고 있다.

주소 582 55 Herálec **홈페이지** http://www.chateauheralec.com **가는 방법** 프라하에서 자동차로 약 1시간. 추가 금액으로 픽업 & 샌딩 서비스 이용 가능(프라하 호텔 또는 프라하 공항).

고성 호텔 즈비로흐 Hotel Zámek Zbiroh

프라하에서 플젠 방향으로 1시간 정도면 닿을 수 있는 네오 르네상스 양식의 샤토이자 고성 호텔. 12세기 말의 문헌에 따르면 샤토 즈비로흐는 가장 오래된 체코 귀족 저택이라고 한다. 16세기 말, 황제 루돌프 2세에 의해 지금의 외관을 갖게 되었다. 카를 4세 황제, 룩셈부르크 지기스문트와 루돌프 2세 황제가 소유했던 곳으로 '세 황제의 샤토'라는 별명을 얻었다. 또한 아르누보 양식의 대가로 알려진 알폰스 무하가 바로 이곳에서 머물며 평생의 역작이었던 슬라브 서사시를 작업하기도 한 기념비적인 곳이다. 30개의 스탠더드 타입, 10개의 디럭스 타입, 10개의 럭셔리 스위트룸을 운영하고 있어 고성 호텔 치고는 객실 수가 비교적 여유로운 편. 현대적이기보다는 과거의 모습에 충실한 4성급 호텔이다.

주소 Zámek Zbiroh, 338 08 Zbiroh **홈페이지** http://www.zbiroh.com/en **가는 방법** 프라하에서 차량으로 약 50분(플젠 방향).

치유와 힐링의 힘이 가득, 스파 트라이앵글

체코의 온천은 한국이나 아시아권의 따끈하게 몸을 지지는 형식의 온천이 아닌 치료를 목적으로 하는 스파에 가까운 형태다. 체코의 온천 역사는 이미 수백 년 전부터 발전해 왔다. 온천수라는 천연자원, 최고의 온천수를 유지하려는 관리, 그와 더불어 진행되는 의사의 처방과 치료는 온천수의 효과를 극대화시켰다. 이는 체코의 우아한 분위기와 잘 맞아떨어졌고 유럽 내 내로라하는 국가와 지역에서도 서부 보헤미아의 온천 마을은 화제가 될 정도였다. 철학자 요한 볼프강 폰 괴테, 작곡가 프레데리크 쇼팽, 정치가 클레멘스 폰 메테르니히, 소설가 마크 트웨인, 영국의 국왕 에드워드 7세, 러시아의 표트르 대제 등 19세기에는 그야말로 문전 성시를 이뤘다. 그들은 온천수를 마시며 우아한 콜로나다를 산책했고, 스파에 몸을 담그며 질병을 치유했다. 현재 실제로 의사들에 의해 면역력 증진에도 효과가 있다고 검증되었다.

체코의 서부, 즉 서부 보헤미아에는 체코식 온천들이 위치한다. 여러 온천들 중에서도 스파 트라이앵글이라고 불리는 온천 지역 삼 형제가 가장 유명하다. 카를로비 바리Karlovy Vary, 마리안스케 라즈녜Mariánské Lázně, 프란티슈코비 라즈녜Františkovy Lázně가 그 주인공. 이 삼 형제는 2021년 '유럽의 대 온천 마을들'이라는 이름으로 유럽의 7개국 11개 온천 마을이 유네스코 세계유산에 등재되었다.

카를로비 바리 Karlovy Vary

프라하에서 가장 가기 편리한(버스로 약 2시간 소요) 체코의 대표적인 온천 지역이다. 카를로비 바리는 독일어로 칼스바트, 일명 카를의 온천이라는 뜻으로 14세기 중반 체코의 왕 카를 4세가 테플라 강 계곡의 온천이 치료 효과에 탁월하다는 것을 발견한 데에서 유래했다. 카를 4세가 사슴을 쫓다가 부상당한 사슴이 뜨거운 온천수에 들어가 치료하는 것을 보고 온천수의 효과와 카를로비 바리를 발견했다고 전해진다. 온천수가 나오는 7개의 콜로나다, 15개의 온천수원이 있다.

마리안스케 라즈녜 Mariánské Lázně

카를로비 바리에서 차량으로 약 50분이면 도착할 수 있는 온천 마을. 신고전주의 양식의 우아한 콜로나다, 아름다운 공원과 노래하는 분수가 인상적인 마리안스케 라즈녜는 유럽에서도 가장 아름다운 온천 마을로 테플라Teplá 근처의 수도원 의사였던 요한 요제프 네흐르Johann Josef Nehr가 지역 온천수의 독특한 효과를 입증하며 생긴 곳이다. 건강 증진에 효과적이었다고 한다. 이곳의 온천수는 주로 호흡기, 비뇨기 및 운동계 질환이 있는 환자들에게 효과적으로 알려져 있다.

프란티슈코비 라즈녜 Františkovy Lázně

'지상의 천국', 바로 요한 볼프강 폰 괴테Johann Wolfgang von Goethe가 프란티슈코비 라즈녜에 머물며 이곳을 묘사했던 단어다. 세계적인 작곡가 루트비히 판 베토벤도 찾았다고. 스파 트라이앵글 중 가장 작은 규모이지만 고요함, 평온함을 갖춘 곳이다. 18세기에 오스트리아 황제 프란츠 1세Franz I에 의해 설립되었고 지금의 이름은 그의 이름에서 명명된 것이다. 세계 최초의 머드 스파를 선보인 곳으로 알려져 있다.

©Destinační informační agentura - Františkovy Lázně - z. u.

Travel Plus
스파 트라이앵글을 맛보다

이건 꼭 1 라젠스키 포하레크 Lázeňský pohárek
온천수 전용 컵. 스파 트라이앵글을 여행하다 보면 주둥이가 작게 생긴 도자기 컵을 쉽게 볼 수 있다. 마을 곳곳에서 흐르는 온천수를 직접 마시기 좋게 설계된 전용 컵으로 가격도 저렴하고 기념품으로도 집에 가져갈 수 있으니 꼭 구매해서 직접 온천수를 마셔 보자.

이건 꼭 2 라젠스키 오플라트키(lázeňské oplatky) 맛보기
라젠스키 오플라트키는 체코의 전통적인 스파 웨이퍼, 즉 웨하스다. 손바닥보다 조금 더 큰 크기에 동그란 원 모양, 얇고 바삭해 한 입 베어 물면 얇게 펴진 크림 맛이 은근히 입안에 퍼진다. 따뜻하게 바로 구워주는 것을 먹으면 더 맛있다.

체코를 이끈 인물들

예술과 문화의 에너지가 가득한 체코. 예술가와 문학가, 학자에게 영감을 불러일으키는 창작의 요람이 되어왔다고 해도 과언이 아니다. 아직도 운영 중인 카페나 콘서트홀에서 과거 예술가와 학자들의 흔적을 찾아보는 것도 체코 여행의 또 다른 재미다.

1756.01.~1791.12.

볼프강 아마데우스 모차르트
Wolfgang Amadeus Mozart

모차르트는 오스트리아 출신으로 널리 알려져 있지만 "나의 프라하 친구들은 나를 이해한다"라고 말했을 정도로 체코와 많은 인연이 있었다. 11세에는 브르노의 레두타 극장(P.394)에서 콘서트를 진행하기도 했다.

1546.12.~1601.10.

튀코 브라헤 Tycho Brahe

덴마크 출신의 천문학자로 망원경이 없던 시기에 육안으로 가장 정밀한 관측을 진행하며 천문학의 발전에 기여했다. 1572년 11월 6일, '튀코의 신성'이라고 불리는 초신성을 관측한 것으로 유명하다.

1824.03.~1884.05.

베드르지흐 스메타나
Bedřich Smetana

리토미술 출신의 세계적인 작곡가. 아버지는 맥주 양조업자로 스메타나는 리토미술 성의 양조장에서 태어났다. 민족주의 작곡가로 체코에서도 명망이 두텁고 체코 국립 음악 학교의 창시자이자 오페라, 교향곡 작곡가이기도 하다.

`1841.09.~1904.05.`

안토닌 드보르자크 Antonin Dvořák

스메타나에서 시작된 민족주의 음악을 국제화시켰다고 평가되는 체코의 음악가. 오페라로는 큰 성공을 거두지 못했으나 찬송가, 교향곡, 협주곡에서는 성공적이자 독창적인 작곡가로 자리 잡았다. 대표작으로 '신세계에서Symphony No.9, Op.95 From the New World'가 있다.

`1860.07.~1939.07.`

알폰스 무하 Alphonse Mucha

체코의 대표적인 아르누보 일러스트레이터이자 예술가. 아르누보 양식의 대가로도 유명하다. 슬라브 서사시Slav Epic(P.400)는 슬라브 민족과 문명에 대해 묘사한 20개의 기념비적인 대형 작품으로 알폰스 무하의 후반기에 그의 모든 것을 집대성해 완성한 대작이다.

`1879.03.~1955.04.`

알베르트 아인슈타인 Albert Einstein

세계적인 과학자 알베르트 아인슈타인은 독일 태생으로 제1차 세계대전 전후로 프라하에 거주했었다. 프라하는 그의 유명한 상대성 이론의 완성에 한 발짝 나아갈 수 있게끔 한 도시다. 지금도 운영하는 카페 루브르Café Louvre(P.113)에서 아인슈타인의 흔적을 찾아보자.

1883.04.~1923.01.

야로슬라프 하셰크 Jaroslav Hašek
체코 출신의 작가, 언론인이자 출판인. 그의 대표작은 <착한 병사 슈베이크The Good Soldier Švejk>로 체코식 유머와 풍자를 느낄 수 있는 소설이다. 소설은 50개 이상의 언어로 번역되어 전 세계에 소개되었고 영화로도 제작되었다. 슈베이크의 이름을 딴 레스토랑(P.223)도 체코 곳곳에서 만날 수 있다.

1883.07.~1924.06.

프란츠 카프카 Franz Kafka
한국인에게도 소설 <변신>으로 잘 알려진 소설가. 인간의 정체성, 존재의 불안감과 고독, 고민과 좌절, 소외감과 열등감, 운명의 부조리성 등을 통찰한 실존주의 문학의 선구자다. 살아서는 큰 주목을 받지 못했지만 시대를 앞서간 예술가로 소개되기도 한다(카프카 박물관 P.215).

1887.12.~1957.12.

요제프 라다 Josef Lada

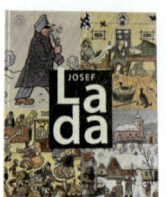

체코의 독보적인 일러스트레이터, 화가, 만화가이자 작가. 야로슬라프 하셰크Jaroslav Hašek의 소설 <착한 병사 슈베이크> 삽화는 바로 요세프 라다가 작업한 것. 그가 사망한 지 이미 60년이 지났지만 전시회 달력, 노트, 크리스마스카드 등의 굿즈는 체코에서 아직도 인기다.

1890.01.~1938.12.

카렐 차페크 Karel Capek
'로봇'이라는 단어의 역사적인 창시자이자 체코 SF 문학의 대부. 로봇에 의해 인간이 멸종하는 디스토피아적 미래를 그린 희곡 '로숨 유니버설 로봇R.U.R-Rossumovi Univerzální Roboti'은 그의 대표작이다.

올브람 조우벡 Olbram Zoubek
`1926.04.~2017.06.`

조각가 올브람 조우벡은 1926년 4월 프라하의 지즈코프에서 출생했다. 프라하 직업 학교에서 그림 대신 조각을 배우기 시작한 것은 조각가로서 인생에 아주 중요한 계기가 되었다. 리토미슐 성(P.447)의 외벽 작업을 맡기도 했다.

밀란 쿤데라 Milan Kundera
`1929.04.~2023.07.`

세계적인 작가. 1968년에 바츨라프 하벨과 함께 '프라하의 봄' 운동에 침어아녀 1970년 공산당에서 추방당하며 책들은 체코에서 출판이 금지된다. 1975년 프랑스로 망명했으며 1984년에 프라하의 봄을 배경으로 한 그의 대표작 <참을 수 없는 존재의 가벼움>을 출간했다.

바츨라프 하벨 Václav Havel
`1936.10.~2011.12.`

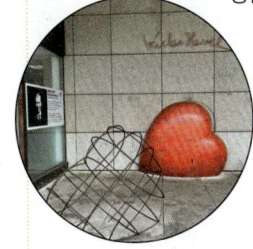

공산주의 체제 붕괴 후 체코슬로바키아의 마지막 대통령이자 체코의 초대 대통령, 극작가이자 인권운동가이다. 젊은 시절 희곡과 시를 주로 쓰다가 1968년 프라하의 봄으로 알려진 민주자유화 운동에 적극적으로 참여했고 1989년 벨벳 혁명을 성공적으로 이끌며 공산정권 붕괴를 가져왔다.

다비드 체르니 David Černý
`1967.12.~`

체코 프라하 출신의 조각가. 기발한 상상력과 창의력이 돋보이는 파격적인 작품을 발표해왔다. 지즈코프 TV 타워의 거대한 아기, 카프카 박물관의 오줌 싸는 동상 등 프라하 곳곳에서 그의 유쾌하고도 독특한 작품들을 만날 수 있다. P.44

다비드 체르니의 유쾌한 작품 Best 10

다비드 체르니David Černý는 국제 무대에서 명성을 떨치고 있는 체코 출신의 조각가이자 예술가다. 창의적이면서도 파격적인 그의 작품은 발표할 때마다 논란의 중심이 되어왔다. 프라하를 여행한다면 유쾌하면서도 눈길을 사로잡는 다비드 체르니의 독특한 작품들을 대부분 무료로 만날 수 있다.

❶ 아기들 The Babies :
지즈코프 TV 탑 Žižkovská televizní věž | Žižkov TV Tower &
캄파 섬 Na Kampě | Kampa Island **P.218, 247**

거대한 10명의 아기들이 빌딩을 기어올라가는 조각상들은 216m 높이의 체코에서 가장 큰 빌딩인 지즈코프 TV 탑에서 만나볼 수 있다. 길이 3.5m, 높이 2.6m의 사이즈에 얼굴에는 눈, 코, 입이 없어 조금 기괴한 느낌을 주기도 한다. 지즈코프 TV 탑은 공산주의의 상징이었던 건물로 전체주의 시대에 억압되어 영원히 어른이 될 수 없는 아기를 상징적으로 만들었다고 전해진다. 캄파 섬의 캄파 정원에도 거대한 3명의 아기들을 발견할 수 있다.

❷ 말 Horse : 루체르나 쇼핑몰 아케이드
Pasáž Lucerna | Lucerna arcade

바츨라프 광장의 용맹한 기마상을 패러디한 조각상. 935년 암살된 성 바츨라프가 거꾸로 매달린 말을 타고 있다. 바츨라프 광장 근처의 루체르나Lucerna 쇼핑몰 아케이드에 위치하고 있다. 더 이상 국가의 정체성을 전설에 의존할 수 없거나 과거를 예전처럼 숭배하지 않는다는 뜻으로 해석된다.

❸ 아첨 Brown nosing : 푸투라 갤러리
Galerie FUTURA | FUTURA Gallery

약 5.2m 높이의 거대한 인간의 하반신을 우스꽝스럽게 표현했다. 계단을 타고 올라가서 엉덩이 안에 얼굴을 넣어야만 내부의 영상을 확인할 수 있다. 영상에서는 정치인 바츨라프 클라우스Václav Klaus와 예술가 밀란 크니자크Milan Knížák가 서로에게 음식을 먹여주고 있는데, 정치와 사회 혹은 예술과의 관계를 우화적으로 유머러스하게 풍자하고 있다.

❹ 매달려 있는 남자(지그문트 프로이트 동상)
Socha zavěšeného Sigmunda Freuda "Visec" | Man Hanging Out

프라하의 파란 하늘을 보지 않고 걷는다면 자칫 놓칠 수도 있다. 바로 정신분석의 창시자였던 지그문트 프로이트Sigmund Freud를 표현한 남자 동상으로, 지붕 끝에 한 손으로 대롱대롱 매달려 있다. 하지만 왜? 도대체 그가 프라하에 매달려 있는지는 체르니 외에는 아무도 모른다고 한다.

⑥ 쿼 바디스 Quo Vadis

'쿼 바디스'는 라틴어로 '주여, 어디로 가시이니까'라는 뜻이다. 원래 독일 대사관의 뒷울타리에 자리를 잡고 있는 3톤짜리 조각상으로, 독일 통일 전 동독에서 생산하던 자동차 트라반트에 바퀴 대신 4개의 다리를 달아 놨다. 베를린 장벽 붕괴 후 동독에서 서독으로 향하는 많은 트라반트를 상징적으로 표현하고 있다.

오리지널 쿼 바디스는 독일의 라이프치히에 설치되어 있고 체코에서 볼 수 있는 쿼 바디스는 복제품이다. 현재는 체코의 각 지역을 다니며 전시 중이다.

⑤ 태아 The Embryo

나 자브라들리Na Zábradlí 극장 코너의 배수관 중간에 붙어 있는 1.2m 크기의 LED 조각품. 태아 혹은 배아라는 이름을 가지고 있다. 조각상이 어떤 의미를 가지고 있는지, 어떤 생각으로 창조했는지는 알려져 있지 않지만 마치 태아가 배수관에서 물을 흡수하고 있는 것 같은 모습에 저마다 상상의 나래에 빠지게 된다.

⑦ 오줌 Piss P.215

카프카 박물관 앞, 사람들이 몰려있다면 바로 오줌 싸는 다비드 체르니의 조각상을 보기 위해서일 것이다. 청동 조각상은 다른 조각상과는 다르게 움직이고 있는데 2명의 남자 동상이 서로를 바라보며 체코 모양의 웅덩이에 오줌을 싸고 있다. 하반신을 끊임없이 움직여 오줌을 싸는 다소 유쾌한 모습에 기념 영상을 남기는 사람들이 끊이질 않는다.

---

⑧ 고기 Maso | Meat

다비드 체르니의 삶과 작품에 관심이 많다면 예전 육류 가공 공장이 있었던 스미호프의 미트 팩토리MeetFactory를 방문해 보자. 이름은 같지만 재치있게 다른 단어로 표현한 이곳은 국제적인 컨템퍼러리 예술의 중심지로 2001년 다비드 체르니가 직접 설립했다. 기존의 예술가들은 물론 유명한 신흥 예술가들의 작품들을 전시하고 있다.

---

⑨ 움직이는 카프카 얼굴
Franz Kafka - Otočná hlava
Head of Franz Kafka(Metalmorphosis) P.192

체코 출신의 세계적인 소설가 프란츠 카프카의 움직이는 거대한 얼굴. 약 11m의 높이, 무게는 39톤으로 42개의 스테인리스 층이 각각 끊임없이 움직이며 카프카의 얼굴을 입체적으로 연출하고 있다. 나로드니Národní 쇼핑 센터 앞에 자리 잡은 카프카의 얼굴은 거리를 오가는 사람들의 시선을 한눈에 사로잡는다.

⑩ 릴리스 Lilith P.235

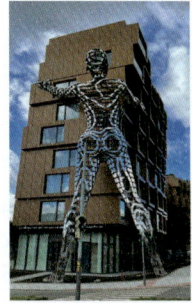

모두의 눈길을 끄는 거대한 스테인리스로 만들어진 구조물. 힙한 카를린Karlín에 설치 최근(2022년 10월) 작품으로 높이는 24m에 달한다. '릴리스'는 외벽을 마주 보고 있고, 그녀의 커다란 또 다른 손과 다리는 건물의 중앙을 굳건히 지탱하는 형태다. 작품은 여성의 평등과 독립을 상징한다고.

체코에서 태어났다고?
체코 국민 만화 캐릭터

체코는 문화와 예술이 발달한 만큼 애니메이션도 굉장히 발달했다. 우리에게 친숙한 캐릭터가 알고 보면 체코에서 태어난 것도 있다. 일반적인 만화 캐릭터와 함께 체코의 특산품이라고도 할 수 있는 마리오네트, 퍼핏으로 불리는 인형으로 만든 캐릭터들도 유명하다. 캐릭터들의 무궁무진한 상상력에 깜찍함과 귀여움은 덤. 체코 여행의 기념품으로 간직하기에도 좋다.

Travel tip! 퍼핏이라는 인형에 인형사들이 움직일 수 있도록 줄을 매단 것, 혹은 매달아 움직이는 인형극이 바로 마리오네트다.

크르텍 Krtek (크르테첵 Krteček)

체코를 여행하면 기념품 상점에서 최소 한 번 이상은 보게 되는 귀여운 두더지 캐릭터 크르텍. 새끼 두더지는 크르테첵이라는 이름으로 불린다. 무려 1956년생인 장수 캐릭터로 빨간 코에 동그란 눈을 가졌다. 체코의 만화가 즈데녜크 밀러 Zdeněk Miler는 디즈니처럼 영향력 있는 동물 캐릭터를 만들고 싶다는 생각을 하던 도중 마침 두더지가 파 놓은 두둑에 발이 걸리며 두더지를 주인공으로 결정했다고 한다. 첫 번째 에피소드인 '두더지가 바지를 입는 방법'은 1957년 베니스 영화제에서 초연되어 2개의 황금사자상을 수상하기도 했다. 그렇게 크르텍이라는 두더지 캐릭터는 탄생하자마자 엄청난 인기를 얻었고 지금까지도 체코에서 쉽게 만날 수 있다.

패트와 매트 A je to! Pat a Mat

어린 시절 TV에서 종종 만날 수 있었던 환상의 콤비인 패트와 매트가 바로 체코 출신이다. 스톱모션 퍼핏 애니메이션으로, 직접 인형을 제작하고 움직여 동작을 만들어 촬영하기 때문에 굉장한 시간을 필요로 한다. 관절 부분이 있는 인형이라는 점에서 퍼핏, 즉 마리오네트와 맥락을 같이 한다. 패트와 매트는 엉뚱하지만 기발한 상상력으로 에피소드 내내 끊임없이 움직이고 집안을 망가뜨리는 등 사고를 유발한다. 하지만 결국 원하는 것을 해내고야 마는데 그 과정이 꽤나 유쾌해서 자꾸만 보게 된다. 원래의 애니메이션은 대사가 없다. 2019년 겨울, 한국의 극장에서도 개봉했었다. 노란 옷이 패트, 빨간 옷은 매트인데 공산주의 시절에는 정치색을 나타낼 수 있다는 의견에 빨간색이 아닌 회색 옷을 입고 등장하기도 한다.

슈페이블과 흐루비네크 Spejbl a Hurvínek

스페이블과 흐루비네크 콤비는 인형사 요제프 스쿠파Josef Skupa의 스케치에 의해서 플젠에서 각각 1920년과 1926년 탄생했다. 스페이블은 아빠 그리고 흐루비네크는 아들로, 같은 아파트에서 생활하는 다른 가족들과의 일상생활을 다양하게 보여준다. 그 반면에 그들의 강아지는 단어를 짖는 등 다소 엉뚱한 이야기가 펼쳐지며 체코인들에게 굉장한 사랑을 받았다. 체코에서도 자랑스러워하는 마리오네트 캐릭터로 그들의 이름을 딴 S+H 극장은 플젠에 1930년에 세워졌다가 1945년 10월부터는 프라하에서 운영하고 있다.

Travel tip! 한국에서는 2018년에 '박물관이 진짜 살아있다'라는 이름으로 3D 애니메이션이 개봉했었다. 21세기의 만화 영화로 바뀐 만큼 아들 흐루비네크가 하비라는 이름의 주인공으로 등장하며 환상적인 모험을 펼친다.

이야기로 알아보는 체코 연금술의 세계

대표적인 연금술사 존 디 John Dee
그리고 사기꾼 에드워드 켈리 Edward Kelley

체코 연금술에 지대한 영향을 끼친 존 디는 연금술사이자 수학자, 점성술사 혹은 마법사로 알려져 있다. 본래 영국 출신으로 수학이 철학 연구에 도움이 된다고 생각했다. 당시 과학과 마법의 경계는 모호했고 유럽은 점성술에 매료되어 있었다. 수학은 점성술, 신비주의와 비슷한 성격의 학문으로 인식되었던 시대로 그는 수학을 활용해 역학이나 천문학, 항해 등 다양한 분야에서 수학을 인식시키고 발전시키는 역할을 한 것으로 기록된다.

1558년에는 점성술과 수학적 계산법을 이용해 엘리자베스 1세의 대관식을 위한 최상의 날을 정하며 황실의 고문으로 활동했다. 또한 대영제국이라는 단어를 처음 사용했으며 수학에 관한 다수의 저서를 남겼다. 영국과 여왕을 위해 007이라는 암호를 사용한 첩보 활동도 했는데 이는 스파이 영화의 대명사 제임스 본드 007시리즈의 모델이 되었다.

하지만 수학과 과학에 대한 그의 열정이 지나쳐서였을까, 그는 연금술과 점성술에 점점 더 빠져들며 존경받는 학자의 길에서 멀어졌다. 존 디는 신성한 존재 혹은 천사들이 존재한다고 믿었고 이런 존재들과 접촉하기 위해서는 수정 구슬이 필요하다고 믿었다. 하지만 안타깝게도 그는 수정 구슬을 읽거나 작동시킬 수 없었다. 그러던 1582년 또 다른 연금술사이자 동전 위조 사기꾼이라고 불리는 에드워드 켈리를 만나게 된다. 존 디는 켈리가 천사들과 교감을 한다고 믿었다.

1587년, 존 디에게 삶의 암흑기가 시작된다. 켈리는 천사가 그들의 부인을 포함해 '모든 것을 공유해야 한다'고 했다고 주장한다. 존 디 부부는 원치 않았지만 결국 신과 천사의 뜻이라는 주장에 서로의 부인을 바꾸고 공유하고 만다. 그리고 9개월 후 존 디의 부인 제인 디는 남자 아기를 출산했다고. 일련의 사건 이후 존 디와 켈리의 관계는 서먹해졌고 천사들에게 요한 계시록과 대숙청에 대한 마지막 메시지를 받았다며 천사와의 대화마저 중단되었다.

그 후 1589년, 무엇인가 잘못되었다는 것을 깨닫고 존 디는 켈리와의 관계를 끊고 고국으로 돌아갔지만 그의 서재나 연구소는 도난 당했고 예전의 지위나 명성, 재산을 다시는 되찾지 못했다고 한다.

수백 개의 첨탑이 빛나는 황금빛 프라하. 아름답고도 역사적인 건축물과 더불어 번성했던 중세의 연금술은 황금빛이라는 수식어를 프라하에 선사했다. 연금술은 근대 과학의 발달 전, 납과 같은 비금속을 금으로 바꾸려는 일종의 자연학 같은 기술이었다. 이론대로 비금속을 금으로 변화시키는 데는 실패했지만 그 과정에서 실험을 거듭하며 화학, 물리학, 금속학, 점성술 기호학 등의 여러 과학과 학문을 연구했고, 이에 여러 물질들과 플라스크, 증류기 등 유용한 실험 기구와 방법을 개발하는 등 화학 발전에 큰 영향을 끼쳤다.

루돌프 2세 Rudolf II : 신성 로마 제국의 황제

1583년, 신성 로마 제국의 황제 루돌프 2세가 프라하로 왕궁을 옮겼다. 프라하는 빈보다도 더 크고 정치적, 종교적으로도 복잡했다. 합스부르크 왕가의 뚜렷한 예술적 편애와 과학적 관심은 활발히 예술의 관심을 불러일으켰고 황제 루돌프 2세는 당대 '가장 위대한 예술 후원자'로 불릴 만큼 문화와 예술, 과학의 중심이 되었다.

루돌프 2세는 특히 금세공, 보석 가공 등을 좋아했다고 한다. 그리고 당대의 다양한 학자들을 프라하로 불러 모았다. 지금의 관점에서야 과학과 미신, 학자와 사기꾼의 경계가 모호했다고 보이지만 그는 진심이었다. 당시 루돌프 2세의 왕궁에는 오늘날 잘 알려진 천체학자 튀코 브라헤, 요하네스 케플러뿐만 아니라 연금술과 수학으로 유명했던 존 디와 그의 조수 에드워드 켈리 같은 신비주의와 관련된 전설적인 인물도 있었다는 점이 흥미롭다.

하지만 그는 심리적인 문제로 점점 고통을 겪었으며 무기력증과 우울증이 수반되어 분노와 자해를 시도하곤 했다. 이에 정치적으로 고립되기 시작했고 반대파에 의해 미친 것으로 묘사되었다. 결국 1616년, 형제 마티아스Matthias에 의해 권력을 박탈당했고 1년 뒤 사망했다. 그의 시신은 프라하 성에 있는 성 비투스 대성당의 왕실 묘지에 묻혔고, 한때 예술을 사랑하고 부흥하게끔 했던 그의 비극적인 운명은 프라하의 마법 같은 이야기의 일부가 되었다.

Travel tip! 황제 루돌프 2세의 명성과 유산은 크게 3개로 분류된다. 30년 전쟁을 초래한 통치자, 위대하고도 영향력 있는 예술 분야의 후원자, 과학 혁명이라고도 불리는 연금술과 오컬트 예술에 대한 지적인 추종자가 바로 그것이다.

체코에서 어떤 것을 먹을까?

체코는 바다가 없는 내륙 국가로 육류 요리가 무척이나 발달되어 있다. 그러면서도 중부 유럽 음식의 전통을 잘 이어오고 있는 곳이다. 많은 요리에 마늘을 사용하고 있고, 또 한국과 비슷한 재료와 맛으로 한국인에게도 친숙한 요리가 많은 곳이 바로 체코다. 부담 없이 먹을 수 있는 길거리 음식 뜨르들로부터 소고기와 야생 동물을 이용한 요리 등 다양한 체코의 먹거리들을 소개한다

타르타르 Tatarák | Tartar

마치 한국의 육회처럼 생겼다. 싱싱하게 갈린 소고기에 작게 썬 양파, 후추, 소금과 다양한 허브를 기호에 맞게 넣어 버무린다. 함께 나오는 튀긴 빵에 생마늘을 직접 갈아서 원하는 만큼의 소고기를 올려먹으면 끝. 한국의 육회를 먹지 못했던 사람도 체코에서는 타르타르를 먹게 되는 마법을 볼 수 있다.

브람보락 Bramborák | Potato pancake

체코식 감자전. 체코에서는 감자로 다양한 요리를 만들어 먹는데 그중의 하나가 바로 브람보락이라고 불리는 감자전이다. 생감자를 갈아 달걀, 밀가루, 마늘 등을 넣고 밑간 후 노릇노릇해질 때까지 굽는다. 펍은 물론 레스토랑에서도 사이드 메뉴로 쉽게 찾아볼 수 있다.

스비취코바 Svíčková

체코식 크림소스를 곁들인 소 안심 요리로 대표적인 체코의 전통음식이다. 으깬 뿌리채소와 사워크림으로 만든 연갈색의 크림 그레이비 소스가 일품으로 크네들리키라고 불리는 체코식 찐빵, 크랜베리 소스, 약간의 휘핑크림과 함께 곁들여 먹는다.

스마제니 시르 Smažený sýr | Fried cheese

튀긴 치즈 요리. 주로 에담, 고다, 뮌스터 치즈를 이용하는데 체코 카망베르라고 불리는 헤르멜린Hermelín, 체코 블루치즈인 니바Niva를 이용하기도 한다. 적당한 두께로 썬 치즈에 빵가루를 묻혀 튀겨내는 요리로 맥주와 잘 어울린다.

뜨르들로 Trdelník | Trdlo

일명 굴뚝빵이라고 불리는 뜨르들로는 길에서 쉽게 찾아볼 수 있다. 반죽을 동그랗게 돌돌 말아 구운 후, 설탕과 시나몬 가루를 뿌려 완성하는데 달달한 냄새에 유혹을 떨치기 힘들다. 기본 형태 외에도 아이스크림, 슈크림, 생크림, 과일 등을 넣어 팔기도 한다. 따끈따끈할 때 먹으면 더 맛있어 자꾸만 찾게 된다.

메도브니크 Medovník | Honey Cake

캐러멜 크림을 꿀 시트에 층층이 채운 꿀 케이크. 촉촉하면서도 달콤하고, 꿀을 주재료로 했기 때문에 오래 보관할 수 있다. 체코인들의 대표적인 디저트다.

크네들리키 Knedlíky | Czech dumpling

영어로는 체코 만두라고 불리는 체코식 찐빵. 한국에서 먹는 만두와는 너무 다른 모습과 맛으로 고개를 갸우뚱하게 된다. 기본적으로는 롤의 형태로 찌거나 삶아서 만드는 빵으로 촉촉하고 향이 좋아 찐빵에 가깝다. 기본형에서 베이컨, 양파 등이 추가된 형태에서 달콤한 과일을 넣은 디저트형도 있다. 메인 요리와 곁들여 먹는다.

굴라쉬 Guláš | goulash

중부 유럽의 대표적인 음식으로 윤기나는 갈색의 고기 스튜. 대부분은 소고기에 각종 야채와 파프리카를 넣어 천천히 끓여 맛을 내는데 체코의 굴라쉬는 살짝 되직하다고 느낄 정도로 국물이 적은 편이다. 소고기 대신 돼지고기나 야생동물의 고기를 이용하기도 하며 대부분 크네들리키와 함께 먹는다.

작가 Pick!

콜레노 Koleno | Pork Knuckle

대표적인 체코 전통요리. 돼지 정강이 또는 돼지 발목 부위를 구운 요리로 체코식 족발이라고 불리기도 한다. 하나의 부위를 맥주와 허브 등으로 재운 후 통째로 구워내는데 겉은 바삭하고 속은 촉촉한 일명 겉바속촉한 식감을 자랑한다. 튀기지 않아 느끼하지도 않다. 맥주와 환상의 궁합을 자랑한다.

마늘 수프 Česnečka | Garlic Soup

민속적으로 체코에서는 감기나 숙취에 마늘 수프가 좋은 치료제라고 믿었다. 마늘이 주재료인데 소고기 육수에 감자, 양파, 캐러웨이, 마조람과 같은 다양한 전통 향신료들이 들어간다. 치즈와 바삭한 크루통을 같이 넣어 먹는데 적당히 짭조름한 국물과 강렬한 마늘이 자꾸 생각나는 맛이다.

맥주 Pivo | Beer

'체코' 하면 빼놓을 수 없는 것이 바로 맥주다. 물보다 저렴하다는 말이 있을 정도로 체코인은 맥주를 사랑한다. 맥주 소비량은 1인 약 144L로 전 세계에서도 가장 높다. 최초의 황금빛 필스너 라거가 탄생한 국가로 카페, 레스토랑 등 어느 곳을 가도 신선하고도 맛 좋은 맥주를 만날 수 있다. 특히 저온 살균을 하지 않은 unpasteurized 맥주와 여과되지 않은 Unfiltered 맥주는 꼭 마셔볼 것.

모라비아산 와인 Moravian Wine | Moravské Víno

체코의 남부 모라비아 지역은 전통적으로 품질 좋은 체코의 와인을 생산하고 있다. 특히 화이트 와인은 국제 대회에서도 다양한 상을 수상했을 정도다. 팔라바, 트라미너, 리슬링 등이 대표 품종으로 기분 좋은 과실 아로마, 무겁지 않은 적당한 바디, 달콤함이 특징이다.

르지젝 Řízek | Schnitzel

체코식 슈니첼. 마치 한국의 돈가스와 비슷한 친숙한 비주얼을 가지고 있다. 모든 종류의 고기로 만들 수 있지만 대부분 돼지고기 또는 닭고기로 만들며 한국 돈가스에 비해 얇고 고기 자체에 바로 소금, 후추 등으로 간을 하고 있어 특별한 소스 없이 감자 샐러드 등과 곁들여 먹는다.

클로바시 Klobásy | Sausages

구운 소시지. 거리의 키오스크는 물론 펍, 레스토랑에서도 쉽게 만날 수 있다. 겨울 시즌의 크리스마스 마켓의 대표 메뉴이기도 한 클로바시는 체코식 빵과 함께 머스터드와 함께 먹는다. 한 입 베어 물면 터지는 촉촉한 육즙이 일품이다.

쿨라이다 Kulajda

체코식 버섯 크림수프. 크르코노셰 등 산 지역의 특선 요리로 버섯, 딜, 감자, 크림이 들어간 수프다. 살짝 새콤하지만 부드러운 맛이 인상적이다. 여름에는 갓 딴 생버섯을 사용하고 겨울에는 말려둔 버섯을 사용하는데 어떤 버섯을 사용해도 맛있다.

양배추 수프 Zelňačka | Cabbage soup

한국에 김치찌개가 있다면 체코에는 양배추 수프가 있다. 절인 양배추를 이용해 만든 수프로 훈제 돼지고기, 감자, 사워크림, 파프리카 가루가 주재료다. 살짝 매콤하면서도 특유의 시원함 때문에 한국인들에게도 잘 맞는다. 특히 남부 모라비아 지역의 양배추 수프가 유명하다.

야생 동물 요리 Divoká zvířata | Wild animals

내륙 국가라는 특성상 고기 요리가 발달한 체코는 야생 동물도 꽤나 많이 먹는다. 우리에게는 친숙하지 않은 토끼, 야생 돼지, 사슴, 오리, 거위 등 다양한 재료로 만든 요리를 어렵지 않게 만나볼 수 있다.

구운 거위 Pečená husa | Roasted Goose

매년 11월 11일은 성 마르틴의 날이다. 과거 농사와 수확이 끝나고 일꾼들은 급여를 받는 날로 지주는 한 해 동안 고마웠다는 감사의 의미로 축제를 열었고 오늘날까지도 축제가 이어지고 있다. 특별한 성 마르틴의 날에는 양배추와 크네들리키를 곁들인 구운 거위 요리를 먹는다.

잉어 튀김 Kapří hranolky | Fried Carp

크리스마스 기간에 만날 수 있는 스페셜 메뉴. 내륙 국가인 만큼 민물고기를 먹곤 했다. 그중에 하나가 바로 잉어. 이제 한국에서는 거의 찾아볼 수 없는 메뉴이지만 크리스마스 시즌이면 잉어 튀김과 감자 샐러드를 곁들여 먹는다.

매력적인 과일향, 체코 와인의 세계

체코의 술이라고 하면 대부분 맥주를 떠올리기 십상이다. 하지만 체코는 맥주 못지않게 와인도 양조하고 있다. 포도나무와 와인은 3세기경 로마인에 의해 체코 땅에 들어왔다. 와인을 마시는 문화가 있던 로마인은 이탈리아에서 와인을 수급하기가 어렵자 그들이 머물던 모라비아에 포도나무를 심어 직접 양조해 마셨다고 전해진다. 제2차 세계대전 이후 정치적, 경제적인 상황과 이데올로기 변화로 인해 체코의 와인 산업은 세계 시장에서 잠시 고립되었다가 1995년 와인법 발효, 포도밭의 사유화 및 가족 와이너리의 발달, 2004년의 EU 가입 등 약 30년 동안 비약적인 발전을 거듭했고 현재는 환경친화적인 기술의 발전과 더불어 세계적인 상을 수상하기에 이르렀다. 1년간 평균 와인 소비량은 1인당 약 20L 정도로 현지인들은 와인을 사랑하고 즐긴다.

남부 모라비아의 대표 와인 지역

미쿨로프 Mikulov

체코 와인이 시작된 지역이라고 할 수 있다. 체코의 포도 재배와 와인 양조의 역사적인 중심지로 체코 와인의 수도라고도 불린다. 미쿨로프의 포도밭은 주로 석회암 토양을 지닌 팔라바Pálava 고지대의 언덕과 산비탈을 따라 퍼져있으며 특유의 과일 아로마, 독특한 미네랄 및 상쾌한 산미를 지니고 있는 것이 특징이다. 매년 9월 초에는 남부 모라비아에서도 가장 큰 와인 축제이자 포도 수확제가 열린다.

▶ 면적 4,432ha
▶ 대표 품종 화이트 - 웰치리슬링, 그뤼너 벨트리너, 리슬링, 소비뇽 블랑, 피노 블랑, 팔라바, 피노 그리, 샤르도네 등

즈노이모 Znojmo

고대 와인의 도시이자 체코 역사에서도 중요한 역할을 했던 도시다. 보헤미아와 모라비아의 비가 내리는 언덕, 디예Dyje 강과 오스트리아 접경을 따라 포도밭이 넓게 펼쳐져 있다. 자갈, 돌이 많은 모래 토양은 그뤼너 벨트리너, 뮐러 트루가우, 소비뇽 블랑, 팔라바, 리슬링 등에 최적이며 특정 지역에서는 레드와인 품종인 블라우프랑키쉬 Blaufränkisch와 피노 누아Pinot Noir가 생산되기도 한다.

▶ 면적 3,153ha
▶ 대표 품종 화이트 - 그뤼너 벨트리너, 뮐러 트루가우, 소비뇽 블랑, 팔라바, 리슬링 등

남부 모라비아 지역은 체코의 대표적인 와인 생산지다. 체코 전체 와인의 약 90~96%에 달하는 와인을 생산하고 있는 곳으로 바다가 없는 내륙 국가 특성상 포도 생산에 최적의 조건을 갖추고 있다. '대륙성 기후'를 가진 '차가운 포도재배지'로 불리며 특히 체코에서도 일조량이 가장 풍부한 태양의 축복을 받은 지역이기도 하다. 합리적인 가격 또한 매력적이다. 지형의 특성과 테루아로 인해 화이트 품종의 재배가 레드 품종보다 월등히 우월하다. 화이트 와인은 전체 생산량의 약 70%를 차지할 정도. 체코의 와인을 한 줄로 요약하자면? 아로마틱하면서 매력적인 과실 향, 상쾌하면서도 결코 무겁지 않은 산미, 비교적 가벼운 바디감으로 설명할 수 있다.

벨케 파블로비체 Velké Pavlovice

와인의 전통과 깊은 역사가 지금까지도 살아내려오는 와인 지역. 벨케 파블로비체의 중앙 부분에는 석회질 점토, 이회토, 사암, 역암 등의 모래 토양이 모자이크처럼 분포되어 있고 마그네슘 함량이 높아 남부 모라아에서도 레드 와인 품종을 주로 재배하고 생산한다. 남부 모라비아의 여러 와인 생산 지역 중 비옥한 땅을 가진 저지대인 데다가 일조량이 높아 청포도 재배가 많아 화이트 와인의 생산량도 높은 곳이다.

▶ **면적** 4,741ha
▶ **대표 품종** 레드 - 블라우프랑키쉬, 생 로랑 등 화이트 - 그뤼너 벨트리너, 피노 그리, 팔라바, 게뷔르츠트라미너, 모라비안 무스카트, 뮐러 트루가우 등

슬로바츠코 Slovácko

체코 남동부이자 슬로바키아와 오스트리아 국경에 접하고 있는 와인 지역. 슬로바키아 국경에 가까운 만큼 지역의 이름도 슬로바키아에서 유래했다. 와인과 더불어 민속 문화, 축제, 전통이 살아있는 지역으로 포도 재배에 독특한 조건들을 가지고 있다. 포도밭이 위치한 고도와 토양의 가벼움은 여름 온도의 강도와 잘 맞아 다양한 성질을 가진 와인이 생산된다. 유서 깊은 와인셀러들이 모여있는 플제Plže, 오리지널 와인 생산 건물을 포함한 야외 박물관이 위치한 스트라주니체Strážnice가 바로 여기에 있다.

▶ **면적** 4,188ha
▶ **대표 품종** 화이트 - 모라비안 무스카트, 뮐러 트루가우, 리슬링, 피노 블랑, 그뤼너 벨트리너 등 레드 - 블라우프랑키쉬, 카베르네 모라비아 등

체코의 대표 포도 품종

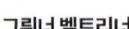

팔라바 Pálava
체코의 특색 있는 토착 품종 중 하나. 뮐러 트루가우와 게뷔르츠트라미너를 교배시켜 태어난 품종으로 부모의 좋은 특징만 물려받았다. 황금빛을 띠는 노란색, 낮지만 적당한 산미, 긴 여운, 풀 바디, 열대 과일과 이국적인 향신료가 어우러진 세련된 향을 갖고 있다.

그뤼너 벨트리너
Veltlínské zelené | Grüner Veltliner

남부 모라비아 지역에서 가장 많이 재배되는 포도 품종. 초록빛을 띠는 색, 싱그럽고 상쾌한 분위기, 린덴 나무의 꽃 향, 크리미한 질감의 아몬드 맛으로 변하는 백후추의 스파이시한 향이 특징이다.

뮐러 트루가우
Müller Thurgau

두 번째로 많이 재배하고 있는 품종. 녹색을 띤 연한 갈색의 밝은색, 미디엄-풀 바디는 균형이 잘 잡혀있다. 시트러스를 포함한 풍부한 과일향을 자랑한다.

라인 리슬링
Ryzlink rýnský | Rhine Riesling

토양과 빈티지에 따라 다채로운 향과 맛을 선사하는 품종, 과일향, 미네랄, 토양의 건강함, 스파이시에 이르기까지 다양한 향을 선사한다. 초록빛을 띤 연한 갈색은 숙성을 거치며 점차 황금빛을 띠는 것도 신비롭다. 가금류, 생선 등과 잘 어울린다.

게뷔르츠트라미너
Tramín červený | Gewürztraminer

전형적인 화이트 품종으로 체코 인기 품종 중 하나. 연한 초록빛에서 황금빛을 가지고 있는 품종으로 다소 강렬한 스파이시, 달콤한 꿀 향에 말린 과일향을 갖고 있다. 특히 잘 익은 포도로 만든 와인은 밸런스가 뛰어나고 점도가 있는 편.

블라우프랑키쉬
Frankovka/Lemberger | Blaufränkisch

마치 벨벳과 같은 질감과 짙은 루비색을 지닌 체코의 대표 레드 품종. 햇와인은 산도와 타닌의 조화가 절묘하고, 숙성된 와인은 시나몬과 블랙베리가 조우해 복합적이면서도 스파이시하다. 육류, 가금류와 잘 어울린다.

대표적인 와이너리 Vinařství | Winery

손베르크 와이너리 Vinařství Sonberk

체코 최고 수준의 와인을 생산하는 중형급 와이너리. 체코 국내는 물론 국제 시장에서도 인정받는 현대적이고 최상급 와인을 생산하고 있다. 리슬링, 소비뇽 블랑 그리고 현지 토착 품종 팔라바를 이용한 화이트 와인이 대표적이다. 약 40ha이 규모로 엄선한 포도를 지속 가능한 방식으로 생산하며 풍부한 과일향과 과즙, 깊은 미네랄, 흥미로운 스파이시가 특징이다. 2012년 올해의 와이너리 수상을 비롯해 디캔터 월드 와인 어워즈의 베스트 드라이 아로마틱 부분에서 플래티넘 메달을 수상했고 체코의 가장 명망 있는 국제 와인 대회인 프라하 와인 트로피의 결선에 출전하며 두 번이나 우승한 이력이 있다. 손베르그 와이너리는 뉴욕 타임스, 월스트리트 저널에 소개된 최초이자 유일한 체코 와이너리이기도 하다. 연간 3만~15만 병의 와인을 생산하고 있고 남부 모라비아를 여행하면 들르게 되는 대표적인 와이너리이다.

수상 2010 DWWA(디캔터 월드 와인 어워즈) 지역 챔피언 / AWC Vienna 2012 금메달 등
주소 Sonberk 393, 691 27 Popice **홈페이지** www.sonberk.cz/en **운영** 여름 시즌(3~10월) 매일 10:00~18:00, 금~토 10:00~20:00(6~8월 연장 운영), 겨울 시즌(11~2월) 매일 10:00~17:00 와인 테이스팅 영업 시간 내 개별 테이스팅은 예약 불필요, 가이드 투어 및 와인 테이스팅은 최소 방문 2일 전 예약 필요(이메일 또는 전화)

오벨리스크 와이너리 Vinařství Obelisk

전통을 존중하면서도 현대적인 기술과 방법, 즉 포스트모던한 방법으로 포도를 재배하고 와인을 생산하는 와이너리. 팔라바 언덕과 발티체가 보이는 멋진 뷰를 가졌다. 싱그러운 포도밭이 현대적인 와이너리를 감싸고 있다. 멋진 외관만큼이나 오벨리스크 와인 자체도 굉장히 세련된 것이 특징이다. 체코 포도 품종의 특징은 잘 살리면서도 국제 기준에 잘 부합하게 양조해 퀄리티 또한 최상급을 자랑한다. 단, 와이너리는 대중에게 매일 오픈하지는 않고 있어 현지의 와인 투어를 이용해서 방문하는 것이 좋다. 한국 시장에도 오벨리크스 와이너리를 알리려는 노력을 꾸준히 하고 있는 곳.

주소 Celňák 1212, 691 42 Valtice **홈페이지** www.vinarstviobelisk.cz/en
운영 및 가는 방법 남부 모라비아의 투어 업체인 '와인 투어스 모라비아' 이용 추천

비찬 와이너리 Vican Winery

비찬Vican 와이너리는 가족이 경영하는 와이너리다. 미쿨로프Mikulov에서 차량으로 5분가량 떨어진 무슐로프Mušlov에 위치한다. 무슐로프는 조개라는 뜻이다. 그래서인지 와인 라벨에 조개가 있다. 신선함, 미네랄, 풍부한 향, 경쾌하지만 결코 튀지 않는 산도의 멋진 와인을 생산한다. 텍사스 국제 와인 대회 금메달, 샌프란시스코 국제 와인 대회 금메달, 빈 와인 트로피 금메달, 스트라스부르 와인 대회 금메달 등 다양한 상을 수상하며 국제 대회에서도 인정받았다. 와이너리는 투어도 가능하고 직접 생산하는 치즈도 맛볼 수 있다. 주인아저씨의 푸근한 인정이 인상적인 장소다.

주소 Mušlov 30, 692 01 Mikulov na Moravě 홈페이지 www.vican.wine 운영 시즌별 상이, 구글맵 확인

오로라 와이너리 Vinařství Aurora

아몬드 과수원으로 잘 알려진 후스토페체 Hustopeče에서 만날 수 있는 가족형 와이너리. 연간 약 2.5만 병을 생산하는 소규모 와이너리이나 남부 모라비아 와인의 개성을 듬뿍 느낄 수 있는 곳이다. 지금의 이름은 더 나은 내일을 여는 새벽과 같은 의미에서 지었다고 한다. 현재는 와인을 양조하는 젊은 형제가 자부심을 가지고 운영하고 있다. 지하에 있는 셀러의 길이는 약 31.5m, 약 50명까지 수용이 가능하다. 주인장의 전문적이지만 쉬운 설명, 다양한 오로라 와이너리의 와인 테이스팅, 부인이 직접 만드는 남부 모라비아식 양배추 수프까지 현지 와이너리에서 느낄 수 있는 감성을 모두 갖췄다.

주소 Kurdějovská 50, 693 01, Hustopeče
홈페이지 www.vinarstviaurora.cz 운영 여름 시즌 수~토요일 18:00~22:00(단체 행사 예약이 있을 수 있으니 방문 전 확인 필수)

Travel Plus — 가을에만 만날 수 있는 부르착 Burčák

시즌 첫 생산한 와인. 부분적으로 발효된 햇 와인으로 포도 수확과 동시에 생산되므로 유효기간이 짧다. 뽀얀 색깔로 한국의 막걸리와 색도 맛도 비슷하지만 부르착은 쌀이 주재료인 막걸리와 다르게 주재료가 포도인 점이 다르다. 달짝지근해서 계속 손이 가는데 알코올 도수가 5~8%로 낮지 않으니 적당히 마시도록 하자. 부르착은 오직 8월부터 11월까지만 판매한다. 해마다 부르착의 시즌이 되면 체코 전역에서 부르착을 만날 수 있다. 특히 9~10월이 부르착을 만날 수 있는 최적의 시기다.

와인 살롱 Národní vinařské centrum | Wine Salon of the Czech Republic

체코에서도 가장 수준 높은 와인 대회 겸 와인 살롱이다. 체코에서 재배한 포도로 만든 와인만이 와인 살롱에 등록될 수 있으며 최고 100개의 와인에는 와인 살롱 Salon vín České republiky 라벨을 붙일 수 있는 권리를 가진다. 남부 모라비아 지역의 발티체 성 지하에서는 체코 최고의 100개의 와인에 대한 시음과 전시가 상시 진행된다. 다양한 와인 시음 프로그램 중 선택할 수 있으며 시음 없이 와인만 구매할 수도 있다. 2023년의 경우 81종의 화이트 와인, 2종의 스파클링 와인, 17종의 레드 와인, 2종의 로제 와인을 전시 중으로 총 22개의 포도 품종, 4개의 퀴베로 구성되어 있다.

주소 Zámek 1, 691 42 Valtice
홈페이지 www.vinarskecentrum.cz/en
운영 화~목요일 09:30~17:00, 금~토요일 10:30~18:00, (6~9월) 일요일 10:30~17:00
휴무 1월 및 매주 월, 일요일
요금 와인 테이스팅 A(120분 - 소믈리에의 설명 및 와인, 와이너리에 대한 정보 제공) 599Kč/인,
와인 테이스팅 B(글라스를 이용한 시음 - 와인 디스펜서 이용) 150Kč부터(300, 450Kč 등 선택 가능)
와인 테이스팅 C(그룹을 위한 와인 테이스팅, 최소 8명, 최대 약 45명까지 가능, 예약 필수)

와인 축제

포도가 익어가는 체코의 풍요로운 가을에는 와인 생산을 축하하는 다양한 포도 수확 축제가 열린다. 평소에 쉽게 만날 수 없었던 남부 모라비아의 달콤하고도 신선한 와인들을 맛볼 수 있는 찬스. 입장권에는 대부분 시음용 와인잔이 포함되어 있고, 남부 모라비아의 작은 와인 마을들은 축제를 즐기려는 여행객, 활기차고 즐거운 분위기로 가득하다.

- 미쿨로프, 팔라바 와인 축제 2024년 9월 6~8일
- 발티체, 발티체 성 와인 축제 2024년 10월 4~5일
- 즈노이모, 와인 축제 2024년 9월 13~15일

남부 모라비아 와인 투어

체코의 와인을 즐기는 편안하고도 쉬운 방법은? 바로 전문 투어를 이용하는 것. 와인을 잘 알지 못하더라도 와인에 관심이 있거나 와인 애호가라면 부담 없이 즐길 수 있는 투어. 전문가를 위한 투어도 따로 운영 중. 전용 차량으로 픽업 & 샌딩이 이루어져 와인 테이스팅 전후로 운전할 필요 없이 현지의 와인 전문가가 안내하는 남부 모라비아의 대표적인 와인 생산지와 베스트 와이너리들을 편하게 방문할 수 있다. 투어를 담당하는 가이드 역시 와인 소믈리에로 체코는 물론 해외의 와이너리에서 다양한 경험을 쌓아 와인에 대해 해박한 지식을 자랑한다.

특히 현지의 와인 투어를 이용하면 와인 생산지 방문과 시음은 물론 해당 일정에 문을 여는 와이너리의 오픈 유무를 알 수 있고, 지역 행사가 열린다면 행사에 참여할 수 있으며, 숨겨진 사진 스폿이나 일반적으로 투어를 진행하지 않는 와이너리를 방문하는 등 현지인만의 노하우로 특별한 투어를 즐길 수 있어 효율적이다. 브르노에서 숙박할 경우 브르노 호텔로 데리러 오기 때문에 미쿨로프 등 기타 와인 소도시에 가지 않을 예정이라면 브르노에서 머무는 날 투어를 진행하는 것을 추천. 꼭 브르노가 아니더라도 남부 모라비아 내 웬만한 도시면 이용이 가능한 것도 장점이다.

투어는 2인부터도 진행 가능하며 인원이 많아질수록 금액이 더 저렴해진다. 단, 투어는 기본적으로 영어로 진행되며 추가 금액을 지불할 경우 한국어 가이드가 제공된다.

공통 사항 픽업 및 샌딩, 전문 가이드, 전용 차량, 와인 시음, 와인 잔 및 와인 1병 포함

클래식 투어 팔라바 지역 및 미쿨로프, 손베르크 와이너리 등
2인 4,000Kč/인, 3인 3,400Kč/인, 4~14인 2,500Kč/인

모라비안 투스카니 벨케 파블로비체, 보르제티체, 밀로티체 샤토 등
2인 4,000Kč/인, 3인 3,400Kč/인, 4~14인 2,500Kč/인

전문가 투어 손베르크 와이너리, 코트베르크 지하 와인 저장고, 파블로프, 브르제지 전통 와이너리 등
2인 4,000Kč/인, 3인 3,400Kč/인, 4~14인 2,500Kč/인

와인 투어스 모라비아 한국어 홈페이지 www.winetoursmoravia.com/ko

쌉쌀함과 달콤함, 체코 맥주의 세계

체코의 맥주 양조 역사는 천 년 이상 발전해 왔다. 최초의 맥주 양조는 무려 993년 브르제브노프 수도원 Břevnov Monastery에서 시작되었다고 알려져 있다. 기록된 문서에 따르면 중세 수도원에서는 금식 기간 동안 부족한 영양분을 보충하고, 이 시기를 잘 견딜 수 있기 위해서 수준 높은 맥주 양조 기술이 발달하게 되었다고. 맥주는 맥아, 밀, 홉 등의 곡물이 원료가 되어 영양소가 풍부했기 때문에 '액체 빵'이라고 불리기도 했다.

체코에서는 양조장은 맥주를 만들고 탭스터는 맥주를 완성한다는 말이 있다. 양조장의 브루마스터는 질 좋은 원료를 사용해 맥주를 만드는 책임을, 완성된 맥주를 최적의 상태로 관리하고 전달하는 탭스터는 소비자가 신선한 최상급의 맥주를 맛볼 수 있게 하는 책임을 가진다.

탭스터 Tapster 란?

아무리 맛있는 맥주라도 관리가 제대로 되지 않는다면 진정한 맛을 느낄 수 없다. 그래서 탄생한 직업. 정확하게는 체코의 맥주 '필스너 우르켈'을 최상의 상태로 관리하고 현지의 맛을 그대로 느낄 수 있도록 맥주를 서비스하는 전문가를 탭스터라고 한다. 양조된 생맥주를 최적의 상태로 소비자에게 전달하는 역할로 정식 탭스터는 체코에서 관련 교육을 마친 후 배지와, 탭스터의 이름과 탭스터 넘버가 적힌 앞치마를 수여받는다.

맥주 도수

체코 맥주나 메뉴판에서 맥주 이름 옆에 일반적으로 10°~12°의 숫자를 볼 수 있다. 이는 도수가 아니다. 디그리 플라토 Dgree Plato라는 맥아즙 내 당의 온도를 말한다. 맥아즙 또는 맥즙은 맥주의 발효 전 원액으로 예를 들어 10°는 10%의 당이 들어가 있다는 뜻이다. 일반적으로 10° 맥주의 도수는 약 4.5%, 12° 맥주의 도수는 약 5% 정도다.

재미있는 맥주 문화

체코에서는 펍에서 맥주만 마시는 모습을 쉽게 만날 수 있다. 한국과는 달리 안주는 꼭 시키지 않아도 된다. 더불어 매장 내 서서 마실 수 있는 테이블, 매장 외부에 간단한 선반이 달려있는 것을 종종 볼 수 있는데 바로 외부에서 서서 맥주를 마실 수 있는 용도다. 실제로 날씨가 좋은 날이나 저녁이면 외부에 서서 이야기를 나누며 맥주를 마시는 현지인들을 자주 목격할 수 있다.

체코의 대표적인 맥주

필스너 우르켈 Pilsner Urquell

1842년 체코 플젠에서 탄생했다. 세계 최초의 황금빛 필스너 라거의 주인공. 요세프 그롤Josef Groll에 의해 탄생한 필스너 우르켈은 맥주의 역사를 영원히 바꿔버릴 정도로 세계에서 가장 유명한 맥주이자 전설이 되었다. 냉장고가 없던 과거엔 시원한 지하 동굴에서 자연적인 방법으로 온도를 낮게 유지해 저온으로 맥주를 양조해왔고 180년이 지난 지금까지도 최초의 양조법을 그대로 이용해 전통의 방식으로 필스너 우르켈을 생산하고 있다. 현대 기술의 발전으로 지금의 맥주는 나무통이 아닌 현대식 탱크에서 양조하는데, 이와 동시에 과거의 방식대로 양조장의 지하에서 나무통에 맥주를 양조하는 병렬 양조 Parallel brewing 방식을 통해 지금까지도 원래의 맛을 비교하고 유지한다. 필스너 우르켈은 100% 체코의 원료를 이용해 하면발효 방식으로 양조된다. 체코의 자테츠Žatec 지역에서 생산되는 최상급의 사츠Saaz홉, 모라비아의 맥아, 부드러운 플젠의 물은 아주 중요한 필스너 우르켈의 원료로 1842년 탄생 후 항상 같은 맛을 유지해왔다. 살짝 쌉싸름하지만 부드러운 목넘김에 깔끔한 맛이 일품.

특히 체코에서 거품은 맥주의 맛에 영향을 줄 정도로 맥주 거품은 굉장히 중요하다. 밀도가 가득한 하얀 거품은 섬세한 필스너 우르켈의 맛을 산소로부터 산화하는 것을 지켜주며 쌉쌀한 홉과 세 번 구워진 몰트의 단 풍미와 부드럽게 잘 어우러져 맥주와도 완벽한 균형을 이룬다.

슈니트

- ▶ **흘라딘카(Hladinka)** 기본 타입. 거품은 손가락 약 3개 정도의 두께를 차지한다. 완벽한 거품은 쌉쌀하면서 단맛을 신선하게 살려주면서도 특유의 향과 굉장히 조화롭게 어울린다. 촉촉하면서 바삭한 느낌의 거품은 돼지고기 요리, 오리 요리 등 조금 무거운 음식들과 딱!

흘라딘카

- ▶ **슈니트(Šnyt)** 거품이 전체 맥주의 약 2/3를 차지하고 상단은 손가락 1개 두께 정도가 비어있어야 한다. 상쾌한 맛이 특징이고 굴라쉬 수프나 햄버거 같은 요리와 잘 어울린다.
- ▶ **믈리코(Mliko)** 대부분이 거품으로 맥주는 바닥에 겨우 보일 정도로 적은 것이 특징이다. 하지만 풍부한 향과 맥아의 단맛을 끌어내는 믈리코는 디저트와 함께 마실 때 가장 조화롭다. 술이 약하거나 혹은 취하고 싶지 않을 때도 마신다.

믈리코

체코인이 좋아한다고 말하기 어렵지만 필스너 우르켈이나 코젤 펍에서 종종 찾아볼 수 있는 메뉴는?

- ▶ **르제자네(Řezané)** 필스너 우르켈과 코젤을 반반 섞은 맥주. 밀도 차이로 인해 코젤은 위로, 필스너 우르켈은 아래에서 맥주를 단단히 지탱해 준다.

르제자네

코젤 Kozel

각기 다른 온도에서 구운 다양한 맥아의 황금 배합 기술을 통해 양조하는 것으로 유명한 체코의 라거. 정식 명칭은 벨코포포비츠키 코젤Velkopopovický Kozel이지만 일반적으로 코젤이라고 불린다. 매혹적인 어두운 빛깔에 깊은 풍미를 지닌 코젤 다크, 캐러멜색을 띠는 맥아를 이용해 쌉쌀했던 홉을 부드럽게 양조한 코젤 라거가 대표적이다. 참고로 코젤은 1874년 프라하에서 남동쪽으로 약 25km 정도 떨어진 곳에 위치한 벨케 포포비체Velké Popovice라는 곳에서 탄생했다. 코젤은 생맥주의 역사에 중요한 한 획을 긋기도 했다. 1965년 신선한 맥주의 품질을 유지하면서 보급하고자 히는 발상에서 맥주 탱크의 사용을 시작한 것이 바로 코젤. 갓 제조된 코젤 맥주는 탱크를 이용해 저장되고 이동되어 양조장에서 멀리 떨어진 사람들도 신선하고 풍미 깊은 코젤 맥주를 즐길 수 있었다.

감브리누스 Gambrinus

1869년 시작된 체코의 또 다른 역사적인 라거 맥주. 감브리누스는 유럽 문화에서 전설적인 존재로 맥주와 양조, 기쁨을 상징하는 인물로 알려져 있다. 감브리누스는 필스너 우르켈만큼이나 현지인에게 인기가 많다. 살짝 쌉쌀한 맛, 깊은 황금빛, 넉넉하고도 풍부한 거품이 조화롭다.

부데요비츠키 부드바르 Budějovický Budvar

부데요비츠키 부드바르는 체스케 부데요비체에서 태어난 맥주다. 체스케 부데요비체의 맥주 역사는 보헤미아의 왕 오타카르 2세Otakar II가 도시에 양조 권한을 부여한 1265년에 시작된다. 부드바르는 빙하시대의 유산인 300m 깊이의 독특한 지하수, 1등급 자테츠 홉, 모라비아산 맥아로 오직 체스케 부데요비체에서만 양조된다. 대표적인 맥주는 페일 라거인 부데요비츠키 부드바르 오리지널로 체코 맥주답게 적당히 쌉쌀하고 부담스럽게 강하지 않아 인기가 많다. 2024년 현재, 한국의 펍과 마트에서도 생맥주와 캔으로 만날 수 있다.

알아두면 편리한 체코 마트

테스코 Tesco

영국에 본사를 둔 슈퍼마켓 체인으로 체코 곳곳에서 만날 수 있다. 체코 내에서는 슈퍼마켓, 하이퍼마켓, 테스코 익스프레스 등 다양한 형태와 규모로 운영 중이다. 대형 하이퍼마켓의 경우 도심을 벗어나 있기 마련인데 프라하 안델역의 노비 스미호프Nový Smíchov 쇼핑센터에 하이퍼마켓이 있어 여행객도 이용하기 편리하다. 규모가 큰 만큼 식료품, 술, 일상용품 등 다양한 종류의 물건을 취급하고 있다. 여행 후 선물로 사 갈 만한 간식이나 과자들이 꽤 많은 편. 조금 작은 규모의 테스코 익스프레스 같은 경우 프라하 시내 곳곳에서 만날 수 있다.

지도 P.492-B2　주소 테스코 하이퍼마켓 - Radlická 1, 150 00 Praha 5-Anděl 홈페이지 itesco.cz/prodejny/obchody-tesco/hypermarket-praha-novy-smichov

알베르트 Albert

프라하 시내에서 쉽게 만날 수 있는 마트. 테스코보다는 조금 작은 규모이지만 시내 곳곳에 위치해 있어 편리하게 과일, 식료품 등을 쇼핑할 수 있는 곳이다. 프라하 현지인들도 자주 이용하는 마트인 만큼 현지의 분위기가 잘 느낄 수 있다. 가격 또한 저렴해서 호텔 근처에 있다면 간단한 유제품, 간식, 맥주 등 간식들을 사 먹기 좋다. 여행자들이 많이 가는 구시가지의 팔라디움Palladium 쇼핑몰 내, 맞은편 코트바Kotva 쇼핑몰 내, 바츨라프 광장에서도 3개 이상의 매장을 운영하고 있을 만큼 지점이 많아서 이용하기 편하다.

지도 P.493-C1　주소 바츨라프 광장 Václavské nám. 831/21, 110 00 Nové Město/ 팔라디움 내 Palladium, Náměstí Republiky 1078/1, Petrská čtvrť, 110 00 Praha 1
홈페이지 www.albert.cz

빌라 Billa

빌라는 구시가지 화약탑 근처의 대표적인 마트로 잘 알려져 있다. 여러 호텔이 모여 있는 위치인 만큼 접근성이 좋아서 여행객들이 들르기 쉽다. 그 외에도 팔라디움 쇼핑몰 근처, 프라하 중앙역, 플로렌스 메트로역 앞, 프라하 공항 내 등 이동하면서 들르기 좋은 곳에 매장을 운영하고 있다. 시즌마다 다르지만 신선 식품, 과일 같은 경우 알베르트보다는 금액이 살짝 높은 편이지만 좋은 위치와 퀄리티로 가격을 커버한다.

지도 P.493-C1 주소 V Celnici 1031/4, 110 00 Nové Město 홈페이지 www.billa.cz

케이-푸드 K-FOOD

한국 음식을 필두로 아시아권 음식료를 판매하는 곳. 한국 음식이나 라면이 생각날 때 들르기 좋다. 공화국 광장으로 알려진 공화국 광장의 빌라 슈퍼마켓 건물에 위치해 찾기도 쉽다. 컵라면을 비롯해 봉지 라면, 컵밥, 김치는 물론 꽤 다양한 한국 식료품을 판매하고 있고 컵라면 작은 사이즈가 약 45Kč 선으로 가격도 나쁘지 않다. 단, 한국산 술만큼은 가격이 높은 편이다.

지도 P.493-C1 주소 Celnici 1031/4, 110 00 Nové Město 홈페이지 shinfood.com 영업 월~토요일 10:30~20:30, 일요일 휴무

미니마켓 Minimarket(포트라비니 Potraviny)

도심 곳곳에서 만날 수 있는 가게들로 이름처럼 작은 규모에 이것저것 여러 종류의 물품을 팔고 있는 곳이다. 아무래도 체코 외의 국가 출신이 운영하는 곳이 많다. 슈퍼마켓보다는 가격은 있는 편이지만 호텔 옆, 골목, 거리 곳곳에 위치하고 일반 마트보다도 늦은 저녁 시간까지도 영업하기 때문에 급하게 물, 간식 등이 필요할 때 들르기에 요긴하다.

슈퍼마켓 쇼핑 필수 아이템

체코 곳곳에서 만날 수 있는 슈퍼마켓과 마트. 여행 중 들러서 출출한 배를 달래기에도 좋고, 가격도 좋고 부피도 크지 않아 체코 여행 기념품으로 사가기에 좋은 쇼핑템을 소개한다.

맥주
1,000~2,000원 선

잘 알려진 필스너 우르켈, 코젤, 부드바르 외에도 체코에서 양조된 다양한 맥주를 저렴하게 만날 수 있다. 병 및 캔 맥주가 약 1,000원 선으로 신선하기까지 하고 선택의 폭도 넓다.

오플라트키 콜로나다 Oplatky Kolonáda
약 2,000~3,000원 선

카를로비 바리의 대표적인 웨이퍼의 대중화 버전. 바닐라, 헤이즐넛, 초콜릿 등의 맛이 웨하스, 웨이퍼 타입으로 판매되어 기호에 따라 선택할 수 있다.

말렌카
2,000원~1만 원 선

꿀 케이크, 일명 허니 케이크로 잘 알려진 말렌카는 슈퍼마켓에서 저렴하게 구매할 수 있다. 밀봉 포장이 되어 있고 유통 기한이 길어 선물용으로 좋다.

꿀, 잼류
7,000원~1만 원 선

체코의 꿀과 잼은 품질 좋기로 유명하다. 다양한 종류와 국가에서 생산된 제품들이 있으니 체코 생산의 꿀 혹은 잼을 잘 보고 구매할 것.

향신료
1,000~2,000원 선

체코 요리에서 마조람은 거의 모든 요리에 들어간다고 할 정도로 많이 쓰인다. 그 외에도 타임, 로즈메리, 파프리카 가루 등 1,000~2,000원 선에 다양한 향신료를 구매할 수 있다.

유제품
1,000~3,000원 선

내륙 국가인 체코는 다양한 육류를 키운다. 따라서 유제품의 종류가 풍부하고 가격도 저렴하다. 단, 치즈 등의 유제품은 살균 처리 및 밀봉된 것만 반입할 수 있으니 주의할 것.

납작 복숭아
약 2,000원 선/kg

한국에서는 만나기 힘든 납작 복숭아. 여름 시즌 체코에서도 만날 수 있다. 단 원칙적으로 농축산물은 한국에 반입할 수 없으니 체코에서만 먹도록 하자.

젤리
1,000원 선

슈퍼마켓에서는 쫄깃하고도 쫀득한 젤리를 많이 찾아볼 수 있다. 그중에서도 요요Jojo는 체코 브랜드로 딸기, 곰돌이, 사과 등 다양한 맛의 젤리다. 가격도 착하고 맛도 좋다.

오리온 초콜릿
1,000~3,000원 선

한국에 가나 초콜릿이 있다면 체코에는 오리온 초콜릿이 있다. 1896년에 설립된 무척이나 오래된 역사를 가진 회사다. 견과류가 들어간 초콜릿, 밀크 초콜릿 등 다양한 맛이 있다.

코폴라 Kofola
1,000원 선

체코에서 탄생한 콜라. 마치 한국의 맥콜 음료와 비슷한 느낌의 음료다. 공산주의 시절에 콜라에 대항해 탄생했다고. 한 번쯤 먹어볼 만하지만 다시 찾게 되지는 않는다.

꼭 사야 할 체코 기념품 Best 12

체코는 자연에서 생산된 제품은 물론 순수한 자연 재료를 이용한 천연주의 화장품 등으로 특히 유명하다. 그 외에도 전통적인 마리오네트 인형이나 아기자기한 캐릭터 상품 또한 체코의 개성이 가득해 인기가 많고 예로부터 내려오는 크리스털 제품, 포슬린, 가넷 등의 전통 기념품들도 다양하다.

천연 화장품 혹은 유기농 화장품
Natural Cosmetic

마누팍투라 Manufaktura : 체코에서 생산된 자연 재료를 원료로 만든 천연주의 화장품
하블리크 아포테카 Havlíkova přírodní apotéka : 체코의 유기농 화장품

술
likér | Liquor

베헤로브카 Becherovka : 온천으로 유명한 카를로비 바리의 리큐어
슬리보비체 Slivovice : 증류주로 체코의 전통적인 과일 증류주
모라비아 와인 Moravian Wine : 체코 모라비아 지역에서 생산된 와인

크리스털
Krystal | Crystal

품질이 좋기로 유명한 체코의 크리스털

마그넷 Magnet
가볍고도 저렴한 금액으로 여행을 추억하기 좋은 기념품

포슬린
Porcelán | Porcelain

예쁘면서도 우수한 품질의 도자기

가넷
Granát | Garnet

석류석이라고도 불리는 체코의 국석

(목각) 인형 Loutka | Puppet

체코의 리파 나무를 이용해 만든 꼭두각시 인형

오플라트키
Mariánskolázeňské Oplatky

얇은 반죽 사이에 바닐라 크림 등을 얇게 펴서 구운 스낵

꿀, 살구잼
Med, Meruňkový džem | Honey, Apricot jam

양질의 꿀, 살구로 만든 기념품

크르텍, 크르테첵
Krtek, Krteček

체코의 국민 두더지 캐릭터

연필과 색연필
tužka, barevná tužka | Pencil, Color pencil

코히노르 Koh-I-Noor : 8B~10H까지 연필을 나누는 국제적인 기준을 처음 도입한 회사

탁상시계 또는 벽시계

구시가지의 천문시계를 축소한 디자인의 시계

예술적 감성이 가득한 공연 즐기기

체코는 다양한 명소 외에도 문화적, 예술적인 감성과 자산이 풍부한 나라다. 베드르지흐 스메타나, 안토닌 드보르자크, 알폰스 무하, 프란츠 카프카 등 이름만 들어도 알 만한 세계적인 명성의 예술가들이 바로 체코에서 탄생했다. 자유로운 창작과 예술의 기운이 풍부한 체코는 다양한 문화 공연을 합리적인 금액으로 즐길 수 있는 곳이기도 하다. 사설 극단을 비롯해 국립 극단에서도 매일 밤 다양한 공연이 펼쳐지나 가급적이면 훌륭한 품질의 공연을 보증하는 국립 극단의 작품을 감상하는 것을 추천한다. 좌석도 입석, 발코니, 오케스트라 등 다양하고 약 1만 원 선부터 시작해서 가격도 부담 없다. 하루 저녁 정도는 꼭 시간을 내어볼 것! 결코 후회하지 않을 것이다.

** 단, 금액 및 공연이 열리는 장소는 변경될 수 있으니 '국립극장' 홈페이지에서 꼭 확인할 것.
홈페이지 www.narodni-divadlo.cz/en

국립극장 Národní divadlo | National Theatre P.172

황금 지붕이 인상적인 체코의 역사적인 극장. 체코 문화의 부흥을 상징하는 중요한 곳이기도 하다. 1881년 첫 개관했다가 그 후 발생한 화재로 1883년 11월 재개관했었다. 1977년 리노베이션을 진행한 이력이 있고 조명, 무대, 기술적으로도 현재 거의 완벽에 가깝다. 국립극장은 산하에 국립 오페라 극장, 더 뉴 스테이지, 에스테이트 극장을 관리하며 오페라, 연극, 발레, 라테르나 마기카 등 4종류의 공연 프로그램을 선보인다.

국립 극장의 대표 프로그램
발레 호두까기 인형, 오네긴, 신데렐라 등
오페라 루살카, 카르멘, 아르미드, 리부셰, 악마와 케이트, 투란도트 등
연극 호르두발, 오만과 편견, 한여름 밤의 꿈, 미녀와 야수 등

Travel Plus 오페라 '루살카 Rusalka'

안토닌 드보르자크의 오페라 작품. 루살카라는 인물은 슬라브 신화 속 인물로 물의 요정이다. 총 3막으로 구성된 오페라로 1901년 초연 후 전 세계적으로 유례없는 대성공을 거뒀다. 인간 왕자를 향한 루살카의 이루어질 수 없는 사랑 이야기로, 루살카는 마녀 예지바바의 도움으로 왕자와 결혼하는 대신 목소리를 잃는다. 하지만 행복도 잠시 왕자는 변심하고 루살카는 저주를 받는다. 왕자는 잘못을 깨닫고 용서를 고하지만 이미 저주받은 루살카의 키스로 죽음을 맞이하고 루살카는 영원히 삶과 죽음 사이를 떠돌게 된다. 마치 체코판 인어공주라고 할 수 있다. 아리아 '달에게 바치는 노래(Song to the Moon)'는 오페라 루살카의 하이라이트. 가슴을 울리는 노래, 호수를 표현한 무대 장치와 우아한 안무는 약 3시간의 공연 시간을 완벽히 만들어준다. 체코어로 작곡된 오페라로 영어 자막이 제공된다.

국립 오페라 극장 Státní opera | The State Opera P.243

2020년 1월 5일, 3년간의 대대적인 리노베이션을 마치고 재개장했다. 아름답고도 우아한 네오 바로크 양식의 국립 오페라 극장은 1888년 1월 5일 처음 모습을 선보였다. 건물과 극장은 그대로 유지하면서 새로운 무대기술, 무대, 리허설 공간, 드레스 룸 등 다양한 시설들이 개선되었고 벽화와 프레스코화는 먼지를 벗겨내고 더욱 아름답고 깨끗하게 돌아왔다.

국립 오페라 극장의 대표 프로그램
오페라 아이다, 헨젤과 그레텔, 라 보헴, 라 트라비아타, 멕베스, 나비 부인, 리골레토, 로미오와 줄리엣, 루살카, 토스카 등
발레 잠자는 숲속의 공주, 고집쟁이 딸, 백조의 호수 등

에스테이트 극장 Stavovské divadlo | The Estates Theatre

유럽에서도 가장 아름다운 극장 중 하나로 손꼽히는 에스테이트 극장은 1920년부터 국립 극장의 일부가 되었다. 1783년 고전주의 양식으로 건축됐으며 프라하에서 가장 오래된 극장이기도 하다. 다른 무엇보다도 에스테이트 극장이 세계적으로 유명한 이유는 바로 볼프강 아마데우스 모차르트가 그의 오페라 '돈 조반니'를 1787년 10월에 초연했기 때문. 공개 후 엄청난 호평을 받았고, 지금도 돈 조반니를 에스테이트 극장에서 만날 수 있다.

에스테이트 극장의 대표 프로그램
발레 욕망이라는 이름의 전차
오페라 돈 조반니
연극 비트겐슈타인에서의 점심, 관객, 파랑새

뉴 스테이지 Nová scéna | The New Stage

1983년에 지어진 현대 극장. 4000개 이상의 유리블록이 구성하는 독특한 외관은 거리를 네오 르네상스 양식으로 바꿔놓았다. 특정 드라마투르기의 무대가 있는 곳으로 주로 라테르나 마기카, 독창적인 프로젝트성 공연이 열린다.

뉴 스테이지의 대표 프로그램
연극 코스모스, 송별회 등
라테르나 마기카 로봇 라디우스, 큐브, 종이 이야기, 베이비라테르나 등

현지 분위기 물씬, 체코 서점 탐방

서점은 현지의 분위기와 문화를 느끼고 여행에 필요한 정보들도 얻을 수 있는 좋은 장소다. 체코의 서점은 다양한 종류의 책뿐만 아니라 달력, 지역의 기념품 혹은 시즌 기념품을 판매하기도 하는 곳으로 한 번쯤 들러보는 것을 추천한다. 체코의 서점은 프라하 시내와 기차역, 쇼핑몰 등을 비롯해 체코의 중소도시 곳곳에서 쉽게 만날 수 있다. 꼭 대형 체인이 아니더라도 주인장의 개성을 지닌 개인 서점에서는 체코만의 분위기를 느낄 수 있다.

팔라츠 크니흐 룩소르 Palác knih Luxor

중부 유럽에서는 가장 큰 규모의 서점 중 한 곳. 2001년 설립된 후 현재 프라하에서는 대규모의 바츨라프 광장 지점을 포함해 브르노, 올로모우츠, 플젠 등 체코 전역에서 총 39개의 지점을 운영하고 있다. 고대 지식의 중심이자 중요한 영적인 장소였던 이집트의 고대 수도 룩소르에서 영감을 받아 지어진 이름처럼 방대한 규모이며, 수많은 책을 소장하고 있다. 외부에서 보는 것과는 다르게 상당히 큰 내부에 놀랄 수도 있다. 영어 전문 서적 코너, 체코 여행에 대한 책들도 상당히 많아 평소에 관심 있던 책을 구매하기도 좋다. 서적뿐만이 아니라 문구류, 기념품류, 달력류와 함께 카페도 함께 입점되어 있어 구매한 책과 함께 잠시 휴식을 취하기에도 좋다.

지도 P.492-B2 **주소** [바츨라프 광장 지점] Václavské Náměstí 820/41, 110 00 Praha 1, [팔라디움 지점] NC Palladium, Náměstí Republiky 1, 110 00 Praha 1 **이메일** info@luxor.cz **홈페이지** www.luxor.cz/pobocky/praha/palac-knih-luxor **운영** [바츨라프 광장 지점] 월~금요일 08:00~20:00, 토요일 09:00~19:00, 일요일 10:00~19:00 [팔라디움 지점] 매일 09:00~21:00 **가는 방법** 바츨라프 광장 지점 - 메트로 A, C 라인 무제움(Muzeum) 역에서 무스텍(Můstek) 역 방향으로 도보 약 2분, 메트로 A, B 라인 무스텍 역에서 국립 박물관 방향으로 도보 5분 또는 트램 25, 9, 11번 - 인드르지쉬스카(Jindřišská) 역에서 국립 박물관 방향으로 도보 8분.

크니흐쿠페츠트비 아카데미아 Knihkupectví Academia

1953년 체코슬로바키아 과학원의 출판사로 설립되어 1966년부터 아카데미아라는 이름으로 불렸고 현재는 체코에서 출판과 서점 운영을 동시에 진행하고 있다. 프라하에서만 3개의 지점을 운영 중이며 브르노, 오스트라바에서도 찾을 수 있다. 바츨라프 광장 지점은 중앙 대로에 위치하고 있어 찾기 쉽고 룩소르 서점보다는 조금 작은 규모로 오히려 조금 더 빠르게 원하는 책을 찾아볼 수 있다는 장점도 있다. 룩소르와 마찬가지로 서적과 관련된 문구류들을 판매하며 크리스마스와 같은 시기에는 시즌성 기념품도 만날 수 있다.

지도 P.492-B2 **주소** [바츨라프 광장 지점] Václavské náměstí 34, 110 00 Praha 1 - Nové Město **홈페이지** www.academia.cz **운영** 월~금요일 08:30~20:00, 토요일 09:30~19:00, 일요일 09:30~18:00 **가는 방법** 메트로 A, B 라인 무스텍(Můstek) 역에서 국립 박물관 방향으로 도보 3분.

우니베르지타 카를로바 - 크니흐쿠페츠트비 카롤리눔 Univerzita Karlova - Knihkupectví Karolinum

구시가지 광장 근처에 위치한 서점으로 특히 카를대학교의 교재를 중심으로 전문서와 다양한 분야의 2만 권이 넘는 책을 판매하고 있다. 특히 다른 곳에서 쉽게 찾아볼 수 없는 책들을 판매하는 것으로도 유명한데 소규모 출판사, 특수 출판사, 지역 출간물, 비영리단체 출간물을 포함해 외서들을 판매하고 있다. 카를대학교 교직원이나 국제학생증인 ISIC 그리고 국제교사증 ITIC 소지자에게는 10% 할인을 제공하고 있다.

지도 P.497-C2 **주소** Celetná 561, 110 00 Staré Město **홈페이지** karolinum.cz/en **운영** 월~금요일 09:00~19:00, 토~일요일 11:00~18:00 **가는 방법** 메트로 B라인 또는 트램 나메스티 레푸블리키(Náměstí Republiky) 역에서 구시가지쪽으로 도보 5분.

체코로 떠나기 전에 보면 좋은 영화 & 책

체코는 예술적 영감이 가득한 나라답게 유명한 영화의 배경이 되곤 했다. 또한 당시의 시대상을 담고 있는 소설은 세계적인 베스트셀러가 되기도 했다. '로봇'이라는 단어도 체코 소설가로부터 탄생했다. 체코만의 다양한 상상력을 발휘한 작품을 읽는 것 또한 여행 전 많은 영감을 줄 것이다.

영화

새벽의 7인 Operation Daybreak(1975)
제2차 세계대전 당시 나치 친위대 초대 본부장이자 체코 주둔 사령관이었던 '라인하르트 하이드리히 Reinhard Heydrich 암살 사건', 일명 유인원 작전을 주제로 한 영화다. 영국 특수작전 집행부 소속 체코 망명군의 체코 침투에서부터 작전 수행, 임무 진행 및 암살 성공과 더불어 그 이후 특수부대원 7인의 슬픈 결말까지 체코를 배경으로 담아내고 있다. 1970년대 촬영이지만 지금의 프라하와 크게 다르지 않은 모습이 눈에 띈다. 체코와 유럽의 가슴 아픈 과거를 잘 담아낸 수작. 지금의 체코를 어떻게 지켜낼 수 있었는지, 어떤 희생이 따랐는지 다시금 생각해 보게 해준다.

아마데우스 Amadeus(1984)
무려 8개의 아카데미상을 수상한 체코 감독 밀로쉬 포만의 작품. 영화의 배경은 빈이지만 대부분은 공산주의가 붕괴되기 전 프라하에서 촬영되었다. 실제로 아마데우스의 주인공인 모차르트는 젊은 시절 체코에서 머무르며 '돈 조반니'를 초연하는 등 체코와 인연이 깊었다. 과거의 모습을 잘 간직하고 있는 프라하는 18세기 빈의 모습을 표현하기에 최적이었다.

미션 임파서블 Mission: Impossible(1996)
첫 개봉한 지 약 30여 년이 거의 다 되어가는 지금도 회자되는 전설적인 영화. 8편까지 개봉이 확정된 '톰 크루즈' 주연의 액션 첩보 스릴러 미션 임파서블. 세대를 넘어 사랑받는 미션 임파서블 시리즈의 시작이 바로 프라하였다. 특수 요원인 남자 주인공 '이단 헌트'가 프라하 곳곳을 누비며 시원한 액션신을 펼치며 사건을 해결한다. 카를교에서의 추격신, 구시가지 근처에서의 유명한 수족관 레스토랑 폭파 장면 등 프라하 중심부에서의 강렬한 오프닝을 포함해 프라하의 여러 모습과 액션이 어우러져 재미를 더한다.

참을 수 없는 존재의 가벼움 밀란 쿤데라, 1984

한국인에게도 굉장히 유명한 도서. 체코슬로바키아 시절 프라하의 봄(1968년) 시기의 이야기를 담고 있다. 4명의 대조적이면서도 전형적인 그리고 개성 가득한 주인공들을 통해 당시 풍부했던 예술적이고 지적인 삶을 주된 줄거리로 하여, 이중적이면서도 모순적인 사랑의 본질과 인간 존재에 대해 다루고 있다. 소설은 '프라하의 봄'이라는 영화로도 제작되었다.

성 프란츠 카프카, 1926

한국인에게 단편 소설 <변신>으로 유명한 프란츠 카프카의 미완으로 남겨진 소설. 주인공 K는 성의 토지 측량사로 고용되어 마을에 노상해 눈앞의 성이라는 복석지를 찾아가지만 어떻게 해서도 닿을 수 없고 도착할 수도 없다. 이해할 수 없는 일들이 K 앞에 계속 일어나며 왜 이런 일이 일어났는지 알아보지만 이는 악몽과도 같을 뿐이다. 거대하고도 복잡한 사회 속에서 개성과 삶의 의미를 잃을 수 없는 개인의 운명을 보여주는 이 작품은 사회의 불합리함, 불안정한 분위기, 삶의 리얼리즘을 촘촘히 엮어 놓았다.

도롱뇽과의 전쟁 카렐 차페크 VALKA S MLOKY, 1936

'R.U.R. 로줌의 유니버설 로봇'이라는 희곡으로 세계 최초로 '로봇' 이라는 단어를 탄생시킨 카렐 차페크의 또 다른 걸작. 마치 인간처럼 언어와 도구를 사용하지만 욕심이 없는 순박한 도롱뇽 종족과 이들을 발견해 그들의 기술과 노동을 착취하려는 탐욕스러운 인간 사이에서 벌어지는 변화와 사건들을 다루고 있다. 이 작품은 SF 문학의 고전 격으로 간주된다.

착한 병사 슈베이크 야로슬라프 하셰크 The Good Soldier Švejk, 1921~1923 Jaroslav Hašek

체코식 유머와 풍자를 느낄 수 있는 소설. 제1차 세계대전 당시 오스트리아-헝가리 제국의 군대에 들어가게 된 병사 슈베이크의 이야기다. 체코어 제목은 '세계대전 중 착한 병사 슈베이크의 운명적인 모험'으로 슈베이크는 착하지만 공인된 바보로 묘사된다. 전쟁에서 살아남고자 슈베이크는 계획된 멍청함을 이용해 임무를 수행해나가는데 상관의 명령에 순응하면서도 한편으로는 그를 조롱하고 비웃는다. 전쟁의 모습과 부조리들을 체코식 풍자와 위트를 이용해 유머러스하게 묘사하고 있다.

여행 설계하기
Plan the Travel

체코 국가 정보
알아두면 좋은 체코 여행 에티켓과 팁
여행과 자연 보호를 한번에! 지속 가능한 체크 여행
체코, 언제 여행하는 것이 좋을까?
2024년 체코 축제 캘린더
한 줄로 보는 체코의 역사
간단한 여행 체코어 배우기
체코 여행 추천 코스

프렌즈 friends 체코

[INFORMATION]

체코 국가 정보

국호
체코
Czechia

수도
프라하 Praha

시차
8시간(서머타임 시기에는 7시간). 체코는 중부 유럽 시간대를 적용하고 있다(CET = UTC+1). 3월 마지막 일요일 오전 2시에는 1시간의 서머타임(CEST)이 적용되며 10월 마지막 일요일 오전 3시에 서머타임이 해제된다.

소요시간
약 11시간
(2023년 직항 기준, 대한항공 월·수·금+토 운항) 2023년 12월 기준, 대한항공, 터키항공, 카타르항공, 에어프랑스-KLM, 폴란드 항공, 루프트한자, 중화항공, 에미레이트 항공 등이 운항 중

언어
체코어(čeština)
체코는 공식적으로 체코어(čeština)를 사용한다. 수도인 프라하 및 대부분의 관광지에서는 영어 사용이 가능하다. 또한 대부분의 관광지에서는 영어, 독일어, 프랑스어, 러시아어 리플릿과 더불어 일부 관광지에서는 한국어 오디오 가이드가 준비되어 있다. 하지만 간단한 체코어를 안다면 여행은 훨씬 즐거워진다.

인구
약 1,087만 명,
2023년 6월 체코 통계청(CZSO) 기준

면적
78,867 km²
(대한민국의 약 78%), 대한민국 크기 100,210 km²

맥주 소비량
1인 맥주 소비량 전 세계 1위
연간 184L/인, 연간 468잔/인 2021년 기준

화폐
코루나(koruna-Kč)라고 불리는 체코 고유의 화폐 단위를 사용한다. 한국에서는 체코 코루나로 환전하는 것이 제한적이라 유로나 달러를 가져가서 현지에서 재환전하는 편이 일반적이다.

물
체코의 수돗물은 그냥 마셔도 된다. 레스토랑에서 **수돗물을 뜻하는 탭 워터(Tap water)는 무료로 제공되는 경우가 대다수.** 생수의 경우 탄산이 없는 **물(Neperlivá)**과 **탄산수(Perlivá)**로 구분되어 체코어를 기억해두면 좋다.

환율
1 코루나 = 한화 **약 58원**
(2023년 12월 기준)

예방접종
입국 시 필요한 필수 예방 접종은 없다.

카드 사용
대부분의 관광지 및 상점, 레스토랑은 물론 대중교통 내에서도 비자, 마스터 등의 카드 사용이 가능하다. 체코의 경우 컨택트리스 카드 사용이 대중화되어 있는 편. 특히 대중교통 내에서는 일반 카드 사용은 제한되고 비접촉식 카드로만 티켓 구매가 가능하니 하나 정도는 준비해 가면 좋다. 단, 간단한 간식을 위해 현금은 조금이라도 준비해 두는 편을 추천한다.

물가
생수 1병(0.5l) 약 **15**Kč
커피 1잔 약 **70**Kč
생맥주 약 **52**Kč
맥주 1캔(0.5l) 약 **20**Kč
식사 1인 약 **200~250**Kč 등

여행자 보험
한국인은 90일까지 무비자로 체류 가능
대한민국과 체코는 사증면제협정 체결 국가로 한국인은 90일까지 무비자 체류가 가능하다. 단, 여행자 보험 가입은 필수로 영문 보험 가입 증서를 소지해야 한다. 여행자 보험은 질병, 사고, 상해 등에 대한 해외 의료 서비스, 사망 시 보장 항목, 본국 송환 항목이 꼭 포함되어 있어야 하며 최소 €3만 이상을 보장해야 한다.

치안과 안전
세계평화지수(2022) 8위
세계평화지수(2022) 8위에 빛나는 체코는 전 세계 여느 국가와 비교해도 매우 안전하고 치안이 좋은 편이다. 저녁에도 야경 투어를 다니는 여행객들로 활기가 넘친다. 단, 집을 떠나면 어디서든 본인의 소지품은 조심해야 하는 법. 렌터카 대여 시 차 안에는 어떤 소지품도 보이는 곳에 두지 않는다. 만약 누군가 물건을 훔쳐 갔을 경우 바로 경찰서로 가서 신고 후 여행자 보험 청구를 위한 도난 신고서를 받아야 한다. **여권을 잃어버리거나 예기치 못한 사건에 휘말렸을 경우 프라하의 주체코 대한민국 대사관에 도움을 요청한다.**

세금 환급
유럽연합 EU에 속한 국가이지만 화폐가 다르기 때문에 체코에서 산 물품은 체코를 떠날 때 받기를 권장한다. **한 상점에서 구매한 금액이 2,000Kč 이상일 경우 여행자들은 택스 리펀드, 즉 세금 환급이 가능하다.**

전압
230V
한국과 같은 콘센트 사용으로 한국에서 사용하던 충전기를 그대로 쓰면 된다. 단, 오래된 건물의 경우 일반적인 형태의 콘센트와 다를 수 있다.

관광지 휴무일
대부분의 박물관, 관광명소가 월요일에 문을 열지 않는다.
프라하의 경우 일요일을 포함한 주말에도 활발히 운영하는 편. 공휴일은 대부분 운영하나 조금 일찍 문을 닫거나, 행사로 인해 입장을 일부 통제하기도 한다. 크리스마스 연휴의 경우도 문을 열지 않는 경우가 꽤 있으니 잘 확인할 것.

위급상황 전화번호
응급상황 **112**
(영어 통화 가능)
경찰 **158**
(프라하시 경찰 156)
앰뷸런스 **155**
소방서 **150**

계절
한국과 비슷한 4계절을 가지고 있다.

봄 : 3월 초~5월 말
평균 10℃ 정도로 선선한 편. 아침저녁으로는 쌀쌀함을 느낄 수 있어 도톰한 옷을 챙기는 것이 좋다. 특히 4월의 날씨는 변화무쌍한 편으로 따뜻한 옷을 챙기는 것이 좋다.

여름 : 6~8월
평균 17~35℃ 정도이나 내륙 지방의 특성으로 한국과 같은 습기가 없어 체감상 덜 덥다. 저녁과 그늘은 비교적 시원한 편으로 추위를 탄다면 간단한 재킷이나 카디건 정도는 챙기는 것이 좋다.

가을 : 9월 초
여름의 따뜻한 기운이 남아있는 9월 초의 가을은 인디언 서머라고도 불린다. 10월로 들어서면 본격적으로 쌀쌀해지며 평균 기온은 10℃까지 다시 떨어진다.

겨울 : 12~2월
도심의 평균 기온은 약 -5℃ 정도. 한국과 같은 칼추위까지는 아니지만 해가 상당히 빨리 떨어진다. 어두우면 더욱 추운 법. 따뜻한 옷과 머플러는 필수다.

프라하 경찰서
스타레 메스토(구시가지)
+420 974 851 800
Benediktská 692/1, 110 00 Staré Město, Czechia

노베 메스토(신시가지)
+420-974-851-750
Jungmanovo náměstí 771/9, 110 00 Praha 1

말라 스트라나(소지구)
+420 974 851 900
Vlašská 362, 118 00 Malá Strana

주체코 대한민국 대사관 정보
대표전화(근무시간 내)
+420-234-090-411

긴급 연락 전화
(긴급상황 발생 시, 24시간)
+420-725-352-420
Pelléova 83/15, 160 00 Praha 6

영사 콜센터
연중무휴 24시간 운영(유료)
+82-2-3210-0404
혹은 앱스토어, 구글플레이
'영사콜센터 무료전화 앱' 이용(무료)

[ETIQUETTE]

알아두면 좋은 체코 여행 에티켓과 팁

팁과 계산

체코는 팁이 없는 국가다. 하지만 최근에는 인적 서비스를 제공하는 중상급 레스토랑, 바, 카페 등에선 통상적으로 약 10%의 팁을 지불하는 편이다. 관광지의 유명한 음식점들은 아예 계산서에 팁이 포함되어 있지 않다는 메시지를 적어두거나 아예 팁을 포함해서 청구하는 경우도 있으니 계산서를 잘 확인할 것. 일반적으로 계산서는 자리에서 종업원에게 요청하면 된다. 팁을 줄 경우 테이블에 올려두고 가는 것이 아닌 계산하면서 바로 주면 된다. 물론 서비스가 마음에 들지 않았다면 팁을 줄 필요는 없다. 단, 호텔의 경우 타 국가와 같이 일반적으로 객실 청소, 포터 서비스 등에 소정의 팁을 지불하면 된다.

출처 Unreal Visual s.r.o.

술을 마실 때

술을 마실 때 한국에서 건배를 외친다면 체코에서는 '나 즈드라비Na zdravi'를 외친다. 나 즈드라비는 '건강을 위하여'라는 뜻이다. 술을 마시며 건강을 위하자니 조금 아이러니하지만 이것이 바로 체코 스타일. 여기서 또 중요한 것은 바로 '눈'이다. 한국인들은 건배를 할 때 자연스럽게 잔을 바라본다. 하지만 체코에서는 나 즈드라비를 외치며 잔을 다시 테이블에 내려놓을 때까지 함께 건배하는 사람들의 눈을 바라보아야 한다!

레스토랑 매너

종업원을 부를 때는 종업원과 눈을 마주치면 된다. 손을 어깨 높이로 살짝 들어 올리는 것까지 괜찮지만 소리를 내어 크게 부르거나 손을 위로 흔들며 종업원을 부르는 것은 실례. 수준 높은 서비스를 제공하는 레스토랑의 잘 훈련된 종업원들은 고개만 들어도 눈치 빠르게 테이블로 오는 편이다. 반대의 경우는 인내심이 필요하기도 하다.

식사 예절

포크는 오른쪽, 나이프는 왼쪽에 둔다. 코스 요리의 경우 가장 외부 쪽에 있는 포크와 나이프부터 사용하면 된다. 만약 식사 도중이라면 나이프와 포크를 교차해서 올려둔다(7시 20분 방향). 만약 식사를 모두 끝냈다면 포크와 나이프를 가지런히 모아 평행이 되도록 올려두면 된다(4시 30분 방향).

음식을 시킬 때

레스토랑에 착석하면 일반적으로 맥주, 와인과 같은 음료 메뉴를 먼저 주문한다. 그 후 음료가 나오면 메인 음식을 주문하는 편이다. 하지만 여행사의 경우 식사에 오랜 시간을 뺄 수 없는 경우가 있고 음료와 음식을 같이 먹고 싶은 경우도 있기 때문에 한꺼번에 주문하는 것도 가능하다.

흡연

공공장소에서는 흡연할 수가 없다. 특히 대중교통 정류장, 기차역, 공항 등과 같은 교통 시설과 의료 시설, 문화 공간 등에서는 더더욱 조심해야 한다. 레스토랑, 펍 등의 실내 공간도 마찬가지다.

술

외부에서는 술을 마시는 게 원칙적으로 불가능하다. 단, 레스토랑 정원이나 외부 행사 등의 경우는 제외다. 또한 18세 이상부터 음주가 허용된다.

엘리베이터 사용 할 때

체코에서는 층수를 부르는 방식이 다르다. 대부분의 체코 건물은 로비 층 혹은 그라운드 층이라고 불리는 0층부터 시작하기 때문. 따라서 체코에서는 1층이 사실상 한국의 2층인 경우가 많다. 엘리베이터에도 0 혹은 L이라는 버튼을 찾아볼 수 있다. 호텔, 레스토랑, 약속 시 층수를 잘 확인하고 이동할 것.

신호등 건널 때

유동 인구가 많은 곳은 한국처럼 자동으로 신호가 바뀌지만 인적인 드문 곳일 경우 전봇대의 버튼을 눌러야 하는 곳들도 있다.

[SUSTAINABLE TRAVEL]

여행과 자연 보호를 한번에!
지속 가능한 체코 여행

전 세계적인 화두인 '지속 가능한 여행'은 체코에서도 찾아볼 수 있다. 글로벌 도시의 녹지를 측정하는 2022 HUGSI 인덱스에 따르면 체코의 수도 프라하는 면적의 약 56%가 나무, 풀, 공원 등의 녹지 공간을 가지고 있는 가장 친환경적인 도시다. 유럽에서는 9위를 차지할 만큼 도시 내 녹지 공간이 많다. 지속 가능한 여행은 단순한 환경 및 자연 보호만을 생각하는 것이 아니다. 지역 사회, 경제와의 상생과 활성화를 포함하고 사회적인 부분까지도 포함하는 포괄적인 개념이다. 현지에서 생산되는 재료를 이용해 음식을 만드는 레스토랑, 과거 공업 지역이었던 곳을 새롭게 탄생시킨 파인 다이닝 레스토랑, 얼음 창고였던 곳을 재창조한 카페 등 아주 작은 형태에서부터 지속 가능한 여행을 체험할 수 있다.

지역 사회와의 상생

카를린 Karlín P.234
과거 프라하의 대표적인 공업지역 중 한 곳으로 2002년 대홍수 이후 새로운 모습을 찾게 된 곳. 현재는 감각적인 카페와 비스트로, 레스토랑, 다국적 회사들이 자리 잡은 구역으로 다시 태어났다. 과거 산업의 흔적이 엿보이는 빌딩, 아르누보 양식의 우아함, 거리의 현대 건축은 과거와 현재의 오묘한 조화와 함께 미래 지향적인 모습까지도 느낄 수 있다.

가볼 만한 곳 ▶ 에스카, 로프트 카페

홀레쇼비체 Holešovice P.228
과거 프라하의 산업 지역이자 노동 계층의 지역으로 잘 알려졌던 홀레쇼비체는 현재 프라하에서 가장 트렌디한 장소가 되었다. 산업 시설이 있었기 때문에 아주 아름답다고 말하기는 어렵지만 마치 우리나라의 합정동처럼 감각적이면서도 독특한 분위기를 품고 있다. 과거 공장을 개조한 카페, 비스트로, 현대 미술관, 숍이 들어서 있고 프라하의 가장 큰 공원인 스트로모프카 Stromovka도 바로 여기에 있어 도심 속 자연을 오롯이 느끼기에도 좋다.

가볼 만한 곳 ▶ 브니트로블록, DOX 갤러리, 미스터 핫도그

나플라프카-라쉬노보 제방 Náplavka - Rašínovo nábřeží P.182
최근 프라하 시내에서 많은 인기를 얻고 있는 곳. 평화로운 블타바 강변에 있다. 과거 얼음 저장고로 사용되었던 공간은 눈길을 끄는 동그랗고 독특한 귀여운 숍, 갤러리, 카페, 바 등의 현대적인 공간으로 다시 태어났다. 매주 토요일 파머스 마켓이 열린다.

가볼 만한 곳 ▶ 카페 어보이드, 랩

호텔

모자이크 하우스 디자인 호텔 Mosaic House Design Hotel

체코 최초의 탄소 중립 호텔. 대대적인 리노베이션을 마치고 2020년 지속 가능한 호텔로 다시 문을 열었다. 지속 가능한 콘셉트의 디자인 호텔이기도 해 내부 인테리어 또한 감각적이다. 중수 재활용, 폐열 회수, 오토 냉난방 시스템, 그린 테라스 등 친환경적인 정책을 프라하 내 그 어떤 호텔보다도 잘 실천하고 있는 곳. P.492-B2

ⓒMosaic House Design Hotel

만다린 오리엔탈 프라하 Mandarin Oriental Prague

전 세계적으로 유명한 럭셔리 5성급 호텔인 만다린 오리엔탈에 프라하만의 장점과 서비스를 더했다. 일회용 플라스틱 사용 제한, 쓰레기 재활용, 요리용 기름을 재활용하여 지역 환경으로 유해물이 유입되지 않도록 하는 노력부터 만다린 오리엔탈 호텔의 글로벌 프로그램인 '내추럴리 베터 플랜Naturally Better plan'까지 적극적으로 실천 중이다. LED 램프를 사용하고, 쿨링 시스템으로 물을 데우며 매년 5~6개월 동안 가스 소비량을 약 30% 줄인다고. 특히 침구와 수건 교체를 줄이는 게스트들에게는 호텔 정원에서 재배한 신선한 라벤더를 선물하고 있다.

보타니크 호텔 Botanique Hotel Prague

프라하의 대표적인 버스 터미널인 플로렌츠Florenc 터미널 근처에 위치한 친환경 호텔. 컨템포러리 라이프스타일의 호텔로 자연에서 영감을 받았다. 이에 자연이 되자는 '비 그린Be Green' 프로그램을 적극적으로 운영하고 있다. 일회용 플라스틱을 사용하지 않는 것에서 시작해, 분리수거와 재활용, 전 객실 에너지 절약 시스템, LED 조명, 온라인 리플릿과 룸서비스 메뉴, 재사용이 가능한 코르크 코스터, 전기차를 위한 충전기 등 지속 가능한 여행을 위해 노력 중이다. P.494 하단-A2

샤토 므첼리 Chateau Mcely

체코의 대표적인 고성 호텔 샤토 므첼리도 지속 가능한 정책들을 이행하고 있는 곳 중 하나다. 체코 현지에서 수급한 인테리어 가구와 소품들을 이용했으며, 정원에서 직접 허브를 기르고 달팽이 농장을 직접 운영하며 투숙객에게 신선한 제철 재료와 함께 요리해 선보인다. 직접 기를 수 없는 것들은 현지의 농부나 유기농 생산자로부터 조달 받는다. 그 외에도 친환경 전기, 태양열 집열판을 이용해서도 전기 에너지 일부를 생산해 이용하고 있다. 호텔은 오픈 직후 세계 최고의 그린 호텔상을 수상하는 한편 체코 최초의 5성급 친환경 호텔이 되었다.

[SEASON]
체코, 언제 여행하는 것이 좋을까?

봄 Spring 3~5월 〈작가의 Pick!〉

체코의 봄 기온은 평균적으로 10℃ 정도다. 꽃이 피기 전에는 보통 서늘한 기후가 지속되는 편. 요근래에는 이상 기온으로 인해 4월 초에도 눈발이 날릴 정도로 온도가 낮아지고 비가 오락가락하는 변덕스러운 날씨를 보이기도 했다. 하지만 기온이 올라가고 꽃들이 만발한 봄의 정점에서는 한없이 아름답고 포근한 체코를 만날 수 있다. 따뜻한 봄날처럼 매년 5월 중순부터 6월 초까지는 '프라하의 봄 국제 음악 축제'가 열린다.

여름 Summer 6~8월

체코의 찬란한 모습을 만날 수 있는 시기다. 온도는 최소 17℃에서 최고 35℃까지 올라가기도 하지만 한국보다 낮은 습도에, 뜨겁다가도 그늘에 들어서면 시원한 전형적인 유럽의 여름을 느낄 수 있다. 한낮의 해가 길기 때문에 오후 9~10시에나 석양을 품는다. 다른 계절에 비해 상대적으로 여행할 수 있는 시간이 긴 편. 뜨거운 한낮에는 실내 위주로 동선을 짜는 것을 추천한다.

체코는 한국처럼 사계절이 모두 있는 국가다. 전형적인 유럽 대륙성 기후로 봄, 여름, 가을, 겨울의 사계절이 뚜렷하지만 한국의 여름처럼 높은 습도와 장마, 한국의 겨울처럼 살을 에는 추위는 없어 시기만 잘 맞추면 쾌적하게 여행하기 좋다. 각 시즌마다 다양한 테마의 축제나 행사가 열리니 보고 싶었던 축제 시기에 여행 기간을 맞추는 것도 좋다.

가을 Autumn 9~11월 〔작가의 Pick!〕

체코 전역은 여러 축제, 추수 등으로 풍요롭고 활기차다. 뜨겁지도 춥지도 않은 선선한 날씨는 체코를 여행하기에 최적이다. 평균 기온은 10~14°C 정도로 10월을 기점으로 쌀쌀해진다. 가을 초기에는 인디언 서머라는 늦여름과 같은 따뜻한 날씨를 잠시 느낄 수도 있다. 특히 9월 초에는 와인 생산으로 유명한 체코의 남부 모라비아 미쿨로프, 즈노이모 같은 지역에서 성대한 와인 축제가 열리고 전국에서 크고 작은 축제들이 끝없이 펼쳐진다.

겨울 Winter 12~2월

추운 겨울을 화려하게 장식하는 크리스마스 마켓이 열리는 시기. 거대한 체코의 크리스마스트리를 보고 있노라면 잠시나마 추위를 잊게 해주는 마법 같은 시공간을 경험할 수 있다. 평균 기온은 약 -5°C 정도로, 한국과 같은 추위는 아니지만 눈이 내리는 날도 심심찮게 만날 수 있으니 패딩, 목도리로 단단히 준비하는 것이 좋다. 거리에서 만날 수 있는 따끈한 스바르작(뮬드 와인) 한 잔과 함께라면 추위도 두렵지 않다.

[EVENT CALENDAR]
2024년 체코 축제 캘린더

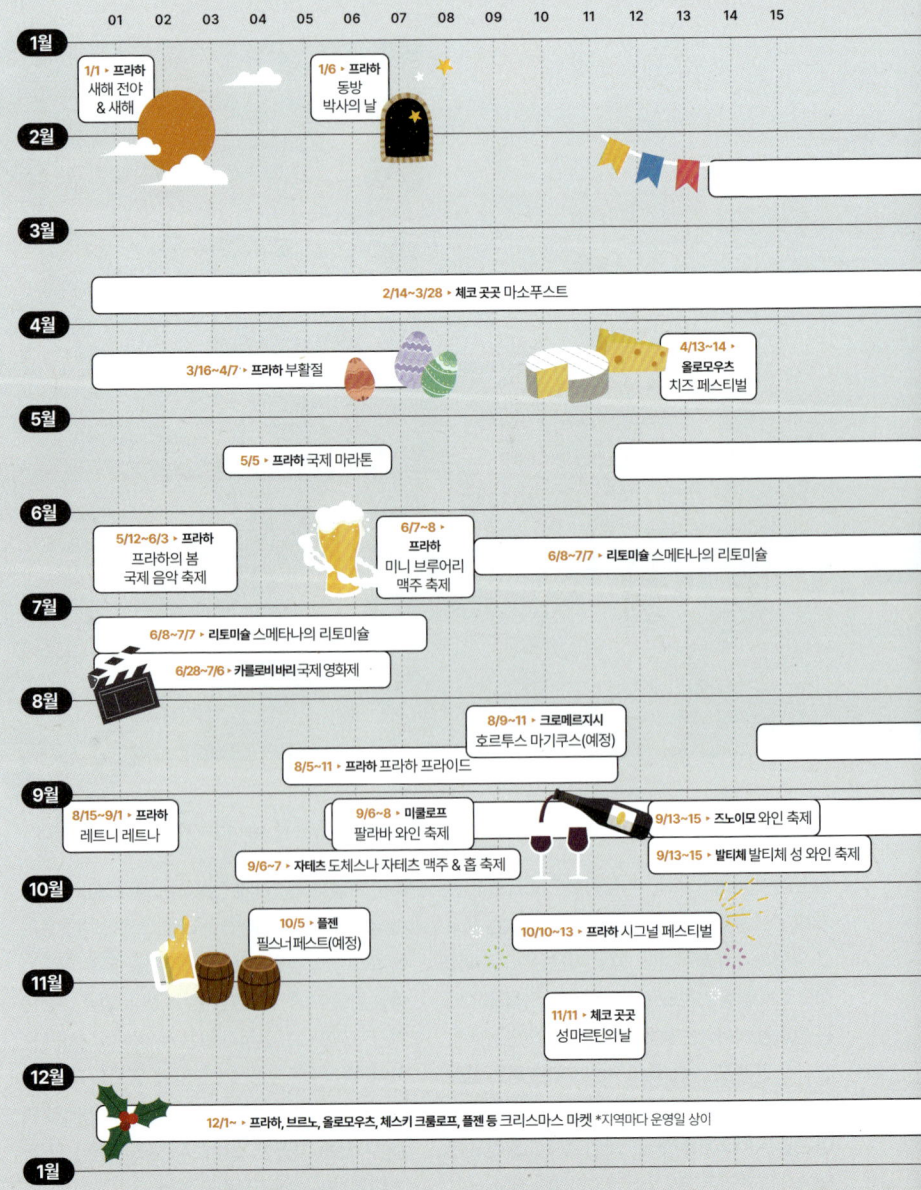

다양하고도 흥미로운 축제가 가득한 체코. 중세의 모습을 재현한 축제, 체코인의 맥주 사랑을 엿볼 수 있는 맥주 축제, 포도가 수확되는 계절에 열리는 와인 축제, 75년 이상 역사를 가진 클래식 음악 축제 등 축제 기간에 여행 일정을 맞춰봐도 좋다.

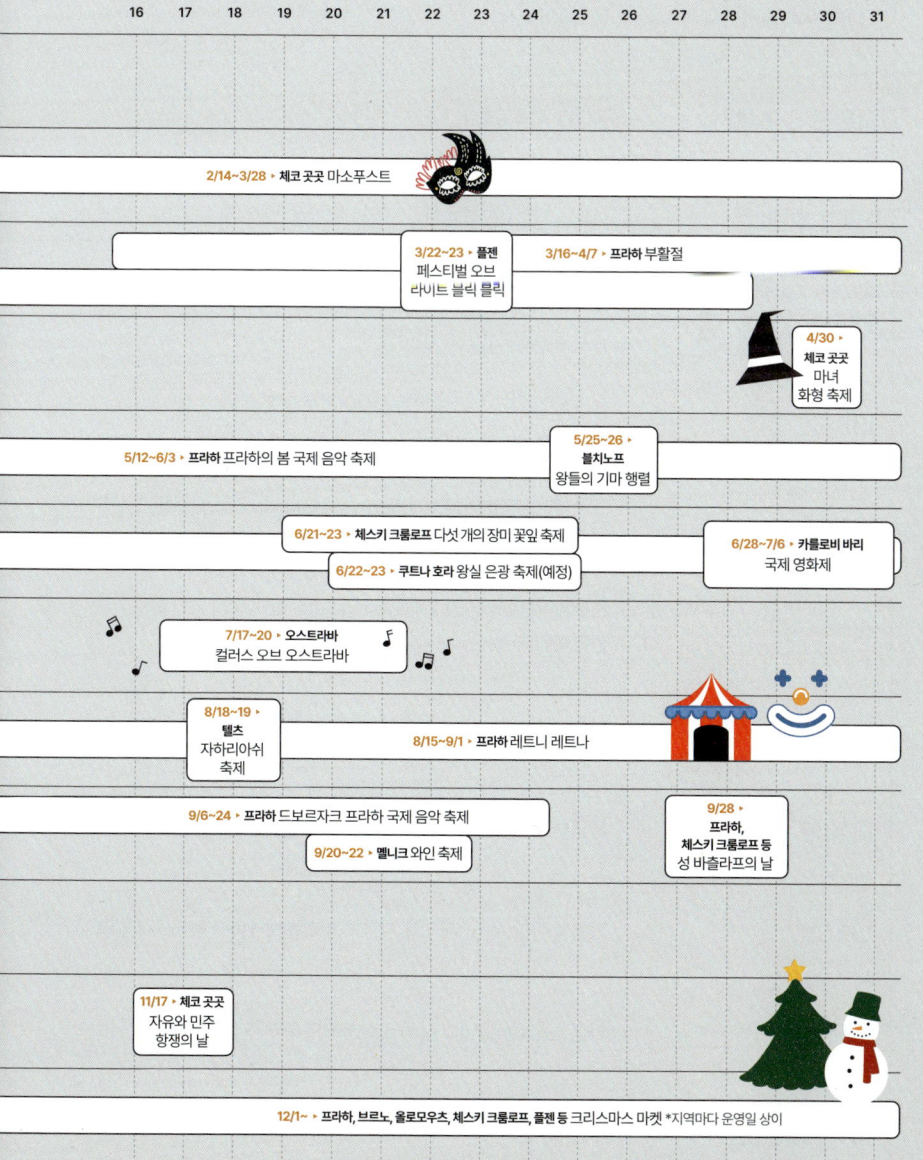

[HISTORY]
한 줄로 보는 체코의 역사

기원전 4세기	켈트족의 도착
기원전 5~6세기	슬라브 족의 도착
9세기 후반	기독교 선교사들의 도착
935년	보헤미아(체코) 수호성인, 보헤미아의 보헤미아 공작이자 왕자 '바츨라프(Václav)' 사망
1085년	브라티슬라프(Vratislav)는 왕실이라는 명칭을 사용할 수 있는 권리 수여
1212년	프르제미슬 오타카르 1세(Přemysl Otakar I)가 금인칙서를 받으며 보헤미아를 왕국으로 선포하고 왕권 세습을 선포
1253~1278년	프르제미슬 오타카르 2세(Přemysl Otakar II) 통치 기간 동안 권력 확장 지속
1306년	바츨라프 3세(Václav II)가 암살당하며 프르제미슬리드 왕조의 종말
1310년	룩셈부르크의 얀(Jan Lucemburský)이 보헤미아의 왕으로 선출
1348년	카를 4세(Karel IV)에 의해 지금의 체코를 보헤미아 왕국으로 명명
1355년	카를 4세(Karel IV)의 신성 로마 제국의 황제 즉위
1419~1436년	후스(파) 전쟁

1436년	바젤에서 가톨릭 교회와의 평화 협정 선포
1458년	포데브라디의 이르지(Jiří z Poděbrad)가 보헤미아의 왕으로 선출
1471년	블라디슬라프 야겔론(Vladislav Jagellon)이 보헤미아의 왕으로 선출
1526년	합스부르크 왕조의 보헤미아 왕위 계승
1583년	루돌프 2세(Rudolf II)에 의해 합스부르크 수도가 빈에서 프라하로 이전
1618년	제2차 프라하 창문 밖 투척 사건 및 30년 전투 시작
1620년	화이트 마운틴 전투(체코어: 빌라 호라 전투) 패배
1700~1900년대	민족 부흥 운동
1914년	제1차 세계대전 발발
1918년	토마쉬 가리그 마사리크(Tomáš Garrigue Masaryk)가 체코슬로바키아 독립 선언(10월 18일), 제1차 세계대전 종료(11월)
1938년	뮌헨 협약으로 나치의 체코슬로바키아 수데텐란트(Sudetenland) 점령
1939년	독일의 보헤미아와 모라비아 점령 및 독일의 보호령으로 선포(3월), 제2차 세계대전 발발(9월)

1942년	일명 '유인원 작전'으로 나치 친위대(SS) 대장 '라인하르트 하이드리히 Reinhard Heydrich' 암살
1945년	제2차 세계대전 종료
1948년	2월의 쿠데타로 공산당 정권 장악
1968년	자유화 운동인 '프라하의 봄(Prague Spring)' 항쟁 시작(1~8월), 소련군과 바르샤바 조약기구 연합군의 프라하 침공
1969년	소련군 침략에 대한 저항 운동 - 대학생 얀 팔라흐(Jan Palach)와 얀 자이츠(Jan Zajíc)의 분신
1989년	바츨라프 하벨(Václav Havel)의 주도하에 비폭력 민주화운동인 '벨벳 혁명'이 일어나며 공산주의 정권 몰락
1993년	체코슬로바키아가 체코와 슬로바키아로 평화롭게 분리(1월), '바츨라프 하벨' 체코 초대 대통령으로 선출
1994년	경제협력개발기구(OECD) 가입
1999년	나토(NATO) 가입
2004년	유럽연합(EU) 가입

[LANGUAGE]

간단한 여행 체코어 배우기

체코어는 슬라브 어군에 속한다. 라틴 문자를 사용해서 얼핏 보기에 우리에게 비교적 친숙한 영어와 비슷하지만 장음, 마찰음과 관련한 특수 기호가 추가되어 총 42개의 문자를 사용한다.
또한 한국어와 다르게 자음+모음을 붙여 사용하지 않고 모음 없이 자음을 연속으로 붙여서 사용하는 단어가 많은 것이 특징.
프라하나 인기 관광지의 경우 영어로 소통이 충분히 가능하지만 소도시나 관광객이 많이 들르지 않는 곳은 영어 사용이 일부 어려울 수도 있다. 기초적인 체코어를 조금이라도 알고 있다면 현지에서 유용하게 사용할 수 있고 체코어로 인사 건네면 체코인들은 은근히 기뻐하니 간단한 인사 정도는 체코어로 할 수 있도록 준비해 보자.

체코 알파벳

a, á, b, c, č, d, ď, e, é, ě, f, g, h, ch, i, í, j, k, l, m, n, ň, o, ó, p, r, ř, s, š, t, ť, ú, ů, v, y, ý, z, ž

체코 기본 문장

안녕하세요
Dobrý den 도브리 덴

안녕
Ahoj 아호이 / Čau 차우

좋은 아침입니다
Dobré ráno 도브레 라노

좋은 저녁입니다
Dobrý večer 도브리 베체르

안녕히 계세요
Na shledanou 나 스흘레다노우

안녕히 주무세요
Dobrou noc 도브로우 노츠

잘 지냈어요?
Jak se máte? 약 세 마테?

전 잘 지내요
Mám se dobře 맘 세 도브르제

고맙습니다
Děkuji 데쿠이 / Děkuju 데쿠유

부탁합니다, 천만에요
Prosím 프로심

미안합니다, 실례합니다
Promiňte 프로민테

네
Ano 아노

아니요
Ne 네

얼마입니까?
Kolik to stojí? 콜리크 토 스토이?

계산서 부탁합니다
Účet, prosím 우쳇, 프로심

맛있게 드세요
Dobrou chuť 도브로우 후츠

건배 (건강을 위해서!)
Na zdraví 나 즈드라비

닭 Kuře 쿠르제

스테이크 Biftek 비프테크

생선 Ryby 리비

치즈 Sýr 시르

빵 Chléb 흘레브

맥주 Pivo 피보

와인 Víno 비노

물 Voda 보다

생수(탄산수) Perlivá 펠리바

생수(탄산이 없는 일반물)
Neperlivá 네펠리바

____는 어디에 있어요?
Kde je...? 크데 예____?

화장실 Toaleta 토알레타

레스토랑 Restaurace 레스토우라체

경찰서 Policie 폴리치에

병원 Nemocnice 네모츠니체

기차역 Nádraží 나드라지

공항 Letiště 레티슈테

도와주세요 Pomoc! 포모츠!

숫자 Číslovky 취슬로프키

1 Jeden 예덴
2 Dva 드바
3 Tři 트르지
4 Čtyři 츄티르지
5 Pět 페트
6 Šest 셰스트
7 Sedm 세듐
8 Osm 오슴
9 Devět 데벳
10 Deset 데셋

나는 체코어를 하고 싶어요
Chci mluvit česky
흐치 믈루빗 체스키

Travel tip!
체코어는 보이는 대로 읽으면 된다!

[TRAVEL COURSE]

체코 여행 추천 코스

다채로운 개성을 가진 체코에서는 다양한 관심사와 흥미에 따라 여행 일정을 구성할 수도 있다. 프라하를 베이스로 예술, 술, 자연 등의 특별 테마를 추가하면 여행이 더욱 풍성해진다.

일정별 코스

추천 일정 1 | 보헤미아 지역 완전 정복 6박 8일

체코 땅의 좌측에 자리 잡은 보헤미아 지역을 위주로 둘러보는 일정.
프라하를 중심으로 당일치기를 결합하면 효율적인 여행 일정을 계획할 수 있다.

- **Day 1** 인천 ▶ 프라하 프라하 숙박
- **Day 2** 프라하 구시가지, 프라하 성
- **Day 3** 프라하 ▶ 체스키 크룸로프 체스키 크룸로프 성, 망토 다리
- **Day 4** 체스키 크룸로프 ▶ 프라하 신시가지
- **Day 5** 근교 도시 당일치기
  플젠 - 필스너 우르켈 브루어리 / 카를로비 바리 - 콜로나다 / 쿠트나 호라 - 성 바르바라 대성당, 해골성당
- **Day 6** 프라하 ▶ 인천 소지구 - 공항 이동

추천 일정 2 | 모라비아 지역 완전 정복 7박 9일

체코 땅의 우측에 자리 잡은 모라비아 지역을 위주로 둘러보는 일정.
남부 모라비아의 주도인 브르노를 중심으로 계획을 세우면 편리하다.

- **Day 1** 인천 ▶ 프라하 프라하 숙박
- **Day 2** 프라하 구시가지, 프라하 성, 소지구
- **Day 3** 프라하 ▶ 브르노 양배추 광장, 구시청사 탑, 나이트라이프
- **Day 4** 근교 도시 일일 여행 올로모우츠 - 성 삼위일체 석주, 성 바츨라프 대성당
- **Day 5** 근교 도시 일일 여행 미쿨로프 - 미쿨로프 성과 광장, 염소 탑 / 즈노이모 - 성 바츨라프 예배당, 와인 바
- **Day 6** 브르노 ▶ 프라하 브르노 슈필베르크 성, 프라하 신시가지
- **Day 7** 프라하 ▶ 인천 홀레쇼비체, 공항 이동

추천 일정 3 보헤미아 + 모라비아 지역 핵심 일정 **7박 9일**

정해진 일정 내 체코의 유명 지역과 핵심 명소만을 골랐다.
주요 도시들에서 투숙하며 당일치기와 일일 투어를 결합하면 효율적으로 여행할 수 있다.

Day 1 인천 ▶ 프라하 프라하 숙박

Day 2 프라하 구시가지, 프라하 성

Day 3 근교 도시 일일 여행
체스키 크룸로프 - 체스키 크룸로프 성, 망토 다리 / 플젠 - 필스너 우르켈 브루어리 /
카를로비 바리 - 콜로나다 / 쿠트나 호라 - 성 바르바라 대성당, 해골성당

Day 4 프라하 ▶ 브르노 양배추 광장, 구시청사 탑, 나이트라이프

Day 5 브르노 ▶ 미쿨로프 남부 모라비아 지역 와인 투어

Day 6 미쿨로프 ▶ 프라하 미쿨로프 성과 광장, 염소 탑

Day 7 프라하 ▶ 인천 신시가지, 공항 이동

추천 일정 4 체코와 오스트리아 한 번에 정복하기

체코와 오스트리아를 함께 여행하고 싶은 여행자들에게 추천한다. 체코의 보헤미아 지역 여행 후 바로
오스트리아로 넘어가는 일반적인 일정과 남부 모라비아 지역을 포함하는 개성 있는 일정을 소개한다.

일정1 6박 8일

Day 1 인천 ▶ 프라하 프라하 숙박

Day 2 프라하 구시가지, 프라하 성, 신시가지

Day 3 프라하 ▶ 체스키 크룸로프 체스키 크룸로프 - 체스키 크룸로프 성, 망토 다리

Day 4 체스키 크룸로프 ▶ 할슈타트 ▶ 잘츠부르크 할슈타트 호수, 미라벨 정원

Day 5 잘츠부르크 호엔잘츠부르크 성 - 게트라이데 거리, 모차르트의 집

Day 6 잘츠부르크 ▶ 빈 슈테판 대성당, 쇤브룬 궁전, 빈 미술사 박물관

Day 7 빈 ▶ 인천 공항 이동

일정2 7박 9일

Day 1 인천 ▶ 프라하 프라하 숙박

Day 2 프라하 구시가지, 프라하 성, 신시가지

Day 3 근교 도시 일일 여행
체스키 크룸로프 - 체스키 크룸로프 성, 망토 다리 / 플젠 - 필스너 우르켈 브루어리 /
카를로비 바리 - 콜로나다 / 쿠트나 호라 - 성 바르바라 대성당, 해골성당

Day 4 프라하 ▶ 브르노 양배추 광장, 구시청사 탑, 나이트라이프

Day 5 근교 도시 일일 여행
미쿨로프 - 미쿨로프 성과 광장, 염소 탑 / 즈노이모 - 성 바츨라프 예배당, 와인 바

Day 6 잘츠부르크 ▶ 빈 슈테판 대성당, 쇤브룬 궁전, 빈 미술사 박물관

Day 7 빈 ▶ 인천 공항 이동

[TRAVEL COURSE]
체코 여행 추천 코스

▶ 테마별 코스 ◀

추천 테마 1 맥주 **6박 8일**

체코의 대표적인 맥주의 탄생지와 브루어리 투어에 참여하는 일정.
맥주의 원료 중에서도 최상급 '홉'을 생산하는 지역을 함께 둘러봐도 좋다.

Day 1	인천 ▶ 프라하 프라하 숙박
Day 2	프라하 구시가지, 프라하 성, 신시가지
Day 3	근교 도시 일일 여행 코젤 브루어리 또는 자테츠
Day 4	프라하 ▶ 플젠 필스너 우르켈 브루어리 투어, 감부리누스 브루어리 투어
Day 5	플젠 ▶ 체스케 부데요비체 부드바리 브루어리 투어
Day 6	체스케 부데요비체 ▶ 프라하 ▶ 인천 공항 이동

추천 테마 2 와인 **7박 9일**

체코의 남부 모라비아 지역은 와인 생산으로 유명하다. 와인 투어를 통해 전문가와 현지 와이너리들을 방문하고 발티체 성 지하에서는 체코 최고의 100대 와인을 만나볼 수 있다.

Day 1	인천 ▶ 프라하 프라하 숙박
Day 2	프라하 구시가지, 프라하 성, 신시가지
Day 3	프라하 ▶ 브르노 양배추 광장, 구시청사 탑, 나이트라이프
Day 4	브르노 ▶ 미쿨로프 남부 모라비아 지역 와인 투어
Day 5	미쿨로프 미쿨로프 성과 광장, 염소 탑, 성스러운 언덕
Day 6	근교 도시 여행하기 발티체 - 발티체 성과 국립 와인 살롱 / 즈노이모 - 성 바츨라프 예배당, 와인 바
Day 7	미쿨로프 ▶ 프라하 공항 이동

추천 테마 3 예술 6박 8일

세계적인 예술가들을 배출한 체코에서 음악가, 화가, 문학가 등의 발자취를 따라가는 여행을 계획해 봐도 좋다. 모라브스키 크룸로프는 작은 도시이지만 알폰스 무하의 역작 '슬라브 서사시'를 전시하고 있는 곳이다.

Day 1	인천 ▶ 프라하 프라하 숙박
Day 2	프라하 구시가지, 프라하 성, 신시가지
Day 3	프라하 ▶ 리토미슐 리토미슐 성, 베드르지흐 스메타나 생가, 포르투모네움
Day 4	리토미슐 ▶ 브르노 양배추 광장, 구시청사 탑, 나이트라이프
Day 5	근교 도시 일일 여행 모라브스키 크룸로프 성 전시 '슬라브 서사시'
Day 6	브르노 ▶ 프라하 ▶ 인천 공항 이동

추천 테마 4 전통과 하이킹 7박 9일

순수한 자연을 간직한 체코의 산세는 험하지 않아 하이킹에 최적이다.
더불어 700년 이상의 전통을 이어오는 크리스털 생산의 역사에 한 발짝 다가갈 수 있는 일정이다.

Day 1	인천 ▶ 프라하 프라하 숙박
Day 2	프라하 구시가지, 프라하 성, 신시가지
Day 3	프라하 ▶ 리베레츠 리베레츠 시청사, 북부 보헤미안 박물관
Day 4	근교 도시 일일 여행 크리스털 밸리
Day 5	리베레츠 ▶ 보헤미안 파라다이스 보헤미안 파라다이스 하이킹
Day 6	보헤미안 파라다이스 ▶ 보헤미안 스위스 보헤미안 스위스 하이킹
Day 7	보헤미안 파라다이스 ▶ 프라하 공항 이동

언제나 낭만이 가득한,
프라하
Praha

©CzechTourism/Libor Sváček

이름만 들어도 낭만이 가득한 도시, 프라하. 중부 유럽의 심장이라고 불리는 체코의 수도 프라하는 수천 년의 역사를 간직해왔다. 보기만 해도 탄성을 자아내는 아름다움, 우아함을 모두 갖고 있는 곳으로 매년 수백만 명의 여행객이 그 아름다움을 직접 보기 위해 프라하를 찾을 정도. 프라하를 유유히 가로지르는 블타바 강, 1,000년 이상의 프라하 성, 프라하에서 가장 오래된 다리인 카를교는 시간이 흘러도 변하지 않는 신비로운 매력을 자랑한다. 세계적인 예술가들이 탄생한 국가답게 도시는 자유로운 분위기가 가득하다. 오랜 역사만큼이나 다양한 건축 양식의 건축물로 3D 건축 교과서라고도 불린다. 황금빛 백탑의 도시라고 불리기도 하는데 이는 대성당, 성당, 탑 등의 꼭대기 때문. 실제로는 100개가 아닌 약 500개에서 1,000여 개의 첨탑이 있다.

프라하 주요 여행 구역

수도 프라하는 22개의 행정 구역으로 나누어져 있다. 숫자로 나누어진 행정 구역 체계는 복잡하고 조금 생소할 터. 이 책에서는 여행자들에게 친숙한 이름의 구시가지, 신시가지, 홀레쇼비체 등의 주요 관광지 12곳을 위주로 소개한다.

흐라드차니 Hradčany P.194
유럽에서 가장 큰 성채 단지로 알려진 프라하 성이 위치한 곳이다.

브르제브노프 Břevnov P.248
브르제브노프 수도원과 양조장이 있는 주거 지역. 993년부터 맥주를 양조한 기록이 있다.

스타레 메스토(구시가지)
Staré Město | Old Town P.128
천문시계, 구시가지 광장, 화약탑 등 유명 관광지들이 모여있는 프라하 여행의 시작점이자 중심지. 전 세계 사람들로부터 아주 많은 사랑을 받는 곳이다.

요제포프 Josefov P.162
중세 시대 이 지역에 있던 두 개의 유대인 공동체가 합치며 세워진 곳. 과거 유대인 게토였다.

노베 메스토(신시가지) Nové Město | New Town P.168
카를 4세에 의해 1348년에 세워진 곳으로 20세기 체코의 중요한 역사와 사건들을 직접 목격해온 곳이다.

흐라드차니

말라 스트라나 (소지구)

스타레 메스토 (구시가지) + 요제포프

브르제브노프

노베 메스토 (신시가지)

스미호프

비셰흐라드

프라하 **101**

홀레쇼비체 Holešovice P.228
감각적이고 힙한 지역으로 개성 있는 개인 숍과 레스토랑, 현대 미술관들이 자리 잡고 있는 곳이다.

카를린 Karlín P.234
2018년에는 유럽의 타임아웃(Time Out) 매거진의 세계의 쿨한 이웃(Time Out's 50 coolest neighborhoods in the world) 38위에 선정된 곳. 과거 공업지역이었지만 현재는 트렌디한 레스토랑, 펍이 자리잡은 감각적인 곳이다.

지즈코프 Žižkov P.246
프라하에서 가장 높은 빌딩인 지즈코프 TV 타워가 위치한 구역이다. 독립적인 분위기, 과거의 느낌을 가진 독특한 구역이다.

비노흐라디 Vinohrady P.242
초록의 녹지와 나무가 가득한 아름다운 주거 지역이다.

스미호프 Smíchov P.224
19세기 철도의 성장으로 많은 산업들이 발전했던 지역으로 현재는 다국적 기업들이 자리잡은 비즈니스 지구다.

말라 스트라나(소지구)
Malá Strana | Lesser Town P.210
프라하 성 아랫부분에 자리 잡고 있는 곳으로 프라하에서도 가장 오래된 지역 중 하나다.

비셰흐라드 Vyšehrad P.238
체코의 전설과 신화가 살아있는 곳. 체코 국가의 시작점이기도 하다.

Best 7

높은 곳에 올라가 로맨틱한 프라하 뷰 감상하기

Best 1

프라하에는 그림 같은 전망을 감상할 수 있는 뷰 포인트와 루프탑이 생각 외로 많다. 구시가지 전경을 바라볼 수 있는 천문시계 탑, 길게 뻗은 카를교와 유유히 흐르는 블타바 강 그리고 프라하 성이 한눈에 담기는 구시가지 교탑 전망대, 스트라호프 수도원 뷰 포인트, 근처의 페트르진 공원과 탑, 루프탑 레스토랑과 카페 등 곳곳에서 근사한 기념샷을 남길 수 있다.

카를교 걸으며 소원 빌기

Best 2

프라하 여행에서 꼭 해야 할 것 중 하나. 카를교는 약 515.76m의 길이로 프라하에 간다면 꼭 방문해야 하는 특별한 돌다리다. 카를교를 오가며 빼놓을 수 없는 것이 바로 소원 빌기! 만지면 소원이 이루어진다는 혹은 다시 체코로 돌아오게 해준다는 성 얀 네포무츠키의 동상과 기념물 앞은 언제나 붐빈다. P.138

프라하 성 방문하기

Best 3

프라하 성은 체코에서도 중요한 상징이자 세계에서 가장 큰 성채 단지다. 과거 체코 통치자들의 거주지를 거쳐 1918년 체코슬로바키아로 독립한 이래 현재도 대통령의 집무실로 사용되고 있다. 거대한 성채 내에는 궁전, 행정 시설, 교회, 정원 등 로마네스크 양식부터 고딕 양식에 이르는 다양한 건축물로 구성되어 있다. 성 비투스 대성당의 전망대에서는 환상적인 파노라마 뷰를 감상할 수도 있다. P.196

체코 음식과 함께 체코 맥주 마시기

Best 4

체코를 여행한다면 체코 맥주를 빼놓을 수 없다. 세계 최초의 라거로 유명한 필스너 우르켈, 다크 & 화이트 코젤, 버드와이저의 원조 부드바르 등 모두 체코가 고향이다. 레스토랑마다 상이하지만 맥주는 약 50~60Kč 정도로 가격도 저렴하다. 돼지 정강이 부위를 담백하게 구운 콜레노, 신선한 소고기에 허브를 버무려 빵에 올려먹는 타르타르, 튀긴 치즈 등은 맥주와 아주 잘 어울린다.

거리에서 뜨르들로 먹기

Best 5

거리에서 심심찮게 만날 수 있는 빵. 근처에 가면 달콤한 설탕과 시나몬 냄새가 진동을 한다. 밀가루 반죽을 돌돌 말아 구운 빵으로 마치 굴뚝같은 비주얼 때문에 굴뚝빵이라고 불린다. 설탕과 시나몬만 있는 오리지널, 구멍 안에 아이스크림을 넣거나 슈크림이나 생크림을 넣은 화려한 버전도 있다. 체코의 전통이라 말할 수는 없지만 여행하며 간식으로 먹기에는 제격이다.

유서 깊은 카페에서 여유를 즐기기

Best 6

프라하에는 100년 이상의 역사를 지닌 카페들이 존재한다. 벨벳혁명을 주도했던 바츨라프 하벨 전 대통령이 자주 들렀던 카페 슬라비아, 체코 출신 소설가 프란츠 카프카와 세계적인 과학자 알베르트 아인슈타인이 찾던 카페 루브르, 세계 유일의 입체파 카페인 카페 오리엔트, 아르누보의 정수를 보여주는 임페리얼 호텔 1층의 카페 인페리얼 등에서의 디저트와 함께 커피의 여유를 즐겨 볼 것. P.110

체코 특산품 쇼핑하기

왠지 체코 특산품은 비교적 덜 알려져 있는 편이다. 왕과 귀족들의 사랑을 받았던 보헤미안 크리스털, 순수한 자연 재료를 이용한 천연주의 화장품 마누팍투라, 약초사의 비법으로 탄생한 유기농 화장품 하블리크 아포테카, 체코의 온천수와 몸에 좋은 허브를 원료로 한 베헤로브카, 남부 모라비아에서 탄생한 모라비아 와인, 아기자기하면서도 고품질의 포슬린, 귀여운 국민 두더지 캐릭터 크르텍 등 가성비 좋은 기념품들을 쉽게 찾을 수 있다. P.68

Best 7

프라하 여행 완전 정복

속성 1일 코스

화약탑 → 구시가지 광장 → 천문시계 탑 → 프라하 성

야경 ← 카를교 ← 기마상 ← 바츨라프 광장

알찬 3일 코스

DAY 1
화약탑 → 구시가지 광장 → 천문시계 탑 → 스타레 메스토 (구시가지) 교탑

볼트 ← 카프카 박물관/슬리보비체 박물관(택 1) ← 카를교

DAY 2
프라하 성 → 황금소로 → 로브코비츠 성과 박물관

스트라호프 수도원 양조장 ← 수트라호프 수도원 ← 페트르진 타워

네루도바 거리 → 발트슈타인 궁 & 정원 → 야경

DAY 3
바츨라프 광장 → 기마상 → 국립 박물관

예술공연 감상 ← 알폰스 무하 박물관 ← 시민회관

여유 있는 5일 코스

DAY 1 화약탑 → 구시가지 광장 → 천문시계 탑 → 티비티(보트 또는 마차) → 운겔트 → 성 니콜라스 교회 → 스타레 메스토 (구시가지) 교탑 → 카를교 → 캄파 섬 → 야경

DAY 2 프라하 성 → 성 비투스 대성당 전망대 → 성 조지 바실리카 → 페트르진 탑 → 로브코비츠 성박물관 → 황금소로 → 성 스트라호프 수도원 & 도서관 → 네루도바 거리 → 재즈 바

DAY 3 프라하 근교 일일 여행(체스키 크룸로프/플젠/카를로비 바리/쿠트나 호라 중 택 1)

DAY 4 바츨라프 광장 → 국립 박물관 → 프란티슈카 정원 → 예술공연 감상 → 루프탑 바 또는 카페 → 알폰스 무하 박물관

DAY 5 성 치릴 메토디우스 대성당 → 국립 박물관 → 드바 코호우티 → DOX 갤러리 → 레트나 공원

| 체코 프라하의 뷰 맛집 | 루프탑 레스토랑 & 카페 & 바 Best 5 |

체코에는 아름다운 빨간 지붕들을 바라볼 수 있는 뷰 맛집이 많다. 특히 루프탑 레스토랑, 카페, 바는 로맨틱하고 여유로운 분위기를 즐기기 좋은 장소! 꼭 루프탑이 아니더라도 좋은 뷰를 가진 레스토랑들도 많으니 체코를 여행한다면 최소 하나 정도의 루프탑은 꼭 올라가 볼 것. 연인과의 식사뿐만 아니라 친구, 가족과도 기억에 영원히 남을 만한 멋진 시간을 보내기 좋다. 환상적인 뷰는 언제나 옳다.

Best 1 테라사 우 프린스 Terasa U Prince | U Terrace at Prince

프라하 천문시계를 바라볼 수 있는 구시가지의 루프탑 바 & 레스토랑. 12세기의 빌딩을 완전히 개조한 우 프린스 호텔의 제일 꼭대기에 자리 잡고 있다. 모든 자리에는 덮개가 준비되어 있어 비나 눈이 와도 이용이 가능하다. 입장할 때 커피나 술과 같은 음료를 마실지 식사를 할지 묻는데 천문시계와 구시가지 광장의 멋진 뷰를 원한다면 식사가 아닌 음료를 선택하는 것을 추천. 꼭대기에 올라서면 카페는 우측, 레스토랑은 좌측에 있어 구시가지 광장이 바라보이는 카페 쪽 뷰가 훨씬 더 멋지기 때문이다. 환상적인 뷰를 자랑하는 탁월한 위치 덕에 다른 레스토랑보다는 금액이 높은 편이다. 실제 계산 시 팁을 자동으로 포함해서 알려주니 메뉴판 금액보다는 조금 더 넉넉하게 생각해야 한다.

지도 P.486-B2 **주소** Hotel U Prince - the 5th floor, Staroměstské náměstí 29, 110 00 **홈페이지** www.terasauprince.com [테이블 예약] www.terasauprince.com/en/reservation-rooftop-bar-grill-oldtown-sqaure-prague **운영** 매일 09:00~23:30 **가는 방법** 메트로 A 무스테크(Můstek)에서 도보 약 4분. 혹은 트램 6, 9, 18, 22번 나로드니 트르지다(Narodní třída) 역 하차 후 도보 약 7분.

tip!
카페 쪽 구석에 위치한 버블 포인트 뷰(Bubble point view)에서는 천문시계, 틴 성당과 함께 인생샷을 남길 수 있다.

카페에서 바라본 뷰

Best 2 아리아호텔 - 코다 레스토랑 CODA Restaurant at Aria Hotel

오페라나 칸타타의 독창 부분을 뜻하는 아리아 호텔의 코다 레스토랑은 음악의 분위기가 충만한 곳이다. 코다 레스토랑의 자랑 중 하나는 바로 테라스 루프탑 레스토랑. 로비층의 레스토랑 공간 외 루프탑 테라스는 360°로 펼쳐지는 프라하의 빨간 지붕, 성 니콜라스 대성당과 푸른 하늘이 어우러져 그림 같은 전경을 자아낸다. 총괄 셰프의 창의적이면서도 건강한 음식은 세계적인 작곡가가 유머러스하게 그려진 식기에 서빙되고, 비현실적이도록 로맨틱한 프라하의 전경과 함께해 마치 모든 감각들이 교향곡을 울리는 듯하다. 알라카르테, 체코식 테이스팅 메뉴, 시즌별 테이스팅 메뉴, 다양한 와인 리스트는 물론 프라이빗 다이닝도 가능. 단, 루프탑의 테라스는 날씨의 영향을 많이 받는다. 비가 오거나 날씨가 궂은 날이면 오픈하지 않을 수도 있는 점 참고할 것.

지도 P.490-B2 **주소** Tržiště 368/9, 118 00 **홈페이지** www.codarestaurant.cz/en [테이블 예약] www.codarestaurant.cz/en/reserve **운영** 매일 07:00~23:30 **가는 방법** 트램 1, 7, 12, 15, 20번 말로스트란스케 나메스티(Malostranské náměstí) 역 하차 후 도보 약 2분.

Best 3 테라사 우 즐라테 스투드네 Terasa U Zlaté studně

프라하 성 근처의 골든 웰The golden well 호텔 4층에 위치한 레스토랑. 놀랍도록 아름다운 파노라마 뷰를 자랑하는 파인 다이닝 레스토랑이다. 로맨틱한 분위기, 셰프가 성심껏 준비한 작품 같은 식사는 연인 혹은 물론 친구와 즐기기에도 좋다. 트립어드바이저는 체코의 베스트 레스토랑 1위로 테라스 우 즐라테 스투드네를 3회나 선정하기도 했다. 호텔이 위치한 건물은 16세기에 최초로 세워진 후 2008년 대대적인 리노베이션을 마쳐서 스타일리시하면서도 고전적인 모습을 보는 것도 꽤나 흥미롭다.

©terasauzlatestudne.cz

tip!
여름 시즌이면 레스토랑 이용객은 루프탑 테라스의 프라이빗 통로를 이용해 프라하 성의 로열 가든으로 바로 이동할 수 있다(현재는 임시 폐쇄 중).

지도 P.490-B1 **주소** U Zlaté studně 166/4, 118 00 **홈페이지** www.terasauzlatestudne.cz/en [레스토랑 예약] www.terasauzlatestudne.cz/en/reserve **운영** 매일 07:30~10:30, 12:00~23:00(야외 테라스는 4~10월 운영) **가는 방법** 트램 22, 23번 탑승 후 말로스트란스케 나메스티역에서 하차 후 도보 약 4분.

Best 4 글래스 바 GLASS Bar

프라하의 아이코닉 한 건물인 댄싱 하우스의 꼭대기 층에 위치한 루프탑 테라스 바. 유리로 장식된 만큼 글래스 바라는 귀여운 이름을 가졌다. 유유히 흐르는 블타바 강, 프라하 성, 국립 극장이 바다 보이는 멋진 뷰를 가졌지만 왠지 한국인에게 덜 알려져 있다. 사실 댄싱 하우스 건물이 호텔로 사용된다는 것을 잘 모르기도 하는 사람들도 많다. 말 그대로 숨 막힐 듯 탁 트인 전경, 접근성, 가성비, 특유의 분위기로 추천하고 싶은 곳이다.

지도 P.492-A3 주소 Jiráskovo nám. 6, 120 00 홈페이지 www.glassbar.cz/uvod-en 운영 10:00~22:00 휴무 없음(단, 개별 이벤트로 일반 손님을 받지 않는 날도 있다) 가는 방법 트램 5, 7, 13, 17, 35번 탑승 후 이라스코보 나메스티(Jiráskovo náměstí) 역 하차 후 도보 약 2분.

Best 5 클라우드 9 스카이 바 & 라운지 Cloud 9 Sky Bar & Lounge

감각적인 카를린의 힐튼 프라하 호텔 루프탑에 위치한 바 겸 라운지. 어번 라운지 스타일의 독특한 유리 루프탑 바는 시크하면서도 도시적이다. 내부에 위치한 바 외에도 외부 테라스 석도 준비되어 있다. 프라하 시내의 스카이라인을 조망할 수 있어 인기. 클라우드 9의 또 다른 자랑이라면 단연 각종 대회에서 수상 이력이 있는 시그니처 칵테일. 그 외에도 대중적인 칵테일, 샴페인, 와인 등의 각종 주류, 카페 메뉴와 더불어 함께 즐길 만한 간단한 음식 메뉴도 판매 한다.

지도 P.494 하단-A2 **주소** Pobřežní 1, 186 00 **홈페이지** www.cloud9.cz/en
운영 월~토요일 19:00~01:00 **휴무** 일요일 **가는 방법** 트램 3, 8, 14, 18, 24번 탑승 후 플로렌츠(Florenc) 역에서 도보 약 5분.

> *tip!*
> 아이가 있는 가족이라도 걱정 말자. 아이를 위한 논-알코올 메뉴가 준비되어 있다. 단 18세 미만의 아이들은 성인과 동행해야 하며 오후 10시까지 머물 수 있다.

캐주얼한 버전의 루프탑 바
테 안케르 선 테라스
Restaurace Sluneční terasa T-Ankerl
T-Anker Sun Terrace

공화국 광장의 코트바Kotva 쇼핑몰 5층에 위치한 루프탑 레스토랑 & 바. 쇼핑몰에 위치한 만큼 고급스러운 분위기와는 거리가 있지만 나름의 캐주얼한 분위기가 있다. 화약탑 넘어 호텔들이 위치한 곳에서 가깝기 때문에 접근하기가 편리하다. 뷰가 아주 예쁘지는 않지만 비교적 쉽게 프라하 시내를 조망할 수 있다는 장점이 있다. 부담 없이 맥주를 걸칠 수 있는 곳. 체코 소규모 양조장의 맥주 판매를 지원하고 있다.

지도 P.487-C2 **주소** OD Kotva - 5F, náměstí Republiky 656, 110 00
홈페이지 www.t-anker.cz/en/about **운영** 매일 11:00~22:00

프라하에서 가봐야 할 | 유서 깊은 카페 Best 5

체코에는 저마다의 개성과 역사를 간직한 크고 작은 카페들이 많다. 맛있다라는 단어로는 체코의 커피를 평가하기 어려울 정도로 각 가게마다 자부심을 갖고 최상급의 커피를 제공하고 있다. 100여 년의 역사를 지닌 카페, 컨템포러리 카페, 로컬이 사랑하는 카페, 로스터리 카페, 아기자기한 매력의 카페 등 각 카페는 고유의 개성을 가득 담고 있다. 독특한 개성의 카페를 둘러보는 것도 체코 여행의 재미! 그중에서도 유명 예술가나 대통령이 즐겨 찾곤 했던 100년 이상 된 어마어마한 역사를 간직한 유서 깊은 카페들을 소개한다.

Best 1 카페 슬라비아 Café Slavia

프라하 성과 블타바 강을 바라볼 수 있는 독보적인 뷰를 가진 곳. 카페 슬라비아는 무려 1881년 오픈했다. 다양한 커피, 체코의 음식을 포함한 다양한 메뉴, 달콤한 디저트 등을 즐길 수 있다. 국립극장은 바로 맞은편에서 오픈한 이후 많은 문화, 예술인들이 카페 슬라비아를 찾았는데 그중에는 체코의 유명 작곡가인 베드르지흐 스메타나, 시인 야로슬라프 크바필, 작가 카렐 차페크 형제, 화가 얀 즈르자비도 있었다. 민주주의 체제의 체코 첫 대통령인 바츨라프 하벨도 자주 찾던 곳으로 지식인, 작가, 시인 등이 활발히 의견을 교환하는 모임 장소이기도 했다. 1992년 법적인 문제로 잠시 문을 닫았던 적도 있었지만 1997년 다시 오픈했고 이때 BBC에서는 프라하에서 가장 오래된 카페로 소개하기도 했다. 바츨라프 하벨이 찾던 창가석은 언제나 인기 만점. 블타바 강과 프라하 성의 멋진 뷰, 숙련된 직원의 서비스 또한 유서 깊은 카페만큼이나 편안하고 훌륭하다.

지도 P.486-A3　**주소** Smetanovo nábř. 1012/2, 110 00　**홈페이지** www.cafeslavia.cz/en
예약 www.cafeslavia.cz/en　**운영** 매일 09:00~22:00　**가는 방법** 트램 1, 2, 9, 18, 22, 23, 93, 97, 98, 99번 나로드니 디바들로(Národní divadlo) 역 하차 후 도보 약 1분.

프라하 **111**

Best 2 그랜드 카페 오리엔트 Grand Café Orient

체코 최고의 입체파 건축의 건물인 블랙 마돈나의 집에 위치한 세계 유일의 입체파 카페. 체코의 유명한 건축가 요세프 고차르가 20세기 초에 빌딩을 디자인했을 때부터 카페가 포함되어 있었다. 카페는 1920년대에 문을 닫기 전 약 10년 동안 운영되었고, 약 80년 후인 2002년 재오픈해 세계 유일의 입체파 카페라는 타이틀을 유지하고 있다. 내부는 입체파 특유의 장식, 가구와 우아한 조명 등으로 가득하며 건물의 외벽을 자세히 살펴보면 블랙 마돈나를 확인할 수 있다. 커피, 디저트, 칵테일을 비롯해 아침식사, 샌드위치 등을 포함한 다양한 식음료를 판매 중. 빌딩의 체코 입체파에 헌정된 상설 전시회(유로)에서는 20세기 초 입체파의 인테리어 디자인을 엿볼 수도 있다.

지도 P.487-C2 **주소** Ovocný trh 319, 110 0 **홈페이지** grandcafeorient.cz/en **운영** 월~금요일 08:00~22:00, 토~일요일 10:00~22:00 **가는 방법** 트램 1, 2, 6, 8, 12, 15, 26, 91, 94, 96번 또는 버스 207, 905, 907, 909, 911번 나메스티 레푸블리키(Náměstí Republiky) 역 하차 후 도보 약 3분. 메트로 B 라인 나메스티 레푸블리키(Náměstí Republiky) 역 하차 후 도보 약 3분 또는 메트로 A, B 무스테크(Můstek) 역 하차 후 도보 약 5분.

> *tip!*
> **입체파 전시회 성인**
> **홈페이지** www.czkubismus.cz/en/the-house-at-the-black-madonna **운영** 화요일 13:00~20:00, 수~일요일 10:00~18:00 **요금** 성인 150Kč, 청소년(15~26세)·시니어(65세 이상) 80Kč

Best 3 카페 사보이 Café Savoy

2020년 미슐랭에 선정된 카페. 카페 사보이는 공산주의 이후의 카페 문화와 분위기를 잘 간직하고 있는 곳이다. 19세기 말부터 잘 보존된 네오 르네상스 양식의 천장이 특이하다. 베이커리 카페의 갓 구운 빵, 커피 등의 카페 메뉴와 함께 풍성한 조식 메뉴, 타르타르, 오리 다리 등의 정통 체코 요리를 즐길 수 있다. 혹은 매일 판매하는 메뉴 외 다른 요리를 선보이는 위클리 메뉴를 선택할 수도 있다. 근처에는 프라하에서도 로맨틱한 장소 중 하나인 캄파 섬이 있어 카페에 들른 후 간단한 산책을 즐기기에도 좋다. 만약 와인을 주문할 예정이라면 남부 모라비아산 화이트 와인을 맛볼 것. 아로마틱하고 달콤한 듯 부드러운 맛을 느낄 수 있다.

지도 P.491-C3 **주소** Vítězná 124/5, 150 00 **홈페이지** cafesavoy.ambi.cz/en **예약** cafesavoy.ambi.cz/en/reservations **운영** 월~금요일 08:00~22:00, 토~일요일 09:00~22:00 **가는 방법** 트램 9, 22, 23, 97, 98, 99번 우예즈드(Újezd) 역 하차 후 도보 약 2분.

Best 4 카페 임페리얼 Café Imperial

유서 깊은 임페리얼 호텔의 1층에 위치한 카페로 1914년 역사가 시작되었다. 아르누보의 정수를 보여주는 인테리어는 언제 봐도 놀랍다. 오랜 역사와 전통만큼 훌륭한 서비스, 최상급 요리에 아름다운 아르누보 장식을 합리적인 금액으로 만날 수 있는 곳이다. 호텔에 위치한 카페인 만큼 매일 오전 7시부터는 조식 뷔페를 운영하고 있으며 평소에는 커피, 와인, 밀크셰이크 등을 비롯해 간단한 샌드위치, 정통 체코 요리, 셰프 스페셜까지 메뉴도 다양하게 선보인다. 커피 한 잔만으로도 100년 전 예술과 문화가 가득한 벨에포크의 체코가 느껴지는 듯하다.

지도 P.493-C1 **주소** Na Poříčí 1072/15, 110 00 **홈페이지** www.cafeimperial.cz/en/homepage **예약** www.cafeimperial.cz/en/reservation **운영** 매일 07:00~23:00 **가는 방법** 트램 1, 2, 6, 8, 12, 15, 26, 91, 94, 96번 또는 버스 207, 905, 907, 909, 911번 나메스티 레푸블리키(Náměstí Republiky) 역 하차 후 도보 약 3분.

Best 5 카페 루브르 Café Louvre

1902년 오픈한 후 많은 사회 모임, 협회가 열렸고, 소설들이 탄생했다. 아르누보 양식의 장식과 분위기가 가득한 이곳은 '로봇'이라는 단어를 창조한 체코의 소설가 카렐 차페크, 변신의 작가 프란츠 카프카 등 유명한 작가와 정치인들이 즐겨 찾던 곳이었다. 프라하의 독일 대학교에서 교수로 재직하던 세계적인 과학자 알베르트 아인슈타인도 체코 대학교의 천문학 교수인 블라디미르 하인리히와 매주 화요일 저녁에 방문하는 등 카페는 많은 문학인과 지성인의 사랑을 받았다. 아침 메뉴를 비롯해 홈 메이드 케이크와 카페 메뉴, 채식자를 위한 메뉴 등 다양한 음식료를 판매하고 있으니 넓은 창, 클래식한 구조, 아르누보 장식과 함께 카페 루브르의 여유를 즐겨보자. 레스토랑과 카페 구역이 나뉘어 있다.

지도 P.492-B2 **주소** Národní 22, 110 00 **홈페이지** www.cafelouvre.cz/en **예약** www.cafelouvre.apetee.com/en **운영** 매일 월~금요일 08:00~23:30, 토~일요일 09:00~23:30 **가는 방법** 트램 1, 2, 9, 18, 22, 23, 93, 97, 98, 99번 나로드니 트르지다(Národní třída) 역 하차 후 도보 약 2분 또는 메트로 B 라인 나로드니 트르지다(Národní třída) 역 하차 후 도보 약 2분.

디지털 노마드를 위한 | 노트북 하기 좋은 카페 & 공유 오피스

재택근무가 진화했다. 워케이션이 가능한 유연근무의 시대로 이제는 노트북만 있다면 체코에서도 충분히 업무가 가능하다. 가볍게 노트북 하기 좋은 카페부터 시간제 또는 월별로 이용이 가능한 공유 오피스 등 선택의 폭도 다양하다. 자유로운 분위기와 비교적 저렴한 금액도 장점. 숙소 내에서만 일하는 것이 지겨운 디지털 노마드족, 한 달 살기 여행자, 프리랜서는 물론 단기 재택근무를 위한 곳을 공개한다.

위워크 프라하
WeWork - kancelářské prostory a coworking

글로벌 공유 오피스 위워크의 지점이 프라하에도 있다. 미국에서 시작한 위워크는 체코 프라하를 포함해 현재 전 세계에서 700여 개의 공유 오피스를 운영 중. 프라하 지점은 나로드니 트르지다(Národní třída) 메트로 및 트램 역과 카페 루르브 옆에 있어 위치가 매우 좋다. 한국에서 가입이 가능한 올액세스 멤버십으로 체코 프라하의 핫 데스크를 일주일 내내 24시간 이용이 가능하다는 것이 큰 장점이다.

지도 P.492-B2 **주소** 1, Národní 135/14, 110 00 **연락처** +420 228 882 803
홈페이지 www.wework.com/l/office-space/prague
운영 24시간 **가격** 올액세스 멤버십(한국 가입 기준) 299,000원(VAT 별도)

임팩트 허브 프라하
Impact Hub Praha

체코 내 5개 도시, 프라하에서는 2개의 지점을 운영하는 공유 오피스. 10시간, 30시간 등의 단위로 이용할 수 있는 시간제 운영 플랜이 인상적인 곳이다. 비노흐라디의 K10 지점, 스미호프의 D10 지점 모두 메트로 역에서 가깝고, 특히나 K10 지점은 크고 아름다운 프라이빗 가든으로 인기가 많다.

주소 [프라하 D10 지점] Drtinova 557/10, 150 00 [프라하 K10 지점] Koperníkova 10, Praha 2 - Vinohrady, 120 00
홈페이지 www.hubpraha.cz/en **운영** 평일 08:30~18:30 **가격** 데이 패스 450Kč, 10시간 890Kč, 30시간 1,890Kč, 60시간 2,790Kč, 100시간 3,590Kč, 언리미티드 패스 4,390Kč

카페두 Cafedu

프라하 국립 박물관 맞은편에 위치한 카페이자 공유 오피스. 국립 박물관의 웅장한 전망을 가지면서도 프라하 기차역과 바츨라프 광장 근처라는 두 마리 토끼를 다 잡은 곳이다. 내부 테이블마다 콘센트가 준비되어 노트북 이용이 편리해서 노트북을 하고 있는 현지인, 학생이 상당히 많다. 비노흐라디에 위치한 도스 문도스Dos Mundos의 아라비카종 원두를 사용하는 것도 눈여겨볼 점. 스터디룸이자 공유 오피스를 함께 운영하고 있으며 카페가 아닌 공간을 이용할 경우 예약이 필수다.

지도 P.489-A1 **주소** 12, Škrétova 490, 120 00 **홈페이지** www.cafedu.cz/en **운영** [카페] 월~금요일 07:30~22:00, 주말 및 공휴일 09:00~21:00 [스터디쿰/공유오피스] 연중무휴(단, 12월 31일, 1월 1일 휴무) **가격** [공유 오피스] 원데이 160Kč, 7일 599Kč, 1달 1,299Kč, 3달 2,599Kč, 6달 4,599Kč 학생 요금은 따로 운영 중) [카페] 카페 메뉴를 이용할 경우 노트북 사용 가능

브니트로블록 Vnitroblock

건물의 벽돌이 그대로 드러나는 인더스트리얼 스타일 카페. 창고 혹은 공장을 연상시키는 인테리어를 가진 브니트로블록은 커피를 위한 공간만이 아니라 문화와 예술적 감성이 가득한 곳이다. 여유로운 공간과 분위기로 컴퓨터 작업을 하기에 부담이 없고 실제로 저마다 과제, 노트북을 하는 체코인들을 쉽게 찾을 수 있다.

지도 P.494-B1 **주소** Tusarova 791/31, 170 00 7-Holešovice **홈페이지** vnitroblock.cz **운영** 매일 09:00~22:00

워크라운지 WorkLounge

프라하 내 3개 지점 운영 중인 공유 오피스. 새롭게 떠오르는 카를린, 바츨라프 광장, 스미호프에서 만날 수 있다. 대중적으로 잘 알려진 공유 오피스 타입으로 한 달에 4번 워크 라운지에 입장할 수 있는 베이직 멤버십, 24시간 공용 공간에서 일할 수 있는 핫데스크, 공용 공간 내 지정 좌석에서 일할 수 있는 데디케이티드 데스크 및 프라이빗 오피스의 총 4개의 멤버십을 운영 중이다.

지점 및 주소 [포럼 카를린 Forum Karlín] - Pernerova 51 186 00 [디아망트 바츨라박 Diamant Václavák] Václavské náměstí 3, 110 00 [스미호프 Smíchov] Plzeňská 155/113, 150 00 **홈페이지** worklounge.com/en **가격** [데이 패스] 카를린/디아망트 지점: 500Kč(VAT 제외 금액), 스미호프 250Kč [베이직 멤버십] 1,800Kč [핫 데스크] 5,000Kč [데디케이티드 데스크(지정석)] 6,000Kč부터 [프라이빗 오피스] 6,500Kč부터

프라하 | 국립 미술관

국립 미술관
Národní galerie Praha | National Gallery Prague

국립 미술관의 역사는 1796년 2월 5일 애국심이 강한 체코의 귀족들, 계몽 운동을 진행하던 중산층의 지식인들이 일반 대중의 열악했던 예술에 대한 의식을 고취시키고 시각을 향상시키기 위해 시작되었다. 하지만 국립 미술관의 태동은 체코 예술의 전성기를 이끌었다고 평가되는 신성 로마 제국의 황제 루돌프 2세Rudolf II가 알브레히트 뒤러Albrecht Dürer의 장미화관 제단화를 그의 컬렉션으로 소장했을 때로 간주된다. 그 후 20세기 후반에 체코 귀족들의 그림 수집이 본격화되며 국립 미술관의 기초가 되었다.

국립 미술관은 프라하의 유서 깊은 궁, 수도원 등 여러 건물들로 나뉘어 상설, 단기 전시를 열고 있다. 체코 상원의회 소유의 발렌슈타인 승마 학교를 제외하고는 모두 국립 미술관이 건물을 관리하고 있다(2024년 현재 킨스키 궁은 운영을 중단한 상태).

> **tip!**
> 국립 미술관의 모든 전시를 관람할 수 있는 특별 티켓이 있다. 680Kč로 10일간 모든 국립 미술관의 상설 전시에 입장할 수 있어 특히 프라하를 장기 여행하는 경우라면 굉장히 유용하다(단, 단기 전시를 진행하는 발렌슈타인 승마 학교는 제외).
>
> 무료입장의 날 - 일부 상설 공휴일 및 기념일에 무료 관람을 종종 진행하고 있다. 운이 좋다면 여행 일정과 맞을 수 있으니 꼭 확인할 것.

국립 미술관 슈바르첸베르크 궁
Schwarzenberský Palác | Schwarzenberg Palace

상설 전시 옛 거장들(Old Masters)

프라하 성 광장에서 눈에 띄는 존재감을 가진 슈바르첸베르크 궁. 즈그라피토 장식이 인상적인 초기 르네상스 양식의 건축물이다. 1567년 첫 완공된 후 여러 명의 소유주를 거쳤고 18세기 초 슈바르첸베르크 가문에 상속되었다. 국립 미술관은 2002년에 슈바르첸베르크 궁을 인수했다. 전시는 주로 16~18세기, 르네상스와 바로크 예술 작품을 선보인다. 한스 폰 아헨Hans von Aachen, 페트르 브란들Petr Brandl, 마티아쉬 베르나르드 브라운Matyáš Bernard Braun, 프란시스코 호세 고야Francisco José Goya, 알브레히트 뒤러Albrecht Dürer, 렘브란트 반 레인Rembrandt van Rijn, 카렐 슈크레타Karel Škréta, 파울 루벤스Paul Rubens 등 거장들의 귀중한 작품들을 만날 수 있다.

이 작품은 꼭! 장미 제단화, 네오폴드 공주

지도 P.488-B1 **주소** Hradčanské náměstí 2, 118 00 Praha 1-Hradčany **홈페이지** www.ngprague.cz/en/about/buildings/schwarzenberg-palace **운영** 화~일요일 10:00~18:00(매주 첫 번째 수요일 10:00~20:00) **휴무** 매주 월요일 **요금** 성인 250Kč, 할인 140Kč, 26세 이하 무료 **가는 방법** 트램 12, 15, 20, 22, 23번 말로스트란스케 나메스티(Malostranské náměstí) 역 하차 후 도보 약 12분 또는 트램 22, 23번 프라즈스키 흐라드(Pražský hrad) 역 하차 후 프라하 성을 통해서 도보 약 7분.

국립 미술관 슈테른베르크 궁
Šternberský Palác | Sternberg Palace

상설 전시 옛 거장들 II(Old Masters II)

높은 수준의 바로크 양식을 가진 슈테른베르크 궁은 예술 작품을 위한 완벽한 공간을 제공하는 곳이다. 1947년부터 국립 미술관으로서 프라하 성 옆에 든든히 자리를 지키고 있다. 건물의 역사는 슈텐베르크Šternberk의 바츨라프 보이테흐Václav Vojtěch가 1690년 프라하의 대주교 궁에 인접한 부지를 구입하면서부터다. 전시는 주로 오스트리아의 프란츠 페르디난트 대공이 수집한 14세기와 15세기의 이탈리아 회화 컬렉션을 필두로 르네상스·바로크 시대 거장들의 그림, 15~18세기의 네덜란드와 플랑드르 회화 컬렉션으로 구성되어 있다. 전시명에서 확인할 수 있듯이 맞은편 슈바르첸베르크 궁의 옛 거장Old Masters와 연관되어 있다. 크게는 같은 주제이지만 상호 보완적인 성격으로 가치 있고 귀중한 작품들을 선보인다. 얀 산데르스 반 헤메센Jan Sanders van Hemessen, 피터 II 브뤼헐Pieter II Brueghel, 로렌초 모나코Lorenzo Monaco, 피에르 미냐르Pierre Mignard 등의 회화를 비롯해 한스 랍본Hans Raphon의 십자가에 못 박힌 그리스도The Crucifixion 제단을 만날 수 있다.

이 작품은 꼭! 팔려가는 신부(Adoration of the magi), 십자가에 못 박힌 그리스도(The Crucifixion)

지도 P.488-B2 **주소** Hradčanské náměstí 57/15, 118 00 **홈페이지** www.ngprague.cz/en/about/buildings/sternberg-palace **운영** 화~일요일 10:00~18:00(매주 첫 번째 수요일 10:00~20:00) **휴무** 매주 월요일 **요금** 성인 180Kč, 할인 100Kč, 26세 이하 무료 **가는 방법** 트램 12, 15, 20, 22, 23번 말로스트란스케 나메스티(Malostranské náměstí) 역 하차 후 도보 약 12분 또는 트램 22, 23번 프라즈스키 흐라드(Pražský hrad) 역 하차 후 프라하 성을 통과해 도보 약 7분.

국립 미술관 성 아그네스 수녀원
Klášter sv. Anežky České | Convent of St Agnes of Bohemia

상설 전시 보헤미아와 중부 유럽의 중세 예술 1200~1550
(Medieval Art in Bohemia and Central Europe 1200~1550)

중세 예술 작품을 만날 수 있는 성 아그네스 수도원은 프라에서 가장 오래되고도 중요한 고딕 양식의 건축물 중 하나다. 1230년경, 프르제미슬 오타카르 1세Přemysl Otakar I의 딸인 보헤미아의 성 아그네스 Svatá Anežka Česká와 그녀의 형제 바츨라프 1세Václav I가 세웠다고 전해진다. 글라라회와 작은 형제회의 수도원-수녀원으로 1970년에 국가 문화 기념물로 지정된 후 오랜 재건을 거쳤고 미술관으로서 대중에게 다시 공개되었다. 전시는 약 200여 개 이상의 중세 예술작품들로 구성되어 있다. 수녀원에 위치한 만큼 그림의 주제도 종교적인 색채가 짙고 분위기는 경건하다. 프르제미슬 왕조 시대 가장 오래된 작품을 포함해 보헤미아의 얀, 카를 4세와 그의 아들로 이어지는 룩셈부르크 가문의 통치 기간의 작품들이 중요한 컬렉션으로 간주된다.

지도 P.487-C1 **주소** U Milosrdných 17, 110 00 **홈페이지** www.ngprague.cz/en/about/buildings/convent-of-st-agnes-of-bohemia **운영** 화~일요일 10:00~18:00(매달 첫 번째 수요일 10:00~20:00) **휴무** 매주 월요일 **요금** 성인 250Kč, 할인 140Kč, 26세 이하 무료 **가는 방법** 트램 1, 2, 6, 8, 12, 15, 26번 또는 버스 207번 들로우하 트르지다(Dlouhá třída) 역 하차 후 도보 약 7분.

국립 미술관 벨레트르즈니 궁
Veletržní Palác | Trade Fair Palace

상설 전시 1796~1918: 수 세기의 예술(1796~1918: Art of the Long Century),
1918~1938: 첫 체코슬로바키아 공화국(1918~1938: First Czechoslovak Republic),
1956~1989: 모두를 위한 건축(1956~1989: Architecture for All)

1928년 완공된 프라하 최초의 기능주의적 건축물로 당시 같은 성격의 건물로는 가장 큰 규모였다고. 건물은 이름에서 알 수 있듯이 박람회를 위한 장소로 사용되었고, 전쟁 후에는 다양한 무역 회사들이 자리를 잡았다. 1976년 리노베이션 하기로 결정한 후 천천히 신중하게 진행된 리노베이션은 1990년대에나 마무리되었다. 전시 관람은 위층에서 아래층으로 내려오는 편을 추천한다. 벨레트르즈니 궁에서 가장 유명한 전시는 바로 4층에서 열리는 체코와 전 세계의 현대 및 컨템포러리 예술작품에 대한 상설 전시다. 파블로 피카소Pablo Picasso, 조르주 브라크Georges Braque, 오귀스트 르누아르Auguste Renoir, 빈센트 반 고흐Vincent van Gogh, 구스타프 클림트Gustav Klimt 등 다수의 프랑스와 유럽 작품을 포함한다. 파블로 피카소의 작품 옆 체코의 요세프 마네스Josef Mánes의 작품을, 세대가 다른 보후밀 쿠비슈타Bohumil Kubišta와 요제프 나프라틸Josef Navrátil을 같이 배치하는 등 자연스럽게 체코와 국제의 예술을 연결하는 국립 미술관의 선택적인 접근 방식을 확인할 수 있다. 3층에서는 1918년에서 1938년 사이의 젊고 독립적인 체코슬로바키아의 국제적이면서도 풍부했던 당시의 예술을 선보이고, 2층에서는 약 30년 전 철의 장막이 무너진 후 동서양의 이분법적인 시각을 극복하고 연관된 유럽의 주변 상황을 이해할 수 있게 하는 1956년부터 1989년까지의 건축과 라이프스타일에 초점을 맞춘 전시가 진행된다.

지도 P.494 하단-A1 **주소** Dukelských Hrdinů 530/47, 170 00 **홈페이지** www.ngprague.cz/en/about/buildings/trade-fair-palace **운영** 화~일요일 10:00~18:00(매주 첫 번째 수요일 10:00~20:00) **휴무** 매주 월요일 **요금** 성인 220Kč, 할인 120Kč, 26세 이하 무료 **가는 방법** 트램 1, 6, 8, 12, 17번 벨레트르즈니 팔라츠(Veletržní palác) 역 하차 후 도보 약 1분 또는 트램 2, 5, 6, 12, 14, 17, 18, 19, 36 번 스트로스마예로보 나메스티(Strossmayerovo náměstí) 역 하차 후 도보 약 3분.

> **tip!**
> 지상층에는 컨템포러리하고 감각적인 카페 콜렉크토르(Kolektor)가 있다. 국립 미술관이 아닌 순전히 카페를 위해 이곳을 찾는 사람들이 많은 현지인의 인기 장소다. P.232

국립 미술관 살름 궁 Salmovský Palác | Salm Palace

프라하 성 맞은편에 위치한 신고전주의 양식의 건축물. 2003년부터 국립 미술관의 관리를 받기 시작했다. 슈바르첸베르크 가문의 백작 요제프Josef가 1816년경 이곳을 소유해 주변의 슈베르첸베르크 궁의 주거용으로 사용했다. 1945년까지도 후계자들의 프라하 거주지로 사용되었다. 2008~2012년 대대적인 리노베이션을 진행했고 쿠르 도뇌르 Cour D'honneur라고 불리는 프랑스식의 우아한 정원이 특징이다. 체코 예술가들을 필두로 컨템포러리 예술, 국제 근현대 미술에 대한 단기 전시를 주로 진행한다.

지도 P.488-B2 **주소** Hradčanské náměstí 1, 118 00 Praha 1-Hradčany **홈페이지** www.ngprague.cz/en/about/buildings/salm-palace **운영** 화~일요일 10:00~18:00(매주 첫 번째 수요일 10:00~20:00) **휴무** 매주 월요일 **요금** 정보 없음 **가는 방법** 트램 12, 15, 20, 22, 23번 말로스트란스케 나메스티(Malostranské náměstí) 역 하차 후 도보 약 13분 또는 트램 22, 23번 프라즈스키 흐라드(Pražský hrad) 역 하차 후 프라하 성을 통과해 도보 약 8분(보안 검색대 통과)

국립 미술관 킨스키 궁 Palác Kinských | Kinský Palace

상설 전시 옛 거장들 II(Old Masters II)

로코코 양식의 건축물이 인상적이다. 1755~1765년에 지금의 자리에 건축됐다. 3개의 초기 중세식 건물이 있던 부지에 재건과 추가가 거듭되며 완성된 것이다. 1768년 프란츠 울리히 킨스키Franz Ulrich Kinský에게 건물이 팔렸고, 1830년대에는 북쪽 건물이 추가되고 신고전주의 양식으로 개조되며 더욱 확장되었다. 2024년 현재는 수리로 인해 운영을 잠시 중단한 상태다. 단, 서점은 계속 오픈 중이다.

지도 P.486-B2 **주소** Staroměstské náměstí 1/12, 110 15 Praha 1 **홈페이지** www.ngprague.cz/en/about/buildings/kinsky-palace **운영** 화~일요일 10:00~18:00 **휴무** 매주 월요일 **요금** 현재 운영 중단 **가는 방법** 트램 1, 2, 6, 8, 12, 15, 26번 또는 버스 207번 나메스티 레푸블리키(Náměstí Republiky) 역 하차 후 도보 약 9분 또는 메트로 B 라인 나메스티 레푸블리키(Náměstí Republiky) 역 하차 후 도보 약 9분 또는 메트로 A, B 라인 무스테크(Můstek) 역 하차 후 도보 약 8분.

국립 미술관 발트슈타인 승마 학교 Valdštejnská Jízdárna | Wallenstein Riding School

주로 국립 미술관의 단기 전시를 진행하고 있다. 초기 바로크 양식의 아름다운 발트슈타인 궁에 위치한 발트슈타인 승마 학교는 다른 국립 미술관들과는 다르게 체코 상원 의회의 소유로 10일권 적용이 가능하지 않다. 2000년 대대적인 리노베이션을 거친 후 대중들에게 공개되어 전시공간으로 주로 사용된다. 전시는 수시로 변경되니 웹사이트를 미리 확인할 것.

지도 P.491-C1 **주소** Valdštejnská 3, 110 00 **홈페이지** www.ngprague.cz/en/about/buildings/waldstein-riding-school **운영** 화~일요일 10:00~18:00(매달 첫 번째 수요일 10:00~20:00) **휴무** 매주 월요일 **요금** 성인 270Kč, 할인 170Kč **가는 방법** 트램 1, 2, 7, 12, 13, 14, 15, 18, 20, 22, 23번 말로스트란스카(Malostranská) 역 하차 후 도보 1분 또는 메트로 A 라인 말로스트란스카(Malostranská) 역 하차 후 도보 약 1분.

프라하 교통편

프라하는 도보로도 충분히 여행 가능한 도시이다. 그렇지만 트램, 메트로, 버스, 푸니쿨라 등 대중교통이 아주 잘 발달되어 있고 금액도 저렴해서 도보와 대중교통을 함께 적절히 이용하면 더욱 효율적인 프라하 여행이 가능하다.

교통수단

• 트램 Tram

TV나 영화에서 보던 귀여운 빨간 트램이 프라하 곳곳을 운행하고 있다. 노면 전차라고도 불리는 트램은 도로 위 레일을 타고 달리며 매연이 없고 지상에서 운행한다. 트램을 타며 창밖으로 보이는 프라하 곳곳을 구경하는 재미가 쏠쏠하다.

• 메트로 Metro

프라하에도 지하철이 운영되고 있다. A, B, C 3개 노선으로 1974년부터 운영을 시작했다. 3개의 노선으로 한국에 비해서는 적지만 기차역, 주요 버스터미널, 주요 관광지 등 프라하 전역을 연결하고, 트램과의 연결이 잘 되어 있어 편리하다(메트로 노선도 P.505 참고).

• 버스 Bus

버스도 대중교통권으로 탑승이 가능하다. 노선에 따라 다르지만 오전 4시 45분경에 첫차 운행을 시작해 0시 15분까지 운행한다. 피크 시간대의 배차 간격은 약 6~15분 사이, 그 외 시간은 약 10~40분 간격이다. 밤에는 900번대로 시작하는 야간 버스를 운행한다. 체코의 버스는 한국처럼 꼭 앞문으로 타지 않아도 된다.

• 푸니쿨라 Funicular

프라하에서는 페트르진 탑까지 푸니쿨라가 연결하고 있다. 24시간권 이상 교통편의 경우 푸니쿨라 탑승이 가능하지만 30분 및 90분권의 경우 푸니쿨라는 포함되지 않는다.

교통권 | Ticket

프라하 PID에서 대중교통권을 제공 및 판매하고 있다. 30분권이 기본으로 30분 내 프라하의 트램, 메트로 등의 교통수단을 무제한으로 이용할 수 있으며 동일 노선 내 환승도 물론 가능하다. 가격은 30Kč(약 1,700원 정도)다. 90분권의 경우 사용할 수 있는 시간은 3배가 증가하지만 금액은 단 10Kč(약 550원)만 추가된다. 한 달 살기를 계획하는 여행자 혹은 단기 유학생에게도 합리적인 금액이며 70세 이상은 무료로 이용할 수 있는 구간도 있어 여행 전 홈페이지에서 가능한 조건을 확인해 보는 것이 좋다.

홈페이지 pid.cz/en

▶ 단기 교통권

	성인	시니어
30분	30Kč	15Kč
90분	40Kč	20Kč
24시간	120Kč	60Kč
72시간	330Kč	
여행용 가방	20Kč	

▶ 장기 교통권

	성인	청소년	학생 및 시니어
1달권	550Kč	130Kč	130Kč
분기권	1,480Kč	360Kč	360Kč
1년권	3,650Kč	1,280Kč	1,280Kč

- 무료 6세 이하 어린이(6세 생일까지), 70세 이상 시니어
- 시니어 60~70세(PID 카드 소지자)
- 여행용 가방 24시간 이상 교통권 소지자는 무료
- 강아지 무료(단, 목줄과 입마개를 해야 탑승 가능)

- 무료 성인 18~60세(60세 생일까지)
- 청소년 15~18세(18세 생일까지)
- 학생 18~26세
  (26세 생일까지, 체코에서 학교를 다니는 풀 타임 학생)
- 시니어 60~65세(65세 생일까지)

교통법 사용 방법 | How to use ★중요!

첫 번째 탑승을 하며 활성화시키는 순간부터 티켓은 효력을 갖게 된다. 종이 티켓을 이용할 경우 첫 번째 탑승하는 교통수단의 기계에서 펀칭을 하면 된다. 대개 노란색 펀칭 기계로 트램의 경우 대부분 문 근처, 메트로의 경우 역 입구에 펀칭 기계가 위치하고 있다. 한국처럼 탑승할 때마다 교통카드를 찍거나 개찰구에서 직원들이 티켓을 일일이 확인하지는 않지만 검표원이 수시로 돌아다니며 무작위로 검사한다. 만약 활성화하지 않은 티켓을 소지하거나 티켓이 아예 없을 경우 벌금이 약 1,500Kč로 티켓 값의 최대 46배에 달한다. 아무리 짧은 구간이더라도 티켓을 꼭 구매할 것!
(단, PID 앱을 통해 구매 및 사용하는 경우 앱에서 꼭 활성화 버튼을 꼭 눌러야 한다. 활성화하는 데까지 2분이 소요되므로 탑승 전 활성화를 완료해야만 벌금을 피할 수 있다. 트램 내 기계를 통해 구매한 경우 구매한 시점으로 자동 활성화된다.)

메트로 펀칭 기계

교통권 구매 장소 | Where to buy

• PID ★중요!
PID는 Prague Intetrated Transport의 약자로 프라하 대중교통 시스템에서 운영하는 앱이다. 애플스토어나 구글플레이에서 쉽게 다운로드할 수 있다. 본인의 카드를 처음 티켓 구입 시 등록해두면 클릭 몇 번만으로도 손쉽게 티켓 구입이 가능하고 언제 어디서나 활성화시킬 수 있어 편리하다. 활성화까지는 약 2분 정도 소요되니 타기 전 꼭 활성화(Activate) 버튼을 누를 것(알아두면 편리한 앱 & 웹 참고 P.481).

앱스토어 및 구글 스토어 PID Lítačka

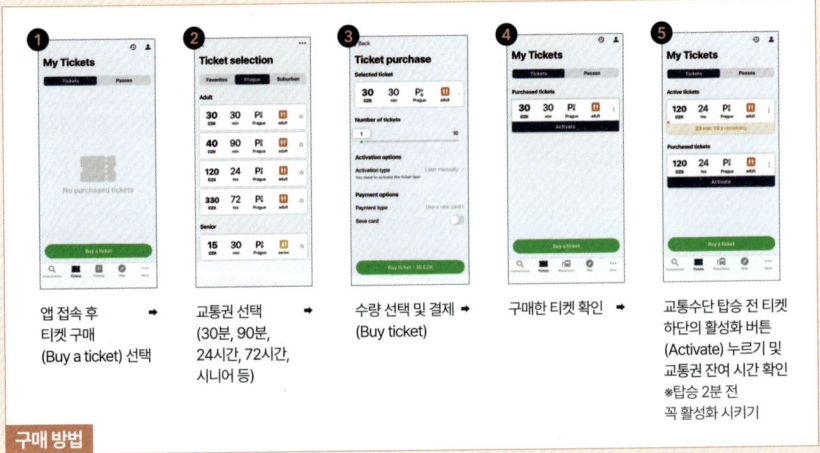

구매 방법

① 앱 접속 후 티켓 구매 (Buy a ticket) 선택 ➡ ② 교통권 선택 (30분, 90분, 24시간, 72시간, 시니어 등) ➡ ③ 수량 선택 및 결제 (Buy ticket) ➡ ④ 구매한 티켓 확인 ➡ ⑤ 교통수단 탑승 전 티켓 하단의 활성화 버튼 (Activate) 누르기 및 교통권 잔여 시간 확인
*탑승 2분 전 꼭 활성화 시키기

• 트램 내 기계(단, 컨택트리스 카드만 가능) ★중요!
기존에는 트램 내에서는 교통권을 구매할 수 없었다. 하지만 요즈음에는 모든 트램에서 작은 티켓 기계를 찾을 수 있다. 컨택트리스Contactless 카드라면 트램 내에서도 구매가 가능하다. 영수증이 곧 티켓이니 잘 간직할 것(단, 일반 신용카드, 체크카드 등의 실물 카드 불가).

구매 방법

① 언어 선택 (영어 - English Language) ➡ ② 교통권 선택 (90분, 30분, 24시간 등) ➡ ③ 결제(컨택트리스 카드를 기계의 카드 그림에 대면 된다)

• 메트로 역과 인포메이션 센터
여행자들을 위한 투어리스트 인포메이션 센터와 메트로 역의 창구에서 실물 티켓을 판매한다.

• 메트로 역 및 정류장 근처의 노란색 기계
메트로 역 및 대중교통 정류장 근처의 노란색 기계에서 사람의 도움 없이 티켓을 구매할 수 있다. 현금은 동전만 가능하며 공항, 기차역 등의 이용객이 많은 곳은 종종 카드 구매가 가능한 곳도 있다.

• 신문 가판대, 타박 등
트램, 메트로, 버스, 기차역 근처에는 신문 가판대, 편의점, 타박Tabák 등의 상점이 있다. 신문, 음료, 담배 등을 판매하는 곳으로 이곳에서 바로 실물 교통 티켓을 판매한다. 릴레이Relay라고 적힌 상점은 빨간색 간판으로 특히나 눈에 띄는데 이곳도 타박으로 간주된다.

노란색 기계를 이용한 교통권 구매 방법

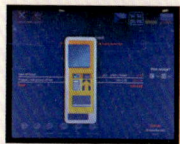 →  →

언어 선택　　　　티켓 구매 선택　　교통권 선택
(영국 국기 - English)　(Buy Tickets)　(30분, 90분, 24시간, 72시간, 가방 등)

 →  →

수량 선택 및 결제 방법　선택한 옵션 최종 확인　결제(선택한 결제 방법에
선택(현금 또는 카드)　(결제 방법 및 금액)　맞춰 안내)

tip!
트램, 메트로 등의 경우 대부분 문 옆에 초록색의 동그란 버튼이 있다. 바로 직접 문을 여는 버튼으로 원하는 승객만 정차 후 승하차가 가능하도록 되어 있으니 타고 내릴 때 꼭 버튼을 누를 것!

tip!
티켓 사용 및 구입에 관한 더욱 정확한 정보가 필요하다면 투어리스트 인포메이션 센터 혹은 주요 역사에서 정보를 확인해 보자.

짐 보관소　Luggage Storage

호텔에 투숙할 경우 대부분 체크아웃 후에도 비행 전까지 짐을 보관해준다. 하지만 프라하에서 며칠간 떠나 기차나 버스를 타고 근교의 소도시로 나갈 예정이거나, 짐을 맡아주지 않는 숙소라면 난감하다. 이 경우 짐 보관소를 이용하면 무거운 짐을 가지고 다니지 않아도 되어 편리하다.

• **프라하 중앙역 짐 보관소**
Prague Main Railway Station - Luggage Storage
주소 Wilsonova 300/8, Praha 2- Vinohrady
운영 매일 06:00~23:00 전화 +420 777 082 226
금액 일반 가방, 여행용 가방 60Kč, 1m 이상의 여행용 가방, 자전거 100Kč

• **플로렌츠 버스 터미널**
Autobusové nádraží Praha–Florenc
Prague Florenc bus station
주소 Pod Výtopnou 13/10, 180 00 Praha 8 – Karlín
운영 [홀 1] 매일 05:00~24:00
[홀 2] 매일 06:00~22:00
전화 [터미널 인포메이션 센터] +420 221 895 555

• **구시가지**
Luggage Storage Prague Old Town
주소 Haštalská 12, Praha 1 – Staré Město
운영 매일 09:30~22:00
홈페이지 luggageprague.com 금액 작은 사이즈 €5(30cm x 40cm), 큰 사이즈 €7(80cm x 140cm)

• **바츨라프 광장**
Luggage Storage Prague
주소 Václavské nám. 785/28, 110 00 Nové Město
운영 매일 08:00~19:00
홈페이지 luggagestorageprague.com
금액 대형 기준 5시간 349Kč, 24시간 399Kč(작은 사이즈 및 중간 사이즈 라커 있음)

프라하 근교 여행을 위한 기차역 & 버스 터미널

기차역

체코 내 소도시, 유럽 국가, 프라하 교외 등을 잇는 4개의 기차역이 있다. 그중에서도 여행자들이 가장 많이 이용하는 곳은 체코 내 소도시와 유럽 국가들을 잇는 프라하 중앙역이다. 그 외의 역들은 현재는 프라하 교외와 지역들을 잇는 경우가 대부분이므로 실제로는 이용할 일이 없다.

- **프라하 중앙역** Praha hlavní nádraží

바츨라프 광장 근처에 위치한다. 도보로 시내까지 이동이 충분히 가능할 만큼 시내 중심에서 가까운 편이고 메트로, 버스가 잘 연결되어 있어 이동이 쉽다. 플젠, 올로모우츠, 브르노, 리베레츠, 미쿨로프 등의 체코 소도시와 오스트리아 빈, 독일 베를린, 헝가리 부다페스트 등 근교 및 다양한 유럽 국가로의 기차가 이곳에서 발착하고 있다. 프라하에서 가장 큰 기차역으로 유동인구가 많고 복잡하니 여유 있게 도착하는 편을 추천한다. 역내 짐 보관소, 티켓 판매소, 레스토랑과 카페, 서점 등 다양한 편의 시설을 운영하고 있다.

> **tip!**
> 프라하 중앙역에는 버스 터미널도 있다. 플릭스 버스 일부가 프라하 중앙역 버스 터미널에서 발착한다.

지도 P.493-C2 **주소** Wilsonova 300/8, 120 00 Vinohrady **홈페이지** www.cd.cz/stanice/5457076 **운영** 매일 3:30~01:15 **가는 방법** 트램 2, 5, 6, 9, 15, 17, 25, 26, 31번 흘라브니 나드라지(Hlavní nádraží) 역 하차 후 도보 약 5분 또는 트램 3, 5, 6, 9, 14, 24, 31번 인드르지슈카(Jindřišská) 역 하차 후 도보 약 6분 또는 메트로 C라인 흘라브니 나드라지(Hlavní nádraží) 역 하차.

버스 터미널

프라하에는 체코 내 소도시 및 근교 국가로 가는 버스를 탈 수 있는 약 10여 개의 버스 터미널 및 역이 있다. 그중에서도 바로 아래의 두 곳 정도를 가장 많이 이용하게 된다.

- **프라하 플로렌츠 버스 터미널** Autobusové nádraží Praha-Florenc | Prague Florenc bus station

프라하의 대표적인 버스 터미널로 플로렌츠 메트로 역에 바로 옆이다. 대표적으로 카를로비 바리, 즈노이모 등으로 이동하는 버스가 바로 여기에서 출발한다. 안내 센터, 티켓 판매, 짐 보관소, 화장실 등의 편의 시설과 앉아서 대기하는 공간이 잘 준비되어 있는 편이다.

주요 목적지 카를로비 바리(Karlovy vary), 즈노이모(Znojmo), 오스트라바(Ostrava), 타보르(Tábor), 헝가리 부다페스트, 오스트리아 잘츠부르크, 네덜란드 암스테르담

지도 P.494 하단-A2 **주소** Pod Výtopnou 13/10, 180 00 Praha 8 – Karlín **홈페이지** www.florenc.cz **시간표 확인** idos.idnes.cz/en/autobusy/spojeni **운영** (대합실 1-05:00~24:00, 대합실 2-06:00~22:00) **휴무** 없음 **가는 방법** 트램 3, 8, 24, 25번 플로렌츠(Florenc) 역 하차 후 도보 약 6분 또는 버스 133, 175, 194, 207번 플로렌츠(Florenc) 역 하차 후 도보 약 3분 또는 메트로 B, C라인 플로렌츠(Florenc) 역 하차 후 도보 약 3분.

• **안델 버스역(나 크니제치 버스역)** Na Knížecí | Na Knížecí bus station

스미호프의 안델Anděl에 위치한 버스역. 한국의 터미널과는 조금 다르게 정말 버스들만 정차하고 떠나는 역이기 때문에 휴게실과 같은 편의 공간이 없어 화장실은 숙소나 근처 쇼핑센터에서 미리 다녀오는 편을 추천한다. 인기 근교 도시인 체스키 크룸로프로 출발하는 버스가 출발하는 곳으로 잘 알려져 있다. 해당 이유로 안델역 근처에 숙소를 잡는 여행객들이 꽤 있는 편. 근처에 테스코가 있어 간단한 간식을 사서 여행을 떠나기에도 편리하다.

주요 목적지 체스키 크룸로프(Český Krumlov), 체스케 부데요비체(České Budějovice), 피세크(Písek) 등

지도 P.494 상단-B2 **주소** Nádražní, 150 00 **운영** 첫차 출발~막차 도착 **휴무** 없음 **가는 방법** 트램 4, 5, 12, 20번 안델(Anděl) 역 하차 후 도보 약 5분 또는 나 크니치(Na Knížecí) 역 하차 후 도보 약 1분 또는 메트로 B라인 안델(Anděl) 역 하차 후 도보 약 5분.

추억의 42번 트램

추억의 42번 트램 혹은 역사적인 트램 42번으로 불리는 트램 42번은 외관부터 동화책에서 튀어나온 듯하다. 주말 및 공휴일에 약 40분 간격으로 프라하의 주요 관광지들 사이를 운행한다. 빨간색의 로맨틱한 트램을 타고 하루 종일 여유롭게 프라하 곳곳을 둘러보기 좋다. 홉 온 홉 오프와 같은 개념으로 42번이 정차하는 곳이라면 하루 종일 자유롭게 타고 내릴 수 있다.

가격 성인 250Kč, 어린이(4~15세)·학생(26세까지)·시니어(65세 이상)·장애인(ZTP 카드 소지자) 150Kč, 3살까지 무료

티켓 구매처 탑승 후 차장 혹은 승무원에게 직접 구매(현금 또는 컨택트리스 카드), 투어리스트 인포메이션 센터

주요 노선 들라바초프 Dlabačov ▶ 포호르제레츠 Pohořelec ▶ 브루스니체 Brusnice ▶ 프라즈스키 흐라드 Pražský hrad ▶ 카를로브스키 레토흐라데크 Královský letohrádek ▶ 말로스트란스카 Malostranská ▶ 프라브니츠카 파쿨타 Právnická fakulta ▶ 체후프 모스트 Čechův most ▶ 들로우하 트르지다 Dlouhá třída ▶ 나메스티 레푸블리키 Náměstí Republiky ▶ 마사리코보 나드라지 Masarykovo nádraží ▶ 인드르지슈스카 Jindřišská ▶ 바츨라프스케 나메스티 Václavské náměstí ▶ 보디치코바 Vodičkova ▶ 라자르스카 Lazarská ▶ 나로드니 트르지다 Národní třída ▶ 나로드니 디바들로 Národní divadlo ▶ 우예즈드 Újezd ▶ 헬리호바 Hellichova ▶ 말로스트란스케 나메스티 Malostranské náměstí ▶ 말로스트란스카 Malostranská ▶ 카를로브스키 레토흐라데크 Královský letohrádek ▶ 프라즈스키 흐라드 Pražský hrad ▶ 브루스니체 Brusnice ▶ 포호르제레츠 Pohořelec ▶ 들라바초프 Dlabačov

❶ 투어리스트 인포메이션 센터
Turistické informační centrum | Tourist Information Centre

프라하 곳곳에는 여행자들을 위한 투어리스트 인포메이션 센터가 운영되고 있다. 관광지에 대한 정보, 이동 방법, 교통 정보, 투어, 축제, 숙소 등의 프라하 여행에 필요한 다양하고도 유용한 정보들을 얻을 수 있다. 프라하시 관광청에서 운영하는 곳으로 믿을 만한 오리지널 기념품을 판매하고 있다. 나 무스트쿠 지점의 경우 센터 내 환전소도 함께 운영 중이다.

> **tip!**
> 프라하 비지터 패스 구매 및 인터넷으로 미리 구매한 비지터 패스 픽업도 가능하다.

홈페이지 www.prague.eu/en/tourist-information-centres

- **프라하 바츨라프 하벨 공항(터미널 1 & 2 -도착홀)** Václav Havel Airport Prague - Terminal 1 & 2
주소 [터미널 1] Aviatická, 161 08 Praha 6 – Ruzyn [터미널 2] Schengenská, 161 08 Praha 6 – Ruzyně 운영 [1~6월] 매일 09:00~19:00 [7~12월] 매일 08:00~20:00

- **구시청사** Staroměstská radnice | Old Town Hall
지도 P.486-B2 주소 Staroměstské náměstí 1, 110 00 Praha 1- Staré Město 운영 [1~3월] 월요일 11:00~19:00, 화~일요일 10:00~19:00(4~12월) 월요일 11:00~19:00, 화~일요일 09:00~19:00

- **나 무스트쿠** Na Můstku
지도 P.486-B2 주소 Rytířská 12, 110 00 Praha 1- Staré Město 운영 매일 09:00~19:00

- **페트르진 탑** Petřín Tower
지도 P.490-A3 주소 Petřínské sady, Praha 1 – Malá Strana 운영 [11~3월] 매일 09:00~17:00 [4~5월] 매일 09:00~19:30 [6~9월] 매일 09:00~20:30 [10~12월] 매일 10:00~19:30

- **프라하 성** Pražský hrad | Prague Castle
지도 P.488-B1 주소 III. nádvoří Pražského hradu, 119 08 Praha 1 – Hradčany 운영 [11~3월] 매일 09:00~17:00 [4~10월] 매일 09:00~18:00

프라하 비지터 패스
Prague Visitor Pass

60여 개 이상 프라하 관광지에 대한 무료입장이나 할인과 더불어 트램, 버스, 공항버스와 푸니쿨라 등을 포함한 무제한 대중교통(단, 기차 제외) 혜택을 제공하는 무적의 패스. 2022년 6월 프라하 관광청에서 여행자를 위해 새롭게 론칭한 공식 시티 카드다. 유명 관광지는 거의 무료로 입장할 수 있어 지금껏 존재하던 그 어떤 시티 카드나 패스보다도 강력한 혜택을 자랑한다. 48시간, 72시간, 120시간권으로 나눠지며 실물 카드 또는 앱을 통한 이 패스(e-Pass)로 이용할 수 있어 선택의 폭이 다양한 것도 장점이다. 사용을 시작한 순간부터 패스가 활성화되며 하루에 사용할 수 있는 관광지의 수는 제한이 없다. 단, 관광지의 경우 한 번씩만 입장이 가능하고 한 번 활성화시킨 이후로는 환불이 가능하지 않으므로 프라하의 일정을 고려해서 사용을 시작할 것. 한국어 웹사이트가 있어 이용이 편리하다. 특히 교통권이 포함되어 있으니 분실할 염려가 있는 실물 카드보다는 앱을 이용한 사용을 권장한다.

무료입장 제공 공항 버스, 독스 갤러리, 로브코비츠 성, 카를교탑(구시가지 및 소지구), 프라하 베니스, 페트르진 전망대, 화약탑, 프라하 성, 천문시계 등

할인 제공 프라하 성-성 비투스 대성당 남쪽 탑 전망대 등

구입처 온라인 또는 오프라인
온라인 구입처 www.praguevisitorpass.eu (한국어 praguevisitorpass.eu/?lang=ko-kr)
오프라인 구입처 프라하 내 투어리스트 인포메이션에서 판매 중
요금

	48 시간	72 시간	120 시간
성인(26세 이상)	2,100Kč	2,800Kč	3,600Kč
학생(15~25세)	1,600Kč	2,100Kč	2,700Kč
소아(6~14세)	1,050Kč	1,400Kč	1,800Kč

*학생의 경우 학생임을 증빙할 수 있는 신분증 필요(대중교통 탑승 시에도 신분증 소지).

스타레 메스토(구시가지)
Staré Město | Old Town

천문시계, 구시가지 광장, 화약 탑 등이 있는 프라하 여행의 시작점이자 중심지. 천문시계와 틴 성당이 있는 구시가지 광장을 중심으로 구불구불한 골목, 다양한 양식의 건물들, 수많은 성당 등 과거의 모습을 간직하고 있는 곳으로 돌로 만든 보도블록을 따라 걷는 것만으로도 프라하 여행의 재미를 선사한다.

ATTRACTION · 보는 즐거움

구시가지 광장 Staroměstské náměst | Old Town Square

프라하에서 역사적으로 가장 중요한 광장이자 오래된 광장. 프라하 여행의 중심이 되는 곳이다. 12세기에 세워진 광장은 초기에는 유럽의 무역 교차로서 시장 역할을 했고 구 시장, 구시가지 시장 광장 등 많은 이름으로 불리다가 1895년부터 구시가지 광장으로 불리기 시작해 지금까지도 쓰인다. 약 9,000㎡ 면적의 넓은 광장 주변과 중심에는 구시청사와 천문시계 탑, 가톨릭의 틴 성모 마리아 성당, 후스파의 성 니콜라스 교회, 국립 미술관으로 사용되는 로코코 양식의 킨스키 궁, 얀 후스 기념비, 마리안 기둥 등 자리 잡고 있다. 1621년 6월 21일에는 합스부르크 왕가에 대항한 27인의 체코 귀족들이 처형되었던 비극적인 사건이 일어난 곳이기도 하다. 그 외에도 많은 역사적 사건의 중심이 되어왔고 지금도 부활절 마켓, 크리스마스 마켓 등의 주요 행사가 바로 여기에서 활발히 열린다.

지도 P.486-B2 **주소** Staroměstské náměstí, 110 00 **가는 방법** 트램 1, 2, 6, 8, 12, 15, 26번 또는 버스 207번 나메스티 레푸블리키(Náměstí Republiky) 역 하차 후 도보 약 10분 또는 메트로 B 라인 나메스티 레푸블리키(Náměstí Republiky) 역 하차 후 도보 약 10분 또는 메트로 A, B 라인 무스테크(Můstek) 역 하차 후 도보 약 7분.

Travel Plus

왕의 길 Royal Route이란?

지도에 표시되고 있지 않지만 예로부터 체코의 통치자들이 대관식을 위해 걸었던 길이다. 프라하의 주요 도로와 중심부를 관통하고 있다. 대관식이 진행되는 성 비투스 대성당에서 끝난다.

대표 경로

구시청사 Staroměstská radnice | Old Town Hall

프라하의 중심부에 위치한 총 5개의 유서 깊은 건물들로 구성되어 있다. 천문시계가 바로 여기에 있다. 1338년 건축된 구시청사는 고딕 양식, 후기 고딕 양식 등 각 건물들이 거의 모든 시대별 건축양식을 보여주는 흥미로운 곳이다. 가장 오래된 부분은 역시나 독특한 천문시계와 예배당과 고딕 양식의 탑이 있는 남쪽 부분이다. 구시청사는 체코와 프라하 역사의 산증인이기도 하다. 구시청사에서 이르지 즈 포데브라드Jiří z Poděbrad가 체코 왕으로 선출되었고, 구시청사 정원에서는 강경 후스파의 지도자였던 얀 젤리프스키Jan Želivský가 처형되기도 했다. 빌라 호라Bílá hora라고 불리는 화이트 마운틴 전투 후에는 반란군을 가두는 감옥으로도 사용되었고, 1621년에는 합스부르크 왕가에 대항하는 27명의 처형을 지켜봤다. 세계 제2차 대전의 끝자락이었던 1945년 5월에는 나치에 대항한 프라하 봉기Pražské povstání로 인해 상당 부분이 파괴되기도 했었다.

구시청사 내에는 여러 홀이 있다. 그중에서도 브로지크 어셈블리 홀Brožík Assembly Hall의 그림이 단연 눈길을 사로잡는다. 체코의 위대한 화가 바츨라프 브로지크Václav Brožík가 그린 2개의 유화로 1415년 콘스탄스 공의회에 참석한 얀 후스, 1458년 구시청사에서 포데브라디의 이르지Jiří of Poděbrad가 보헤미아의 왕으로 선출되는 체코의 역사적인 순간을 담고 있다.

구시청사 탑 Věž Staroměstské radnice | Old Town Hall Tower

약 70m 높이의 구시청사 탑은 천문시계와 함께 있다. 탑이 지어졌던 14세기에는 꼭대기의 망루에서 주변을 감시하고 위급 상황이 발생하면 도시에 신호를 보내곤 했었다. 탑에 오르면 믿을 수 없이 아름다운 구시가지 풍경이 펼쳐진다. 프라하 성과 스트라호프 수도원, 프라하의 빨간 지붕들, 크고 작은 첨탑 등이 펼쳐지는데 특히 틴 성당 쪽의 전망대는 구시가지 광장과, 얀 후스 동상의 시원한 뷰가 펼쳐지는 말 그대로 뷰 명당. 크리스마스 때에는 화려한 크리스마스트리와 크리스마스 마켓들도 한눈에 담을 수 있는 뷰포인트이기도 하다. 천문시계 쪽 방향은 매시 펼쳐지는 12사도의 천문시계 쇼를 일제히 바라보는 여행객들의 재미있는 모습을 담을 수 있어 인기. 참고로 계단을 이용할 수도 있지만 유리 엘리베이터가 있어 다른 탑보다 접근이 뛰어난 편이어서 그런지 남녀노소가 두루 찾는 곳이다.

천문시계 Pražský orloj | Astronomical Clock

전 세계에서 온 수백명의 여행자가 중세 시대의 보물인 천문시계와 쇼를 보러 몰려드는 곳. 1410년에 시계 장치가 처음 설치된 천문시계는 약 600년 동안이나 프라하의 가장 위대한 보물 중 하나로 지금까지도 그 자리를 지키고 있다. 15세기에는 달력 판, 조각상들이 추가되고 16세기에는 완전히 기계화되었다. 17~18세기에도 수리와 조각상 설치를 이어갔다. 19세기에도 천문시계를 유지하고 복원을 지속했고, 특히 1866년에는 크르노미터chronometer가 추가되며 정밀성과 정확성을 향상시켰다. 안타깝게도 1945년 5월 제2차 세계대전 막바지에 나치에 의해 크게 파괴되었지만 1948년 보이테흐 수하르다Vojtěch Sucharda가 12사도들을 복원한 후 다시 작동할 수 있었다. 2018년에는 대대적으로 진행했던 천문시계의 복원 및 수리가 완료되어 지금의 모습을 다시 갖췄다.

오전 9시부터 오후 11시까지 매시 정각이면 2개의 문이 열리고 12명의 사도가 나타나는 구조다. 시계 옆에는 허영심, 탐욕, 죽음, 욕망을 뜻하는 4개의 조각상이 있다. 이는 당시 멸시 받던 4가지 요소였다. 해골이 종을 울려 이들에게 죽음이 다가왔음을 알린다. 거울을 바라보는 허영심 가득한 인간, 돈이 가득한 지갑과 탐욕스러운 구두쇠, 세속적인 쾌락을 뜻하는 튀르크에인 모두 고개를 흔들며 그들은 아직 죽음을 맞이할 준비가 되지 않았음을 알린다. 12사도들이 이들을 바라보며 지나간다. 수탉이 울며 새로운 삶의 시작을 알리고, 탑의 꼭대기에서 종소리가 울리는 것으로 쇼는 끝난다. 천문시계는 중부 유럽 시간, 바빌로니아 시간, 항성 시간은 물론 천체의 위치도 확인할 수 있고 조디악이라고 불리는 황도 12궁을 통한 태양과 달의 움직임까지도 표현한다. 아침의 첫 수탉 소리에 악마들과 귀신들이 프라하에서 도망친다고.

tip!
카단(Kadaň) 출신의 시계공 미쿨라쉬(Mikuláš)가 1410년 시계 장치를 만들었다. 지금도 카단에 가면 이를 기념하기 위한 작은 천문시계 모형을 만날 수 있다.

천문시계 내부

지도 P.486-B2 주소 Staroměstské námesti 1, 110 00 홈페이지 prague.eu/staromestskaradnice
운영 [천문시계 탑] 1~3월 월요일 11:00~20:00, 화~일요일 10:00~20:00 | 4~12월 월요일 11:00~21:00, 화~일요일 09:00~21:00 [유서 깊은 홀, 예배당, 고딕 양식의 지하] 1~3월 월요일 11:00~19:00, 화~일요일 10:00~19:00 | 4~12월 월요일 11:00~19:00, 화~일요일 09:00~19:00 *천문시계 탑은 폐장 40분까지 입장 가능 휴무 없음, 크리스마스 시즌에는 운영시간 상이 요금 성인 300Kč, 어린이(6~15세)·학생(26세까지)·시니어(65세 이상)·장애인 200Kč, 가족(성인 2명+어린이 4명) 650Kč, 5세 이하 어린이 무료 [천문시계 탑 엘리베이터] 일반 100Kč, 시니어(65세 이상) 50Kč, 5세 이하 어린이 무료 가는 방법 트램 1, 2, 6, 8, 12, 15, 26번 또는 버스 207번 나메스티 레푸블리키(Náměstí Republiky) 역 하차 후 도보 약 10분 또는 메트로 B 라인 나메스티 레푸블리키(Náměstí Republiky) 역 하차 후 도보 약 10분 또는 메트로 A, B 라인 무스테크(Můstek) 역 하차 후 도보 약 7분.

천문시계 자세히 알아보기

매시 정각이 되면 모습을 드러내는 12사도. 천문시계에서 만날 수 있는 예수의 제자들은 누구인지, 각각 무엇을 상징하는지, 어떤 순서인지 알면 더욱 의미 있게 천문시계를 관찰할 수 있다.

성 베드로(St.Peter) 열쇠
12사도 중 첫 번째 사도로 천문시계에서도 사도 행렬을 시작한다. 교회 역사상 첫 번째 교황이자 어부의 수호성인으로 알려져 있다. 그리스도에게 천국의 열쇠를 받았다고 한다.

성 요한(St.John) 성배
사도이자 전도사였던 성 요한은 서기 및 공증인뿐만 아니라 조각가, 화가, 서사관, 작가, 서적상, 인쇄가, 판화가 및 제본가의 수호성인이다.

성 필립보(St.Philip) 십자가
1세기에 살았던 성 필립보는 어부였으며 예수 그리스도의 초기 추종자 중 하나였다. 모자장이, 무두장이, 제과인 및 상인의 수호성인이다.

성 바울(St.Paul) 칼, 책
비유대인, 이방인들 사이에 처음으로 기독교를 전파했다고 알려지는 성 바울은 종종 사울이라고도 불린다. 두려움, 직공, 밧줄 제작자의 수호성인으로 알려진다.

성 시몬(St. Simon) 톱
성 시몬은 열성적인 사람을 뜻하는 젤롯Zealot으로 불리기도 했다. 복음을 전파하고 톱으로 죽임을 당하며 순교했다고. 벌목꾼, 염색업자, 무두장이의 수호성인이다.

성 바르톨로메오(St.Bartholomew) 생가죽
전설에 따르면 페르시아식 사형, 즉 산 채로 가죽이 벗겨지고 십자가에 못 박혀 순교했다. 도살업자, 무두장이, 모피 사냥꾼, 구두 수선공, 재단사 및 부츠 제작자의 수호성인이다.

성 마티아스(St.Matthias) 도끼
순교가 참수의 형태를 취했기 때문에 도끼가 그의 상징이 되었다. 건축인, 제과인 및 재단사의 수호성인이다.

성 안드레아(St.Andrew) X형 십자가
그리스도의 첫 번째 제자이자 어부였던 성 안드레아는 농부, 어부 그리고 신부의 수호성인이다. 그가 X형 십자가에서 순교하였기 때문에 X형 십자가가 그의 상징이다.

성 야곱(소)(St.Jacob Less) 몽둥이
성 야곱은 예수 그리스도가 가장 좋아하는 사도 중 하나라고 알려져 있다. '황금 전설Golden Regend'이라는 성인전에 따르면 돌과 몽둥이에 맞아 순교했다고 한다.

성 토마스(St.Thomas) 창
건축업자이자 벽돌공이었다가 어부로 일했다고 알려지는 성 토마스는 긴 창에 맞아 순교했다고 한다. 건축가, 벽돌공, 건축업자, 석공, 건설 노동자, 목수 및 신학자의 수호성인이다.

성 유다 타대오(St.Jude Thaddaeus) 곤봉
성 유다 타대오는 예수를 배신한 이스카리옷의 유다와 다르다. 이에 다른 유다 혹은 타태오라고도 불렸다. 극심한 고통에 처한 사람들, 절망적인 상황의 보호자이자 수호성인이다.

성 바르나바(St.Barnaby) 두루마리
키프로스 출신으로 예수의 첫 제자 중 하나로 알려지며 성 바나바라고 불리기도 한다. 돌에 맞아 순교했다고 전해진다. 파괴적인 화재, 통 제조업자, 직공의 수호성인이다.

> **tip!**
> 천문시계 탑 전망대 입장권을 구매하면 2층 예배당이 포함되어 있다. 2층 예배당에서 천문시계 12사도 행렬의 내부 모습을 관람할 수 있다.

그 외의 조각상들

tip!
매일 오픈 후 첫 1시간은 얼리버드 50% 할인이 제공된다.

❶ **수탉** 황금빛의 수탉은 삶, 생명을 상징한다. 고정되어 있는 수탉에 1882년 울음소리가 추가된 것이다.

❷ **천사** 천사 석상은 천문시계에서 가장 오래된 조각품 중 하나다. 원래는 테이프에 새겨진 채색된 고식 양식의 조각품이었는데 1945년 5월 파괴된 후 복제품으로 대체되었다.

❸ **허영심 많은 남자** 인간의 허영심을 상징하는 채색된 나무 조각품. 손거울을 보면서 머리를 끄덕이고 있다. 시계의 움직이는 장식 부분이 불로 파괴되어 제2차 세계대전 이후로 새롭게 제작되었다

❹ **구두쇠** 악과 탐욕을 상징하는 조각상. 머리를 가로로 흔드는 형상으로 막대기로 위협하는 동시에 지갑을 흔들고 있다. 마찬가지로 1945년 5월 파괴되어 제2차 세계대전 이후 새롭게 제작됐다.

❺ **해골** 모래시계를 들고 있는 해골은 수명의 측정을 상징한다. 종을 울리고 끊임없이 흔드는 모습은 피할 수 없는 운명을 형상화한다. 천문시계의 가장 오래된 부분이기도 한 해골은 15세기 후반부터 천문시계를 장식해왔다.

❻ **튀르키예인** 악기 류트를 들고 있다. 인간의 타락함, 사치, 쾌락과 즐거움을 상징한다.

❼ **대천사 미카엘** 과거 대천사 미카엘의 창은 달력판의 위치가 바뀌기 전까지 달력판을 가리키고 있었다. 거룩한 도시의 수호자이자 시간의 영혼으로 알려져 있다.

❽ **철학자** 책을 들고 있는 나무 조각상으로 지금의 모습은 제2차 세계대전 이후에 수정된 것이다.

❾ **천문학자** 원래는 프라하 시민 중 한 명을 나타내는 조각상이었다. 제2차 세계 대전 이후 쌍안경이 추가되었다.

❿ **역사가** 깃털 펜과 양피지 문서를 들고 있다.

틴 성모 마리아 성당
Chrám Matky Boží před Týnem | Church of Our Lady before Týn

흔히 틴 성당이라고 불리는 프라하 구시가지의 터줏대감. 2개의 첨탑이 시선을 사로잡는 80m 높이의 종교 건축물이다. 프라하에서도 가장 인상적인 고딕 양식의 건축물 중 하나다. 최초의 시작은 운겔트를 찾는 외국 상인들을 위한 병원의 역할을 하는 11세기 초의 로마네스크 성당이었다. 지금의 하이 고딕 양식의 성당이 세워진 것은 14세기 중반에 이르러서다. 이후 지붕이 완성되고 15세기 중반인 포데브라디의 이르지 Jiří of Poděbrad의 통치 기간에 완공되었다. 북쪽 탑도 이때 지어진 것. 그리고 성당은 체코 정치, 종교의 중심이 되었다. 남쪽 탑은 1511년에야 완성되었다. 약 80m의 높이로 비슷해 보이는 2개의 첨탑은 사실 높이가 다르다. 남쪽의 높은 탑은 아담 Adam이라고 불리며 북쪽의 낮은 탑은 이브 Eve라고 불리는데 두 탑의 차이는 약 1m. 자세히 보면 탑의 모양도 다르다. 17세기 말에는 성당의 내부가 화려한 바로크 양식으로 작업되며 기존의 고딕 양식과도 조화를 이루게 되었다. 체코의 유명한 종교 개혁가 얀 후스의 죽음 이후 생긴 후스파가 한때 거점으로 삼기도 했고, 교수형을 당한 보헤미아 영주 중 12명의 머리가 묻히기도 하며 실로 다양한 역사를 겪어왔다. 고딕, 르네상스, 초기 바로크 양식의 예술품들이 가득한 갤러리이기도 한 틴 성당에서도 가장 흥미로운 볼거리는 바로크 예술가 카렐 슈크레타 Karel Škréta가 그린 '성모 마리아와 성 삼위일체의 승천'이라는 제단의 그림이다. 1420년부터 있던 성모 마리아와 아기 예수의 고딕 양식 조각상, 1673년부터 있던 프라하에서 가장 오래된 오르간도 바로 틴 성당에 있다. 천문학자이자 연금술사로 잘 알려진 튀코 브라헤의 무덤도 바로 여기에 있다. 틴 성당은 국립 문화 기념물로도 지정되었다.

천문시계 탑 내부에서 보는 틴 성모 마리아 성당

지도 P.486-B2 **주소** Staroměstské náměstí 604, 110 00 **홈페이지** www.tyn.cz/cz **운영** 화~토요일 10:00~13:00, 15:00~17:00, 일요일 10:30~12:00 **휴무** 월요일 **요금** 현재는 미사가 있을 때에만 오픈 중 **가는 방법** 트램 1, 2, 6, 8, 12, 15, 26번 또는 버스 207번 나메스티 레푸블리키 역 하차 후 도보 약 10분 또는 메트로 B 라인 나메스티 레푸블리키 역 하차 후 도보 약 10분 또는 메트로 A, B 라인 무스테크(Můstek) 역 하차 후 도보 약 7분.

Travel Plus | 잠시 알아보는 체코의 역사 이야기

후스파의 왕이라고 불렸던 '포데브라디의 이르지 동상'이 후스파의 상징인 거대한 황금 성배 아래 있었다. 하지만 빌라 호라(Bílá Hora)라고 불리는 화이트 마운틴 전투(1620년) 후 재가톨릭화(반종교개혁)의 시대가 시작되며 1626년에 이르지 동상과 황금 성배가 제거되었다. 그 자리에 카슈파르 베흐텔러(Kašpar Bechteler)의 성모 마리아가 조각품이 들어섰고, 성배는 녹인 후 성모 마리아의 후광으로 만들어졌다.

얀 후스 기념물 Pomník Mistra Jana Husa | Jan Hus Monument

체코의 종교 개혁자이자 순교자 얀 후스Jan Hus를 기리기 위한 기념물. 조각가 라디슬라브 샬로운Ladislav Šaloun의 청동 석재 작품으로 체코 기념비적 조각 중 가장 상징적이면서도 중요한 아르누보 양식의 작품 가운데 하나다. 불타는 기둥 위에 얀 후스가 서 있는 형상으로 구시가지 광장의 한편을 지키고 있다. 성당 앞의 성모 마리아 후스 성당을 바라보고 있는 얀 후스, 방패와 몽둥이를 가진 전사, 그 반대편에는 하이트 마운틴 전투에서 패한 후 탄압에서 도망친 사람들의 그룹이 있다. 1903년 기념비의 초석이 놓인 후 1915년 비공식적으로 대중에게 공개되었다. 공식적인 축하 행사는 금지되었지만 체코 시민들은 꽃을 놓아 축하했다고 한다. 1918년 체코슬로바키아가 건국된 이후 명판이, 1926년에는 난간이 추가되었다.

지도 P.486-B2 주소 Staroměstské náměstí, Praha 1 – Staré Město 가는 방법 트램 1, 2, 6, 8, 12, 15, 26번 또는 버스 207번 나메스티 레푸블리키 역 하차 후 도보 약 10분 또는 메트로 B 라인 나메스티 레푸블리키 역 하차 후 도보 약 10분 또는 메트로 A, B 라인 무스테크(Můstek) 역 하차 후 도보 약 7분.

성 니콜라스 교회 Kostel sv. Mikuláše | St Nicholas Church

구시가지 광장에 위치한 기념비적인 바로크 양식의 교회. 구시청사 탑에서 파르지즈스카 거리를 바라보면 단연 눈에 띄는 크림 빛의 아름다운 건물이다. 바로크 시대의 대표적인 건축가인 킬리안 이그나즈 디엔첸호퍼Kilián Ignaz Dientzenhofer의 절정기라고 할 수 있는 1732~1737년에 건축되었다. 기록상 1273년에 존재했다고 전해지나 원래는 로마네스크 시대부터 성 니콜라스 예배당이 있던 자리라고 한다. 원래는 교구 성당이었으나 후스파 등 종교 개혁의 대표자들이 이곳에서 설교하는 등 종교에 대한 오랜 전통을 갖고 있다. 내부 인테리어 또한 흥미롭다. 러시아 황제(일명 차르 Tasr) 니콜라스 2세Nicholas II가 정교회에 기증한 하라호프 글라스워크Harrachov glassworks가 제작한 왕관 모양의 거대한 크리스털 샹들리에, 흥미로운 조명 효과, 트롱프뢰유Trompe-l'œil의 그림, 안토닌 브라운Antonín Braun의 조각상 등은 절묘하게 어우러진다. 디엔첸호퍼의 걸작 중 하나로 꼽히기도 한다. 1920년 카렐 팔스키Karel Farský 박사가 체코슬로바키아 후스파 교회 설립을 발표한 곳으로 지금까지도 건물은 후스파에 속해있다. 현재는 오케스트라, 오르간, 체임버, 성가대 등의 콘서트 홀로 이용된다.

지도 P.486-B2 주소 Staroměstské námesti 1101, 110 00 홈페이지 www.svmikulas.cz/en [콘서트 홀 홈페이지] koncertyvpraze.eu 운영 월~토요일 10:00~16:00, 일요일 12:00~16:00 휴무 유동적, 여행 시기에 맞춰 별도의 확인 필요 요금 무료 가는 방법 트램 2, 13, 14, 17, 18번 및 버스 194번 스타로메스트스카(Staroměstská) 역 하차 후 도보 약 5분 또는 메트로 A라인 스타로메스트스카 역 하차 후 도보 약 3분 또는 메트로 A, B 라인 무스테크 역 하차 후 도보 약 7분.

Travel Plus | 잠시 알아보는 체코의 재미있는 종교 이야기

체코 후스파 교회란? 후스파는 종교 개혁으로 유명한 체코 출신의 15세기의 종교개혁가 얀 후스(Jan Hus)의 가르침을 따르던 기독교 교파다. 체코 후스파 교회는 제1차 세계대전 이후 가톨릭 교회와 분리되어 기독교 교회로서 성경과 기독교 전통의 가르침을 따른다. 전례 교회이자 장로교회이기도 하며 1947년 이후 남성과 여성 모두 성직자가 될 수 있었다. 양심의 자유를 믿으며 현대적인 형태로 복음을 선포하고 전달하고 있다.

마리안 기둥 Mariánský sloup | Marian column

2020년 프라하 구시가지 광장에 세워진 기념비. 무려 100여 년 만에 다시 모습을 드러낸 것이다. 최초에 그 자리에 있었던 마리안 기둥을 완벽하게 복제했다. 약 15m의 높이로 꼭대기에는 금박으로 일부가 장식된 성모 마리아 있고, 기둥의 하단에는 사악한 세력과 싸우는 4명의 천사로 장식되어 있다. 마리안 기둥에 대한 최초의 역사는 1618년 시작된 30년 전쟁이다. 전쟁의 막바지, 스웨덴 군대로부터 프라하를 지킨 것을 기념하는 의미로 17세기에 기둥이 세워졌다. 하지만 이는 합스부르크 왕가 및 가톨릭의 지배를 상징하는 것으로 여겨지기도 했고 또 어떤 부분에서는 개신교와 보헤미안의 반란이 실패로 여겨지기도 했다. 결국 오스트리아-헝가리 제국이 무너진 뒤 체코슬로바키아라는 국가가 생긴 1918년, 군중들에 의해 무너지고 파괴되었던 역사가 있다. 바로 옆에 종교개혁자 얀 후스의 기념물이 함께 위치한다는 점이 조금은 아이러니할 수도 있지만 모든 것을 포용하는 오늘날임을 다시금 깨닫게 한다.

지도 P.486-B2 **주소** Staroměstské námesti 20, 110 00 **가는 방법** 트램 1, 2, 6, 8, 12, 15, 26번 또는 버스 207번 나메스티 레푸블리키 역 하차 후 도보 약 10분 또는 메트로 B 라인 나메스티 레푸블리키 역 하차 후 도보 약 10분 또는 메트로 A, B 라인 무스테크 역 하차 후 도보 약 7분.

틴스키 드브르 - 운겔트 **Týnský dvůr** | **Týn Yard – Ungelt**

틴 성당 뒤쪽, 원래는 상인들의 마당으로 알려진 곳. 성벽과 해자로 도시의 다른 부분과 분리되어 있는 마치 요새와도 같은 곳이었다. 이는 상인들과 물건을 보호하기 위한 것으로 12세기부터 존재했다고 전해지며 창고, 마구간, 상인들을 위한 숙소, 프라하에서 가장 오래된 병원 등이 바로 이곳에 있었다. 상인들의 공간인 만큼 헝가리, 러시아, 네덜란드, 프랑스, 그리스를 넘어 튀르키예와 아라비아에서 온 수천 대의 마차들이 모여 금, 은, 아연, 주석 등의 광물을 비롯해 소금, 리넨, 양모, 실크, 유리, 가축, 설탕, 음식, 과일 등의 막대한 물건들을 실어 날랐다. 특히나 바다가 없는 체코에서 생선이 엄청난 양을 차지했다는 점이 놀랍다. 왕의 보호를 받는 구역인 만큼 이곳에 입장하기 위해서는 일정 금액을 지불해야 했으며 이는 나아가 프라하를 통과하는 모든 물품에 부과되었는데 바로 이것이 통행료 격인 '운겔트Ungelt'다. 운겔트는 카를 4세Karel IV와 바츨라프 4세Václav IV의 시대에 가장 큰 번영을 누렸다. 현재는 모든 시대의 건축 양식의 흔적이 남아있는 18개의 집들로 구성되어 있고 그중에서도 가장 중요한 건물은 바로 아치형 로지아 형태를 가진 16세기의 그라노브스키Granovský Palace다. 프라하에서도 가장 잘 보존된 르네상스 양식의 보물 중 하나로 손꼽히며 아름다운 즈그라피토, 성경과 그리스 신화를 묘사한 벽화, 성 얀 네포무츠키와 성 바츨라프와 플로리안의 동상으로 장식된 바로크 양식의 파사드가 멋스럽다. 쇠사슬로 묶인 검은 곰 동상도 눈에 띈다. 복잡한 구시가지에서 불과 몇 발짝이면 이렇게 고요한 과거의 공간을 만날 수 있다.

> **tip!**
> **로지아(loggia)**
> 한 면 이상이 개방된 복도 혹은 방. 저택에서 한 쪽 면이 정원으로 바로 연결되도록 개방된 형태.

지도 P.487-C2 **주소** Týnská | Štupartská | Malá Štupartská, 110 00 **가는 방법** 트램 1, 2, 6, 8, 12, 15, 26번 또는 버스 207번 나메스티 레푸블리키 역 하차 후 도보 약 7분, 메트로 B 라인 나메스티 레푸블리키 역 하차 후 도보 약 5분

카를교 Karlův most | Charles Bridge

프라하의 대표적인 랜드마크이자 프라하에서 가장 오래된 다리. 하루에도 몇 번씩 방문하게 되는 마법의 다리로 구시가지와 소시가지를 잇는다. 카를교는 1342년 홍수로 유실된 주디스의 다리Judith's Bridge를 대신해서 건축되었다. 1357년 착공되어 1402년 완공된 다리의 길이는 약 515.76m, 폭은 약 9.5m이다. 카를교의 건설에는 재미있는 사실이 숨어있다. 다리는 1357년 9월 7일 오전 5시 31분에 카를 4세에 의해 주춧돌을 놓는 것으로 착공을 시작했는데 날짜와 시간은 무작위로 선정된 것이 아니었다. 철저한 계산과 믿음에 기반을 둔 것이었다. 숫자를 나열하면 9를 기점으로 대칭(1357 9. 7 5:31 - 체코에서는 일, 월 순서로 사용) 된다는 사실을 발견할 수 있다. 카를 4세는 숫자에 의미와 상징을 두는 수비학을 믿었고 특정 시간, 즉 숫자로 이루어진 다리는 더 힘을 얻을 것이라고 믿었다. 다리 건설에는 사암이 이용되었고 다리 끝은 소시가지 타워와 구시가지 2개의 타워가 지켜주는 형태로 되어있다.

초기에는 돌 다리, 프라하 다리라고 불리다가 1870년경에서야 카를교라는 이름으로 불리게 되었다. 대중들은 일반적인 이름보다 카를교라는 이름을 사랑했다. 그리고 1883년 말이 끄는 트램이 다리를 건넜고, 1905년에는 전차가 다니기 시작했으며 마차가 다리에 진동을 준다는 이유로 1908년에는 버스가 다니기도 했다. 지금은 다소 상상하기 어려운 광경이다. 제2차 세계대전까지 대중교통이 카를교를 통과했지만 1965년에는 차량이나 전차를 포함한 모든 교통수단은 운행이 전면 중단된 상태로 현재는 사람만이 건널 수 있다.

아름다운 카를교를 걷다 보면 약 30개의 조각상을 만날 수 있는데 이는 원래 1706~1714년에 세워진 것이다.(P.30 참고) 대부분 고딕 양식으로 홍수나 날씨에 의해 파괴되거나 손상되었고 원래 작품의 보관을 위해 지금은 대부분 복제품으로 대체되었다. 그중에서도 가장 유명하고 중요한 작품은 얀 네포무츠키 성인의 청동상. 카를교를 건넌다면 그와 관련된 다양한 상징과 작품을 조우하게 된다.

지도 P.486-A2 주소 [구시가지 교탑(남쪽 포인트)] Karlův most, 110 00 [소지구 교탑(북쪽 포인트)] Karlův most, 118 00 **가는 방법** [구시가지 교탑(남쪽 포인트)] 트램 2, 13, 14, 17, 18번 및 버스 194번 스타로메스트스카 역 하차 후 도보 약 4분 또는 트램 1, 2, 17, 18번 카를로비 라즈네(Karlovy lázně) 역 하차 후 도보 약 3분 또는 메트로 A라인 스타로메스트스카 역 하차 후 도보 약 5분 [소지구 교탑(북쪽 포인트)] 트램 1, 7, 12, 15, 20, 22, 23, 25번 말로스트란스케 나메스티 역 하차 후 도보 약 3분.

재미있는 체코의 이야기
얀 네포무츠키 성인의 전설

얀 네포무츠키Jan Nepomucký는 체코의 국민 수호성인이라고도 불릴 정도로 체코의 역사에서 중요한 성인이다. 그는 가톨릭의 성인이자 고해성사를 지키기 위해 목숨을 바쳤던 순교자로 강에 빠져 익사했다. 그런 이유로 홍수의 수호성인으로 불리기도 한다. 바츨라프 4세가 체코를 다스리던 시절, 왕비 소피는 종종 얀 네포무츠키 신부에게 고해성사를 하곤 했다. 부인의 부정을 의심했던 왕은 얀 네포무츠키 신부에게 고해의 내용을 고하라고 했지만 하느님의 사제였던 신부는 신념을 지키고자 왕의 요구를 단호히 거절했다고 한다. 이에 왕 바츨라프 4세는 얀 네포무츠키 신부와 개가 함께 있는 자리에서 고해 성사의 내용을 말할 수 없다면 그 자리에 있는 하느님의 생명에게 말하라고 했다. 이에 왕에게 말할 것이라는 질문의 의도와는 달리 신부는 개에게 귓속말로 뭔가를 속삭이며 끝내 거부 의사를 밝혔고 왕은 대단히 분노했다. 신부는 혀를 잘리는 고문을 받고 산 채로 블타바 강에 던져졌다고. 하지만 그의 순교 후 5개의 별이 블타바 강 위로 떠올라 그의 성체를 찾을 수 있었고 그의 시신은 성 비투스 대성당에 영원히 안치되었다. 이런 이유로 얀 네포무츠키와 관련된 기념물과 동상에는 언제나 5개의 별이 함께 있는 것을 볼 수 있다. 카를교에 있는 그의 동상도 마찬가지다. 동상 하단에서는 고해성사의 순간과 그가 강에 순교하는 장면이 조각되어 있는데 만지면 소원이 이루어진다는 전설로 많은 사람들이 찾는다. 그가 순교한 자리에는 십자가 모양의 상징이 있으니 그의 흔적을 따라 걸어보자. 당신의 소원을 들어줄지도 모른다.

주소 Karlův most, 110 00

구시가지 교탑
Staroměstská mostecká věž | Old Town Bridge Tower

전 세계에서도 가장 아름다운 고딕 양식의 교탑이자 카를교의 출입구. 카를교와 함께 14세기 중반 페트르 파를레르즈Petr Parléř의 설계로 카를 4세 때 세워졌다. 구시가지로 이어지는 아치형 입구는 과거 체코의 왕들의 대관식 행렬이 통과하는 승리의 상징으로 여겨지기도 했다.

47m 높이에 이르는 위풍당당한 외관도 멋지지만 사실 구시가지 교탑의 매력은 바로 꼭대기의 전망대에 있다. 약 138개의 계단을 오르면 블타바 강과 카를교 그리고 프라하 성이 한눈에 보이는 숨이 멎을 듯 근사한 풍경이 눈앞에 펼쳐진다. 언제나 올라가도 멋지지만 해가 질 무렵이면 더욱 로맨틱한 광경을 선사하는 곳이다.

지도 P.486-A2 **주소** Karlův most, 110 00 **홈페이지** www.prague.eu/staromestskamosteckavez **운영** [11~3월, 10월, 11월] 매일 10:00~18:00 [4월, 5월, 9월] 매일 10:00~19:00 [6~8월] 매일 09:00~21:00 [12월] 10:00~20:00 휴무 없음, 단 크리스마스 시즌은 운영시간 상이 **요금** 성인 190Kč, 어린이(6~15세)·학생(26세까지)·시니어(65세 이상)·장애인 130Kč, 가족(성인 2명+어린이 4명) 380Kč [콤비 티켓(구시가지 교탑+소지구 교탑)] 성인 280Kč, 할인 190Kč, 가족 520Kč **가는 방법** 트램 2, 13, 14, 17, 18번 및 버스 194번 스타로메스트스카 역 하차 후 도보 약 4분 또는 트램 1, 2, 17, 18번 카를로비 라즈네(Karlovy lázně) 역 하차 후 도보 약 3분 또는 메트로 A라인 스타로메스트스카 역 하차 후 도보 약 5분.

PRAGUE VISITOR PASS 프라하 비지터 패스

tip! 매일 오픈 후 첫 1시간은 얼리버드 50% 할인이 제공된다.

Travel Plus 알고 가면 더 재미있는 구시가지 교탑에 얽힌 역사

30년 전쟁은 실로 격동의 시기였다. 1621년에는 반란을 일으켜 구시가지에서 처형된 귀족 12명의 머리가 경고의 의미로 탑의 상단에 전시되었다. 머리는 무려 10년을 그렇게 매달려 있다가 어느 날 밤 누군가 비밀리에 이를 내렸고, 아무도 모르는 장소에 묻혔다고 한다. 30년 전쟁이 끝날 무렵인 1648년에는 스웨덴이 프라하를 포위하며 탑의 측면이 손상되기도 했지만 그 후 수리됐다.

클레멘티눔 & 체코 국립 도서관
Klementinum & Národní knihovna České republiky
Clementinum & National Library of the Czech Republic

세계에서 가장 아름다운 도서관 중 하나로 손꼽히는 곳. 카를교 앞에 위치한 클레멘티눔은 2헥타르(2만 m²)에 이르는 대규모 단지다. 1556년 보헤미아에 도착한 예수회가 설립한 후, 1622년 대학으로 승격되며 지역 사회를 위한 학교 외에도 기숙사, 도서관, 약국, 극장, 교회 건물을 함께 지었고, 1653년 부지를 더 확장했다. 1654년 도서관 컬렉션과 함께 카를 대학교와 합병되었다. 그리고 170년 이상 재건되면서 다양한 건축양식을 갖게 되었다. 당시 프라하에서 활발히 활동하던 이탈리아 건축가 카를로 루라고 Carlo Lurago, 바로크 시대의 유명한 건축가 킬리안 이그나즈 디엔첸호퍼Kilian Ignaz Dientzenhofer 등이 클레멘티눔의 디자인에 참여했을 정도다. 1773년 예수회가 해체되며 그들은 클레멘티눔을 떠나야 했지만 학교는 그대로 남았다.

그 후, 1930년 철학과가 새 건물로 이사하면서 클레멘티눔은 약 650만 권의 책을 보유한 국립 도서관이 되었다. 매년 약 8만 권의 서적이 추가될 정도로 체코의 그 어떤 도서관보다도 빙내한 컬렉션을 자랑하고 있다. 매년 대여되는 서적은 평균 100만 권에 달한다고 한다. 컬렉션 대부분은 체코와 유럽에 관련된 것으로 특히 보헤미아의 자연 과학 및 사회 분야의 문서를 포함하고 있다. 필사본 컬렉션 또한 체코 국립 도서관의 자랑. 1366년 최초의 대학교인 프라하 대학교가 세워진 후 카를 4세Charles IV가 기증한 귀중한 고문서들을 비롯해 체코 최초의 왕인 브라티슬라프Vratislav의 대관식을 위해 라틴어로 제작된 1085년의 비셰흐라드Vysehrad 코덱스 등을 포함한다. 그리스의 파피루스와 동양의 필사본, 교의학, 수비학, 연금술에 관련한 희귀 도서들도 소장하고 있다. 그중에서도 바로크 도서관 홀은 예술과 과학 테마의 아름다운 프레스코화, 역사적인 가치를 가진 지구본을 볼 수 있어 클레멘티눔 투어에서도 가장 매력 포인트로 꼽힌다.

지도 P.486-A2 **주소** Mariánské náměstí 5, 110 00 **홈페이지** www.klementinum.com/en **운영** [1~3월] 매일 10:00~18:00 [4~6월] 매일 09:00~21:00 [10~12월] 매일 09:00~20:00 **휴무** 계절에 따라 상이 **요금** 성인 300Kč, 어린이 및 학생(26세까지)·시니어(65세 이상) 200Kč, 6세 미만 어린이 무료 **가는 방법** 트램 2, 13, 14, 17, 18번 및 버스 194번 스타로몌스트스카 역 하차 후 도보 약 4분 또는 트램 1, 2, 17, 18번 카를로비 라즈녜 역 하차 후 도보 약 3분 또는 메트로 A라인 스타로몌스트스카 역 하차 후 도보 약 5분.

tip!
68m 높이의 천문 탑에서는 프라하의 멋진 전경을 조망할 수 있다.

바로크 도서관 홀, 메리디안 홀 그리고 천문시계 탑으로 구성된 클레멘티눔은 투어로만 입장할 수 있다. 가이드 투어는 영어 또는 체코어로 진행되며 약 50분간 진행된다. 방문이 결정되었다면 미리 예약할 것을 추천한다.

카를교 박물관 Muzeum Karlova mostu | Charles Bridge Museum

구시가지 쪽의 카를교 입구 오른쪽에 자리 잡고 있어 자칫 하면 그냥 지나치기 쉽다. 역사적인 카를교에 관한 다양하고 재미있는 이야기와 정확한 정보 등을 유익하게 전달하고 있다. 특히 어떤 식으로 건축이 이루어졌는지 정교한 디오라마로 전시해두어 흥미롭고 또 어렵지 않게 다가갈 수 있게 해두었다. 시간적인 여유가 있다면 한 번쯤 둘러보는 것도 좋다.

지도 P.486-A2 주소 Křižovnické náměstí 3, 110 00 **홈페이지** www.muzeumkarlovamostu.cz/en **운영** [10~4월] 10:00~18:00 [5~9월] 10:00~19:00 [7월, 8월] 10:00~20:00 **휴무** 유동적, 여행 시기에 맞춰 별도의 확인 필요 **요금** 성인 220Kč, 어린이(15세까지)·학생(26세까지)·시니어(60세 이상)·장애인 110Kč, 가족(성인 2명+어린이 3명) 460Kč, 2세 이하 어린이 무료 **가는 방법** 트램 2, 13, 14, 17, 18번 및 버스 194번 스타로몌스츠카 역 하차 후 도보 약 4분 또는 트램 1, 2, 17, 18번 카를로비 라즈녜 역 하차 후 도보 약 3분 또는 메트로 A라인 스타로몌스츠카 역 하차 후 도보 약 5분.

tip!
박물관 옆에는 프라하 베니스라는 보트 투어가 운영되고 있다. 보트 투어를 이용할 경우 카를교 박물관 입장이 무료.

베드르지흐 스메타나 박물관
Muzeum Bedřicha Smetany | Bedřich Smetana Museum

체코를 대표하는 작곡가 베드르지흐 스메타나Bedřich Smetana의 삶과 작품에 대한 박물관이다. 독창적인 전시가 열리는 곳으로 1936년 개관했다. 지금은 체코 음악 박물관의 일부다. 박물관은 프라하에서도 아름다운 네오 르네상스 양식의 건물로 즈그라피토 장식의 노란색 외관이 눈에 띈다. 즈그라피토 장식은 유명한 19세기의 체코 화가 미콜라쉬 알레쉬Mikoláš Aleš와 프란티셰크 제니셰크 František Ženíšek이 맡았다. 1648년에 카를교에서 일어났던 프라하 시민과 스웨덴 시민의 전투를 디자인한 것. 지금 열리는 베드르지흐 스메타나에 관련한 장기 전시는 1998년 시작된 것이다. 스메타나의 삶과 작품에 관한 전시로 편지, 서명, 개인 소지품, 사진 등과 함께 본인이 선택한 스메타나의 음악을 들어볼 수 있게 구성되어 있다. 프라하 성의 멋진 전망을 마주 보는 건물로 블타바 강변의 카를교 근처에 있어 찾기 쉽다.

지도 P.486-A2 주소 Novotného lávka 201, 110 00 **홈페이지** www.nm.cz/en/visit-us/buildings/bedrich-smetana-museum **운영** 수~월요일 10:00~17:00 **휴무** 매주 화요일 **요금** 성인 50Kč, 청소년(15~18세)·시니어(65세 이상) 30Kč, 15세 미만 어린이 무료 **가는 방법** 트램 1, 2, 17, 18번 카를로비 라즈녜 역 하차 후 도보 약 3분.

시민회관 Obecní dům | Municipal House

전대미문의 공예 기술, 예술적이면서도 우아함을 보여주는 아르누보 양식의 건축물. 화약탑 바로 옆에서 발견할 수 있는 시민회관은 1905년 건축을 시작해 1911년 완공되었다. 시민회관이 있던 자리는 과거 왕가가 거주하던 킹스 코트King's Court였다. 1383년경 바츨라프 4세 시대의 건물로 신성 로마 제국의 지그문트Zikmund 황제의 임시 거주지였다. 1918년 10월 28일에는 시장실 홀 앞의 발코니에서 체코슬로바키아의 수립을 선포한 역사적인 곳이기도 하다. 유명한 스메타나 홀, 아르누보 양식의 거대한 입구, 내부를 장식하고 있는 예술적인 그림과 조각상, 스테인드글라스로 꾸며진 내부 바의 창문 등은 완벽한 아르누보 인테리어의 예시로 손꼽힌다. 알폰스 무하Alfons Mucha, 얀 프레이슬러Jan Preisler, 라디슬라프 샬로운Ladislav Šaloun 등 당대의 유명 예술가와 조각가들이 참여했다. 아르누보 양식 애호가라면 시민회관의 가이드 투어를 이용해 볼 수도 있다. 1989년 국가 기념물로 지정된 시민회관에는 다양한 전시, 콘서트 등이 열리고 유서 깊은 카페와 아름다운 아르누보 양식의 레스토랑, 필스너 우르켈 펍, 아메리칸 바 등을 운영 중이다.

지도 P.487-C2 **주소** náměstí Republiky 5, 110 00 **홈페이지** www.obecnidum.cz/en **운영** 시민회관 가이드 투어(1시간) 영어·체코어 진행, 투어 예약~홈페이지를 통해 투어 시간 확인 **휴무** 유동적, 여행 시기에 맞춰 별도의 확인 필요 **요금** [투어] 성인 290Kč, 청소년(15세까지)·학생(26세까지)·시니어(60세 이상) 240Kč, 가족(성인 2명+18세 미만 어린이 3명) 50Kč, 사진촬영 55Kč, 10세 미만 어린이 무료 [전시] 전시별 상이 **가는 방법** 트램 1, 2, 6, 8, 12, 15, 26번 또는 버스 207번 나메스티 레푸블리키 역 하차 후 도보 약 2분. 또는 메트로 B 라인 나메스티 레푸블리키 역 하차 후 도보 약 2분.

> *tip!*
> 특히 스메타나 홀은 1942년부터 프라하 심포니 오케스트라의 메인 홀이자 매년 5월에 열리는 '프라하의 봄' 국제 음악 축제가 열리는 중요한 곳이다.

화약탑 Prašná brána | Powder Tower

화약탑은 표현력이 가장 풍부한 프라하의 후기 고딕 양식 기념물 중 하나다. 총 65m 높이, 모두의 시선을 사로잡는 위풍당당한 자태를 갖고 있다. 보헤미아 왕의 대관식 행렬이 시작하는 '왕의 길'의 시작점이자 왕실의 국고를 위해 은을 채굴하던 쿠트나 호라로부터 이어지는 중요한 길의 끝이기도 했다. 현재까지도 대관식 행렬, 프라하 성과 구시가지 여행의 시작점으로 여겨지고 진다. 실제로 화약탑을 기점으로 구시가지와 신시가지의 풍경은 확연하게 달라진다. 1475년 화약탑의 기초석이 세워졌다. 원래 호르스카Horská 문이 있던 자리에 지어진 것으로 이름에서 추론할 수 있듯이 쿠트나 호라에서 유래한 이름이다. 화약탑은 원래는 현재의 지형에서 약 9m 아래에 해자와 함께 세워졌으나 해자가 메워졌고, 1592년 이후에는 지금에도 사용하는 나선형 계단과 새로운 입구를 갖게 되었다. 화약탑이라는 이름은 18세기 초 화약을 보관했던 장소로 사용된 것에서 유래했다. 1757년 프로이센군의 총격으로 일부 파괴되고, 그 후 시계도 설치되었지만 나선형의 186개 계단을 따라 올라가면 지상 44m의 높이의 전망대에 도착할 수 있다.

> **tip!**
> 매일 오픈 후 첫 1시간은 얼리버드 50% 할인이 제공된다.

지도 P.487-C2 **주소** Námesti. Republiky 5, 110 00 **홈페이지** www.prague.eu/prasnabrana **운영** [11~3월, 10월, 11월] 매일 10:00~18:00 [4월, 5월, 9월] 매일 10:00~19:00 [6~8월] 매일 09:00~21:00 [12월] 10:00~20:00 **휴무** 없음, 단 크리스마스 시즌은 운영시간 상이 **요금** 성인 190Kč, 어린이(6~15세)·학생(26세까지)·시니어(65세 이상)·장애인 130Kč, 가족(성인 2명+ 어린이 4명) 380Kč **가는 방법** 트램 1, 2, 6, 8, 12, 15, 26번 또는 버스 207번 나메스티 레푸블리키 역 하차 후 도보 약 2분 또는 메트로 B 라인 나메스티 레푸블리키 역 하차 후 도보 약 2분.

첼레트나 거리와 과일 시장
Celetná ulice & Ovocný trh | Celetná Street & Ovocný Market

구시가지의 시작점이라고 볼 수 있는 화약탑과 구시가지를 잇는 거리. 프라하에서 가장 오래된 거리 중 하나이자 무역로 대관식을 위한 왕의 길 일부다. 첼레트나Celetná 거리와 리티르즈스카Rytířska 거리가 만나는 지점에는 과일 시장이라는 뜻의 오보츠니 트르흐 Ovocný trh라는 아주 작은 광장을 지나게 된다. 13세기 초부터 존재해온 곳으로 20세기 초까지 주요 과일 및 채소 시장이었다. 현재는 시장의 흔적은 찾아볼 수 없고 사람만이 바쁘게 오갈 뿐이다. 첼레트나 거리와 광장에서는 오페라 극장으로 유명한 에스테이트 극장, 입체파 건물로 유명한 검은 성모 마리아의 집 등을 찾아볼 수 있다.

지도 P.487-C2 **주소** Ovocný trh, 110 00 **가는 방법** 트램 1, 2, 6, 8, 2, 15, 26번 또는 버스 207번 나메스티 레푸블리키 역 하차 후 도보 약 3분 또는 메트로 B 라인 나메스티 레푸블리키 역 하차 후 도보 약 3분.

검은 성모 마리아의 집
Dům U Černé Matky Boží | House at the Black Madonna

체코 입체파 건축의 걸작이자 최초의 새로운 입체파 건물. 체코 건축가 요제프 고차르Josef Gočár가 설계한 검은 성모 마리아의 집은 1911~1912년 건축되었다. 당시 31세였던 고차르는 입구, 지붕의 창, 입구의 연철, 계단 난간에 독특하고도 기하학적인 입체파 양식을 사용했다. 빌딩의 2층 북동쪽 구석에는 기존 바로크 양식의 건물에 있던 17세기의 아이를 안고 있는 검은 성모 마리아 동상이 있다. 참고로 체코에 존재하는 12개의 검은 성모 마리아 동상 중 하나이다. 현재의 이름은 바로 이 동상에서 따온 것이다. 100년 이상의 유서 깊은 '그랜드 카페 오리엔트'가 바로 검은 성모 마리아의 집 1층에 자리 잡고 있다. 0층에는 검은 마돈나Černá Madona라는 이름의 스타일리시한 카페 겸 레스토랑이 운영 중이다. 현재 2층과 3층은 체코 입체파 상설 전시가 열리며 건물은 2010년 7월 국가 문화 기념물로 지정되었다. 화약탑을 지나 첼레트나 거리를 따라가다 보면 쉽게 만날 수 있다.

지도 P.487-C2 **주소** Ovocný trh 19, 110 00 **홈페이지** www.czkubismus.cz/en **운영** 화요일 13:00~20:00, 수~일요일 10:00~18:00 **휴무** 매주 월요일, 12월 24~25일, 12월 31일, 1월 1일 **요금** 성인 150Kč, 청소년(15~26세)·시니어(65세 이상) 80Kč, 15세 미만 어린이&장애인 무료 **가는 방법** 트램 1, 2, 6, 8, 12, 15, 26번 또는 버스 207번 나메스티 레푸블리키 역 하차 후 도보 약 3분 또는 메트로 B 라인 나메스티 레푸블리키 역 하차 후 도보 약 3분 또는 메트로 A, B 무스테크 역 하차 후 도보 약 5분.

하벨 시장 Havelské tržiště | Havel Market

구시가지 광장과 신시가지 광장 사이에 위치한 야외 시장. 무려 1232년부터 열렸던 전통의 시장이다. 현재는 전통이나 역사보다는 관광객들을 상대로 기념품, 과일, 야채, 간단히 먹을 것 등을 판매한다. 규모도 꽤 크고, 도심 속 시장이라는 특수성으로 매일 많은 사람들이 찾는다. 왁자지껄한 분위기에 잠시 들러서 구경하기는 좋지만 아무래도 관광객들을 주로 상대하는 곳이다 보니 물건은 많지만 품질이나 맛이 좋다고 말하기는 어렵다. 관광 명소와 같은 곳으로 현지인들은 하벨 시장에서는 장을 보지 않는다는 것을 기억하면 될 듯하다.

지도 P.486-B3 주소 Havelská 13, 110 00 **운영** 월~토요일 07:00~19:00, 일요일 08:00~18:30 **가는 방법** 트램 3, 5, 6, 9, 14, 23, 24번 바츨라프스케 나메스티(Václavské náměstí) 역 하차 후 도보 약 6분 또는 메트로 A, B 라인 무스테크 역 하차 후 도보 약 3분.

필스너 우르켈: 체험 센터 Pilsner Urquell: The Original Beer Experience

필스너 우르켈 맥주를 좋아하지만 양조장이 있는 플젠까지 갈 시간이 없다면? 이제는 프라하에서도 필스너 우르켈을 마음껏 체험할 수 있다. 필스너 우르켈 체험 센터가 프라하의 바츨라프 광장 쪽에 2023년 4월에 오픈했다. 오디오 가이드, 영상, 프로젝션 등을 이용해 약 180여 년 전 맥주 산업에 한 획을 그은 황금빛 라거 필스너 우르켈의 역사와 양조 과정 등을 재미있게 소개한다. 물론 양조장이 아니기 때문에 경험까지 똑같다고는 할 수 없지만 필스너 우르켈이 얼마나 체험 센터에 공을 들였는지 확인할 수 있다. 투어에는 전문 탭스터의 맥주 테이스팅이 포함돼 마지막에 즐거움을 더한다. 센터의 기념품 숍에서도 양조장의 인기 기념품인 필스너 우르켈 각인 유리잔을 구매할 수 있다. 오디오 가이드에 한국어가 없는 점이 조금 아쉽다.

지도 P.486-B3 주소 28. Října 377/13, 110 00 **홈페이지** www.pilsnerexperience.com/en **운영** 매일 11:00~20:30(마지막 입장 19:00) **가는 방법** 트램 3, 5, 6, 9, 14, 23, 24번 바츨라프스케 나메스티 역 하차 후 도보 약 5분 또는 메트로 A, B 라인 무스테크 역 하차 후 도보 약 1분.

맥주 박물관 Beer Museum | Havel Market

체코는 전 세계 1인 맥주 소비량 1위인 국가로 맥주는 체코 전통과 문화의 일부다. 맥주 박물관은 프라하 시내 중심에서 맥주의 역사, 맥주의 제조 과정, 맥주 테이스팅 등을 모두 한 번에 즐길 수 있는 곳이다. 고대의 맥주 제조 기구들부터 체코 맥주의 발전 과정, 체코 맥주에 숨겨진 이야기, 맥주병 전시와 변천사, 홉과 맥아의 냄새를 맡아볼 수 있는 체험까지 은근히 알찬 전시를 진행 중이다. 투어가 끝나면 박물관에 딸린 13세기의 지하실에서 맥주 테이스팅이 진행된다. 지하실의 펍은 19세기 디자인과 공산주의 시대를 디자인한 쇼룸으로 구성되어 있는데 다소 어설퍼 보이는 모습의 모형은 맥주 테이스팅에 유쾌함을 선사한다. 큰 기대 없이 가기 좋은 곳이다.

지도 P.486-B2 **주소** Husova 241/7, 110 00 **홈페이지** beermuseum.cz **운영** 매일 12:00~20:00 **요금** 성인 250Kč(18세 이상만 입장 가능) **가는 방법** 트램 1, 2, 9, 18, 22, 23번 나로드니 트르지다(Národní třída) 역 하차 후 도보 약 4분 또는 메트로 B 라인 나로드니 트르지다 역 하차 후 도보 약 5분.

프라하 시립 도서관 Městská knihovna | Prague City Gallery – Municipal Library

로비 구역의 거대한 책 빌딩이 인상적인 시립 도서관. 프라하의 첫 공공 도서관으로 1891년 7월 1일 처음 문을 열었고 이사를 거쳐 1928년경 지금의 마리안스케 광장에 자리를 잡았다. 체코슬로바키아 시절 최초의 도서관 건축물이자 당시 유럽에서 가장 현대적인 도서관 중 하나이기도 했다. 가장 오래된 서적은 1488년 인쇄된 프라하 성서라고 한다. 프라하 곳곳에 위치한 약 40여 개의 도서관을 잇는 도서관 네트워크를 구축하고 있고 약 26만 권 이상의 서적을 소장하고 있다.

tip!
2층의 전시 공간은 프라하 시미술관으로 주로 19세기와 20세기 체코의 현대 미술을 만나볼 수 있다.

지도 P.486-B2 **주소** Mariánské náměstí 98/1, 110 00 **홈페이지** www.mlp.cz/en **운영** 월요일 13:00~20:00, 화~금요일 09:00~20:00, 토요일 13:00~18:00 **휴무** 매주 일요일 **요금** [15세 이상] 멤버십 등록비 성인 60Kč + 카드 발급 20Kč **가는 방법** 트램 2, 13, 14, 17, 18번 및 버스 194번 스타로메스트스카 역 하차 후 도보 약 3분 또는 메트로 A라인 스타로메스트스카 역 하차 후 도보 약 2분.

Travel Plus — 재미있는 프라하의 엘리베이터

시립 도서관 옆, 프라하 시청이 있다. 현재 관공서인 프라하 시청은 관광객들이 찾는 모습을 목격할 수 있는데, 바로 '파테르노스터 리프트(Paternoster lift)'라고 불리는 엘리베이터가 있기 때문. 파테르노스터 엘리베이터의 첫 모습은 다소 충격적이다. 일반적인 엘리베이터와는 다르게 문이 없는 휑한 모습에 멈추지도 않고 위아래로 빠르게 움직이는 모습이 조금은 무섭기까지 하다. 실제로 타보면 그렇게 공포스럽지는 않다. 한 사람 정도만 탈 수 있는 공간이 나타나면 정신을 바짝 차리고 올라타면 끝. 생각보다 재미있는 광경에 여행객들이 많이 찾는다. 단, 이제 곧 입장료를 받을 거라는 뉴스가 있었으니 참고할 것.

RESTAURANT ✦ 먹는 즐거움 ✦

스메타나Q 카페 & 비스트로 SmetanaQ Café & Bistro

프라하에서도 트렌디하고 힙하기로 손꼽히는 카페. 국립 극장과 100년 전통의 카페 슬라비아 바로 옆에 있다. 오픈 시간부터 입장하려는 사람들로 문전 성시를 이루는 풍경이 프라하에서는 새롭게 느껴질 정도도. 블타바 강과 프라하 성이 보이는 창가 석이 단연 인기다. 매일 아침 만드는 페이스트리와 다양한 파이, 감각적인 브런치, 커피나 와인 등은 스메타나Q만의 멋진 분위기와 아주 잘 어울린다. 체코 현지에서 공수한 싱싱한 제철 식자재를 주재료로 한 요리, 체코산 보마Bomma 조명과 톤Ton 의자 브랜드 등 체코의 것을 사용한다는 것에 자부심을 갖고 있다. 진정한 지속 가능한 발전을 추구하는 의미 있는 곳. 뷰, 맛, 분위기 모두 하나 놓치는 것이 없는 컨템포러리 한 카페 겸 비스트로다.

tip!
공식 웹사이트 또는 구글 예약을 통해 미리 예약 가능하다.
단 주말과 공휴일은 예약 불가.

지도 P.486-A3 **주소** Smetanovo nábřeží 334/4, 110 00 **홈페이지** smetanaq.cz/en **운영** 매일 09:00~21:00 **휴무** 12월 25일 **가는 방법** 트램 1, 2, 9, 18, 22, 23번 나로드니 디바들로(Národní divadlo) 역 하차 후 도보 약 2분.

더 마이너스 커피 The Miners Coffee

쿨한 인테리어의 컨템포러리 로스터리 카페. 2019년 첫 오픈 이후 2022년 하반기 기준으로 프라하에 4개의 단독 매장을 운영하고 있고 위워크 프라하에서 만날 수 있을 정도로 빠르게 성장했다. 깔끔하고 현대적인 공간, 일주일에 3번 직접 로스터한 풍미 좋은 커피, 친근한 분위기의 바리스타 등 삼박자를 고루 갖췄다. 위치한 지역에 맞게 조금씩 다른 분위기의 인테리어도 더 마이너스 커피의 장점. 비노흐라디의 이르지호 즈 포데브라드Jiřího z Poděbrad 역 근처에 위치한 더 마이너스 JZP 지점은 노트북을 하는 분위기가 형성되어 있어 디지털 노마드들이 일하기 좋고, 구시가지에 위치한 더 마이너스 지점은 규모가 작아 테이크아웃에 적합하다. 실험적인 시즌성 메뉴들을 선보이고 있다.

홈페이지 www.theminers.eu

더 마이너스 JZP 지점
지도 P.489-C1 **주소** Slavíkova 5, 120 00 Vinohrady **운영** 월~금요일 07:00~20:00, 토요일 08:00~20:00, 일요일 08:30~20:00 **가는 방법** 트램 11, 13번 이르지호 즈 포데브라드(Jiřího z Poděbrad) 역 하차 후 도보 약 3분 또는 메트로 A 라인 이르지호 즈 포데브라드 역 하차 후 도보 약 2분.

더 마이너스 구시가지 지점
지도 P.486-B2 **주소** Železná 490/14, 110 00 Staré Město **운영** 월~일요일 08:30~20:30
가는 방법 트램 1, 2, 6, 8, 12, 15, 26번 또는 버스 207번 나메스티 레푸블리키 역 하차 후 도보 약 7분 또는 메트로 A, B라인 무스테크 역에서 하차 후 도보 약 5분.

아네즈카 Anežka
(프라하 국립 미술관 - 성 아그네스 수도원 내 카페)

화려한 네온 사인이 수도원에 갑자기 등장해도 놀라지 말자. 카페 아네즈카에 잘 도착한 것이 맞으니까. 프라하 국립 미술관으로 사용되고 있는 성 아그네스 수도원에 자리 잡고 있기에 다소 파격적인 인테리어로 느껴지기도 한다. 과거의 수도원을 존중하면서도 현대적인 요소가 사랑스럽게 어울리는 곳이다. 더불어 미식과 예술도 조화를 이룬다. 날씨가 좋은 날이라면 아름다운 수도원 정원을 바라보는 테라스석을 추천한다. 커피, 술 등을 포함한 음료와 식사를 함께 판매하고 있어 미술 작품 관람 후 잠시 여유를 가지고 쉬어가기에 좋다.

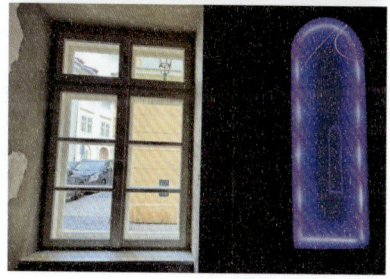

지도 P.487-C1 주소 Anežská 812/12, 110 00 **홈페이지** anezkapraha.cz **운영** 화~일요일 09:00~23:00 **휴무** 매주 월요일, 12월 25일, 26일 **가는 방법** 트램 1, 2, 6, 8, 12, 15, 26번 또는 버스 207번 들로우하 트르지다(Dlouhá třída) 역 하차 후 도보 약 7분.

카바르나 오베츠니 둠 Kavárna Obecní dům | Municipal House Café

아름다운 아르누보 양식으로 유명한 시민회관 내 카페. 화약탑 바로 옆으로 프라하에서도 가장 아름답고 유서 깊은 카페 중 한곳으로 꼽힌다. 화려하고도 우아한 아르누보의 인테리어, 100년 전 체코 문화와 사회의 분위기, 역사적인 현장을 느끼기 위해서라도 꼭 들러보기를 추천한다. 카페는 아침 메뉴를 포함해 커피와 술, 다양한 음료를 포함하고 음료와 곁들일 만한 홈 메이드 케이크나 아이스크림 등을 판매하고 있다. 특히 애플 스트루델이 부드럽다. 여름 시즌에는 외부 테이블에서 즐길 수도 있다.

지도 P.487-C2 주소 5 Obecní dům, Náměstí Republiky 1090, 110 00 **홈페이지** www.kavarnaod.cz/en/about **운영** 매일 09:00~22:00 **가는 방법** 트램 1, 2, 6, 8, 12, 15, 26번 또는 버스 207번 나메스티 레푸블리키 역 하차 후 도보 약 2분 또는 메트로 B 라인 나메스티 레푸블리키 역 하차 후 도보 약 1분.

> *tip!*
> 시민회관에 들어가면 왼쪽이 카페, 오른쪽이 레스토랑이다.

카세드랄 카페 라운지 & 레스토랑 Cathedral Café Lounge & Restaurant

구시가지의 틴 성당 근처에 위치한 카페 겸 라운지로 초록초록한 식물이 있는 테라스가 인상적인 곳이다. 과연 이런 곳에 카페가 있을까 싶은 예상치 못했던 곳에 위치해 복잡한 도심 속 평온한 기분을 선사한다. 테라스는 유리온실과 비슷한 스타일로 사계절 내내 이용이 가능하다. 커피, 와인 등의 일반 카페 메뉴와 파스타, 에그 베네딕트와 같은 레스토랑 메뉴를 함께 제공하고 있다. 카페만 이용할 수도 있다.

지도 P.486-B2 주소 Týnská 11, 110 00 **홈페이지** cathedralcafe.cz/en [예약] cathedralcafe.cz/en/reservation-en **운영** 매일 09:00~21:00 **휴무** 12월 25일 **가는 방법** 트램 1, 2, 6, 8, 12, 15, 26번 또는 버스 207번 나메스티 레푸블리키 역 하차 후 도보 약 8분 또는 메트로 B 라인 나메스티 레푸블리키 역 하차 후 도보 약 6분.

모차르트 카페 Café Mozart

구시가지의 필수 코스인 천문시계를 편하게 볼 수 있는 장소로 더 유명한 카페. 천문시계 맞은편의 그랜드 호텔 프라하의 1층(한국 기준으로 2층에 해당)에 있다. 천문시계가 정면으로 보이는 명당에 자리 잡고 있어 구시가지의 붐비는 인파를 피해 편하게 천문시계 쇼를 감상하기에 좋아 많은 여행객들로 붐빈다. 좋은 위치임에도 생각보다 금액이 높지 않은 편. 휴식도 취하고 구시가지 광장과 천문시계를 모두 감상할 수 있는 일석삼조의 장소다.

지도 P.486-B2 주소 Staroměstské nám. 481 /22, 110 00 **홈페이지** www.cafemozart.cz/en **운영** 화~토요일 07:30~19:00, 일요일 07:30~18:00 **휴무** 매주 월요일 **추천 메뉴** 에스프레소 모카치노, 홈메이드 레모네이드, 모차르트 케이크, 베트르닉(Větrník) **가는 방법** 트램 1, 2, 6, 8, 12, 15, 26번 또는 버스 207번 나메스티 레푸블리키 역 하차 후 도보 약 10분 또는 메트로 B 라인 나메스티 레푸블리키 역 하차 후 도보 약 10분 또는 메트로 A, B 라인 무스테크 역 하차 후 도보 약 7분.

> **tip!**
> 유럽의 1층은 한국과는 다소 다르다. 한국은 1층부터 시작하지만 체코는 로비 층, 0층을 그라운드 플로어(Ground floor)라고 하며 1층, 2층으로 이어지는 경우가 대부분이다. 따라서 모차르트 카페는 한국 기준으로 2층이라고 생각하면 된다.

콜라헤리에 Kolacherie

프랑스에 크루아상이 있다면? 체코에는 콜라취가 있다. 콜라헤리에는 체코의 전통 페이스트리 콜라취koláč를 전문으로 판매하는 카페다. 현지인 추천 디저트 숍으로 화약탑 근처에 작게 위치해 자칫하면 지나칠 수 있다. 콜라취는 이스트를 넣은 빵 반죽에 대개 과일, 양귀비 씨, 크림치즈 등을 채워 만든 동그란 디저트다. 손바닥만 한 크기, 적당히 달콤한 필링, 식감 좋은 도우를 조화롭게 구워냈다. 카페의 문을 열고 들어서면 세련되면서도 생각보다는 넓은 아늑한 공간이 나타난다. 양귀비 씨를 이용한 디저트는 한국에서 쉽게 맛볼 수 없으니 먹어보는 것을 추천한다.

지도 P.487-C2 주소 Celetná 589/27, 110 00 **홈페이지** www.kolacherie.cz **운영** 매일 09:00~18:00 **추천 메뉴** 양귀비 씨 콜라취 **가는 방법** 트램 1, 2, 6, 8, 12, 15, 26번 또는 버스 207번 나메스티 레푸블리키 역 하차 후 도보 약 3분 또는 메트로 B 라인 나메스티 레푸블리키 역 하차 후 도보 약 3분.

파우세테리아 Pauseteria

커피, 브런치, 케이크 등을 파는 세련된 카페. 구시가지 광장과 신시청사 사이에 있다. 언제나 많은 사람들로 붐비는 구시가지 광장에서 단 한 블록 뒤에 이런 공간이 있다고 믿기지 않을 정도로 조용하고 쾌적하다. 현지인들이 많이 찾는 카페로 구시가지에서 멀리는 가기 싫고 사람을 피해 잠시 쉬고 싶을 때 가면 좋을 만한 곳이다.

지도 P.486-B2 주소 U Radnice 11/4, 110 00 **홈페이지** pauseteria.com/cs **운영** 매일 09:00~19:00 **추천 메뉴** 롱 블랙, 오늘의 수프, 파우스타 플레이트 등 **가는 방법** 트램 1, 2, 6, 8, 12, 15, 26번 또는 버스 207번 나메스티 레푸블리키 역 하차 후 도보 약 11분 또는 메트로 B 라인 나메스티 레푸블리키 역 하차 후 도보 약 11분 또는 메트로 A, B 라인 무스테크 역 하차 후 도보 약 8분.

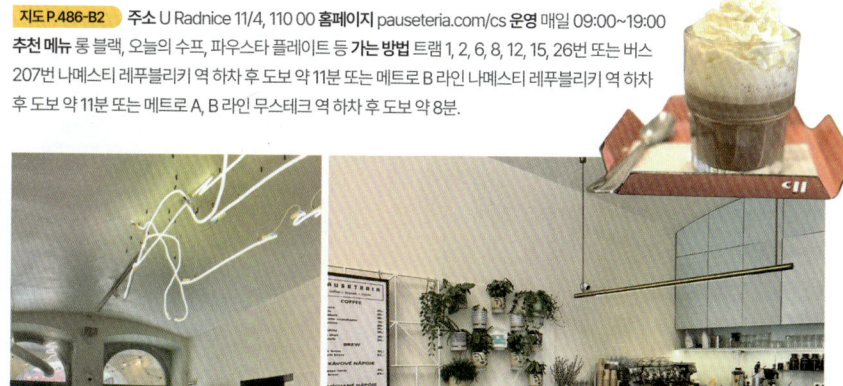

나셰 마소 Naše maso

'우리의 고기'(영어로 Our meat)라는 뜻을 가진 정육점 레스토랑. 아버지에 이어 대를 이은 고기 전문가가 숍의 관리자로 있으며 그의 관리 하에 섬세하면서도 꼼꼼한 손질을 거친 생고기, 훈제 고기 및 샌드위치나 핫도그 같은 가공 메뉴를 판매한다. 육즙이 촉촉한 미디엄 레어 햄버거는 한국인은 물론 프라하를 찾는 여행객들에게 엄청난 사랑을 받고 있어 언제나 사람들로 붐빈다. 햄버거가 대표 메뉴이지만 소시지, 신선한 타르타르도 인기가 많다. 매장이 다소 좁고, 앉아서 먹을 좌석이 적은 편이라 가게 밖 통로에도 서서 먹을 수 있게 테이블을 설치해두었으니 참고할 것. 크리스마스 등 시즌에 따라 메뉴를 달리하기도 한다. 가게 한편에 맥주를 직접 따라 먹을 수 있게 해두어 재밌다.

지도 P.487-C1 **주소** Dlouhá 727/39, 110 00 **홈페이지** www.nasemaso.cz/en **운영** [정육점] 월~목요일 11:00~22:00, 금·토요일 10:00~22:00 [통로] 월~금요일 08:00~18:00, 토요일 08:00~16:00 **휴무** 12월 24~26일, 1월 1일 **가는 방법** 트램 1, 2, 6, 8, 12, 15, 26번 또는 버스 207번 들로우하 트르지다 역 하차 후 도보 약 1분 또는 메트로 B라인 나메스티 레푸블리키 역 하차 후 도보 약 4분.

로칼 들로우하아아 Lokál Dlouháááá

체코의 전통 음식을 선보이는 앰비엔테 그룹의 분위기 좋은 레스토랑. 정성을 다해 양조한 맥주, 갓 만든 홈메이드 체코 음식을 맛볼 수 있는 곳이다. 언제나 신선한 맥주를 제공하기 위해 탱크에서 소비자까지 최단 경로를 이용하고 있어 마지막 한 모금까지도 갓 양조한 듯한 맛을 느낄 수 있다. 체코 현지의 신선하고 우수한 품질의 재료를 사용해 만드는 음식들도 다양하다. 레트로 감성이 느껴지지만 모던한 로칼은 프라하, 플젠, 브르노 등 체코 주요 지역에서 로칼이라는 큰 타이틀 아래 각기 다른 이름으로 운영된다(예: Hamburk).

지도 P.487-C1 **주소** Dlouhá 33, 110 00 **홈페이지** lokal-dlouha.ambi.cz/en **운영** 월~토요일 11:00~24:00, 일요일 11:00~22:00 **휴무** 12월 24일 **가는 방법** 트램 1, 2, 6, 8, 12, 15, 26번 또는 버스 207번 들로우하 트르지다 역 하차 후 도보 약 2분 또는 메트로 B라인 나메스티 레푸블리키 역 하차 후 도보 약 5분.

피자 누오바 Pizza Nuova

정통 나폴리 스타일의 이탈리아 피자와 파스타를 맛볼 수 있는 곳. 쇼핑몰 팔라디움 근처에 위치해서 접근성이 매우 좋다. 나폴리 피자협회인 AVPN의 전통 비법으로 도우를 반죽하고 모양을 만들어 오크 나무 오븐에서 구워낸다. 정통 이탈리아식을 추구하는 만큼 산 마르자노와 피에놀로의 토마토, 버펄로 모차렐라와 엄선한 올리브 오일 등 최상급의 이탈리아 식재료를 사용하고 있다. 피자 메뉴 외에도 파스타, 샐러드, 체코 소고기 등의 단품 요리를 선택할 수도 있고 일정 금액을 내고 여러 메뉴를 맛볼 수 있는 테이스팅 메뉴인 '데구스타치오네Degustazione'도 함께 선보인다. 세련되고 모던한 분위기가 음식만큼이나 돋보인다.

지도 P.487-C2 **주소** Revoluční 1, 110 00 **홈페이지** www.pizzanuova.cz/en
운영 월~일요일 11:30~23:00 **휴무** 12월 24일 **가는 방법** 트램 1, 2, 6, 8, 12, 15, 26번 또는 버스 207번 나메스티 레푸블리키 역 하차 후 도보 약 2분 또는 메트로 B라인 나메스티 레푸블리키 역 하차 후 도보 약 2분.

감베로로쏘 GamberoRosso

구시가지 쪽에 있는 이탈리안 레스토랑. 파스타, 피자, 샐러드 등 신선한 제철 재료를 사용한 메뉴들을 판매한다. 꽤나 괜찮은 이탈리안 맛집으로 구시가지의 운겔트를 지나면 바로 있다. 매일 체코 전통 음식에 질렸다면 좋은 대안이 될 만한 레스토랑이다. 친절한 서비스에 적당히 아늑한 공간을 갖추고 있다.

지도 P.487-C2 **주소** Jakubská 744/4, 110 00 **홈페이지** www.gamberorosso.menu/en **운영** 매일 11:00~23:00 **가는 방법** 트램 1, 2, 6, 8, 12, 15, 26번 또는 버스 207번 나메스티 레푸블리키 역 하차 후 도보 약 5분 또는 메트로 B라인 나메스티 레푸블리키 역 하차 후 도보 약 5분.

우 파보우카 Krčma U Pavouka

흡사 동굴 같은 내부, 나무 테이블과 촛불로 장식된 레스토랑에 입장하는 순간 유럽 중세의 분위기가 가득하다. 중세식 선술집을 표방하는 우 파보우카에서 불 쇼, 검술사, 마법사, 벨리 댄서 등이 펼치는 2시간 30분간의 공연, 다섯 가지 코스로 제공되는 체코식 식사와 와인과 맥주를 즐기다 보면 잠시나마 중세 시대의 선술집에 와있는 듯한 착각이 든다. 콘셉트형 레스토랑이기 때문에 아무래도 다른 레스토랑에 비해 금액대가 조금 높은 편이고 단체 관광객들도 심심찮게 볼 수 있다. 다소 상업적이지만 한국에는 없는 스타일이라 은근 재밌는 곳. 배틀트립 체코 편에도 소개된 적이 있다.

지도 P.487-C2 주소 17, Celetná 595, 110 00
홈페이지 upavouka.com
[티켓 예약] booking.upavouka.com/?langid=2
운영 매일 11:00~23:30 [디너 쇼] 매일 20:00(17시 쇼는 현재 미 진행) 휴무 유동적, 여행 시기에 맞춰 별도의 확인 필요
요금 2.5시간 공연+5코스+음료 무제한 - 성인 1,590Kč, 어린이 990Kč 가는 방법 트램 1, 2, 6, 8, 12, 15, 26번 또는 버스 207번 나메스티 레푸블리키 역 하차 후 도보 약 6분 또는 메트로 B라인 나메스티 레푸블리키 역 하차 후 도보 약 4분.

체르나 마도나 TerČerná Madona

입체파 건물로 잘 알려진 검은 성모 마리아의 집 0층에 위치한 카페. 판매하는 여러 메뉴 중에서도 다양하고도 맛있는 디저트로 단연 돋보이는 곳이다. 카페가 자리 잡은 건물의 역사도 특별하지만 체르나 마도나 카페는 코로나 시기에 조금 더 유명해졌다. 체코의 유머감각을 담은 코로나19 케이크와 백신케이크를 선보였기 때문. 정성을 담아 만든 귀여운 전염병 케이크류는 제법 맛있다.

지도 P.487-C2 주소 Celetná 34/569, 110 00 홈페이지 www.cernamadona.com/celetna/en 운영 매일 08:00~24:00 휴무 없음 가는 방법 트램 1, 2, 6, 8, 12, 15, 26번 또는 버스 207번 나메스티 레푸블리키 역 하차 후 도보 약 3분, 메트로 B 라인 나메스티 레푸블리키 역 하차 후 도보 약 2분.

파스타 프레스카 Pasta Fresca

화약탑에서 구시가지로 가는 방향에 위치한 이탈리아식 트라토리아. 작은 입구와 간판 때문에 자칫 지나치기 쉽다. 레스토랑에 들어서면 다소 협소한 통로 형태의 모습에 놀랄 수 있지만 파스타 프레스카의 놀라운 매력은 바로 지하에 숨겨져 있다. 따라서 1층이 아닌 지하에서 먹는다고 할 것. 아래로 내려가면 마치 동굴 같은 느낌의 아늑한 레스토랑, 와인셀러가 나온다. 스파게티, 리가토니, 탈리아텔레 등 다양한 파스타, 리소토, 스테이크 등의 요리를 선보인다. 특히 홈메이드 생면 파스타는 이탈리아에서 먹는 것처럼 꼬들꼬들한 '알 덴테al dente' 식감으로 제공되는 것이 포인트다. 소믈리에가 엄선한 다양한 이탈리아 와인 셀렉션을 함께 제공하고 있다.

지도 P.487-C2 **주소** Celetná 598/11, 110 00 **홈페이지** pastafresca.ambi.cz/en **운영** 매일 11:00~22:00 **휴무** 12월 24일 **가는 방법** 트램 1, 2, 6, 8, 12, 15, 26번 또는 버스 207번 나메스티 레푸블리키 역 하차 후 도보 약 7분 또는 메트로 B라인 나메스티 레푸블리키 역 하차 후 도보 약 5분.

피체리아 조반니 Ristorante Pizzeria Giovanni

여행객은 물론 현지인들에게도 인기 있는 이탈리안 레스토랑. 구시가지의 천문시계 근처에 위치해 많은 인기가 있으며 바로 앞에 2호점도 생겼다. 나폴리의 레시피를 따라 엄선된 밀가루, 신선한 모차렐라 치즈를 사용해 정통 이탈리안 피자를 선보인다. 파스타는 심이 살짝 씹히는 상태인 알 덴테로 제공한다. 파스타, 피자 등 이탈리안 메뉴 위주로 와인도 모두 이탈리아산만 취급한다. 계속되는 고기 요리가 부담스럽다면 여행 중간에 들르기 좋을 만한 곳이다. 다만 관광지 근처에 있기 때문에 가게는 항상 붐빈다.

지도 P.486-B2 **주소** Kožná 481/11, 110 00 **운영** 09:00~22:00 **휴무** 유동적, 여행 시기에 맞춰 별도의 확인 필요 **가는 방법** 메트로 A, B라인 무스테크 역에서 하차 후 도보 약 5분 또는 트램 1, 2, 9, 18, 22, 23번 나로드니 트르지다 역 하차 후 도보 약 8분.

프라하 맥주 박물관 펍 Prague Beer Museum Gastro Pub

대량으로 양조되는 브랜드 맥주 외에도 체코 각 지역의 소규모 양조장에서 생산되는 최고 맥주를 한곳에서 소개하고자 만들어진 펍이자 레스토랑이다. 각 지역의 독특한 특성을 가진 맥주를 무려 30개의 탭에서 선택할 수 있다. 프라하에는 현재 4개의 지점이 운영 중. 이미 알려진 필스너 우르켈Pilsner Urquell, 체르나 호라Černá Hora, 베르나르드Bernard를 비롯해 자테츠의 바론카Baronka, 레즈나 바라Režná Bara, 멀린 체르니 Merlin Černý 등 개성 있는 다양한 맥주들이 기다리고 있다. 맥주와 즐기기 좋은 펍 메뉴와 매일 새로운 오늘의 메뉴를 제공하며 맥주 박물관의 로고가 그려진 기념품 구입도 가능하다. 참고로 스메타노보 지점은 카를교 근처로 찾기도 들르기도 쉽다. 진짜 맥주 박물관과 착각하기 쉬우니 주소를 잘 확인할 것!

지도 P.486-A2 **주소** [스메타노보 지점] Smetanovo nábřeží 205, 110 00 [미루 광장 지점] Náměstí Míru, Americká 341/43 [들로우하 지점] Dlouhá 21 [말레 광장 지점] Malé Náměstí 2 **홈페이지** www.praguebeermuseum.cz/en **운영** [스메타노보 지점] 매일 11:00~02:00 [미루 광장 지점] 매일 15:00~01:00 [들로우하 지점] 매일 12:00~02:00 [말레 광장 지점] 매일 12:00~01:00 휴무 유동적, 여행 시기에 맞춰 별도의 확인 필요 **가는 방법** (스메타노보 지점 기준) 트램 1, 2, 17, 18번 카를로비 라즈녜 역 하차 후 도보 약 1분.

화이트 호스 Restaurace White Horse | Restaurant White Horse

구시가지의 낭만을 잠시 즐기기 좋은 레스토랑. 구시가지 광장 중심에 있어 날씨가 좋다면 단연코 테라스를 추천한다. 음식 맛이나 메뉴를 기대하는 장소가 아닌 뷰 맛집이다. 가격은 일반 레스토랑보다 높은 편이지만 천문시계, 구시가지 광장의 뷰와 구시가지만의 분위기를 담고 있는 곳으로 프라하를 여행하는 동안 한 번쯤은 들러봐도 좋다.

지도 P.486-B2 **주소** Staroměstské náměstí 20, 110 00 **홈페이지** whitehorseprague.cz/en **운영** 매일 09:00~24:00 **추천 메뉴** 아마트리치아나 스파게티, 시저 샐러드 **가는 방법** 구시가지 천문시계 탑에서 도보 약 1분 또는 트램 1, 2, 17, 18번 스타로메스트스카 역 하차 후 도보 약 5분 또는 트램 1, 2, 6, 8, 12, 15, 26번 또는 버스 207번 나메스티 레푸블리키 역 하차 후 도보 약 10분.

코즐로프나 우 파우케르타 Kozlovna U Paukerta

맥주 코젤 전문점. 마치 휘핑크림 같은 거품, 고소하면서도 부드러운 코젤은 브루어리에서 갓 양조된 신선한 상태로 그대로 탱크를 통해 소비자에게 전달한다. 한국에서도 인기 많은 코젤 다크를 직접 맛보기 위해 특히 많은 한국인들이 찾는 곳. 맥주와 잘 어울리는 체코 전통 음식들을 함께 판매하고 있고 카를교 근처에도 지점이 있어 동선에 맞는 곳으로 찾아가면 된다. 음식은 무난한 편이나 맥주가 인기가 많다. 체코 전역에 40개 이상의 매장이 있다.

지도 P.486-B3 주소 Národní 981/17, 110 00 **홈페이지** www.kozlovna.cz/u-paukerta **운영** 월~금요일 11:00~24:00, 토~일요일 12:00~24:00 **휴무** 유동적, 여행 시기에 맞춰 별도의 확인 필요 **가는 방법** 트램 1, 2, 9, 18, 22, 23번 나로드니 트로지다 덕 하사 우 도보 약 3분 또는 트램 2, 9, 14, 18, 22, 23번 나로드니 디바들로 역 하차 후 도보 약 2분 또는 메트로 B라인 나로드니 트리지다 역 하차 후 도보 약 2분.

안젤라토 Angelato

프라하의 아이스크림 전문점. 프라하 시내에 4개의 매장을 운영 중이다. 남부 보헤미아 지역의 목장에서 공수한 신선하고 저온 살균된 저지방 우유와 크림, 72% 페루 초콜릿, 마다가스카르의 바닐라 빈, 이탈리아 시칠리아의 피스타치오, 이탈리아 피에몬테의 헤이즐넛 등의 천연 재료를 원료로 해 살구, 복숭아, 체리, 호박, 아스파라거스, 바질, 쌀 등 다양한 맛의 셔벗과 젤라토 등의 아이스크림을 생산하고 있다. 쫀뜩하면서도 입안에 퍼지는 재료의 맛, 무겁지도 가볍지도 않은 식감에 여행 중 먹기 좋다. 글루텐 프리 및 비건 프렌들리Vegan friendly 아이스크림이기도 하다.

지도 P.486-B3 주소 Rytířská 27, 110 00
홈페이지 angelato.cz/home **운영** 매일 11:00~22:00 **가는 방법** 트램 3, 5, 6, 9, 14, 23, 24번 바츨라프스케 나메스티(Václavské náměstí) 역 하차 후 도보 약 5분 또는 메트로 A, B 라인 무스테크 역 하차 후 도보 약 2분. *우예즈드 중(24, Újezd 425, 118 00)

SHOPPING ✦ 사는 즐거움 ✦

파르지즈스카 거리 Pařížská ulice | Pařížská Street

세계적인 명품 브랜드들이 늘어선 프라하의 대표적인 명품 쇼핑 거리. 구시가지 광장에서 체후프 Čechův 다리로 이어지는 긴 거리로 까르띠에, 구찌, 디올, 티파니, 루이비통, 불가리, 몽클레어 등 전 세계 럭셔리 브랜드의 숍들이 거리를 따라 늘어서 있다. 그리고 2022년 하반기에는 드디어 샤넬이 이 거리에 체코 지점을 오픈했다. 아르누보 장식의 집들 또한 볼거리다. 브랜드들을 정신없이 구경하다 보면 어느새 체후프 다리까지 닿게 된다. 한국에선 팔지 않는 모델도 있고 물건도 다양하며 무엇보다 한국처럼 힘들게 오픈런을 하지 않아도 되는 것이 큰 장점. 평소에 사고 싶은 제품이 있었다면 구시가지 광장과 함께 둘러보기 좋다. 일정 금액 이상이면 택스 리펀드도 가능하다.

지도 P.486-B1 주소 Pařížská, 110 00 가는 방법 트램 1, 2, 6, 8, 12, 15, 26번 또는 버스 207번 나메스티 레푸블리키 역 하차 후 도보 약 11분 또는 메트로 B 라인 나메스티 레푸블리키 역 하차 후 도보 약 11분.

코트바 백화점 Kotva Department Store

공화국 광장 근처에 있는 쇼핑몰로 팔라디움 쇼핑몰 바로 맞은편에 있다. 철근 콘크리트를 골격을 사용해 여러 개의 육각형으로 구성돼 있고 지금의 독특한 외관이 탄생했다. 1970~1975년 건설 당시, 체코슬로바키아에서 가장 큰 백화점이자 사회주의의 풍요와 부의 상징을 보여준 곳이다. 1970년대 상반기의 체코 건축의 정점을 상징하는 문화적 기념물로 인정받아 2019년 4월부터 체코 문화 기념물로 지정되었다. 백화점이라는 이름을 가지고 있지만 한국인에게는 쇼핑몰에 더 가까운 형태다. 체코의 브랜드를 비롯해 패션, 잡화, 주방용품 등을 판매하고 꼭대기에는 루프탑 레스토랑이 자리 잡고 있다. 지하에는 알베르트 슈퍼마켓이 있어 간단한 장을 보기에도 좋다.

지도 P.487-C2 **주소** náměstí Republiky 656/8, 110 00 **홈페이지** od-kotva.cz/en **운영** 매일 09:00~20:00(슈퍼마켓 07:00~22:00) **가는 방법** 트램 1, 2, 6, 8, 12, 15, 26번 또는 버스 207번 나메스티 레푸블리키 역 하차 후 도보 약 2분 또는 메트로 B 라인 나메스티 레푸블리키(Náměstí Republiky) 역 하차 후 도보 약 2분.

마누팍투라 Manufaktura

마누팍투라는 체코에서 생산된 순수한 자연 재료를 원료로 만든 천연주의 화장품 브랜드다. 맥주 샴푸, 맥주 바디워시, 맥주 립밤 등 맥주 라인은 수년간 베스트셀러의 자리를 지켜왔다. 맥주의 원료가 되는 홉과 그 외 허브들을 이용해 만든 제품으로 향긋한 데다가 피부에도 좋고 특히 모발을 건강하게 만드는 효과가 있어 남녀 모두에게 인기다. 맥주 라인 중에서도 '드림 샴푸'는 강력 추천! 맥주 라인 외에도 데이지, 야생 자두나무, 와인, 살구, 라벤더 & 온천 소금 등 자연에 기반을 둔 다양한 제품들을 만날 수 있고 부담 없는 가격으로 여행 기념품으로도 좋다. 그 외에도 나무, 지푸라기, 블루프린트 등의 현지 수공예품을 함께 판매한다. 체코 전역에 많은 매장을 운영 중인데 특히 구시가지 광장과 바츨라프 광장 사이에 위치한 본점은 위치가 좋을 뿐만 아니라 규모도 크다.

지도 P.486-B2, P.487-C2 **주소** Melantrichova 970/17, 110 00 **홈페이지** manufaktura.cz/?lang=en [나만의 맥주 만들기] manufaktura.cz/experience-laboratory/?lang=en **운영** 일~수요일 10:00~19:00, 목~토요일 10:00~20:00 **가는 방법** 메트로 A, B 라인 무스테크 역 하차 후 도보 약 3분. [카를로바 거리 지점(카를교 근처)] **주소** Karlova 26/223, 110 00 **운영** 매일 10:00 - 20:00. [첼레트나 거리 지점(화약탑 근처)] **주소** Celetná 11, 110 00 **운영** 일~수요일 10:00~19:00, 목~토요일 10:00~20:00 [팔라디움 지점] **주소** náměstí Republiky 1078/1, 110 00 **운영** 매일 09:00~21:00

하블리크 아포테카 Havlíkova přírodní apotéka

하블리크 아포테카 또한 체코의 유기농 화장품으로 인기가 높다. 1928년 카렐 하블리크 박사에 의해 설립된 회사로 약초사의 비법으로 탄생했다. 하블리크 아포테카는 특히 수분 공급 및 피부 장벽의 보호 기능을 강화시키는 3분 마스크와 프로폴리스 등을 포함해 아토피, 산성, 알레르기성 피부를 회복시키고 피부 진정과 더불어 건강한 피부를 선사하는 미라클 크림 등으로 유명하다. 천연 성분과 체코의 허브들을 주재료로 이용해 피부에 큰 자극이 없는 것이 특징으로 아기들을 위한 전용 제품들도 인기다. 매장에서 상담을 통해 피부 타입에 맞는 제품을 친절하게 추천해 주는 것도 장점. 매장수가 많은 편은 아니지만 여행자들이 접근하기 쉬운 곳에 있다. 구시가지 쪽과 팔라디움 내에서도 만날 수 있다.

지도 P.486-B3 주소 Jilská 361/1, 110 00 **홈페이지** havlikovaapoteka.cz/cs **운영** 매일 09:00~21:00 **휴무** 유동적, 여행 시기에 맞춰 별도의 확인 필요 **가는 방법** 트램 1, 2, 9, 18, 22, 23번 나로드니 트르지다 역 하차 후 도보 약 5분 또는 메트로 B 라인 나로드니 트르지다 역 하차 후 도보 약 5분 또는 메트로 A, B 라인 무스테크 역 하차 후 도보 약 6분.
[팔라디움 지점] 주소 Náměstí Republiky 1, 110 00 **운영** 매일 09:00~21:00.

프라하 초콜릿 Pražská čokoláda | Prague Chocolate

체코도 품질 좋은 초콜릿을 생산한다. 체코도 품질 좋은 초콜릿을 생산한다. 프라하 초콜릿은 콜롬비아에서 직수입한 프리미엄 코코아 콩으로 초콜릿을 만드는 회사다. 그중에서도 '슈타이너 & 코바리크Steiner & Kovarik'는 프라하 초콜릿의 프리미엄 브랜드다. 프라하 초콜릿의 설명에 따르면 20세기 초의 체코는 세계적인 초콜릿 강국이었고 전 세계에서 세 번째로 코코아 제조량이 많았다고 한다. 오늘날에는 천연 재료를 엄선해 고유의 레시피로 최상급 품질의 초콜릿을 생산하고 있다. 진정한 맛과 디자인을 소비자에게 선사하고자 하는 곳. '그레이트 테이스트 어워드Great Taste Award', 국제 초콜릿 어워드International Chocolate Award'에서 수상하는 등 우수한 품질과 맛을 인정받았다. 프라하 성 근처의 네루도바 거리에는 프라하 초콜릿의 '초콜릿 카페 & 비스트로Chocolate Café & Bistro'를 운영 중이다. 프라하 시내는 물론 공항에서도 만날 수 있는 체코의 자랑스러운 초콜릿이다.

지도 P.486-B2 주소 Karlova 175/3, 110 00 **홈페이지** www.steinerkovarik.com/prague-chocolate **운영** 월~목요일 10:00~20:00, 금~일요일 10:00~21:00 **가는 방법**: 초콜릿 매장 기준 트램 1, 2, 17, 18번 스타로메스트스카역 하차 후 도보 약 5분 또는 메트로 A라인 스타로메스트스카 역 하차 후 도보 약 4분.
초콜릿 카페 & 비스트로 주소 Nerudova 44, 118 00 **운영** 수~월요일 11:00~20:00

프레치오사 플래그십 스토어 Preciosa Flagship Store

크리스털 밸리의 전통적인 유리 제조사 프레시오사의 프라하 플래그십 스토어. 하벨 시장 바로 앞에 위치해 쉽게 찾을 수 있다. 유서 깊은 유리 제조의 전통처럼 1894년 지어진 네오 르네상스 양식의 건물에 자리를 잡았다. 유리 장인이 작업하는 모습은 볼 수 없지만 그들의 손에서 탄생한 핸드메이드 샹들리에, 조명 장식, 식기, 장식품, 보석 등을 보는 것만으로도 구매 욕구가 상승한다. 부피나 무게가 걱정되는 샹들리에의 경우 특별 요금으로 해외 배송도 가능하다. 체코에서도 최고 품질의 크리스털을 구매할 수 있으나 아무래도 가격이 꽤 있는 편이다.

시노 P.486-B2 **주소** Rytířská 536/29, 110 00 **홈페이지** www.preciosalighting.com/flagship-store-prague **운영** 매일 10:00~20:00 **가는 방법** 트램 3, 5, 6, 9, 14, 23, 24번 바츨라프스케 나메스티 역 하차 후 도보 약 6분 또는 메트로 A, B 라인 무스테크 역 하차 후 도보 약 2분.

포하드카 Pohádka

체코 기념품, 핸드메이드 마리오네트 등 체코 장난감을 판매하는 장난감 가게. 체코어 포하드스카는 단순히 통역하면 '동화'라는 뜻이다. 그 이름처럼 숍에 들어서는 순간 빼곡하게 자리 잡은 알록달록한 장난감들로 인해 정말 동화 속으로 들어온 듯 즐겁다. 체코의 유명 두더지 캐릭터인 크르텍 인형도 종류와 크기별로 다양하고 마리오네트 또한 한 벽을 차지할 정도로 많아 여행 기념품을 사기에 딱이다. 정식 기념품만 판매해 믿을 수 있는 곳이다. 구시가지 광장 근처, 황금 소로 등에서 찾아볼 수 있는데 여러 지점 중에서도 특히 구시가지 광장으로 가는 첼레트나Celetná 거리에 있는 숍이 가깝고 편하다.

지도 P.487-C2 **주소** Celetná 568/32, 110 00 **홈페이지** www.ceskehracky.com **운영** 매일 09:00~20:00(시즌별 변동) **가는 방법** 트램 1, 2, 6, 8, 12, 15, 26번 또는 버스 207번 나메스티 레푸블리키 역 하차 후 도보 약 6분 또는 메트로 B 라인 나메스티 레푸블리키 역 하차 후 도보 약 5분.

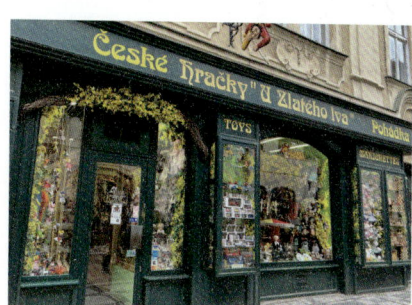

요제포프
Josefov

중세 시대 이 지역에 있던 두 개의 유대인 공동체가 합치며 세워진 곳. 프라하의 유대인 지구 요제포프는 유럽에서도 큰 규모에 아주 잘 보존된 것으로 유명하다. 요제포프에는 6개의 시나고그 및 유대인 박물관, 유대인 시청, 의식 홀, 묘지 등 독특하고도 역사를 간직한 장소들로 가득하다. 과거 유대인을 탄압하고 학살했던 나치의 지도자 아돌프 히틀러는 그의 사상과 지난 행동과는 반대로 프라하의 유대인 지구를 잘 보존했는데 이는 나치의 만행으로 감소하던 유대인에 관련한 '멸종 민족 박물관'을 세우기 위해서였다고 하니 아이러니하다. 이 때문에 역설적이지만 고맙게도 유럽에서 유대인에 관련된 가장 큰 규모의 콜렉션이 프라하에서 보관될 수 있었다.

ATTRACTION

보는 즐거움

프라하 비지터 패스

구·신 시나고그 Staronová synagoga | Old-New Synagogue

프라하의 유대인 지구에서도 가장 중요한 건물. 유럽에서 존재하는 가장 오래된 시나고 그로 알려져 있다. 참고로 시나고그는 회당이라고도 한다. 1270년경 인근 성 아그네스 수녀원에서 일하던 왕실의 석공들에 의해 지어졌다. 700여 년 이상 동안 프라하의 유대인 공동체의 중심이 되어왔다. 원래는 신 또는 대 유대교회Shul라고 불렸지만 16세기 말에 많은 시나고그들이 지어지며 구·신 시나고그라고 불리게 되었다. 전설에 따르면 예루살렘의 성전이 복구되면 다시 돌려주는 조건으로 천사들이 파괴된 성전에서 기초석을 가져다주었다고. 19세기 말과 20세기 사이에 화재를 비롯해 홍수, 유대인 구역 정리에서도 끈질기게 살아남아 유대인 공동체의 든든한 버팀목이 되어 왔다.

지도 P.486-B1 **주소** Červená, 110 00 **홈페이지** www.synagogue.cz/index.php/en/old-new-synagogue?p-15 **운영** 일~금요일 09:00~17:00(3월 26일~10월 27일 18:00까지) **휴무** 매주 토요일, 유대인 휴일 **요금** [프라하 유대인 지구 통합권] 성인 550Kč, 어린이(6~15세)·학생(26세 미만) 400Kč, 장애인 100Kč, 6세 미만 어린이 무료(유대인 묘지, 구·신 시나고그, 스페인 시나고그, 마이셀 시나고그, 핀카스 시나고그, 클라우센 시나고그, 세레모니얼 홀 포함) **가는 방법** 트램 2, 13, 17, 18, 22, 27번 스타로메스트스카 역 하차 후 도보 약 5분 또는 메트로 A라인 스타로메스트스카 역 하차 후 도보 약 4분 또는 버스 194번 파르지즈스카(Pařížská) 역 하차 후 도보 약 2분.

Travel Plus
재미로 알아보는 유대인의 전설: 골렘 Gloem

유대인 중 가장 유명한 전설은 바로 프라하의 '골렘(Golem)'에 관한 것이다. 골렘은 프라하의 랍비 '뢰(유다 뢰 벤 베자렐 Judah Loew ben Bezalel)'가 유대인과 프라하 공동체를 보호하기 위해 흙으로 빚어 만든 존재다. 사람과 비슷한 형상으로, 거대한 골렘은 유대인의 수호자로 탄생해 군인을 무찌르고 유대인을 보호했다. 이마에 히브리어로 'emét(진실)'이라는 단어가 새겨져 있었다. 하지만 주체하지 못할 정도로 힘은 점점 세지고 포악해져서 골렘은 오히려 유대인을 죽이고 그들의 터전을 파괴하기 시작했다. 랍비 뢰는 이 마의 emét에서 e를 지워 'mét(죽음)'으로 바꾸어 골렘을 다시 흙으로 돌려놓았다고. 전설에 따르면 지금의 구·신 시나고그의 다락방에서 영원한 휴식을 취하고 있다고 전해진다. 다락방은 오늘날까지도 입장이 금지되어 있다. 하지만 골렘의 잔해는 그 어떤 시나고그에서도 찾지 못했다고 한다.

유대인 박물관-구 유대인 묘지
Židovské muzeum v Praze-Starý židovský hřbitov
Jewish Museum in Prague - Old Jewish Cemetery

지구상에서 존재하는 가장 오래된 유대인 묘지 중 한 곳. 구 유대인 묘지는 15세기 초에 설립되었다고 추정된다. 가장 오래된 묘비의 날짜는 1439년으로 확인된다. 그 사이 수백 년에 걸쳐 여러 번 확장되었지만 한정된 공간을 넓히기는 역부족이었다고 한다. 부족한 공간으로 인해 시신을 겹겹이 쌓았다고 전해진다. 비석만 1만 2,000개 이상에 달하는 구 유대인 묘지에는 1787년까지 많은 유대인들이 묻혔다. 아마도 비석보다도 더욱 많은 유대인들이 묻혔을 것으로 추정된다. 비석은 대부분 동물과 식물 무늬로 장식되어 있다. 작은 집 형태의 사각형 무덤은 바로크 시대의 것으로 유럽에서도 프라하만이 오직 여러 형태를 잘 보존하고 있다고. 유대인 묘지에 묻힌 가장 중요한 인물은 1609년 세상을 떠난 랍비 뢰 Rabbi Löw (유다 뢰 벤 베자렐 Judah Loew ben Bezalel). 골렘 전설로 잘 알려진 저명한 종교 학자이자 교사였던 그의 무덤은 르네상스-바로크 양식으로 사자, 포도로 장식되어 있는 것을 확인할 수 있다.

지도 P.486-B1 **주소** Široká 3, 110 00 **홈페이지** www.jewishmuseum.cz/en/explore/sites/old-jewish-cemetery **운영** [1월 1일~3월 24일, 10월 29일~12월 31일] 일~금요일 09:00~16:30 [3월 26일~10월 27일] 일~금요일 09:00~18:00 **휴무** 매주 토요일, 유대인 휴일 **요금** 프라하 유대인 지구 통합권(구·신 시나고그 요금 참고) **가는 방법** 트램 2, 13, 17, 18, 22, 27번 스타로메스트스카 역 하차 후 도보 약 3분 또는 메트로 A라인 스타로메스트스카 역 하차 후 도보 약 1분 또는 버스 194번 파르지즈스카 역 하차 후 도보 약 2분.

유대인 박물관-핀카스 시나고그 Pinkasova Synagoga | Pinkas Synagogue

프라하에서 두 번째로 오래된 시나고그. 프라하의 유대인 공동체의 저명한 일원이라고 알려졌던 호로비츠 Horowitz 가문에 의해 1535년 후기 고딕 양식으로 건축되었다. 원래는 호로비츠 가문을 위한 기도 장소였다고 한다. 유대인들의 의식에 사용하던 목욕탕인 미크베 mikveh 근처에 위치한다. 핀카스 시나고그가 중요한 이유는 바로 거대한 쇼아 Shoah 희생자 기념물이기 때문이다. 쇼아는 대학살이라는 뜻의 홀로코스트를 의미하는 히브리어다. 1955~1960년, 핀카스 시나고그는 체코 땅에서 희생된 약 8만여 명의 유대인을 기리는 건축물로 헌정되었다. 희생자들은 체포 또는 추방되기 전 그들의 마지막 거주지에 따라 나뉘어 알파벳순으로 이름, 생년월일 및 사망일(게토 및 수용소로 이송된 날짜), 학살된 게토와 수용소 이름이 시나고그의 벽에 새겨져 있다. 지금의 핀카스 시나고그는 체코의 공산주의 정권이 끝난 후, 1995년 이후에 완전히 재건축되어 공개된 것이다.

지도 P.486-B2 **주소** Široká 23, 110 00 **홈페이지** www.jewishmuseum.cz/en/explore/sites/pinkas-synagogue **요금** 프라하 유대인 지구 통합권(구·신 시나고그 요금 참고) **가는 방법** 트램 2, 13, 17, 18, 22, 27번 스타로메스트스카 역 하차 후 도보 약 3분 또는 메트로 A라인 스타로메스트스카 역 하차 후 도보 약 1분 또는 버스 194번 파르지즈스카 역 하차 후 도보 약 2분. *운영, 휴무는 유대인 박물관 - 구 유대인 묘지와 동일

유대인 박물관-스페인 시나고그
Židovské muzeum v Praze-Španělská synagoga
Jewish Museum in Prague-Spanish Synagogue

화려한 스테인드글라스, 반짝이는 금빛, 아라베스크 문양의 스투코stucco, 스타일리시한 동양적인 무늬 등은 모두 스페인 시나고그를 잘 설명하는 말이다. 유대인 지구에서 가장 최근에 지어진 시나고그이자 가장 아름다운 시나고그로 유대인 박물관으로 사용된다. 스페인의 알함브라 궁전에서 영향을 받은 무어 양식으로 1868년 건축된 것이다. 보헤미아 영토에서의 유대인이라는 주제로 상설 전시가 진행 중이다. 특히 그들이 큰 변화를 겪었던 18세기에서 19세기를 필두로 1780년대 요제프 2세Josef II의 개혁부터 제2차 세계대전 이후까지 보헤미아 땅에서의 유대인 역사를 다룬다. 특히 스페인 시나고그는 프라하에 거주하는 유대인의 새로운 문화적 정체성을 반영한 것이라는 점에서 더욱 의미 있다.

지도 P.486-B1 **주소** Dušní 12, 110 00 **홈페이지** www.jewishmuseum.cz/en/explore/sites/spanish-synagogue **운영** [1월 1일~3월 24일, 10월 29일~12월 31일] 일~금요일 09:00~16:30 [3월 26일~10월 27일] 일~금요일 09:00~18:00 **휴무** 매주 토요일, 유대인 휴일 **요금** 프라하 유대인 지구 통합권(구·신 시나고그 요금 참고) **가는 방법** 트램 2, 13, 17, 18, 22, 27번 스타로메스트스카 역 하차 후 도보 약 7분 또는 메트로 A라인 스타로메스트스카 역 하차 후 도보 약 5분 또는 버스 194번 우 스타레 슈콜리(U Staré školy) 역 하차 후 도보 약 1분.

tip!
시나고그 및 유대인 박물관은 경건한 공간이다. 어깨를 가리고 단정한 복장을 착용해야 입장할 수 있다.

루돌피눔 Rudolfinum

세계적인 명성의 콘서트 홀이자 프라하에서 가장 권위 있는 콘서트 홀. 체코 필 하모닉의 거점이다. 프라하에서도 긴 역사를 자랑하는 건축물로 1825년 설립되어 체코에서 가장 오래된 금융 기관으로 알려졌던 체코저축은행Böhmische Sparkasse에 의해 건설이 계획되었고, 보헤미안 네오 르네상스 양식으로 1876년 건축을 시작해 1884년 완공했다. 당시 은행은 그들의 설립 50주년을 기념해 40만 굴덴(과거 독일어권의 화폐/금화 단위)을 기부했다고.

1885년 공식 오픈 후 11년 뒤인 1896년 1월 안토닌 드보르자크(Antonín Dvořák, 1841~1904년)의 지휘로 체코 필 하모닉 오케스트라가 첫 연주를 시작했다. 슬라브 랩소디와 신세계 교향곡이 연주되었고 이를 기념하게 위해 메인 콘서트 홀의 이름이 드보르자크 홀로 명명되었다. 바이올리니스트이자 작곡가인 요제프 수크(Josef Suk, 1929~2011년)의 이름을 딴 수크 홀도 있다. 원래는 콘서트 홀, 갤러리, 박물관으로 이루어져 있었지만 1918~1938년, 1945~1946년에는 국회의사당으로 사용되었던 이력이 있다. 드보르자크 홀과 수크 홀은 투어를 통해 만나볼 수 있다. 특히 드보르자크 홀은 매년 5월에 열리는 프라하의 봄 국제 음악 축제의 주요 콘서트 홀로, 아름다운 클래식 선율이 펼쳐진다.

지도 P.486-A1 **주소** Alšovo nábř. 12, 110 00 **홈페이지** www.rudolfinum.cz/en **운영** 온라인 티켓 구매: 웹사이트를 통해 24시간 가능 [티켓 오피스] 월~금요일 10:00~18:00(7~8월 10:00~15:00), 주말 & 공휴일 공연 시작 2시간 전 **휴무** 여행 시기에 맞춰 별도의 확인 필요 **요금** 투어 250Kč **가는 방법** 트램 2, 13, 14, 17, 18번 및 버스 194번 스타로몌스트스카 역 하차 후 도보 약 3분 또는 메트로 A라인 스타로몌스트스카 역 하차 후 도보 약 3분.

> **tip!**
> 왜 루돌피눔이라는 이름을 가지게 되었을까? 건물 자체는 합스부르크 가문과 오스트리아 왕가에 대한 충성의 표현이기도 했다. 체코저축은행은 1873년 당시 인기 있던 왕위 계승자 루돌프(Rudolf)의 이름을 따서 미술품 진열대의 이름을 짓기로 결정했고, 또한 합스부르크 가문의 일원이자 예술을 사랑했던 황제 루돌프 2세도 건물 이름을 지을 때 영향을 미쳤다고 전해진다.

RESTAURANT 먹는 즐거움

브 콜코프녜 V Kolkovně

한국의 지상파 TV 프로그램에 나와서 더 잘 알려진 맛집이다. 필스너 우르켈의 오리지널 레스토랑 브랜드의 레스토랑으로 2001년 문을 열었다. 예전 세관 건물이 복원된 부지에 위치해 더욱 유명해졌다. 아무래도 여행객들이 많이 찾는 곳으로 어떻게 보면 관광지다운 레스토랑이다. 하지만 필스너 우르켈만의 정통성, 신선한 맥주가 잘 어우러져 독특하지만 즐거운 분위기를 만들어 내는 곳. 유대인 지구의 스페인 시나고그 앞의 코너에 위치해 찾기가 쉽다.

지도 P.486-B1 주소 V Kolkovně 910/8, 110 00 **홈페이지** www.vkolkovne.cz/en **운영** 매일 11:00~24:00 **휴무** 없음 **가는 방법** 트램 1, 2, 17, 18번 스타로메스트스카(Staroměstská) 역 하차 후 도보 약 7분 또는 메트로 A라인 스타로메스트스카 역 하차 후 도보 약 5분 또는 버스 194번 우 스타레 슈콜리 역 하차 후 도보 약 1분.

프라하 맛집 Praha Matzip

반찬이 정갈하고 한국에서 먹던 맛과 제법 비슷해서 여행 중 뜨끈한 한국식 찌개와 요리가 생각날 때 들르기 좋다. 규모도 작지 않고 현지인을 포함해 다양한 국적의 외국인을 만날 수 있는 곳이다.

지도 P.486-B1 주소 Dušní 1082/6, 110 00 **홈페이지** www.prahamatzip.com **운영** 매일 11:30~22:00 **휴무** 없음 **가는 방법** 트램 1, 2, 17, 18번 스타로메스트스카 역 하차 후 도보 약 8분 또는 메트로 A라인 스타로메스트스카 역 하차 후 도보 약 6분 또는 버스 194번 우 스타레 슈콜리 역 하차 후 도보 약 2분.

노베 메스토(신시가지)
Nové Město | New Town

카를 4세에 의해 1348년 세워진 신시가지는 20세기 체코의 많은 중요한 역사와 사건들을 직접 목격해 온 곳이다. 신시가지에는 과거 3개의 큰 시장이 자리 잡고 있었다. 현재까지도 다른 이름으로 남아있는 건초와 짚 시장(지금의 세노바즈네 광장), 가축 시장(지금의 카를 광장), 말 시장(지금의 바츨라프 광장)이 바로 그것. 19세기 후반, 대부분의 건물들을 허물고 새롭게 개발돼 구시가지와 유대인 지구를 합친 것보다도 큰 규모를 자랑한다. 국립 박물관과 앞 성 바츨라프 동상이 신시가지 광장을 든든히 지켜주는 듯하다.

ATTRACTION ◆ 보는 즐거움 ◆

바츨라프 광장 Václavské náměstí | Wenceslas Square

프라하의 여행의 시작이라고 할 수 있는 광장. 광장의 폭은 약 63m, 길이는 약 750m 정도로 직선으로 시원하게 뻗어있다. 황제 카를 4세가 새로운 도시를 개발하면서 1348년 조성한 광장으로 한때는 말을 거래하고 농작물을 판매하여 말 시장Koňský trh으로 불리기도 했다. 조금은 오싹할 수 있지만 광장의 위와 아래쪽에는 처형을 위한 교수대가 서있었고 나 무스트쿠Na Můstku라고 불리던 시장의 아래쪽에는 방앗간이 있는 연못이 자리 잡고 있었다. 시장은 1877년까지 꽤 오랫동안이나 명맥을 유지했다. 광장 위쪽의 국립 박물관은 과거 요새의 일부로 '말의 문'이었다고. 광장의 상징이라고 볼 수 있는 기마상이 1912년부터 용맹한 모습으로 서있다. 광장은 많은 역사적인 사건이 일어났던 곳이기도 하다. 투표권을 위한 1905년의 시위, 1918년 10월 28일의 체코슬로바키아의 독립 선언, 1939년 있었던 보헤미아-모라비아 보호령 수립 발표, 1945년의 2차 세계대전의 종전 선언과 산업체와 은행의 국유화 발표, 소련군의 침공에 대한 항의와 저항으로 대학생 얀 팔라흐Jan Palach와 얀 자이츠Jan Zajíc의 1969년 분신자살 사건, 현재의 체코를 있게 한 1989년 11월의 벨벳 혁명 등 광장은 과거와 현재를 잇는 공간이자 역사의 산증인이기도 하다. 지금은 서점, 호텔, 레스토랑 등을 비롯해 크고 작은 상점과 노점상들이 광장 주위의 거리에 빼곡히 서있다.

tip! 크리스마스 마켓, 부활절 마켓 등 시즌마다 다양한 축제와 마켓이 열린다.

지도 P.492-B2 **주소** Václavské náměstí, 110 00 **가는 방법** 트램 5, 11, 13번 무제움(Muzeum) 역에서 도보 약 5분 또는 메트로 A, C라인 무제움 역에서 도보 약 1분 또는 프라하 중앙역(Hlavní nádraží) 및 메트로 C라인 흘라브니 나드라지(Hlavní nádraží) 역에서 도보 약 7분.

바츨라프 광장의 상징 - 성 바츨라프 기마상
Pomník svatého Václava | Statue of St Wenceslas

높이 5.5m(창을 든 높이 7.2m), 무게 5.5t의 청동 기마상. 위풍당당한 모습으로 바츨라프 광장을 든든히 지켜주는 듯하다. 요제프 바츨라프 미슬베크Josef Václav Myslbek의 작품으로 프라하를 여행하는 사람이라면 꼭 한 번은 다녀갈 정도로 유명하고 또 독보적인 존재감을 자랑한다. 체코의 수호성인인 성 바츨라프가 용맹한 모습으로 말을 타고 있는 모습으로 군대의 종마 아르도Ardo를 말의 모델로 했다고 한다. 조각상은 후에 체코의 성인들이 추가되며 완성되었다. 정면을 기준으로 왼쪽에는 성 루드밀라Ludmila, 뒤쪽에는 성 아그네스St Agnes, 오른쪽 앞뒤로는 성 프로콥St Prokop과 성 아달베르트St Adalber 기사상을 에워싸고 있다. 기마상은 미완성 상태로 1912년 세워지기 시작해 1913년 일단 공개되었고 마지막 조각상인 성 아달베르트와 성 아그네스가 1924년 추가되며 비로소 완성되었다.

지도 P.493-C2 **주소** Václavské náměstí, 110 00

국립 박물관 **Národní muzeum** | National Museum

체코에서 가장 큰 규모의 박물관. 1818년 창립 이래 자연 과학에서 사회 과학의 전문 영역까지 다양한 분야를 다루고 또 수집했다. 국립 미술관처럼 박물관도 여러 개의 빌딩으로 나뉘어서 운영되고 있다. 프라하 내 9개(국립 박물관 본관 & 신관, 체코 음악 박물관, 나프르스테크 아시아, 아프리카, 미국 문화 박물관, 민족지학 박물관, 비트코프 힐의 국립 기념관, 안토닌 드보르자크 박물관, 베드르지흐 스메타나 박물관, 프란티셰크 팔라츠키와 프란티셰크 라디슬라프 리에게르 기념관, 야로슬라프 지제크 기념관) 및 프라하 밖 6개의 건물에서 특화된 주제의 국립 박물관을 만날 수 있다. 박물관마다 다채로운 문화와 교육 프로그램들을 함께 진행하고 있어 아이들과 함께하기에도 좋다.

국립 박물관 본관 & 신관

Muzejní komplex Národního muzea | Museum Complex of the National Museum

장기 전시 20세기의 역사 History of the 20th century | **진화의 기적들** The Miracles of Evolution
선사시대로 가는 창문 Windows into prehistory | **역사** History | **광물의 홀** Halls of Minerals

본관은 우아한 네오 르네상스 양식의 건축물로 1891년부터 바츨라프 광장의 위쪽을 든든하게 지켜왔다. 꾸준히 그 모습을 유지했지만 전쟁으로 인해 1945년과 1968년에 불가피한 손상을 입었다. 이후 대대적인 리노베이션을 마치고 신관과 함께 현대적인 박물관 공간으로 변신했고, 2018년 10월 28일 체코슬로바키아 건국 100주년을 맞아 자랑스럽게 대중에게 개방되었다. 주로 장기 전시를 진행한다. 1962년에는 그 중요성을 인정받아 국가 유산으로 등재되었다.

길 건너에 위치한 신관은 현대적인 외관을 가졌다. 과거 연방 의회의 본부였다가, 1994년부터 2002년까지는 자유 유럽 방송 Radio Free Europe의 본부로 사용되기도 했다. 지금은 단기 전시 위주로 진행 중이다. 유서 깊은 본관, 현대적인 디자인의 신관은 과거와 현재를 이어주는 듯 묘하게 어우러진다. 또한 지하의 멀티미디어 전시관을 통해 실제로도 연결돼 있다. 현대적인 개념으로 진화에 대해 접근하는 자연사 전시, 2,000여 개의 전시물을 통해 수백만 년 체코의 선사 시대에 알아보는 전시, 8세기부터 제1차 세계대전까지 체코 땅의 역사에 대한 전시, 국립 미술관의 자랑이라고도 할 수 있는 흥미롭고 아름다운 4,000여 개 이상의 광물에 대한 전시 등 다채롭고 놀라운 형태의 전시가 진행된다. 체코의 개성을 담은 박물관으로 의외의 즐거움과 놀라움을 선사한다.

지도 P.493-C2 주소 [본관] Václavské náměstí 68, 110 00 [신관] Vinohradská 1, 110 00 **홈페이지** www.nm.cz/en/visit-us/buildings/museum-complex-of-the-national-museum **운영** 매일 10:00~18:00 **휴무** 여행 시기에 맞춰 별도의 확인 필요 **요금** 성인 280Kč, 청소년(15~18세)·시니어(65세 이상) 180Kč, 15세 이하 어린이 무료 **가는 방법** 트램 5, 11, 13번 무제움(Muzeum) 역에서 도보 약 5분 또는 메트로 A, C라인 무제움 역에서 도보 약 1분 또는 프라하 중앙역(Hlavní nádraží) 및 메트로 C라인 흘라브니 나드라지(Hlavní nádraží) 역에서 도보 약 7분.

국립 박물관 본관 내부

국립 박물관 본관 전시

국립 박물관 본관 전시

나로드니 트르지다 Národní třída

국립극장에서 무스테크역 근처까지 이어지는 거리. 나로드니 거리는 구시가지와 신시가지 사이로 구시가지 광장 및 바츨라프 광장과도 두루 가까운 교통의 요충지이기도 하다. 숍, 레스토랑, 카페가 밀접해 있고 교통이 편리한 곳. 100년 이상의 전통을 가진 카페 슬라비아, 카페 루브르, 공유 오피스로 유명한 위워크, 국립 극장도 바로 여기에 있다. 바츨라프 광장의 무스테크 역에서 시작해 레기Legií 다리를 향해 산책할 때 마지막 코스로 카페 슬라비아 혹은 스메타나 Q에서 프라하 성을 바라보며 프라하의 여유로운 전경과 함께 커피 한 잔의 여유를 즐겨보기를 추천한다.

지도 P.492-B2 주소 Národní třída, 110 00

국립극장 Národní divadlo | National Theatre

황금 지붕이 인상적인 극장. 체코의 유서 깊은 대표 극장이자 무대, 체코 문화 부흥의 중요한 상징으로 예술가들과 대중들의 후원금으로 1867년 처음 공사를 시작해 1881년 개관했다. 하지만 그 후 발생한 화재로 1883년 11월 18일 재개관했다. 고전적이면서도 아름다운 네오 르네상스 양식의 국립극장의 내부는 슬라브 신화에서 영감을 얻었다. 화려환 외관, 금장식의 인테리어 등은 19세기 체코의 화가인 미콜라쉬 알레쉬Mikoláš Aleš, 프란티셰크 제니셰크František Ženišek, 보이테흐 히나이스Vojtěch Hynais, 요세프 바츨라프 미슬베크Josef Václav Myslbek 등의 걸작품으로 구성되어 있다. 조명이나 무대 등 기술적으로도 완벽한 국립극장은 큰 변화 없이 사용되다가 1977년부터 6년간이나 리노베이션을 거쳐 오픈한 지 딱 100년이 되는 1983년 11월 18일 재오픈했다. 세계적으로도 유명한 예술가들이 다녀갔고 또 연결되어 있는 국립극장은 산하에 국립 오페라 극장, 더 뉴 스테이지, 에스테이트 극장을 관리한다. 그리고 오페라, 드라마, 발레, 라테르나 마기카 등 4개 종류의 레퍼토리로 구성되어 있다. 국립극장 바로 맞은편에는 역사적인 카페 슬라비아가 있으니 공연 전후로 티타임을 가지기에도 좋다.

지도 P.492-A2 주소 Národní 2, 110 00 Nové Město
홈페이지 www.narodni-divadlo.cz/en [온라인 티켓 구매] www.narodni-divadlo.cz/en/programme 박스오피스
운영 월~금요일 09:00~18:00, 토~일요일 10:00~18:00 박스오피스
휴무 12월 24일 가는 방법 트램 1, 2, 9, 18, 22, 23번 나로드니 디바들로 역 하차 후 도보 약 1분.

tip!
베드르지흐 스메타나는 프라하 국립극장 건설을 기념하기 위해 오페라 리부셰(Libuše)를 작곡했다.

프란티슈칸스카 정원
Františkánská zahrada | Franciscan Garden

바츨라프 광장과 융만노보 Jungmannovo 광장 사이 성모 마리아 성당 옆에 자리 잡은 작은 정원. 복잡한 도심 속 오아시스 같은 휴식 공간을 제공한다. 여름에는 장미가 가득하고, 분수, 놀이터, 쉼터가 있는 이곳은 바츨라프 광장 옆이지만 의외로 여행객들의 눈에 잘 띄지 않아 마치 비밀 정원 같다. 의외로 정원의 역사는 꽤 깊다. 1348년 이후 신시가지 초기 개발 단계에서는 카멜 Carmelitan 수도원의 중세식 정원보다도 더 큰 크기였다. 1604년 이래 프란체스코회가 소유하게 되었고 향신료, 꽃, 야채와 과일을 재배하기도 했지만 이내 파괴되었고, 18세기에 다시 재건되었다가 1950년 공산주의 시대가 도래하며 프란체스코회는 이곳에서 추방되며 바츨라프 광장과 융만노보 광장을 연결하는 도로로 사용되었을 때에야 대중에게 공개되었다. 그 후 1989~1992년 재건축을 진행하며 지금의 평화롭고도 편안한 공간이 탄생하게 되었다. 현지인들도 소음과 사람들을 피해 쉬어가는 곳.

지도 P.492-B2 주소 Jungmannovo náměstí, 110 00 홈페이지 www.prague.eu/en/object/places/460/franciscan-garden-franstikanska-zahrada?back=1 운영 [4월 14일~9월 14일] 매일 07:00~22:00 [9월 15일~10월 14일] 매일 07:00~20:00 [10월 15일~4월 14일] 매일 08:00~19:00 휴무 없음 요금 무료 가는 방법 트램 3, 5, 6, 9, 14, 23, 24번 바츨라프스케 나메스티 역 하차 후 도보 약 2분 또는 메트로 A, B 라인 무스테크 역 하차 후 도보 약 3분.

세노바즈네 광장 Senovážné náměstí | Senovážné Square

세노바즈네는 건초라는 뜻이다. 과거 건초 시장이 열리던 곳으로 프라하 중앙역 아래, 신시가지 쪽에 위치한다. 말 시장이었던 현재의 바츨라프 하벨 광장 바로 옆으로, 황제 카를 4세는 1360년 6월 귀리, 건초 등의 판매를 허가했고, 꽤나 꾸준한 규모로 열려 건초 시장이라는 이름을 얻게 되었다고 한다. 현재는 공원과 체코의 위대한 음악 유산에 경의를 표하는 체코 음악가들이라는 이름의 동상들이 광장을 지키고 있다.

지도 P.493-C1 주소 Senovážné náměstí 977/24

인드르지슈스카 탑 Jindřišská věž | Jindřišská Tower

약 65.7m 높이의 후기 고딕 양식(1472~1476년) 탑으로 성 안리와 성 쿤후타 교회의 일부이기도 하다. 이탈리아 종탑을 모델로 만들어진 프라하에서 가장 높은 독립형 종탑이다. 1745년 화재 후 바로크 양식으로 변형되었다가 1870년 다시 고딕 양식으로 재건되는 등 많은 변화를 거쳤다. 그리고 2002년부터는 대대적으로 탈바꿈해 관광지로서 여행객을 맞이하기 시작했다. 10층 전망대를 비롯해 타워 내부에 기념품 숍, 카페, 레스토랑 박물관 및 갤러리를 운영하고 있는데 독특하게도 탑의 다락방에 10개의 청동 종이 있어 타워 내부에서 카리용 연주를 들을 수도 있다. 여행 시 많이 지나치지만 의외로 여행객들에게 많은 정보가 없어 다른 관광지에 비해 덜 붐빈다.

지도 P.493-C1 주소 Jindřišská 33, 110 00 **홈페이지** www.jindrisskavez.cz/en **운영** 매일 10:00~19:00(레스토랑 영업 11:30~24:00) **요금** 성인 190Kč, 학생, 시니어 110Kč, 어린이(15세 미만) 70Kč, 가족(성인 2명+어린이 2명) 450Kč **가는 방법** 메트로 A, B 라인 무스테크 역 하차 후 도보 약 7분 또는 트램 3, 5, 6, 9, 14, 24번 인드르지슈스카(Jindřišská) 역 하차 후 도보 약 2분.

tip!
카리용이란?
모양이나 크기가 다른 여러 개의 청동 종으로 구성된 악기. 대부분 반음계 순서로 탑에 설치되며 함께 울릴 때는 화음을 만들어 낼 수도 있다.

감각 박물관 Muzeum smyslů | Museum of the Senses

시각, 촉각, 후각, 청각, 미각이라는 인간의 다섯 가지 감각을 자연스럽고 유쾌하게 체험할 수 있는 박물관. 어린이와 함께하는 경우 더욱 좋은 곳이다. 거꾸로 된 방, 색의 미스터리, 못의 침대, 가상의 마구간, 착시현상의 방, 무한한 디스코의 방 등 50가지가 넘는 전시에서 환상적인 감각의 세계를 탐험해 보자. 내가 이런 감각들을 가지고 있었나 의문이 들 정도로 지금껏 잘 알지 못했던 오감에 대한 의외의 발견과 함께 덤으로 재미있는 사진도 남길 수 있다.

지도 P.493-C2 주소 Jindřišská 939, 110 00 **홈페이지** www.muzeumsmyslu.cz/en **운영** 매일 09:00~20:00 **요금** 성인 350Kč, 어린이(5~15세) 250Kč, 학생(26세까지)·시니어(65세 이상) 250Kč, 가족 800Kč, 5세 미만 어린이 무료 **가는 방법** 트램 3, 5, 6, 9, 14, 24번 인드르지슈스카 역 하차 후 도보 약 2분.

출처 muzeumsmyslu.cz

무하 박물관 Muchovo muzeum | Mucha Museum

아르누보 양식으로, 세계적으로 유명한 알폰스 무하의 삶과 작품을 전시하는 세계 유일의 박물관. 1998년 2월 13일 세상에 처음으로 존재를 알렸다. 생전 알폰스 무하는 자연에서 영감을 얻은 소재를 이용해 일정한 패턴을 반복하여 디자인했다. 당시 아름다운 여인들에 대한 기준과 가치관을 그의 그림에서 확인할 수 있다. 무하에게 아르누보의 거장이라는 수식어를 선사하게 된 계기는 1894년 크리스마스 시즌에 프랑스 파리에서 작업한 사라 베르나르 Sarah Bernhardt의 연극 지스몽다Gismonda의 포스터. 단 한 장의 포스터로 그는 지금까지도 회자되는 엄청난 명성과 유명세를 얻게 되었다. 그 후에도 사라 베르나르의 포스터들을 제작하며 무하만의 독특한 화풍과 장식 예술을 창조해냈는데 특히 화려한 색채를 선호하던 프랑스 예술에 우아함을 불어넣었다. 섬세히면서도 세련된 그리고 창조적이지만 효과적인 시각적 이미지가 가득한 알폰스 무하의 작품 세계에 푹 빠져들게 된다. 100년이 훨씬 지난 지금도 하나도 촌스럽지 않고 오히려 세월이 더해져 고전적인 아름다움이 더욱 깊게 느껴진다. 규모가 크지 않지만 알폰스 무하의 오리지널 작품을 만날 수 있어 뜻깊고 달력, 카탈로그, 포스터, 수첩 등의 기념품도 구매할 수 있다.

지도 P.492-B2 주소 Panská 7, 110 00 **홈페이지** www.mucha.cz/kr **운영** 매일 10:00~18:00 **요금** 성인 350Kč, 어린이·학생·시니어(65세 이상) 280Kč, 가족(성인 2명+어린이 2명) 950Kč, 전시회 카탈로그 950Kč, 전시회 가이드 리플릿 150Kč(한국어) **가는 방법** 메트로 A, B 라인 무스테크 역 하차 후 도보 약 5분 또는 트램 3, 5, 6, 9, 14, 24번 인드르지슈스카 역 하차 후 도보 약 4분.

히베르니아 극장 Divadlo Hybernia | Hybernia Theatre

시민회관 맞은편에 위치한 극장. 큰 외관이 시선을 사로잡는다. 약 850석 규모의 극장으로 더 베스트 오브 백조의 호수, 호두까기 인형, 로미오와 줄리엣 등의 발레, 타잔, 햄릿 등의 뮤지컬 등 다양한 공연을 상시로 진행하고 있어 여행 일정에 맞추어 관람하기 좋다. 다만 국립 극장이나 국립 오페라 극장 등과 비교하면 오케스트라 연주가 없고, 무대의 규모가 작은 편인데다, 공연의 퀄리티 또한 다를 수밖에 없기 때문에 스케일이 큰 공연을 기대한다면 실망할 수 있다.

지도 P.492-B1 주소 Náměstí Republiky 3/4, 110 00 **홈페이지** www.hybernia.eu [티켓 예매] www.ticketportal.cz **운영** 공연에 따라 상이 **요금** 성인 850~1,450Kč, 학생·시니어 750~1,350Kč, 어린이(~12세) 425~725Kč **가는 방법** 트램 1, 2, 6, 8, 12, 15, 26번 또는 버스 207번 나메스티 레푸블리키 역 하차 후 도보 약 2분 또는 메트로 B 라인 나메스티 레푸블리키 역 하차 후 도보 약 2분.

공화국 광장 náměstí Republiky | Republiky Square

크고 작은 행사들이 열리는 구시가지의 광장. 화약탑과 시민회관, 쇼핑몰 팔라디움과 코트바가 모두 이 광장 주위에 있다. 과거 구시가지와 신시가지 사이의 해자가 있던 곳으로, 프라하의 중세 성벽이 허물어졌던 1860년대에 지금의 형태로 모습을 갖추게 되었다. 다양한 트램 노선과 버스, 나메스티 레푸블리키 메트로역이 있는 교통의 요충지이기도 한 광장은 크리스마스 마켓, 부활절 축제, 주말 마켓 등 다양한 축제들로 인해 언제나 생기가 넘친다.

공화국 광장과 공산주의 박물관

지도 P.492-B1   **주소** náměstí Republiky, 110 00

공산주의 박물관 Muzeum Komunismu | Museum of Communism

과거 공산주의 체제에 있던 체코슬로바키아의 일상생활, 정치, 역사, 스포츠, 경제, 교육, 예술, 언론, 군대와 스탈린 시대의 보여주기식 재판과 정치 노동 수용소 등에 관련된 여러 관점과 당시의 흥미로운 이야기들을 들려준다. 특히 1948년 2월에 시작해 1989년 벨벳 혁명까지 국가의 정치 체제가 되던 전체주의와 공산주의에 초점을 두고 있는 박물관이다. 짧막한 비디오, 인터뷰, 포스터와 아티팩트를 통해 당시의 상황을 세련되고 깔끔하게 정리해서 보여주고 있다. 소비에트 연방 즉, 소련 특별 작업대의 작업실, 교실, 어린이 침실과 심문실 등에 직접 들어가 볼 수도 있고 사진작가, 신문사, 보안 서비스의 기록 보관소, 군사 캠프 노동자, 개인 사진 자료 등 방대한 자료에서 공산주의 하에서의 일상이 어땠는지, 어떻게 공산주의 시대를 이겨낼 수 있었는지 가늠해 볼 수 있는 곳이다.

지도 P.493-C1   **주소** V Celnici 1031/4, 118 00 **홈페이지** muzeumkomunismu.cz/en **운영** 매일 09:00~20:00 **휴무** 12월 24일 **요금** 성인 380Kč, 학생 290Kč, 시니어(65세 이상) 320Kč, 가족(성인 2명+어린이 2명) 800Kč *어린이(10~17세), 어린이 1명 추가 시 190Kč, 10세 미만 무료 **가는 방법** 트램 1, 2, 6, 8, 12, 15, 26번 또는 버스 207번 나메스티 레푸블리키 역 하차 후 도보 약 2분. 메트로 B 라인 나메스티 레푸블리키 역 하차 후 도보 약 2분.

카를로보 광장 Karlovo náměstí | Charles Square

프라하에서 가장 큰 광장. 녹지가 가득해 광장보다는 공원에 가깝다. 카를 4세가 프라하의 신도시를 설립했던 1348년 생겼다. 15세기에 광장은 소 시장 Dobytčí trh으로 사용되기도 했고, 매년 부활절 후 두 번째 금요일에는 왕가 보석들과 성도들의 복제 유물이 전시되어 엄청난 인기를 끌었던 곳이다. 19세기 중반에 이르러서야 카를 광장이란 이름을 얻게 되며 진흙투성이였던 지역을 조경하고 단풍나무, 오크 나무 등 나무를 처음 심게 되었다. 신시가지 청사, 성 치릴 & 메토디우스 대성당, 안토닌 드보르자크 박물관, 체코 공과대학 건물 등 다양하고 역사적인 건축물들 또한 카를 광장 근처에 위치한다. 역사를 간직한 중요한 광장이지만 구시가지와는 전혀 다른 분위기를 가지고 있다.

지도 P.492-B3 **주소** Karlovo náměstí, 120 00 **가는 방법** 트램 1, 2, 3, 4, 5, 6, 10, 14, 16, 18, 22, 24, 25번 카를로보 나메스티(Karlovo náměstí) 역.

신시청사 Novoměstská radnice | New Town Hall

1348년 카를 4세가 신시가지를 건립한 후 신시청사 건설이 시작되었다. 신시청사는 후스 전쟁을 촉발시킨 1419년 7월의 프라하 창문 밖 투척 사건을 포함해 여러 역사적인 사건들의 중심이 되어 왔다. 고딕 양식을 가진 약 221개 계단의 70m 높이 탑에서는 신도시와 카를 광장의 탁 트인 뷰를 바라볼 수 있다. 원래 탑은 화재를 감시하기 위한 용도였고 탑지기는 위급 시 종을 울려 위험을 알렸다고 한다. 현재 시청사 탑에서는 신시가지의 역사와 탑지기의 아파트와 관련한 상설 전시를 진행하고 있고 탑의 갤러리에서는 단기 전시가 열리는 등 콘서트, 결혼식 등의 다양한 문화 이벤트가 진행되고 있다. 참고로 엘리베이터가 없어 걸어 올라가야 한다.

지도 P.492-B2 **주소** Karlovo náměstí 1/23, 120 00 **홈페이지** www.nrpraha.cz/en **운영** 4~11월 화~일요일 10:00~18:00(12:00~13:00 사이 30분은 점심 휴식) **휴무** 월요일 및 12~3월 **요금** 성인 60Kč, 어린이(6~16세)·학생·시니어(65세 이상) 40Kč, 가족 130Kč, 6세 미만 무료 **가는 방법** 트램 1, 2, 3, 4, 5, 6, 10, 14, 16, 18, 22, 24, 25번 카를로보 나메스티 역 하차 후 도보 약 3분.

파우스트 하우스 Faustův dům | Faust House

카를 광장에 위치한 파우스트 하우스는 신비롭고 흥미로운 이야기가 가득한 곳이다. 전설에 따르면 악마에게 영혼을 팔았던 파우스트를 악마가 천장의 구멍을 통해 지옥으로 데려갔다고 한다. 그 후 여러 연금술사들이 파우스트 하우스에 살았는데, 그중에는 루돌프 2세의 왕궁에서 활약했던 유명한 연금술사 에드워드 켈리도 있다. 켈리는 여기에서 연금술에 관련한 다양한 실험을 진행했다고 전해진다. 악마의 이야기와 관련이 있는 만큼 20세기에도 7마리 고양이의 해골이 발견되고 원인을 알 수 없는 화재가 발생하는 듯 이상한 일들이 계속 일어났다고 한다. 지금은 프라하 카를대학교 의학부에 소속되어 있으며 일반인에게는 비공개 상태다.

지도 P.492-B3 **주소** Na Slovanech, 128 00 **가는 방법** 트램 1, 2, 3, 4, 5, 6, 10, 14, 16, 18, 22, 24, 25번 카를로보 나메스티 역 하차 후 도보 약 3분.

안토닌 드보르자크 박물관
Muzeum Antonína Dvořáka | Antonín Dvořák Museum

체코 음악 박물관의 일부로 아름다운 정원으로 둘러싸인 바로크 양식의 빌라 '아메리카'에 자리 잡고 있다. 체코 민족주의 음악의 국제화에 기여했던 안토닌 드보르자크의 삶과 음악 작업에 관한 상설 전시가 진행된다. 박물관은 바로크 시대의 대표적인 건축가 킬리안 이그나즈 디엔첸호퍼Kilián Ignác Diezenhofer의 설계에 따라 18세기 초에 지어졌고, 후기 바로크 양식의 조각가로 유명한 마티야쉬 베르나르드 브라운Matyáš Bernard Braun의 조각상은 아름다운 정원에서 박물관을 더욱 빛낸다. 그는 당대 세계를 여행하는 위대한 체코 작곡가 중 한 명이었다. 전시를 통해 그가 활동하던 시기로 돌아가 그와 함께 여행을 떠나게 된다. 그의 안경, 비올라, 피아노, 서신, 개인 소지품, 케임브리지 대학교에서 명예 학위를 받을 때의 학위복 등을 보유하고 있다. 박물관에서 콘서트가 진행되기도 하며 기념품을 구입할 수도 있다.

지도 P.492-B3 **주소** Ke Karlovu 462/20, 120 00 **홈페이지** www.nm.cz/en/visit-us/buildings/antonin-dvorak-museum **운영** 화~일요일 10:00~17:00 **휴무** 매주 월요일 **요금** 성인 50KČ, 청소년(15~18세)·시니어(65세 이상) 30KČ, 15세 미만 어린이 무료 **가는 방법** 트램 2, 4, 6, 10, 16, 22, 23번 I. P. 파블로바(I. P. Pavlova) 역 하차 후 도보 약 7분 또는 메트로 C라인 I. P. 파블로바 역 하차 후 도보 약 6분.

댄싱 하우스 Tančící dům | Dancing House

블타바 강을 마주한 채 마치 두 남녀가 신나게 춤을 추고 있는 듯한 모습의 빌딩. 원래 있던 건물은 1945년에 있었던 미국의 공습으로 파괴되었다. 1992년 네덜란드의 보험회사가 해당 토지를 매입하면서 세계적인 건축가 블라도 밀루니츠 Vlado Milunić와 프랭크 게리 Frank O. Gehry를 영입해 1996년 독특하면서도 현대적이며 실용적이면서도 주변과 조화로운 건축물이 탄생하게 되었다. 영화의 유명한 커플의 춤에서 영감을 받았다고 알려진다. 오른쪽의 콘크리트 건물이 남성인 프레드, 왼쪽의 유리 건물은 여성인 진저라고. 역동적이고 재미있는 외관 때문에 사진을 찍는 여행객들도 상당히 많다. 1996년에는 미국의 타임 매거진에서 디자인 부문 프레스티지 상을 수상하기도 했으며 현재 빌딩은 호텔(P.254), 럭셔리 갤러리, 테라스가 있는 레스토랑으로 사용되고 있다.

지도 P.492-A3 ▶ **주소** Jiráskovo nám. 1981/6, 120 00
*글래스 바 운영 매일 10:00~23:00 휴무 행사가 있을 경우(홈페이지 통해 확인 필수) **홈페이지** www.glassbar.cz/uvod-en

> **tip!**
> 댄싱 하우스의 글래스바는 블타바 강과 프라하 성이 보이는 전망대이기도 하다. 많은 인파를 피해 멋진 전경을 저렴한 금액으로 즐기기 좋은 숨은 명소다.

성 치릴 & 메토디우스 대성당
Katedrální chrám sv. Cyrila a Metoděje
Cathedral Church of St. Cyril and Methodius

바로크 건축의 대가 킬리안 이그나즈 디엔첸호퍼Kilian Ignaz Dientzenhofer와 폴 이그나즈 바이에르Paul Ignaz Bayer가 설계한 바로크 양식의 성당. 1730~1736년 지어졌다. 성 치릴 & 메토디우스 대성당은 설계나 외관보다도 제2차 세계대전 시기에 있었던 사건으로 체코의 역사 속에 영원히 기억된다. 바로 당시 나치 초대 친위대 본부장이자 체코 주둔 사령관이었던 '라인하르트 하이드리히Reinhard Heydrich'의 암살 작전을 수행했던 특수부대원들이 숨어있던 곳이었기 때문. 암살 시도 이후 나치 친위대와 게슈타포는 프라하를 봉쇄했고 설상가상으로 내부 반역자에 의해 특수부대원들이 은신해있던 성 치릴 & 메토디우스 대성당이 노출되었다. 7인의 특수부대원들은 치열하게 대항했지만 나치 친위대와 게슈타포는 나올 수 있는 모든 곳을 막고는 그들이 있는 지하에 물을 채웠고, 결국 특수부대원들은 본인들의 마지막 총알로 장렬히 세상을 마감했다. 그때가 바로 1942년 6월 18일이었다. 특수부대원들이 마지막까지 저항하던 대성당은 1945~1947년 복원되었고 현재 대성당의 지하실은 그들과 그들을 도왔던 이들을 기리는 명판과 청동상이 있는 기념관으로 변신해 대중들을 만나고 있다.

지도 P.492-B3 **주소** Resslova 9a, 120 00 **홈페이지** www.katedrala.info **운영** 화~토요일 08:00~17:00, 일요일 08:00~14:00 **휴무** 월요일 **요금** 자발적 기부 **가는 방법** 트램 1, 2, 3, 4, 5, 6, 10, 14, 16, 18, 22, 24, 25, 36번 카를로보 나메스티 역 하차 후 도보 약 4분 또는 메트로 B 라인 카를로보 나메스티 역 하차 후 도보 약 2분.

에마우지 수도원(슬라바니 수도원)
Klášter na Slovanech(Emauzy) | Emmaus Monastery Na Slovanech

베네딕트회의 수도원. 에마우지 수도원은 원래 나 슬로바네크 수도원이라고 불렸던 곳으로 고대 교회 슬라브어를 전례 언어로 사용했었다. 슬라브 민족 간의 유대와 서구와 동구 성당 간의 분열을 없애기 위해 카를 4세에 의해 1347년 세워진 후 슬라브 문학, 예술, 배움의 중심지로 자리 잡았다. 체코의 종교 개혁자 얀 후스Jan Hus, 프라하의 제롬이라고 잘 알려진 예로님 프라즈스키Jeroným Pražský가 바로 이곳의 학생이었고 랭스 복음서Remešský evangeliář를 포함한 주옥같은 문학적인 보물들이 여기에서 탄생했다. 카를 제국의 유일한 슬라브계 수도원으로 이곳을 세우는 데 카를교를 건설하는 만큼의 비용이 들었다고 한다. 수도원의 회랑에서는 아직도 귀중한 보헤미안 고딕 벽화의 흔적이 남아 있다. 1880년 이후 이름하여 보이론의 시대, 베네딕트회에 의해 대부분의 바로크 요소들이 보이론Beuron 화풍이라고 불리는 독특하고 근엄하면서도 고딕 양식을 흉내 내는 유사 고딕Pseudo-Gothic 양식으로 대체되었다.

제단 뒤쪽에 있는 검은 성모 마리아 동상은 1945년 성당 폭격 속에서도 기적적으로 멀쩡했다. 하지만 후스파의 전쟁 속에서도 살아남았던 수도원은 이때 미국의 폭격으로 지붕을 포함해 일부가 파괴되었다. 지금의 현대적인 흰색 지붕은 1960년대 공모전을 통과한 것이다. '커리지couragé'라고 불리는 이 디자인은 현대 건축에서도 가치 있는 예시로 꼽힌다. 첨탑은 총 52m로 끝부분 4m는 1.3kg의 24k 금으로 도금되어 있다.

> **tip!**
> 17세기에는 유명한 천문학자 요하네스 케플러(Johannes Kepler)가 잠시 살기도 했었다.

지도 P.492-B3 주소 Vyšehradská 49/320, 128 00 **홈페이지** opatstvi-emauzy.cz **운영** [5~10월] 월~토요일 11:00~17:00 [11~4월] 월~금요일 11:00~16:00 **휴무** [5~10월] 일요일 [11~4월] 토, 일요일 **요금** 성인 90Kč, 할인 60Kč, 가족 150Kč **가는 방법** 트램 2, 3, 4, 5, 10, 16, 25번 팔라츠케호 나메스티(Palackého náměstí) 역 하차 후 도보 약 7분 또는 트램 1, 2, 3, 4, 5, 6, 10, 14, 16, 18, 22, 24, 25, 36번 카를로보 나메스티 역 하차 후 도보 약 6분 또는 메트로 B 라인 카를로보 나메스티 역 하차 후 도보 약 5분.

SPECIAL PAGE

얼음보관소 볼트의 변신

볼트 Vault

나플라프카Naplavka에서 만날 수 있는 오래된 얼음 보관소 '볼트'를 변형해서 탄생한 프라하의 힙하고 트렌디한 공간이다. 프라하의 블타바 강의 나플라프카를 따라 라시노보 강둑에 위치했던 약 4km 구간에는 원래 20여 개의 얼음 저장고가 위치해 있었다. 기술이 발전하며 얼음 보관소였던 초기 기능을 잃어버린 후 부두와 선적 지점으로 사용되다가 2002년 홍수로 인해 황량해졌던 것. 그 후 2009년에 약 650만 유로가 투입돼 카페, 레스토랑, 미술관, 스튜디오, 바, 클럽 등 감각적이면서도 새로운 모습으로 재탄생 했다. 지속 가능한 발전의 아주 좋은 예이기도 하다(지속 가능한 체코 여행 P.84).

작가 추천!
어보이드 카페 (A)void cafe

나플라프카에 위치한 힙한 카페. 과거 얼음 보관 창고였던 볼트를 현대적으로 개조한 장소 중 하나로 블타바 강변의 라시노보 나브르제지Rašínovo nábřežíe에 자리 잡고 있다. 특히 날씨가 좋은 날이면 커피와 함께 여유를 즐기기에 더할 나위 없는 곳. 도심 속 조깅을 즐기는 시민들, 보트 카페, 파머스 마켓 등 모두 나플라프카에서 만날 수 있다. 어보이드 카페는 내부 좌석도 있지만 외부의 테라스 석을 추천한다. 동그랗고 투명한 문은 귀엽기도 하고 특별해서 자꾸만 보고 싶게 만드는 매력이 있다. 바로 옆에 어보이드 갤러리도 있다.

지도 P.492-A3 **주소** Náplavka č.11, 120 00
홈페이지 www.facebook.com/AvoidCafe
운영 월~목요일 12:00~23:00 토·일요일 11:00~23:00
가는 방법 트램 5, 13, 17번 이라스코보 나메스티(Jiráskovo náměstí) 역 하차 후 도보 약 5분.

랩 LAb

프라하 블타바 강변인 나플라프카에 위치한 핫한 카페 겸 바. 나플라프카에 위치한 다른 가게처럼 과거 얼음 저장고였던 곳을 개조한 곳으로 동그랗고 깜찍한 유리 문이 제일 먼저 눈에 띈다. 제로 웨이스트와 지속 가능한 개발을 지향하고 있는 곳으로 현지 공급 업체에서 공수하는 제철 원료, 폐기물 최소화, 순환 운영, 재활용 및 업사이클링을 실행하고 있다. 실험실이라는 뜻을 가진 랩이라는 이름도 환경에 대한 새로운 접근 방식으로 일종의 실험실이라는 모토라고 한다. 좋은 콘셉트만큼이나 인테리어나 분위기도 개성 만점. 외부 테라스에서 블타바 강, 필라츠케오 나디와 함께 멀리 눈이 덮인 모습을 보이는 프라하 성을 바라볼 수 있다. 해가 지는 저녁에 가도 좋은 곳이다.

지도 P.492-A3 주소 Rašínovo nábř., 120 00 홈페이지 www.labspace.cz/lab 운영 월~목요일 12:00~22:00, 금요일 12:00~24:00, 토·일요일 10:00~24:00 휴무 여행 시기에 맞춰 별도의 확인 필요 가는 방법 트램 2, 3, 5, 6, 7, 13, 14, 16, 17, 18, 21번 이라스코보 나메스티 역 하차 후 도보 약 2분.

토요일 파머스 마켓 Farmers' Saturday market

매주 토요일이면 블타바 강변의 나플라프카에서는 파머스 마켓이 열린다. 현지 농부가 직접 재배하는 제철 과일과 채소, 빵, 버섯, 염소와 양 치즈를 포함한 다양한 치즈, 신선한 달걀, 소시지 등의 농·축산물을 구매할 수 있다. 토요일 오전 나플라프카 근처라면 잠시 들러서 분위기를 즐겨보는 것도 좋다. 현지 주민들과 파머스 마켓을 구경하러 온 관광객들로 시장은 활기로 가득하다.

지도 P.492-A3 주소 Farmers' Market at Náplavka, Rašínovo nábřeží 120 00 Praha 2- 홈페이지 www.farmasketrziste.cz/en 운영 2~12월 매주 토요일 08:00~14:00 가는 방법 트램 2, 3, 5, 7, 17, 21번 팔라츠케호 나메스티 또는 비톤(Výtoň) 역 하차 후 도보 약 5분 또는 메트로 B 라인 카를로보 나메스티 역 하차 후 도보 약 11분.

Tip!
저녁에는 맥주 마시기 좋은 분위기가 나플라프카에 펼쳐진다. 블타바 강변의 보트는 맥주를 마시려는 젊은이들로 붐빈다.

RESTAURANT · 먹는 즐거움

크네들린 Knedlín

현대식 크네들리키 카페. 참고로 크네들리키는 체코식 찐빵으로 체코 전통 요리에 곁들여 먹는 사이드 메뉴다. 크네들린은 오리지널 크네들리키를 완전히 모던하면서도 세련되게 풀어낸 곳. 그래서인지 현지인들에게 인기다. 감자를 주재료로 만든 찐빵에 과일, 견과류, 고기, 해산물 등의 달콤하거나 짭짤한 필링을 가득 채웠다. 약 20여 종의 크네들리키는 색깔و 주재료에 맞춰 알록달록하고 크기도 상당해 하나만 먹어도 든든하다. 독특하고도 현대적인 크네들리키를 먹어 보고 싶다면 한 번쯤 시도해 봐도 좋다. 달콤한 디저트류를 좋아하지 않는다면 얼큰한 국물이 생각날 수도 있다. 호불호가 갈리는 곳이지만 현대식으로 재해석한 체코의 전통 디저트를 먹는다는 것에 의의가 있다.

지도 P.492-B2 주소 Národní 115/24, 110 00 **홈페이지** knedlin.cz **운영** 월~목요일 09:00~21:00, 금요일 09:00~22:00, 토~일 10:00~22:00 **추천 메뉴** 퓨어 스트로베리 크네들리키, 비프 부리토 크레들리키 **가는 방법** 트램 1, 2, 9, 18, 22, 23번 나로드니 트리다 역 하차 후 도보 약 2분 또는 메트로 B 라인 나로드니 트리다 역 하차 후 도보 약 1분.

슈퍼 트램프 커피 Super Tramp Coffee 작가 추천!

도심 속 중정이 멋진 카페. 나로드니 트르지다역 근처에 위치한다. 카페를 찾아가다 보면 과연 카페가 나올까 하는 의문이 생길 만큼 다소 예상치 못한 장소에 있다. 건물 입구의 슈퍼 트램프 커피 가랜드를 찾았다면 성공. 아주 잠깐의 어두운 통로를 지나면 건물 사이에 펼쳐진 중정이 거짓말처럼 모습을 드러낸다. 분위기도 커피 맛도 좋은 곳이라 현지인들이 많이 찾는다. 빌딩으로 둘러싸인 중정은 도심의 소음을 완벽히 차단해 여행 중 잠깐의 휴식을 선사한다. 따뜻한 에스프레소와 카눌레가 잘 어울린다.

지도 P.492-B2 주소 Opatovická 160, 110 00 **홈페이지** www.facebook.com/supertrampcoffee.cz **운영** 월~금요일 08:00~20:00, 일요일 10:00~17:00 **휴무** 매주 토요일 **가는 방법** 트램 1, 2, 9, 18, 22, 23번 나로드니 트르지다 역 하차 후 도보 약 3분 또는 메트로 B 라인 나로드니 트르지다 역 하차 후 도보 약 3분.

추크라르나 미샤크 Cukrárna Myšák

바츨라프 광장 근처에 위치한 역사 깊은 카페이자 베이커리. 체코에서도 가장 오래된 제과점 중 하나다. 창업주 프란티셰크 미샤크František Myšák에 의해 무려 1911년 처음 문을 열었고 그의 오렌지 케이크를 사기 위해 많은 이들이 찾았을 만큼 굉장한 사랑을 받았다. 하지만 공산주의가 정권을 잡으며 많은 기업들이 그렇듯 한때 국유화되었다. 현재는 체코에서도 많은 레스토랑, 펍을 운영하고 있는 앰비엔테Ambiente 그룹에 속한다. 비록 중간에 주인은 바뀐 적이 있지만 오랜 세월 동안 운영된 만큼 훌륭한 체코의 디저트를 생산했고, 체코슬로바키아의 초대 대통령 토마쉬 가리그 마사리크Tomáš G. Masaryk의 80번째 생일을 위해 살구가 들어간 케이크를 만들어 선물하기도 했을 정도로 자랑스러운 역사를 간직한 곳이다. 지금도 과거의 레시피를 충실히 재현한 멋진 페이스트리, 디저트는 물론 카페, 와인, 조식 메뉴 등을 선보인다.

지도 P.492-B2 **주소** Vodičkova 710/31, 110 00 **홈페이지** www.mysak.ambi.cz/en **운영** 월~금요일 07:30~19:00, 토~일요일 09:00~10:00 **가는 방법** 트램 3, 9, 14, 24번 보디치코바(Vodičkova) 역에서 하차 후 도보 약 2분 또는 메트로 A, B 라인 무스테크 역에서 하차 후 도보 약 5분.

추크라르즈 스칼라(슈포르코프스키 궁 지점)
Cukrář Skála in Šporkovský Palace

공화국 광장의 슈포르코프스키 궁Šporkovský Palác에 위치한 디저트 카페. 파티셰 루카시 스칼라Lukáš Skála의 지휘 하에 세련된 스타일의 고품질 디저트를 선보인다. 전통적이면서도 혁신적인 맛은 스칼라의 자랑. 디저트들은 그의 아버지가 해외여행에서 가져온 전통 레시피에서 영감을 받았다고. 또한 기본 재료를 사용하는 디저트의 생산 공정을 보여주며 품질과 맛의 자신감을 여실히 드러낸다. 입구에 같은 건물의 빨간색 사슴 레스토랑 조형물이 있어서 찾기 쉽다. 하얀 크림이 들어간 스칼라의 오리지널 크림 롤과 아이스크림이 인기. 보는 것도 예쁜 시즌성 디저트도 체코식 달콤함에 푹 빠지게 만드는 마성의 디저트 카페다.

지도 P.493-C1 **주소** V Celnici 1034/6, 110 00 **홈페이지** www.cukrarskala.cz/en **운영** 월~금요일 07:30~20:00, 토~일요일 및 공휴일 09:00~20:00 **휴무** 12월 25~26일 **가는 방법** 트램 1, 2, 6, 8, 12, 15, 26번 또는 버스 207번 나메스티 레푸블리키 역 하차 후 도보 약 2분 또는 메트로 B 라인 나메스티 레푸블리키 역 하차 후 도보 약 2분.

tip!
수제 햄버거로 유명한 나셰 마소 옆의 들로우하 지점도 함께 운영 중이다.

레드 스태그 레스토랑 Restaurace Červený Jelen | Red Stag 작가 추천!

프라하 시내에서 여과되지 않은 신선한 언필터드 필스너 우르켈 맥주를 마실 수 있는 레스토랑 & 펍. 2019년 문을 연 곳으로 레푸블리키 광장 근처에 자리 잡고 있다. 스태그는 수사슴이라는 뜻으로 날개 달린 빨간 사슴 조형물이 레스토랑 근처에 눈에 띄게 달려있다. 레스토랑이 자리 잡은 바로크 시대의 슈포르크 궁Špork Palace은 1923~1925년 큐비스트, 즉 입체파의 대가 요제프 고차르Josef Gočár의 설계로 입체파-모더니스트의 앵글로 오스트리아 은행Anglo-Austrian Bank으로 바뀌었다가 체코의 건축가 스타니슬라브 피알라Stanislav Fiala에 의해 독특하고도 세련된 공간으로 다시 태어났다. 미국 워싱턴에서 공수한 인피에르노 그릴Infierno Grill, 세계에서 가장 높은 9m 높이의 12개 맥주 탱크, 250석의 넓은 규모, 2개의 맥주 가든, 플젠에서 특수 탱크로 직접 공수하는 필터링되지 않은 필스너 우르켈 맥주, 최상급의 요리 등을 모두 갖춘 곳이다. 특히 플젠에 갈 시간적인 여유가 없지만 신선한 플젠 맥주를 마시고 싶은 사람들에게 적극 추천하는 장소. 부드러움과 거품, 필터링되지 않은 독특한 맛은 한 번 맛보면 헤어 나오기 어려울 정도다.

지도 P.493-C1 주소 Hybernská 1034/5, 110 00 홈페이지 www.cervenyjelen.cz/?lang=en 운영 월~금요일 11:30~23:00, 토요일 12:00~22:00, 일요일 12:00~23:00 추천 메뉴 언필터드 필스너 우르켈, 슈포르크 데구스테이션 스타터 플래터(2인용) 립아이 스테이크 가는 방법 트램 1, 2, 6, 8, 12, 15, 26 또는 버스 207번 나메스티 레푸블리키 역 하차 후 도보 약 2분 또는 메트로 B 라인 나메스티 레푸블리키 역 하차 후 도보 약 2분.

콜코프나 첼니체 Kolkovna Celnice

필스너 우르켈에서 운영하는 대표 레스토랑이자 펍. 부드러운 거품이 얹어진 신선한 필스너 우르켈을 마실 수 있는 곳으로 현지인, 여행객, 한국인들에게도 인기가 많다. 콜코프나 첼니체는 야외 좌석과 지하 공간을 포함해 400석 이상을 제공하고 있고 공화국 광장의 빌라 옆에 위치하고 있어 찾기도 쉽다. 맥주에 잘 어울리는 체코 음식에 필스너 우르켈, 코젤, 비렐 스베틀리 등의 체코 맥주 한 잔이면 하루의 피로가 싹 가신다. 참고로 콜코프나는 첼니체 외에도 콜코프나 올림피아, 콜코프나 스토둘키 등 8개의 음식점을 운영 중이다.

지도 P.493-C1 주소 V Celnici 1031/4, 110 00 홈페이지 www.kolkovna.cz/en/kolkovna-celnice-13 운영 매일 11:00~24:00 가는 방법 트램 1, 2, 6, 8, 12, 15, 26번 또는 버스 207번 나메스티 레푸블리키 역 하차 후 도보 약 1분 또는 메트로 B라인 나메스티 레푸블리키 역 하차 후 도보 약 1분.

포트레페나 후사 Potrefená husa

정통맥주 회사이자 양조장 스타로프라멘Staropramen이 운영하는 레스토랑 체인점이다. 1990년대 말 처음 오픈 후 프라하, 브르노, 플젠, 리베레츠, 올로모우츠 등 체코 내 여러 지역에서 총 19개의 매장을 운영 중이다. 프라하에서는 스타로프라멘 양조장 근처, 중앙역, 화약탑에서 멀지 않은 마사리코보 기차역 근처 등에서 만날 수 있다. 특히 마사리코보 기차역 근처의 히베른스카 지점은 3층의 높이로 2008년부터 굳세게 자리를 지키고 있다. 여과되지 않은 신선한 '언필터드 스타로프라멘' 맥주, 타르타르, 콜레노 등의 체코식, 햄버거, 윙 등 맥주와 잘 어울리는 부담 없고 다양한 메뉴들을 선보인다.

[히베른스카 지점(Potrefená Husa Hybernská)]
지도 P.493-C1 주소 Dlážděná 1003/7, 110 00
운영 월~목요일 11:00~23:00, 금·토요일 11:00~24:00, 일요일 11:00~22:00

[중앙역 지점(Hlavní nádraží)]
주소 Hlavní nádraží, Wilsonova 300/8, 121 06 운영 매일 10:00~22:00
홈페이지 www.potrefena-husa.eu 휴무 여행 시기에 맞춰 별도의 확인 필요 가는 방법 히베른스카 지점 기준 트램 2, 3, 5, 6, 7, 8, 12, 14, 15, 19, 24, 25, 26번 마사리코보 나드라지(Masarykovo nádraží) 하차 후 도보 약 1분 또는 트램 1, 2, 6, 8, 12, 15, 26번 또는 버스 207번 나메스티 레푸블리키 역 하차 후 도보 약 5분 또는 메트로 B라인 나메스티 레푸블리키 역 하차 후 도보 약 5분.

비토프나 기차 레스토랑
Výtopna Railway Restaurant - Wenceslas Square

귀여운 꼬마 기차가 맥주를 배달해 주는 재미있는 레스토랑. 독특한 콘셉트로 TV 여행 프로그램에 소개되기도 했다. 맥주와 잘 어울리는 콜레노, 립, 햄버거, 스테이크 등 다양한 음식들을 판매 중이다. 보기만 해도 귀여운 디자인의 꼬마 기차는 총 5개의 도개교를 지나 900m에 달하는 철로를 열심히 달린다. 창문 너머로 바츨라프 광장의 전망을 즐길 수도 있다. 음식의 맛보다도 꼬마 기차의 매력으로 찾게 되는 곳이다.

지도 P.492-B2 주소 Václavské náměstí 56, 110 00 홈페이지 www.vytopna.cz/en 운영 월~일요일 11:00~24:00 가는 방법 메트로 A, C 무제움 역 하차 후 도보 약 1분 또는 트램 3, 5, 6, 9, 14, 24번 바츨라프스케 나메스티 역 하차 후 도보 약 5분.

우 핀카수 U Pinkasů 작가 추천!

공화국 광장 쪽에 위치한 전형적인 필스너 우르켈 레스토랑이자 펍. 1843년 처음 시작된 어마어마하게 오래된 곳이다. 우 핀카수의 창시자였던 야쿱 핀카수는 원래 프란체스코 수도원의 예복을 만드는 재단사였다. 그는 플젠에서 탄생한 새로운 맥주에 대한 소문을 들었고, 친구이자 마부였던 마르틴 살츠만 Martin Salzmann은 1843년 4월 플젠에서 맥주 두 통을 가져왔다. 야쿱 핀카수는 그때까지 없던 하면 발효 방식을 가진 독창적이고 새로운 맥주에 순식간에 매료되었다. 그렇게 단 한 번의 배달 이후, 우 핀카수는 프라하에서 제일 처음 황금빛 필스너 우르켈 맥주를 소개하기 시작했고 순식간에 인기를 끌었다고. 토마쉬 가리그 마사리크 T.G. Masaryk, 프란티셰크 팔라츠키 František Palacký, 요제프 융만 Josef Jungmann, 등의 유명 정치가, 지식인, 학자들이 우 핀카수에서도 모임을 가졌었다고 알려진다. 시간이 흘러도 아늑한 분위기, 부드러운 거품의 신선한 생맥주, 정통 체코 요리를 맛보기 좋은 곳이다.

tip! 참고로 마르틴 살츠만은 플젠의 우 살츠마누 창업자다. 우 살츠마누라는 이름은 그의 이름을 딴 것이다.

지도 P.492-B2 주소 Jungmannovo náměstí. 15/16, 110 00 **홈페이지** www.upinkasu.com **운영** 매일 10:00~22:30 **휴무** 여행 시기에 맞춰 별도의 확인 필요 **추천 메뉴** 절인 소시지와 양파, 소고기 타르타르, 브람보락, 콜레노, 토끼 다리 요리, 필스너 우르켈 **가는 방법** 트램 1, 3, 5, 6, 9, 14, 24, 25번 바츨라프스케 나메스티 역 하차 후 도보 약 10분 또는 트램 2, 9, 14, 18, 22, 23번 나로드니 트르지다 역 하차 후 도보 약 6분 또는 메트로 A, B라인 무스테크 역에서 하차 후 도보 약 4분.

칸티나 Kantýna 작가 추천!

다양한 레스토랑을 가진 앰비엔테 레스토랑 그룹의 세련된 체코식 정육 식당. 식당 입구에서 체코 소고기나 돼지고기 등 원하는 만큼 부위, 중량, 굽기 정도를 선택할 수 있는데 고기가 신선하고 다양한 부위를 준비해 두고 있어 현지인들에게도 인기다. 주문 후에는 진짜 뼈로 만들어진 번호표를 주는데 테이블에 잘 올려두면 된다. 만약 스테이크가 싫다면 다른 메뉴를 선택할 수도 있다. 한국의 정육 식당과 비슷하지만 컨템포러리한 인테리어, 세련된 식기, 다양한 사이드 디시, 트렌디하면서도 깜찍한 계산서는 감탄이 나올 정도다. 스탠딩석은 친구들과 간단히 맥주를 하기에 좋다. 특히 티본 스테이크와 타르타르 그리고 시원한 필스너 우르켈은 환상의 궁합이다.

지도 P.492-B2 주소 Politických vězňů 1511/5, Nové Město, 110 00 **홈페이지** www.kantyna.ambi.cz/en/kantyna **운영** 월~토요일 11:30~23:00, 일요일 11:30~22:00 **가는 방법** 트램 3, 5, 6, 9, 14, 24번 인드르지슈스카 역 하차 후 도보 약 3분 또는 메트로 A, B라인 무스테크 역에서 하차 후 도보 약 6분.

필스네르카 나로드니 Pilsnerka Národní 작가 추천!

모던한 콘셉트의 필스너 우르켈 펍. 전형적인 필스너 우르켈 펍과는 완전히 다르게 풀어냈다. 전체적으로 환하고 깔끔한 분위기로 혼자 가기에도 부담이 없다. 나로드니 트르지다Národní třída 역 근처로 바츨라프 광장, 국립극장과 가까운 것도 장점. 전문 탭스터가 관리하는 도톰하리만치 풍성한 거품의 크리미한 필스너 우르켈은 한 잔에 단 3,000원꼴(0.27L - 49Kč, 2023년 기준)! 플젠의 양조장에서 신선한 탱크로 배달되어 신선함 그 자체다. 규모도 제법 큰 편으로 특히 입구 쪽의 테이블에서는 맥주만 간단히 서서 마시기에도 딱이다. 퀄리티 있는 전통 체코 메뉴들은 새로운 맥주를 자꾸만 찾게 한다.

지도 P.492-B2 주소 Národní 1987/22, 110 00 **홈페이지** pilsnerka.pilsner-urquell.cz/en/narodni **운영** 매일 11:00~23:30 **휴무** 여행 시기에 맞춰 별도의 확인 필요 **가는 방법** 트램 1, 2, 9, 18, 22, 23번 나로드니 트르지다 역 하차 후 도보 약 2분 또는 메트로 B 라인 나로드니 트르지다 역 하차 후 도보 약 1분.

우 플레쿠 U Fleků

중부 유럽에서도 몇 안 되는 500년 이상의 역사를 지닌 곳으로 프라하에서도 가장 유명하고도 인기 있는 양조장이자 레스토랑 중 하나이다. 우 플레쿠에 관한 최초의 기록은 무려 1499년까지 거슬러 올라간다. 하지만 공산주의가 시작되며 국유화되었다가 1991년에 원래의 소유주였던 브르트니크Brtník 가문이 양조장과 레스토랑을 되찾았다. 우 플레쿠의 레스토랑은 총 8개의 홀, 정원을 포함해 약 1,200석을 수용할 만큼 큰 규모다. 19세기 및 20세기 초 유명인들이 만나곤 했던 전설적이면서도 약간은 기이한 분위기를 주는 '아카데미에Academie 홀', 스테인드글라스가 인상적인 '바츨라프카Václavka 홀' 또는 '기사Rytířský 홀' 등은 재건되어 볼 만하다. 오래된 보헤미아 스타일의 체코 음식을 역사적인 장소에서 맛본다는 것도 특별하지만 물, 홉, 효모, 4가지의 보리 맥아와 같은 순수 천연 재료를 사용해 양조하는 우 플레쿠U Fleků 다크 라거는 인공 색소와 방부제를 사용하지 않아 더욱 특별하면서도 풍미를 돋운다. 맥주잔이 바닥을 보일 때면 어느새 큰 쟁반을 맥주로 가득 채운 직원들이 나타나 새로운 맥주를 권해 맥주가 떨어질 틈이 없다.

tip!
동전, 마리오네트, 티셔츠, 병따개 등 우 플레쿠의 굿즈를 레스토랑 기념품 숍에서 구매할 수도 있다.

지도 P.492-B2 주소 Křemencova 11, 110 00 **홈페이지** en.ufleku.cz **운영** 매일 10:00~23:00 **휴무** 12월 24일 **가는 방법** 트램 5번 미슬리코바(Myslíkova) 역 하차 후 도보 약 2분 또는 트램 3, 5, 6, 9, 14, 24번 라자르스카(Lazarská) 역 하차 후 도보 약 도보 약 5분.

K-리멤버 K-Remember

레푸블리키 광장 근처의 베트남 음식점. 과거 리멤버라는 이름의 베트남 음식점이었다. 뜨끈한 국물이 그리울 때 들르기 좋은 곳이다. 아낌없이 넣어주는 고기, 시원한 국물, 복층 구조로 공간을 최대한 활용했다. 친절한 서비스는 덤. 아시아 여행객들도 많지만 현지인들도 많이 찾는 곳으로 특히 구시가지에서 가까운 것이 큰 장점이다.

지도 P.493-C1 주소 Biskupská 1753/5, 110 00 **홈페이지** remembervietnam.cz **운영** 월~금요일 11:00~21:30, 토~일요일 12:00~21:30 **휴무** 여행 시기에 맞춰 별도의 확인 필요 **추천 메뉴** 소고기 쌀국수(Phở Bò), 치킨 볶음밥(Com Rang Gà) 등 **가는 방법** 트램 1, 2, 6, 8, 12, 15, 26번 또는 버스 207번 나메스티 레푸블리키 역 하차 후 도보 약 6분 또는 메트로 B라인 나메스티 레푸블리키 역 하차 후 도보 약 7분.

> **tip!**
> 체코에는 왜 베트남 음식점이 많을까?
> 체코가 과거 공산주의였던 시절 베트남에서 온 노동자들의 이민을 장려했었고 그 이후 많은 베트남 이민자들이 체코에 살기 시작했다. 그 이유로 많은 베트남 음식점을 체코에서도 만날 수 있는 것.

밥 Bab rýže

체코어 '리제rýže'는 밥이라는 뜻이다. 이름처럼 한식에 충실한 레스토랑으로 한국이 그리울 때 반가운 곳. 김치찌개, 된장찌개, 비빔밥, 갈비탕, 라면 등 정성스럽게 조리한 한식을 판매하고 있다. 1호점은 댄싱 하우스 근처에 위치하며 안델 역에 있는 마니페스토 마켓, 비노흐라디에서도 만날 수 있다.

지도 P.492-B3 주소 Náplavní 1501/8, 120 00 **홈페이지** www.facebook.com/babryze1 **운영** 11:30~16:00, 17:00~22:00 **휴무** 매주 일요일, 12월 25일, 12월 31일, 1월 1일 **추천 메뉴** 김치찌개, 비빔밥, 라면 등 **가는 방법** 1호점 기준 트램 5, 13, 17번 이라스코보 나메스티 역 하차 후 도보 약 2분.

SHOPPING ✦ 사는 즐거움 ✦

팔라디움 Palladium

공화국 광장 앞에 있는 대형 종합 쇼핑몰로 이비스 프라하 올드타운 호텔 옆에 위치한다. 5개 층에 약 160여 개의 숍, 25개의 레스토랑, 카페가 있다. H&M, 휴고 보스, 라고스테 등의 패션 브랜드, 마누팍투라, 록시땅, DM 등의 코스메틱 브랜드, 주얼리, 키친웨어, 푸드코트가 모여있어 원스톱 쇼핑이 가능한 곳이다. 서점과 알버트 슈퍼마켓도 팔라디움 내에 있다. 통신사 보다폰Vodafone과 오투O2 매장이 있어 유심 구매에 편리하다.

지도 P.493-C1 주소 náměstí Republiky 1, 110 00
홈페이지 www.palladiumpraha.cz/en 운영 [팔라디움] 07:00~22:00 [숍] 매일 09:00~21:00 [슈퍼마켓] 매일 07:00~22:00 [레스토랑] 업장별 상이
휴무 없음 가는 방법 트램 1, 2, 6, 8, 12, 15, 26번 또는 버스 207번 나메스티 레푸블리키 역 하차 후 도보 약 1분 또는 메트로 B 라인 나메스티 레푸블리키역 하차 후 도보 약 1분.

> **tip!**
> 팔라디움의 화장실은 무료. 더군다나 여름에는 더위를 겨울에는 추위를 막아주기 때문에 꼭 쇼핑이 아니더라도 여행 중 잠시 쉬어가기 좋다.

나 프르지코페 거리 Na Příkopě ulice | Na Příkopě Street

바츨라프 광장에서 공화국 광장과 화약탑까지 이어지는 쇼핑 거리. 자연주의 화장품 마누팍투라, 장난감 숍 함리스, 스파 브랜드 자라, 망고, 스포츠 브랜드 아디다스 등 숍과 쇼핑몰이 거리를 따라 촘촘하게 자리 잡고 있다. 파르지즈스카 거리가 럭셔리 브랜드들 위주라면 나 프르지코페 거리에서는 조금 더 대중적인 브랜드들이 모여 있다.

지도 P.492-B1 주소 Na Příkopě, 110 00

쿼드리오 Quadrio

지상 2층, 지하 2층에 60개 이상의 상점들이 자리 잡고 있는 비즈니스 센터이자 쇼핑몰이다. 마이Máj 백화점과 나로드니 트르지다 메트로 역을 연결하고 있다. 쿼드리오 쇼핑몰에서 무엇보다도 눈길을 사로잡는 것은 바로 체코의 괴짜 예술가로 알려진 다비드 체르니가 제작한 움직이는 11m 높이의 프란츠 카프카 머리. 한국인들에게는 쇼핑보다도 거대한 카프카 머리로 더 잘 알려져 있다. 매시 정각에 움직이기 시작해 약 15분 동안 작동한다. 지하에는 빌라 슈퍼마켓이 있어 간단한 간식을 사기에 좋다.

지도 P.492-B2 **주소** Spálená 2121/22, 110 00 **홈페이지** www.quadrio.cz **운영** [쇼핑몰] 월~토요일 08:00~21:00, 토~일요일 09:00~21:00 | [빌라 슈퍼마켓] 월~토요일 07:00~22:00, 일요일 08:00~21:00 **휴무** 12월 25일, 1월 1일
가는 방법 트램 1, 2, 9, 18, 22, 23번 나로드니 트르지다 역 하차 후 도보 약 1분 또는 메트로 B 라인 나로드니 트르지다 역과 연결.

Travel Plus
움직이는 프란츠 카프카 동상 Socha Franze Kafky P.492-B2

체코에서 태어난 세계적인 소설가 프란츠 카프카의 움직이는 거대한 얼굴이 바로 이곳에 있다. 장장 45톤, 약 11m의 높이, 각각 움직이는 42개의 스텐인리스 층이 끊임없이 움직이며 카프카의 얼굴을 입체적으로 연출하고 있다. 체코의 현대적인 예술가 다비드 체르니의 작품 중 하나로 2014년 11월 쿼드리오 비즈니스 센터 바로 앞, 나로드니 트르지다(Národní třída) 메트로 역 앞에 모습을 선보인 후 거리를 오가는 사람들의 시선을 사로잡는다. 참고로 미국의 노스캐롤라이나에도 비슷한 그의 작품이 설치되어 있다.

바타 Bata

체코에서 탄생해 세계적인 신발 브랜드로 성장한 바타(Bata)의 신발 숍. 창립자 토마쉬 바짜Tomáš Baťa는 신발 하나로 세계를 평정한 혁신적인 인물이었다. 1894년 9월, 당시 인구 3천 명에 불과한 모라비아 지역의 즐린Zlín에 그의 신발 공장이 들어섰다. 노동자들이 바짜의 공장에서 가족과 걱정 없이 살 수 있도록 똑같은 모습의 기능주의적인 집을 지어 공급했고 노동자들이 생산에 집중할 수 있도록 했다. 프라하 바츨라프 광장에 위치한 바타 매장은 유럽에서도 가장 큰 바타의 매장이다. 여성화, 남성화, 아동화 및 기능성 신발들을 판매 중이다. 편하면서도 우수한 품질, 합리적인 가격대는 전 세계 70여 개국의 마음을 사로잡았다. 꼭 신발을 사지 않고 구경해 보는 것만으로도 유럽 트렌드를 확인할 수 있어 재밌다. 특히 추운 겨울을 위한 신발은 튼튼함과 보온성을 모두 잡아 인기다.

지도 P.492-B2 **주소** Václavské nám. 6, 110 00 **홈페이지** www.bata.cz **운영** 매일 10:00~21:00 **가는 방법** 트램 3, 5, 6, 9, 14, 23, 24번 바츨라프스케 나메스티 역 하차 후 도보 약 3분 또는 메트로 A, B 라인 무스테크 역 하차 후 도보 약 1분.

함리스 Hamleys

런던에 본사를 두고 있는 장난감 숍으로 나 프르지코페 거리에 있다. 매장에 들어서면 반겨주는 거대한 회전목마가 눈길을 끈다. 체코의 대표적인 애니케이션 캐릭터 크르텍을 비롯해 장난감, 인형, 레고, 게임 등 장난감에 관련한 거의 모든 것을 만날 수 있는 장난감 백화점 같은 곳이다. 체코 캐릭터 상품이나 간단한 기념품을 구매하기에 괜찮다.

지도 P.492-B2 **주소** Hamleys Centrum, Na Příkopě 854/14, Nové Město, 110 00 **홈페이지** www.hamleys.cz/en **운영** 매일 10:00~04:00 휴무 없음 **가는 방법** 트램 1, 2, 6, 8,12,15, 26번 또는 버스 207번 나메스티 레푸블리키 역 하차 후 도보 약 6분, 메트로 B 라인 나메스티 레푸블리키 역 하차 후 도보 약 5분.

흐라드차니
Hradčany

유럽에서 가장 큰 성채 단지로 알려진 프라하 성이 위치한 곳. 역사적인 프라하 성을 포함한 프라하 성 광장과 그 주변을 아우르고 있다. 프라하 성과 황금 소로, 성 비투스 대성당, 스트라호프 수도원, 국립 미술관 등 다양한 명소가 흐라드차니에 위치한다. 프라하에서는 제법 높은 지대로 프라하의 멋진 전경을 담을 수 있는 곳이기도 하다.

ATTRACTION ◆ 보는 즐거움 ◆

흐라드찬스케 광장 Hradčanské náměstí | Hradčanské Square

프라하 성 앞 광장. 유서 깊은 궁과 저택, 국립 미술관 등이 자리 잡은 곳이다. 프라하 성의 서쪽 출입구와 안뜰을 품고 있고, 남쪽으로는 프라하의 로맨틱한 뷰를 담고 있다. 중세 광장의 모습을 그대로 유지하고 있는 곳으로 바로크 시대의 조각가 막시밀리안 브로코프Maxmilián Brokoff의 성모 마리아 기둥을 비롯해 대주교 궁, 현재 국립 미술관으로 운영되는 슈텐베르크 궁 등과 같은 웅장한 건물들이 광장을 감싼다. 바로크 시대와 르네상스 양식의 건물들이 있는 덕에 7번 집은 영화 '아마데우스'에서 모차르트의 집으로 등장하기도 했다.

지도 P.488-B2 **주소** Hradčanské náměstí, 118 00 **가는 방법** 트램 22, 23번 프라즈스키 흐라드(Pražský hrad) 역에서 하차 후 도보 약 8분 또는 메트로 말로스트란스카(Malostranská) 역 하차 후 도보 약 15분.

프라하 성 Pražský hrad | Prague Castle

프라하 성은 1,000년 이상 체코의 중요한 상징이 되어왔다. 전 세계에서 가장 큰 성채 단지인 프라하 성의 면적은 무려 7만m². 880년 프르제미슬리드Přemyslid 가문의 보르지보이Bořivoj에 의해 건축되어 지난 11세기 동안 발전을 거듭해 왔다. 과거의 체코 통치자들의 거주지를 거쳐 1918년 이래로 대통령의 집무실로 사용 중. 거대한 성채 내에는 성 비투스 대성당, 구 왕궁, 황금 소로, 그림과 같은 정원 등 10세기 로마네스크 양식부터 14세기 고딕 양식에 이르기까지 모든 건축 양식과 시대를 대표하는 건축물들로 구성되어 있다. 1962년에는 고고학적 발견으로 인해 국가 문화 기념물 1호로 등록되었다. 과거 연금술사의 실험실이 있었고 프란츠 카프카가 한때 작품을 집필했던 작업실이 있던 작은 골목인 황금소로 또한 관광객들로 언제나 붐빈다.

지도 P.488-B2 **주소** Hradčany, 119 08 **홈페이지** www.hrad.cz/en/prague-castle-for-visitors
가는 방법 트램 22, 23번 프라즈스키 흐라드 역에서 하차 후 도보 약 5분 또는 메트로 말로스트란스카 역 하차 후 도보 약 10분. **운영 [여름 시즌(4~10월)]** 프라하 성채 단지 06:00~22:00, 유서 깊은 건축물 09:00~17:00, 성 비투스 대성당 월~토요일 09:00~17:00, 일요일 12:00~17:00, 성 비투스 대성당 남쪽 탑 10:00~18:00 **[겨울 시즌(11~3월)]** 프라하 성채 단지 06:00~22:00, 유서 깊은 건축물 09:00~16:00, 성 비투스 대성당 월~토요일 09:00~16:00, 일요일 12:00~16:00, 성 비투스 대성당 남쪽 탑 10:00~17:00 *유서 깊은 건축물: 구 왕궁, 성 조지 바실리카, 황금 소로와 달리보르카 탑
요금 [프라하 성(구 왕궁, 성 조지 바실리카, 황금 소로, 성 비투스 대성당)] 성인 250Kč, 어린이 및 청소년(6~16세)·학생(26세까지)·시니어(65세 이상) 125Kč, 가족(성인 2명+어린이/청소년 5명) 500Kč [6세 미만 및 장애인] 무료 **[대성당 탑]** 1회 150Kč [6세 미만 및 장애인] 무료 [오디오 가이드(영어, 한국어, 체코어, 프랑스어, 독일어, 이탈리아어, 스페인어, 러시아어)] 350Kč/3시간(보증금 500Kč/개) **[사진 촬영]** 50Kč(플래시 및 삼각대 사용 불가)

프라하 성 옆 도로와 전경

프라하 성 주변

간단히 알아보는 프라하 성의 역사

프라하 성의 최초 시작은 프르제미슬리드Přemyslid 가문의 보르지보이Bořivoj와 연관이 있다고 기록되어 있다. 880년대 원래의 자리에서 블타바 강 언덕 위로 위치를 옮겼고 첫 번째 왕궁은 나무로 만들어졌을 것이라고 추측한다. 973년 최초의 보헤미안 수도원이 설립되었고, 1135년 이후 소베슬라프Soběslav 1세에 의해 중세의 석조 성으로 재건되며 여러 개의 탑이 세워졌다. 지금의 프라하 성은 고딕 시대였던 카를 4세 때 이루어진 것. 그는 성 비투스 대성당의 기초석을 놓았고 그의 통치 기간 동안 성은 황제의 거주지가 되었다. 동시에 성의 요새화를 강화했고 예배당과 로열 왕궁Royal Palace을 대대적으로 재건했다. 바로 이때 프라하 첨탑의 지붕을 도금해 '황금의 프라하'라는 별명을 얻게 되었다. 1520년대 이후 합스부르크의 페르디난트 1세Ferdinand I의 통치 기간에는 이탈리아 예술의 직섭적인 영향을 받아 르네상스 양식으로 개조되었다. 합스부르크가의 최초 통치 기간 동안에는 페른슈테인 성, 로브코비츠 성, 로즘베르크 성 등과 같은 귀중한 가치의 궁이 건설되었다. 그 후 황제 루돌프 2의 통치 기간 동안 프라하 성은 유럽 문화와 과학의 두 번째 황금기를 맞이했다. 그의 컬렉션을 위해 지금의 스페인 홀과 루돌프 갤러리가 세워졌고 그의 관심사였던 연금술의 연구를 위해 황금소로 건설이 시작되었던 게 바로 이때다. 프라하 성 내 화약탑에도 연금술사의 실험실이 있었다고. 하지만 30년 전쟁(1618~1648년) 동안 성은 큰 피해를 입었다. 그리고 마침내 1755~1775년 합스부르크의 마리아 테레지아Maria Theresa에 의해 프라하 성은 유럽의 체코를 대표하는 성채 단지로 재건되었다. 빈의 로코코와 프랑스 고전주의의 영향을 받았고 성의 남쪽 부분은 바로크 양식의 외관을 갖게 되었다. 19세기에 이르러 프라하 성은 군대의 주둔지, 일부 변형 등으로 인해 황폐화되었으나 지속적인 수리와 복원을 거쳐 1929년 공사를 완료했다. 그 이후 체코슬로바키아, 체코 대통령의 집무실로 대대적으로 변신했다. 역사적으로 귀중한 가치를 지닌 건물은 현대적인 문명의 요구와 훌륭하게 융합되었고 1989년 이후에야 프라하 성은 대중에게 공개되었다.

tip!
매 시 정각이면 근위병 교대식 열린다. 가장 화려하고 큰 규모의 근위병 교대식은 12시에 펼쳐진다.

성 비투스 대성당

Katedrála Sv. Víta | St. Vitus Cathedral

프라하 성채 단지에 위치한 고딕 양식의 대성당. 체코의 영적 상징이기도 하다. 체코에서 가장 중요하고도 큰 종교 건축물로 종교적인 의식은 물론 체코의 왕과 왕비의 대관식이 이루어졌던 전설적인 장소다. 성당의 기초가 세워진 1344년에 시작된 공사는 약 600년에 걸쳐 건축되며 체코에서 가장 중요한 성인인 성 바츨라프가 사망한 지 정확히 1,000년 뒤인 1929년에서야 완공되었다. 거대한 기둥, 높고 둥근 천장 그리고 아름답게 장식된 스테인드글라스를 통해 성 비투스 대성당은 아름답게 빛난다. 성 비투스 대성당에서 중요한 부분은 바로 보헤미아 왕의 대관식에 사용되었던 귀중한 왕관 보석들이 보관된 예배당 내 크라운 체임버다. 7개에 달하는 자물쇠와 7명이 열쇠를 소지하며 철저하고도 안전하게 보관하고 있다고. 대성당에는 성인, 왕, 왕자와 대주교들의 무덤도 있다. 그중에서도 성 얀 네포무츠키와 카를 4세가 바로 여기에서 영원한 휴식을 취하고 있다. 특히 성 얀 네포무츠키의 무덤은 약 2톤에 달하는 은으로 장식되었다고 전해진다. 성 바츨라프 예배당에는 16세기 초 체코 성인의 삶을 묘사하는 벽화, 오래된 프레스코화가 그리스도의 삶을 묘사하고 있어 흥미롭다. 성 비투스 대성당의 높이 100m의 남쪽 탑 287계단을 올라가면 세계에서도 가장 환상적이라고 평가받는 프라하의 아름다운 파노라마 뷰가 숨 막힐 듯 펼쳐진다. 올라가는 길은 힘들지만 그럴 만한 가치가 충분히 있다.

지도 P.488-B2

> *tip!*
> 체코 예술가이자 아르누보의 거장 알폰스 무하의 스테인드글라스가 여기에 있다. 슬라브 성인을 묘사한 것으로 일반적인 스테인드글라스와 다르게 직접 유리에 그려졌다.
>
> 남쪽 탑에는 무게가 약 15톤에 달하는 체코에서 가장 큰 종 지크문트(Zikmund)가 있다. 2002년 6월 15일 종에 금이 갔는데 이는 재앙이 다가온다는 전설이 있었다. 그리고 그 해 8월 정말로 체코에 대홍수가 일어났다.

황금 소로

Zlatá ulička | Golden Lane

황금 소로는 빌라Bilá 탑과 달리보르카Daliborka 탑 사이의 아주 좁고 작은 거리다. 프라하 성의 북쪽 벽을 새롭게 건설한 후 역사가 시작되었다. 연금술사의 거리 혹은 금세공사의 거리로 알려져 있는데 실제로 연금술사들은 황금 소로가 아닌 프라하 성 내에 거주했다고 한다. 아무튼 황금 소로는 16세기 말 성곽 내 부지에 주거지로서 지어졌고 성의 경비원, 하인, 금세공인들이 거주했다가 그 후 가난한 사람들이 머무는 집이 되었다. 17세기에는 실제로 금세공인이 살았던 거리로 금세공사 길Goldsmith lane로 기록되기도. 후에 지금의 황금 소로라는 이름을 갖게 되었다. 제2차 세계대전 이후로는 아무도 살지 않았고 현재의 컬러풀한 외관은 대부분 1955년 갖게 된 것으로 총 16개의 집은 대대적인 수리를 마쳤다. 그중 9개의 집은 지난 500년 동안의 황금 소로에 관한 전시회가, 나머지 집에는 다양한 상점들이 운영되고 있다. 프란츠 카프카는 1916년부터 1년간 황금 소로에 살면서 작품을 집필했다.

지도 P.488-C1

Travel Plus — 황금 소로의 집집집

- **22번 집**: 프란츠 카프카가 살았던 현재는 그와 관련된 기념품 숍으로 운영되고 있다.
- **12번 집**: 아마추어 영화 역사가 요제프 카즈다(Josef Kazda)가 살았던 집. 제2차 세계대전 기간 동안 나치로부터 수천 편의 영화와 다큐멘터리를 숨겼고 이로써 체코의 다양한 영화와 영상들이 살아남을 수 있었다.
- **13번 집**: 16세기 주택의 모습을 가장 잘 보존하고 있다.
- **14번 집**: 제2차 세계대전 이전 유명했던 점쟁이 마담 드 테베(Madame de Thebes)가 살았다.
- **15번 집**: 황금 소로라는 이름을 갖게 한 '레인(Lane)'이라는 이름을 가진 금세공인의 집이었다.

달리보르카 탑

Daliborka | Daliborka Tower

황금 소로 동쪽 끝에 위치한 원형 탑. 1496년 건축되어 1781년까지 감옥으로 사용되었는데 최초의 수감자였던 코조예디Kozojedy 출신의 달리보르Dalibor의 이름을 따 달리보르카 탑이라는 이름을 갖게 되었다. 아치형 감방 외에도 도르래를 이용해 수감자를 지하 감옥으로 보내곤 했던 원형의 구멍이 아직도 바닥에 남아있다.

지도 P.488-C1

구 왕궁

Starý královský palác | Old Royal Palace

16세기까지 보헤미아 왕과 왕자의 거주지였다. 원래는 대부분이 목조 건물이었던 곳으로 9~10세기 초에 프라하 성에 지어졌다. 12세기 소베슬라프Soběslav 왕자에 의해 로마네스크 양식의 석조 궁이 건축되고 14세기 전반 황제 카를 4세가 로마네스크 양식의 건물을 확장하며 아치형 구조가 인상적인 고딕 양식의 궁이 되었다. 블라디슬라프 홀은 구 왕궁에서 가장 주목할 만한 장소다. 건축가 베네딕트 레이트Benedikt Ried가 네오 고딕 양식과 새로운 르네상스 양식의 요소를 결합해 디자인했다. 중세 프라하(1487~1500) 당시 가장 큰 비종교적인 건물로 합스부르크 왕가가 보헤미아 왕가를 승계한 후 대관식, 연회, 기사 시합 등을 하는 공간으로 이용했다. 오늘날에는 대통령의 취임식 같은 국가적인 행사가 열린다. 1541년의 대화재 이후 올 세인츠 성당All Saints' Church이 재건되었다. 블라디슬라프 홀의 남쪽에 있는 전망대에서는 아름다운 정원의 뷰를 감상할 수 있다.

지도 P.488-B2

성 조지 바실리카

Bazilika sv. Jiří | St George's Basilica

프라하에서 두 번째로 오래된 성당이자 가장 중요한 로마네스크 건물 중 하나로 920년경 세워졌다. 2개의 첨탑과 붉은색 외벽이 눈에 띄는 곳. 첨탑의 높이는 약 41m로 자세히 보면 넓이가 다른데 조금 더 넓은 쪽이 아담, 좁은 쪽이 이브라고 불린다. 지금의 로마네스크 양식은 12세기의 화재 이후 갖게 되었으며, 13세기 전반기에는 성 루드밀라의 무덤이 있는 성 루드밀라 예배당이 추가되었다. 그 후 17세기에 초기 바로크 양식으로 바뀌며 18세기 초에는 체코의 건축가 프란티셰크 막시밀리안 칸카František Maxmilián Kaňka는 성 네포무츠키의 바로크 예배당을 바실리카에 증축했나. 프르제미슬리드Přemyslids 왕조의 무덤이 안치되어 있다.

지도 P.488-B1

Travel Plus — 조금 더 알아보는 체코의 역사 속 성인 이야기

성 루드밀라(St.Ludmila)는 체코의 역사에서 중요한 인물이다. 체코 최초의 성인이자, 성 바츨라프의 할머니로 잘 알려져 있는 성 루드밀라는 860년경 왕실의 가문에서 태어났다. 그녀는 친절하고 자비로우면서도 열정적이고 또 경건한 여성이었다고 전해진다. 15세 때 중부 보헤미아의 통치자인 보르지보이(Bořivoj) 공작과 결혼했고 부부는 성 메토디우스 대주교에게 세례를 받고 보헤미아에 최초의 기독교 교회를 세웠다. 부부는 여섯 아이를 낳았는데 그중 한 명이 바로 바츨라프의 아버지인 브라티슬라브(Vratislav)다. 브라티슬라프는 드라호미라(Drahomíra)와 결혼하여 바츨라프를 낳지만 문제는 브라티슬라프가 죽고 나서다. 루드밀라는 바츨라프를 보살피며 기독교인으로 키워나갔지만 며느리였던 드라호미라는 루드밀라가 통치자가 될 바츨라프에게 끼치는 영향, 권력에 대한 갈등 등으로 반대 편에 서며 심복을 이용해 루드밀라를 살해한다. 루드밀라를 목졸라 살해한 도구가 스카프 또는 면사포였다고. 그래서 성 루드밀라 기념물은 스카프, 천과 같이 함께 표현되는 경우가 많다. 그녀는 순교자가 되었으며 손자 바츨라프가 권력을 잡은 후 성인으로 선포되었다. 그리고 1370년대에 그녀의 유해는 현재의 성 조지 바실리카의 성 루드밀라 예배당 묘지 아래로 옮겨졌다.

안나 왕비의 여름 궁전

Letohrádek královny Anny | Queen Anne's Summer Palace

프라하 성의 왕립 정원에 있는 아름다운 르네상스 양식의 건축물. 이탈리아 밖에서 가장 순수한 르네상스 건축물로 손꼽힌다. 페르난디트 1세Ferdinand I는 아내였던 왕비 안나 야기엘론Anna Jagiellon을 위해 1538년 왕실 정원의 동쪽에 여름 궁전을 짓기 시작했다. 하지만 불행하게도 안나는 15번째 아기를 낳은 후 1547년 세상을 떠나 여름 궁전의 완성을 볼 수 없었다고 한다. 별궁의 외부는 신화, 사냥 전쟁의 장면이 세심하게 묘사되어 있는데 그중에는 황금 양모 기사단의 훈장을 한 페르난디트 1세와 무화과 나무 꽃을 피우는 왕비 안나의 모습도 있다. 여름 궁전 앞의 분수는 물방울이 만드는 자연의 화음으로 유명하다. 현재는 순수 미술과 응용 미술을 위한 전시공간으로 활용된다.

지도 P.488-C1

tip!
신성 로마 제국의 황제 루돌프 2세는 1층에 천문대를 설치하는 등 여름 궁전을 활발히 사용했다. 손님 중에는 중세의 대표적인 천문학자 튀코 브라헤(Tycho Brahe), 요하네스 케플러(Johanes Kepler) 같은 유명한 학자도 있었다. 그리고 1612년, 왕위 박탈 후 루돌프 2세는 여름 궁전에서 생을 마감했다.

프라하 성 정원들

Zahrady Pražského hradu | ○Prague Castle Gardens

프라하 성의 왕실 정원Royal Garden은 성의 모든 정원 중에서도 역사적으로 가장 가치가 높은 곳이다. 오래된 중세의 포도밭이 있던 곳에 위치한 정원은 합스부르크 왕가의 페르난디트 1세Ferdinand I가 이탈리아의 디자인에 영감을 받아 조성했다. 전체적으로는 19세기의 영국식 정원의 모습을 일부 적용시키면서도 바로크식 요소와 르네상스식 요소를 가미했다. 르네상스가 꽃 피던 유럽에서 가장 아름다웠던 분수 중 하나가 바로 이곳 프라하 성 정원에 있다.

지도 P.488-C1

tip!
정원 북쪽에 엠파이어 온실이 있다. 19세기 프라하 성에 거주했던 합스부르크가의 황제 페르난디트 1세가 굉장히 좋아했던 곳으로 독일 드레스덴의 샤토 츠빙거(Zwinger)와 비슷해서 한때 '츠빙거'라고 불렸다. 매년 온실에서는 비정기 전시가 열리며 일반인도 방문이 가능하다.

로브코비츠 궁과 박물관
Lobkowiczký palác | Lobkowicz Palace and Museum

체코의 대표적인 귀족 가문인 로브코비츠 가문이 소유한 개인 사유지. 바로크 양식의 궁은 프라하 성 단지의 동쪽 끝에 위치하고 있다. 로브코비츠의 박물관은 카날레토Canaletto, 대 얀 브뤼헐Brueghel the Elder, 크라나흐Cranach, 벨라스케스Velázquez 등 세계적인 예술가의 작품을 소장하고 있다. 가족과 왕실의 초상화, 16~20세기의 고급 도자기, 희귀한 장식 예술, 16~18세기의 광범위한 소총 컬렉션, 모차르트, 하이든, 베토벤의 4번과 5번 교향곡을 포함한 악보 등 귀중하고도 역사적인 컬렉션들을 만날 수 있다. 파노라마 테라스에서는 탁 트인 프라하의 전경을 180도로 즐길 수 있어 인기다. 로브코비츠 성에서 운영하는 카페에서 여행 중 평온한 오후를 즐기기에도 좋다.

프라하 비지터 패스 PRAGUE VISITOR PASS

tip!
낮 12시면 아름답게 장식된 바로크 콘서트 홀에서 정오의 클래식 콘서트가 열린다. 우아하고도 기분 좋은 선율을 부담스럽지 않게 감상할 수 있어 추천한다. 공식 홈페이지에서 진행일을 미리 확인할 것.

지도 P.488-C1 주소 Jiřská 3, 119 00 **홈페이지** www.lobkowicz.cz/en/lobkowicz-palace
운영 매일 10:00~18:00 **휴무** 12월 24일 **요금** [로브코비츠 궁 투어] 성인 290Kč, 어린이(7~15세)·학생(16~26세)·시니어(60세 이상) 220Kč, 유아 및 소아(6세까지) 10Kč [정오의 클래식 콘서트] 성인 490Kč, 어린이(7~15세)·학생(16~26세)·시니어(60세 이상) 390Kč, 유아 및 소아(6세까지) 10Kč [로브코비츠 궁 투어+정오의 클래식 콘서트 콤보] 성인 690Kč, 어린이(7~15세)·학생(16~26세)·시니어(60세 이상) 590Kč, 유아 및 소아(6세까지) 10Kč [로브코비츠 궁 입장권 + 프라하 성(구 왕궁, 성 조지 바실리카, 황금 소로, 성 비투스 대성당)] 성인 490Kč, 어린이(7~15세)·학생(16~26세)·시니어(60세 이상) 290Kč, 유아 및 소아(6세까지) 290Kč **가는 방법** 트램 22, 23번 프라즈스키 흐라드 역에서 하차 후 도보 약 10분 또는 메트로 말로스트란스카 역 하차 후 도보 약 10분.

신세계 Nový Svět | New World

알음알음 알려진 프라하 성과 로레토 근처의 보물 같은 곳. 영어로는 'New World', 즉 '신세계'라고 불리는 이 지역은 프라하 성에서 도보로 몇 발자국이면 도착할 수 있는 곳이다. 구불구불한 거리, 중세 시대의 모습을 그대로 품은 듯한 작은 집들이 아직도 잘 보존되어 있다. 14세기 중반 처음 지어졌으나 화재로 소실되었다가 대부분은 17세기에 다시 재건된 것이다. 흥미롭게도 집들은 금과 관련된 이름을 가지고 있다. 황금 배 집, 황금 포도 집, 황금 별 집, 황금 도토리 집 등 이름만 들으면 금세공인 혹은 부자들이 거주할 것 같지만 아이러니하게도 당시 가장 가난한 사람들, 프라하 성의 노동자 등 삶이 조금 더 나아지길 바라며 거주했던 성 외곽 부근의 공간이었다. 과거에는 빈곤함의 상징으로 여겨졌지만 오늘날에는 오히려 과거 시민들의 삶을 생생하게 상상할 수 있는 매력적인 공간으로 거듭났다.

신세계 가는 길

지도 P.488-A1 **주소** Hradčany - Nový Svět 118 00 **가는 방법** 트램 22, 23번 프라즈스키 흐라드 역에서 하차 후 도보 약 11분 또는 프라하 성 입구에서 흐라드찬스케 광장을 지나 도보 약 5분.

Travel Plus

신세계의 집집집

- **1번 집 №76/1 황금 그리핀(Golden Griffin)** : 1600년대, 덴마크 출신으로 신성 로마제국의 황제 루돌프 2세의 천문학자였던 덴마크 출신의 튀코 브라헤(Tycho Brahe)가 살았던 곳. 그는 세계적으로 유명한 천문학자 요한 케플러의 스승이자 친구였다.
- **7번 집 №79/1 황금 도토리(Golden Acorn)** : 산티니(Santini) 가문이 소유했던 집. 특히 산티니 가문의 얀 블라제이 산티니는 바로크 건축의 거장으로 그의 대표 건축물 중 하나는 유네스코 세계문화유산에 등재된 젤레나 호라의 성 얀 네포무츠키 순례 교회다.

로레토 Loreto | Loreta

프라하 성 구역에 위치한 바로크식 성당. 성모 마리아 순례지로 잘 알려진 곳이다. 로레도라는 이름은 성스러운 집이 있는 이탈리아의 순례지 산타 카사Santa Casa에서 유래했다고 전해진다. 프라하의 로레토는 로브코비츠 가문의 카테르지나 베니그나Kateřina Benigna of Lobkowicz 백작 부인에 의해 지어질 수 있었다. 그녀는 로레토를 위해 로브코비츠 가문의 부지를 기부했으며, 가톨릭 수도회인 카푸친Capuchins에게 관리를 맡겼다. 그리고 이를 위해 빈에서 건축가 조반니 바티스타 오르시Giovanni Battista Orsi를 불렀고 1626년 공사가 시작되어 16731년 추기경 하라흐Harrach에 의해 시성된 역사가 있다. 진정한 로레토의 의미는 회랑 중심의 작은 예배당이라는 사실. 내부에는 린덴 나무로 조각된 110cm 크기의 성모 마리아가 아기 예수를 안고 1620년부터 서 있다. 로레탄 마리아 노래가 오전 10시부터 오후 5시까지 매시 정각 27개의 카리용을 통해 연주된다. 16세기부터 18세기의 성광, 성배, 작은 제단, 전례 물품 및 봉헌된 선물들로 이루어진 컬렉션은 로레토의 보물. 그중에서도 가장 유명한 것은 '프라하의 태양'이다. 무려 6,222개의 다이아몬드가 박혀있는 성체 안치기monstrance로 12kg이 넘는다.

지도 P.488-A2 **주소** Loretánské náměstí 7, 118 00 **홈페이지** www.loreta.cz/en **운영** 매일 10:00~17:00 **휴무** 연중무휴(크리스마스 시즌, 대림절 상이) **요금** 성인 210Kč, 시니어(70세 이상) 160Kč, 학생 130Kč, 어린이(6~15세) 100Kč, 가족 370Kč, 6세 미만·장애인·신부·부제·수도사·수녀 무료 [오디오 가이드] 체코어, 영어, 독일어, 프랑스어, 러시아어, 스페인어, 이탈리아어 150Kč [내부 사진 촬영] 100Kč(플래쉬 및 삼각대 사용 금지) **가는 방법** 트램 22, 23번 프라즈스키 흐라드 역에서 하차 후 도보 약 15분 또는 프라하 성 입구에서 흐라드찬스케 광장을 지나 도보 약 7분.

SPECIAL PAGE
스트라호프 수도원

스트라호프 수도원
Strahovský klášter | Strahov Monastery

보헤미아에서 가장 오래된 프레몬트레 수도회의 수도원이다. 1143년 올로모우츠의 주교 인드르지흐 즈디크Jindřich Zdik에 의해 공작 블라디슬라프 2세Vladislav II의 지원을 받아 세워진 복합 수도원 단지로 로마 가톨릭 교회에 속한다. 스트라호프라는 이름은 체코어 '스트라호밧strahovat'에서 유래된 것이다. 경비를 선다는 뜻으로 실제로 왕의 성으로 이어지는 길을 경비병들이 감시하는 장소였다. 스트라호프 수도원은 성모 승천 대성당과 도서관, 갤러리, 정원으로 이루어져 있다. 최초에 목조 수도원으로 건축된 후 1149년 초 로마네스크 양식의 석조 성당이 지어졌고, 그 후 1182년경 석조 수도원으로 변경되었다. 하지만 1258년 화재로 큰 피해를 입었고 급기야 1420년 후스파의 침입으로 이후 중요성은 약해지며 영적으로나 외적으로나 발전을 멈출 수밖에 없었다. 1586년에서야 얀 로헬리우스Jan Lohelius가 스트라호프 수도원장으로 선출되며 본격적인 수도원의 재건이 시작될 수 있었다. 하지만 뒤이어 시작된 30년 전쟁이 끝날 무렵 수도원은 스웨덴 군대와 핀란드 부대에 의해 귀중한 물건, 책 등을 약탈당했고, 전쟁 후에나 다시 복원이 시작되었다. 1679년에야 오늘의 신학관이 된 도서관 홀이 완공되었다. 18세기에도 수도원은 재건을 계속했고 바로 이때 수도원 양조장이 맥주를 양조하기 시작했다. 1742년 전쟁이 다시 수도원을 덮쳤지만 프랑스가 프라하를 포위했을 때에도 다행히 수도원은 거의 피해를 입지 않았고 원래의 중세식 건물은 바로크 양식을 갖게 되었다. 그 후 공산주의 정권 하에서 수도원은 공식적인 활동을 할 수 없었지만 1989년 다시 프레몬트레 수도원에 반환된 이후 지금까지도 꾸준히 재건을 진행 중이다. 설립자인 인드르지흐 즈디크 주교와 블라디슬라프 2세는 아직도 수도원 내부의 비밀 장소에 잠들어 있다고 한다.

스트라호프 수도원 뷰포인트

지도 P.488-A2 주소 Strahovské nádvoří 1/132, 118 00
홈페이지 www.strahovskyklaster.cz/en 가는 방법 트램 22, 23번 포호르젤레츠(Pohořelec) 역 하차 후 도보 약 5분 또는 프라하 성에서 북쪽 방향으로 도보 약 15분.

스트라호프 도서관 Strahovská knihovna | Strahov Library

바로크 신학 홀과 고전 철학 홀로 이루어진 스트라호프 수도원의 도서관. 아주 귀중하면서도 보존이 잘 된 유서 깊은 도서관 중 하나다. 중세의 기록을 담은 책, 지도와 지구본을 포함해 약 20만여 개의 컬렉션으로 구성되어 있다. 컬렉션의 대부분은 9~10세기의 스트라호프 복음서를 포함하여 약 1501년부터 1800년 사이의 오래된 인쇄물로 알려졌다. 도서관 내 가장 오래된 곳은 1679년 완공된 바로크 신학 홀이다. 2층 높이의 우아한 철학 홀은 1794년부터 지어졌다. 두 홀의 천장은 모두 시아르드 노세츠키Siard Nosecký와 안톤 마울베르츠Anton Maulbertsch의 프레스코화로 장식되어 있다.

지도 P.400-A2 운영 매일 09:00~17:00(12:00~12:30 섬심 시간, 티켓은 종료 30분 전까지만 판매) 휴무 12월 24일, 25일, 부활절 홈페이지 www.strahovskyklaster.cz/en
요금 성인 150Kč, 어린이·학생(27세까지)·교사 80Kč, 가족 300Kč, 6세 이하 어린이 무료.

Tip! 티켓은 정문의 인포메이션 센터에서 구매 가능하고 필요할 경우 영어, 독일어, 이탈리아어, 스페인어 등의 인쇄물을 투어하는 동안 대여해준다.

스트라호프 갤러리 Strahovská obrazárna Strahov Picture Gallery

중부 유럽에서도 가장 귀중한 수도원 컬렉션을 소장하는 곳 중 하나. 갤러리는 고딕, 바로크와 로코코 양식의 그림, 황제 루돌프 2세 시기의 그림 등 14~19세기의 엄선된 예술 작품을 소장하고 있는 것으로 유명하다. 거의 1,500점에 가까운 그림을 소장하고 있는 이곳은 1836년경 세워졌다. 컬렉션 중 가장 유명한 그림은 알브레히트 뒤러Albrecht Dürer의 장미 화관 제단화Feast of the Rose Garlands. 수도원은 1793년 그림을 구입한 후 1934년까지 전시하다가 그 이후로는 국립 미술관에 옮겨서 대중들을 만나고 있다. 수도원 회랑의 1층에서는 가장 중요한 99점의 그림과 조각품을 감상할 수 있다.

지도 P.488-A2 운영 매일 9:00~17:00(12:00~12:30 점심 시간, 티켓은 종료 15분 전까지만 판매) 휴무 12월 25일 홈페이지 www.strahovskyklaster.cz/en/ 요금 성인 190Kč, 어린이·학생(27세까지)·교사 90Kč, 가족 380Kč, 6세 이하 어린이 무료

성모 승천 바실리카 Bazilika Nanebevzetí Panny Marie na Strahově
Basilica of the Assumption of the Virgin Mary at Strahov

스트라호프 수도원 중앙에 위치한 로마네스크 양식의 바실리카. 고딕 양식의 좌우 회랑, 바로크 양식이 가미된 2개의 르네상스 양식 탑을 가지고 있다. 12세기 하반기에 지어진 바실리카가 현재의 바로크식 외관을 갖게 된 것은 1742~1758년. 양 벽에는 프레몬트레 수도회의 창시자인 성 노르베르트St.Norbert의 생애가 카르투슈cartouches 기법을 이용한 프레스코화로 표현되어 있다. 미사가 진행되는 동안 그레고리안 성가대가 노래를 부르고 세례, 결혼식, 장례식, 성수를 뿌리는 신성한 행위가 진행된다. 내부 관람은 사전 요청이 있을 때에만 허가된다.

지도 P.488-A2 홈페이지 farnoststrahov.cz 운영 미사 월~토요일 07:15, 18:00, 일요일 10:00, 18:00

RESTAURANT 먹는 즐거움

로브코비츠 성 레스토랑 & 카페 작가추천!
Restaurace a kavárna Lobkowiczkého paláce
Lobkowicz Palace Restaurant & Café

프라하 성채 단지 내 로브코비츠 궁 1층에 위치한 레스토랑 겸 카페. 다른 무엇보다도 프라하의 동화 같은 파노라마 뷰가 시원하게 펼쳐지는 곳이다. 다양한 수상 경력에 빛나는 로브코비츠의 와인을 포함해 다양한 주류, 계절에 맞는 요리를 선보인다. 일반 카페 메뉴만 즐겨도 좋고 프라하 성을 여행하러 올라온 김에 시간이 허락한다면 식사 메뉴를 즐겨도 좋다. 한국인에게 잘 알려져 있지 않지만 위치와 분위기를 모두 잡은 곳이다. 트립어드바이저의 '트래블러스 초이스 2022'에 선정되었다.

지도 P.488-C1 **주소** Jiřská 3/1, 119 00 **홈페이지** www.lobkowicz.cz/en/lobkowicz-palace-cafe **운영** 매일 10:00~18:00 **가는 방법** 트램 12, 15, 20, 22, 23번 말로스트란스케 나메스티(Malostranské náměstí) 역 하차 후 도보 약 10분 또는 트램 22, 23번 프라즈스키 흐라드 역 하차 후 프라하 성을 통과해 도보 약 10분(보안 검색대 통과).

프라하 성 스타벅스 Starbucks Prague Castle

프라하 성 여행의 자매품이자 필수 코스로 불리는 전설의 카페. 전 세계적인 체인 스타벅스를 왜 굳이 프라하에서까지 가야 하는지 의문이 들 수도 있다. 하지만 당신은 지금 체코, 그것도 프라하에 있다는 사실을 기억하자. 체코의 붉은 지붕 뷰와 탁 트인 전경을 편하고 저렴하게 즐길 수 있는 곳이 바로 여기다. 꼭대기 층의 테라스 석은 이미 인생 샷을 남기려는 여행객들로 만석인 경우가 많다. 매장으로 내려가면 아래층에서도 멋진 뷰를 즐길 수 있는 자리가 있다. 카페를 이용하면 화장실도 들를 수 있어 일석이조다.

지도 P.488-B2 **주소** Ke Hradu, Hradčanské náměstí, Malá Strana, 118 00 **운영** 월~금요일 10:00~20:00, 토~일요일 10:00~18:00 **휴무** 없음 **가는 방법** 트램 22, 23번 프라즈스키 흐라드(Pražský hrad) 역 하차 후 프라하 성을 통과해 도보 약 6분(보안 검색대 통과) 또는 메트로 말로스트란스카 역 하차 후 도보 약 15분.

스트라호프 수도원 양조장
Klášterní pivovar Strahov | The Strahov Monastic Brewery

스트라호프 수도원 바로 앞, 프라하 성 근처의 유서 깊은 양조장. 1142년 세워진 역사적인 스트라호프 수도원에 위치하고 있는 곳으로 양조장에 대한 최초의 기록은 1400년으로 알려져 있다. 맥주 마스터는 무려 600년 이상 동안 여기에서 맥주를 양조해왔다. 하지만 1907년 양조장은 문을 닫았고 1919년에는 아파트로 개조되기도 했다가 2000년에는 지금의 모습으로 전체 건물이 개조되며 양조장이 다시 오픈했다. 재오픈 후 첫 번째 맥주는 6월 프레몬트레 수도원의 수호성인인 성 노르베르트Saint Norbert의 축일에 양조되며 같은 이름을 갖게 되었다. 체코 맥아, 신선한 효모, 최상급 홉으로 양조한 앰버 라거, 다크 라거, IPA 등 지온 살균되지 않고 여과되지 않은 성 노르베르트 맥주가 양조장의 대표 메뉴. 시즌 맥주를 포함해 약 25가지 이상의 맥주를 양조한다. 맛들어진 요리와 함께 맥주가 술술 들어간다.

지도 P.488-A2 주소 Strahovské nádvoří 301, 118 00 **홈페이지** www.klasterni-pivovar.cz **운영** 월~일요일 10:00~22:00 **휴무** 12월 24일 **가는 방법** 트램 22, 23번 포호르제레츠 역 하차 후 도보 약 5분 또는 프라하 성에서 북쪽 방향으로 도보 약 15분.

tip! 여름에는 양조장 안뜰 테라스를 개방한다. 야외에서의 한 잔은 하루를 완벽하게 마무리해준다.

쿠힌 Kuchyň 작가추천!

프라하 성 앞에 위치한 멋진 뷰를 가진 스타일리시한 레스토랑. 칸티나 및 나셰 마소 등을 운영하는 앰비엔테 그룹의 레스토랑 중 한 곳이다. 국립 미술관 중 한 곳인 살모브스키 궁 Salmovský palác 부지에 위치한다. 원래는 먹고 싶은 메뉴를 직접 주방에서 눈으로 확인하고 고를 수 있는 독특한 콘셉트의 레스토랑이었으나 코로나19로 인해 여러 메뉴 중 선택할 수 있는 알라 카르테 형식의 레스토랑으로 변신했다. 근사한 디자인만큼 플레이팅이나 맛도 훌륭하다. 붉은 프라하 지붕 뷰, 흐라드차니 광장 뷰가 펼쳐지는 테라스에서의 맥주 한 잔으로 프라하 성의 일정을 마무리하기에도 좋다. 프라하 성 주변의 분위기 끝판왕 레스토랑.

지도 P.488-B2 주소 Salmovský palác, Hradčanské náměstí 186/1, 118 00 **홈페이지** kuchyn.ambi.cz/en **운영** 매일 12:00~22:30 **휴무** 12월 24~25일 **가는 방법** 트램 12, 15, 20, 22, 23번 말로스트란스케 나메스티 역 하차 후 도보 약 10분 또는 트램 22, 23번 프라즈스키 흐라드 역 하차 후 프라하 성을 통과해 도보 약 6분(보안 검색대 통과).

말라 스트라나(소지구)
Malá Strana | Lesser Town

구시가지에서 카를교를 건너면 만날 수 있는 소지구는 프라하에서도 가장 오래된 지역 중 하나다. 프라하 성 아랫부분에 자리 잡고 있는 곳으로 1257년 세워졌다고 알려져 있다. 구시가지와는 또 다른 모습과 개성을 가지고 있는 곳으로 건물, 성당과 광장은 수백 년 동안 처음 지어졌던 모습 그대로를 간직하고 있다. 블타바 강변의 캄파 섬, 프라하의 에펠탑이라고 불리는 페트르진 탑과 공원, 평화와 사랑이 가득한 존 레넌 벽, 로맨틱한 브르트바 정원, 바로크 양식의 성 니콜라스 성당 등을 소지구에서 만날 수 있다.

ATTRACTION ◆ 보는 즐거움 ◆

말로스트란스케 광장 Malostranské náměstí | Malostranské Square

소지구로 알려진 말라 스트라나Malá Strana의 중심 광장. 구시가지 쪽에서 카를교를 넘어 프라하 성 아래에 위치한 말로스트란스케 광장은 성 니콜라스 성당을 비롯해 크고 작은 역사적인 건물들이 감싸고 있다. 교통의 요지로 프라하를 여행하다 보면 몇 번씩 들르게 된다. 럭셔리 호텔의 대명사 아우구스틴 어 럭셔리 컬렉션 호텔, 아름다운 브르트바 정원으로 유명한 아리아 호텔들이 광장 근처에 위치해 있으며 광장 또한 왕의 길 일부다.

지도 P.190-B1 **주소** Malostranské náměstí, 118 00

말라 스트라나(소지구) 교탑
Malostranské mostecké věže | Lesser Town Bridge Towers

PRAGUE VISITOR PASS 프라하 비지터 패스

소지구(말라 스트라나)의 입구가 되는 교탑으로 카를교에서 바로 이어진다. 구시가지 교탑과 더불어 양쪽에서 카를교의 시작과 끝을 든든히 지켜주고 있다. 12세기에 로마네스크 양식으로 지어졌던 말라 스트라나 교탑의 높이는 약 43.5m로 맞은편의 구시가지 교탑보다는 조금 작고 낮지만 구시가지 교탑의 건축 양식을 기반으로 한다. 현재의 르네상스 양식의 외관은 1591년에 갖춘 것. 원래는 주디스의 탑Judith's Tower이라는 이름이었다. 15세기 초에는 감옥이었고, 16세기 말~18세기 말까지는 세무서로 이용되다가 1893년에 프라하의 재산으로 귀속되었다. 전망대에서는 블타바 강과 구시가지 교탑을 비롯한 구시가지의 강렬한 실루엣을 바라볼 수 있는 잘 알려지지 않은 뷰 포인트가 있다. 구시가지 교탑보다 여행객도 덜하고 독특한 사진을 남길 수 있는 추천 장소다.

tip! 매일 오픈 후 첫 1시간은 얼리버드 50% 할인이 제공된다.

지도 P.491-C 2 **주소** Karlův most, 118 00 **홈페이지** www.prague.eu/malostranskamosteckaveze **운영** [11~3월, 10월, 11월] 매일 10:00~18:00 [4월, 5월, 9월] 매일 10:00~19:00 [6~8월] 매일 09:00~21:00 [12월] 10:00~20:00 **휴무** 없음. 단 크리스마스 시즌은 운영 시간 상이 **요금** 성인 190Kč, 어린이(6~15세)·학생(26세까지)·시니어(65세 이상)·장애인 130Kč, 가족(성인 2명+어린이 4명) 380Kč [콤비 티켓(구시가지 교탑+소지구 교탑)] 성인 280Kč, 할인 190Kč, 가족 560Kč **가는 방법** 트램 1, 7, 12, 15, 20, 22, 23, 25번 말로스트란스케 나메스티 역 하차 후 도보 약 3분.

성 미쿨라쉬 성당 – 말라 스트라나

Kostel sv. Mikuláše - Malá Strana | St Nicholas Church at Malá Strana

프라하에서 가장 유명한 바로크 양식의 성당. 말로스트란스케 광장 쪽에 예수회 학교와 함께 있다. 원래 성당이 있던 자리는 1283년 봉헌된 고딕 양식의 성 니콜라스의 교구 성당이었다. 기존 건물은 철거되고 1703년에 바로크 건축의 대가인 크리스토프 디엔첸호퍼Kryštof Dientzenhofer의 설계로 새로운 성당 공사가 시작되었고, 1722년 그가 사망하며 그의 아들인 킬리안 이그나즈 디엔첸호퍼Kilián Ignác Dientzenhofer가 이어받아 성당의 건축을 지속해나갔다. 1750년 탑에 종을 달고 1752년에 봉헌할 수 있었다. 장식까지 합하면 약 100년에 걸쳐 3대(아버지, 아들, 사위)에 의해 완성되었다고 한다. 교회의 내부 장식은 순수하면서도 수준 높은 바로크 양식으로 당시 이탈리아 후기 르네상스 양식의 영향을 많이 받은 것으로 알려진다. 특히 카렐 슈크레타Karel Škréta의 그림은 장식에서 가장 중요한 부분으로 손꼽힌다. 아름다운 원형 돔의 지름은 무려 20m, 바닥에서 천장의 창까지 내부 높이는 49m 이상으로 이는 프라하에서 가장 높은 내부를 자랑한다.

> **tip!**
> 프라하 비지터 패스를 이용해 성 미쿨라쉬 성당의 탑에 오를 수 있다. 광장 쪽에 입구가 있다.

지도 P.490-B2 **주소** Malostranské náměstí, 118 00 **홈페이지** www.stnicholas.cz/en **운영** [1월] 매일 09:00~16:00 [2월] 월~금요일 09:00~16:00, 토·일요일 09:00~17:00 [3월~6월, 10~12월] 매일 09:00~17:00 [7~9월] 일~목요일 09:00~18:00, 금~토요일 09:00~17:00 *폐관 15분 전 입장 종료 **휴무** 유동적, 여행 시기에 맞춰 별도의 확인 필요 **요금** 성인 130Kč, 어린이 및 학생(10~26세)·시니어(65세 이상) 70Kč, 10세 미만 어린이·장애인 무료 **가는 방법** 트램 1, 7, 12, 15, 20, 22, 23, 25번 말로스트란스케 나메스티역 하차 후 도보 약 1분.

네루도바 거리 Nerudova ulice | Nerudova Street

프라하 성에서 소지구인 말라 스트라나를 거쳐 카를교로 이어지는 길은 로열 루트Royal Route, 즉 왕의 길이라고 불리는 역사적인 길이었다. 왕의 길에 위치한 네루도바 거리는 47번 집(과거 이름: 두 개의 태양)에 거주했던 19세기 체코의 작가이자 기자였던 얀 네루다Jan Nereda의 이름을 딴 것이다. 중세의 시민들이 살던 집들은 지금도 매력적이다. 예스럽지만 독특한 매력의 호텔 혹은 부티크 럭셔리 호텔, 레스토랑, 상점들이 가득한 거리는 독특한 간판으로도 유명하다. 1770년 건물들을 구분하기 위한 집 번호가 도입되기 전에는 건물이나 상점을 구분하기 위해 문 앞에 관련 그림으로 표시를 해두었기 때문. 거리의 끝 쪽에 위치한 12번 집인 세 개의 작은 바이올린들Three Little Fiddles은 1700년대에 그곳에 거주하며 해외로까지 수출에 성공한 바이올린 제작자의 집으로 유명하다.

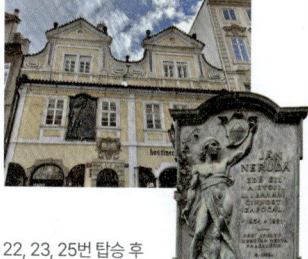

지도 P.490-B1 주소 118 00, Praha 1 - Malá Strana 가는 방법 트램 1, 7, 12, 15, 20, 22, 23, 25번 탑승 후 말로스트란스케 나메스티 역 하차 후 도보 약 6분.

승리의 성모 마리아 성당 & 아기 예수
Kostel Panny Marie Vítězné(Pražské Jezulátko)
Church of Our Lady Victorious(Infant Jesus of Prague)

아기 예수상으로 유명한 프라하의 성당. 1611년 초기 바로크 양식으로 건축되었다가 1634~1669년 사이 카르멜회에 의해 재건축되었다. 가톨릭 국가에서는 '밤비노 디 프라가Bambino di Praga'로 잘 알려진 아기 예수상은 1628년부터 성당에서 소중히 보관하고 있다. 스페인에서 처음 온 아기 예수상은 가족 중 딸에게 물려줘야 하는 전통으로 인해 아들만 가졌던 로브코비츠 가문의 폴리세나Polyxena 부인에 의해 1628년 기증된 것이다. 아기 예수는 2개의 왕관, 46개의 예복을 갖고 있는데 시기와 행사에 맞추어 연간 약 10번 예복을 갈아입는다고 한다. 예복과 종교적 물품에 관한 전시는 성당 내 작은 박물관에서 확인할 수 있다. 이곳에 한국에서 기증한 자랑스러운 한복도 있다. 성당 바로 옆에 위치한 성당 기념품 숍에서는 세라믹으로 만든 아기 예수상, 묵주, 양초, 서적 등을 구매할 수도 있다. 수익금은 성당의 리노베이션에 사용된다.

지도 P.490-B2 주소 Karmelitská 9, 118 00 홈페이지 www.pragjesu.cz/en 운영 [성당] 월~토요일 08:30~18:00, 일요일 08:30~19:00 [박물관] 월~토요일 09:30~17:00, 일요일 13:00~18:00 [기념품 숍] 월~토요일 09:30~17:30, 일요일 13:00~18:00 휴무 [성당] 유동적, 여행 시기에 맞춰 별도의 확인 필요 [박물관] 12월 25일, 성 금요일 [기념품 숍] 12월 24~25일 요금 자발적 기부 가는 방법 트램 1, 7, 12, 15, 20, 22, 23번 헬리호바(Hellichova) 역 하차 후 도보 약 1분.

tip! 박물관 입구는 제단 옆 오른쪽에 있다. 나선형 계단을 오르면 박물관에 입장할 수 있다.

발트슈타인 궁 & 정원
Valdštejnský palác & Valdštejnská zahrada
Wallenstein Palace & Wallenstein Garden

초기 바로크 시대의 기념비적인 궁과 정원이 있는 큰 규모의 복합 단지다. 화이트 마운틴 전투(체코명: 빌라 호라)가 끝난 후 체코에서 가장 부유하고도 강력한 권력을 가진 귀족 중 하나로 부상한 알브레히트 폰 발렌슈타인(Albrecht von Wallenstein, 1583~1634)을 위해 1623~1630년에 지어졌다. 역사에 따르면 그는 많은 전투에서 승리한 큰 야망을 가진 장군이었다. 반란군의 영지를 몰수해서 막대한 부를 축적했고, 합스부르크 제국의 고위급 백작이었던 하라흐Harrach의 딸이었던 이사벨라 카타리나Isabella Katharina와의 두 번째 결혼으로 지위까지 견고히 했다. 무려 26채의 집, 6개의 정원, 2개의 벽돌 공장이 부지에 들어섰었다.

오늘날의 발트슈테인 궁은 체코 상원 의회로 사용 중이다. 이에 중요한 행사들이 이곳에서 열리기도 한다. 단지 내 초기 바로크식 정원은 수직과 수평을 맞춰 기하학적으로 예쁘게 조성되어 있다. 고대의 신화를 묘사한 프레스코화로 장식된 거대한 파빌리온, 동굴, 인공 호수가 넓은 공간에 여유롭게 꾸며져 있고 여름 시즌에는 일반인에게 무료로 공개된다. 말로스트란스카 메트로역 옆 바로 옆이라 접근성도 좋다. 궁은 1995년부터 국가 기념물로 지정되었다.

지도 P.490-B1 **주소** Valdštejnské náměstí 4, 118 00 **홈페이지** www.senat.cz/informace/z_historie/palace/valdstejn-eng.php [정원] www.senat.cz/informace/pro_verejnost/valdstejnska_zahrada **운영** [궁] 2023년 상반기 현재 투어 중단 [정원] (4~10월) 월~금요일 07:00~19:00, 토·일요일 09:00~19:00 **휴무** [정원] 11~3월 **요금** 무료 **가는 방법** 트램 1, 2, 7, 12, 13, 14, 15, 18, 20, 22, 23번 말로스트란스카 역 하차 후 도보 1분 또는 메트로 A 라인 말로스트란스카 역 하차 후 도보 약 1분.

> **tip!**
> 신성 로마 제국의 황제 루돌프 2세(Rudolf II)의 궁정에서 일했던 네덜란드의 조각가 아드리안 더 프리스(Adriaen de Vries)는 그리스 신화 속 인물을 묘사한 청동 조각상을 작업했다. 작품들은 1625~1626년 정원의 살라 테라나(Sala Terrena) 앞을 장식했으나 30년 전쟁 이후 스웨덴 군이 모두 가져가 진품은 아쉽게도 스웨덴의 드로트닝홀름궁(Drootningholm Palace)에 있다. 지금의 작품들은 20세기 초에 오리지널 조각상을 정교하게 재현한 것. 베네딕트 부르셀바우어(Benedikt Wurzelbauer)의 비너스 상은 1980년 다시 프라하로 반환되어 지금은 국립 미술관에 있다.

카프카 박물관 Muzeum Franze Kafky | Kafka Museum

<변신>의 작가이자 세계적으로 유명한 프란츠 카프카의 박물관. 2005년 여름에 오픈했다. 프란츠 카프카는 프라하에서 태어나고 자랐으며, 직장도 프라하에서 다닌 말 그대로 프라하 사람이었다. 다만 유대인으로서 독일어 학교를 다녔고 독일어를 사용하는 프라하의 유대인 사회 속에서 살았다. 그가 체코어가 아닌 독일어로 글을 썼던 이유이기도 하다. 그는 대학 시절 1905년 '어떤 싸움의 기록'이라는 첫 단편 소설을 집필하며 작가에 대한 꿈을 조금씩 키워나갔던 것으로 알려져 있다. 박물관은 크게 '존재의 공간'과 '상상의 지형' 2가지 섹션으로 나누어져 있다. 존재의 공간에서는 프라하가 그의 삶과 작품에 어떠한 영향을 미쳤는지 보여준다. 카프카와 나눴던 주변인들의 편지가 이를 증명한다. 해당 공간에서 카프카가 삶에서 어떤 갈등과 고민이 있었는지, 어떤 생각을 가지고 있었는지, 그의 작품 세계를 관통하는 실존주의에 대해 생각하게 된다. 상상의 지형에서는 카프카가 그의 작품 속에서 도시를 어떻게 묘사하는지 보여준다. 이는 현대 문학에서도 가장 수수께끼 같은 접근법 중 하나다. 그는 작품의 배경이 프라하라고 정확하게 명시하고 있지는 않으나, 그의 글을 읽다 보면 배경이 프라하라는 것이 특정 지형이나 장소를 통해 여실히 드러나는 것이다. 그러면서도 초현실적인 건축물이 등장해 은유와 비유를 통해 프라하를 가상의 도시로 만들기도 한다. 박물관에서는 프란츠 카프카의 귀중한 작품 초판, 편지, 일기, 사진, 3D 전시 등을 만날 수 있다.

지도 P.491-C1 주소 Cihelná 635, 118 00 **전화** +420 257 535 373 **홈페이지** kafkamuseum.cz/en **운영** 매일 10:00~18:00 **휴무** 없음 **요금** 성인 300Kč, 어린이·학생·시니어 220Kč, 가족(성인 2명+어린이 2명) 800Kč [전문 가이드 투어] 입장료+1,000Kč(체코어, 영어, 독일어, 프랑스어, 러시아어 진행). 최소 7일 전 예약 필수] **가는 방법** 트램 1, 2, 7, 12, 13, 14, 15, 18, 20, 22, 23번 말로스트란스카 역 하차 후 도보 5분 또는 메트로 A 라인 말로스트란스카) 역 하차 후 도보 약 5분.

tip!
카프카 박물관 앞에는 재미있는 동상이 있다. 창의적이고 파격적인 체코의 조각가 다비드 체르니의 작품으로 2명의 남자 동상이 서로를 바라보며 체코 지도 모양의 웅덩이에 오줌을 싸고 있다. 하체 부분이 끊임없이 움직이는 동상의 모습이 유쾌하다.

프라하에서 가장 좁은 골목길
Nejužší pražská ulička | The narrowest street of Prague

카프카 박물관 근처에 위치한 좁은 길. 프라하에서 가장 좁은 골목길로 유명하다. 폭은 약 50cm로 한 사람이 겨우 지나갈 정도다. 두 사람 이상이 한 번에 지나갈 수 없기 때문에 마치 횡단보도처럼 신호등을 달아두어 통행이 가능한지 확인할 수 있게 해두었다. 다만 신호는 자동으로 바뀌지 않으니 골목길을 지나가려면 벽 쪽의 작은 버튼을 꼭 눌러줘야 한다. 골목길은 약 10m 정도로 실제로는 관광지가 아닌 체르토프카Čertovka 레스토랑으로 가기 위한 다소 상업적이고 실용적인 용도다.

지도 P.491-C2 **주소** U Lužického semináře, 118 00 **가는 방법** 트램 1, 2, 7, 12, 13, 14, 15, 18, 20, 22, 23번 말로스트란스카 역 하차 후 도보 6분 또는 메트로 A 라인 말로스트란스카 역 하차 후 도보 약 6분.

존 레넌 벽
Zeď Johna Lennona | The Lennon Wall

비틀스의 전 멤버 존 레넌이 세상을 떠난 후 몰타 정원을 둘러싼 돌담은 존 레넌의 얼굴을 그린 기념 장소가 되었다. 그가 세상의 평화와 자유를 노래한 것처럼 시민들은 존 레넌 벽에 전체주의 정권을 비판하는 슬로건을 표현하기도 했다. 공산주의 체제 종료 후 민주주의 시대가 도래하며 존 레넌 벽은 원래의 의미를 일부 상실하기도 했지만 자유에 대한 상징적인 의미는 아직도 간직하고 있다. 현재는 존 레넌의 초상화와 아티스트들의 그림으로 장식되어 있고, 여러 사람들이 다양한 형태로 자신만의 개성과 사상을 자유롭게 표현하고 있다. 단, 스프레이 사용은 금지되어 있다.

지도 P.491-C2 **주소** Velkopřevorské náměstí, 100 00 **가는 방법** 트램 1, 7, 12, 15, 20, 22, 23, 25번 말로스트란스케 나메스티 역 하차 후 도보 약 5분.

슬리보비체 루돌프 옐리네크 박물관
Muzeum Slivovice R. Jelínek | Slivovitz Museum R. Jelínek

체코의 전통 증류주 슬리보비체Slivovice로 유명한 루돌프 옐리네크Rudolf Jelínek의 박물관. 2020년 새롭게 문을 열었다. 박물관은 가이드가 없는 투어를 15분마다 진행한다. 시간에 맞춰 입장하면 프로그램이 자동으로 작동되는 구조. 한국어 오디오 가이드 기계가 제공되어 한국어로 편리하게 설명을 들을 수 있다. VR과 5D가 적절히 섞인 투어는 상당히 인터랙티브하다. 전체적으로 루돌프 옐리네크의 역사와 과일나무의 재배 과정 등을 화면과 음성으로 보여준다. 그중에서도 특수 제작된 고글을 쓰고 의자에 앉아 참여자가 직접 자두의 입장이 되어 수확에서부터 뜨겁게 끓여지며 증류주가 되어가는 과정을 1인칭 시점으로 체험하는 5D 코너는 투어의 하이라이트! 자두 체험은 예상외의 재미를 선사한다. 투어는 슬리보비체 테이스팅과 왈라키안 핑거 푸드를 포함하며 일반 테이스팅, 프리미엄 테이스팅, 논-알코올 테이스팅 중 선택할 수 있다.

지도 P.491-C1 주소 U Lužického semináře 116/48, 118 00 **홈페이지** slivovitzmuseum.com **운영** [박물관] 월~목요일, 일요일 11:00~18:30, 금~토요일 11:30~19:30(마지막 투어 18:30, 19:30) [숍] 월~목요일, 일요일 10:00~20:00, 금~토요일 10:00~21:00 [바] 월~목요일, 일요일 11:00~20:00, 금~토요일 11:00~21:00 **휴무** 없음 **요금** 일반 테이스팅이 포함된 투어(루돌프 옐리네크의 3가지 제품+왈라키안 핑거 푸드) 450Kč, 프리미엄 테이스팅이 포함된 투어(루돌프 옐리네크의 코셔 인증된 3가지 제품+왈라키안 핑거 푸드) 550Kč, 논 알코올 테이스팅(자두 레모네이드+왈라키안 핑거 푸드) 450Kč, 어른을 동반한 15세 미만의 어린이 무료(테이스팅 미포함) **가는 방법** 트램 1, 2, 7, 12, 13, 14, 15, 18, 20, 22, 23번 말로스트란스카 역 하차 후 도보 1분 또는 메트로 A 라인 말로스트란스카 역 하차 후 도보 약 1분.

Travel Plus
슬리보비체란?
체코의 전통적인 자두 증류주로 루돌르 옐리네크는 자두를 3단계에 걸쳐 증류해 슬리보비체를 생산하고 있다. 자두를 주원료로 하지만 배, 살구, 체리, 모라비안 사과 등을 재료로 한 증류주도 활발히 선보인다. 특히 루돌프 옐리네크가 위치한 비조비체(Vizovice)의 특유의 기후는 과일나무가 자라기에 적합했고 그중에서도 자두나무가 아주 잘 자랐다고 한다. 그렇게 16세기에 시작된 과일 증류주 제조의 전통을 이어 루돌프 옐리네크는 19세기 말 회사를 설립했고, 현재는 전 세계로 슬리보비체를 수출하고 있다.

캄파 섬 Kampa Island

블타바 강과 체르토프카Čertovka 사이에 위치한 공원. 1169년의 기록에서도 존재하는 것으로 확인된다. 체르토프카는 '악마의 물줄기'라는 뜻이다. 블타바 강의 지류가 통과하는 통로이자 과거 물레방아용 용수로였다. 15세기 벨코프르보르스키 믈린Velkopřevorský mlýn이라고 불렸던 방앗간의 거대한 물레방아가 여기에 있다. 17세기에는 도자기 시장으로 유명해졌다. 작지만 매력적인 지역으로 프라하의 베니스Pražské Benátky라고 불리기도 했다. 근처에 존 레넌 벽이 있고 섬의 싱그러운 공원, 잔디밭에서 휴식을 취하려는 현지인들을 심심찮게 볼 수 있다.

지도 P.491-C2 **주소** Malá Strana, 118 00 Praha 1 **가는 방법** 트램 1, 7, 12, 15, 20, 22, 23, 25번 말로스트란스케 나메스티 역 하차 후 도보 약 7분.

브르트바 정원 Vrtbovská zahrada | Vrtba Garden

바로크식의 정원으로 프란티셰크 막시밀리안 칸카František Maximilian Kaňka가 1720년경 조경을 맡았다. 이탈리아식의 바로크 테라스 정원으로도 종종 묘사되지만 일반적인 체코 바로크 양식의 여타 건축처럼 외국의 양식을 독특하면서도 체코의 감성으로 포용해 디자인된 것이다. 규모는 작은 편이지만 정원이 위치한 불규칙한 경사로라는 독특한 건축학적 디자인, 예술적인 장식, 역사로 인해 유럽에서도 중요한 가치를 지닌 정원으로 손꼽힌다.

지도 P.490-B2 **주소** Karmelitská 25, 118 00 **홈페이지** www.vrtbovska.cz/en **운영** 4~10월 매일 10:00~18:00 **휴무** 11~3월 **요금** 성인 120Kč, 어린이·학생 95Kč, 가족 350Kč **가는 방법** 트램 1, 7, 12, 15, 20, 22, 23, 25번 말로스트란스케 나메스티 역 하차 후 도보 약 3분.

tip! 아리아 호텔(Aria Hotel)에 투숙할 경우 호텔의 전용 출입구를 통해 무료로 입장할 수 있다.

체코 음악 박물관 České muzeum hudby | Czech Museum of Music

체코 음악 박물관은 원래 마리아 막달레나의 초기 바로크 양식 성당이었다. 그 때문인지 과거 성당 건물과 박물관의 조화가 독특한 분위기를 자아낸다. 특별한 가치를 지닌 400여 개 이상의 역사적인 악기가 전시되어 있는 곳이다. 체코의 유명한 바이올린 제조자인 슈피들렌Špidlen 가문에서 제작한 바이올린, 세계적인 이탈리아의 제작자 니콜로 아마티Nicolò Amati가 제작한 인타르시오 장식의 바이올린, 볼프강 아마데우스 모차르트가 1787년에 프라하를 방문했을 때 연주했던 프란츠 크사버 크리슈토프Franz Xaver Christoph, 민속 악기, 기계 악기 등이 눈길을 끈다.

지도 P.490-B2 **주소** Karmelitská 4, 118 00 **홈페이지** www.nm.cz/en/visit-us/buildings/czech-museum-of-music **운영** 수~월요일 10:00~18:00 **휴무** 매주 화요일 **요금** 성인 120Kč, 청소년(15~18세)·시니어(65세 이상) 80Kč, 15세 이하 어린이 무료 **가는 방법** 트램 1, 7, 12, 15, 20, 22, 23번 헬리호바 역 하차 후 도보 약 2분.

페트르진 언덕

페트르진 탑 Petřínská rozhledna | Petřín Lookout Tower

아름다운 페트르진 공원이 있는 페트르진 언덕에 위치한 전망대 탑. 구시가지에서 프라하 성을 바라볼 때 항상 보이는 랜드마크로 마치 한국의 남산 타워와 같은 존재랄까. 1891년 주빌리 박람회의 일환으로 파리의 에펠탑에 영감을 받아 지어졌다. 철근의 외관이 친숙한 페트르진 탑은 에펠탑의 1/5 크기로 높이는 약 63.5m다. 전망대에 오르면 실제 에펠탑과 같은 고도라는 사실도 재미있다. 약 299개의 계단을 이용하거나 엘리베이터를 타고 전망대에 오르면 프라하의 환상적인 파노라마 뷰가 펼쳐진다. 스트라호프 수도원, 프라하 성과 더불어 카를교가 모두 보이는 뷰 맛집이다. 1953년부터는 잠시 TV 송신기 탑으로 이용되기도 한 역사가 있다. 프라하의 다른 명소보다도 덜 붐비는 데다가 근처에 페트르진 공원과 스트라호프 수도원이 있어 산책을 하기에도 좋다.

tip!
2022년 하반기, 프라하 투어리스트 인포메이션 센터가 이곳에 새롭게 문을 열었다. 또한 탑이 위치한 공원까지는 우예즈드(Újezd) 역에서 푸니쿨라를 타고 편하게 이동할 수 있다.

지도 P.490-A3 **주소** Petřínské sady 633, 118 00
홈페이지 www.prague.eu/petrinskarozhledna **운영** [1~3월] 10:00~18:00 [4~5월] 09:00~20:00 [6~9월] 09:00~21:00 [10~12월] 10:00~20:00 **휴무** 유동적, 여행 시기에 맞춰 별도의 확인 필요 **요금** 성인 220Kč, 어린이(6~15세)·학생(26세까지)·시니어(65세 이상) 150Kč, 가족(성인 2명+어린이 4명) 440Kč [거울 미로와 함께 이용할 경우] 성인 260Kč, 어린이(6~15세)·학생(26세까지)·시니어(65세 이상) 170Kč, 가족(성인 2명+어린이 4명) 520Kč
가는 방법 푸니쿨라 탑승지: 우예즈드(Újezd), 푸니쿨라의 마지막 역인 페트르진(Petřín) 역 하차 후 도보 약 3분.

푸니쿨라
funicular railway

페트르진 언덕에 가는 가장 빠르고 편리한 방법. 1891년 7월 25일 운행을 시작했고 전쟁으로 인해 잠시 멈추기도 했지만 현재는 페트르진 언덕으로 가는 시민과 여행객들의 빠른 발이 되어주고 있다. 대중교통권으로 이용이 가능하다.

홈페이지 www.dpp.cz/en/entertainment-and-experience/events-and-attractions/funicular-to-petrin **경로** 우예즈드(Újezd) - 네보지제크(Nebozízek) - 페트르진(Petřín) **운영** 매일 08:00~23:00까지 10~15분 간격 운영 [정기 수리 기간 (미운영)] 봄 3월 20일~4월 6일, 가을 10월 9일~27일(2023년 기준)

거울 미로 Zrcadlové bludiště na Petříně | Mirror Maze

아이들에게 인기인 어트랙션. 거울 미로도 1891년 프라하 주빌리 전시회 때 지어졌다. 마치 작은 성과 같은 외관은 비셰흐라드에 있는 고딕 양식의 문인 슈피치카Špička를 모방한 것이다. 거울로 내부에 미로를 만들었다. 거울 미로 끝에는 1648년 카를교에서의 프라하 시민과 스웨덴 시민의 싸움을 묘사한 인상적인 디오라마를 만날 수 있다. 그 후 이어지는 웃음의 홀에서 볼록형과 오목형 거울 등 다양한 왜곡형 거울이 준비되어 있어 우스꽝스러운 모습에 아이뿐만 아니라 어른들도 유쾌한 시간을 시간을 갖기에 충분하다.

지도 P.490-A3 **주소** Petřínské sady, 110 00 **홈페이지** www.prague.eu/bludistepetrin **운영** [10~3월] 10:00~18:00 [4~5월, 9월] 09:00~19:00 [6~8월] 09:00~20:00 **휴무** 유동적, 여행 시기에 맞춰 별도의 확인 필요 **요금** 성인 120Kč, 어린이(6~15세)·학생(26세까지)·시니어(65세 이상) 80Kč, 가족(성인 2명+어린이 4명) 240Kč [페트르진 탑과 함께 이용할 경우] 성인 260Kč, 어린이(6~15세)·학생(26세까지)·시니어(65세 이상) 170Kč, 가족(성인 2명+어린이 4명) 520Kč
가는 방법 푸니쿨라 탑승지: 우예즈드 역, 푸니쿨라의 마지막 역인 페트르진 역 하차 후 도보 약 4분.

페트르진 정원들 Petřínské sady | Petřín Gardens

프라하에서 가장 큰 도심 속 녹지 중 하나가 바로 페트르진 언덕이다. 언덕의 높이는 약 327m로 프라하에서는 꽤 높은 편이다. 기분 좋은 향과 어여쁜 장미가 가득한 장미 정원, 네보지제크Nebozízek 정원, 세미나리Seminary 정원이 페트르진 언덕 혹은 가는 길에 위치한다. 산책로와 벤치가 준비되어 있어 연인들과 조용하면서도 로맨틱한 시간을 가질 수 있고, 놀이터가 있어 가족들과 피크닉을 즐기기에도 좋은 곳이다. 봄과 여름이면 공원에서의 여유를 찾는 현지인들이 눈에 띈다. 스트라호프 공원에서 걸어갈 수 있을 정도로 가깝다.

지도 P.490-A3 **주소** Petřínské sady, 118 00 **가는 방법** 푸니쿨라 탑승지: 우예즈드(Újezd), 푸니쿨라의 마지막 역인 페트르진(Petřín) 역 하차 후 도보 약 3분.

공산주의 희생자 추모비
Pomník obětem komunismu
Memorial to the Victims of Communism

체코의 유명한 조각가 올브람 조우벡Olbram Zoubek, 건축가 즈데네크 회즐Zdeněk Hölzl과 얀 카렐Jan Karel과의 협력으로 2002년 5월 설치된 추모비. 페트르진 언덕 기슭, 푸니쿨라 정류장 근처에 위치한다. 총 7개의 조각상은 마치 계단을 걷고 있는 것처럼 보인다. 제일 앞의 조각상은 모든 신체를 온전히 갖춘 조각상으로 보이지만 두 번째 조각상부터는 무언가 다르다. 머리, 팔, 신체의 기관들이 해부학적으로 일부 빠져 있는데 이는 수감자의 고통, 용기, 회복력 등을 상징한다. 계단의 아래쪽에서는 1948~1989년에 이르는 공산주의 시절의 희생자들에 대한 정보를 확인할 수 있다. 유죄 판결 20만 5,486명, 처형 248명, 감옥에서의 사망 4,500명, 국경을 넘다가 사망 327명, 이민 17만 938명이라는 가슴 아픈 역사를 영원히 기억하고 있다.

지도 P.490-B3 주소 Újezd, 118 00 가는 방법 트램 1, 9, 12, 15, 20, 22, 23, 25번 우예즈드 역 하차 후 도보 약 2분.

RESTAURANT ✦ 먹는 즐거움 ✦

이프 카페 III IF Café III

캄파 섬에 자리 잡은 예쁜 디저트 카페. 섬세한 디자인의 디저트가 일품인 곳이다. 체코의 유명 파티셰인 이베타 파베쇼바Iveta Fabešová의 고품격 디저트, 케이크 등을 선보이고 있다. 카페의 이름도 그녀의 이니셜이다. 황금빛의 골든 에그Golden egg는 이프 카페의 시그니처 디저트. 보는 것만큼이나 적당히 달콤한 맛과 보들보들한 식감에 기분까지 좋아진다. 레몬Lemon, 체리-베리Cheery-Berry 등 영감을 받은 이름을 그대로 사용한 디저트는 예쁘면서 맛도 좋다. 녹음이 우거진 평온한 정원을 바라보며 혼자 사색에 잠기기에도 좋다. 카페는 전시, 콘서트, 연극, 워크숍 등이 제공되는 복합 문화 센터인 베리호바 빌라Werichova villa 1층에 위치한다.

지도 P.491-C2 주소 7, U Sovových mlýnů 501, 118 00 **홈페이지** ivetafabesova.cz **운영** 매일 08:30~20:00 **휴무** 없음(크리스마스 및 새해에는 운영 시간 상이) **가는 방법** 트램 1, 7, 12, 15, 20, 22, 23, 25번 말로스트란스케 나메스티 역 하차 후 도보 약 7분.

포크스 Pork's 작가추천!

카를교 근처 소지구 쪽에 위치한 핫한 돼지고기 요리 전문 레스토랑. 바삭하면서도 쫀득함이 살아있는 콜레노, 탱글탱글 육즙을 품고 있는 소시지, 느끼함을 잡아주는 양배추 수프, 적당히 달콤한 립 등 체코 최고의 돼지고기 요리를 선보이는 곳으로 현지인들도 인정한 맛집이다. 캐러멜 휘핑크림을 올린 맥주 아이스크림 디저트도 흥미롭다. 약 150명을 수용할 정도로 큰 규모지만 언제나 사람들로 북적인다. 플젠 태생의 신선한 필스너 우르켈과 코젤 블랙을 탱크에서 마치 갓 양조된 상태처럼 제공하고 있다. 맥주와 맛있는 음식이 환상의 콜라보를 이루는 곳이다.

지도 P.490-B2 주소 Mostecká 16, 110 00 Malá Strana **홈페이지** www.porks.cz/en **운영** 월~일요일 12:00~23:30 **휴무** 없음 **추천 메뉴** 콜레노, 양배추 수프, 슈니첼, 돼지고기 립, 필스너 우르켈 & 코젤 블랙 **가는 방법** 트램 1, 7, 12, 15, 20, 22, 23, 25번 탑승 후 말로스트란스케 나메스티 역 하차 후 도보 약 3분.

우 말레호 글레나 U Malého Glena

말라 스트라나 지역에 위치한 바, 레스토랑, 재즈 & 블루스 클럽이자 숙소. 현재는 맥주의 종류가 바뀌기는 했지만 과거 부드러운 거품의 벨벳 맥주로 유명했다. 우 말레호 글레나가 위치한 1600년대의 바로크 건물은 최근 리노베이션을 마쳤다. 1층은 우 말레호 글레나의 시그니처 맥주를 비롯한 체코의 필스너 우르켈과 저온 살균되지 않은 베르나르드 맥주와 다양한 주류, 두툼한 소고기 패티가 인상적인 햄버거를 비롯한 체코의 펍 음식을 만날 수 있는 곳이다. 지하는 라이브 재즈와 블루스를 연주하는 재즈 클럽으로 운영된다.

지도 P.490-B2 **주소** Karmelitská 374, 118 00 **홈페이지** malyglen.cz/en **운영** [바 & 레스토랑] 월~목요일 12:00~24:00, 금~일요일 12:00~02:00 [재즈 클럽 & 블루스] 19:30 오픈, 공연 시작 21:00 **휴무** 유동적, 여행 시기에 맞춰 별도의 확인 필요 **추천 메뉴** 벨벳 맥주, 치즈 버거 & 프라이, BBQ 립 **가는 방법** 트램 1, 7, 12, 15, 20, 22, 23, 25번 탑승 후 말로스트란스케 나메스티 역 하차 후 도보 약 2분.

슈베이크 레스토랑 Švejk Restaurant

제1차 세계대전을 배경으로 한 체코의 유명한 소설 속 주인공인 착한 병사 슈베이크의 이름을 딴 레스토랑. 1995년 시작해 현재 체코 전역에서 50개 이상의 프랜차이즈 매장으로 성장했다. 레스토랑의 메뉴와 분위기는 고전적이면서도 전통적이지만 여행객을 대상으로 하는 만큼 다소 상업적이고 맛은 평이한 수준이다. 플젠에서 양조된 신선한 맥주, 정통 보헤미아식 요리와 더불어 축제 시즌에는 거위 요리와 같은 특별 요리를 선보인다(슈베이크에 대한 이야기 P.75 참고).

지도 P.491-C1 **주소** [바츨라프 광장] Restaurant Švejk - 28. Října 378/15, 110 00 [카프카 박물관 근처] Malostranská pivnice - Cihelná 3, 118 00 **홈페이지** www.svejk.cz/en/home **운영** [바츨라프 광장 지점] 일~목요일 08:00~24:00, 금~토요일 08:00~01:00 [카프카 박물관 근처 지점] 일~목요일 11:00~24:00, 금~토요일 11:00~01:00 **휴무** 레스토랑별 상이 **가는 방법** [카프카 박물관 근처 지점 기준] 트램 1, 2, 7, 12, 13, 14, 15, 18, 20, 22, 23, 25번 말로스트란스카 역 하차 후 도보 3분.

SHOPPING 사는 즐거움

S&A 주얼리 디자인 S & A jewellery Design

폴란드에 본사를 두고 있는 호박 보석 전문점. 영어로 Amber라고 불리는 호박 보석은 발트해의 특산품으로 잘 알려져 있다. 체코에 따로 발트해가 있는 것은 아니지만 폴란드와 거리가 가까운 편이라 호박 보석을 사러 일부러 발틱 국가에 갈 수 없을 때 한 번쯤 들러봄직하다. 현지보다 가격이 높기는 하지만 한국보다는 종류도 훨씬 많고 가격도 합리적인 편. 가끔 재고 세일을 하기도 한다.

지도 P.490-B2 **주소** Malostranské náměstí 3, 118 00 **홈페이지** s-a.pl **운영 및 휴무** 유동적, 여행 시기에 맞춰 별도의 확인 필요 **가는 방법** 트램 1, 7, 12, 15, 20, 22, 23, 25번 말로스트란스케 나메스티 역 하차 후 도보 약 1분.

스미호프
Smíchov

19세기 철도의 성장으로 많은 산업들이 발전했던 지역으로 블타바 강을 건너 소지구 아래쪽에 위치한다. 웃음이라는 의미를 가진 스미흐Smích에서 유래한 스미호프는 사람들, 건축물들이 모여있는 활기찬 지역이다. 원래는 소위 잘사는 지역은 아니었지만 20세기 전반부에는 산업의 중심지였고, 민주화 혁명인 벨벳혁명이 있었던 1989년 이후에는 오래된 산업 지구에 비즈니스 지구가 조성되며 지금은 다국적 기업의 사무실, 대형 쇼핑센터 노비 스미호프Nový Smíchov를 이곳에서 만날 수 있다. 특히 최근 몇 년간 현대적인 개발로 인해 과거의 공장들을 개조한 건물과 공간에 사무실과 쇼핑센터들이 들어서고 와인 바들이 들어서는 등 세련된 지역으로 변모했다.

ATTRACTION 보는 즐거움

스타로프라멘 양조장 Staropramen Brewery

체코 프라하에서 1869년 태어난 자랑스러운 맥주. 정통 사츠 Saaz홉, 특별한 보리와 효모를 이용해 스타로프라멘의 역사를 이어가고 있다. 스미호프 구역에 터를 잡고 있다. 맥주를 좋아하지만 근교 도시를 가기는 어렵고 프라하에서 체험하고 싶은 여행객에게 대안이 될 수 있다. 비지터 센터를 통해 양조장 투어를 운영 중이다. 체코어, 영어, 독일어로 투어가 진행되나 따로 가이드가 동행하는 것이 아닌 화면을 통해 해당 언어로 안내되는 방식. 하지만 투어의 규모가 매우 작고, 현재 양조하는 모습을 볼 수 없는 데다가, 양조되는 과정 또한 실제가 아닌 영상으로만 보여주는 형태로 진행되기 때문에 기대가 크면 실망하기 쉽상이다. 호기심이 투철하지 않고서는 그다지 추천하지 않는다. 투어 후에는 선택에 따라 신선한 스타로프라멘 맥주 테이스팅이 제공된다.

지도 P.494 상단-B2 주소 Nádražní 43/84, 150 00 홈페이지 www.staropramen.com [양조장 투어 예약] www.centrumstaropramen.cz/en 운영 비지터 센터 화~일요일 11:30~18:00(투어 시작 15분 정도 전만 문을 연다) 휴무 월요일 요금 [4가지 맥주 테이스팅이 포함된 투어] 349Kč [6가지 맥주 테이스팅이 포함된 투어] 419Kč [1가지 맥주 테이스팅이 포함된 투어] 299Kč 등 가는 방법 트램 4, 5, 12, 20번 안델(Anděl) 역 하차 후 도보 약 5분 또는 메트로 B라인 안델(Anděl) 역 하차 후 도보 약 5분.

tip!
스타로프라멘의 맥주는 프라하 곳곳의 펍이나 레스토랑에서 만날 수 있다. 그중에서도 포트레페나 후사(Potrefená husa) 레스토랑 체인은 스타로프라멘에서 운영하는 직영점이다.

레일웨이 킹덤 Království železnic | Railway Kingdom

말 그대로 체코의 다양한 기차와 철도를 미니어처 테마로 꾸며놓은 곳. 아이가 있는 가족 여행객이 들러보면 좋을 만한 장소다. 600m² 규모의 공간에 수백m 길이의 철도, 수십 대의 미니어처 기차, 사거리, 자동차, 체코의 유명한 건물과 장소, 3만 명의 주민, 낮과 밤이 바뀌는 세심한 설정까지 준비되어 있어 아이들뿐만 아니라 어른들이 들러도 꽤나 즐거운 곳이다. 더불어 아이들이 실제 교통수단을 직접 운전하는 듯한 시뮬레이터 트램도 있는 경험형 교육 공간이기도 하다.

©kralovstvi-zeleznic.cz

PRAGUE VISITOR PASS 프라하 비지터 패스

지도 P.494 상단-A1 주소 Stroupežnického 23, 150 00 Praha 5-Smíchov 홈페이지 www.kralovstvi-zeleznic.cz/en 운영 매일 09:00~19:00 휴무 없음 요금 성인·15세 이하 어린이·학생·시니어 300Kč, 신장 1m 이하의 어린이는 50Kč 가는 방법 트램 1, 2, 4, 5, 7, 8, 9, 10, 12, 16, 17, 18, 20, 21, 22, 25, 32, 36번 안델 역 하차 후 도보 약 3분 또는 메트로 B라인 안델 역 하차 후 도보 약 2분.

RESTAURANT ◆ 먹는 즐거움 ◆

마니페스토 마켓 안델 Manifesto Market Anděl

안델역 근처의 현대적인 감각의 마켓. 이름처럼 시장은 아니고 다양한 콘셉트의 레스토랑과 바, 디저트 숍들이 모여있는 오픈식 공간이다. 한식, 일식, 아시아식, 멕시코식 등의 다국적 요리들을 포함하고 있고 술과 같은 간단한 음료도 마실 수 있어 현지인들에게 인기다. 팝업 레스토랑이 열리기도 하고 간혹 문화 이벤트도 진행하고 있는 즐거운 장소다. 독특한 콘셉트와 분위기로 오픈 후 현지인들에게 굉장한 인기를 얻으며 특히나 현지 젊은이들이 많이 찾는 곳.

지도 P.494 상단-A2 주소 [안델 지점] náměstí 14. října 150 00 홈페이지 www.manifestomarket.com 운영 매일 11:00~22:00 휴무 없음 가는 방법 트램 1, 2, 4, 5, 7, 8, 9, 10, 12, 16, 17, 18, 20, 21, 22, 25, 32, 36번 안델 역 하차 후 도보 약 5분 또는 트램 4, 5, 22번 나 크니제치(Na Knížecí) 역 하차 후 도보 약 3분 또는 메트로 B라인 안델 역 하차 후 도보 약 4분.

tip!
마니페스토 마켓은 프라하에서 최초로 현금이 없는 공간으로 운영을 시작했다. 현금 사용은 불가하니 꼭 카드를 준비할 것.

올드 하노이 Old Hanoi

안델역 근처의 베트남 요리 전문점. 노비 스미호프 쇼핑몰 바로 옆, 안델 역 근처로 멋진 베트남식 인테리어가 눈에 띈다. 넓은 매장은 깔끔하면서도 세련되었다. 특출나게 잘한다고는 말할 수 없지만 안델 역 근처에서 깔끔한 공간에서 괜찮게 먹기 좋은 곳이다.

지도 P.494 상단-A1 주소 Štefánikova 218/3, 150 00 홈페이지 www.oldhanoi.cz 운영 월~금요일 10:00~23:00, 토~일요일 11:00~23:00 휴무 없음 가는 방법 트램 1, 3, 4, 5, 6, 7, 9, 10, 12, 14, 15, 16, 17, 18, 20, 21, 22, 25번 안델 역 하차 후 도보 약 1분 또는 메트로 B라인 안델 역 하차 후 도보 약 1분.

레스토랑 우 마르차누 Restaurace U Marčanů

체코의 전통 노래와 민속 춤 공연을 보며 식사할 수 있는 대형 레스토랑으로 스미호프 외곽에 있다. 체코의 민속 전통에 관심이 있는 관광객들을 대상으로 운영하고 있는 곳이다. 택시로 약 15분, 트램으로 약 25분 정도로 떨어져 자리 잡고 있는 곳으로 시내 중심에서 조금 거리가 있는 편이지만 평소에는 듣기 힘든 체코 음악과 노래, 신명 나고도 다양한 체코 춤, 활기찬 분위기로 가득하다. 맛있는 체코 음식과 무제한 와인은 저녁 공연 시간 내내 마르지 않는 샘처럼 끊이지 않는다.

지도 P.494 상단-A1 주소 Veleslavínská 14/25, 162 00 Praha 6-Veleslavín 홈페이지 www.umarcanu.cz/en 운영 [레스토랑] 월~토요일 11:00~22:00 [민속 공연] 4~12월 매일 19:00~22:00, 1~3월 매주 토요일 19:00~22:00 휴무 시즌마다 상이 가는 방법 트램 1, 2, 25번 보옌스카 네모츠니체(Vojenská nemocnice) 역 하차 후 도보 약 7분.

SHOPPING ◆ 사는 즐거움 ◆

노비 스미호프 Nový Smíchov Shopping Centre

프라하에서도 가장 큰 쇼핑센터 중 하나로 스미호프의 안델 역 근처에 있다. 대형마트 테스코, 패션 브랜드 및 화장품 등 상점, 부티크, 약국, 서점, 레스토랑, 푸드코트, 영화관 등 거의 모든 것이 다 있다. 특히 시내에서도 큰 규모를 자랑하는 테스코가 바로 여기에 있어 한국으로 출발하기 전 과자 등을 기념품으로 사기 위해 찾는 여행객들이 많을 정도로 인기 있는 곳이다. 트램 정류장이 바로 앞인 데다 대형 지하 주차장이 있어 렌터카 이용자도 부담이 없다.

지도 P.494 상단-A1 **주소** Plzeňská 8, 150 00 **홈페이지** novy-smichov.klepierre.cz **운영** 매일 09:00~21:00 **휴무** 유동적, 여행 시기에 맞춰 별도의 확인 필요 **가는 방법** 트램 1, 3, 4, 5, 6, 7, 9, 10, 12, 14, 15, 16, 17, 18, 20, 21, 22, 25번 안델 역 하차 후 도보 약 1분 또는 메트로 B라인 안델 역 하차 후 도보 약 1분.

스미호프 테스코

홀레쇼비체
Holešovice

감각적이고 힙한 지역으로 개성 있는 개인 숍과 레스토랑, 현대 미술관들이 자리 잡고 있는 곳. 과거 프라하의 제조 및 무역의 중심지였던 구역이다. 20세기 초까지도 도축장, 양조장, 화물 시설 및 다양한 공장 등이 있었고 현재는 건물들이 개조되고 재건축되어 아파트, 사무실을 포함해 젊은 예술가와 디자이너들의 스튜디오와 문화 공간으로 다시 태어났다. 지역 재생과 활성화를 이룬 지속 가능한 발전의 좋은 예시를 확인할 수 있는 곳이기도 하다. 홀레쇼비체 안에서도 레트나 공원 쪽을 레트나Letná, 홀레쇼비체 기차역이 있는 쪽을 홀레쇼비체라고 구분해 부른다. 현재는 개성이 다양하고도 독특한 예술 지구로, 현대 예술의 대표적인 공간인 독스 갤러리와 창고를 개조해 탄생한 카페 브니트로블록에는 체코의 젊은이들이 끊이질 않는다.

ATTRACTION ◆ 보는 즐거움 ◆

레트나 공원 Letenské sady | Letná Park

프라하의 전경에 현지인들의 라이프스타일을 엿볼 수 있는 공원. 구시가지 광장에서 명품 거리 파르지즈스카 거리를 따라가다 보면 체후프 다리Čechův most가 나오는데, 다리를 건너 위로 올라가면 바로다. 혹은 프라하 성의 정원 근처에서는 가파른 계단 없이 도보로 쉽게 이동할 수 있다. 기존 도시를 응시하고 있던 소비에트 연방·체코슬로바키아의 대표자, 스탈린 동상이 철거된 자리에는 새로운 시대를 상징하며 과거에 대한 경고를 상기시키는 기대한 프라하 메트로놈 기념물이 설치되었고, 시민들은 스케이트를 타거나 메트로놈 근처에 앉아 구시가지의 전경을 바라보며 저마다의 여유를 즐긴다. 블타바 강 맞은편의 프라하와 아름다운 다리들을 바라볼 수 있는 파빌리온 레스토랑도 로맨틱한 뷰로 인기다.

tip!
레트나 비어 가든(Letna Beer Garden)
매년 여름이면 야외 테라스 펍에서 맥주를 마실 수 있는 비어 가든이 열린다. 프라하의 멋진 전경, 공원의 여유로운 분위기는 특별한 안주가 없어도 맥주의 맛을 돋운다.

지도 P.494 하단-A2 **주소** Letenské sady, 170 00 **가는 방법** 트램 2, 7, 15, 17번 체후프 모스트(Čechův most) 역에서 도보 약 10분 또는 트램 1, 2, 8, 18, 20, 22, 23, 25, 26번 카를로브스키 레토흐라데크(Královský letohrádek) 역에서 도보 약 6분.

국립 기술 박물관
Národní technické muzeum | National Technical Museum

PRAGUE 프라하 비지터패스 VISITOR PASS

1908년 설립된 이후 100여년 동안의 다양하고도 많은 기술 분야, 자연 과학, 정밀 과학과 산업의 발전을 기록한 광범위한 컬렉션을 소유하고 있다. 총 5개 관에서 26개의 상설 전시와 단기 전시를 진행하고 있으며 레트나에 위치한 건물이 바로 본관이다. 상설 전시는 교통, 건축, 건축과 디자인, 천문학, 인쇄, 사진관, 메르쿠어Merkur 체험장, 가전 제품, 광업, 금속공학, 시계 등을 주제로 진행되며 독특하고도 희귀한 아이템을 찾아보는 재미도 있다. 특히 본관의 '교통 홀 Transportation hall'은 박물관의 백미다. 연소 작용민 및 증기 엔진으로 작동하는 체코 최초의 자동차, 19세기 말부터 현재까지 발전 과정을 볼 수 있는 오토바이, 천장에 매달려 있는 대형 전투기와 항공기 등은 수 세기에 걸친 체코의 기술적 발전과 독창성을 보여준다.

지도 P.494 하단-A2 **주소** Kostelní 42, 170 00 **홈페이지** www.ntm.cz/en **운영** 화~일요일 09:00~18:00 **휴무** 공휴일, 매주 월요일 **요금** 성인 280Kč, 시니어(65세 이상) 150Kč, 어린이(6~15세) 60Kč, 가족(성인 2명+어린이 3명) 560Kč, 6세 미만 어린이 무료 **가는 방법** 트램 1, 2, 6, 8, 12, 14, 25, 26번 레텐스케 나메스티(Letenské náměstí) 역 하차 후 도보 약 5분.

독스 갤러리 DOX Centre for Contemporary Art

홀레쇼비체에 위치한 복합 문화 공간이자 갤러리. 체코 예술, 국제 예술, 건축, 디자인 등을 전시한다. 19세기부터 있던 개조된 복합 산업 단지에 자리 잡고 있다. 메인 전시는 주기적으로 바뀌며 독스 갤러리 내 여러 전시관에서 눈길을 끄는 독특한 작품들을 만날 수 있다. 빠르게 변화하는 트렌드, 컨템포러리 예술에 관한 방향과 시각을 몸소 확인할 수 있어 흥미롭다. 옥상에는 20세기 초 비행선에서 영감을 받은 42m 크기의 구조물 '걸리버 비행선'이 있다.

지도 P.494 하단-B1 **주소** Poupětova 1, 170 00 **홈페이지** www.dox.cz/en **운영** 수~일요일 12:00~18:00 **휴무** 매주 월~화요일, 12월 24일, 25일, 12월 31일, 1월 1일 **요금** 성인 250Kč, 학생·시니어(65세 이상) 130Kč, 어린이(7~15세) 100Kč, 가족(성인 2명 + 12세 미만 어린이 3명) 480Kč, 교사 130Kč **가는 방법** 트램 6, 12번 오르테노보 나메스티(Ortenovo náměstí) 역 하차 후 도보 약 5분.

프라하 동물원 PrahaZOO

프라하에 세계 5대 동물원 중 하나가 있다는 것을 아는 사람은 많지 않다. 종합 여행 포털사이트인 트립어드바이저가 세계 5대 동물원으로 선정한 프라하 동물원은 총 58헥타르라는 거대한 부지에 약 684종 5,000여 마리의 동물들이 자연친화적인 환경에서 살아가고 있다. 내부의 산책로는 약 10km에 달할 정도로 광활하다. 하루에 바나나 약 16kg, 당근 약 216kg, 고기 264kg, 건초 약 1,650kg 등 어마어마한 양의 재료가 먹이로 사용된다니 엄청난 규모를 짐작할 수 있다. 고릴라, 갈라파고스 땅거북이, 코끼리, 펭귄, 코뿔소, 호랑이, 기린, 하마 등 전 세계에서 온 동물들은 최대한 각자가 생활하던 환경과 비슷하게 꾸며진 부지에서 생활하고 있다. 홀레쇼비체에서 대중교통으로 약 20분 내외의 거리로 생각보다 멀지 않다. 어린이가 함께 하는 가족여행에 좋은 곳으로 실제로도 많은 체코인들이 아이들과 함께 온다.

지도 P.494 하단-A1 **주소** U Trojského zámku 3/120 **홈페이지** www.zoopraha.cz/en **운영** [1월, 2월, 11월, 12월] 09:00~16:00 [3월] 09:00~17:00 [4월, 5월, 9월, 10월] 09:00~18:00 [6~8월] 09:00~21:00 *티켓 판매는 폐장 30분 전까지, 단 6~8월의 경우 19시까지만 판매 **휴무** 없음 **요금** [1회권] 성인 330Kč, 어린이(3~15세)·학생 250Kč, 장애인 150Kč, 시니어(70세 이상) 1Kč, 가족(성인 2명+어린이 4명) 1,000Kč, 강아지 150Kč, 3세 미만 무료. *1회권은 온라인 구매시 할인 제공 [연간 패스(12회 입장 가능, 1일 1회 한)] 성인 1,800Kč, 어린이(3~15세)·학생 900Kč, 장애인 600Kč, 시니어(70세 이상) 1Kč, 가족(성인 2명+어린이 4명) 4,000Kč, 강아지 500Kč, 3세 미만 무료 **가는 방법** 메트로 C라인 나드라지 홀레쇼비체(Nádraží Holešovice)에서 버스 112번 환승 후 프라하 동물원(Zoo Praha) 역 하차.

> **tip!**
> 근처에 식물원인 '프라하 보태니컬 가든(Botanická zahrada Praha)'이 있다. 식물에도 관심이 있다면 함께 동선을 잡아도 좋다.

RESTAURANT ◆ 먹는 즐거움 ◆

도스 문도스 카페 Dos Mundos Café

레트나Letná에 자리 잡은 아늑한 카페. 커피에 자부심을 가진 로스터리 카페로 두 개의 세계라는 뜻이다. 비노흐라디에는 로스터리가 있고 레트나의 도스 문도스는 두 번째 지점이자 카페다. 레트나-홀레쇼비체 구역의 자유스러우면서도 인간적이고 트렌디한 분위기를 담고 있다. 여행 중 작은 오아시스를 발견한 것 같은 시간과 공간이랄까. 커피에 대한 곧은 철학은 도스 문도스의 자랑이다. 로스터리 설립 이후로 에콰도르의 아르나우드 카우스Arnaud Causs 농장에서 생두를 수입해 최상의 맛을 뽐내는 커피를 선보인다. 주기적으로 현지로 날아가 커피 콩의 품질과 생산 과정뿐만 아니라 생산자가 노동자들에 대한 공정한 보수와 삶의 질을 보장하는지까지도 신경 쓴다고 한다.

지도 P.494 하단-A1 주소 Milady Horákové 38, 170 00 홈페이지 www.dos-mundos.cz 운영 월~금요일 08:00~20:00, 토~일요일 09:30~19:00 휴무 없음 추천 메뉴 에스프레소, 라테, 아보카도를 곁들인 사워도우 토스트 가는 방법 트램 1, 2, 6, 8, 12, 14, 25, 26번 카메니츠카(Kamenická) 역 하차 후 도보 약 1분.

카페 레트카 Cafe Letka

레트나에 위치한 고즈넉하면서도 러블리한 느낌의 예쁜 카페. 카페에 들어서면 앤티크한 테이블과 의자, 예전의 벽을 그대로 이어 온 것 같은 인더스트리얼한 인테리어가 눈을 사로잡는다. 하지만 레트카의 진정한 멋은 바로 커피다. 바리스타가 정성을 다해 내린 커피는 프라하의 고요한 아침을 시작하기에 딱이다. 커피와 곁들여 먹을 수 있는 브런치 메뉴, 오후 메뉴, 케이크 등을 함께 판매하고 있어 한 끼를 해결하기에도 좋다. 단, 카페 레트카의 경우 매장 내 노트북 사용 금지다.

지도 P.494 하단-A1 주소 Letohradská 44, 170 00 홈페이지 cafeletka.cz/en 운영 월~수요일 08:00~23:00, 목~금요일 08:00~01:00, 토요일 09:00~01:00, 일요일 09:00~22:00 휴무 유동적, 여행 시기에 맞춰 별도의 확인 필요 가는 방법 트램 1, 2, 6, 8, 12, 14, 25, 26번 레텐스케 나메스티 역 하차 후 도보 약 5분.

미스터 핫도그 Mr. HotDog

레트나에 위치한 핫도그 전문점. 이름만 들어서는 핫도그가 얼마나 맛있겠어?라는 생각을 가질 수도 있다. 하지만 가게에 도착하는 순간 유쾌한 네온사인부터 마음을 빼앗는 집이다. 마치 멋진 펍 같은 바이브를 가졌다. 돼지고기 베이스의 핫도그, 소고기 베이스의 핫도그, 돼지고기-소고기 베이스의 핫도그를 이용해 빵과 소시지만 있는 기본 핫도그, 시카고 스타일, 칠리 치즈 스타일 등 미국식 핫도그를 선보인다. 조금 생소한 메뉴가 있다면 바로 슬라이더. 슬라이더는 미스터 핫도그의 미니 햄버거다. 핫도그에 기본 슬라이더 혹은 프렌치 프라이를 곁들여 먹는 것을 추천한다. 현지인들에게도 사랑받는 맛집이다. 프라하의 소규모 양조장의 맥주인 비노흐라드스카Vinohradská 라거도 판매 중이다.

지도 P.494 하단-A2 **주소** Kamenická 24, 170 00 **홈페이지** www.mrhotdog.cz **운영** 매일 11:30~22:00 **휴무** 유동적, 여행 시기에 맞춰 별도의 확인 필요 **가는 방법** 트램 1, 2, 6, 8, 12, 14, 25, 26번 카메니츠카(Kamenická) 역 하차 후 도보 약 2분.

콜렉크토르 Kolektor

컨템포러리한 인테리어, 넓은 통창이 인상적인 감각적인 카페. 프라하 국립 미술관-벨레트르즈니 팔라츠 NGP-Veletržní palác의 1층에 있다. 미술관에 위치한 카페여서 그런지 예술에 관심 있는 사람들은 물론 여행객, 아이와 함께한 가족 등 다양한 연령대의 방문자들이 찾는다. 커피만 파는 것은 아니고 디저트류, 간단한 식사류를 함께 판매 중이다. 높은 층고에 넓은 공간은 답답함이 전혀 느껴지지 않고, 자리 간격 또한 여유로워서 오래 앉아 있기에도 좋다. 그래서인지 노트북으로 업무를 보고 있는 사람, 그림을 그리는 사람, 식사를 여유롭게 즐기는 사람, 커피와 디저트를 즐기는 사람 등 저마다의 시간을 자유롭게 즐기는 다양한 사람들을 볼 수 있다.

지도 P.494 하단-A2 **주소** Dukelských Hrdinů 530/47, 170 00 **홈페이지** www.kolektorcafe.cz **운영** 매일 09:00~23:00 **휴무** 12월 25일 **가는 방법** 트램 1, 6, 8, 12, 17번 벨레트르즈니 팔라츠(Veletržní palác) 역 하차 후 도보 1분.

브니트로블록 Vnitroblock

창고 혹은 공장을 연상시키는 인테리어의 카페. 건물의 벽돌이 그대로 드러나는 인더스트리얼 스타일의 브니트로블록은 커피를 위한 공간만이 아니라 문화와 예술적 감성이 가득한 곳이다. 그러면서도 곳곳에 식물과 꽃을 배치해 두어 전혀 삭막해 보이지 않는다. 테이블과 의자에서도 개성이 넘쳐나는 멋진 곳이다. 컴퓨터 작업을 하기에도 여유로운 공간과 분위기를 갖춰 작업을 하거나 간단한 모임을 갖는 현지인들이 많다. 젊은 디자이너를 위한 갤러리나 패션 브랜드의 편집숍이 함께 있다.

지도 P.494 하단-B1 주소 Tusarova 791/31, 170 00 홈페이지 vnitroblock.cz 운영 매일 09:00~22:00 휴무 12월 25~26일 가는 방법 트램 6, 12번 델니츠카(Dělnická) 역 하차 후 도보 약 3분.

빅 스모커스 Big Smokers

힙한 홀레쇼비체에 위치한 바비큐 레스토랑. 체코의 신선한 육류를 이용해 미국 남부 스타일의 바비큐를 선보인다. 비프 립스, 풀드 포크 등의 스모크드 미트 메뉴를 비롯해 3가지의 고기 요리와 2가지의 사이드 메뉴가 포함된 콤보(스몰, 빅), 스페셜 메뉴 등 다양한 메뉴들을 판매 중이다. 트렌디한 구역에 위치한 만큼 일하는 스태프, 내부 분위기도 힙하다. 미스터 핫도그와 같은 소유주에 의해 운영되는 곳으로 미국의 맛을 체코에 소개하려 노력하고 있다.

지도 P.494 하단-B1 주소 Dělnická 643/40, 170 00 운영 화~토요일 11:00~22:00, 일요일 11:00~18:00 휴무 없음 추천 메뉴 데일리 스페셜스, 풀드 포크 스모크드 미트, 비프 립 샌드위치 등 가는 방법 트램 6, 12번 델니츠카(Dělnická) 역 하차 후 도보 약 2분.

가람 Garam

한국에서와 비슷한 맛을 구현하는 한식 레스토랑. 두툼한 돼지고기가 넉넉하게 들어가는 김치찌개가 인상적인 곳이다. 주인아저씨가 여러 메뉴들을 직접 연구하고 조리해 더욱 맛있는 듯 하다. 블타바 강 위쪽, 홀레쇼비체 쪽에 위치한다.

지도 P.494 하단-A2 주소 Janovského 963/3, 170 00 Praha 7-Holešovice 인스타그램 @garam_praha 운영 월~토요일 11:00~15:00, 17:00~22:00 휴무 일요일 추천 메뉴 김치찌개, 돌솥 비빔밥, 순두부 찌개 등 가는 방법 트램 1, 12, 14, 25번 스트로스마예로보 나메스티(Strossmayerovo náměstí) 역 하차 후 도보 약 2분.

카를린
Karlín

과거 공업 지역이었던 곳으로 여러 공장들이 자리하고 있었다. 2002년 유럽 대홍수로 많은 피해를 입었다가 지금은 문화와 비즈니스의 중심지라고 할 만큼 멋지고 힙한 모습으로 다시 태어났다. 트렌디한 레스토랑, 펍 등이 과거 아르누보 양식의 건물과 폐공장을 개조해 만든 건물에 위치해 감각적인 인더스트리얼한 분위기를 자아낸다. 마치 한국의 성수동과 같은 곳이랄까. 또한 많은 회사들이 이곳에 자리 잡으며 지역 재활성화에도 성공한 곳이기도 하다. 특유의 분위기로 인해 현지인들도 많이 찾는다. 딱히 볼 만한 관광지가 있는 구역은 아니지만 멋진 카페와 레스토랑, 펍 등이 있어 이곳을 찾을 만한 가치가 충분하다. 2018년에는 유럽의 타임아웃Time Out 매거진의 세계의 쿨한 이웃Time Out's 50 coolest neighborhoods in the world 38위에 선정되기도 했다.

ATTRACTION 보는 즐거움

릴리스 Lilith

길 가던 사람의 시선을 사로잡을 만큼 거대한 다비드 체르니의 최신작. 릴리스라는 이름의 스테인리스 스틸 구조물로 거대한 여성이 빌딩을 받치고 있는 형상이다. 높이 24m, 약 35톤의 무게로 2022년 10월에 설치됐다. 프라하에서도 가장 큰 규모에 속한다. 다비드 체르니에 의하면 이번 작품은 성경에서 아담에게 저항한 최초의 여성으로 여성의 평등과 독립, 해방을 상징하다고. 건물의 중간 부분에도 거대한 발과 손이 건물 일부를 지탱하고 있어 재밌다.

지도 P.494 하단-B2 **주소** Invalidovna, 180 00 **가는 방법** 트램 3, 8, 24번 인발리도바(Invalidovna)역 하차 후 도보 약 4분 또는 메트로 B라인 인발리도바 역 하차 후 도보 약 4분.

RESTAURANT 먹는 즐거움

로프트 카페 카를린 Loft Cafe Karlín

한창 핫한 카를린에 둥지를 튼 아늑한 분위기의 카페. 큰 규모는 아니지만 커피에 진심인 바리스타가 만들어주는 커피는 공간을 더욱 따뜻하게 만들어주는 듯하다. 복층의 구조는 마치 비밀 아지트를 연상시킨다. 테이블에서 잠시 컴퓨터 작업을 하는 현지인들도 종종 눈에 띈다. 현지의 분위기를 느끼고 싶을 때 들르기 좋은 곳. 주위에 다른 펍이나 다이닝 레스토랑이 있어 카페만 들르기보다는 다른 곳과 함께 동선을 고려하는 것을 추천한다.

지도 P.494 하단-B2 **주소** Křižíkova 512/68, 186 00 Karlín **홈페이지** loftcafe.cz **운영** 월~금요일 08:00~20:00, 토요일 10:00~18:00, 일요일 및 공휴일 11:00~18:00 **휴무** 12월 24~25일, 1월 1일 등 시즌별 상이 **가는 방법** 트램 3, 8, 24, 25번 크르지코바(Křižíkova) 역 하차 후 도보 약 7분 또는 메트로 B라인 크르지코바 역 하차 후 도보 약 5분.

EMA 에스프레소 바 카를린 지점 Extra Medium Akorát Karlín

프라하에서 인기 있는 카페이자 세련된 에스프레소 바. 유명세만큼이나 카페를 찾는 현지인들로 언제나 붐빈다. 카페와 바리스타는 업계에서도 많은 수상한 것으로 알려져 있다. 그라인더와 마이크로 로스터리를 가지고 있어 EMA의 스페셜티 커피를 직접 볶는다. 프라하 내 3개의 매장을 운영 중이다. 분위기, 맛, 향, 감성 모두 가지고 있는 카페다. 특히 카를린 지점은 지역의 자유로운 분위기가 묻어나면서도 많이 붐비지 않아 좋다. 매장마다 분위기나 좌석이 조금씩 다르고 아무래도 프라하를 여행한다면 마사리크 기차역 지점이나 카를린 지점 방문이 편하다(EMA 마사리코보 기차역 지점 P.493-C1, EMA 팔모프카 지점 P.494 하단-B2).

지도 P.494 하단-B2 주소 Palác Karlín Vstup z ulice Křížikova, Thámova 289 /13, 186 00 Praha 8 **홈페이지** www.emaespressobar.cz/en **운영** 월~금요일 08:00~18:00, 토~일요일 10:00~18:00 휴무 12월 25일 **가는 방법** 트램 3, 8, 24, 25번 크르지코바 역 하차 후 도보 약 3분 또는 메트로 B라인 크르지코바 역 하차 후 도보 약 2분

드바 코호우티 Dva Kohouti

한국의 성수동과도 같은 카를린에 위치한 수제 맥주 브루어리 & 펍. 현지인들이 찾는 찐 맥주 맛집이다. 직접 양조한 맥주의 맛, 색, 향 등 다른 어느 곳에서도 만날 수 없는 드바 코호우티의 개성을 아주 잘 담고 있다. 넓은 마당과 내부는 드바 코호우티의 맥주를 즐기러 온 사람들로 순식간에 가득 찬다. 정말 맥주만 온전히 즐기는 체코의 문화를 체험할 수 있다. 테이블의 경우 단독이 아닌 셰어하는 형태다. 이미 마시고 있는 사람이 있다면 해당 테이블에 다른 일행이 없는지 확인하고 합류해서 카를린의 개성이 꽉 찬 맥주를 즐기면 된다. 특히 빨간색의 새콤한 과일향 키셀라 마냐 맥주를 추천한다. 왁작지껄한 분위기 속에서 맥주를 마시다 보면 밤이 언제 끝나가는지 모를 정도다. 참고로 드바 코호우티는 두 마리의 수탉이라는 뜻이다.

지도 P.494 하단-B2 주소 Sokolovská 81/55, 186 00 **홈페이지** www.dvakohouti.cz **운영** 월~금요일 15:00~01:00, 토요일 12:00~1:00, 일요일 12:00~22:00 **휴무** 없음 **가는 방법** 트램 3, 8, 24, 25번 카를린스케 나몌스티(Karlínské náměstí) 역 하차 후 도보 약 1분.

로칼 함부르크 Lokál Hamburk

카를린에 자리 잡은 맥주 펍 로칼 체인. 로칼은 신선한 필스너 우르켈을 취급하기로 유명하다. 회전율이 빠르고 전문적으로 필스너 우르켈을 관리하고 있을 뿐만 아니라 적당한 금액으로 식사까지 해결할 수 있는 곳이다. 점심시간에는 근처 직장인들이 들러 맥주와 함께 식사하고 가는 모습도 심심찮게 발견할 수 있다. 로칼 함부르크에서 코너만 돌면 카를린의 유명 수제 맥주 펍 '드바 코호우티'가 있어 로칼에서 1차를 하고 자리를 옮기기에도 좋다. 맥주만 가볍게 마실 수 있도록 준비된 가게 앞의 맥주 스탠드가 귀엽다.

지도 P.494 하단-B2 주소 Sokolovská 55, 186 00 **홈페이지** lokal-hamburk.ambi.cz/en **운영** 매일 11:00~23:00 **휴무** 없음 **가는 방법** 트램 3, 8, 24, 25번 카를린스케 나메스티 역 하차 후 도보 약 1분.

에스카 Eska

힙한 카를린에 위치한 레스토랑 겸 베이커리로 2019 미슐랭 가이드 빕 구르망에 선정된 곳이다. 체코에서도 다양한 소고기 전문 레스토랑을 운영하는 앰비엔테 그룹에서 운영한다. 1층은 유기농 밀가루만을 사용해 사워 도우의 빵, 페이스트리 등을 직접 굽고, 꿀과 같은 현지 특산품을 판매하며 2층이 본격적인 레스토랑 공간이다.

특히 과거 산업 지역이었던 카를린의 오래된 빌딩을 개조해서 만든 특유의 감각이 레스토랑에 녹아있다. 과거에 체코를 여행했던 사람이라면 믿기 힘들 정도로 세련된 분위기에 놀랄 것이다. 아침 메뉴, 브런치 메뉴, 올 데이 메뉴를 제공하며 각 계절의 신선한 재료로 만든 5코스의 식사를 선택할 수도 있다. 멋진 공간만큼이나 맛있는 음식, 개성 강한 플레이팅이 돋보이는 곳.

> **tip!**
> 크리스마스 시즌이면 특별 잉어 요리를 선보인다.

지도 P.494 하단-B2 주소 Pernerova 49, 186 00 **홈페이지** eska.ambi.cz/en **운영** 월~금요일 08:00~22:00, 토~일요일 09:00~22:00, 브런치 메뉴 09:00~15:00, 런치 메뉴 11:30~15:00, 스몰 디시 11:30~17:00 **휴무** 12월 24일 **추천 메뉴** 재 속의 감자(Potatoes in ash), 에스카 조식(Breakfast Eska), 스테이크 류, 5코스 메뉴 등 **가는 방법** 메트로 B라인 크르지지코바 역 하차 후 도보 약 5분 또는 트램 3, 8, 24, 25번 크르지지코바 역 하차 후 도보 약 6분.

©CzechTourism/MARK BBDO

비셰흐라드
Vyšehrad

체코의 전설과 신화가 살아있는 곳. 체코 국가의 시작점이기도 하다. 보헤미아의 프르제미슬 왕조가 거주했다고 전해지며 체코 전설 속 유명한 리부셰 공주가 바로 여기에서 체코와 프라하의 위대한 미래를 예언했다고. 비셰흐라드에서 바라보이는 프라하 성, 블타바 강이 어우러지는 아름다운 프라하의 뷰를 보러 많은 여행객들이 찾는 곳이기도 하다. 현재는 체코의 유명인들이 비셰흐라드의 국립 묘지에서 영원한 안식을 취하고 있다.

ATTRACTION ◆ 보는 즐거움 ◆

비셰흐라드 Vyšehrad

체코 국가의 시작점이자 체코의 전설과 신화로 둘러싸인 곳. 프라하의 남쪽에 자리 잡은 비셰흐라드는 블타바 강이 내려다보이는 강변의 높은 곳에 위치하고 있다. 전설에 따르면 보헤미아의 프르제미슬Přemysl 왕조가 비셰흐라드에 거주했다고 한다. 전설 속 체코의 공주 리부셰Libuše가 프라하의 위대한 미래를 예언한 곳이기도 하다. 참고로 프르제미슬 왕조는 체코 역사의 문을 연 가문으로 400년 이상 체코 영토를 통치했다고 알려진다. 10세기 중반 이곳에서 비셰그라드라고 적힌 은화가 이미 주조되었고 11세기에 보헤미아 최초의 왕 브라티슬라프 1Vratislav I세가 비셰흐라드에 자리를 잡았다. 그의 후계자들은 1140년까지 이곳에서 통치하며 원래 목조였던 성은 석조로 재건되었다.

12세기 후반부터는 비셰흐라드의 중요성이 낮아지기 시작했다. 하지만 카를 4세는 조상인 프르제미실드Přemyslid를 여전히 존경해 보헤미아 왕들이 대관식 전날 비셰흐라드를 경건한 마음으로 다녀올 것을 의무화했다. 그는 1347년 9월 1일 해당 의무를 최초로 수행했고 성의 근무자들을 위한 주택, 수로와 학교를 갖춘 화려한 왕궁을 짓기 시작해 1348~1350년 사이에는 흉벽, 탑, 두 개의 문이 있는 새로운 요새를 건설했다. 이때 세워진 슈피츠카Špička는 1903년에 복원을 거쳐 지금까지 잘 보존되고 있다. 체코의 가장 오래된 로툰다인 성 마르틴 로툰다St. Martin Rotunda, 카를교의 오리지널 조각상 일부를 보관하고 있는 골리체Gorlice, 체코의 역사적인 인물들이 묻혀있는 묘지가 바로 여기에 있다.

지도 P.484-B3 **주소** 1 V Pevnosti 159/5b,128 00 Praha 2 – Vyšehrad **홈페이지** www.praha-vysehrad.cz/en **운영** [가이드 투어 및 전시] 매일 10:00~18:00 [비셰그라드 갤러리(단기 전시)] 화~금요일 13:00~18:00, 토~일요일 10:00~18:00 **휴무** 12월 25일, 26일, 1월 1일 **요금** [비셰흐라드 공동묘지] 무료 [성 베드로와 성 바울 바실리카] 성인 130Kč, 어린이(7~15세)·학생(16~26세)·시니어(65세 이상) 70Kč, 어린이(6세 이하) 무료 [골리체(투어를 통해 입장 가능)] 성인 130Kč, 어린이·학생(6~26세)·시니어(65세 이상) 80Kč, 어린이(6세 이하) 무료 **가는 방법** 메트로 C 라인 비셰흐라드(Vyšehrad) 역 하차 후 도보 약 13분 또는 트램 2, 3, 5, 6, 7, 13, 14, 16, 17, 18, 21, 24번 오스트르칠로보 나메스티 역 하차 후 도보 약 12분.

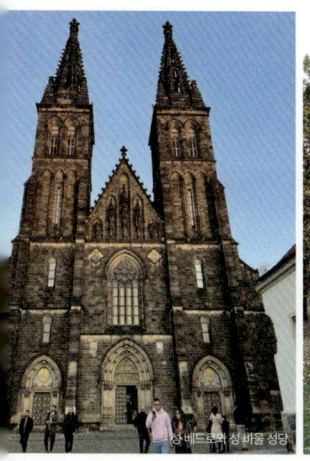

성 베드로와 성 바울 성당

성 베드로와 성 바울 바실리카

Bazilika sv. Petra a Pavla na Vyšehradě | The Basilica of St.Peter and St.Paul

비셰흐라드의 랜드마크이자 프라하의 랜드마크. 성 베드로와 성 바울 바실리카는 보헤미아의 첫 번째 왕인 브라티슬라프 1세가 세웠다. 최초에는 로마네스크 양식의 바실리카였다. 그 후 카를 4세가 통치하며 웅장한 고딕 양식으로 개조했고 총 길이 110m의 바실리카는 당시에는 프라하에서 가장 긴 성당 건물이기도 했다. 바실리카는 후스파의 약탈에서 잘 살아남았고, 1720년대에는 바로크 양식으로 대대적으로 재건되었다. 지금의 네오고딕 양식은 1885~1903년 완성된 것이다. 바실리카의 지하에는 프르제미실드의 왕자 브라티슬라프 2세, 그의 형제 콘라드, 소베슬라프 1세와 2세의 유해가 있다고 전해지지만 지금까지 아무도 찾지 못했다. 첨탑의 높이는 약 58m로 덕분에 멀리서도 비셰흐라드의 모습이 잘 보인다.

비셰흐라드 묘지와 슬라빈

Vyšehradský hřbitov a Slavín | Vyšehrad Cemetery and Slavín

성 베드로와 성 바울 바실리카 옆의 비셰흐라드 국립묘지는 프라하에서 가장 중요한 묘지 중 하나다. 600명이 넘는 체코의 작가, 과학자, 예술가, 시인, 작곡가, 배우, 의사, 정치인 등이 묻혔다. 특히 묘지의 동쪽 끝에 있는 슬라빈Slavín에는 체코에서 가장 유명한 인물들의 무덤이 있다. 특히 세계적으로 유명한 체코 작곡가 안토닌 드보르자크Antonín Dvořák, 베드르지흐 스메타나Bedřich Smetana, 오페라 가수 에마 데스틴노바Ema Destinnová, 알폰스 무하Alfons Mucha, 카렐 히네크 마하Karel Hynek Mácha 등 저명한 체코의 예술가들의 영원한 안식처이기도 하다. 현재는 비셰흐라드 국립 문화 기념물로 지정되어 있다.

지도 P.484-B3

묘지

베드르지흐 스메타나 묘지

안토닌 드보르자크 묘지

재미로 알아보는 **체코의 신화와 역사**

신화 속 공주 리부셰 Libuše

리부셰는 체코의 전설과 신화 속 인물이다. 프르제미슬 왕조와 체코인의 전설적인 조상이기도 하다. 체코 통치자 크로크Krok의 막내 딸이었던 리부셰는 세 자매 중 가장 똑똑했으며 또 미래를 예언할 수 있었다고 한다. 항간에는 슬라브족의 공주라는 이야기도 있다. 현명했던 공주였지만 당시 여자라는 신분으로는 통치자가 될 수 없었고 이에 리부셰는 쟁기질을 하는 농부(혹은 왕자라고도 전해짐)였던 프르제미슬과 결혼해 프르제미실 왕조를 세웠다. 8세기에 지금의 비셰흐라드에서 강 건너 숲이 우거진 언덕을 가리키며 '나는 영광이 별에 닿을 위대한 도시가 보인다'라고 예언했다고. 그리고 집의 문지방(체코어로 프라흐 práh)을 짓고 있던 남자에게 그 자리에 성을 지으라고 지시하며 프라히의 빛나는 역사가 시작되었다고 전해진나. 그리고 프르제미슬 왕조는 수백 년간이나 체코를 통치했다. 지금도 체코에서 리부셰라는 이름은 전설적인 존재를 떠올리게 한다.

호리미르Horymír와 셰미크Šemík 전설

전설은 고대의 체코, 비셰흐라드의 성에서 왕자 크르제소미슬Křesomysl이 통치하던 시대로 거슬러 올라간다. 왕자는 농부들에게 농사 대신 은을 채굴해 왕실의 금고를 채울 것을 명령했다. 호리미르Horymír라고 불리던 농부(혹은 기사)는 농사를 짓지 않으면 기근이 발생할 것이라고 경고했다. 하지만 호리미르의 말을 귀담아 듣기는커녕 광부들은 오히려 그의 집에 불을 질렀고 이에 질세라 호리미르도 광부들의 재산을 불태웠다. 문제는 광부로 일하는 것이 왕자의 명이었던 터, 호리미르는 사형을 선고받았다. 그는 죽기 전에 그의 애마 셰미크Šemík를 타고 싶다고 요청했고 마지막 소원은 받아들여졌다. 호리미르가 셰미크를 타고 속삭이자마자 셰미크는 마치 주인의 말을 알아들은 듯 성벽을 뛰어넘어 절벽 아래로 달리기 시작했고 그들이 속했던 마을로 향했다. 셰미크는 주인을 살렸으나 탈출로 인해 많은 체력을 소비해 결국 죽고 말았다. 용감한 말 셰미크는 아직도 비셰흐라드의 바위에서 잠을 자고 있다고. 언제나 도움이 필요할 때 나타날 준비가 되어있다고 한다.

비노흐라디
Vinohrady

푸른 녹지와 나무가 가득한 아름다운 주거 지역. 19세기 후반~20세기 전반에 지어진 네오 르네상스, 아르누보, 네오고딕 양식 등의 파스텔톤 건물들이 줄지어 늘어서 있고 리에그로비 공원, 할브리츠코비 공원 등 주민들이 쉴 수 있는 휴식 공간도 다양하다. 참고로 비노흐라디라는 이름은 포도밭이라는 뜻이다. 14세기, 카를 4세가 신시가지를 세울 즈음 비노흐라디에 포도를 심기 시작했고 약 400년 동안이나 포도밭으로 뒤덮여 있다가 그 후 정원, 과수원 및 주거용 건물이 생기며 지금의 비노흐라디가 되었다. 아름다운 선셋이 함께하는 프라하의 뷰, 맥주 정원이 있는 리에그로비 공원으로 유명하다.

ATTRACTION ✦ 보는 즐거움 ✦

국립 오페라 극장 Státní opera | The State Opera

2020년 1월 5일, 3년간의 대대적인 리노베이션을 마치고 화려하게 재개장했다. 아름답고도 우아한 네오 바로크 양식의 국립 오페라 극장은 1888년 1월 5일 처음 모습을 선보였다. 빌딩과 극장은 그대로 유지하면서 새로운 무대 기술, 회전이 가능한 무대, 현대적인 리허설 공간 등 다양한 시설들이 개선되었다. 에두아르드 바이트의 역사적이면서도 기념비적인 벽화, 천장의 프레스코화들은 먼지를 벗겨내고 한결 아름답고 깨끗한 모습으로 돌아왔으며 특히 객석의 전자 디바이스 설치로 공연 감상 시 청중들의 편의성이 높아졌다. 오페라, 체코 국립 발레단의 작품, 연극 등 다양한 작품들을 합리적인 금액으로 만나볼 수 있어 매력적이다.

지도 P.489-A2 **주소** Wilsonova 4, 110 00 Praha 1-Vinohrady **홈페이지** www.narodni-divadlo.cz/en **운영** [박스 오피스] 매일 10:00~18:00 [온라인 티켓 구매] 24시간 **휴무** 없음 **요금** 490~1,390Kč **가는 방법** 트램 5, 11, 13번 무제움 역에서 도보 약 5분 또는 메트로 A, C라인 무제움 역에서 도보 약 3분 또는 프라하 중앙역(Hlavní nádraží) 및 메트로 C라인 흘라브니 나드라지 역에서 도보 약 6분.

미루 광장 náměstí Míru | Peace Square

중앙의 공원이 인상적인 비노흐라디의 미루 광장. 미루는 평화라는 뜻이다. 매년 봄이면 부활절 광장, 겨울이면 크리스마스 마켓 등 시즌마다 다양한 축제가 열린다.

지도 P.489-B1 **주소** náměstí Míru, 120 00 **가는 방법** 트램 2, 4, 10, 13, 16, 22, 23번 나메스티 미루(Náměstí Míru) 역 하차 또는 메트로 A 라인 나메스티 미루 역 하차

리에그로비 공원
Riegrovy sady | Rieger Gardens

프라하와 프라하 성이 한눈에 들어오는 비현실적으로 아름다운 프라하의 전경을 볼 수 있는 곳. 간단한 간식거리, 와인, 맥주를 준비해 선셋 무렵 찾아 로맨틱한 노을을 바라보며 하루를 마무리하기에도 좋다.

지도 P.489-B1 **주소** Riegrovy sady 120 00 Praha 2- Vinohrady **가는 방법** 트램 11, 13번 이르지호 즈 포데브라디 역 하차 후 도보 약 11분 또는 메트로 A 라인 이르지호 즈 포데브라디 역 하차 후 도보 약 10분.

RESTAURANT ◆ 먹는 즐거움 ◆

라 보헴 카페 La Bohème Café

비노흐라디에 위치한 근사한 분위기의 로스터리 카페. 라 보헴 카페의 매력은 멋진 분위기뿐만 아니라 커피에 진심인 마음에 있다. 카페의 창립자는 최고 품질의 커피를 선보이겠다는 열정으로 아프리카에서 중남미까지 몇 년을 여행하며 연구했고 커피 콩뿐만이 아닌 커피 농장과의 직거래, 농장과 지역 사회와의 관계, 지속 가능한 관계의 구축까지도 고려한 건강한 경영 마인드를 가진 곳이다. 커피에 진심인 만큼 최적의 로스팅을 위해 그들만의 기술로 2단계 로스팅 방법을 사용한다고 한다. 풍부하고도 균형 잡힌 향과 맛의 커피, 커피와 곁들일 맛있는 베이커리, 쾌적하면서도 세련된 공간, 커피에 대한 철학 모두 라 보헴 카페를 방문해야 할 이유다.

지도 P.489-B2 **주소** Sázavská 2031/32, 120 00 **홈페이지** labohemecafe.cz/en **운영** 매일 08:30~20:00 **휴무** 없음 **가는 방법** 트램 11, 13, 18번 비노흐라드스카 크르즈니체(Vinohradská tržnice) 역 하차 후 도보 약 2분.

체스트르 앰비엔테 Retaurace Čestr Ambiente [작가추천!]

앰비엔테 그룹의 소고기 전문 레스토랑. 앰비엔테 그룹은 체코 품종의 소고기 및 돼지고기로 요리하는 체코의 대표적인 지속 가능한 그룹 중 하나다. 그중에서도 체스트르 앰비엔테 레스토랑은 최상급의 체코 소고기 요리를 선보이고 있는 곳으로 레스토랑 내부에서 최고의 맛을 위해 맞춤형 훈제 사우나에서 숙성되고 있는 전통 소 품종인 플레츠크비에흐Čestr와 돼지 품종인 프르제슈티크Přeštík의 모습을 볼 수 있다. 저온에서 통째로 굽고 허브와 함께 훈제해 육즙이 풍부하고 풍미가 뛰어나다. 리노베이션을 통해 세련된 인테리어와 플레이팅을 선보여 체코인에게 굉장한 인기. 3코스 메뉴는 955Kč(약 5만 원 선)로 가격 대비 품질이 훌륭하다. 그 외도 다양한 애피타이저, 고기 요리 그리고 체코 와규를 맛볼 수 있는 곳으로 체코의 최고급 고기 요리를 찾는 사람들에게 특히 추천한다.

지도 P.489-A1 **주소** Legerova 57/75, 110 00 **홈페이지** cestr.ambi.cz/en [예약] cestr.ambi.cz/rezervace **운영** 화~금요일 11:30~23:00, 토~월요일 12:00~23:00 **휴무** 12월 24일 **추천 메뉴** 3코스 식사, 체스트르 타르타르, 크림 소르를 곁들인 구운 소고기(양지), 구운 어깨살, 스테이크류 등 **가는 방법** 메트로 A, C 라인 무제움 역에서 하차 후 도보 약 3분 또는 트램 5, 11, 13, 96번 무제움 역에서 하차 후 도보 약 4분.

포 베트남 투안 & 란 앙글리츠카 Pho Vietnam Tuan & Lan Anglická 작가추천!

현지인이 추천하는 베트남 쌀국수 맛집. 국립 박물관 북쪽인 비노흐라디 구역에 있다. 정통 베트남 요리를 구현하는 곳으로 음식 퀄리티가 상당히 높은 편이다. 아시아 여행객에게도 현지인에게도 두루 사랑받는 곳이다. 한국의 대중적인 프랜차이즈 베트남 음식과는 차원이 다르게 깊은 맛을 자랑한다. 쌀국수, 소고기, 돼지고기, 해산물, 비건 메뉴 등을 보기 좋게 정리해두어 주문하기도 편리하고 선택의 폭도 넓고 웬만한 메뉴는 실패가 없을 정도로 훌륭하다.

지도 P.489-A2 **주소** 15, Anglická 529, 120 00 **홈페이지** www.pho-vietnam.cz **운영** 월~토요일 11:00~22:00 **휴무** 매주 일요일 **추천 메뉴** 소고기 쌀국수인 포 보(Pho Bo), 분짜(Bun Cha), 분 보 남 보(Bun Bo Nam Bo) 등 **가는 방법** 트램 11, 13, 96번 I.P. 파블로바 역 하차 후 도보 약 2분.

미스카 라멘 바 Miska Ramen Bar

아시아 음식이 그립지만 한식이 먹고 싶지 않을 때 찾으면 좋은 곳. 꽤나 충실하게 라멘 맛을 구현하려고 노력했다. 체코 국립 박물관 뒤쪽으로 중앙역을 내려다보는 다리를 건너면 바로다. 혼자에게 좋은 바 석, 친구와 같이 먹기 좋은 테이블 석 등 일본식 인테리어로 꾸며두었다. 아시아인도 찾지만 일본 라멘을 맛보려는 외국인들이 눈에 띈다. 다만 직원들은 중국어를 사용하고 있어 진짜 일본인이 운영하는지는 확실치 않다. 메뉴판의 김치가 반갑다.

지도 P.489-A1 **주소** Španělská 2, 120 00 **홈페이지** miskaramen.cz/miskaramen-en **운영** 매일 11:00~21:00 **휴무** 없음 **추천 메뉴** 돈코쓰 라멘, 교자 **가는 방법** 트램 5, 11, 13, 96번 무제움 하차 후 도보 약 2분 또는 메트로 A, C 라인 무제움 역 하차 후 도보 약 5분.

지즈코프
Žižkov

프라하에서 가장 높은 빌딩인 지즈코프 TV 타워가 위치한 구역. 관광지로 유명한 프라하의 다른 구역들과는 확연히 다른 분위기를 가진 곳이다. 한때는 공산당의 근거지였던 곳으로 레드 지즈코프라고 불리기도 했고, 19세기에는 산업의 발전으로 노동자들이 모여 사는 구역이기도 했다. 현재는 저렴한 임대 비용으로 학생, 예술가, 음악가들이 모이는 곳으로 독립적인 분위기, 과거의 느낌을 가진 독특한 구역이 되었다. 우스갯소리로 지즈코프의 공식 통화는 맥주라고 할 정도로 지즈코프에는 프라하의 클래식한 펍들이 모여있다.

ATTRACTION 보는 즐거움

지즈코프 TV 탑 Žižkovská televizní věž | Žižkov Television Tower

지즈코프 지역에서 단연 눈에 띄는 건물이라면 지즈코프 TV 타워일 것이다. 프라하에서 가장 높은 건물이자 세계에서 2번째로 못생긴 타워라고 한다. 지즈코프 TV 타워의 높이는 약 216m로 1980년대에 바츨라프 아울리츠키Václav Aulický와 이르지 코자크Jiří Kozák에 의해 설계된 공산주의 시대의 상징적인 건축물이기도 하다. 당시는 이름처럼 송신기의 역할을 했지만 현재는 여행자를 위한 복합 공간으로 이용된다. 93m 지점의 전망대에서는 360도로 프라하의 전경이 시원하게 펼쳐진다. 아무래도 거리가 있고 외부에서 탑을 보는 것으로 만족하는 사람들이 많아 여행지로서의 인기는 없는 편이다. 타워의 외관은 유쾌하다. 바로 타워를 기어오르는 듯한 10개의 거대한 아기 조각상 때문. 체코의 예술가 다비드 체르니의 작품이다(P.44 참고).

PRAGUE 프라하 비지터 패스 VISITOR PASS

지도 P.485-C2 주소 Mahlerovy sady 1, 130 00 **홈페이지** towerpark.cz **운영** 매일 09:00~24:00 **요금** 성인 300Kč, 학생 230Kč, 시니어(65세 이상) 250Kč, 어린이(3~14세) 190Kč, 장애인 100Kč, 가족(성인 2명+ 어린이 3명) 640Kč, 3세 미만의 어린이 무료 **가는 방법** 트램 1, 2, 5, 6, 7, 8, 9, 12, 14, 15, 19, 25, 26번 올샨스케 나메스티(Olšanské náměstí) 역 하차 후 도보 약 8분.

국립 박물관 – 비트코프 힐의 국립 기념관
Národní památník na Vítkově | National Memorial on Vítkov Hill

거대한 얀 지즈카Jan Žižka의 기마상이 시선을 사로잡는 곳. 비트코프Vítkov 언덕의 정상에 위치한 국립 기념관은 체코슬로바키아 군단과 병사를 기리기 위해 1928~1938년 세워졌다. 제2차 세계대전 이후에는 반나치 저항운동을 기리기 위해 확장되고 재건되었다. 1948년 이후 국가의 이념과 정권을 장려하는 것에 이용되기도 했다. 지금은 20세기 체코의 이념 그리고 체코 역사의 중요한 전환점을 생생하게 확인할 수 있는 '체코와 체코슬로바키아의 국가의 교차로'라는 장기 전시가 진행 중이다. 아무래도 내부 전시보다는 외부의 얀 지즈카 기마상과 프라하의 전경을 감상하러 오는 편. 후스파의 지도자이자 장군이었던 얀 지즈카의 기마상은 지금도 프라하를 지키는 듯 위용 있게 서 있다.

지도 P.485-C2 주소 U Památníku 1900, 130 00 Praha 3- Žižkov **홈페이지** www.nm.cz/en/visit-us/buildings/the-national-memorial-on-the-vitkov-hill **운영** 4월 1일~10월 31일 수~일요일 10:00~18:00 **휴무** 4월 1일~10월 31일 월, 화요일 11월 1일~3월 31일 매일 **요금** [전체] 성인 120Kč, 학생(고등학생, 대학생)·시니어(65세 이상)·청소년(15~18세) 80Kč, 어린이(15세까지) 무료 [전망대(꼭대기 뷰 포인트)] 성인 80Kč, 청소년(15~18세)·학생(학생증 필수)·시니어(65세 이상) 60Kč, 15세 미만 어린이 무료 **가는 방법** 트램 5, 6, 8, 8, 9, 13, 14, 15, 19, 25, 26, 32번 빅토리아 지즈코프(Viktoria Žižkov) 역 하차 후 도보 약 18분.

브르제브노프
Břevnov

브르제브노프Břevnov는 프라하 서쪽에 위치한 조용한 주거 지역이다. 브르제브노프 구역 내 한 스폿이지만 시내에서 다소 거리가 있는 편이다. 보헤미아 영토 최초이자 베네틱토회의 수도원인 브르제브노프 수도원과 양조장으로 유명하다. 특히 브르제브노프 수도원의 양조장은 체코에서 가장 오래된 양조장으로 알려져 있다.

ATTRACTION ◆ 보는 즐거움 ◆

브르제브노프 수도원 Břevnovský klášter | Břevnov Monastery

993년, 볼레슬라프 2세Boleslav II와 주교 아달베르트(Adalbert, 과거 이름 보이테흐Vojtěch)가 설립한 수도원. 보헤미아 영토의 최초의 수도원이다. 최초의 수도원 건물은 얀 후스 전쟁 동안 파괴되었기 때문에, 현재의 베네딕트회 복합 단지의 수준 높은 바로크 양식을 갖게 된 것은 1708~1745년으로 거슬러 올라간다. 브르제브노프 수도원 역시 바로크 건축의 대가인 크리스토프 디엔첸호퍼Kryštof Dientzenhofer와 그의 아들 킬리안 이그나즈 디엔첸호퍼Kilián Ignác Dientzenhofer의 프로젝트에 따라 건축되었다. 수도원의 정원은 대중에게 개방되어 있어 자유롭게 둘러볼 수 있고 수도원의 투어(약 90분) 프로그램을 통해 돌아볼 수도 있다. 수도원 내 과거 사토리우스의 수녀원Sartorius' Convent은 현재 아달베르트 호텔Adalbert Hotel로 변신했다. 수도원과 수녀원의 경건하고도 특별한 분위기를 체험할 수 있다. 부지 내 수도원 펍이리는 뜻의 클라슈테르니 솅크Klášterní šenk를 함께 운영 중.

지도 P.488-A2 **주소** Markétská 1/28, 169 00 Praha 6, Břevnov **홈페이지** www.brevnov.cz/en **운영** [투어(체코어)] 토요일 10:00, 14:00, 일요일 11:00, 14:00(겨울에는 한시적으로 중단하기도 함. 영어로 된 안내문 제공) **휴무** 없음 **요금** 투어 성인 120Kč, 시니어(65세 이상)·학생(15세 이상) 80Kč, 어린이(7~14세) 60Kč, 6세 이하 어린이 무료. 현금만 가능 **가는 방법** 트램 22, 25, 97번 브르제브노프스키 클라슈테르(Břevnovský klášter) 역 하차 후 도보 약 5분.

ZOOM IN

수도원과 관련된 재미있는 맥주 이야기

브르제브노프 수도원이 유명한 또 하나의 이유는 바로 수도원에서 생산하는 맥주다. 문서에 따르면 수도원과 양조장은 993년에 설립되었고 체코 최초의 맥주가 바로 브르제브노프 수도원에서 양조되었다고 기록되어 있다. 중세 수도원은 양조권을 갖고 있었다. 특히 금식 기간 동안 부족한 영양분을 보충하고 이 시기를 잘 견디기 위해 수준 높은 맥주 양조 기술이 발달하게 되었다. 맥주는 맥아, 밀, 홉 등의 곡물이 원료가 되어 영양소가 풍부했기 때문에 '액체 빵'이라고 불리기도 했다. 또한 정수된 식수가 안정적으로 공급되지 못했기 때문에 맥아가 발효된 맥주가 물보다 안전해 더 발달할 수 있었다고도 전해진다. 또한 수도원을 들르는 방문객과 순례자들에게 대접하는 용도이기도 했다. 이렇듯 유럽 각 수도원의 수준 높은 지식과 기술을 지니고 있던 수도사들은 하루 일과 중 규칙적으로 양조에 힘을 썼으며, 글로 기술과 레시피를 남겼고, 종교뿐 아니라 문화와 맥주 등의 식문화를 발달시키는 데 기여할 수 있었다. 맥주를 판매한 수익으로 수도원을 꾸려나가기도 했다니 굉장히 흥미롭다.

참고로 수도원 내 양조장은 과거 마구간이었던 바로크 양식의 건물에 자리한다. 투어를 원할 경우 아래의 이메일로 연락하면 된다.

▶ prohlidky@brevnovskypivovar.cz ▶ tours@brevnovskypivovar.cz

수도원 부지 내, 아름다운 정원에서 수도원 펍이라는 클라슈테르니 솅크Klášterní šenk에서 브르제브노프스키 베네딕트Břevnovský Benedict를 맛볼 수 있다.

체코 숙소 어디로 예약하면 좋을까?
A to Z

tip! 인당 하루 약 50Kč(약 2유로)의 여행자 택스가 부과된다.

스타레 메스토(구시가지) 근처

프라하에서 가장 많은 볼거리가 있어 인터내셔널 호텔 체인 등을 포함해 많은 호텔들이 자리 잡고 있다. 조금만 걸으면 구시가지 광장 중심이고 트램, 메트로를 타고 다른 구역으로 가기에도 편리해서 투숙객에게도 인기 만점. 체인 호텔들은 화약탑 및 공화국 광장 근처에서 찾을 수 있다.

노베 메스토(신시가지) 근처

프라하 중앙역을 이용하는 여행객에게 추천한다. 특히 기차를 타고 체코 소도시나 근교 국가로 이동할 경우에 편하다. 따로 메트로나 트램을 타지 않고 도보로도 이동이 가능하기 때문이다. 다만, 체코의 경우 돌길이 많아 기차역에서 먼 호텔이라면 잠깐이라도 택시를 타는 것이 나을 수도 있다.

말라 스트라나(소지구) 근처

카를교 너머 구시가지와는 또 다른 분위기를 가지고 있다. 루프탑이 있는 호텔, 프라하 성이 보이는 호텔, 역사를 가진 호텔 등 고급스러운 분위기를 가진 호텔들이 위치한 편.

흐라드차니(프라하 성) 근처

관광객이 많은 중심지를 피해 조용하게 머물고 싶은 투숙객에게 좋은 위치다. 평온한 분위기에서 산책이나 조깅을 하기에 좋다. 아무래도 중심지와는 조금 떨어져 있기 때문에 야경을 보고 오거나 저녁에 맥주 한잔 마시고 돌아오기는 조금 귀찮을 수 있다.

스미호프(안델역) 근처

체스키 크룸로프행 버스를 탈 수 있다는 점 때문에 한국인들이 선호하는 곳. 메트로, 트램, 버스 정류장이 모두 있고 낮에는 직장인들의 업무지구로 언제나 유동인구가 많다. 로컬들이 좋아하는 레스토랑도 많다. 대형 테스코가 있어서 쇼핑하기에 좋다.

홀레쇼비체 근처

프라하의 합정, 연남동과 같은 힙한 지역으로 일반 관광 지역과는 확연히 다른 현지의 분위기를 느낄 수 있다. 얼핏 보면 중심지에서 멀어 보이지만 트램이 잘 연결되어 있어 은근히 여행하기 편리하다.

구시가지 근처

이비스 프라하 올드 타운 ibis Praha Old Town

아코르Accor 계열의 경제적인 콘셉트의 3성급 체인 호텔. 군더더기 없고 실용적인 인테리어의 룸으로 콤팩트한 공간에 필요한 것은 모두 갖췄다. 프라하에 이비스 호텔은 총 3개로 특히 구시가지에 있는 올드 타운 지점은 쇼핑몰 팔라디움 바로 옆, 화약탑과 시민회관에서 도보 5분 거리다. 합리적인 금액으로 위치 대비 가성비가 괜찮은 호텔이나 시설이나 서비스를 기대하기는 어렵다.

지도 P.487-D1　주소 Na Poříčí 5, 110 00　홈페이지 all.accor.com/hotel/5477/index.ko.shtml

레오나르도 프라하 Hotel Leonardo Prague

카를교까지 도보 5분이라는 놀라운 장점을 지닌 4성급 호텔. 블타바 강 앞에 위치한 15세기의 건물이 호텔로 탈바꿈한 곳이다. 과거의 모습을 존중하면서도 체코 호텔만의 아기자기한 감성을 가지고 있다. 깔끔하고 편안한 객실, 친근한 서비스, 합리적인 가격을 두루 갖췄다. 호텔의 스위트룸은 블타바 강과 프라하 성이 보여 특히 허니무너들에게 인기다. 체코의 얀 호텔스Jan Hotels 그룹에서 운영하며 자매 호텔로 체스키 크룸로프의 올드 인과 호텔 루제, 프라하의 두오가 있다.

지도 P.486-A3　주소 Karoliny Světlé 323/27, 110 00　홈페이지 www.hotelleonardo.cz/en

K+K 호텔 센트럴 프라하 K+K Hotel Central Prague

화약탑 3분 거리 위치의 4성급 호텔. 한눈에 보기에도 아름다운 외관에서 알 수 있듯이 체코에서도 가장 오래된 아르누보 양식의 건축물 중 하나다. 127개의 모던한 객실, 우아한 인테리어, 친절한 서비스를 제공한다. 호텔 내부의 투명한 유리 엘리베이터는 오랜 시간 자리를 지켜온 것으로 특별한 가치를 지닌다. 프라하에서는 바츨라프 광장 쪽의 K+K 페닉스 호텔과 런던, 빈을 비롯한 유럽에 체인이 있다.

지도 P.493-C1　주소 Hybernská 10, 110 00　홈페이지 www.kkhotels.com/products/kk-hotel-central-prague

프라하 메리어트 호텔 Prague Marriott Hotel

프라하 메리어트 호텔은 화약탑에서 5분 거리로 구시가지 중심에서 가까운 위치가 장점이다. 세계적인 5성급 체인으로 국제적으로 상향 평준화된 서비스는 물론이고 큰 규모만큼이나 쾌적한 공간들을 보유하고 있다. 근처에 대형 슈퍼마켓 빌라Billa, 쇼핑몰 팔라디움이 있어 주전부리를 구매하거나 쇼핑을 하기에도 좋다.

지도 P.493-C1　주소 V Celnici 8, 110 00　홈페이지 www.marriott.com/en-us/hotels/prgdt-prague-marriott-hotel/overview

센추리 올드 타운 프라하 엠갤러리****
Century Old Town Prague - MGallery****

팔라디움 쇼핑몰 옆에 위치한 아코르Accor 계열의 4성급 부티크 호텔. 총 169개의 객실을 갖추고 있으며 네오 바로크 양식의 유서 깊은 건물에 자리 잡고 있다. 4성급이지만 5성급에 가까운 럭셔리 서비스를 아낌없이 제공하는 곳으로 금액도 합리적이다. 화약탑까지는 단 5분, 플로렌츠 버스 터미널까지는 7분이면 도착할 정도로 위치가 좋다. 호텔은 프란츠 카프카가 실제로 일했던 건물로 그의 발자취를 호텔 곳곳에서 확인할 수 있는 점도 흥미롭다.

지도 P.487-D1 　**주소** Na Poříčí 7, 110 00 　**홈페이지** all.accor.com/hotel/3440/index.en.shtml

---

모차르트 프라하 The Mozart Prague

이름에서 알 수 있듯이 모차르트 호텔은 세계적인 음악가 볼프강 아마데우스 모차르트와 깊은 역사가 있는 5성급 럭셔리 호텔이다. 호텔이 있는 로코코 양식의 건물은 본래 백삭 파흐타Pachta가 소유했던 곳이다. 파흐타 백작은 예술과 음악을 사랑했고 모차르트는 프라하에 올 때마다 지금의 모차르트 프라하가 위치한 파흐타 백작의 건물에서 머물곤 했다. 블타바 강변 앞의 위치로 객실 타입에 따라 프라하 성, 블타바 강, 카를교 뷰를 선택할 수 있어 특히 허니무너들에게 인기가 있다.

지도 P.486-A3 　**주소** Karoliny Světlé 34, 110 00 　**홈페이지** www.themozart.com

---

포시즌스 호텔 프라하 Four Seasons Hotel Prague

포시즌스 호텔 프라하는 그 명성만큼이나 아주 좋은 입지에 자리 잡았다. 프라하 성, 카를교 그리고 블타바 강이 보이는, 단연코 프라하에서 최고의 뷰를 자랑한다. 현대적인 메인 빌딩은 바로크 시대에서 신고전주의를 지나 현대에 이르기까지 역사적인 건축물들을 포시즌스 프라하라는 이름 아래 멋들어지게 통합하고 있다. 오래된 유럽의 분위기와 모던한 객실, 세계적인 퀄리티의 최상급 서비스는 궁극의 경험과 휴식을 선사한다.

지도 P.486-A2 　**주소** Veleslavínova 1098/2a, 110 00 　**홈페이지** www.fourseasons.com/prague/

프라하 성 근처

린드너 호텔 프라하 성 Lindner Hotel Prague Castle

프라하 성 근처의 스트라호프 수도원 옆에 위치한 하얏트 계열의 4성급 호텔이다. 수도원 근처로 저녁이면 관광객이 붐비지 않고, 아침이면 근처의 페트르진 공원에서 산책을 즐길 수 있어 복잡한 도심에서 벗어나 평온한 휴식을 취하고 싶은 여행객에게 추천한다. 총 객실은 138개로 16세기 건물에 자리를 잡은 만큼 우아하고 고풍스럽다.

지도 P.488-A2 　**주소** Strahovská 128/20, 118 00 　**홈페이지** www.hyatt.com/en-US/hotel/czech-republic/lindner-hotel-prague-castle/prgjp?src=corp_lclb_gmb_seo_prgjp

노베 메스토(신시가지) 근처

미트미 23 MeetMe23

호스텔을 함께 운영하는 호텔. 프라하 중앙 기차역 바로 앞에 위치하고 있어 체코 소도시나 이웃 국가를 다녀오기에 좋다. 캐주얼한 감성으로 내부 인테리어와 호텔 곳곳에 생기가 넘친다. 학생들이 많이 머무는 곳으로 일반 호텔의 조용한 분위기는 기대하지 않는 것이 좋다. 친구들끼리 여행 가면 좋은 객실 형태와 침대를 갖췄다. 주방 시설을 갖춘 가족을 위한 루프탑 아파트형 객실도 함께 운영 중이다.

지도 P.493-C2 **주소** 23, Washingtonova 1568 **홈페이지** meetme23.com/kr/#

더 마네스 부티크 호텔 프라하 THE MANES Boutique Hotel Prague

2023년 새로 문을 연 신상 호텔. 신시가지의 카를로보 광장, 블타바 강변 근처에 있어 시내 중심으로 이동이 굉장히 용이한 곳이다. 체코의 여느 건물이 그렇듯 역사를 간직한 건물의 내부를 현대적으로 개조했다. 보드랍고 폭신한 침구, 우아하면서도 세련된 인테리어, 친절한 스태프, 깔끔한 스타일의 조식 등 현대 여행자들의 니즈를 충족하기에 모자람이 없다. 바로 옆의 모자이크 디자인 호텔 프라하의 자매 호텔로 모자이크 호텔의 일부 시설을 함께 이용할 수도 있다.

지도 P.492-B2 **주소** Myslíkova 20, 120 00 Nové Město **홈페이지** www.themanes.cz

안다즈 프라하 Andaz Prague - a Concept by Hyatt

2022년 3월 오픈한 프라하의 따끈따끈한 신상 호텔. 하얏트 호텔 그룹의 럭셔리 라이프스타일 호텔 안다즈가 체코에 처음으로 문을 열었다. 과거 설탕 산업 보험 협회 건물이라서 슈거 팰리스라고 불렸던 곳에 자리 잡았다. 건물은 무려 1912~1916년에 지어졌다. 디럭스, 프리미엄, 스위트룸 등 총 176개의 객실은 여행자들에게 고급스러우면서도 편안한 공간을 선사한다. 안다즈 브랜드가 현지와의 조화를 중요하게 생각하는 만큼 체코의 전통과 과거를 포용하면서도 현대적이고 세련된 감각을 잘 살린 곳이다.

지도 P.493-C1 **주소** Senovážné náměstí 976/31, 110 00 **홈페이지** www.hyatt.com/ko-KR/hotel/czech/andaz-prague/prgaz/rooms

댄싱 하우스 Dancing House Hotel Prague - Tančící dům hotel

춤추는 듯한 유쾌한 외관으로 인기 높은 댄싱 하우스가 호텔로 운영된다는 사실은 의외로 잘 알려져 있지 않다. 블타바 강을 바라보는 리버뷰 룸은 단연 댄싱 하우스의 자랑이다. 프라하 성이 보이는 리버뷰를 배정받았다면 그야말로 럭키. 디럭스 룸의 크기는 약 30m²로 타 호텔 대비 넓은 편이다. 캐리어를 몇 개 펼쳐 놓고도 충분히 다닐 수 있을 정도로 여유롭다. 체크인은 1층 입구에서 이루어지며 조식은 댄싱 하우스 꼭대기의 레스토랑에서 블타바 강과 프라하 성의 멋진 뷰와 함께 즐길 수 있다. 모던한 외관, 친절한 서비스, 넓은 객실, 아름다운 블타바 강 뷰 등 외관만큼이나 머무는 재미도 함께 선사하는 곳이다.

지도 P.492-A3 **주소** 6, Jiráskovo nám. 1981 **홈페이지** www.dancinghousehotel.com/en

지속 가능한 콘셉트
모자이크 하우스 디자인 호텔 Mosaic House Design Hotel

체코 최초의 탄소 중립 호텔. 지속 가능한 경영 이념을 활발히 실천하는 곳으로 영국의 친환경 건축 인증 제도 BREEAM의 인증을 획득했다. 1935년에 지어진 건물은 지난 10년간 호스텔로 사용되었다가 대대적인 리노베이션을 거쳐 2020년 지속 가능한 호텔이자 디자인 호텔로서 다시 문을 열었다. 그레이 워터라고 잘 알려진 중수 재활용, 폐수에서 열을 회수해서 재활용하는 폐열 회수, 창문의 개폐 여부에 따라 작동되는 냉난방 시스템, 싱그러운 녹지의 비밀 정원 등 말 그대로 물을 수확하고, 에너지를 생산하며, 자연 공간을 만드는 등 프라하의 어떤 호텔보다도 친환경 및 지속 가능한 발전에 힘쓰고 있다. 디자인 호텔인 만큼 내부 인테리어도 깔끔하고 현대적이다. 카를로보 광장 및 댄싱 하우스 그리고 나플라프카에서 가깝다.

지도 P.492-B2 주소 Odborů 278/4, 120 00 홈페이지 www.mosaichouse.com/en

스미호프(안델역) 근처

이비스 프라하 말라 스트라나 ibis Praha Mala Strana

안델역 근처에 위치한 또 다른 이비스 체인으로 프라하 내 3개의 이비스 중 가장 저렴하다. 기본적으로 객실 내부는 여타의 다른 이비스 체인과 같고 동일하게 관리된다. 저렴한 금액으로 아코르 호텔 계열에 머물고 싶어 하는 여행객들에게 적합하다. 이름은 말라 스트라나지만 실제 위치는 안델역 옆인 만큼 테스코 이용과 교통이 편리한 것도 또 하나의 장점이다.

지도 P.494 상단-A1 주소 Plzeňská 14, 150 00 홈페이지 all.accor.com/hotel/5211/index.ko.shtml

비엔나 하우스 안델스 프라하 Vienna House Andel's Prague

스미호프의 안델역 옆에 위치한 비엔나 하우스 계열의 현대적인 호텔. 트렌디한 레스토랑, 개성 있는 상점들이 모여 있는 스미호프 지역에 위치하고 있다. 특히 체스키 크룸로프로 가는 버스 정류장과 슈퍼마켓 테스코가 가까워 동선을 고려한 여행객들에게 인기가 많다. 231개 이상의 넉넉한 객실 수를 자랑하며 깔끔하면서도 모던한 인테리어, 합리적인 금액대가 특징이다.

지도 P.494 상단-A1 주소 Stroupežnického 21, 150 00 홈페이지 www.viennahouse.com/en/andels-prague/the-hotel/overview.html

말라 스트라나(소지구) 근처

미스 소피스 카를교 Miss Sophie's Charles Bridges

말로스트란스케 광장에 위치한 미스 소피스 호텔의 카를교 지점. 과거 레지던스가 있던 오래된 건물을 개조한 개성 가득한 레지던스형 호텔이다. 일반 객실, 간단한 요리가 가능한 주방이 있는 객실 등 형태가 다양한 편이나 객실 수가 많지는 않다. 참고로 프라하 뉴타운, 다운타운, 지즈코프, 카를교 지점과 올로모우츠 지역에서도 독특한 개성의 미스 소피스 호텔 & 호스텔을 찾을 수 있다.

지도 P.490-B2 주소 Malostranské náměstí 28, 118 00 홈페이지 www.miss-sophies.com/hotel/prague-charlesbridge

아리아 호텔 Aria Hotel Prague

음악을 테마로 한 로맨틱한 5성급 럭셔리 부티크 호텔. 이름에서부터 알 수 있듯이 호텔은 클래식 음악과 관련이 깊다. 스위트룸과 일반 룸을 포함한 총 51개의 객실은 세계적인 음악가, 작곡가에게 헌정된 인테리어로, 로비는 세계적인 명성의 라스빗Lasvit의 유리로 장식되어 있다. 프라하에서도 아름답기로 손꼽히는 브르트바Vrtba 정원은 아리아 호텔의 투숙객을 위한 전용 출입구를 통해 바로 이동할 수 있다.

지도 P.490-B2 주소 Tržiště 9, 118 00 홈페이지 www.ariahotel.net

아우구스틴, 럭셔리 콜렉션 호텔 프라하
Augustine, Luxury Collection Hotel Prague

프라하 성 아래 쪽, 말로스트란스케 광장 쪽에 위치한 아우구스틴 호텔은 기존 성 토마스 성당과 수도원의 일부다. 리노베이션 후 럭셔리 컬렉션 계열의 호텔로 세련되게 탈바꿈했으며 1930년대 체코의 입체주의 양식으로 디자인되었다. 수도원의 신비롭고도 금욕적인 부분과 현대적인 고급스러움이 섬세하게 조화를 이루고 있다. 클래식, 디럭스, 프리미엄 캐슬 뷰, 다양한 스위트룸들을 포함해 총 101개의 객실을 보유하고 있다.

지도 P.491-C1 주소 Letenská 12/33, 118 00 홈페이지 www.grandluxuryhotels.com/hotel/the-augustine-hotel

홀레쇼비체 근처

마마 셸터 프라하 Mama Shelter Prague

2018년 하반기에 오픈한 아코르 호텔 그룹의 4성급 호텔. 객실은 미디엄 마마, 라지 마마, 투엑스 라지 마마, 마마 펜트하우스라는 이름처럼 엄마의 사이즈에 따라 객실 크기가 구분된다. 침구는 포근하고 깔끔하며, 자유로움이 느껴지는 호텔 내부에는 다양한 즐길 거리가 준비되어 있다. 거기에 합리적인 가격으로 만족도가 높은 곳. 참고로 호텔 바로 앞에는 트램 정류장이 있어 구시가지까지 13분 정도면 도착할 수 있을 정도로 시내로의 이동이 굉장히 편리하다.

지도 P.494 하단-A1 주소 Veletržní 1502/20, 170 00 홈페이지 www.mamashelter.com/en/prague

댄싱 하우스

마마 셸터 프라하

마마 셸터 프라하

모차르트 프라하

동화보다 더 동화 같은 도시
체스키 크룸로프
Český Krumlov

그림 같은 풍경으로 작은 동화 마을이라고도 불리는 체스키 크룸로프는 남부 보헤미아에 자리 잡고 있다.
프라하와 더불어 꼭 가봐야 할 소도시로 알려져 있는 마법 같은 도시로 중세의 분위기가 가득하다.
굽이진 블타바 강, 마을이 내려다보이는 체스키 크룸로프 성채, 13세기의 고딕 양식,
르네상스 양식, 바로크 양식의 건물 등 5세기 이상 아름다움을 유지하고 있다.
체코에서도 막강한 권력을 가졌던 로즘베르크 가문이 통치했던 곳으로 유례없는 번영을 이루었었다.
가장 새롭게 건축된 건물이 약 200년 전일 정도로 과거의 모습을 잘 보존하고 있는 곳으로
역사지구는 유네스코 세계 문화유산에 1992년 등재되었다.

Best 5

동화 같은 체스키 크룸로프 한눈에 담기

프라하 근교의 체스키 크룸로프는 그림 속에서 튀어나온 듯한 아름다운 전경으로 많은 사랑을 받고 있는 곳이다. S자로 마을을 굽이 흐르는 블타바 강, 아름다운 주황색 지붕의 아기자기한 집, 중세의 분위기가 가득한 전경은 정말이지 그림 같다. 체스키 크룸로프의 전경을 한눈에 담을 수 있는 성과 타워는 여행의 필수 코스. P.266

Best 1

에곤 실레의 흔적을 찾아서

Best 2

세계적인 화가 에곤 실레Egon Schiele가 체코와 관련이 있다는 것을 아는 사람은 많지 않다. 에곤 실레의 어머니가 바로 체스키 크룸로프 출신으로 그는 체스키 크룸로프에서 독창적인 작품 활동을 했다. 에곤 실레의 아트 센터에서는 그의 삶과 작품에 대해 돌아볼 수 있다.
P.270

독특한 삼중 수도원 속으로

Best 3

거대한 수도원 단지로 무려 3개의 수도원이 모여있는 곳. 14세기 중반 처음 설립되었고, 그 후 양식이 추가되며 지금의 모습을 갖게 되었다. 초기 독특한 고딕 양식의 지붕은 지금까지도 잘 보존되고 있다. 현재는 대중에게 공개되어 있고 독특한 삼중 수도원의 정원에서 휴식을 취할 수 있다.
P.274

Best 4
역사적인 거리, 전설 그리고 이야기

체코의 여러 도시에는 다양한 이야기와 전설이 전해진다. 체스키 크룸로프의 다리, 성, 거리도 예외는 아니다. 이발사의 다리에서 전해져 내려오는 마르케타의 억울한 죽음 이야기, 엘사의 슬픈 사랑 이야기, 강도단에서 비롯된 라트란 거리의 이야기와 전설을 알면 유서 깊은 거리에서의 산책이 더욱 즐겁다.

P.272

Best 5
근교 여행, 버드와이저의 원조
부데요비츠키 부드바르 양조장 다녀오기

체스키 크룸로프에서 약 35분이면 도착할 수 있는 체스케 부데요비체České Budějovice는 작지만 체코에서도 유명한 곳이다. 바로 버드와이저의 원조로 알려진 부데요비츠키 부드바르 양조장이 위치한 곳이기 때문. 7세기 이상 전해 내려온 오리지널 레시피로 독특한 지하수, 1등급 자테츠산 홉, 모라비아산 맥아를 이용해 맥주를 양조하고 있다. 부드바르 맥주를 직접 맛볼 수 있는 브루어리 투어가 인기.

©budejovickybudvar.cz ©budejovickybudvar.cz

체스키 크룸로프 추천코스

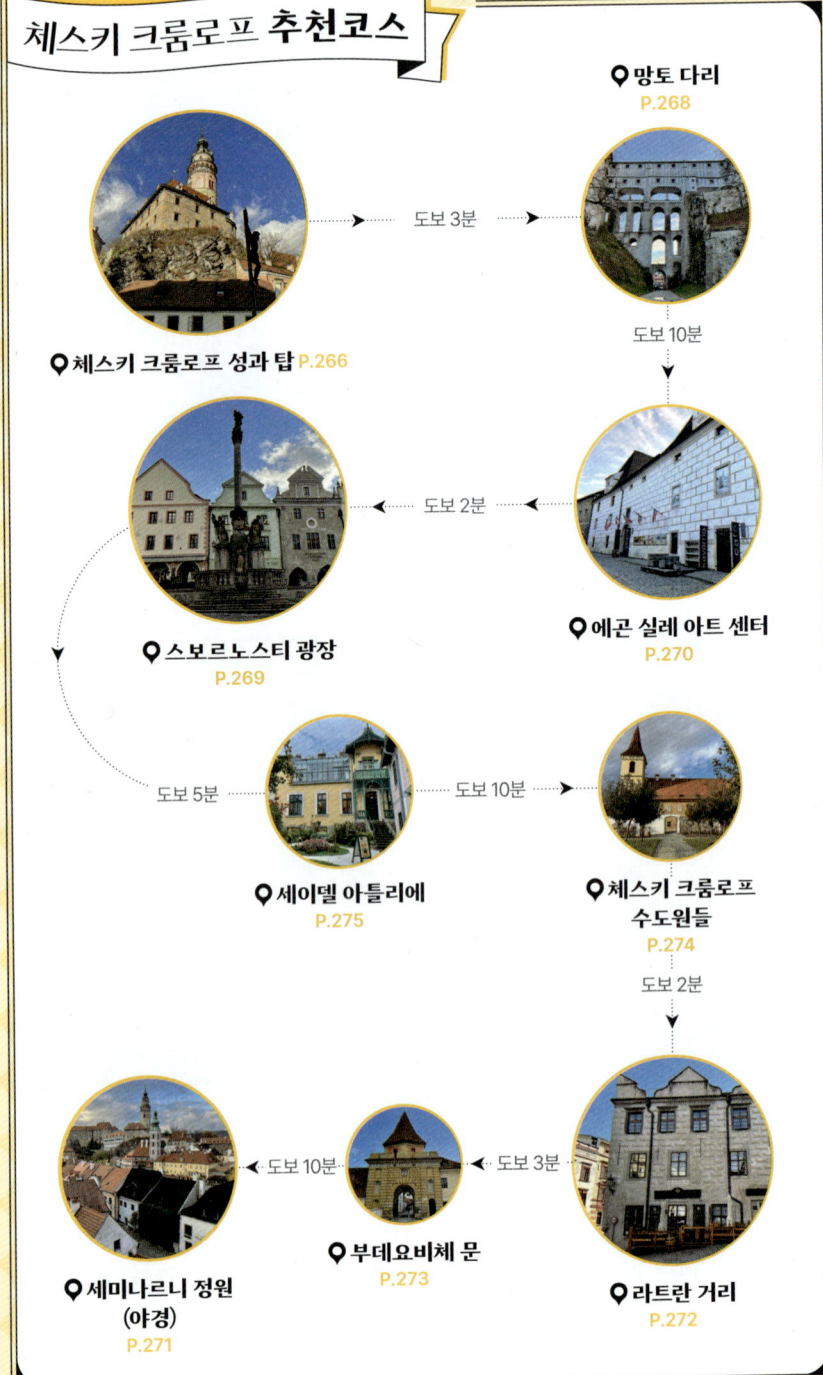

체스키 크룸로프 가는 법

체스키 크룸로프까지는 대중교통편이 잘 연결되어 있는 편이다. 중간 경유지가 있는 기차보다는 버스가 편리하다. 체코의 교통회사 레지오젯과 유럽 전역을 연결하는 플릭스 버스 모두 프라하에서 체스키 크룸로프를 잘 연결하고 있다. 단, 두 버스회사가 이용하는 버스 정류장이 다르니 예약 시 꼭 확인할 것.

> **tip!**
> 오스트리아의 할슈타트, 잘츠부르크까지는 3시간 내외로 가까워 함께 여행을 계획해 보는 것도 좋다.

기차 Train

- **체스키 크룸로프 기차역** Vlakové nádraží Český Krumlov

체스키 크룸로프의 기차역은 관광지가 몰려있는 중심지에서 도보로 약 20분 정도 떨어져 있다. 급한 경우가 아니라면 중심지 근처에 정차하는 버스가 편하다.

지도 P.495-A1

- 각 도시에서 체스키 크룸로프로 이동하기

도시	열차명	소요 시간 및 요금
프라하 ▶ 체스키 크룸로프	체스케 드라히	약 2시간 50분 소요 (요금 314Kč~, 체스케 부데요비체 경유)
체스케 부데요비체 ▶ 체스키 크룸로프	체스케 드라히	약 44분 소요 (요금 59Kč~)

체스케 드라히 홈페이지 www.cd.cz/default.htm

차량 Car

대중교통같이 출발과 도착 시간이 고정된 것이 아니라 편리하다. 단 주차 구역이 외부에 지정되어 있으니 참고할 것.

- 각 도시에서 체스키 크룸로프로 이동하기

도시	소요 시간
프라하 ▶ 체스키 크룸로프	약 172km, 약 2시간 10분 소요
체스케 부데요비체 ▶ 체스키 크룸로프	약 27km, 약 25분 소요
오스트리아 할슈타트 ▶ 체스키 크룸로프	약 209km, 약 3시간 소요

버스 | Bus

관광지가 몰려있는 중심지 근처에 정류장(나 크니제치, 슈피착)이 있어 여행 동선에 따라 선택하면 된다. 체스키 크룸로프를 갈 때 가장 많이 이용하는 편리한 교통수단이다.

- **각 도시에서 체스키 크룸로프로 이동하기**

도시	버스명	소요 시간 및 요금
프라하 ▶ 체스키 크룸로프	레지오젯*	약 2시간 50분 소요(요금 199Kč~)
체스케 부데요비체 ▶ 체스키 크룸로프	레지오젯	약 30분 소요(요금 35Kč~)
프라하 ▶ 체스키 크룸로프	플릭스버스**	약 2시간 40분 소요(요금 €6.99~)
체스케 부데요비체 ▶ 체스키 크룸로프	플릭스버스	약 3시간 15분 소요(€8.99~)

*레지오젯(**RegioJet**) 나 크니제치(Na Knížecí) 역 탑승 - 체스키 크룸로프, 안(AN) 역 하차 **홈페이지** regiojet.com
플릭스버스(FlixBus**) 플로렌츠(Florenc) 역 또는 로즈틸리(Roztyly) 역 탑승 - 체스키 크룸로프 버스 터미널 또는 슈피착(Špičák) 역 하차 **홈페이지** global.flixbus.com

셔틀버스 | Shuttle Bus

단독 혹은 합승으로 진행되는 셔틀버스로 일반 버스에 비해 가격은 높지만 프라하와 체스키 크룸로프의 어느 곳이든 원하는 곳으로 픽업 및 샌딩이 가능하다는 것이 장점이다. 여러 회사가 운영 중이나 CK 셔틀이 가장 보편적이다.

- **CK 셔틀**

체스키 크룸로프, 빈, 잘츠부르크, 할슈타트, 린츠, 프라하를 잇는 사설 밴(약 2시간 30분 소요).

합승 프라하 호텔 - 체스키 크룸로프 호텔, 1,100Kč/인부터
단독 프라하 호텔 - 체스키 크룸로프 호텔, 5,200Kč(최대 3명 탑승 가능, 일반 차량), 7,200Kč (최대 8명 탑승 가능, 밴)
예약 www.ckshuttle.cz/transports/transfer-from-prague-airport-to-cesky-krumlov

체스키 크룸로프 시내 교통

체스키 크룸로프 인구는 약 1만 2,000명 정도(2021년 기준), 전체 면적은 22.16km² 일 정도로 작은 곳이다. 특히 여행자들이 가는 체스키 크룸로프 구시가지는 진입할 수 있는 차량을 제한하고 있고, 주차 구역도 따로 만들어 두었다. 구시가지는 도보로 충분히 이동할 수 있고 만약 시내에서 정류장이 가까운 버스가 아닌 기차를 타더라도 약 20분이면 충분히 걸어갈 수 있다.

• 유료 주차장 (금액 50Kč/시간)

- **P1** Jelenka Parking Lot. 240대 주차 가능 **주소** Chvalšinská 138, 381 01 Český Krumlov
- **P2** Post Office Parking Lot. 180대 주차 가능 **주소** U Poráků 510, Horní Brána, 381 01 Český Krumlov
- **P3** Town Park Parking Lot. 174대 주차 가능 **주소** Linecká 277, Plešivec, 381 01 Český Krumlov

실시간 주차 상황 확인 www.ckrumlov.info/en/car-parking

ⓘ 체스키 크룸로프 투어리스트 인포메이션 센터
Infocentrum Český Krumlov | Infocenter Český Krumlov

스보르노스티 광장에 위치한 인포메이션 센터로 여행에 도움이 되는 다양한 정보를 제공하고 있다. 체스키 크룸로프의 숙소, 입장권, 투어 정보 제공, 체스키 크룸로프 카드 판매, 가방 보관 등의 업무를 진행하며 기념품도 판매하고 있다. 특히 환전소를 함께 운영하고 있어 체코 코루나가 부족할 때 요긴하게 이용하기 좋다.

지도 P.495-A3 **주소** Náměstí Svornosti 2, 38101 Český Krumlov
홈페이지 www.ckrumlov.cz/info **운영** 월~토요일 09:00~17:00, 일요일 09:00~16:00, 토요일·일요일·공휴일 점심 시간 12:00~13:00 휴무 없음
가는 방법 스보르노스티(Svornosti) 광장 고문 박물관 옆.

> *tip!*
> 체스키 크룸로프 성 인포메이션 센터에서도 환전이 가능하다.

Travel Plus 체스키 크룸로프 카드 Český Krumlov Card

체스키 크룸로프의 인기 관광지 5곳을 입장할 수 있는 카드로 일반 입장료와 비교해서 약 50% 할인이라는 파격적인 혜택을 제공한다. 카드의 유효기간은 1년으로 넉넉하며 혹시라도 5곳을 다 입장하지 못할 경우 유효기간이 남아있다면 타인에게도 양도가 가능하다. 단, 각 관광지는 한 번씩만 입장할 수 있다. 투어리스트 인포메이션 센터나 카드로 입장 가능한 5곳의 관광지에서 현금으로 구매할 수 있다.

입장 가능한 5곳

- 체스키 크룸로프 성 박물관 & 탑 Hradní muzeum a zámecká věž | Castle Museum and Castle Tower
- 체스키 크룸로프 지역 박물관 Regionální muzeum v Českém Krumlově | Český Krumlov Regional Museum
- 세이델 아틀리에 Museum Fotoateliér Seidel | Museum Fotoatelier Seidel
- 에곤 실레 아트 센터 Egon Schiele Art Centrum
- 체스키 크룸로프 수도원들 Klášterní muzeum | Monasteries Český Krumlov

홈페이지 www.ckrumlov.info/en/single-entry-to-5-museums/
운영 관광지별 상이, 휴무도 각 관광지별 상이 **요금** 성인 400Kč, 어린이(15세까지)·시니어(65세 이상)·학생(26세까지)·장애인 200Kč, 가족(성인 2명+어린이 3명) 800Kč

ATTRACTION ✦ 보는 즐거움 ✦

체스키 크룸로프 성과 주변

체스키 크룸로프 성
Státní hrad a zámek Český Krumlov | Český Krumlov State Castle and Chateau

체코에서 두 번째로 큰 복합 성채 단지인 체스키 크룸로프 성은 암석 위에 위엄 있는 모습으로 서 있다. 1,250년 전에 약 40개의 구조물과 5개의 안뜰을 가지고 있는 고딕 양식의 성으로 처음 세워졌다. 16세기 후반에는 웅장한 르네상스 양식의 성으로 변경되었으며, 17세기 후반 바로크 양식으로 개조되었던 과거가 있다. 성 내부는 투어를 통해서 입장이 가능하다. 르네상스 양식의 방과 바로크 양식의 주거 공간 등을 둘러보다 보면 14~19세기 건축물의 발전과 함께 시간과 공간을 함께 여행하는 영화 속에 들어온 것 같다가도 에겐베르크 홀Eggenberg Hall의 황홀한 금빛 마차의 모습에 모든 것이 현실임을 깨닫게 된다. 체스키 크룸로프 성채 단지는 1989년 국가 문화 기념물로 지정되었고, 1992년에는 역사 지구 전체가 유네스코 세계유산에 등재되었다.

지도 P.495-A3 **주소** Zámek 59, 381 01 Český Krumlov **홈페이지** www.zamek-ceskykrumlov.cz/en **운영** 시즌별 상이. 홈페이지 확인 필수 **휴무** 시즌별 상이 홈페이지 확인 필수 **가는 방법** 스보르노스티 광장에서 블타바 강을 건너 도보 약 10분

tip!
'마리아 테레사'라는 이름의 곰이 첫 번째와 두 번째 안뜰 사이에는 성을 보호하는 해자에 살고 있다.

투어명	소요 시간	금액
체스키 크룸로프 성 투어 루트 1 (베이직 투어 1)	약 55분	성인 240Kč, 어린이(6~17세) 70Kč, 시니어(65세 이상)·청소년(18~24세) 190Kč
체스키 크룸로프 성 투어 루트2 (베이직 투어 2)	약 55분	성인 220Kč, 어린이(6~17세) 70Kč, 시니어(65세 이상)·청소년(18~24세) 180Kč
바로크 극장 투어	약 45분	성인 280Kč, 어린이(6~17세) 80Kč, 시니어(65세 이상)·청소년(18~24세) 220Kč
성 박물관 & 성 탑 투어	개별 투어	성인 180Kč, 어린이(6~17세) 50Kč, 시니어(65세 이상)·청소년(18~24세) 140Kč
마구간 투어	개별 투어	50Kč/인
성 정원	개별 투어	무료

체스키 크룸로프 성 박물관 ᴄ스키 크룸로프 카드

Státní hrad a zámek Český Krumlov - Hradní muzeum
Český Krumlov Castle Museum

저명한 귀족 가문들이 체스키 크룸로프를 통치했던 시대로 돌아가는 듯한 19세기 전시를 체스키 크룸로프 성 박물관에서 1년 내내 만날 수 있다. 성에서 가장 오래된 부분인 흐라데크Hrádek에서는 석상 컬렉션, 장미의 영주 홀에서는 강력했던 비트코프치Vítkovci 가문의 영광스러운 업적과 과거, 크룸로프 공작Krumlov Dukes 홀에서는 합스부르크Habsburg 시대의 보헤미아 통치자였던 스티리아Styria의 에겐베르크Eggenberg 가문의 역사와 흔적에 대해 조금씩 다가가게 된다. 그 외에도 슈바르첸베르크Schwarzenbergs 가문의 재무 담당자가 일했던 사무실, 침실, 식당, 신성한 보물, 주조소와 무기고 등 역사적 가치가 가득한 흥미로운 과거를 만날 수 있다.

> **tip!**
> 해당 투어는 개별 관람으로 진행되며 가이드는 없지만 오디오 가이드 대여가 가능하다.

체스키 크룸로프 성 탑 ᴄ스키 크룸로프 카드

Zámecká věž Český Krumlov
Český Krumlov Castle Tower

아름답고도 역사적인 체스키 크룸로프의 상징. 높이 54.5m의 6층짜리 탑으로 체스키 크룸로프 성 내 안뜰에서 구시가지를 바라보고 있다. 162개의 계단만 참고 오른다면 멋진 체스키 크룸로프의 전망을 감상할 수 있다. 부분적으로 고딕 양식과 르네상스 양식으로 지어졌으며 탑과 작은 성은 13세기 지어진 건물의 일부다. 탑의 가장 오래된 부분은 0층과 1층으로 알려져 있다. 2층은 14세기, 3층은 르네상스 종탑의 일부로 층마다 다른 양식을 찾을 수 있다. 그리고 1590년 바르톨로메이 베라네크-옐리네크Bartoloměj Beránek-Jelínek의 벽화, 형상, 건축적인 주제로 장식되었다가 1947년 재건되었다. 1994~1996년에는 벽화와 회화들도 복원되었다.

> **tip!**
> 체코의 유명한 소설가 카렐 차페크(Karel Čapek)가 '탑 중에서도 가장 탑다운 탑'이라 말했을 정도로 꼭 들러봐야 할 곳.

바로크 극장 Zámecké barokní divadlo | Castle Baroque Theatre

체스키 크룸로프 성의 연극 문화 시작은 15세기 말이라고 전해진다. 하지만 진정한 전성기는 로젠베르크의 페트르 보크와 빌헬름이 통치하던 1500년대 후반이라고 할 수 있다. 1675년에 요한 크리스티안 I. 폰 에겐베르크Johann Christian I. von Eggenberg 왕자는 소위 사슴 홀이라고 불리는 극장을 지었고, 1680~1682에는 지금의 극장 부지에 새롭고 독립적인 극장을 세웠다. 그리고 1765~1766년 요제프 아담 주 슈바르첸베르크Josef Adam zu Schwarzenberg는 건물을 재건했고, 극장의 장면을 변경하는 독특한 메커니즘과 같은 새로운 기술, 벽화 등의 장식을 갖췄다. 원숙한 형태의 바로크 무대에 오디토리움, 오케스트라 피트, 무대, 무대 기술, 기계, 장식, 의상, 소품, 조명 기술은 물론 오페라 대본, 악보, 17~19세기의 극장 생활 등에 대한 정보를 상당히 잘 보존하고 있다. 1966년부터 1997년까지는 대중에게 공개되지 않다가 대대적인 복원을 거쳐 1997년 9월 공식적으로 대중에게 오픈했다.

지도 P.495-A3 **주소** Zámek 59, 38101 Český Krumlov **홈페이지** www.zamek-ceskykrumlov.cz/en **휴무** 4월 19일 **가는 방법** 스보르노스티 광장에서 블타바 강을 건너 약 10분.

tip!
체스키 크룸로프 성의 바로크 극장과 비교할 만한 왕실 극장은 단 하나. 바로 1766년 세워진 스웨덴 스톡홀름 근교의 드로트닝홀름(Drottningholm) 극장이다. 매년 9월 중순이면 시대를 초월한 바로크 예술가의 작품을 만날 수 있는 '바로크 아트 축제(Festival of Baroque Arts)'가 열린다.

망토 다리 Plášťový most | Cloak Bridge

거대한 돌기둥으로 이루어진 3층짜리 아치형 다리. 망토라는 이름은 성의 서쪽을 보호하기 위해 있었던 요새에서 유래되었다. 아래쪽의 통로는 무도회 홀과 극장으로 연결되고, 위쪽의 통로는 성의 갤러리와 정원으로 이어진다. 현재는 체스키 크룸로프를 여행할 때 빼놓을 수 없는 필수 코스로 예쁜 체스키 크룸로프 인증샷을 남기기 위해서도 꼭 올라가는 곳이다.

지도 P.495-A3 **주소** 381 01 Český Krumlov **가는 방법** 스보르노스티 광장에서 라브카 포트 잠켐(Lávka pod Zámkem) 다리를 건너 약 10분.

tip!
체스키 크룸로프 성의 뷰 포인트는 따로 입장료를 내지 않아도 누구나 갈 수 있다. 성의 입구를 지나 해자를 지나가면 성의 중정이 나온다. 거기에서 앞으로 걸어가면 망토 다리가 보인다. 망토 다리에서 바라보는 체스키 크룸로프의 전경도 예쁘지만 조금만 더 길을 따라가면 뷰 포인트가 등장. 인증샷을 찍으려는 사람들로 항상 붐빈다.

스보르노스티 광장 주변

스보르노스티 광장 namesti Svornosti | Svornosti Square

체스키 크룸로프의 중심이 되는 광장. 풍부한 역사와 더불어 풍부한 장식의 건물들이 인상적이다. 사각형의 광장은 도시가 중세 시대에 기반을 두고 아직도 밀접하게 연결되어 있음을 알게 해준다. 중앙에 위치한 전염병으로부터 마을을 지키는 성모 마리아와 8명의 수호성인들이 조각된 기둥이 단연 눈에 띈다. 광장에 있는 6각형의 석조 분수는 본래 16세기에 건축되었으나 낙후로 인해 녹이 스는 등 훼손되어 19세기에 지금의 모습으로 건축되었다.

지도 P.495-A3　주소 Náměstí Svornosti, 381 01 Český Krumlov 가는 방법 버스 정류장에서 마을 중심부를 향해 도보 약 9분.

tip!
1번 집
현재 시청사로 사용되고 있는 건물로 17세기 초의 오래된 2개의 고딕 건물이 합쳐져 지금의 모습을 가지게 되었다. 정면에는 4개의 상징을 찾아볼 수 있다. 왼쪽부터 에겐베르크, 체코 땅, 슈바르첸베르크, 체스키 크룸로프의 상징으로 구성되어 있다.

성 비투스 성당 Kostel svatého Víta | St. Vitus Church

체스키 크룸로프에도 성 비투스라는 이름의 성당이 있다. 로마 가톨릭 교구에 속하는 성 비투스 성당은 성의 탑과 잘 상당히 잘 어울리는 균형적인 외관을 가지고 있다. 높이와 폭은 약 20m. 성당은 삼중 통로의 고딕 양식으로 마치 그물을 연상시키는 아치형 지붕의 예시를 보여준다. 후기 고딕 양식의 건물로 1407~1439년에 건축되었고, 17~18세기에도 부분적으로 변경과 확장을 지속했다. 1673~1683년에 만들어진 초기 바로크 양식의 중앙 제단에서는 성 비투스와 성모 마리아의 대관식을 묘사한 그림을 찾을 수 있다. 후기 고딕 양식의 입구는 팔각형 별 모양의 독특한 아치형 천장으로 되어있고 내부 양쪽에는 성 요한 네포무츠키의 예배당과 부활의 예배당이 있다. 현재도 충실하게 종교의 목적으로 운영되고 있어 대중이 방문할 수 있는 시간이 정해져 있다.

지도 P.495-A3　주소 Kostelní, 381 01 Český Krumlov 홈페이지 www.farnostck.bcb.cz 운영 월요일·수~금요일 09:00~16:30, 화·토요일 09:00~17:00, 일요일 11:00~17:00 휴무 홈페이지 확인 가는 방법 스보르노스티 광장 북쪽에서 도보 1분.

에곤 실레 아트 센터 Egon Schiele Art Centrum 〔체스키 크룸로프 카드〕

표현주의를 발전시킴과 동시에 인간의 불안함과 공포라는 감정 표현, 여성들의 누드화 등 성적인 주제로 많은 논란을 일으켰던 에곤 실레에 관한 미술관으로 1993년 개관했다. 세계적으로 유명한 구스타프 클림트는 그의 친구이자 멘토이기도 했다. 체스키 크룸로프에서 에곤 실레라는 이름이 조금 생소할 수 있지만 사실 에곤 실레의 어머니가 바로 이곳 태생이었다. 그는 오스트리아 태생이지만 그의 뮤즈이자 동거녀 발리와 오스트리아를 떠나 1911년에 어머니의 고향인 체스키 크룸로프로 이주해 독창적인 화풍의 그림을 그렸었다. 하지만 10대 소녀들을 모델로 고용하는 것이 문제가 되어 결국은 마을에서 추방당하고 말았다. 체스키 크룸로프와 관련이 깊었던 에곤 실레의 삶과 작품에 관한 전시는 상설 전시, 그 외 현대 미술 컬렉션 전시는 특별 전시로 비정기적으로 주제가 바뀐다.

지도 P.495-A3 주소 Široká 71, 381 01 Český Krumlov **홈페이지** www.esac.cz/cz/egon_schiele_art_centrum **운영** 화~일요일 10:00~18:00 **휴무** 월요일 및 24년 1월 1일~3월 27일 **요금** 성인 220Kč, 어린이(6~15세) 100Kč, 학생·시니어(65세 이상) 150Kč, 가족(성인 2명+어린이 3명) 450Kč, 6세 미만 무료 **가는 방법** 스보르노스티 광장에서 남서쪽으로 도보 약 2분.

체스키 크룸로프 지역 박물관 〔체스키 크룸로프 카드〕
Regionální muzeum v Českém Krumlově | Regional Museum in the Czech Krumlov

체스키 크룸로프의 152번째 집. 가장 오래된 초기 바로크 양식의 건물에 들어서 있다. 유서 깊은 건물은 과거 예수회의 고등 교육 기관이자 신학교였다가 1970~1980년에 재건축을 마친 후 지금의 모습을 갖게 되었다. 지역 박물관의 하이라이트라면 1800년대부터의 체스키 크룸로프의 구시가지를 세라믹 소재로 1:200 규모로 축소해 놓은 독특한 디오라마. 26ha의 도시 보존 구역 내 약 800개의 구조물, 블타바 강, 지금은 존재하지 않는 요새, 벽, 문까지도 충실하게 재연해 두었다. 그 외에도 선사 시대부터 19세기 후반까지의 체스키 크룸로프의 역사를 고스란히 확인할 수 있는 사진 전시, 바로크 예수회 약국의 오리지널 내부 등 가치 있고 흥미로운 전시를 진행한다.

지도 P.495-B3 주소 Horní 152, 38101 Český Krumlov **홈페이지** muzeumck.cz/english **운영** 화~일요일 09:00~12:00, 12:30~17:00, 월요일 휴무 **요금** 성인 60Kč, 어린이·학생 30Kč, 가족(성인 2명+6~15세 어린이 3명) 100Kč **가는 방법** 스보르노스티 광장 북쪽에서 도보로 약 2분.

Travel Plus | 쉽게 알아보는 체스키 크룸로프의 역사

체스키 크룸로프 성과 밀접한 관계의 통치 가문

로즘베르크 가문은 1302년부터 1602년까지 무려 300년 동안이나 체스키 크룸로프 성에 거주하며 체스키 크룸로프를 통치했고, 마을을 번창하게 만들었다. 체스키 크룸로프 곳곳에서 볼 수 있는 5개의 장미 꽃잎 상징은 바로 로즘베르크 가문의 상징이자 문장. 그들은 당시 보헤미안 귀족 사회, 문화 및 예술의 후원자, 학자, 저명한 정치인 사이에서도 영향력 있는 가문이었다. 그리고 1602년 로즘베르크의 마지막 구성원이었던 페트르 보크(Petr Vok)가 빈의 황제 루돌프에게 성과 재산을 팔았고, 20년 뒤 북부 오스트리아의 귀족 가문인 에겐베르크 가문에게 넘어갔다. 덕분에 1680년대에는 농업, 건축 및 예술적으로 보다 발전할 수 있었고 30년 전쟁으로 인한 지역적 낙후와 부진을 극복할 수 있었다.

세미나르니 정원 <인생샷 포인트>

Seminární zahrada | Seminary Garden

체스키 크룸로프 성과 멋진 인생샷을 남길 수 있는 사진 포인트. 호텔 루제 바로 앞이자 체스키 크룸로프 지역 박물관 바로 옆이다. 규모는 크지 않지만 체스키 크룸로프 성과 블타바 강이 바라보이는 멋진 뷰와 함께 잠시 쉬어가기 좋다. 체스키 크룸로프의 모습을 예쁘게 담기 좋아 시간이 가능하다면 아침과 저녁 모두 방문해 보는 것도 좋다

지도 P.495-A3 **주소** 381 01 Český Krumlov **운영** 24시간 **가는 방법** 스보르노스티 광장 북쪽에서에서 도보 2분, 호텔 루제에서 도보 1분.

세이델 아틀리에 주변

라트란 거리
ulice Latrán | Latrán street

라트란은 체스키 크룸로프의 메인 거리의 이름이자 구역 이름이다. 목조 다리인 라제브니츠키 Lazebnický에서 시작해 부데요비츠카 Budějovická 문에서 끝난다. 귀족들의 하인들이 살았던 구역으로 도시의 중심에서 조금 벗어나 있다. 성 요쉬트 St. Jošt 성당도 아프고 가난한 사람들을 위해 라트란 거리의 건물을 제공하기도 했었다. 그 후 라트란의 인구가 증가하고 변화하기 시작하면서 일반 시민들의 집에 특별한 장식, 고딕 그림들이 그려지며 지금의 인기와 역사적인 가치를 얻게 되었다.

지도 P.495-A2 **주소** Latrán 56, 381 01 Český Krumlov
가는 방법 스보르노스티 광장에서 약 3분(이발사의 다리를 건너 바로).

Travel Plus — 라트란 거리의 숨은 이야기

- **15번 집 & 37번 집** : 귀중한 고딕 그림의 인테리어를 지니고 있다.
- **39번 집 & 53번 집** : 로젠베르크 가문의 상징인 로젠베르크 기수의 벽화로 유명하다.
- **54번 집** : 슈바르첸베르크 팀버 플로팅 수로(Schwarzenberg Timber Floating Canal)의 건축가로 유명한 요제프 로제나우어(Josef Rosenauer)가 건축했다.
- **56번 집** : 라트란의 주택 중 곳으로 더 이상 체스키 크룸로프 성과는 관련이 없지만 초기 역사상 뒤쪽 구역과 안뜰을 통해 성의 첫 번째 안뜰과 연결되었었다. 이는 당시 이례적으로 귀족에게 속했던 건물로 보이며 건물의 다락방은 미노리테 수도원(Minoritský klášter)으로 연결되었었다.

15번 집 / 37번 집 / 39번 집 / 53번 집 / 54번 집

라트란에 내려오는 재미있는 전설

아주 오래전, 체스키 크룸로프의 암석을 본거지로 했던 강도단이 있었다. 그들은 도로 근처 숲속에 은신처를 두고 여행자들의 마차와 소지품을 약탈하고 자비 없이 죽였다. 그러던 어느 날 비티고넨 가문의 영주는 강도단 소굴을 불태웠고 영주는 주위를 지키기 위해 강력한 성을 지었다. 그 후 성과 주위의 마을과는 거리가 생기게 되었고 특히 성 단지 아래의 긴 거리는 고속도로 강도단을 기억하는 이야기로 라트란(Latrán)이라고 불리게 되었다고. 이는 라틴어로 산적, 불한당을 의미하는 '라트로(Latro)'에서 유래했다고 한다.

부데요비체 문
Budějovická brána | Budějovická Gate

부데요비체 문은 지금까지 보존된 9개의 성문 중 하나다. 페트르 보크 폰 로젠베르크Peter Wok von Rosenberg의 기부를 바탕으로 이탈리안 건축가 도메니코 베네데토 코메타Domenico Benedetto Cometta가 1598~1602년에 걸쳐 지었다. 총 2층으로 거대한 성벽과 꼭대기의 흉벽을 가진 외관은 북부 이탈리아의 성채 건축물과 조금 닮았다. 내부는 프레스코화로 장식되어 있고 2층에는 해시계가 있다.

지도 P.495-A2 **주소** Latrán 106, Latrán, 381 01 Český Krumlov **운영** 24시간 **가는 방법** 버스정류장 안(An)에서 블타바 강 옆길을 따라 도보 약 12분.

이발사의 다리- 라제브니츠키 다리 **Lazebnický Most** | Barber's Bridge

체스키 크룸로프의 역사적인 중심부와 라트란 거리를 연결하는 목조 다리. 성 얀 네포무츠키와 예수 그리스도의 조각상으로 장식되어 있다. 아름다운 전망을 가진 다리이지만 슬픈 이야기가 전해진다. 황제 루돌프의 아들 돈 율리우스Don Julius는 이발사의 딸 마르케타 피흘레로바Markéta Pichlerová와 사랑에 빠졌다. 하지만 그는 정신분열증이 있었고 그녀를 잔인하게 찌르고 성의 가장 높은 창문에서 던졌다. 다행히도 마르케타는 목숨을 건졌지만 본인이 그녀를 던졌다는 사실을 잊은 율리우스는 그녀의 아버지를 잡아 감옥에 가두고 5주 동안 고문했다. 마르케타는 그녀의 아버지를 구하기 위해 다시 왕에게 돌아갔고, 결국 칼에 찔리고 작게 토막 나 죽었다는 슬픈 이야기가 전해진다.

지도 P.495-A3 **주소** 381 01 Český Krumlov, **가는 방법** 스보르노스티 광장에서 북쪽 방향으로 도보 약 2분.

체스키 크룸로프 수도원들
체스키 크룸로프 카드

Kláštery Český Krumlov | Český Krumlov Monasteries

3개의 수도원이 모인 거대한 수도원 단지. 독특한 삼중 수도원으로 미노리테Minorites와 성 클라라 Poor Clares 수도회의 건물들이 부지를 구성하고 있다(미노리테 수도원은 프란체스코회의 수사로 알려져 있다). 원래는 성 프란체스코 수도사와 수녀원으로 구성된 이중 수도원으로 14세기 중반 체스키 크룸로프의 명망 높은 귀족이었던 로젠베르크 가문의 미망인 카테르지나Kateřina와 그녀의 네 아들에 의해 설립되었다. 이후 14세기 말, 세 번째 수도원이 기존의 두 수도원에 추가되며 독특한 수도원 복합단지가 되었다. 부지는 수도사를 위한 소 성직minor order, 성 클라라 및 베긴회 수녀회의 본거지였다. 수도원은 여러 건축 양식을 가지고 있다. 처음 세워졌을 당시 14세기 고딕 양식, 후기 고딕 양식에 17세기와 18세기 바로크 양식이 추가된 것이다. 초기의 독특한 고딕 양식의 지붕은 지금도 잘 보존되어 있다. 설립 후 딱 600년 뒤인 1950년 수도원은 폐쇄되었다가 현재는 박물관 상설 및 특별 전시, 커뮤니티 홀, 정원 등을 대중에게 공개하며 다양한 체험장을 운영하고 있다. 체스키 크룸로프에 축제가 열리는 시즌이면 수도원의 정원에서도 종종 행사가 열린다.

지도 P.495-B3 **주소** Klášterní dvůr 97, 38101 Český Krumlov **홈페이지** www.klasteryck.cz/cz/klastery-cesky-krumlov/ **운영** [여름 시즌(7~8월)] **방문자 센터** 화~일요일 09:30~19:00 **전시** 화~일요일 10:00~19:00 **박물관** 화~일요일 10:00~19:00 **정원** 매일 07:00~19:00 [겨울 시즌(9~6월)] **방문자 센터** 화~일요일 09:30~18:00 **전시** 화~일요일 10:00~18:00 **박물관** 화~일요일 10:00~18:00 **정원** 날씨 상황에 따라 개장 일요일 및 12월 23~25일 휴무 **요금** [전시] **수도원에서의 인생과 예술** 성인 150Kč, 학생(26세 이하) 및 시니어(65세 이상)·100Kč, 가족(성인 2명+15세 이하 어린이 3명) 300Kč **인간 기술에 대한 체험형 전시(가족 추천)** 성인 190Kč, 학생(26세 이하)·시니어(65세 이상) 150Kč, 가족(성인 2명+15세 이하 어린이 3명) 480Kč **가는 방법** 스보르노스티 광장에서 라트란 거리를 통해 약 5분.

tip!
수도원은 매일 갓 구운 빵을 판매하는 베이커리와 카페를 운영한다. 여러 빵 중에서도 체코의 전통 페이스트리인 클라슈테르니 콜라체크(Klášterní Koláček)는 꼭 먹어볼 것.

세이델 아틀리에 주변

세이델 포토아틀리에 박물관 〔체스키 크룸로프 카드〕
Museum Fotoateliér Seidel | Museum Fotoatelier Seidel

19세기 사진이라는 전통이 시작된 역사적인 장소로 마치 시간이 멈춘 장소처럼 느껴진다. 요세프 세이델Josef Seidel과 그의 아들 프란티셰크 세이델František Seidel의 스튜디오 전시에서 잘 보존된 사진의 정통성, 독특한 시대의 풍부한 이미지, 포스트 카드, 유리 건판 등을 확인할 수 있으며 아직 작동하는 카메라, 확대기, 암실 장비 등은 왜 세이델 아틀리에가 문화적으로도 기념비적인 곳인지 다시금 깨닫게 해준다. 세이델의 개인적인 메모나 일기, 방문객에 대한 기록, 오리지널 가구도 본연의 독특함에 흥미를 더한다. 요제프 세이델은 인물 사진 외에도 특히 근교의 슈마바Šumava의 자연을 촬영하는 것을 즐겼다고 한다.

지도 P.495-A3 **주소** Linecká 272, Plešivec, 381 01 Český Krumlov **홈페이지** www.seidel.cz/en/museum_fotoatelier_seidel_cesky_krumlov **운영** 화~일요일 09:00~12:00, 13:00~17:00(마지막 입장 16:00) **휴무** 월요일 및 12월 24~26일 **요금** 성인 170Kč, 어린이(6~15세) 100Kč, 학생(16~26세)·시니어(60세 이상) 120Kč, 가족(성인 2명+어린이 4명) 360Kč **가는 방법** 스보르노스티 광장에서 남서쪽 방향의 블타바 강 다리를 건너 약 4분.

Travel Plus **20세기 초 아르누보 스타일의 독특한 개인 사진 남기기**

세이델 아틀리에에서 코스튬과 함께 20세기 초를 연상시키는 특별한 개인 사진을 남길 수 있다. 대여한 코스튬은 철저히 소독하니 안심해도 된다(예약 필수).
예약 [홈페이지] www.seidel.cz/en/poptavka-fotografovani-v-museu-fotoatelier-seidel/
요금 [사진 촬영 및 디지털 파일 제공] 1~6인 평일 1100Kč, 주말 1600Kč

SPECIAL PAGE

체스키 크룸로프 특별하게 여행하기

체스키 크룸로프 추천 액티비티 또는 투어

카약, 보트, 래프팅은 아름다운 블타바 강에서 즐길 수 있는 여름 액티비티다. 체스키 크룸로프의 굽이진 강을 따라 아름다운 경관을 감상할 수 있는 카약은 현지인들에게도 인기다. 짧게는 약 30분, 보통 1~2시간의 코스나 혹은 35km에 달하는 6~8시간 장거리 코스까지 다양하다. 금액은 1시간 기준으로 약 2만 원 가량으로 저렴해 체스키 크룸로프의 일정이 여유로울 경우 충분히 고려해 볼 만하다.

블타바 스포츠 서비스 홈페이지 www.ckvltava.cz
요금 1인 카약(체스키 크룸로프 루트, 30분~1시간) 500Kč 부터

코스튬 투어(데이 & 나이트)

중세 복장 차림의 전문 가이드와 함께 낮 혹은 저녁에 체스키 크룸로프를 함께 돌아보는 투어. 굵직굵직한 명소를 잘 짚어주는 20년 이상 경력이 베테랑 가이드의 해박한 설명에 유머감각이 더해져 체스키 크룸로프의 역사와 설명이 즐겁게 다가온다. 특히 저녁에 중세 복장의 가이드와 함께 길을 걷고 있노라면 마치 타임머신을 타고 르네상스의 황금기이자 로즘베르크 가문이 있던 과거로 돌아간 듯한 느낌이 든다. 투어는 약 1시간 30분가량 소요되며 영어로 진행된다. 그 외에도 다양한 투어가 준비되어 있으니 마음에 드는 것으로 고르면 된다.

체스키 크룸로프 투어 홈페이지 www.magickrumlov.cz
요금 [오픈 투어] 350Kč/인(08:00 또는 17:00),
[프라이빗 투어] 1,500Kč(최대 6인까지, 추가 인원당 100Kč)

다섯 개의 장미 꽃잎 축제
Slavnosti pětilisté růže® | Five-Petalled Rose Festival®
2024년 6월 21~23일

매년 6월 중순~말이면 체스키 크룸로프는 르네상스 시대로 돌아간다. 체스키 크룸로프를 오랜 기간 동안 통치하며 번영을 이끌었던 로즘베르크 가문과 관련된 '다섯 개의 장미 꽃잎 축제'가 열리기 때문. 3일간의 축제 기간 동안 거리와 광장은 흥겨운 중세의 음악, 기사 토너먼트, 다양한 공연, 수공예품 판매 등으로 생기가 가득하다. 축제의 하이라이트는 뭐니 뭐니 해도 화려하게 눈길을 끄는 기사와 귀족들의 퍼레이드! 도시의 역사와 관련된 전통 복장을 입은 인물들이 거리를 가득 채운다. 길에서 파는 체코의 음식과 맥주는 축제의 재미를 더하기에 더할 나위 없다.

성 바츨라프의 날
Svatováclavské slavnosti | Saint Wenceslas Celebrations

매년 9월 말 열리는 축제. 성 바츨라프의 날인 9월 28일을 축하하는 축제로 체스키 크룸로프 곳곳에서 다양한 이벤트가 열린다. 민속 춤 경연, 콘서트 등의 문화 행사들을 필두로 전통 먹거리, 공예품 판매 등이 진행된다. 스보르노스티 광장을 비롯해 작은 골목에서도 풍요롭고 흥겨운 노래가 울려퍼진다.

RESTAURANT ◆ 먹는 즐거움 ◆

체스키 크룸로프 브루어리
Historický pivovar Český Krumlov | The Historic Brewery Český Krumlov

도시가 설립된 13세기부터 양조 기술과 밀접한 관련이 있는 체스키 크룸로프의 양조장. 슈바르첸베르크Schwarzenberg 양조장의 역사적 전통을 지금까지도 이어오고 있다. 양질의 재료와 양조 과정으로 정직한 남부 보헤미아 맥주의 맛을 소개한다. 단순히 맥주만을 양조하는 곳이 아니라 체스키 크룸로프 문화의 일부분이기도 한 곳. 브루어리는 레스토랑을 운영하며 양조장 투어를 진행하고 있다. 투어는 사전 예약을 통해서만 참여가 가능하며 약 50분 코스로 0.1L 맥주 3잔 테이스팅이 포함되어 있다.

지도 P.495-B2 **주소** Pivovarská 27, 38101 Český Krumlov **홈페이지** www.pivovarceskykrumlov.cz **운영** 목~금요일 13:00~17:00, 토요일 10:00~17:00, 일요일 10:00~13:00 **휴무** 월~수요일(변경될 수 있음) **요금** [18세 이상] 개인 투어(1~4명) 1,250Kč /투어, 그룹 투어(5~20명) 250Kč/인, [13~18세] 150Kč/인(성인과 동반 필수), [13세 미만] 무료(성인 동반 필수) *영어, 독일어, 헝가리어, 러시아어, 중국어 선택 가능 *최소 2일 전 예약 필수(2일 이내 예약 시 20% 할인) **예약 방법** tours@pivovarck.cz 또는 +420 775 733 462 **가는 방법** 스보르노스티 광장에서 북동쪽으로 이발사의 다리를 건너 약 9분.

선술집 우 드보우 마리
Krčma U dwau Maryí | Tavern of the Two Maries

중세의 시간을 간직한 듯한 레스토랑. 선술집 스타일로 올드 보헤미안 스타일의 음식을 포함해 전통 체코 음식을 제공하고 있다. 특히 1~8인까지 즐길 수 있는 만찬형 메뉴가 있어 여러 명이 함께 여행하는 경우에 더욱 추천한다. 채식주의자를 위한 메뉴도 있다. 음식도 맛있지만 우 드보우 마리의 또 다른 장점은 바로 블타바 강을 끼고 있는 환상적인 위치다. 날씨 좋은 계절의 분위기 좋은 야외 테라스 석은 입보다는 눈이 더 즐겁다. 참고로 레스토랑의 이름은 선술집 두 명의 마리아에서라는 뜻이다. 실제로 1950년 건물을 복원하는 과정에서 성모 마리아를 나타내는 2개의 벽화가 발견되었던 것으로 기록되어 있다.

지도 P.495-A3 **주소** Parkán 104, 381 01 Český Krumlov **홈페이지** www.2marie.cz **운영** 매일 11:00~22:00 **휴무** 공휴일이나 축제일에 **가는 방법** 스보르노스티 광장에서 이발사의 다리 쪽으로 약 2분.

선술집 샤틀라바
Krčma Šatlava | Tavern Šatlava

아늑한 동굴형 인테리어를 가진 중세 스타일 선술집. 개조된 르네상스 양식 건물 내에 있다. 마치 중세 연회장에 있는 듯한 독특한 분위기와 음악으로 특히나 여행객들에게 인기가 많다. 화로에서 구워주는 고기 요리가 이 집의 주력 메뉴다. 부드바르 맥주, 모라비아 와인을 함께 판매하고 있다.

지도 P.495-A3 주소 Horní No. 157, 381 01 Český Krumlov **홈페이지** www.satlava.cz/en/tavern-satlava-cesky-krumlov/1 **운영** 매일 11:00~24:00 **가는 방법** 스보르노스티 광장 북쪽에서 도보 1분.

피제리아 라트란 Pizzeria Latrán

르네상스 양식이 눈길을 끄는 라트란 골목의 37번 집. 화덕에서 구운 이탈리아 피자와 파스타를 전문적으로 판매하는 레스토랑이다. 피제리아 라트란이 유명한 이유는 맛보다도 화가 에곤 실레가 자주 가던 카페 핑크Café Fink가 20세기 초까지 이 건물에 자리 잡던 건물의 역사 때문이다.

지도 P.495-B3 주소 Latrán 37, 381 01 Český Krumlov **홈페이지** www.pizzerielatran.cz/en **운영** 일~목요일 11:00~23:00, 금~토요일 11:00~24:00 **가는 방법** 스보르노스티 광장에서 이발사의 다리를 건너 약 4분.

콜렉티브 카페 & 와인 바
Kolektiv cafe & wine bar

이발사의 다리를 지나 체스키 크룸로프 성으로 가는 길의 현대적인 카페. 1936년 건축된 기능주의 건물에 자리를 잡고 있다. 시원한 통창의 카페는 주위의 바로크와 르네상스 양식의 건물들과도 무척이나 잘 어울린다. 오전 8시부터 낮 12시까지 조식 메뉴를 판매한다. 현지에서 스트레스 받지 않고 키워진 닭의 달걀을 사용한다고 한다. 카페의 자랑은 홈메이드 디저트로 수프, 샌드위치 커피 등을 곁들이기도 좋다. 여행 중 잠시 쉬어가며 재충전하기 좋은 곳. 체코, 오스트리아의 와인을 함께 판매하고 있으니 커피 대신 와인을 선택해도 좋다.

지도 P.495-A3 주소 Latrán 13, 381 01 Český Krumlov **홈페이지** www.bistrokolektiv.cz **운영** 매일 08:00~18:00 **가는 방법** 스보르노스티 광장에서 이발사의 다리를 건너 약 3분.

ACCOMMODATION ♦ 쉬는 즐거움 ♦

호텔 루제 Hotel Růže

체스키 크룸로프에서도 가장 오래되고 잘 보존된 부지에 자리 잡고 있는 5성급 호텔. 16세기의 예수회 학교와 기숙사가 있던 자리로 체스키 크룸로프 성과 블타바 강이 한눈에 보이는 세미나르니 정원 바로 앞에 위치한다. 독특한 프레스코화, 천장, 아치형의 복도는 역사의 일부로 특히 내부는 체스키 크룸로프의 과거가 살아 숨 쉬는 듯하다. 정통 분위기를 고수하고 있는 곳으로 현대적인 인테리어를 기대하지는 말 것. 과거를 고스란히 간직한 인테리어 덕에 현지인을 비롯해 유럽인들은 선호하는 호텔 중 하나이나 한국인들에게는 호불호가 나뉜다. 총 71개 객실은 에어컨 시설을 완비했다. 특히 레스토랑 선셋 테라스는 체스키 크룸로프의 매혹적인 뷰가 한눈에 펼쳐진다.

지도 P.495-B3 주소 Horní 154, 381 01 Český Krumlov **홈페이지** www.hotelruze.cz/default-en.html **운영** 매일 [선셋 테라스] 10:00~22:00 **요금** 1569Kč~ **가는 방법** 스보르노스티 광장 북쪽에서 도보로 약 2분.

> *tip!*
> 호텔 루제가 속한 얀 호텔스(Jan Hotels) 그룹은 체스키 크룸로프에서 올드 인을 함께 운영 중이다. 프라하에서는 호텔 레오나르도, 호텔 두오가 얀 호텔 그룹에 속한다.

호텔 올드인 Hotel OLDINN

체스키 크룸로프의 중심인 스보르노스티 광장에 위치한 호텔. 과거에서부터 자리를 지키던 오래된 건물의 내부를 현대적으로 재단장해서 깔끔하고 우아하다. 리노베이션 된 객실은 세련되고 쾌적하다. 스보르노스티 광장이 보이는 객실에서는 창문만 열면 체스키 크룸로프의 전망과 분위기를 고스란히 즐길 수 있다.

지도 P.495-A3 주소 Náměstí Svornosti 12, 381 01 Český Krumlov **홈페이지** www.hoteloldinn.cz/en **운영** 매일 **가는 방법** 스보르노스티 광장.

호텔 벨뷰 체스키 크룸로프 Hotel Bellevue Český Krumlov

체스키 크룸로프 성 바로 아래쪽에 위치하고 있으며 주차장 P2와도 가까운 편리한 4성급 호텔. 건물의 역사에 대한 기록은 무려 1561년으로 거슬러 올라간다. 원래는 100년 이상 된 빵집이었다가 1870년 재건축 허가를 요청하며 마차 보관이 가능한 여관이 되었고 1934년경 새로운 지붕과 다락방이 추가되며 현재의 모습에 가까워졌다. 호텔은 총 65개의 객실로 구성되어 있다.

지도 P.495-B2 **주소** Latrán 77, 381 01 Český Krumlov **홈페이지** www.bellevuehotelkrumlov.cz/en **운영** 매일 **가는 방법** 스보르노스티 광장에서 도보 약 7분, 이발사의 다리를 건너 라트란 거리에서 부데요비츠카 게이트 방향. 부데요비츠카 문에서 도보 약 1분.

호텔 라트란 Hotel Latrán

15세기 시민의 집의 모습을 잘 보존하고 있는 호텔로 독특한 분위기를 준다. 총 16개의 객실로 규모는 크지 않지만 체스키 크룸로프 성 아래에 위치하고 있어 관광지로나 주차장으로의 이동이 굉장히 편리하다. 고풍스러우면서도 깔끔한 호텔로 라트란 거리에 숙박을 원하는 여행객들에게 제격이다. 호텔에는 선술집 데포Depo가 있어 맑은 날 야외 테라스에서 신선한 필스너 우르켈 맥주를 즐기기에 좋다.

지도 P.495-A2 **주소** Latrán 75, Latrán, 381 01 Český Krumlov **홈페이지** www.hotely-krumlov.cz/en/hotels/hotel-latran **운영** 매일 **가는 방법** 스보르노스티 광장에서 도보 약 6분, 이발사의 다리를 건너 라트란 거리에서 부데요비츠카 게이트 방향. 부데요비츠카 문에서 도보 약 1분.

체스키 크룸로프 근교 여행

리프노 트리탑 워크
Stezka korunami stromů Lipno | Lipno Treetop Walkway

🚗 체스키 크룸로프에서 약 40분 소요

리프노 나트 블타보우 지역에 위치한 이색 명소. 나무로 만들어진 형태의 독특한 탑으로 2012년 7월 10일 오픈했다. 체코의 첫 번째 트리탑이다. 사방과 천장이 뚫려있어 날것 그대로인 리프노의 자연을 천천히 즐기다 보면 어느새 탁 트인 전망이 아름다운 최상단에 도착한다. 높이는 40m, 통로의 길이는 총 675m로 노약자와 장애인을 생각한 배리어 프리 설계가 특징. 유모차는 물론 휠체어도 입장이 가능해 가족을 포함한 남녀노소가 즐기기에 딱이다.

지도 P.495-A3 **주소** Lipno nad Vltavou 307, 382 78 Lipno nad Vltavou **홈페이지** www.stezkakorunamistromu.cz/en **운영** [1~3월, 11~12월] 10:00~16:00, [4~5월, 10월] 10:00~18:00, [6~9월] 09:30-19:00 야간개장 7~8월 매주 화요일 19:00~23:00 **휴무** 12월 24일 **요금** [트리탑 워크] 성인 350Kč, 어린이(3~14세)·시니어(65세 이상) 280Kč, 가족 1(성인 2명+어린이 1명) 960Kč, 가족 2(성인 2명+어린이 2~4명) 1080Kč, 3세 미만 무료 [트리탑 워크+포레스트 킹덤] 성인 670Kč, 어린이(3~14세)·시니어(65세 이상) 600Kč, 가족 1(성인 2명+어린이 1명) 1870Kč, 가족(성인 2명+어린이 2~4명) 2120Kč, 3세 미만 무료 [터보건(미끄럼틀)] 60Kč/회 **가는 방법** [차량] 체스키 크룸로프에서 차량으로 약 33km(약 40분 소요).

> **tip!**
> 근처에 포레스트 킹덤(Forest Kingdom)이라는 어린이 놀이터도 있다. 체코 스타일의 놀이터로 자연을 그대로 즐길 수 있는 자연친화적인 놀이기구들이 있어 가족들에게 특히 인기가 많다.

©lipno.info

흘루보카 성
Státní zámek Hluboká | Hluboká nad Vltavou Chateau

🚗 체스키 크룸로프에서 약 **45분 소요**

흘루보카 성은 체코에서도 가장 아름다운 성 중 하나로 손꼽힌다. 13세기 중반 보헤미아의 왕에 의해서 세워졌고, 1661년에 슈바르첸베르크Schwarzenberg 가문이 소유하게 되었다. 슈바르첸베르크의 왕자 얀 아돌프 2세Prince Jan Adolf II. Schwarzenberg가 1838년 영국 빅토리아 여왕 대관식에 참석했다가 그곳에서 영감을 받아 지금의 모습을 갖추게 되었다. 18세기 초 바로크 양식으로 바뀌었다가 19세기 중반 윈저 성의 영향을 받아 로맨틱한 모습으로 재건되었다. 최상급 목재, 16~18세기 유럽 거장의 그림, 샹들리에, 슈바르첸베르크 가문의 초상화, 약 1만 723권의 책을 소장한 샤토 도서관, 무기 컬렉션, 스테인드글라스와 델프트 도자기 등으로 내부는 화려하게 장식돼 있다.

지도 P.495-B1 **주소** 373 41 Hluboká nad Vltavou **홈페이지** www.zamek-hluboka.cz/en **운영** [11~3월] 10:00~12:00, 12:30~16:00 [4월, 9월, 10월] 09:00~12:00, 12:30~16:30 [5~6월] 09:00~17:00 [7~8월] 09:00~17:00 **휴무** 매주 월요일, 7~8월은 휴무 없음 **요금** [투어 1: 리프리젠테이션 룸스(Representation rooms) 체코 가이드 투어 약 55분)] 성인 240Kč, 청소년(18~25세)·시니어(65세 이상)·장애인190Kč, 어린이(6~17세) 70Kč, 6세 미만 무료, [투어 2: 프라이빗 아파트(Private apartments)], [투어 3 샤토 키친(Chateau kitchen)] 등 **가는 방법** [차량] 체스키 크룸로프에서 차량으로 약 34.5km(약 45분 소요), [기차 + 택시] 체스키 크룸로프역에서 흘루보카 나트 블타보우(Hluboká nad Vltavou) 역까지 약 1시간 33분(요금 73Kč부터, 체스케 부데요비체 경유) + 흘루보카 나트 블타보우 역에서 택시 이용(약 6분, 3.8km).

©CzechTourism/Ladislav Renner

체스케 부데요비체
České Budějovice

🚗 체스키 크룸로프에서 약 35분 소요

남부 보헤미아에 위치한 체스케 부데요비체는 13세기 중반 왕실 도시로 세워졌다. 체코 프라하와 오스트리아 린츠 사이의 고대 소금 무역로를 가로지르는 전략적인 위치였던 덕분에 유럽 최초로 마차가 이끄는 철도가 생기는 등 중요한 정착지가 되었다. 유럽에서 가장 큰 광장 중 하나인 프르제미슬라 오타카르 II 광장, 소금 가게, 바로크 양식의 우아한 아케이드형 주택은 체스케 부데요비체의 특징 중 하나이다. 특히 체스케 부데요비체는 맥주 '부드바르Budvar'의 탄생지로 유명하다. 부드바르는 300m의 독특한 지하수, 1등급 자테츠 홉, 모라비아산 맥아로 오직 이곳에서만 양조된다. 부드바르 맥주를 직접 맛볼 수 있는 부르어리 투어도 진행하고 있다.

지도 P.495-B1 주소 체스케 부데요비체는 프라하와 체스키 크룸로프 사이에 위치하고 있다.
[차량] 체스키 크룸로프에서 차량으로 약 25km(약 35분 소요) / 프라하에서 차량으로 차량으로 약 147km(약 1시간 45분 소요) [기차] 체스키 크룸로프 역에서 체스케 부데요비체 역까지 약 47분(요금 59Kč~) / 프라하 역에서 체스케 부데요비체 역까지 약 2시간(요금 189Kč~) [버스] (레지오젯 기준) 체스키 크룸로프에서 버스로 약 30분(요금 35Kč~) / 프라하에서 버스로 약 2시간 15분(요금 182Kč~)

> **tip!**
> 부드바르는 버드와이저 맥주의 원조로 더 잘 알려져 있다. 부데요비체는 독일어로 부드바이스(Budweis)로 불리는데 미국의 버드와이저가 바로 체스케 부데요비체에서 유래했다는 사실! 미국에서 온 방문자에 의해 부드바르의 레시피가 미국으로 넘어갔다고 전해진다.

> **독특한 현지 숙박 시설**

마르틴스키 믈린 Martinský mlýn

🚗 체스키 크룸로프에서 약 45분 소요

체코식 현지 숙박 체험이 가능한 독특한 곳. 믈린은 체코어로 방앗간, 제분소라는 뜻으로 실제로 물레방아를 볼 수 있다. 체스키 크룸로프에서 약 45분 정도 떨어진 곳의 노보흐라드스케 호리 Novohradské hory에 위치한다. 총 8개의 객실을 운영 중이며 각 객실은 아기자기한 체코 공예품으로 장식되어 개성만점의 인테리어를 자랑하며 크기, 구조가 다 다르다. 호텔과는 또 다른 형태의 전원 숙소로 깔끔하게 관리되고 있다. 숙소 뒤에는 연못과 숲이 시원하게 펼쳐진다. 밤에는 불빛이 없어 깨끗한 밤하늘을 마음껏 관찰하기 좋은 곳. 체코의 진짜 시골 느낌이 가득한 숙소로 마음씨 좋은 주인아줌마의 환대가 인상적이다. 다만, 대도시에서 거리가 있는 만큼 자동차 혹은 렌터카를 이용해야 하고 영어가 잘 통하지 않을 수 있다.

지도 P.495-B3 **주소** Hrádek 18, 374 01 Trhové Sviny **홈페이지** www.martinskymlyn.cz/en **운영** 매일 **가는 방법** 체스키 크룸로프에서 차량으로 약 38km(약 40분 소요).

치유의 힘이 가득한 도시
카를로비 바리
Karlovy Vary

카를로비 바리는 독일과 국경을 맞대고 있는 특별한 온천 지역이다. 카를로비 바리는 독일어로 칼스바트, 일명 카를의 온천이라는 뜻으로 14세기 중반 체코의 왕 카를 4세가 테플라 강 계곡의 온천이 치료에 탁월하다는 것을 발견한 데에서 유래했다. 19세기부터는 당대 귀족과 부유한 유럽인들이 방문하여 온천수를 마시며 콜로나다를 산책하고 온천에 몸을 담그며 질병을 치유했던 인기 관광지였다. 그리고 2021년에는 그중요성을 인정받아 서부 보헤미아 스파 트라이앵글로 불리는 카를로비 바리, 마리안스케 라즈네, 프란티셰코비 라즈네가 포함된 유럽 7개국 11개 마을이 유럽 온천 마을로서 유네스코 세계유산에 등재되었다. 또한 풍부한 고령토는 도자기 산업, 모제르 크리스털의 기틀이 되었고 온천수와 천연 허브를 원료로 한 체코의 전통술 베헤로브카가 탄생하는 등 세계적인 명성의 다양한 특산품이 탄생했다.

Best 5

Best 1

온천수 마시며 산책하기
카를로비 바리에서 빼놓을 수 없는 체험 중 하나. 바로 온천수 전용컵 '라젠스키 포하레크'를 들고 도시 곳곳의 콜로나다에서 흐르는 온천수 마시기다. 다양한 디자인의 온천수 전용컵을 고르는 재미도 쏠쏠하다. 몸에 좋은 온천수의 맛은 예상외로 독특하고 강렬하다. P.292

체코 전통술 베헤로브카의 비밀을 찾아서
카를로비 바리의 몸에 좋은 온천수와 20여 가지 이상의 허브로 만든 특별한 리큐어인 베헤로브카기 미로 여기에서 태어났다. 독특한 향과 약 38%의 높은 도수는 기분 좋은 풍미를 자랑한다. 베헤로브카 방문자 센터에서 베헤로브카의 역사, 생산 과정 등을 확인할 수 있고 저렴한 가격에 다양한 종류의 베헤로브카를 구매할 수 있다. P.291

Best 2

Best 3

역사적인 체코 크리스털의 전통을 찾아서
예로부터 체코의 크리스털은 품질 좋고 예쁘기로 유명했다. 카를로비 바리에는 세계적으로도 유명한 모제르Moser 크리스털 공장과 박물관이 있다. 크리스털을 생산하고 있는 장인들의 유리 공예를 보고 있노라면 놀라울 뿐이다. 최상급 핸드메이드 크리스털 구매도 할 수 있는 곳이다. P.299

Best 4

디아나 전망대에서 카를로비 바리 전망 감상하기
카를로비 바리를 간다면 전망대에 올라가 볼 것을 추천한다. 규모가 크지는 않지만 시내에서 가깝고 푸니쿨라를 이용해 편하게 갈 수 있다. 싱그러운 숲이 함께 어우러진 카를로비 바리를 만날 수 있다. P.296

Best 5

카를로비 바리 특산품 맛보기
얇은 웨이퍼 안에 다양한 맛의 크림이 얇게 들어간 웨이퍼인 라젠스케 오플라트키Lázeňské Oplatky는 카를로비 바리 지역의 특산품이다. 바로 구워주는 따끈한 오플라트키, 선물용 오플라트키 등 카를로비 바리 어디에서나 만날 수 있다. 또한 온천수가 들어간 특별한 온천수 커피를 마시며 잠시 휴식을 취해보는 것도 좋다. P.306

카를로비 바리 추천코스

카를로비 바리 가는 법

카를로비 바리는 버스 이동이 기차 이동보다 훨씬 편리한 곳이다. 버스로 이동할 경우 시내의 플로렌츠 역에서 카를로비 바리 시내까지 쉽게 이동할 수 있다. 기차는 직행이 없기 때문에 최소 1회 이상 경유해야 하고 플젠 등을 경유하기 때문에 총 이동 시간이 최소 3시간 30분 정도여서 추천하지 않는다.

차량 | Car

- 각 도시에서 카를로비 바리로 이동하기

도시	소요 시간
프라하 ▶ 카를로비 바리	약 127km, 약 1시간 30 소요
플젠 ▶ 카를로비 바리	약 81km, 약 1시간 10분 소요

버스 | Bus

카를로비 바리에는 크게 2개의 버스 정류장(테르미날Terminál, 트르즈니체Tržnice)이 있다. 그중 출발, 도착하는 버스가 더 많은 테르미날 역을 기점으로 잡는 것이 편리하다. 다소 특이하게도 프라하 바츨라프 하벨 공항까지 가는 버스가 운행하고 있어 카를로비 바리를 여행의 첫 도시나 끝 도시로 계획하기에도 좋다.

- 각 도시에서 카를로비 바리로 이동하기

프라하 플로렌츠 역ÚAN Florenc 출발 - 카를로비 바리 테르미날Terminál 도착 기준

도시	버스명	소요 시간 및 요금
프라하 ▶ 카를로비 바리	레지오젯	약 2시간 15분 소요(요금 149Kč~)
프라하 공항 ▶ 카를로비 바리	레지오젯	약 1시간 45분 소요(요금 149Kč~)
프라하 ▶ 카를로비 바리	플릭스버스	약 2시간 소요(요금 €5.99~)

카를로비 바리 시내 교통

카를로비 바리는 크게 온천수를 마실 수 있는 콜로나다들이 있는 구역과 다양한 숍, 터미널이 있는 도심으로 나뉜다. 전체적인 크기는 크지 않아 도보로 이동해도 충분하다. 온천수를 마실 수 있는 콜로나다의 경우 시내 중심과는 거리가 조금 있는 편이지만 다른 교통수단을 탈 정도의 거리는 아니다. 아기자기한 마을을 둘러보면서 온천수를 마시며 걷는 것도 카를로비 바리 여행의 재미를 느낄 수 있는 포인트. 전망대는 푸니쿨라를 운영하고 있고, 티켓은 현장 구매하면 된다.

Travel Plus 카를로비 바리 카드

카를로비 바리 지역에서 길게 체류할 때 유용한 카드. 카를로비 바리뿐만이 아닌 마리안스케 라즈네, 프란티셰코비 라즈네, 킨주바르트, 로켓 성 등 카를로비 바리 지역에 위치한 많은 명소에서 사용이 가능하다. 2일권, 4일권, 7일권이 있으며 베헤로브카 박물관, 모제르 박물관과 투어, 나비 박물관 등을 포함한 50여 개 이상의 관광지 무료입장 및 40여개 이상의 관광지 5~50% 할인 제공, 카를로비 바리와 마리안스케 라즈네 대중교통 무료 이용, 현지 가이드북 무료 제공 등의 혜택이 있다. 카를로비 바리 지역의 인포메이션 센터나 인터넷으로 구매할 수 있다.

금액

	2일권	4일권	7일권
성인	450Kč	650Kč	1,100Kč
가족 (성인 2명+어린이 2명)	1,100Kč	1,400Kč	2,100Kč

*어린이 : 15세까지, 온라인으로 구매할 경우 무료 가이드북 제공 불가
**카드는 '시간' 기준이 아닌 시작한 '일'을 기준으로 효력 발생

홈페이지 karlovyvarycard.cz/en/attractions
온라인 구매 karlovyvarycard.cz/en/online

❶ 카를로비 바리 투어리스트 인포메이션 센터
Infocentrum Města Karlovy Vary | Tourist Information Centre Karlov Vary

카를로비 바리의 여행에 관한 유용한 정보, 가이드 서비스, 숙박 안내 서비스, 대중교통 티켓, 카를로비 바리 지역 투어리스트 카드 등의 판매와 더불어 현지 기념품을 판매한다. 카를로비 바리를 적은 시간 동안 더 효율적으로 여행하고 싶을 때 들르면 유용하다.

지도 P.497-B2 주소 Lázeňská 14, 360 01 Karlovy Vary

ATTRACTION 보는 즐거움

테르미날 버스 터미널 근처

베헤로브카 방문자 센터
Návštěvnické centrum Becherovka | Becherovka Visitor's Center

체코의 대표적인 리큐어, 전통술이자 약초주인 베헤로브카는 카를로비 바리가 고향이다. 허브, 향신료, 오렌지 오일, 카를로비 바리 지역의 순수한 물, 고품질 증류주 등을 원료로 균형 있게 혼합되어 제조되었다. 인공 성분, 착색제, 방부제를 포함하고 있지 않은 다소 건강한 술이기도 하다. 사업가 요제프 비투스 베헤르Josef Vitus Becher가 1794년 와인 증류소를 임대하면서 리큐어 실험을 시작한 것이 시초로 1807년 5월 탄생하여 쓴맛의 식전주라고 불렸다. 그리고 위장 장애들을 치료하는 의류 목적으로 사용되며 단숨에 인기를 얻게 되었다. 일부 체코인들은 소화제 대신 베헤로브카를 마시기도 했다. 19세기 전반부터는 빈과 뮌헨을 포함해 세계로 수출되기 시작했고 사회주의 시대에는 가장 인기 있는 수출품목 중 하나가 되기도 했다. 그 후 1838년 요제프의 아들 얀이 회사를 인수하며 현재의 베헤로브카의 설립자로 간주되어 거의 40년 동안이나 생산과 개발에 힘썼다. 그의 자랑스러운 시그니처 실링 스탬프는 오늘날에도 베헤로브카의 병에서 찾아볼 수 있다.

지도 P.497-B1　**주소** T. G. Masaryka 282/57, 360 01 Karlovy Vary　**홈페이지** becherovka.com/en
운영 화~일요일 09:00~12:00, 12:30~17:00 **휴무** 월요일
요금 투어(베헤로브카 오리지널, 레몬, KV14, 코디얼 시음 포함, 약 45분)
[기본형] 성인 250Kč, [확장형] 성인 350Kč(베톤 칵테일 시음 추가 포함),
[특별형] 성인 490Kč(베톤 칵테일 시음 및 베헤로브카 1병 추가 포함)
** 어린이(6~18세)는 시음이 제외되며 성인을 동반할 경우에만 입장 가능. 5세 이하의 어린이는 입장 불가
가는 방법 테르미날(Terminál) 버스역에서 도보 약 4분, 브르지델니 콜로나다(Vřídelní kolonáda)에서 도보 약 18분.

카를로비 바리의 콜로나다 산책

카를로비 바리에는 온천수가 나오는 총 5개의 콜로나다, 15개의 온천수원이 있다. 콜로나다는 영어로 콜로네이드Colonnade, 즉 벽 없이 기둥이 지붕을 받치고 있는 형태의 복도다. 카를로비 바리의 콜로나다는 온천수가 퐁퐁 솟아나고 있어 산책을 하며 온천수를 마실 수 있도록 조성해두었다. 콜로나다는 온천수의 온도, 효능이 모두 다르며 각각의 건축물마저 개성이 가득하다. 콜로나다를 따라가며 온천수를 조금씩 맛보다 보면 카를로비 바리의 매력에 흠뻑 빠지게 된다.

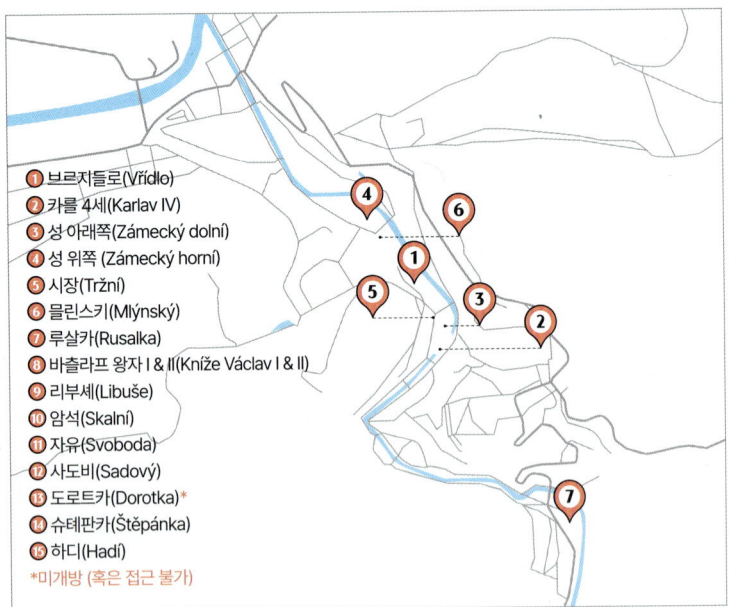

① 브르지들로(Vřídlo)
② 카를 4세(Karlav IV)
③ 성 아래쪽(Zámecký dolní)
④ 성 위쪽(Zámecký horní)
⑤ 시장(Tržní)
⑥ 믈린스키(Mlýnský)
⑦ 루살카(Rusalka)
⑧ 바츨라프 왕자 I & II(Kníže Václav I & II)
⑨ 리부셰(Libuše)
⑩ 암석(Skalní)
⑪ 자유(Svoboda)
⑫ 사도비(Sadový)
⑬ 도로트카(Dorotka)*
⑭ 슈테판카(Štěpánka)
⑮ 하디(Hadí)

*미개방 (혹은 접근 불가)

믈린스카 콜로나다
Mlýnská kolonáda | Mill Colonnade

카를로비 바리에서 가장 큰 콜로나다. 우아한 유사 르네상스 스타일의 믈린스카 콜로나다는 원래는 1792~1793년에 나무로 지어졌었다. 그 후 몇 번의 변화를 거쳐 1871~1881년에 유명한 체코의 건축가 요제프 지테크Josef Zítek의 디자인에 따라 지금의 모습으로 건축되었다. 일렬로 늘어선 크림색의 돌기둥은 우아함을 자아낸다. 콜로나다의 지붕 위는 12개월을 나타내는 사암 우화 조각상으로 장식되어 있다. 큰 규모만큼 내부와 외부에서 믈린스키Mlýnský 온천수, 루살카Rusalka 온천수, 바츨라프 왕자 I & IIVáclav I & Václav II 온천수, 리부셰Libuše 온천수, 암석Skalní 온천수 등 총 5가지의 온천수를 맛볼 수 있다.

No. 6 믈린스키(Mlýnský) 온천수 57.8도
카를로비 바리에서도 가장 오래되고 치료를 위한
목적으로 마시는 것이 권장된 최초의 온천수 중 하나다.
원래는 주로 목욕에 사용되었었다.

No. 7 루살카(Rusalka) 온천수 60.6도
16세기부터 1945년까지는 새로운 온천으로 불렸었다.
1792~1793년 재건된 후 많은 관광객들이 찾게 되며
더욱 유명해졌다.

No. 8 바츨라프 왕자 온천 I & II(Kníže Václav I & II)
온천수 65.4도 & 58.6도
1784년 발견된 수원으로 전통적인 치료용 소금
생산에도 사용되었다.

No. 9 리부셰(Libuše) 온천수 63도
본래는 엘리자베스 로즈 온천으로 불렸다가
1947년 이후 지금의 이름을 갖게 되었다.

No. 10 암석(3kalní) 혼선수 44.9도
원래 테플라 강의 바닥에서 직접 솟아올랐다고 한다.
현재는 최소 30m의 깊이에서 물을 끌어온다고.
테플라 강 베르나르드의 암석 아래 웅덩이에서는
말을 목욕시키곤 했다고 전해진다.

바츨라프 왕자 온천

루살카 온천

브르지델니 콜로나다
Vřídelní kolonáda | Hot Spring Colonnade

현대적인 유리와 철근 콘크리트로 건축된 기능주의적 건물에 위치한 콜로나다. 카를로비 바리에서도 가장 인기 있는 온천수 위에 1975년 새롭게 지어진 것이다. 1774년 바로크 양식으로 지어졌던 콜로나다가 부식되어 보수 과정을 거친 뒤 튼튼하고 실용적인 지금의 모습을 갖췄다. 브르지델니 콜로나다의 시그니처이자 카를로비 바리의 상징이라고도 할 수 있는 12m까지 솟구치는 간헐천이 바로 여기에 있다. 카를로비 바리에서도 가장 따뜻한 온천으로 약 73도의 간헐천은 미네랄이 함유된 온천수를 1분당 약 2,000L나 뿜어낸다. 특히 간헐천이 자리 잡은 공간은 무려 6년간의 리노베이션을 거쳐 2022년 대중에게 다시 공개된 것. 공사 기간 동안에는 외부 입구 쪽에서 완전한 모습이 아닌 축소된 형태로 만날 수 있었다. 생각보다 많이 뜨겁지 않고 따끈따끈하다. 건물 내에는 30도에서 50도의 온도를 가진 A, B, C라고 분류된 5개의 온천수원, 온천수 컵 라젠스키 포하레크, 아기자기한 카를로비 바리의 기념품을 판매하는 숍도 있어 간단한 쇼핑을 즐기기에도 좋다. 외부에 위치한 가게와 비교해서 잘 고른다면 가격도 나쁘지 않다.

No. 1 브르지들로 온천수(Vřídlo)
온천수 73.4도
카를로비 바리 내 가장 높은 온도의 온천수가 바로 여기에
있다. 내부 홀에서는 온도가 다른 온천수를 직접 마셔보고
체험할 수 있게 되어 있다.

> **Tip!**
> 브르지델니 콜로나다 내에 위치한 카페 레스피리움을 들러보자.
> 카를로비 바리의 온천수로 만든 시그니처 온천수 커피를 맛볼 수 있다.

SPECIAL PAGE

③ 트르즈니 콜로나다
Tržní kolonáda | Market Colonnade

나무로 풍부하게 조각된 스위스 양식의 콜로나다. 트르즈니 콜로나다의 온천수를 마시고 카를 4세Karel IV가 아픈 다리를 치료했다고 전해져 카를 4세의 온천으로도 유명하다. 그 모습은 콜로나다 내 청동 패널로도 묘사되어 있다. 트르즈니 콜로나다는 1838년 중세의 시장 부지를 건설하는 과정에서 발견됐다고 한다. 16세기 칼스바트 최초의 목욕탕이 있었던 곳으로 카를로비 바리에서 가장 오래된 온천이 있었다고 알려져 있다. 지금의 모습은 빈 출신의 유명 건축가 페르디난트 펠너Ferdinand Fellner와 헤르만 헬머Hermann Helmer에 의해 1882~1883년에 완성되었고 최근 리노베이션을 진행했다. 앞으로는 시장 광장과 상점들이 위치하고, 반원형의 형태와 뛰어난 음향 효과로 오늘날에는 콘서트 장소로 각광받고 있기도 하다.

No. 2 **카를 4세(Karlav IV) 온천** 온천수 **65.8도**
카를 4세가 아픈 다리를 치료했다는 전설적인 온천수원. 치유의 효능 발견으로 카를로비 바리의 탄생을 있게 한 '카를 4세에 의해 발견된 온천'이라는 청동 양각을 발견할 수 있다.

No. 5 **시장(Tržní) 온천** 온천수 **63.8도**
1838년 처음 발견되어 사라졌다가 나타났다가를 반복했던 과거가 있다.

④ 사도바 콜로나다
Sadová kolonáda | Park Colonnade

길게 펼쳐진 건축이 인상적인 사도바 콜로나다는 드보르자크 공원 근처에 위치한다. 브라넨스키 파빌리온으로 알려져있던 기존의 콘서트 홀과 레스토랑 홀의 잔재로 인해 풍부한 주철로 장식되어 있는 것이 특이하다. 빈 출신의 유명 건축가 페르디난트 펠너와 헤르만 헬머가 디자인했고 체코 건축가에 의해 1880~1881년 건축되었다. 뱀 모양의 온천수원이 인상적인 곳. 여행자들이 접근하기 쉬운 온천수 중 한 곳으로 아름다운 콜로나다에서 인생샷을 남기기에도 좋다.

No. 12 **사도비(Sadový) 온천**
온천수 **39.1도**
군사 스파 연구소를 건설하면서 발견된 곳이다.

No. 15 **하디(Hadi) 온천**
온천수 **28.1도**
2001년부터 만날 수 있는 곳으로 체코어로 뱀이라는 뜻을 가졌다. 다른 온천수보다 미네랄은 적지만 풍부한 탄산가스를 함유하고 있다.

자메츠카 콜로나다
Zámecká kolonáda | Castle Colonnade

최초의 자메츠카 콜로나다는 1910~1912년 빈의 건축가 요한 프리드리히 오만Johann Friedrich Ohmann의 디자인에 따라 아르누보 양식으로 건축되었다. 지금은 자메츠케 라즈네라는 스파 & 웰니스 센터로 변환되어 일반 대중은 입장이 제한되며 스파는 손님만 이용할 수 있다. 다만 위쪽의 정자 형태의 온천수원은 대중에게 개방되어 있고, 아래쪽의 온천수원은 트르즈니 콜로나다로 전환되어 현재도 많은 관광객과 현지인들이 찾고 있다.

No. 3  성 아래쪽 온천(Zámecký dolní)
No. 4 성 위쪽(Zámecký horní) 온천 온천수 51.1도 & 48.6도
위쪽과 아래쪽의 온선은 고도로 인해 온도가 조금 차이가 난다.

스보보다 정자
Altán Pramene Svoboda | Freedom Spring Arbour

1865년 건축된 8각형의 나무 기둥형 정자. 믈린스키 콜로나다에서 가깝다. 아담한 사이즈의 정자는 풍부하게 장식되어 있고, 중심에는 온천수원이 있어 잠시 쉬면서 온천수를 마시려는 사람들로 언제나 인기다. 근처에는 베헤로브카 판매소가 있어 베헤로브카 박물관에 갈 시간이 없다면 가격이 같으니 이곳에서 사는 것도 좋다.

No. 11  자유(Svoboda) 온천
온천수 61.7도
원래는 황제 프란티셰크 요제프 1세 온천수로 불렸으나 제2차 세계대전 이후인 1946년 지금의 이름을 갖게 되었다.

알로이스 클라인 정자 Altán Aloise Kleina | Alois Klein's Arbour

카를로비 바리 시내에서 약 1.5km로 다소 거리가 있는 콜로나다. 남쪽 외곽에 위치해 있다. 18세기부터 리치몬드 파크호텔 앞 현재의 공원 부지에 온천수가 스며들기 시작했고 1884년에는 온천을 확보했다. 철분이라는 독특한 성분을 가진 온천수를 마시는 것은 호텔의 스파 방문객들에게 필수코스가 되었다. 하지만 20세기 초 예기치 않게 스며들었던 온천수가 사라졌고 1993년 새로운 수원지를 확보했다. 그리고 8각형의 스위스 양식의 나무 정자가 세워졌다.

No. 14 슈테판카(Štěpánka) 광천
온천수 14.2도
카를로비 바리에서 가장 차가운 광천수. 아직 천연 치유 자원으로 인정받기 전으로 온천수원이 아닌 광천수원으로 분류된다.

> 카를로비 바리 전망대 오르기

디아나 전망대 Rozhledna Diana | Diana Observation Tower

1914년 5월 문을 연 카를로비 바리의 대표 전망대. 해발 562m 의 위치로 전망대의 높이는 약 40m 정도다. 카를로비 바리에서는 제법 높은 편에 속한다. 규모는 크지 않지만 전망대 내 엘리베이터가 있어 편리하고 카를로비 바리의 아기자기하면서도 근사한 전경을 한눈에 담을 수 있으니 한 번쯤은 꼭 가볼 것을 추천한다. 산이 높은 편은 아니라서 산책을 하듯이 천천히 돌아서 다양한 트레일을 따라 전망대까지 걸어 올라갈 수도 있고 푸니쿨라를 탑승해서 빠르고 편하게 올라갈 수도 있다. 아무래도 시간이나 체력을 아낄 수 있고 탑승하는 작은 재미가 있는 푸니쿨라를 추천한다. 전망대가 위치한 정상에는 정갈한 체코 요리를 판매하는 레스토랑, 돼지와 공작새가 있는 작은 동물원, 나비들을 관찰할 수 있는 버터플라이 하우스가 있다. 특히 아이들과 여행한다면 전망대와 함께 의미 있는 시간을 보내기에도 좋다.

지도 P.497-B2 **주소** Vrch přátelství 360 01, Karlovy Vary(푸니쿨라역 Mariánská 1218/1, 360 01 Karlovy Vary)
홈페이지 dianakv.cz/en **운영** [11~3월] 09:15~16:45,
[4·10월] 09:15~17:45, [5~9월] 09:15~16:45 **휴무** 12월 24일
요금 [전망대] 무료 [푸니쿨라] 성인(15세 이상) 편도 100Kč, 왕복 150Kč, 어린이(6~15세) 편도 50Kč, 왕복 80Kč, 가족(성인 2명+어린이 2명) 편도 200Kč, 왕복 300Kč **가는 방법** 터미널 버스 정류장에서 도보 약 33분, 브르지들로(Vřídlo)에서 도보 및 푸니쿨라 약 15분.

tip!
푸니쿨라 탑승 장소는 그랜드호텔 품 옆, 언뜻 지나치기 쉬운 곳에 위치한다. 마리안스카 거리와 미로베 광장 사이 작은 골목의 푸니쿨라 사인을 따라 들어가면 된다. 푸니쿨라는 매 15분마다 운행하며 마지막 디아나 역에서 내리면 된다.

사슴 점프 전망대 Jelení skok | Deer Jump Lookout

브르지델니 콜로나다와 콜로나다들이 모여 있는 쪽에서 멀지 않은 전망대. 사슴은 카를로비 바리의 상징적인 동물이기도 하다. 신성 로마 제국의 황제 카를 4세가 사슴을 쫓다가 부상을 당한 사슴이 뜨거운 온천수에 들어가 치료하는 것을 보고 온천수의 효과를 발견했기 때문이다. 디아나 전망대로 오르는 푸니쿨라를 타고 옐레니 스코크Jelení skok 역에서 내려쭉 걸어가거나 디아나 전망대에서 약 800m를 걸어 내려오면 된다. 이곳에 오르면 콜로나다가 있는 쪽의 아기자기한 카를로비 바리를 조망할 수 있다. 근처에는 1804년경에 세워진 정자가 있다. 체코의 여느 하이킹 트레일이 그러하듯 색으로 나무에 길이 표시되어 있어 잘 따라가면 된다.

지도 P.497-B2 **주소** Pod Jelením skokem 395/26, 360 01 Karlovy Vary **운영** 24시간 **가는 방법** 디아나 전망대로 가는 푸니쿨라 중갑역인 옐레니 스코크 역에서 히치 후 트레일을 따라 도보 약 15~20분, 브르지델니 콜로나다 역에서 북서쪽으로 도보 약 10분, 테르미날 버스 정류장에서 도보 약 26분.

괴테 전망대
Rozhledna Goethova vyhlídka | Goethe's Lookout

붉은 벽돌의 건물이 인상적인 39m 높이의 전망대로 카를로비 바리 시내에서 약 1.5km 정도 떨어져 있어 꽤 거리가 있는 편이다. 오스트리아의 왕자 루돌프의 아내였던 벨기에의 스테파니 공주가 산책을 즐기다가 놀라운 전망에 감탄하여 일명 '영원한 삶의 높이'라는 뜻의 '비쉬나 베취네호 지보타Výšina věčného života'에 영감을 받아 1889년 7월 21일 완공되었다. 해발 높이는 638m로 자연 속 위치와 탁트인 전망으로 인기 관광지가 되었다. 언덕이 있는 지형에다가 거리가 있어 하이킹을 좋아한다면 시도해 볼 만한 곳. 그렇지 않다면 시내에서 접근이 용이한 디아나 전망대에 집중하는 것이 좋다.

지도 P.497-C2 **주소** Goethova vyhlídka 244/2, 360 01 Karlovy Vary **운영** 목~금요일 11:00~18:00, 토~일요일 10:00~18:00 **휴무** 월~수요일 **가는 방법** [하이킹 트레일(약 3.5km)] 카를로비 바리 시내에서 노란색으로 표시된 트레일을 따라 갈 수 있다. 나 비흐리드세 거리(Na Vyhlídce Street) - 스파 숲 - 트르지 크르지제(Tři Kříže) 전망대 - 괴테 전망대로 이어진다. [괴테 전망대] 테르미날 버스 정류장에서 도보 약 1시간 6분, 브르지델니 콜로나다에서 도보 약 42분.

> *tip!*
> 전망대의 이름은 전쟁으로 인해 여러 번 바뀌었다. 1918년에는 슈티프터의 전망대, 그 후 스탈린의 전망대로 바뀌었다가 1957년에서야 지금의 괴테 전망대라는 이름을 갖게 되었다.

브르지델니 콜로나다 근처

카를로비 바리 박물관 Muzeum Karlovy Vary | Museum Karlovy Vary

온천 문화와 관련된 수공예품, 전통 유리 공예, 도자기, 근교 야히모프Jáchymov의 주화 및 주석 생산, 지역 민속 지학, 고고학 컬렉션, 지역 미술 컬렉션, 아라고나이트Aragonite 광물 등 카를로비 바리 지역의 광범위한 수집품들이 전시되어 있다. 저명한 온천학자이자 의학박사였던 요제프 뢰슈너Josef Löschner로부터 시작되어 안톤 피트로프Anton Pittroff가 1867년 설립했다. 그 후, 온천의학 의사였던 카렐 다비드 베헤르Karel David Becher의 개인 소장품으로 시작해 지역 유지의 개인 민족학 컬렉션과 넉넉한 기부금 등이 더해지며 박물관의 컬렉션은 더욱 풍부해졌다. 탄산수라는 뜻을 가진 독특한 자연 현상인 슈푸르델Sprudel, 스파의 기원과 발달이 특히나 흥미롭다. 지역의 역사에 관심이 있다면 괜찮지만 시간이 없다면 과감히 패스해도 좋다.

지도 P.497-B2 **주소** Nová louka 23, Karlovy Vary **홈페이지** en.kvmuz.cz/o-nas-muzeum-karlovy-vary
운영 [3~4월] 수~일요일 10:00~17:00, [5~9월] 화~일요일 10:00~18:00, [10~12월] 수~일요일 10:00~17:00
휴무 [1~2월] 매일, [3~4월·10~12월] 월~화요일, [5~9월] 월요일 **요금** 성인 100Kč, 어린이(6~15세)·학생(15~26세)·시니어(65세이상) 60Kč, 가족(성인 2명+어린이 4명) 240Kč, 6세 미만 무료 **가는 방법** 브르지델니 콜로나다에서 남동쪽으로 도보 약 4분, 테르미날 버스 정류장에서 도보 약 30분.

성 마리아 막달레나 성당
Kostel Maří Magdalény | Church of Saint Mary Magdalene

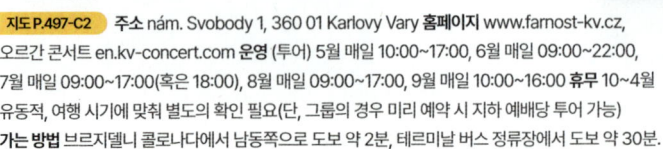

본래 중세 고딕 양식의 성당으로 14세기 후반에 세워졌다. 1518년에 르네상스 양식으로 재건되었다가 18세기 초 일어난 여러 차례의 화재로 인해 결국 성당은 철거되었다. 그 후, 1733년 바로크 양식의 건축가로 많은 명성을 떨쳤던 킬리안 디엔첸호퍼Kilián Ignác Dientzenhofer의 디자인에 따라 1736년 수준 높은 바로크 양식으로 완공되었다. 주변에는 묘지가 1784년까지 성당을 둘러싸고 있었다. 내부에는 화려하게 장식된 18세기의 바로크 양식 제단이 있고 지하 예배당에는 과거 묘지에 있던 유골이 보관되어 있다. 현재는 국가 문화 기념물로 오르간 콘서트를 비정기적으로 열고 있다.

지도 P.497-C2 **주소** nám. Svobody 1, 360 01 Karlovy Vary **홈페이지** www.farnost-kv.cz, 오르간 콘서트 en.kv-concert.com **운영** (투어) 5월 매일 10:00~17:00, 6월 매일 09:00~22:00, 7월 매일 09:00~17:00(혹은 18:00), 8월 매일 09:00~17:00, 9월 매일 10:00~16:00 **휴무** 10~4월 유동적, 여행 시기에 맞춰 별도의 확인 필요(단, 그룹의 경우 미리 예약 시 지하 예배당 투어 가능)
가는 방법 브르지델니 콜로나다에서 남동쪽으로 도보 약 2분, 테르미날 버스 정류장에서 도보 약 30분.

> *tip!*
> 카를로비 바리에서는 익숙지 않은 건축물을 종종 보게 된다. 그중 하나는 바로 정교회 혹은 동방 정교회로 불리는 오래된 비잔틴-러시아 양식으로 지어진 교회다. 금빛의 화려한 둥근 꼭대기는 동방 정교회의 특징이다.

특별한 카를로비 바리의 특산품을 찾아

모제르 글라스워크스 비지터 센터
Návštěvnické centrum Moser | Moser Glassworks Visitor Center

160년 이상의 전통을 가진 크리스털 제조사로 체코의 조각가 루드비히 모제르Ludwig Moser가 유리에 생명을 불어넣으며 모제르의 역사가 시작되었다. 전통적인 유리 제조 기술로 시작해 그의 예술성과 재능이 더해졌고, 독창적이면서도 아름다운 크리스털 생신으로 전 세계를 매료시켰다. 세련된 모제르 크리스털은 유럽 왕실의 결혼식, 정치 모임에서 단연 인기를 얻었다. 모제르 크리스털은 납 성분이 포함되어 있지 않은 것으로도 유명하다. 이는 환경과 소비자는 물론 제조자의 건강에도 좋을 뿐만 아니라 컵에 담는 물맛까지도 더 좋게 해준다고. 또한 모제르의 제품은 모두 수작업으로 제조된다. 납 성분이 들어있거나 기계로 만든 유리잔과 달리 아름다운 빛 반사와 매끄러운 가장자리 마감, 귀한 석재 성분에서 추출해 고급스러운 색을 내는 것도 특징이다. 뜨거운 용광로의 열기 속에서 장인들이 입으로 직접 불어 만들어내는 크리스털의 모습은 믿을 수 없을 정도로 놀라우면서도 환상적이다. 카를로비 바리의 모제르 글라스워크스는 유리 공장, 박물관, 갤러리 숍을 함께 운영하고 있다.

지도 P.497-A1 **주소** Kpt. Jaroše 46, Dvory, 360 06 Karlovy Vary **홈페이지** www.moser.com/en/about-moser/glassworks-tour **운영** [투어: 유리 공장 & 박물관] 월~금요일 09:00~14:00(체코어, 영어 등) **휴무** 주말 및 12월 22일~1월 1일, 공휴일의 경우 유동적으로 여행 시기에 맞춰 홈페이지 확인 필요 [박물관] 월~토요일 09:00~16:00(12월 31일은 14:00까지), 매주 일요일 및 12월 24~26일, 1월 1일 **요금** [투어: 유리 공장 & 박물관] 350Kč, 가족(성인 2명+어린이 3명) 750Kč, [박물관] 150Kč, 가족(성인 2명+어린이 3명) 300Kč **예약** [전화] +420 353 416 132 [이메일] muzeum@moser.com **가는 방법** 테르미날 버스 정류장에서 도보 약 35분, 택시로 약 5분.
*투어의 경우 안전상의 이유로 앞이 막힌 신발을 신어야 하고 휠체어 및 반려 동물은 입장이 가능하지 않다.

Tip!
박물관만 견학할 수도 있지만 약 30분가량의 투어와 함께 진행하는 것을 추천. 만약 투어를 신청하면 박물관 입장을 포함한다. 투어에서는 쉽사리 보지 못했던 유리가 제조되는 과정, 유리의 모양을 내는 과정들을 직접 볼 수 있는데 장인의 손길에서 탄생하는 제품을 보고 있으면 왜 모제르 크리스털이 전 세계적으로 최고인지 알게 된다.

RESTAURANT ◆ 먹는 즐거움 ◆

카페 레스피리움 브르지들로
Café Respirium Vřídlo | Café Respirium Hot Spring

카를로비 바리에서만 만날 수 있는 특별한 카페. 브르지들로 콜로나다 내에 위치하고 있다. 외관은 일반 카페와 다르지 않지만 카페 레스피리움이 다른 카페와 크게 다른 이유는 바로 커피에 있다. 카를로비 바리의 특별한 온천수를 재료로 사용했기 때문. '카를로바르스카 브르지델니 카바Karlovarská Vřídelní Káva'는 칼스바트 온천수 커피라는 뜻으로 카페 레스피리움에서만 만날 수 있는 특별한 메뉴다. 온천수와 체코의 전통술 베헤로브카가 들어간 커피에 생크림을 올려주는데 그 맛이 굉장히 독특하면서도 오묘해 호불호가 갈리지만 카를로비 바리에서만 먹어볼 수 있는 메뉴로 꼭 한 번 먹어볼 것을 추천한다. 그 외에도 일반 카페 메뉴, 달달한 디저트를 함께 판매하고 있다.

지도 P.497-B2 **주소** Divadelní nám. 2036, 360 01 Karlovy Vary **운영** 매일 10:00~18:00, 휴무는 유동적으로 구글 지도 참고 **가는 방법** 브르지델니 콜로나다(Vřídelní kolonáda) 내. 터미널 버스 정류장에서 도보 약 24분.

베헤르플라츠 - 카를 4세 레스토랑
Becherplatz - Pivovar Karel IV | Becherplatz – Brewery Kavel IV

베헤로브카 방문자 센터가 있는 베헤르플라츠 건물 지하에 위치한 레스토랑이자 양조장. 마치 동굴 느낌으로 아늑하면서도 현대적인 인테리어를 가진 곳이며 생각보다 규모가 꽤 크다. 크리스마스 시즌의 인기 메뉴인 잉어 튀김 요리, 굴라쉬, 콜레노, 스피치코바 등과 같은 체코 전통 요리들과 직접 양조한 맥주들, 베헤로브카 등과 같은 다양한 주류도 선택할 수 있다. 근사한 것만큼이나 맛있는 요리를 만날 수 있어 베헤로브카 방문자 센터를 방문했다가 식사를 하기에도 좋다.

지도 P.497-B1 **주소** T. G. Masaryka 282, 360 01 Karlovy Vary **홈페이지** becherplatz.cz/en/restaurant-2 **운영** 매일 11:00~22:00 **추천 메뉴** 카를 4세 11° 라이트 라거 & 12° 풀 세미 다크 라거, 쿨라이다 수프, 굴라쉬, 돼지고기 슈니첼, 잉어 튀김 요리 등 **가는 방법** 터미널 버스 정류장에서 도보 약 5분, 브르지델니 콜로나다에서 북서쪽으로 도보 약 21분.

레스토랑 라 호스포다
Restaurace La Hospoda

세련된 인테리어의 현대적인 레스토랑. 전통 체코 요리와 현대적인 요리를 함께 선보인다. 매번 먹는 체코 음식이나 분위기가 아닌 새로운 곳을 시도하고 싶다면 추천. 야생 돼지 요리, 훈제 오리 요리를 시도해 봐도 좋고 민물 농어나 보리쌀 리소토 같은 일반 요리들도 세련되고 깔끔하다. 남부 모라비아에서 많이 재배하는 뮐러 트루가우 품종의 체코 와인도 곁들이면 더욱 환상적. 테플라 강변의 경찰서 근처에 위치한다.

지도 P.497-B1 **주소** Nábřeží Jana Palacha 1024/26, 360 01 Karlovy Vary **홈페이지** lahospoda.cz **운영** 월~목요일 11:00~22:00, 금요일 11:00~23:00, 토요일 12:00~23:00, 일요일 12:00~22:00 **가는 방법** 테르미날 버스 정류장에서 동쪽으로 도보 약 10분, 브르지델니 콜로나다에서 북서쪽으로 도보 약 20분.

그랜드호텔 푬 - 카페 푬
Grandhotel Pupp - Café Pupp

그랜드 호텔 푬은 300년 이상의 역사를 가진 고급 호텔이다. 우아하고도 아름다운 외관, 세련된 내부, 최상급 서비스를 제공한다. 영화 007 시리즈 '카지노 로얄', '라스트 홀리데이'를 바로 여기에서 촬영했다. 호텔에 머물지 않더라도 카페 푬에서 잠시 근사한 시간을 갖는 것을 추천한다. 전통 레시피로 만든 오리지널 푬 케이크, 체코식 디저트, 베헤로브카가 들어간 커피 외에 식사류도 판매하고 있다.

지도 P.497-B2 **주소** Mírové nám. 2, 360 01 Karlovy Vary 1 **홈페이지** www.pupp.cz/en **운영** 매일 11:00~19:00 **가는 방법** 테르미날 버스 정류장 역에서 동쪽으로 도보 약 10분, 브르지델니 콜로나다에서 남동쪽으로 도보 약 5분.

카를로비 바리 근교 여행하기

툰 1794 Thun 1794 a.s.

체코의 도자기 산업은 굉장히 유명하다. 그중에서도 툰 1794는 체코에서 규모 있는 자랑스러운 도자기 회사다. 최초 1921년 설립되었으나 제2차 세계대전 이후 카를로바르스키 포슬란Karlovarský Porcelán 회사에 합병되었고, 2009년에 Thun 1974에 인수되며 지금의 이름을 갖게 된 긴 역사가 있다. 1405°C에서 구워내는 소위 경질 도자기류를 주로 생산하고 있다. 연간 3.5~4톤의 제품을 생산하고 있는 툰 1794는 현대적인 세련미, 우아한 고전미를 담고 있으면서도 툰 1794만의 개성이 엿보여 인기다. 호텔용 도자기 제품을 공급하고 있으며 체코의 국민 캐릭터 크르테첵이나 성인에서 어린이용까지 다양한 제품군을 가지고 있다.

지도 P.497-A1 주소 Tovární 242, 362 25 Nová Role 홈페이지 www.thun.cz/en
운영 [도자기 박물관] 월~금요일 09:00~15:00, 토요일 10:00~14:00 [공장 투어-노바 롤레 Nová Role] 10:45, 13:45
휴무 일요일 요금 [도자기 박물관] 30Kč [투어] 성인 180Kč, 시니어 90Kč, 어린이·학생 60Kč, 가족(성인 2명+어린이 2명) 350Kč [공장 투어 예약] fabriktour@thun.cz 가는 방법 자동차로 약 16분(약 12km).

Tip!
카를로비 바리 근교의 노바 롤레(Nová Role)에 위치한 툰 비지터 센터는 시내에서는 거리가 꽤 있다. 체코 도자기의 생산에도 관심이 있다면 도자기 공장 투어에 참여할 수도 있다.

로켓 성 Hrad Loket | Loket Castle

체코의 왕이자 신성 로마 제국의 황제였던 카를 4세가 휴식을 취하고 사냥을 즐기러 가곤 했던 로마네스크 양식의 성. 12세기 하반기에 역사가 시작된 것으로 알려져 있으나 문서상 처음 언급된 것은 1234년 정도로 알려져 있다. 바위 위에 우뚝 서있는 로켓 성은 한때는 감옥으로 사용되기도 했다. 체코어로 로켓은 팔꿈치 라는 뜻이다. 오흐르제Ohře 강이 성 주위를 마치 마치 인간의 팔꿈치처럼 굽이지게 흐르고 있어 로켓 성이라는 이름을 갖게 되었다. 카를 4세는 아버지였던 보헤미아의 얀에 의해 어린 시절 몇 달 동안 성에 갇혔음에도 불구하고 아름다운 로켓 성을 좋아했다고 전해진다. 중세의 고문실을 그대로 재현한 조금은 으스스한 지하, 15세기로 거슬러 올라가는 로맨틱한 프레스코화, 로켓의 약국과 괴테가 관심을 가졌던 유성 조각을 포함한 컬렉션, 도자기 전시, 무기 전시도 눈여겨볼 만하다. 전망대에서는 로켓 마을과 오흐르제 강이 어우러지는 절묘한 전경이 펼쳐진다.

지도 P.497-A2 주소 Zámecká 67, 357 33 Loket **홈페이지** www.hradloket.cz/en **운영** [11~3월] 09:00~16:00, [4~6월] 09:00~17:00, [7~8월] 09:00~18:30, [9~10월] 09:00~17:00 **휴무** 없음(단, 12월 24일은 문화 헹사로 분녕 시간이 다를 수 있음) **요금** [기본] 성인 145Kč, 어린이(6세~15세)·학생(26세까지)·시니어 120Kč·가족(성인 2명+어린이 또는 학생 2명) 440Kč, 6세 미만 무료 [영어 가이드 투어] 성인 220Kč, 어린이(6~15세)·학생(26세까지)·시니어 190Kč, 가족(성인 2명+어린이 또는 학생 2명) 550Kč, 6세 미만 무료 **가는 방법** 차량으로 약 15분 소요, 카를로비 바리 테르미날 버스 정류장에서 버스(481810, 421304) 탑승 후 로켓Loket역(주유소 옆)에서 하차(약 30분 소요).

> **Tip!**
> 카를로비 바리에서는 약 14km 정도 떨어져 있어 시간적 여유가 있는 여행객들에게 추천한다. 성의 안뜰에는 고트슈타인(Gottstein)이라고 불리는 작은 남자 모습의 동상이 있다. 로켓의 바위들의 주인으로 알려져 있는데 그의 수염을 만지고 작은 동전과 함께 소원을 빌면 이루어진다고.

ACCOMMODATION 쉬는 즐거움

호텔 임페리얼 스파 & 헬스 클럽 Hotel Imperial Spa & Health Club

1912년 완공돼 100년 이상의 역사를 가진 호텔. 카를로비 바리의 언덕 위에 위풍당당하게 서 있다. 카를로비 바리의 여느 지대보다 높다 보니 전용 푸니쿨라를 운행하고 있어 도심까지의 이동이 편리한 편이다. 호텔의 특장점이라면 뭐니 뭐니 해도 온천수를 이용한 스파 트리트먼트와 웰니스. 치유의 효과가 입증된 카를로비 바리의 온천수를 이용한 스파 트리트먼트는 체코인들뿐 아니라 근교 국가인 독일 등에서 오는 여행객들에게 인기다. 전통적인 방법에 현대적인 기술을 결합해 선보인다. 호텔 내에는 이를 위한 의사가 상주하고 있고 코로나19 이후로 다양한 프로그램을 추가하며 현재 호흡기 질환, 소화기 질환, 대사질환, 근골격계 질환, 신경 질환 등을 위한 처방을 진행하며 메디컬 스파 프로그램을 운영 중이다. 실제로 호텔 내에 온천수원이 있어 직접 마실 수도 있고 호텔 주변에는 아름다운 공원이 있어 산책을 즐기기에도 좋다.

지도 P.497-C2 **주소** Libušina 1212/18, 360 01 Karlovy Vary **홈페이지** www.spa-hotel-imperial.cz/en
운영 매일 **가는 방법** 테르미날 버스 정류장에서 택시로 약 10분, 브르지델니 콜로나다에서 도보 1분 거리인 푸니쿨라 임페리얼(Funicular Imperial) 정류장에서 푸니쿨라를 타고 약 10분(푸니쿨라는 15분 간격으로 운행).

카를로비 바리 국제 영화제
International Film Festival Karlovy Vary – KVIFF
2024년 6월 28일~7월 6일

체코 최대의 영화제이자 중·동부 유럽에서 가장 권위 있는 국제 영화제. 1946년 시작되어 세계에서도 가장 오래된 영화제 중 하나로 손꼽히는 카를로비 바리 국제 영화제의 시작은 사실 같은 스파 트라이앵글의 도시 중 하나인 마리안스케 라즈녜Mariánské Lázně였다. 1947년부터 카를로비 바리에서 개최되기 시작해 매년 전 세계 약 200편의 영화를 선보이고 있다. 1956년 국제 영화제작자 협회FIAPF는 카를로비 바리 영화제를 공식적으로 A 카테고리에 올리며 세계적인 수준임을 인정했다. 영화제가 열리는 매년 6월 말에서 7월 초면 전 세계의 유명 감독, 제작자, 배우, 배급사, 기자 등 영화 전문가들은 물론 일반 대중들도 카를로비 바리를 찾으며 평화로운 도시는 축제의 열기로 가득 찬다.

홈페이지 www.kviff.com/en/homepage

©KVIFF

SPECIAL PAGE

카를로비 바리 쇼핑템

라젠스키 포하레크 Lázeňský pohárek

콜로나다의 온천수를 마실 수 있는 주둥이가 길게 생긴 작은 컵. 많은 사람들이 신기하게 생긴 작은 컵을 들고 다니며 온천수를 마시는 모습을 쉽게 볼 수 있다. 가게마다 컵의 크기, 모양, 색 등 개성이 가득해 고르는 재미도 있고 가격도 1만 원 정도로 부담이 없어서 선물용으로도 딱이다. 큰 구멍으로 물을 담아 좁은 쪽으로 온천수를 마시는데 카를로비 바리 여행의 기념으로 간직하기에도 좋다.

오플라트키 Oplatky

얇은 반죽 사이에 바닐라 크림 등을 얇게 펴바른 스낵으로 카를로비 바리 곳곳에서 판매하고 있다. 특히 갓 구워진 따끈따끈한 오플라트키와 온천수를 마시며 콜로나다를 산책해 보자. 오플라트키는 시중의 빌라, 테스코 등의 슈퍼마켓에서도 저렴한 금액으로 쉽게 만날 수 있고 다양한 맛을 선보이고 있어 기념품으로 사 가기에도 좋다.

베헤로브카 Becherovka

카를로비 바리의 온천수를 원료로 몸에 좋은 20여 가지의 엄선된 허브와 비밀 레시피로 만들어진 약초주. 38%의 높은 도수이지만 향이 좋아 쓰게 느껴지지 않는다. 자연 성분으로 인해 체코인들은 소화제 대신 마시곤 한다. 카를로비 바리의 베헤로브카 박물관 혹은 콜로나다의 판매소에서 구매할 수 있다. 남은 여행의 일정이 길다면 공항에서도 구매할 수 있지만 카를로비 바리에서 사는 것이 가장 저렴하다.

온천수 화장품 Thermal Cosmetic

자연적인 치유 요소에 미네랄, 2차 원소들을 풍부하게 포함한 카를로비 바리의 온천수와 현대적인 기술이 접목하여 탄생된 칼스 코스메틱 Carl's Cometic의 에센스는 촉촉하면서도 피부에 생기를 더해준다. 또한 미네랄이 함유된 목욕용 소금 또한 기념품으로 구매하기도 좋은데 마누팍투라 Manufaktura에서도 카를로비 바리의 온천수 소금을 함유한 제품 라인을 판매하고 있다. 참고로 세계적인 화장품 브랜드인 비오템, 비쉬 등도 이름에서 알 수 있듯이 온천수를 포함하는 제품들이다.

모제르 크리스털 Moser Crystal

160년 이상의 전통을 가진 역사적인 크리스털. 크리스털이라는 이름을 갖고 있지만 유리라고 생각하면 된다. 빛나면서도 아름다운 디자인에 납 성분을 포함하고 있지 않아 소비자와 제조자의 건강에도 좋은 제품으로 유럽 왕실의 결혼식, 정치 모임에서 굉장한 인기다. 그만큼 가격대가 있지만 한 번 구매하면 정말 오래도록 사용이 가능하다.

은광시대의 영광이 가득한
쿠트나 호라
Kutná Hora

은광 산업으로 체코 왕국이 부를 축적할 수 있도록 도움을 주었던 도시, 쿠트나 호라. 국고의 보물이라고도 불리는 은의 도시로 바츨라프 2세 때 조폐국으로서 중부 유럽의 은화, 그로셴groschen을 생산했다. 지금도 여전히 중세의 느낌이 가득한 시내 중심은 1995년 유네스코 세계 유산 리스트에 등재되었을 정도로 역사적으로 가치 있는 건축물들이 가득하다. 거리 곳곳에 있는 집, 성당, 기념물은 긴 역사를 품고 있으며, 특히 독특한 후기 고딕 양식의 성 바르바라 대성당과 실제 해골들로 장식한 해골 성당은 쿠트나 호라의 랜드마크다. 은광 산업이 발달했던 시기에는 보헤미아 왕국에서 프라하 다음으로 중요한 도시이기도 했을 정도로 눈부신 발전을 이루었던 곳이다.

Best 5

Best 1
유네스코 세계문화유산을 찾아서
후기 고딕 양식의 성 바르바라 대성당이 있는 역사지구는 1995년 유네스코 세계문화유산에 등재되었다. 광부들의 수호성인이라고 불리는 성녀 바르바라를 기리기 위한 성스러운 공간으로 쿠트나 호라의 랜드마크이기도 하다. P.314

Best 2
진짜 해골이 가득한 해골 성당
코스트니체 납골당은 14세기 흑사병과 15세기 후스파 전쟁으로 생긴 시체들의 유골을 보관하고 있는 곳이다. 해골을 이용해 만든 샹들리에, 십자가, 탑 등이 인상적이며 들어서는 순간 인간의 삶과 죽음에 대해 생각하게 된다.. P.320

Best 3
왕실 국고의 흔적 따라가기
은을 채굴하고 은화를 주조했던 만큼 과거의 은광과 관련한 많은 흔적들을 발견할 수 있다. 왕실의 조폐국이자 왕궁이었던 이탈리아 궁정에서는 은화의 제련 과정을 배우고, 은 박물관과 중세 은광 흐라데크에서는 깊이 33~250m 구간의 광도 일부를 직접 체험할 수 있다. P.315

중세 시대의 느낌이 가득한 축제 참여하기
6월에는 마치 타임머신을 타고 중세로 간 듯한 왕실 은광 축제가 열린다. 참여자들은 저마다 중세의 복장으로 축제를 즐긴다. 왕과 왕비의 퍼레이드, 다양한 공연, 먹거리가 가득하다. P.323

Best 4

Best 5
현대 미술 만나기
구 예수회 학교였던 장소로 지금은 중앙 보헤미아 지역 미술관(GASK)으로 태어났다. 20세기와 21세기의 현대 미술과 예술 전시가 이루어지고 있는 곳으로 독특한 조형물이 있는 정원에서 산책을 즐겨봐도 좋다. P.316

쿠트나 호라 추천코스

성 바르바라 성당 P.314
→ 도보 3분 →
GASK 공원 P.316
↓ 도보 8분
흐라데크 은 박물관 P.315
← 도보 4분 ←
석조 분수 P.317
↓ 도보 2분
이탈리안 궁정 P.318
→ 도보 1분 →
세 왕의 집 P.319
→ 도보 5분 →
흑사병 기둥 P.317
↓ 도보 30분, 차량 7분
해골 성당 P.320
← 도보 3분 ←
성모 마리아 승천 대성당 P.321

©CzechTourism_UPVISION

쿠트나 호라 가는 법

프라하에서 약 1시간이면 갈 수 있다. 프라하 외 소도시를 가고 싶은데 시간이 없어 가까운 곳을 가고 싶은 여행자들에게 좋다. 기차를 이용할 경우 쿠트나 호라 시내까지 가는 쿠트나 호라 메스토Kutná Hora Město행 열차를 구매할 것. 쿠트나 호라 중앙역에서 관광지까지의 거리가 있는 편으로 목적지 근처 역까지 가는 기차를 타는 것을 추천한다.

기차 | Train

• **쿠트나 호라 메스토 역** Olomouc Hlavní Nádraží | Olomouc Central Station

쿠트나 호라에서는 쿠트나 호라 중앙역Kutná Hora hl.n., 쿠트나 호라-세들레츠Kutná Hora-Sedlec, 쿠트나 호라 메스토Kutná Hora Město 등 총 3개 역이 있다. 대부분의 관광지들이 몰려있는 곳은 쿠트나 호라 메스토 역으로 쿠트나 호라 중앙역에서 환승을 해야 함을 기억할 것. 목적지를 쿠트나 호라 메스토로 설정하고 구매하면 편리하다. 만약 쿠트나 호라 여행의 주목적이 해골 성당이라면 쿠트나 호라-세들레츠를 목적지로 설정하면 된다. 지도 P.500-B2

• **각 도시에서 쿠트나 호라로 이동하기**

도시	열차명	소요시간 및 요금
프라하 ▶ 쿠트나 호라 메스토	체스케 드라히	약 1시간 6분 소요 (요금 144Kč~)
브르노 ▶ 쿠트나 호라 메스토	체스케 드라히	약 2시간 52분 소요 (요금 305Kč~)

* 해골 성당으로 바로 가기를 원한다면 쿠트나 호라-세들레츠(Kutná Hora-Sedlec) 역으로 가는 기차표를 구매하면 된다. 이미 쿠트나 호라 중앙역으로 가는 기차표를 구매했다면 중앙역에서 도보로 걸어가거나(약 17분 소요) 버스 381번, 802번을 타고 가는 방법도 있다(약 7분 소요).

차량 Car

- **각 도시에서 쿠트나 호라로 이동하기**

도시	거리 및 소요 시간
프라하 ▶ 쿠트나 호라	약 84km, 약 1시간 소요
리토미슐 ▶ 쿠트나 호라	약 115km, 약 1시간 30분 소요
브르노 ▶ 쿠트나 호라	약 155km, 약 2시간 소요

버스 Bus

아쉽게도 프라하에서 쿠트나 호라로 바로 가는 버스는 현재 운행하지 않는다. 일반 버스가 있지만 모든 역에서 정차해 기차보다 시간이 오래 걸려 추천하지 않는다.

쿠트나 호라 시내 교통

쿠트나 호라 내에도 버스가 있지만 시내 중심은 도보로 충분히 이동이 가능해 납골당이나 성모 승천 마리아 대성당을 가지 않을 경우는 버스를 탈 일은 없다. 만약 쿠트나 호라 관광지 및 납골당을 함께 여행하고 시간을 아끼고 싶다면 택시를 이용할 수도 있다.

택시 Taxi

택시는 전화로 직접 불러서 이용하는 시스템이다. 관광지 중심에서는 연료가 따로 필요 없는 릭샤 스타일의 트라이시클 서비스도 있다.

- **택시 회사 정보**
  - 시모나Simona :
    전화번호 +420 800 100 512
  - 요제프 마하이Josef Machaj :
    전화번호 +420 777 239 909
  - 즈데네크 마칼Zdeněk Makal :
    전화번호 +420 327 512 618

- **트라이시클 정보**
  - 리사 호라Rixa Hora :
    전화번호 +420 702 955 758
    홈페이지 www.rixa.cz

❶ 쿠트나 호라 타운 투어리스트 인포메이션 센터
Infomační centrum Města Kutná | Kutná Hora Town Information Center

쿠트나 호라에 대한 정보를 얻을 수 있는 인포메이션 센터. 쿠트나 호라 메스토역에서 시내 쪽으로 올라오다 보면 만날 수 있는 팔라츠케호 광장 근처에 위치하고 있어 잠시 들러 정보를 얻고 여행을 시작하기에 좋다. 기념주화, 지도, 마그넷 등 다양한 기념품을 괜찮은 금액으로 판매하고 있기도 하다.

지도 P.500-A2 주소 Kollárova 589/7, Vnitřní Město, 284 01 Kutná Hora 홈페이지 www.kutnahora.cz
운영 [4~9월] 매일 09:00~18:00 [10월] 매일 09:00~18:00 [11~3월] 월~금요일 09:00~17:00 토·일요일 10:00~16:00 (토·일요일 점심 시간 12:30~13:00) 휴무 12월 24일~26일·1월 1일 가는 방법 팔라츠케호 광장(Palackého náměstí)에서 도보 1분.

Travel Plus
쿠트나 호라 인기 관광지 티켓을 한 번에!

쿠트나 호라 인기 관광지인 성 바르바라 대성당+해골 성당+성모 나리아 승천 대성당 입장권 세트를 구매하면, 입장권을 따로 구매하는 것보다 조금 더 저렴하게 즐길 수 있다. E 티켓 구매도 가능하다.
요금 성인 320Kč, 학생(26세까지)·시니어(65세 이상) 250Kč, 어린이(6~15세)·장애인 105Kč, 6세 미만 무료
E 티켓 구매 tickets.chramsvatebarbory.cz

• 그 외 투어리스트 인포메이션 센터 위치
- 기차역 지점 주소 K Nádraží 2, 284 03 Kutná Hora – Sedlec
- 성 바르바라 대성당 지점 주소 Barborská 685, 284 01 Kutná Hora
- 세들레츠 지점 주소 Zámecká 279, 284 03 Kutná Hora - Sedlec

ATTRACTION · 보는 즐거움 ·

성 바르바라 대성당과 그 주변

성 바르바라 대성당 Chrám svaté Barbory | Cathedral of St. Barbara

쿠트나 호라의 상징 같은 곳. 쿠트나 호라의 중심지와 함께 1995년 유네스코 세계문화유산에 등재된 네오고딕 양식의 보석 같은 곳이다. 보헤미아의 4대 성당형 건물 중 하나로 초기 기독교 순교자인 성녀 바르바라를 기리기 위한 대성당이다. 은 생산으로 인해 은광 산업이 발달했던 쿠트나 호라에서 광부들은 성 바르바라를 수호성인으로 받들며 실제로 성당 건립을 위해 기부를 하는 등 크게 기여했다. 14세기 후반에 건축을 시작해 광산에서 은이 고갈되었던 16세기 중반에 공사가 일시적으로 중단되었다. 그 후 수백 년 동안 바로크 양식 성당의 비품 교체, 대대적인 재건축이 진행되었고 19~20세기에 이르러 현재의 모습을 갖추게 되었다. 성당의 내부로 들어서면 희귀한 고딕 양식의 프레스코화, 성모 마리아상, 바로크 양식의 오르간, 석재 공예, 여러 세대 예술가들의 작품을 만날 수 있다. 바로크 양식의 제단 조각과 그림에서는 예수회의 경건한 흔적마저 느껴진다. 아치형의 높은 천장은 길드, 가문의 문양들로 멋들어지게 장식되어 있다. 뾰족한 텐트형의 지붕과 타원형의 화려한 외관이 아직도 쿠트나 호라를 든든히 지키고 있는 듯하다.

지도 P.500-A2 **주소** Barborská, 284 01 Kutná Hora **홈페이지** chramsvatebarbory.cz/en/about-the-cathedral **운영** [1~2월·11~12월] 화~일요일 10:00~16:00, [3·10월] 매일 10:00~17:00, [4~9월] 매일 09:00~18:00 **휴무** 12월 24일·11~2월 매주 월요일, 이벤트 및 계절에 따라 운영시간 변동 **요금** 성인 180Kč, 학생(15~26세)·시니어(65세 이상) 140Kč, 어린이(6~15세)·장애인 60Kč, 6세 미만 무료 **가는 방법** 쿠트나 호라 메스토(Kutná Hora město) 기차역에서 남서쪽으로 도보 약 20분.

Travel Plus

성녀 바르바라

전설적인 가톨릭의 성녀이자 순교자. 바르바라는 라틴어로 이방인을 뜻한다. 전설에 의하면 바르바라는 니코메디아의 부유한 이교도였던 디오스코루스의 딸이었다. 바르바라는 굉장한 미모의 소유자로 그녀의 아버지는 외부로부터 그녀를 보호하기 위해 탑에 가두었는데 바르바라는 아버지 몰래 기독교로 개종했고, 갇혀있던 탑에 삼위일체를 뜻하는 세 개의 창문을 달았다. 분노한 바르바라의 아버지는 그녀를 재판에 회부했고 그녀는 모진 고문을 받다가 결국 사형을 선고받았다. 믿을 수 없게도 그녀의 아버지가 딸인 바르바라를 직접 참수했다. 하지만 집으로 돌아가는 길에 그는 번개를 맞고 화염에 휩싸여 한 줌의 재가 되었다고 전해진다. 바르바라는 14명의 성인 중 한 명으로 무기 제작자, 포병, 군사 기술자, 광부 등 폭발물을 다루는 사람들의 수호성인으로 잘 알려져 있다.

흐라데크 - 은 박물관과 중세 은광
Hrádek - České muzeum stříbra a středověký stříbrný důl
Hrádek - Czech Museum of Silver and Medieval Silver Mine

진짜 은을 캤던 중세 시대의 광산에 직접 들어가는 체험이 가능한 곳. 투어로만 들어갈 수 있는 광산은 1967년 수리지질학적 탐사가 진행되며 발견된 것이다. 전문 가이드와 함께 쿠트나 호라의 은광의 역사와 채굴 과정을 확인하고, 광부 특유의 뾰족한 후드가 달린 '페르키틀리perkytli'를 입고 헬멧과 램프를 착용하며 투어가 본격적으로 시작된다. 약 250m의 중세 광산을 체험하려면 160 계단을 따라 약 33m 깊이의 광산 아래로 내려가야 한다. 광산 내 가장 낮은 곳의 높이는 약 120cm로 몸을 구부려야만 통과할 수가 있고, 가장 좁은 폭은 약 40cm로 정말 몸만 겨우 통과할 수 있기 때문에 폐소공포증이 있다면 비추천. 일단 투어가 한 번 시작되면 돌아나갈 수 없기 때문에 가이드도 본격적으로 광산 탐험이 시작되기 전까지 정말 괜찮은지 거듭 확인한다. 중세의 광산이 발견된 것도, 불빛 하나 없던 작은 광산에서 쿠트나 호라의 번영을 가져온 은을 캤다는 것도, 얼마나 힘든 작업이 수반되었는지 많은 생각이 들게 하는 투어로 쿠트나 호라에 왔다면 한 번쯤 체험해 볼 직한 투어다. 작은 성이라는 뜻을 가신 흐라데크에 대한 최초의 기록(1312년)은 목조 요새로 확인된다. 그 후 소유주에 맞게 재건되다가 1950년 광산 박물관으로 문을 열어 약 18만 5,000 개의 풍부한 전시물들을 소장하고 있다. 전시물들은 광산 기술 협회의 특별 펀드의 지원을 받고 있으며 유럽에서도 가장 오래된 전시회 중 하나다. 참고로, 투어는 4월부터 11월까지 운영된다.

지도 P.500-A2 주소 Barborská 28, Kutná Hora, 284 01 **홈페이지** www.cms-kh.cz/eng/hradek-exposition
운영 [4·5·10월] 화~일요일 09:00~17:00, [6·9월] 화~일요일 09:00~18:00, [7·8월] 화~일요일 10:00~18:00, [11월] 화~일요일 10:00~16:00 **휴무** 매주 월요일 12~3월·12월 24일, 25일, 31일, 1월 1일(단, 12월 1일~1월 8일까지는 크리스마스 전시 진행) **요금** [투어1(가이드 없음·박물관 전시)] 성인 90Kč, 어린이·학생(학생증 제시)·시니어(65세 이상) 60Kč [투어2(가이드 투어)] 성인 160Kč, 어린이·학생(학생증 제시)·시니어(65세 이상) 120Kč [투어1+투어2] 성인 190Kč, 어린이·학생(학생증 제시)·시니어(65세 이상) 140Kč(사진 촬영은 50Kč, 투어 2 참여 시 한국어 설명서 제공 가능)
가는 방법 성 바르바라 대성당에서 북쪽으로 도보 약 5분.

은 박물관

중세 광산체험

구 예수회 대학 – 중부 보헤미아 지역 미술관
Jesuit College – Gallery of The Central Bohemian Region(GASK)

이탈리아 건축에서 영향을 받은 초기 바로크 양식의 예수회 대학은 비엔나 태생의 이탈리아 건축가 조반니 도메니코 오르시Giovanni Domenico Orsi가 설계했다. 원래는 E의 형태로 설계했다고 하는데 실제로는 F 형태로 구현되어 원래의 디자인이 구현되지 않았다는 점이 흥미롭다. 테라스 공간은 흑사병 기둥을 조각한 프란티셰크 바우것 František Baugut의 작업장에서 만들어진 바로크 조각상들로 장식되어 있다.  조각상들은 체코의 성인 성 바츨라프를 포함해 12명의 예수회 성인을 묘사하고 있는데 이는 쿠트나 호라의 성 바르바라 대성당에서 이탈리아 궁전까지 왕의 길을 구현한 것이다. 마치 프라하의 클레멘티눔에서 프라하 성을 연결하는 것과도 비슷하달까. 1773년에 예수회 교단이 폐지되며 건물은 한때 병영으로 사용되기도 했다. 현재는 중부 보헤미아 미술관으로 재건되어 건물은 국가 문화 기념물에 등재되었다. 줄여서 GASK로 불리는 미술관은 특히 20세기와 21세기의 현대 미술과 예술에 중점을 두고 전시, 운영된다. 아이가 있다면 북쪽 건물을 방문할 것. 아이들을 위한 체험이 전체 층에서 운영 중이다. 전시 외에도 성 바르바라 대성당으로 이어지는 넓은 정원 곳곳의 독특한 조형물들 또한 볼거리. 평온한 정원에서 잠시 산책을 즐기거나 쉬어가도 좋은 곳이다.

지도 P.500-A2 **주소** Barborská 51-53, 284 01 Kutná Hora **홈페이지** www.gask.cz/en **운영** [미술관&카페] 화~일요일 10:00~18:00, 월요일 휴무 [정원] 매일 07:00~21:00 **요금** [영구 전시] 성인 100Kč, 가족 250Kč(성인 2명+어린이 3명 기준), 학생(26세까지)·시니어(65세 이상)·장애인 50Kč, 6세 미만 어린이 무료 [모든 전시] 성인 200Kč, 가족 450Kč(성인 2명+어린이 3명 기준), 학생(26세까지)·시니어(65세 이상)·장애인 100Kč, 6세 미만 어린이 무료 [놀이 공간&어린이 코너] 성인 50Kč, 어린이 30Kč, 6세 미만 어린이 무료, 전시회 티켓이 있으면 무료
가는 방법 성 바르바라 대성당에서 북쪽으로 도보 3분.

흑사병 기둥 Morový sloup | Plague Column

무려 1,000여 명의 목숨을 앗아간 흑사병을 기념하기 위해 1713년에 작업을 시작해 1715년 완공된 바로크 양식의 기둥. 예수회의 조각가 프란티셰크 바우굿František Baugut의 작품이다. 기둥의 꼭대기에는 성모 마리아의 모습이 있고 기둥에는 광부들의 모습들로 장식된 쿠트나 호라의 지역적 특색이 담긴 기념물이다.

지도 P.500-A2　주소 Šultysova, 284 01 Kutná Hora
가는 방법 성 바르바라 대성당에서 북쪽으로 도보 약 9분.

석조 분수 Kamenná kašna | Stone Fountain

쿠트나 호라는 과거 집중적인 은 채굴 활동이 활발했던 곳이었다. 이로 인해 지하 수원은 제 역힐을 하시 못했고, 당연히 식수 공납도 원활치 않았다. 이를 해결하기 위해 만든 것이 바로 석조 분수. 1945년 석조로 지금의 레이스코베 광장Rejskové Náměstí에 만들어졌으며 1890년까지도 약 2.5km 근처의 성 아달베르트 샘에서 나무 배관을 통해 식수를 공급받았다고 전해진다. 웅장한 12각형의 후기 고딕 양식에서 당시 시민들이 물에 대한 소중함을 표현했음을 확인할 수 있다.

지도 P.500-A2　주소 Husova, 284 01 Kutná Hora　가는 방법 성 바르바라 대성당에서 북쪽으로 도보 약 7분.

이탈리안 궁정 Vlašský dvůr | Italian Court

1,000여 년의 역사를 지닌 범유럽의 국가 문화 기념물로 과거 왕실 조폐국이자 왕궁. 1300년, 바츨라프 2세는 쿠트나 호라의 요새화된 정착지를 이탈리안 궁정으로 개조해 화폐 개혁을 시작했고 이탈리아 피렌체에서 은화 전문가를 불러왔다. 그리고 보헤미아 왕국 전체에 흩어져 있는 작은 은화들의 사용을 금지하면서 프라하 그로셴Prague groschen이라 불리는 새로운 은화를 발행했다. 풍부한 은 생산으로 쿠트나 호라는 보헤미아 왕국에서 곧 특권과도 같은 중요한 도시가 되었다. 그 후에도 쿠트나 호라에서 종종 머무르던 바츨라프 4세는 왕실의 거주지로 건물을 개조했다. 1409년, 쿠트나 호라의 법령이 서명되며 1444년에는 포데브라드의 이르지Jiří z Poděbrad가 왕으로 선출되기도 하는 등 새로운 왕실의 거주지는 말 그대로 역사적인 장소가 되었다. 점차 그 중요성을 잃게 되었지만 19세기 말, 네오고딕 양식으로 재건을 진행하며 과거의 고귀하고도 웅장함을 함께 복원했고 지금도 그 모습을 확인할 수 있다. 특히 왕실 예배당의 아르누보 양식, 독특한 프레스코화는 네오고딕 양식의 외관과 잘 어우러진다. 중세 복장을 입은 가이드가 당시 은화가 어떻게 만들어졌는지 보여주고 직접 나만의 은화(프라하 그로셴)를 만들어볼 수 있는 투어는 예상외로 재미가 있다.

지도 P.500-A2 **주소** Havlíčkovo náměstí, 552, Kutná Hora **홈페이지** pskh.cz/en/italian-court/
운영 [1~2월] 화~일요일 10:00~16:00 [3월] 화~일요일 10:00~17:00 [4~9월] 매일 09:00~18:00 [10월·11월] 매일 10:00~17:00 [12월] 매일 10:00~16:00 **휴무** 시즌별 상이 **요금** [투어1(은·지하실 미스터리 투어)] 성인 60Kč, 시니어(65세 이상)·어린이(6~15세)·학생(16~26세) 40Kč, 가족(성인 2명+어린이 2명), 120Kč [투어2(조폐소 투어)] 성인 120Kč, 시니어·어린이·학생 90Kč, 가족(성인 2명+어린이 2명) 280Kč [투어3(궁전 투어-가이드)] 성인 190Kč, 시니어·어린이·학생 150Kč, 가족(성인 2명+어린이 2명) 500Kč [투어4(이탈리안 궁+투어1~3-가이드)] 성인 300Kč, 시니어·어린이·학생 250Kč, 가족(성인 2명+어린이 2명) 600Kč [나만의 은화(프라하 그로셴) 만들기 체험-가이드](예약 필요) 성인 60Kč 시니어·어린이·학생 50Kč, 6세 미만 어린이·장애인 무료 **가는 방법** 성 바르바라 대성당에서 북쪽으로 도보 약 10분, 은 박물관에서 도보 약 5분.

tip!
은화를 제조할 때 은화를 잡은 후 고정해서 무늬를 새기는 일은 상당히 위험하고 어렵기 때문에 범죄자를 해당 작업에 투입했다고 한다.

은화 제조 체험

세 왕들의 집
Dům U Tří králů | The Three Kings House

꼭 가봐야 할 명소는 아니지만 눈에 띄는 외관으로 눈길을 끄는 곳. 화려한 외관은 3명의 체코 왕들을 묘사하고 있다. 바츨라프 2세Václav II, 블라디슬라프 2세Vladislav II, 바츨라프 4세 Václav IV가 건물 정면에 아름답게 그려져 있다. 이탈리안 궁정 앞에 있어 잠깐만 시간을 내면 볼 수 있다.

지도 P.500-A2 주소 Havlíčkovo nám. 603, Vnitřní Město, 284 01 Kutná Hora **가는 방법** 성 바르바라 대성당에서 북쪽으로 도보 약 9분, 이탈리안 궁정에서 도보 약 1분.

성 제임스 성당 Kostel sv. Jakuba | Church of Saint James

쿠트나 호라에서 가장 오래된 석조 성당. 쿠트나 호라의 정중앙에 위치하고 있는데 건축 당시부터 영적인 중심지로서 의도된 것이었다. 그래서인지 성 바르바라 대성당 쪽에서 보이는 높은 탑은 꽤나 인상적이다. 성당은 1330년대에 건축을 시작했고 1420년 완료되었다, 세들레츠 시토회 수도원The Sedlec Cistercian monastery은 상징적으로나 구조적으로나 성당 건축의 초반에 많은 영향을 끼쳤다. 건축을 시작할 당시 가장 중요한 기부자들은 역시나 이탈리아 궁정의 주화(조폐)업자였다. 하지만 가톨릭의 전통은 1424년부터 30년 전쟁이 끝날 때까지 우트라퀴스트Utraquist 사제들이 관리했던 약 200년 동안이나 중단되기도 했다. 성당은 오랜 시대를 거친 건물의 역사만큼이나 다양한 시대의

유물을 많이 남겼다. 사제석의 끝은 후기 고딕 양식의 프레스코화로 장식되어 있고, 통로는 15세기 중반의 프레스코화를 보존하고 있는데 온건한 후스파로 알려진 우크라퀴스트의 상징 옆에 가톨릭 모티브가 자리 잡고 있는 것이 당시의 복잡한 이념을 보여주고 있어 흥미롭다. 바로크 양식으로 지어진 지금의 제단 일부인 페트르 브란들Petr Brandl의 성 삼위일체 그림 또한 여기에 있다.

지도 P.500-A2 주소 Jakubská, 284 01 Kutná Hora **홈페이지** khfarnost.cz/en/st-james-church **운영** 6~9월 매일 10:00~12:30, 13:00~17:00 **휴무** 유동적, 여행 시기에 맞춰 별도의 확인 필요 **요금** 무료 **가는 방법** 성 바르바라 대성당에서 북쪽으로 도보 약 8분.

> 성 바르바라 대성당과 그 주변

코스트니체 납골당(해골 성당)
Kostnice Sedlec - Podzemní kaple hřbitovního kostela Všech svatých
Sedlec Ossuray - The Cemetery Church of All Saints with the Ossuary

원래는 1142년 설립된 보헤미아에서 가장 오래된 시토 수도원의 일부였던 곳. 코스트니체 납골당은 한국에서 해골 성당이라는 이름으로 더 잘 알려져 있다. 14세기 후반에 지어진 해골 성당은 높은 수준의 중세 고딕 양식의 건축물로 아주 중요한 기념물이기도 하다. 건축적으로는 지상에 예배당이 있고 지하에 납골당이 있는 형태다. 전설에 따르면, 1278년 지역의 수도원장 중 하나가 체코 왕에 의해 예루살렘으로 보내졌고 수도원장은 골고다의 흙을 가져와 해골 성당이 있는 세들레츠에 뿌렸다. 성지에서 가져온 흙은 축성과 치유에 사용되었고 유럽 사람들은 죽은 뒤 세들레츠에 묻히길 바랐다. 그러다 14세기, 대규모 전염병인 흑사병으로 약 3만 구의 시체가 묻혔고 1421년에는 후스파 군대가 쿠트나 호라를 점령하며 대성당과 수도원은 약탈당하고 불에 탔으며 묘지는 파괴되었다. 그리고 약 1만 구의 시체가 세들레츠에 묻혔다. 15세기 말, 묘지가 부분적으로 축소되며 폐쇄된 묘지의 뼈가 납골당으로 옮겨졌다. 반 맹인 수도사가 뼈와 해골을 피라미드형으로 쌓았다는 전설이 바로 이 시기로 추정되며, 더러는 작업 후 시력을 되찾았다는 이야기가 함께 전해지기도 한다. 그리고 바로크 시대에 얀 블라제이 산티니Jan Blažej Santini의 설계하에 프란티셰크 린트에 의해 수리와 작업이 1870년에 이루어졌다. 약 4만여 구에서 출토된 유골이 있는 납골당으로 들어서는 순간 인간의 삶과 죽음에 대해 생각하게 된다. 1742년부터 있던 첨탑 모양의 촛대는 영원한 빛을 상징하며 해골을 이용해 만든 샹들리에, 십자가, 문양, 탑 등이 기괴하면서도 신비로운 느낌을 준다.

지도 P.500-B1 **주소** Zámecká 279, Kutná Hora - Sedlec, 284 03 **홈페이지** www.sedlec.info/en/ossuary
운영 [4~9월] 매일 10:00~18:00, [3·10월] 매일 09:00~17:00, [11~2월] 매일 09:00~16:00 **휴무** 12월 24일
요금 [납골당+성모 마리아 승천 대성당] 성인 160Kč, 학생(16~26세)·시니어(65세 이상) 120Kč, 어린이(6~15세)·장애인 50Kč [납골당+성모 마리아 승천 대성당+바르바라 대성당] 성인 320Kč, 학생·시니어 250Kč, 어린이·장애인 105Kč **가는 방법** 쿠트나 호라-세들레츠(Kutná Hora-Sedlec) 역에서 북쪽으로 도보 약 6분, 성 바르바라 성당에서 북동쪽으로 도보 약 40분, 381번, 802번 버스 탑승 후 쿠트나 호라, 세들레츠, 코스트니체(Kutná Hora,Sedlec, kostnice) 역 또는 쿠트나 호라, 세들레츠, 체호바(Kutná Hora, Sedlec, Čechova) 역 하차 후 도보 약 4분.
tip! 납골당 내 경건함을 지키기 위해 2020년 1월부로 사진 촬영은 금지되었다.

tip! 납골당 및 성모 마리아 승천 대성당의 입장권은 온라인 혹은 세들레츠 인포메이션(Sedlec Infocentrum: 주소 279 Zámecká Street)에서만 구매할 수 있다.

성모 마리아 승천 대성당
Katedrála Nanebevzetí Panny Marie a sv. Jana Křtitele
Cathedral Of Assumption Of Our Lady And St. John The Baptist

©CzechTourism/UPVISION

1995년 유네스코 세계문화유산에 지정된 독특한 유네스코 기념물로 코스트니체 납골당(해골 성당) 근처에 위치한다. 1142년 설립되어 보헤미아에서도 가장 오래되었다고 알려진 시토 수도원의 수녀원 성당으로 납골당과 함께 종합 복합 단지를 구성하고 있다. 대성당은 1290~1320년에 독일식 요소가 결합된 북부 프랑스의 고딕 대성당으로 건축되었다. 15세기에 있었던 후스 전쟁 후 파괴되었는데도 불구하고 그 기념비적인 존재로 인해 1681년에는 가장 화려한 바실리카라는 타이틀을 받을 정도였다. 그리고 17세기에서 18세기로 바뀌는 시기에 바로크 건축의 대가였던 얀 블라제이 산티니(P.322)가 바로크 고딕 양식으로 재건했다. 그는 캔틸레버 건축 요소를 적용했는데, 특히 캔틸레버형 계단은 전 세계에서 단 하나일 정도로 굉장히 독특하다. 대성당은 페트르 브란들P. Brandl, 마이클 윌만M. L. Willmann, 얀 크리스토프 리쉬카J. K. Liška 등의 귀중한 그림들과 함께 중부 유럽에서 가장 귀중한 보물 중 하나인 세들레츠 성광Sedlec Monstrance을 보관하고 있는 것으로 유명하다. 이는 세계에서 가장 오래 보존된 고딕 성광 중 하나로 알려져 있다.

지도 P.500-B1 **주소** Zámecká 279, Kutná Hora - Sedlec, 284 03 **홈페이지** www.sedlec.info/en/cathedral **운영** [4~9월] 월~토요일 10:00~18:00 일요일 11:00~18:00 [3·10월] 월~토요일 09:00~17:00 일요일 11:00~17:00 [11~2월] 월~토요일 09:00~16:00 일요일 11:00~16:00 휴무 12월 25일·성 금요일(매년 유동적, 약 3월 말~4월 초)·성 토요일(성 금요일 바로 다음 날, 매년 유동적). **요금** [납골당+성모 마리아 승천 대성당] 성인 160Kč, 학생(16~26세)·시니어(65세 이상) 120Kč, 어린이(6~15세)·장애인 50Kč [납골당+성모 마리아 승천 대성당+성 바르바라 대성당] 성인 320Kč, 학생·시니어 250Kč, 어린이·장애인 105Kč **가는 방법** 해골성당에서 쿠트나 호라 세들레츠역 방향으로 도보 약 5분.

tip!
캔틸레버(Cantilever)란?
한쪽 끝은 고정되고 반대의 다른 끝은 받쳐지지 않은 상태의 구조물. 발코니 형태나 2개의 앞 다리로 지탱되는 의자를 상상하면 이해하기 쉽다.

브레우에로비 공원 📷 인생샷 포인트
Breüerovy sady | Breuer Gardens

성 바르바라 대성당, GASK, 포도밭의 평온한 전경을 한눈에 담을 수 있는 뷰 포인트. 성 제임스 성당 바로 옆이다. 쿠트나 호라의 랜드마크들을 예쁘게 담을 수 있는 곳으로 멋진 기념샷을 남길 수 있는 명당이다.

지도 P.500-A2 주소 Pobřežní, 284 01 Kutná Hora **가는 방법** 성 바르바라 성당에서 북쪽으로 도보 11분, 이탈리안 궁정에서 남쪽으로 도보 약 4분.

Travel Plus
체코의 건축가
얀 블라제이 산티니-아이헬 Jan Blažej Santini-Aichel(1677. 2. 3.~1723. 12. 7.)

독특한 바로크 고딕 양식의 건축으로 유명한 이탈리아 혈통의 체코 건축가. 아버지가 이탈리아 사람이었고 그의 어머니가 체코 사람이었다. 체코의 바로크 시대에 다양한 건물의 건축과 재건에 참여했다. 바로크 양식과 고딕 양식을 결합한 그의 바로크 고딕 양식은 독보적일 정도로 개성이 강했다. 놀랍게도 그는 다리가 일부 마비된 신체적 장애가 있었다고 한다. 그럼에도 불구하고 지금껏 사랑받는 엄청난 종교 건축물들을 탄생시킨 것을 보면 높은 영적인 에너지와 굉장한 활력의 사람임에는 틀림없다. 그의 건축물은 우아하면서도 창의적이었고, 굉장히 복잡해서 높은 기술을 요했다. 그의 건축물 중에서도 젤레나 호라(Zelená Hora)의 체코의 성인 얀 네포무츠키를 기리기 위한 순례 교회는 1994년 유네스코 세계문화유산에 등재되었다. 5각형 별 모양의 바로크 양식 건축물로 5개의 입구, 5개의 예배당, 5개의 제단 등으로 구성된 이곳은 우주의 영적인 조화와 성인 얀 네포무츠키의 이야기를 담고 있다.

SPECIAL PAGE

쿠트나 호라의 특별한 6월
왕실 은광 축제 Royal Silvering Festival

왕실 은광 축제는 매년 6월 중순, 중세의 광산 마을로 유명했던 620년 전의 쿠트나 호라로 거슬러 올라간다. 축제는 보헤미아와 로마의 왕 바츨라프 4세가 성 바르바라 대성당에 도착하면서 시작하며 마을은 쿠트나 호라가 번영했던 시기로 돌아간다. 누구나 중세의 의상을 입고 축제에 참여할 수 있고 실제로 중세 복장을 한 체코인들로 바글바글하다. 정신을 차린 순간 번영했던 시기의 쿠트나 호라로 타임머신을 타고 순식간에 이동한 듯하다. 광부들은 왕과 왕비의 행렬을 환영하며 음악, 다양한 춤과 연극 무대, 기사들의 시합 등과 더불어 풍성한 체코 먹거리를 만날 수 있다. 축제 기간 동안 쿠트나 호라 곳곳에서 축제의 분위기가 가득하지만 특히 성 비르비라 대성딩과 그 주변이 메인으로 크고 작은 행사가 끊임없이 열린다. 유쾌하고도 활기찬 분위기가 축제 내내 계속된다.

기간 2024년 6월 22~23일(예정, 매년 6월 말)
홈페이지 www.stribreni.cz **요금** [토요일] 성인 250Kč, 시니어(70세 이상)·어린이(6~14세) 150Kč, 가족(성인 2명+어린이 2명 기준) 700Kč, 6세 미만 어린이 무료,
[일요일] 성인 150Kč, 시니어(70세 이상)·어린이(6~14세) 100Kč, 가족(성인 2명+어린이 2명 기준) 450Kč, 6세 미만 어린이 무료

RESTAURANT 먹는 즐거움

다치츠키 레스토랑 Restaurace Dačický | Dačický Restaurant

소고기 스테이크, 사슴 고기, 닭 가슴살 등 다양한 고기 요리가 칼에 꽂혀 나오는 '왕의 칼Králův meč' 메뉴가 인기인 곳. 전통 체코식을 판매하는 중세 보헤미안 스타일의 레스토랑으로 중세 복장의 직원들이 손님들을 바쁘게 맞이한다. 야생 돼지를 이용한 체코식 굴라쉬 요리, 로즘베르크 가문의 버섯 수프도 인기. 레스토랑은 전설적인 르네상스의 미식가이자 와인 애호가, 맥주와 여자를 사랑했던 유명한 작가인 미쿨라쉬 다치츠키에서 땄다. 다치츠키 레스토랑에서 직접 양조한 맥주를 포함해 개성이 다른 6가지의 맥주를 맛볼 수 있는 '맥주 샘플러Pivní ochutnávka'는 어떤 요리와 어떤 맥주가 잘 어울리는지 찾아보는 재미가 있다.

지도 P.500-A2 **주소** Rakova 8 284 01 Kutná Hora
홈페이지 www.dacicky.com **영업** 월~목·일요일 11:00~23:00, 금~토요일 11:00~24:00
가는 방법 성 바르바라 대성당에서 북쪽으로 도보 약 8분, 석조 분수에서 도보 약 2분.

> **Travel Plus**
>
> **미쿨라쉬 다치츠키(1555.12.23.~1626.9.26.)**
> 뛰어난 연대기 작가이자 연극의 주인공으로도 활동했던 미쿨라쉬 다치츠키는 르네상스 귀족이자 다치츠키 가문의 후손으로 쿠트나 호라에서 태어나고 사망했다. <다치츠키 가족 연대기>라는 작품으로 널리 알려졌으며, 독특한 스타일의 연대기와 그 시대 사용된 용어에 대한 많은 기록으로 구전 전통을 이어온 것으로도 잘 알려져 있다. 다치츠키 카페 바로 옆이 바로 다치츠키의 생가다. 고딕 양식으로 재건축한 웅장한 건물로, 과거 주교가 머물렀었다. 후기 고딕 양식이 잘 보존되어 있고, 수준 높은 바로크 양식의 외관을 갖고 있다.

다치츠키 카페 Cafe Dačický

최근 새 단장을 마친 스타일리시한 카페. 핸드메이드 초콜릿 프랄린, 향긋한 커피, 홈메이드 디저트, 내추럴 와인을 포함해 쿠트나 호라와 모라비아의 엄선된 와인을 선보인다. 41번 집으로 알려진 다치츠키의 생가와 다치츠키 레스토랑 사이에 자리 잡고 있다. 중세 역사가 가득한 건물과 유리와 금속을 이용한 현대적인 디자인이 세련되면서도 절묘하게 어울린다.

지도 P.500-A2 **주소** 42/25, Komenského nám., 284 01 Kutná Hora **홈페이지** cafe.dacicky.com/en
영업 매일 12:00~18:00 **가는 방법** 성 바르바라 대성당에서 북쪽으로 도보 약 8분, 석조 분수에서 도보 약 2분, 다치츠키 레스토랑에서 도보 1분.

바르보라 레스토랑 & 펜션
Restaurace penzionu Barbora | Barbora Restaurant & Pension

GASK 옆의 모던 레스토랑. 소고기 스테이크, 알리오 올리오 링귀니, 구운 돼지고기 안심 요리 등의 현대적인 메뉴들과 혁신을 가미한 체코식 요리를 판매하고 있다. 체코 전통 요리를 주야장천 먹었다면 좋은 대안이 될 만한 곳. 우리에게 비교적 익숙한 대중적인 요리를 판매하는 곳으로 체코 와인과도 잘 어울린다. 가능하다면 성 바르바라 대성당이 보이는 테라스와 시원한 통창 옆으로 자리 잡을 것을 추천한다. 야외 테라스는 여름철에 오픈한다. 펜션을 함께 운영하고 있다.

지도 P.500-A2 주소 Kremnická 909, 284 01 Kutná Hora **홈페이지** penzionbarbora.cz/en/restaurant **운영** 월~목요일 10:30~15:00, 금~토요일 10:30~22:00, 일요일 10:30·15:00 **가는 방법** 성 바르바라 대성당에서 도보 1분. GASK 공원과 성당 사이에 위치.

빌라 우 바르하나르제 **Vila U Varhanáře**

호텔, 레스토랑 그리고 카페를 모두 운영하는 곳. 특히 1층의 카페와 레스토랑의 야외 테라스는 성 바르바라 대성당과 GASK를 한 번에 조망할 수 있는 끝내주는 뷰를 자랑한다. 현지 양조장의 신선한 맥주는 멋진 뷰 덕분인지 더욱 시원하게 느껴진다. 체코 와인, 전통주 등의 주류도 판매 중. 멋진 뷰에도 불구하고 가격이 높은 편이 아니라 식사를 하고 가기에도 좋다. 정성스러운 요리에서 쿠트나 호라의 인심이 느껴진다. 참고로, 객실은 총 10개로 규모는 작은 편. 특히 축제 때 투숙을 원할 경우 미리 예약할 것을 권장한다.

지도 P.500-A2 주소 Barborská 578, 284 01 Kutná Hora **홈페이지** www.uvarhanare.cz/en **영업** 일~목요일 11:00~19:00, 금~토요일 11:00~20:00 **가는 방법** 성 바르바라 대성당에서 GASK 옆 길을 따라 도보 약 4분, 은 박물관에서 성 바르바라 대성당 방향으로 도보 약 1분.

맥주의 수도
플젠
Plzeň

황금빛 맥주의 수도. 예로부터 맥주는 맥아, 밀, 홉 등 곡물 영양소가 풍부해 액체 빵이라고도 불렸다. 특히 플젠은 부드러운 물이 있는 도시로 맥주를 양조하기에 최상급 조건을 갖췄다. 전 세계 최초 라거로 유명한 맥주 필스너 우르켈 외에도 체코인들이 사랑하는 감브리누스, 마이크로 브루어리들이 플젠에 자리 잡아 오늘날에도 자랑스러운 체코의 맥주를 양조하고 있다. 플젠과 관련 있는 유명인들도 많다. 체코의 자랑이자 자동차 생산으로 유명한 슈코다(Škoda) 기업의 창립자 에밀 슈코다가 플젠에서 태어났다. 슈코다는 플젠에 많은 일자리를 창출했으며 플젠을 세계적인 산업 도시로 거듭나게 했다. 세계적으로 유명한 건축가 아돌프 로스는 귀중한 인테리어를 플젠에 남기기도. 또한 플젠은 2015년에는 유럽 문화의 수도로 선정되기도 했을 만큼 다양한 문화 이벤트가 열리고 있는 곳이기도 하다. 체코에서는 네 번째로 큰 도시로 프라하에서 약 1시간이면 도착할 수 있다.

Best 5

Best 1
1842년 탄생한 세계 최초의 라거의 비밀을 찾아 - 필스너 우르켈 브루어리 투어

세계 최초의 황금빛 라거인 필스너 우르켈이 탄생한 브루어리 투어를 위해 플젠 여행을 계획한다 해도 과언이 아니다. 필스너 우르켈 브루어리의 살아있는 역사를 직접 확인할 수 있는 투어로 세월을 흔적을 브루어리 곳곳에 담고 있다.
P.336

Best 2
성 바르톨로메오 대성당에서 플젠 전경 한눈에 담기

플젠의 전경을 한눈에 즐길 수 있는 역사적인 플젠의 랜드마크. 참고로 성 바르톨로메오 대성당 뒤쪽에 있는 쇠창살의 작은 천사들을 잊지 말 것. 천사를 만지며 소원을 빌면 이루어진다고 전해진다. P.332

Best 3
체코 인형극의 역사를 찾아서

19세기 마리오네트의 역사에 관한 가치 있고 개성 있는 전시를 마리오네트 박물관에서 만날 수 있다. 체코의 대표적인 마리오네트 캐릭터 스페이블과 후르비네크Spejbl and Hurvinek는 플젠 출신의 요제프 스쿠파Josef Skupa에 의해 탄생했다. P.333

Best 4
아돌프 로스의 특별한 인테리어 감상하기

아돌프 로스Adolf Loos는 체코 브르노 태생의 세계적인 건축가다. 그는 당시 매우 현대적이면서도 혁신적이고 럭셔리한 인테리어 작업으로 유명했다. 그가 인테리어한 8개의 아파트를 투어로 만나볼 수 있다. P.338

Best 5
다양한 방법으로 신선한 맥주 즐기기

플젠은 필스너 우르켈과 같은 대형 브랜드뿐만 아니라 크고 작은 현지 양조장이 발달해 있다. 지역 양조장으로 유명한 푸르크미스트르 브루어리 복합단지에서는 맥주와 함께 즐거운 반나절을 보낼 수 있다.
P.340

플젠 추천코스

📍 공화국 광장
P.331

도보 1분

📍 성 바르톨로메오 대성당
P.332

도보 1분

📍 마리오네트 박물관
P.333

도보 12분

📍 필스너 우르켈 브루어리
P.336

도보 12분

📍 브루어리 박물관
P.333

도보 약 15분

📍 아돌프 로스 인테리어 투어
P.338

도보 약 30분

📍 푸르크미스트르 맥주 스파 & 펍
P.340

플젠 가는 법

플젠은 프라하에서 약 1시간이면 도착할 수 있을 정도로 가깝고 이동에 큰 부담이 없는 곳이다. 버스와 기차 모두 플젠으로 간다. 각 역에서 시내 중심으로 이동하는 거리는 비슷하나 기차역과 버스 정류장의 위치가 정반대이므로 일정을 고려해서 본인에게 맞는 것을 선택하면 된다.

기차 | Train

- **플젠 중앙역** Plzeň hlavní nádraží | Railway station Plzeň
기차역은 필스너 우르켈 양조장 근처에 위치한다. 프라하 중앙역에서 약 1시간이면 플젠역에 도착할 수 있고 정체 구간이 없어 이용이 편리하다. 지도 P.100-C2

- 각 도시에서 플젠으로 이동하기

도시	열차명	소요시간 및 요금
프라하 ▶ 플젠	체스케 드라히	약 1시간 15분 (요금 139Kč~)
체스키 크룸로프 ▶ 플젠(체스케 부데요비체 경유)	체스케 드라히	약 3시간 (요금 304Kč~)
카를로비 바리 ▶ 플젠	체스케 드라히	약 2시간 23분 (요금 265Kč~)

차량 | Car

- 각 도시에서 플젠으로 이동하기

도시	거리 및 소요시간
프라하 ▶ 플젠	약 103 km, 약 1시간 20분 소요
카를로비 바리 ▶ 플젠	약 83 km, 약 1시간 10분 소요
체스키 크룸로프 ▶ 플젠	약 155 km, 약 2시간 25분 소요

버스 | Bus

- **플젠** Plzeň, CAN Centrální autobusové nádraží | Pilsen central bus terminal

- 각 도시에서 플젠으로 이동하기

도시	열차명	소요시간 및 요금
프라하 ▶ 플젠	레지오젯	약 1시간 (요금 98Kč~)
프라하 ▶ 플젠	플릭스버스	약 1시간 (요금 €3.99~)

플젠 시내 교통

플젠 시내와 유명 관광지들은 도보로 충분히 이동이 가능하다. 플젠 여행의 꽃이라고 불리는 필스너 우르켈 브루어리도 도보 거리. 만약 이동 시간을 절약하고 싶거나 도심 근처로 이동할 경우 대중교통권으로 이용할 수 있다.

• 구매 방법

플젠의 대중교통권은 공화국 광장에 있는 인포메이션 센터, 뉴스 가판대 등에서 구매할 수 있다. 30분, 1시간, 3시간, 24시간권으로 나누어져 있으며 유효 시간 내 환승이 가능한 티켓이다. 프라하와 마찬가지로 트램, 버스 등 탑승 시 활성화를 꼭 시켜야 하는 점을 주의할 것!
컨택트리스 카드가 있다면 트램 내에서도 카드로 구매가 가능하다(컨택트리스 카드로 대중교통권 구매하는 법, 프라하 대중교통 이용하기 P.120 참고).

대중교통권 요금 30분 20Kč, 1시간 24Kč, 3시간 42Kč, 24시간 72Kč

Travel Plus

만약 현금이나 컨택트리스 카드가 없다면?
체코에서는 문자를 이용해 대중교통권을 구매할 수도 있다. 특정 번호로 선택한 옵션을 문자로 보내면 핸드폰으로 티켓 사용권이 전송되는 형식! 단, 이 경우 체코 내 번호가 있어야만 이용이 가능하고 유럽은 이미 비접촉식 카드의 활성화로 인해 점점 사용량이 감소하는 추세다. 탑승 전 문자로 꼭 티켓을 소지해야만 한다.

플젠에서 SMS 티켓 구매하기
35분권 : 90206번호를 수신인으로 지정하고 PMDP35M이라고 전송하기
24시간권 : 90206 번호를 수신인으로 지정하고 PMDP24H이라고 전송하기

---

❶ 플젠 투어리스트 인포메이션 센터
Tourist Information Centre

플젠 여행의 더욱 알차게 도와줄 인포메이션 센터. 공화국 광장과 플젠 기차역에서 매일 여행객들을 맞이하고 있다. 플젠과 주변 지역, 가볼 만한 곳, 무료 지도, 숙소 추천, 한국어 미니 가이드 리플릿 등의 기본적인 센터의 업무와 함께 대중교통 티켓, 다양한 종류의 기념품, 아돌프 로스 인테리어 투어 티켓까지도 판매하고 있다.

지도 P.498-B1 **주소** Náměstí Republiky 41, 301 00 Pilsen **홈페이지** www.visitpilsen.eu/location/tourist-information-centre **운영** 월~토요일 09:00~18:00, 일요일 09:00~15:00 **휴무** 없음 **가는 방법** 공화국 광장 북쪽.

Travel Plus

플젠 여행 더 알차게 즐기기 TIP
타 도시에서는 만날 수 없는 원조를 만날 수 있는 플젠은 테마를 정해 여행을 계획해도 좋다. 필스너 우르켈의 탄생지인 만큼 맥주로 가장 유명하니 브루어리 투어 & 체코 전통 음식점 & 맥주 스파 액티비티 & 맥주 마시기를 테마로 한 여행, 체코의 '둘리' 격인 스페이블과 후르비네크(Spejbl and Hurvínek)와 마리오네트의 전통을 테마로 한 여행, 혁신적이고 현대적인 인테리어 작업으로 유명했던 아돌프 로스의 발자취를 따라가는 여행 등 미리 테마를 정해 동선을 잡는다면 더욱 알찬 여행을 할 수 있다.

ATTRACTION ◆ 보는 즐거움 ◆

공화국 광장과 주변

공화국 광장 Náměstí Republiky | Republic Square

플젠의 중심이자 중앙 광장. 체코에서 가장 높은 첨탑을 가진 고딕 양식의 성 바르톨로메오 대성당이 광장을 지키고 있는 듯 위풍당당히 서있다. 체코의 대표 맥주 축제인 10월 초의 필스너 페스트를 포함해 다양한 문화 축제가 열리는 장소다. 광장에는 조금 특이한 분수가 3개 있다. 천사, 낙타, 그레이하운드를 상징하는 황금빛의 현대적인 분수가 바로 그것. 온드레이 치슬러Ondřej Císler가 디자인한 조형물들은 플젠을 상징하는 문장에서 영감을 받은 것이다. 플젠의 역사와 전통이 현대적인 조형물을 통해 오늘날까지도 조화롭게 이어지고 있달까. 금박 작업에는 약 720g의 금이 사용되었는데 통으로 금박을 입힌 것이 아니라 약 80mmx80mm 사이즈의 7가지 종류의 금박을 사용해 빛의 각도에 따라 색이 달라 보이는 신비로운 효과를 준다.

지도 P.498-B1 **주소** Náměstí Republiky, 301 00 Plzeň 3 **가는 방법** 플젠 중앙역에서 북서쪽으로 도보 약 18분, 플젠 버스 정류장에서 동쪽으로 도보 약 19분.

Travel Plus

도시 플젠을 상징하는 문장은 어떤 의미를 가지고 있을까?

- **교황의 열쇠**: 가톨릭 교회와 교황에 대한 신실함(플젠은 후스파에게 점령당하지 않았음).
- **검은 독수리와 갑옷을 입은 기사**: 보헤미아와 로마 제국의 관계
- **낙타**: 공격자이자 다섯 번이나 플젠을 포위했던 후스파로부터 포획한 미지의 동물
- **그레이하운드**: 황제와 왕, 가톨릭에 대한 충성
- **성**: 도시 건설 당시의 인장
- **천사**: 이 모든 상징들을 방패와 같은 모습으로 감싸는 존재

낙타

그레이 하운드   천사

시청사 Renesanční radnice | Renaissance Town Hall

공화국 광장에 위치한 르네상스 양식의 시청사. 플젠 최초의 르네상스 양식 건물로 이탈리아의 건축가 조반니 데 스타티아의 계획에 따라 1554~1559년에 건축되었다. 네오 르네상스 양식의 스그라피토 장식은 20세기 초에 추가된 것이다. 시청의 로비는 특별한 전시를 열곤 하는데 안쪽의 작은 룸에서는 1:200 크기의 플젠 디오라마를 무료로 전시한다. 크고 작은 일이 있거나 저명인사가 유명을 달리했을 경우 진심 어린 추모를 진행하는 것을 목격할 수도 있다.

지도 P.498-B1 **주소** Náměstí Republiky 1, 301 00 Plzeň 3 **홈페이지** www.visitpilsen.eu/location/pilsen-city-hall **운영** 매일 08:00~18:00, 특별한 행사가 있을 때 휴무 **요금** 무료 **가는 방법** 공화국 광장 북쪽.

성 바르톨로메오 대성당

Katedrála svatého Bartoloměje | Cathedral of St. Bartholomew

공화국 광장에 당당하게 자리 잡고 있는 성 바르톨로메오 대성당의 역사는 플젠이 건립되던 1295년 시작되었다. 그리고 한참이나 지난 16세기 초반에나 완공되어 1993년 교황 요한 바오로 2세가 플젠에 주교구를 세우며 대성당으로 승격되었다. 플젠 어디에서도 보이는 랜드마크로 체코에서도 가장 높은 첨탑을 가지고 있다. 첨탑의 높이는 102.26m. 301개의 계단만 잘 참고 올라간다면 알록달록 귀엽게 늘어선 건물과 광장, 플젠의 전경을 조망할 수 있다. 날씨가 좋은 날이면 멀리 팔라티노 숲, 알프스의 일부분도 볼 수 있다고. 대성당은 귀중하고도 다양한 예술 작품들을 소장하고 있는데 그중에서도 14세기 말의 '플젠 성모 마리아는 가장 귀중한 작품으로 꼽힌다. 절묘하고도 화려한 스테인드글라스, 제단의 십자가상 등 내부의 인테리어도 눈여겨볼 만하다. 그중에서도 16세기 초반부터의 슈텐베르크 예배당 Šternberk은 중세의 분위기를 담고 있다.

지도 P.498-B1 **주소** Náměstí Republiky, 301 00 Plzeň 3 **홈페이지** www.bip.cz/en/katedrala-sv-bartolomeje **운영** [대성당 내부] 월~금요일 10:00~18:00, 토·일요일 13:00~18:00 [첨탑] 매일 10:00~18:30, [내부 가이드 투어] 매주 화·토요일 16:00 **요금** [대성당 내부] 무료 [첨탑] 성인 90Kč, 시니어(65세 이상)·어린이(6~15세)·학생 60Kč, 가족 250Kč, 첨탑의 경우 기상 상황에 따라 휴무 **가는 방법** 플젠 버스 정류장에서 동쪽으로 도보 약 17분, 플젠 기차역에서 남서쪽으로 도보 약 17분.

Travel Plus | 플젠의 사랑스러운 작은 천사

성 바르톨로메오 대성당 뒤쪽에는 작은 천사들 형상의 쇠창살이 있다. 전설에 따르면 그 천사는 중세의 사형집행인이 결혼하는 날부터 행운을 가져오는 존재가 되었다고. 당시 성당과 같이 성스럽고 경건한 곳에는 사형집행인이 들어갈 수가 없었다. 따라서 그의 결혼식 날 예식을 위해 친구들을 대신 대성당으로 들여보냈고 예식이 진행되는 동안 그는 대성당의 뒤쪽에서 기도를 하며 기다렸다. 기도 후 일어나며 우연히 교회 창살 위의 천사의 머리를 만졌는데 이 소식은 플젠 시민에게 빠르게 퍼져 나갔다. 당시 중세에서는 사형집행인이 만지거나 건드리는 모든 것은 어떤 것이든 기적적인 영향을 준다고 믿었기 때문이다. 지금 작은 천사는 너무 사랑을 받아 거의 닳아 없어질 정도로 많은 이들이 소원을 빌고 있으니 플젠을 여행한다면 사랑스러운 작은 천사를 잊지 말자.

마리오네트 박물관 Muzeum loutek | Marionette Museum

마리오네트, 즉 인형극은 유네스코 무형문화유산에 등재된 세계적인 전통이다. 풍부한 즈그라피토 양식과 조각으로 장식된 마리오네트 박물관은 공화국 광장에 위치하고 있다. 19세기 플젠 마리오네트의 역사에 관한 가치 있는 전시, 다양한 표정을 지닌 개성 가득한 마리오네트 인형들을 만날 수 있다. 특히 눈길을 끄는 것은 단연 체코의 인기 마리오네트 캐릭터 전시. 플젠 출신의 인형 제작자이자 일러스트레이터 이르지 트른카Jiří Trnka, 인형사 요제프 스쿠파Josef Skupa와 그의 대표작 스페이블과 후르비네크Spejbl and Hurvínek, 현지 인형 극장 등과 같이 플젠에서 태어나 아직까지도 사랑받는 마리오네트 캐릭터도 만날 수 있어 뜻 깊다. 이곳에서는 전시를 보는 것뿐만이 아니라 직접 자신만의 마리오네트 연극을 진행해볼 수 있는 시간도 가질 수 있다.

지도 P.498-B2 **주소** Náměstí Republiky 23, 301 00 Plzeň 3-Vnitřní Město **홈페이지** muzeum-loutek.cz/en **운영** 화~일요일 10:00~18:00 **휴무** 월요일 **요금** 성인 60Kč, 시니어(65세 이상)·어린이(3세 이상)·학생 30Kč, 가족 130Kč **가는 방법** 공화국 광장 남쪽.

> *tip!*
> 체코인은 어릴 때부터 극장, TV, 라디오 등을 통해 스페이블, 후르비네크와 함께하며 자연스럽게 상상력과 희망을 키워왔다. 스페이블과 후르비네크의 인기는 오늘날까지도 지속되고 있다(P.47).

브루어리 박물관 Pivovarské muzeum | Brewery Museum

고대부터 현대까지의 맥주 이야기와 역사, 양조장에 대해 전시하고 있는 박물관. 중세의 맥주 제조 현장과 선술집을 그대로 재현해 놓은 듯한 공간, 맥주에 관련된 다양한 물품들로 수백 년 동안의 맥주 생산과정과 비밀을 체코의 방식으로 보여주고 있다. 특히 지난 맥주병의 변천사에 대한 전시가 흥미롭다. 후기 고딕 양식의 맥아 제조소, 오리지널 맥아 가마나 중세의 맥주 지하 저장고도 확인할 수 있으며 만약 가이드와 함께하는 투어로 박물관을 둘러보기로 선택했다면 작은 재미로 플젠의 펍 중 한 곳에서 사용할 수 있는 필스너 우르켈 테이스팅 쿠폰이 제공된다.

지도 P.498-B1 **주소** Veleslavínova 58/6, Vnitřní Město, 301 00 Plzeň **홈페이지** www.prazdrojvisit.cz/en/tours/brewery-museum-tour **운영** 1~12월 매일 10:00~18:00 **요금** 성인 150Kč, 시니어(65세 이상)·어린이(6~15세)·학생(26세 이하) 120Kč, 가족(성인 2명+어린이 3명) 410Kč ※체코어·영어·독일어 투어 가능 **가는 방법** 공화국 광장에서 북쪽으로 도보 약 4분.

플젠의 유서 깊은 언더 그라운드
Plzeňské historické podzemí | Pilsen Historical Underground

14세기부터 존재했던 미로 같은 지하 통로. 지하 저장고, 우물 등 신비로운 플젠의 과거가 도심의 돌바닥 아래에 숨겨져있다. 이곳의 가장 중요한 역할은 플젠의 부드러운 물에 대해 접근할 수 있게 했다는 것이다. 원래 플젠의 지하에는 360여 개의 우물이 있었다고 한다. 플젠의 지하에서 어떻게 음식이나 얼음을 보관했는지, 도시 포위 당시 시민들에게 어떻게 안전한 피난처를 제공할 수 있었는지, 증류소와 맥아 제조소와 함께 16세기의 유서 깊은 상수도, 우물 등과 같은 기술에 관련된 장비와 장소도 살펴볼 수 있다. 수백 년 전 지하에서의 중세의 삶을 상상해 보는 것은 꽤나 흥미롭다. 가이드와 함께하는 투어 후 플젠 펍에서 라거를 테이스팅 할 수 있는 바우처를 나눠준다. 물론, 18세 이상의 성인만 테이스팅이 가능하다.

지도 P.498-B1 **주소** Veleslavínova 58, 301 00 Plzeň 3 **홈페이지** www.prazdrojvisit.cz/en/tours/historical-plzen-underground-tour **운영** 매일 10:00~18:00, 휴무일은 날짜별 상이 **요금** 성인 190Kč, 시니어(65세 이상)·어린이(6~15세)·학생(26세 이하) 150Kč, 가족(성인 2명+어린이 3명 기준) 520Kč ※체코어·영어·독일어 투어 진행 **가는 방법** 공화국 광장에서 북쪽으로 도보 약 4분.

> **tip!**
> 플젠의 지하로는 약 20km에 이를 정도로 긴 편이다. 투어는 그중 500~800m의 구간을 둘러본다. 지하의 온도는 약 6°C로 조금 따뜻한 옷을 준비하는 것을 추천한다.

대 시나고그 Velká synagoga | The Great Synagogues

유대인들은 14세기부터 플젠 지역에서 거주했다. 지난 역사 동안 플젠에는 5개의 시나고그가 존재했지만 현재는 오직 2개의 시나고그만이 보존되고 살아남았다. 그중에서 대 시나고그는 무어-로마네스크 양식으로 1893년 건축되었고 플젠 내에서도 확연히 다른 분위기로 존재감을 드러내고 있다. 크기로는 유럽에서 세 번째로 크고, 전 세계에서는 다섯 번째로 크다. 제2차 세계대전 기간 중 나치의 점령으로 안타깝게도 거의 파괴되었음에도 불구하고 찬란하고 풍부했던 플젠의 유대인 공동체의 과거를 엿볼 수 있는 귀중한 흔적이다. 역사를 간직한 건물은 20세기 후반에 리노베이션 되었고 지금은 종교적인 목적을 충실히 수행하는 것에서 나아가 뛰어난 음향시설과 독특한 분위기로 전시회나 콘서트에 사용되곤 한다. 2020~2022년 진행된 재건으로 2022년 11월에 다시 문을 연 대 시나고그는 회당 내부, 근처 랍비의 집, 지하의 미크베(mikveh-유대교의 의식용 목욕)가 새 단장을 마쳤다.

> **tip!**
> 1859년 건축된 구 시나고그(Old Synagogue)는 예전에 유대인 학교로 사용된 건물이 있는 스메타나 공원(Smetana´s Parks)의 정원에 있다. 최근 재건을 마쳤다. 운영 일~금요일 10:00~17:00

지도 P.498-B1 **주소** Sady Pětatřicátníků 35/11, 301 37 Plzeň **홈페이지** www.zoplzen.cz **운영** 일~목요일 10:00~17:00 **휴무** 금·토요일·샤밧(Shabbaths, 유대인 안식일)·유대인 휴일 **요금** 성인 120Kč, 학생·시니어·장애인 80Kč 어린이(10세까지) 무료, 가족 350Kč **가는 방법** 공화국 광장에서 남쪽으로 도보 약 6분.

테아트룸 문디 Theatrum Mundi

크르지코비 공원Křižíkovy sady에 위치한 테아트룸 문디라는 이름의 벽화는 언뜻 지나치기 쉽다. 200m²의 크기의 플젠 최대 규모 벽화로 2001년 완성된 것이다. 비교적 현대에 완성되어서인지 플젠 출신이거나 혹은 관련된 유명한 인물들을 벽화에서 찾아볼 수 있다. 플젠을 설립한 체코의 왕 바츨라프 2세Václav II, 1918년 플젠에서 탄생한 유명한 배우 미로슬라프 호르니체크Miroslav Horníček, 체코의 마리오네트 인형사 요제프 스쿠파Josef Skupa, 마리오네트 제작자이자 일러스트레이터 이르지 트른카Jiří Trnka, 슈코다 브랜드의 창업자 에밀 슈코다Emil Škoda, 후스파의 장군 얀 지즈카Jan Žižka 등을 비롯해 플젠 도심 문양에 있는 낙타, 그레이하운드, 교황의 열쇠, 기사, 플젠 전통 복장의 여성 등을 벽화에서 찾아볼 수 있다.

지도 P.498-B2 **주소** Křižíkovy sady 325, 301 00 Plzeň 3-Vnitřní Město **가는 방법** 공화국 광장에서 동쪽으로 도보 약 2분.

스페이블과 흐루비네크 조각상
Sousoší Spejbla a Hurvínka
Sculptures of Spejbl and Hurvínek

플젠에서 탄생한 귀여운 부자(父子) 마리오네트 캐릭터인 스페이블과 흐루비네크의 동상. 원래는 크르지코비 공원Křižíkovy sady에 있었지만 손상을 입은 후, 조각가 프란티셰크 발레크František Bálek가 에폭시 수지로 주조해 2002년 서부 보헤미안 박물관 근처로 자리를 옮겼다. 하지만 같은 해 다시 파괴되었고 다시는 훼손되지 않도록 청동으로 복원시켰다. 지금은 사파르지코비 공원Šafaříkovy sady에서 만날 수 있다.

지도 P.498-B2 **주소** Šafaříkovy sady 357, 301 00 Plzeň 3-Vnitřní Město **가는 방법** 공화국 광장에서 남동쪽으로 도보 약 5분.

필스너 우르켈 브루어리
Pivovar Plzeňský Prazdroj | Pilsner Urquell Brewery

무려 1842년 체코 플젠에서 세계 최초로 양조된 황금빛 필스너 라거의 탄생지. 요세프 그롤Josef Groll에 의해 탄생한 필스너 우르켈은 맥주의 역사를 영원히 바꿔버릴 정도로 전 세계에서 가장 유명한 맥주이자 전설이 되었다. 냉장고가 없던 과거, 시원한 지하 동굴에서 자연적인 방법으로 온도를 낮게 유지해 저온으로 맥주를 양조해왔고 180년이 지난 지금까지도 최초의 양조법을 그대로 이용해 전통적인 필스너 우르켈을 생산하고 있다. 현대 기술의 발전으로 지금의 맥주는 나무통이 아닌 현대식 탱크에서 양조하는데, 동시에 과거의 방식대로 양조장의 지하에서 나무통에 맥주를 양조해 원래의 맛을 비교하고 유지하는 병렬 양조Parallel brewing 방식을 고수한다. 브루어리 내 기념품 숍에서 판매하는 다양한 굿즈 또한 인기다.

지도 P.499-C2 **주소** U Prazdroje 7, 301 00 Plzeň 3 **홈페이지** (투어 예약 진행) www.prazdrojvisit.cz/en/tours/pilsner-urquell-brewery-tour **운영** 5~9월 매일 09:00~18:00, 10~4월 매일 10:00~18:00(날짜별 투어 시간 상이) **휴무** 12월 24~26일·1월 1일 ※체코어·영어·독일어 투어 진행, 시음은 18세 이상의 성인만 가능 **요금** 성인 380Kč, 시니어(65세 이상)·어린이(6~15세)·학생(26세 미만) 300Kč, 가족(성인 2명+어린이 3명) 1050Kč **투어 시간** 110분 **가는 방법** 공화국 광장에서 동쪽으로 도보 약 15분.

Travel Plus

브루어리 투어

필스너 우르켈 인포센터에서는 맥주 양조에 사용되는 사츠 홉, 양조에 사용되었던 다양한 기구, 과거 맥주를 양조했던 기구 그리고 약 10km에 달하는 지하를 거닐며 전통적인 맥주 양조 방식과 역사를 볼 수 있다. 실제로 맥주가 양조되었던 시원한 지하로 들어가기 때문에 간단한 재킷이나 카디건 같은 겉옷을 챙기는 것이 좋다. 투어의 하이라이트는 여과되지 않고 저온 살균되지 않은 필스너 우르켈 테이스팅! 오크 통에서 신선한 맥주(0.3L)를 바로 따라주기 때문에 맛도 재미도 최고다. 기념품 숍에서 판매하는 나만의 각인이 들어간 필스너 우르켈의 맥주잔은 인기 아이템이다.

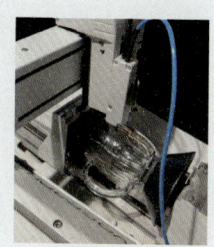

감브리누스 브루어리
Pivovar Gambrinus | Gambrinus Brewery

플젠에서 탄생한 또 하나의 인기 라거 1869년 생산되기 시작한 감브리누스는 필스너 우르켈만큼이나 오랜 역사를 자랑한다. 감브리누스는 체코 현지에서는 필스너 우르켈 못지않게 유명하고 인기 있는 맥주로 복합적인 풍미에 가격은 더 저렴해서 많은 사랑을 받고 있다. 맥주를 만들기에 최상인 플젠의 물, 그리고 체코에서 생산한 홉을 사용하되 가격이 높은 최상급의 홉뿐만이 아닌 조금 저렴하지만 품질이 좋은 홉을 혼합하여 양조하기 때문에 원가를 낮출 수 있었다. 현재는 필스너 우르켈과 같은 회사에서 관리하는 형제 브랜드로, 위치도 필스너 우르켈 브루어리 바로 옆이다. 투어에는 감브리누스 맥주 시음이 포함되어 있다.

지도 P.499-D1 **주소** U Prazdroje 2628, 301 00 Plzeň 3-Východní Předměstí **홈페이지** www.prazdrojvisit.cz/en/tours/gambrinus-brewery-tour **운영** [5~9월] 매일 09:00~18:00 [10~4월] 매일 10:00~18:00 **휴무** 12월 24~26일·1월 1일 ※체코어·영어·독일어 투어 진행, 시음은 18세 이상의 성인만 가능 **요금** 성인 250Kč, 어린이(6~15세)·학생(26세 이하)·시니어(65세 이상) 200Kč **가는 방법** 공화국 광장에서 동쪽으로 도보 약 10분.

건축과 디자인의 발자취를 따라가는 여행

아돌프 로스 인테리어
Loosovy interiéry | Adolf Loos interiors

브르노 태생의 세계적인 건축가 아돌프 로스의 인테리어들을 플젠에서 만날 수 있다. 아돌프 로스가 30대였던 20세기, 플젠의 유대인 공동체의 부유한 투자자를 위해 8개의 아파트 인테리어를 진행했고 아직도 시대를 뛰어넘는 그의 작품 세계를 확인할 수 있다. 직접 아돌프 로스의 인테리어를 볼 수 있는 소중한 기회로 특히 건축이나 인테리어에 관심이 있는 건축가, 여행자들에게 인기. 아돌프 로스는 당시 매우 현대적이면서도 럭셔리하며 혁신적인 것으로도 유명했다. 그도 그럴 것이 대리석, 마호가니 나무 등의 최상급 천연 재료, 기능을 중시하는 실용적인 가구 배치와 내부 인테리어 등 현대인이 살기에도 손색이 없을 정도다. 또한 라움플란(Raumplan)을 중요하게 생각했던 것으로 알려졌는데, 이는 공간의 기능에 따라 방의 높이가 달라져야 하는 것으로, 실제로 그가 디자인한 곳은 여러 층으로 이루어진 곳들도 있다. 조화롭게 사용한 아름다운 색상 감각 또한 굉장히 뛰어나다.

홈페이지 www.adolfloosplzen.cz/en

Travel Plus

아돌프 로스 인테리어 가이드 투어

아돌프 로스가 인테리어한 집들은 플젠 내 여러 곳에 위치하고 있다. 그중 가장 잘 알려진 크라우스(Kraus)와 보글(Vogl)의 아파트, 브루멜(Brummel)의 집, 샘러(Semler) 거주지, 휴고 셈러(Hugo Semler)의 아파트와 리처드 허쉬(Richard Hirsch)의 아파트 등 총 4가지 종류의 가이드 투어로 직접 만나볼 수 있다. 4번 가이드 투어(휴고 셈러의 아파트와 리처드 허쉬의 아파트)의 경우 리노베이션으로 이용이 제한된다. 가이드 투어는 체코어로만 진행되며 미리 요청할 경우 영문 자료가 제공된다.

• Guide Tour 1
크라우스(Kraus)와 보글(Vogl)의 아파트

지도 P.498-B2

주소 10 Bendova Street and 12 Klatovska Street **운영** 가이드 투어-체코어, 약 75~90분 소요, [4~10월] 금~일요일, [11~3월] 금~토요일 **휴무** 12월 24~25일·1월 1일 **요금** 성인 240Kč, 어린이·학생(6~26세)·시니어(65세 이상)·장애인 160Kč

• Guide Tour 2
브루멜(Brummel)의 집

지도 P.498-A2

주소 58 Husova Street **운영** 가이드 투어-체코어, 약 45~60분 소요, [4~10월] 금~일요일, [11~3월] 금~토요일 **휴무** 12월 24~25일·1월 1일 **요금** 성인 290Kč, 어린이·학생(6~26세)·시니어(65세 이상)·장애인 190Kč

• Guide Tour 3
샘러(Semler) 거주지

지도 P.498-B3

주소 110 Klatovska Street **운영** 가이드 투어-체코어, 약 75분 소요, 유동적, 여행 시기에 맞춰 별도의 확인 필요 **휴무** 12월 24~25일·1월 1일 **요금** 성인 370Kč, 어린이·학생(6~26세)·시니어(65세 이상)·장애인 260Kč

• Guide Tour 4
휴고 셈러(Hugo Semler)의 아파트와 리처드 허쉬(Richard Hirsch)의 아파트

지도 P.498-B2

주소 Klatovská 19 and Placheho 6 **운영** 가이드 투어-체코어, 약 75~90분 소요, 유동적, 여행 시기에 맞춰 별도의 확인 필요

---

tip!
아돌프 로스 인테리어 투어 티켓은 온라인 예약을 통해 구매하거나 공화국 광장의 투어리스트 인포메이션 센터에서 구매할 수 있다.
온라인 예약 www.adolfloosplzen.cz/en/tickets
문의 info@adolfloospilsen.cz

근교 양조장과 주변

푸르크미스트르 브루어리 Pivovar Purkmistr | Purkmistr Brewery

맥주의 수도답게 플젠에는 소규모 양조장들이 많다. 그중에서도 단연 눈에 띄는 푸르크미스트르는 호텔, 양조장, 맥주 스파 등을 함께 운영하고 있는 복합단지로 맥주에 관련된 모든 것을 한 번에 즐길 수 있는 곳이다. 플젠의 부드러운 물, 전통 제조법, 여러 종류의 최상급 맥아, 자테츠 지역의 홉을 주재료로 개방형 발효 탱크에서 발효하고 라거 탱크에서는 한 달 동안 숙성하는 푸르크미스트르만의 정직한 방식으로 연간 약 17만L의 맥주를 양조하고 있다. 특히 저온살균하지 않고 여과하지 않은 푸르크미스트르의 맥주는 조금 탁하게 보이기도 하지만 고함량 비타민 B, 효모, 당분 등 재료 본연의 영양소들을 다양하게 포함하고 있는 건강한 맥주다. 밀도가 높은 데다 맛도 일품이다.

지도 P.499-D3 **주소** Selská náves 21, 326 00 Plzeň 8-Černice **홈페이지** www.purkmistr.cz/ko **운영** 투어는 평일 11:00~15:00 사이에 진행(약 30분), 주말 휴무, 기타 휴무일은 시즌별 상이 **요금** [투어] 1~5명 인당 150Kč, 6~10명 인당 100Kč, 10명 이상 인당 70Kč [테이스팅 잔] 50Kč **가는 방법** 트램 10, 13번 탑승 후 제네랄라 리슈키(Generála Lišky) 역에서 하차 후 도보 약 4분(약 30초 소요).

> **tip!**
> 플젠에서는 매년 9월 '유리잔 안의 태양(Sun in a Glass)'이라는 소규모 브루어리 맥주 축제가 열린다. 체코뿐만 아니라 다른 나라에서도 다양한 마이크로 브루어리들이 이 축제를 위해 푸르크미스트르로 모인다.

푸르크미스트르 맥주 스파
Pivní lázně Purkmistr | Purkmistr Beer Spa

체코에서 빼놓을 수 없는 액티비티. 푸르크미스트르에서 정통 맥주 스파를 즐길 수 있다. 커다란 나무통 안에 푸르크미스트르의 12도 라거, 홉, 이스트 등의 맥주와 관련된 여러 특수 재료가 혼합되어 35~37ºC가 되면 준비 완료! 약 20분간은 따뜻하다 못해 조금 덥게 여겨질 정도이지만 욕조 옆에 준비된 무한 생맥주를 마시다 보면 순식간에 끝난다. 맥주 스파는 혈액순환에 도움이 되는 등 치유 효과가 있기 때문에 직접적으로 재료가 닿는 몸뿐만 아니라 얼굴과 머리도 담가주는 편을 추천한다. 또한 좋은 성분이 몸에 잘 흡수되게 하기 위해 스파 후 바로 샤워하지 않고 스파 후 잠시 휴식의 시간을 갖는다. 맥주 스파 외에도 이탄 스파, 초콜릿 스파, 홉 스파, 라벤더 스파 등을 운영 중이며 금액은 맥주 스파와 동일하다.

요금 1인 1100Kč, 2인 2200Kč(예약 필수)
스파 예약 www.purkmistr.cz/en/spa/reservations

tip!
맥주 스파는 대부분 탈의하고 들어간다. 원하면 수영복을 착용할 수 있지만 이를 권장하지 않는다. 다만 한국의 목욕탕처럼 탈의한 채로 다니지는 않고 준비된 가운을 입으면 된다. 여러 명이 한 방을 쓰는 경우도 있고 가벽으로 분리된 개인 공간도 있으니 혼자 즐기고 싶다면 예약 시 확인하자.

RESTAURANT 먹는 즐거움

푸르크미스트르 레스토랑 Restaurace Purkmistr | Purkmistr Restaurant

푸르크미스트르에서 운영하는 레스토랑. 넓지만 아늑하고 펍 뒤쪽의 구리 양조 탱크는 독특한 분위기를 더한다. 굴라쉬, 오리고기 요리, 돼지고기 안심 요리 등 전통적인 체코의 요리들을 영양소와 비타민을 더 잘 보존할 수 있는 수비드 공법으로 장시간 조리하는 것이 특징이다. 특히나 푸르크미스트르에서 양조한 개성 있는 6가지의 맥주를 0.1L씩 모두 맛볼 수 있는 맥주 샘플러를 추천. 맥주 스파 후의 피로를 싹 날려준다.

지도 P.499-D3 **운영** 금·토요일 11:00~24:00, 일요일 11:00~22:00, 월~목요일 11:00~23:00, 공휴일의 경우 시간이 변동될 수 있음

브루헤미안 맥주 비스트로
Pivstro - Brewhemian Beer Bistro

맥주를 양조한다는 뜻의 Brew와 보헤미안을 뜻하는 Bohemian를 합성해서 만든 재미있는 이름의 맥주 전문 비스트로. 체코의 특색 있는 소규모 양조장의 다채로운 맥주, 필스너 우르켈을 북미 요리와 함께 선보인다. 특히 플젠 현지의 소규모 양조장인 즈후르자크Zhůřák의 하우스 에일은 브루헤미안 맥주 비스트로를 위해 양조되는 것이라 특별하다. 주인장 아담Adam은 여동생 알즈베타Alžběta와 함께 '더 나은 맥주의 미래를 위해' 2013년부터

펍으로 브루헤미안을 시작했다. 브루헤미안의 시작에는 필스너 우르켈 최초의 몰트 마스터이자 수석 요리사였던 고조부의 영향을 받았다고 한다. 현지인의 맥주에 대한 애정을 확인할 수 있는 유쾌한 공간이다.

지도 P.498-B2 **주소** Bezručova 185/31, 301 00 Plzeň 3-Vnitřní Město **홈페이지** brewhemian.eu/cs/pivstro **운영** 월~목요일 11:00~23:00, 금·토요일 11:00~24:00, 일요일 11:00~18:00 **휴무** 없음 **가는 방법** 공화국 광장에서 남쪽으로 도보 약 7분.

우 살츠마누
Restaurace a penzion U Salzmannů | Restaurant & Hotel U Salzmannů

1637년 최초 운영을 시작한 플젠에서 가장 오래된 펍. 전통적인 체코식 인테리어와 펍이 위치한 재건축된 건물은 현지인들이 좋아하는 만남의 장소였던 20세기 초를 연상시킨다. 깊은 역사만큼 체코 전 대통령 바츨라프 하벨과 바츨라프 클라우스, 미국 대사들과 같은 정치, 문화, 사회와 관련된 유명인들이 방문하기도 했다. 플젠의 감성이 가득한 독창적인 인테리어, 입에 착착 감기는 체코식 요리, 숙련된 탭스터가 직접 따라주는 저온살균되지 않은 황금빛 필스너 우르켈은 체코의 다른 어디에서도 느낄 수 없는 풍미를 더해준다.

지도 P.498-B1 **주소** Pražská 90/8, 301 00 Plzeň 3
홈페이지 www.usalzmannu.com/en **운영** 월~목요일 11:00~23:00, 금·토요일 11:00~24:00, 일요일 11:00~22:00, **휴무** 없음 **가는 방법** 공화국 광장에서 북쪽으로 도보 약 2분.

나 파르카누
Pivovarský šenk Na Parkánu | Na Parkánu Taproom

양조 박물관과 연결된 오리지널 필스너 우르켈 펍. 1966년 문을 열었다. 나 파르카누라는 이름은 성벽 파르카니Parkány에서 따온 것이다. 나 파르카누가 위치한 건물은 한때 감옥으로도 사용되었다가 1824년에는 시립 맥아 제조소가 위치하기도 했다. 그 후에는 자물쇠 공의 작업장, 목공소, 바인더를 만드는 작업장으로도 이용되었다. 1988년 재건을 거쳐 2004년 5월 다시 문을 열었다. 브루어리 박물관과 연결되어 있어서 투어 후 들르기 좋다. 필스너 우르켈 펍답게 저온살균하지 않고 여과하지 않은 맥주와 소시지, 타르타르 등의 체코식 요리가 환상적으로 어울리는 곳.

지도 P.498-B1 **주소** Veleslavínova 59/4, 301 00 Plzeň
홈페이지 www.naparkanu.com/en
운영 월~수요일 11:00~23:00, 목요일 11:00~24:00, 금·토요일 11:00~01:00, 일요일 11:00~22:00 **휴무** 없음 **가는 방법** 공화국 광장에서 북쪽으로 도보 약 4분.

나 스필체 Na Spilce | Bar Na Splice

필스너 우르켈 브루어리 단지 내 위치한 스타일리시한 펍. 약 550석으로 굉장히 큰 규모를 자랑하고 있다. 스필카Spilka라고 불리던 필스너 우르켈 맥주를 발효하는 창고가 있던 부지에 1992년 세워졌다. 신선한 플젠의 현지 재료를 사용한 전통 체코식 요리, 저온살균하지 않은 맥주 플즈니취카Plzničká 또는 플진카Plzínka를 즐길 수 있는 것은 물론 5종류의 생맥주도 만날 수 있다. 브루어리 투어를 마치고 출출함을 달래기에 굉장히 좋다. 특히 소고기 타르타르는 맥주와 함께하기에 실패가 없고 크리스마스 시즌에 특식으로 먹는 잉어 튀김 요리를 상시 판매하고 있다.

지도 P.499-C1 **주소** U Prazdroje 7, 304 97 Plzeň
홈페이지 www.naspilce.com/en **운영** 매일 11:00~22:00 **휴무** 없음
가는 방법 공화국 광장에서 동쪽으로 도보 약 10분, 필스너 우르켈 브루어리 내 위치.

tip!
맥주는 좋아하지만 고기 메뉴가 질렸다면? 채식주의자를 위한 보리 리소토 메뉴를 선택할 수 있다.

플젠카 플젠 Plzeňka Plzeň | Plzenka Plzen

필스너 우르켈의 현대적인 펍. 입구는 필스너 우르켈의 유리잔을 크게 재현해놓은 듯 재밌다. 초록빛 조명, 심플하지만 세련된 인테리어가 전통적인 필스너 우르켈 펍들과 다르게 신선하게 다가온다. 프리미엄 재료를 사용한 전통 체코식 요리와 현지의 스페셜 요리, 바삭함이 느껴지는 신선한 거품의 필스너 우르켈은 더할 나위 없이 잘 어울린다. 다른 레스토랑보다 조금 더 세련된 분위기를 느껴보고 싶거나 식사를 하고 싶은 사람들에게 좋다.

지도 P.498-B1 **주소** Riegrova 7, 30100 Plzeň
홈페이지 www.plzenkaplzen.cz/en
운영 월·화요일 11:00~23:00, 수·목요일 11:00~24:00
금·토요일 11:00~01:00, 일요일 11:00~22:00
휴무 없음 **가는 방법** 공화국 광장에서 서쪽으로 도보 약 5분.

ACCOMMODATION ✦ 쉬는 즐거움 ✦

코트야드 바이 메리어트 플젠 Courtyard by Marriott Pilsen

플젠 시내 중심에 위치한 메리어트 계열의 코트야드 호텔. 성 바르톨로메오 대성당을 조망할 수 있는 고즈넉한 시티 뷰의 객실과 현대적인 시설을 갖췄다. 브루어리 박물관 바로 뒤에 있어 공화국 광장, 필스너 우르켈 브루어리로 이동하기에도 편리한 편. 세계적인 체인답게 깔끔하고 쾌적한 객실과 기분 좋은 서비스를 제공한다.

지도 P.499-C1 **주소** Sady 5. kvetna 57, Plzen 301 00 **홈페이지** www.marriott.com/en-us/hotels/prgpz-courtyard-pilsen/overview **운영** 체크인 15:00, 체크아웃 12:00 **가는 방법** 공화국 광장에서 북동쪽으로 도보 약 6분.

비엔나 하우스 이지 바이 윈덤 플젠
Vienna House Easy by Wyndham Pilsen

플젠 중앙역 근처에 위치한 비엔나 하우스 호텔 체인. 심플한 듯하면서도 원색의 인테리어의 모던한 144개 객실을 갖추고 있다. 데일리 메뉴를 제공하는 레스토랑과 테라스, 스타일리시한 바에서 여유를 즐길 수도 있다. 필스너 우르켈 브루어리 바로 맞은편에 위치하고 도심 중앙까지도 10분 정도면 걸어갈 수 있다. 버스보다는 기차로 이동할 경우 추천하며 외부 및 지하주차장이 있어 렌터카 여행에도 적합하다.

지도 P.499-C2 **주소** U Prazdroje 2720, 301 00 Plzeň 3-Východní Předměstí **홈페이지** www.wyndhamhotels.com/en-uk/vienna-house/pilsen-czech-republic/vienna-house-easy-pilsen/overview **운영** 체크인 15:00, 체크아웃 12:00 **가는 방법** 플젠 중앙역에서 도보로 약 10분, 공화국 광장에서 북동쪽으로 도보 약 15분, 필스너 우르켈 브루어리 맞은편.

Travel Plus

플젠의 축제, 필스너 페스트 Pilsner Fest

필스너 우르켈이 태어난 10월 5일 전후로 플젠에서는 매년 필스너 우르켈의 탄생을 축하하는 축제를 연다. 축제일에는 필스너 우르켈 브루어리, 공화국 광장 등 곳곳에 맥주 가판대와 관련 장식이 서고, 특히 광장엔 외부에서 맥주를 먹고 즐길 수 있는 대규모 천막이 오픈한다. 맥주를 마시는 플라스틱 컵은 보증금을 내고 구매하는 개념으로 반납하면 해당 금액을 돌려준다. 하지만 금액이 저렴한 데다가 나름 귀여워서 기념품으로 소장하는 경우가 대부분. 축제의 하이라이트는 저녁 시간에 펼쳐진다. 맥주가 탄생한 1842년을 기념해 오후 6시 42분, 모두가 모여 동시에 '나 즈드라비 Na zdraví'*를 힘차게 외치며 축제는 절정에 달한다.

나 즈드라비 Na zdraví란?
'건강을 위하여!'라는 뜻. 한국에서는 건배를 외치듯, 체코에서는 술을 마실 때 '나 즈드라비'를 외친다.

성스럽고도 아기자기한 도시
올로모우츠
Olomouc

모라비아에 위치한 올로모우츠는 성스럽고 영적인 도시로 유명하다. 과거 보헤미아 왕국과 모라비아 왕국으로 나누어져 있던 시절, 올로모우츠는 모라비아 왕국의 수도이자 중심지로 문화와 역사가 번영했다. 면적은 103.3km²로 체코에서는 6번째 큰 규모다. 성스러운 도시인 만큼 종교적인 건축물도 많다. 또한 바로크 시대의 전성기를 경험한 '군인과 사제의 도시'로도 알려져 있다. 우아하고도 아름다운 바로크 양식의 분수, 석조 기념비들이 가득한데 그중에서도 성 삼위일체 석주는 모라비아 바로크 양식의 정수를 보여주는 건축물로 2000년 유네스코 세계유산에 등재되었다. 여러 대학교가 밀집해 있어 젊은 학생들이 많아 역사적인 도시임에도 전혀 올드해 보이지 않고 오히려 아기자기한 매력을 가득 느낄 수 있는 곳이다.

Best 5

Best 1

역사적인 유네스코 세계유산을 찾아서

바로크 양식의 아름다운 기둥인 성 삼위일체 석주는 흑사병의 퇴치를 기념하기 위해 세워진 기둥으로 올로모우츠 호르니 광장 중심에 위치해 있다. 높이 약 35m로 중부 유럽에서 가장 큰 독립형 바로크 조각상이자 모라비아식의 바로크 예술을 잘 보여주는 기념물이다. P.352

Best 2

현지 레스토랑에서 세련된 식사 즐기기

올로모우츠만의 느낌이 가득한 레스토랑에서 마치 현지인이 된 듯한 여유를 즐겨봐도 좋다. 모라비아의 신선한 제철 재료로 선보이는 이터리 & 베이커리는 롱 스토리 쇼트 호스텔에 자리 잡고 있다. 고즈넉한 외관, 세련된 내부, 넓은 오픈 키친, 감각적이면서도 창의적인 요리가 강점이다. P.366

Best 3

체코의 또 다른 천문시계 쇼 구경하기

올로모우츠 시청사에 체코의 또 다른 천문시계가 있다. 1950년대의 사회주의에 대한 흔적을 찾아볼 수 있는 천문시계로 전 세계에 몇 안 되는 태양 중심설의 표본이기도 하다. 하루에 단 한 번, 낮 12시에 천문시계 쇼가 진행된다. P.354

체코에서 두 번째로 높은 대성당 방문하기

신 고딕 양식의 성 바츨라프 대성당은 올로모우츠에서도 단연 눈에 띄는 건축물 중 하나다. 신 고딕 양식의 웅장하고 아름다운 외관, 화려한 내부를 갖고 있다. 2개의 첨탑 중 남부 모라비아에서 가장 큰 종이 있는 남쪽 탑의 높이는 약 100.65m로 모라비아에서는 가장 높고 체코에서는 두 번째로 높다. P.361

Best 4

특별한 언덕에 오르기

올로모우츠 시내 근처에는 특별한 순례지 '성스러운 언덕'이 있다. 성스러운 언덕의 성모 마리아 바실리카는 바로크 양식의 건축물로 우아하고도 화려한 내부가 인상적이다. 테레사 수녀도 생전에 이 곳을 방문했을 정도로 의미 있는 곳이다. P.364

Best 5

©CzechTourism

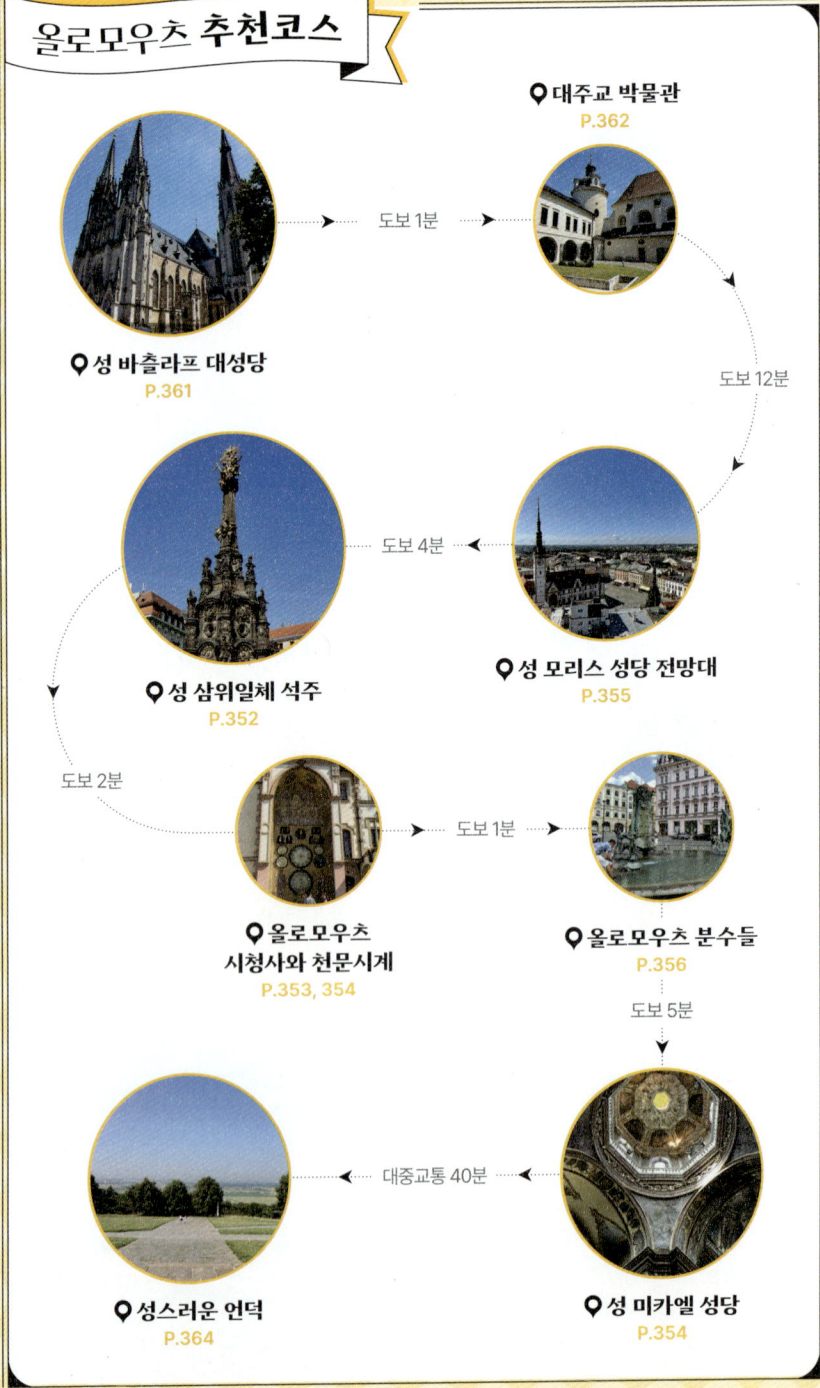

올로모우츠 가는 법

올로모우츠는 버스보다 기차를 이용하는 것이 좋다. 빠르고 연결이 잘 되는 편인 데다가 시내에서도 버스역보다는 기차역이 더 가깝기 때문. 체코의 교통회사 레지오젯과 국영 철도사 체스케 드라히České Dráhy가 프라하 및 주요 도시에서 올로모우츠로 간다. 어떤 기차를 선택하든 모두 프라하의 중앙역 및 올로모우츠 중앙역을 이용한다.

tip!
브르노와 가까워 올로모우츠와 함께 여행을 계획해봐도 좋다.

기차 | Train

• **올로모우츠 중앙역** Olomouc Hlavní Nádraží | Olomouc Central Station 지도 P.496-C2
올로모우츠 기차역은 프라하 및 유럽 전역에서 오는 기차들이 발착하는 곳이다. 시내 중심에서 도보로는 좀 떨어져 있지만 버스 터미널보다 가깝고 트램 정류장이 있어라 시내로 이동하기 편리하다.

• 각 도시에서 체스키 크룸로프로 이동하기

도시	열차명	소요시간 및 요금
프라하 ▶ 올로모우츠	레지오젯	약 2시간 37분 (요금 209Kč~)
프라하 ▶ 올로모우츠	체스케 드라히	약 2시간 22분 (요금 249Kč~)
브르노 ▶ 올로모우츠	체스케 드라히	약 1시간 34분 (요금 105Kč~)
크로메르지시 ▶ 올로모우츠	체스케 드라히	약 38분 소요 (요금 80Kč~)

차량 | Car

• 각 도시에서 체스키 크룸로프로 이동하기

도시	소요 시간
프라하 ▶ 올로모우츠	약 250km, 약 2시간 40분 소요
브르노 ▶ 올로모우츠	약 100km, 약 55분 소요
크로메르지시 ▶ 올로모우츠	약 45km, 약 45분 소요

버스 | Bus

• 올로모우츠 버스역 Autobusové nádraží Olomouc | Olomouc Bus Station 지도 P.496-C2

도시	버스명	소요 시간 및 요금
브르노 ▶ 올로모우츠	레지오젯	약 1시간 5분 소요(요금 104Kč~)
프라하 중앙역 ▶ 올로모우츠	플릭스버스	약 3시간 40분 소요(요금 €11.99~)
프라하 플로렌츠(Florenc) ▶ 올로모오츠	플릭스버스	약 4시간 소요(€11.99~)

올로모우츠 시내 교통

올로모우츠 도심은 도보로 이동해도 문제가 없을 만큼 작고 아기자기한 곳이다. 단, 기차역의 경우 도심까지는 도보 약 20분 정도로 트램을 이용하면 편리하다. 대중교통 티켓은 기차역, 투어리스트 인포메이션 센터, 편의점, 키오스크 등 MHD라고 적힌 스티커가 붙여진 곳에서 판매한다. SEJF라는 앱을 통해서도 쉽게 구매할 수 있다.

대중교통 1회 권 18Kč, 일일권 46Kč (올로모우츠 지역 카드 소지자는 무료) **택시** 15Kč~ (km당 25Kč 부과)

ⓘ 올로모우츠 투어리스트 인포메이션 센터
Informační Centrum Olomouc | Olomouc Information Center

올로모우츠 여행의 시작점이라고 할 수 있는 호르니 광장에 위치한 시청사 건물에 여행자들을 위한 인포메이션 센터가 있다. 올로모우츠의 여러 관광 명소에 대한 정보, 올로모우츠 지역 카드 판매, 문화 이벤트 티켓 판매, 숙소 안내, 시티투어 예약 등을 진행한다.

지도 P.496-A1 **주소** Horní nám. 583, 779 00 Olomouc **홈페이지** tourism.olomouc.eu/tourism/information-centre **운영** 월~토요일 09:00~19:00, 일요일 09:00~17:00 **가는 방법** 호르니 광장 시청 건물에 위치. 트램 1, 7번 우 스바티 모르지체(U Sv. Mořice) 역에서 도보 2분.

Travel Plus
올로모우츠 지역 카드 Olomouc Region Card

올로모우츠, 중부 모라비아 그리고 예세니츠키 산맥에 있는 박물관, 성, 동물원 등을 포함해 90개의 관광지를 무료로 입장할 수 있는 카드. 추가로 80개의 관광지에서 할인이 제공된다. 대중 교통도 무료로 이용할 수 있다. 올로모우츠만 여행할 경우 입장료를 낼 필요가 거의 없기 때문에 근교의 크로메르지시와 함께 여행할 경우에 구매를 고려하는 것이 좋다. 올로모우츠 내 호텔 등을 포함해 올로모우츠 지역 내 투어리스트 인포메이션 센터에서 실물 카드 구매가 가능하며 앱을 통해 편리하게 구매 및 사용할 수도 있다.

금액 [48시간권] 성인 240Kč / 어린이(15세까지) 120Kč, [5일권] 성인 480Kč / 어린이(15세까지) 240Kč, [무료 입장 가능한 곳] 올로모우츠 동물원, 크로메르지시 꽃 정원, 대주교 궁전, 보우조프 성, 올로모우츠 대중교통 등 **판매처** 올로모우츠 인포메이션 센터, 올로모우츠 중앙역, 올로모우츠 콩그레스 호텔, 호텔 라파에트 등 올로모우츠 지역 내 투어리스트 인포메이션 센터
홈페이지 www.olomoucregioncard.cz/en

ATTRACTION ✦ 보는 즐거움 ✦

호르니 광장 주변

호르니 광장 Horní náměstí | Upper Square

올로모우츠의 중심 광장으로 올로모우츠 시청사와 성 삼위일체 석주가 자리 잡고 있다. 올로모우츠에서 가장 오래되고 중요한 광장으로 다양한 역사의 중심이 되어 왔다. 부유한 도시의 주택들과 에델만 궁, 페트라쉬 궁, 살름 궁 등 아름답고도 우아한 바로크 궁전이 호르니 광장을 감싸고 있다. 파머스 마켓이 열리는 날이면 광장은 더욱 활기를 띤다. 광장에 위치한 카페에서 성 삼위일체 석주와 시청사를 바라보며 커피를 마시는 여유를 느껴도 좋다.

지도 P.496-A1 주소 Horní náměstí 367, 779 00, Olomouc **가는 방법** 트램 2, 3, 4, 6번 우 스바티 스바티 모르지체 역 하차 후 도보 이동(약 220m).

성 삼위일체 석주 Sloup Nejsvětější Trojice | The Holy Trinity Column

올로모우츠의 유서 깊은 호르니 광장 중심에 위치한 바로크 양식의 거대한 기둥. 아름다운 모습으로 여행객들의 시선을 사로잡는다. 유럽을 휩쓸던 흑사병의 퇴치를 기념하기 위해 18세기 초중반 세워졌다. 약 35m 높이의 중부 유럽에서 가장 큰 독립형 바로크 조각상으로 가장 뛰어난 모라비아식 바로크 예술 양식을 보여

주고 있다. 8명의 성인, 12명의 빛의 전령, 6명의 사도가 부조로 장식되어 있고 삼위일체의 특징을 잘 보여주듯 성모승천상은 기념비의 꼭대기에서 찾아볼 수 있다. 재미있는 사실은 프라하의 카를교에서 만날 수 있는 성인들을 올로모우츠의 성 삼위일체 석주에서 찾아볼 수 있다는 것. 현지에서는 카를교의 작은 축소판이라고도 불린다. 기념비의 의미 그 자체, 바로크 시대 중부 유럽의 종교에 대한 믿음, 과장되지 않고 자연스러우면서도 조화로운 풍부한 장식들, 기념비를 만드는 데 사용된 재료 등은 다른 도시에 있는 기념비들보다 단연 돋보인다. 그리고 귀중함을 인정받아 2,000년에는 유네스코 세계문화유산으로 등재되었다. 기둥의 1층에는 아주 작은 예배당이 여름 시즌 동안 짧게 오픈한다.

지도 P.496-A1 주소 Horní námesti, 771 00 Olomouc **홈페이지** tourism.olomouc.eu/sights/fountains-and-columns/detail=230/en **운영** [석주 내부] 4~9월 09:00~14:00, **휴무** 유동적 **요금** 없음 **가는 방법** 트램 4, 6, 7번 나메스티 흐르디누(Náměstí Hrdinů) 역 하차 후 도보 이동 약(250m).

올로모우츠 시청사
Magistrát města Olomouc | Olomouc City Hall

호르니 광장에 위치한 올로모우츠 시청은 6세기 이상 옛 왕실 수도였던 모라비아의 경제적·정치적 중요성을 상징해왔다. 원래는 고딕 양식으로 14세기 때 건축되었다. 현재는 올로모우츠에서 비종교적인 건축물 중 가장 중요한 기념물로, 대주교의 궁전과 6개의 고대 성당 그리고 선출된 정부의 본부 및 사무실로 구성되어 있으며 오늘날에도 원래의 목적과 기능을 수행하는 공공 기념물이자 대표 기념물이다. 1층에는 여행자를 위한 정보 센터가 운영되고 있다.

지도 P.496-A2 주소 Horní náměstí – radnice, 779 11, Olomouc 홈페이지 tourism.olomouc.eu/sights/townhall-astronomical-clock/en 운영 예약으로만 방문 가능(투어, 웨딩 등) 요금 성인 100Kč, 시니어(65세 이상)·어린이(6~15세)·학생 50Kč, 6세 미만 어린이 무료 주소 Radnice, Horní náměstí 583, 779 11 Olomouc 가는 방법 트램 2, 3, 4, 6번 우 스바티 모르지체 역 하차 후 도보 이동(약 200m).

시청사 탑
Radniční Věž | Town Hall Tower

시청사 탑은 20년대의 석조 시청사 건물과 함께 15세기에 건축되었다. 지금보다 약 1/3 정도 낮았던 원래의 탑은 1601~1607년에 추가적인 재건으로 지금의 75m 높이를 갖게 되었다. 시청사 탑 위에 올라가면 호르니 광장의 성 삼위일체 석주는 물론 도시의 전경을 감상할 수 있다. 1층에는 도시의 기록 보관소가 있다.

지도 P.496-A2 운영 및 요금 올로모우츠 가이드 투어에 포함. 홈페이지 참조.

올로모우츠 천문시계
Olomoucký orloj | Olomouc Astronomical Clock

올로모우츠에서도 천문시계를 찾을 수 있다. 올로모우츠 시청의 북쪽에 14m의 아치형으로 솟아있는 500년 역사를 가진 천문시계이지만 제2차 세계대전이 끝날 무렵 심하게 손상되었고 여러 번의 재건을 거쳐야 했다. 오늘날의 천문시계에서는 1950년대의 사회주의적 리얼리즘에 대한 당시 미학의 흔적을 찾아볼 수 있다. 전 세계에 몇 안 되는 태양 중심설의 표본이기도 하다. 또한 천문시계는 민속 주제로 장식되었는데 1년의 각 달을 그림으로 묘사해두고 제일 위쪽에는 왕의 행렬을, 아래쪽에는 다른 노동 계급을 모자이크로 장식해두었다. 하루에 단 한 번, 12시에 천문시계 쇼가 진행된다.

지도 P.496-A2

성 미카엘 성당
Kostel sv. Michala | St. Michael's Church

3개의 돔이 아름다운 바로크 양식의 성당. 13세기에 처음 고딕 양식으로 건축되었으며 재건을 거쳐 1673~1686년 현재의 초기 바로크 양식의 모습을 갖게 되었다. 봉헌은 1251년 되었다고 추정된다. 외벽과 사제석 끝 쪽의 반원형 천장은 원래의 고딕 양식을 보존하고 있다. 본당을 중심으로 양쪽의 예배당에는 아름다운 그림과 조각으로 똑같이 장식되어 있어 당시 바로크가 신도들에게 어떠한 영향을 끼쳤는지 알 수 있다.

지도 P.496-A2　주소 Na Hradě, 779 00 Olomouc 홈페이지 www.svatymichal.cz 운영 매일(정확한 정보 없음), 휴무 여행 시기에 맞춰 별도의 확인 필요 요금 여행 시기에 맞춰 별도의 확인 필요 가는 방법 트램 2, 3, 4, 6번 우 스바티 모르지체 역 하차 후 도보 이동(약 450m).

성 모리스 성당 Kostel sv. Mořice | Church of St. Maurice

올로모우츠의 로마 가톨릭 성 모리스 교구. 모라비아 후기 고딕 양식을 간직하고 있는 귀중한 건물이다. 13세기 후반에 건설을 시작해 16세기 초 완성되었다. 14세기 중반에 만들어진 십자가형 아치가 상징적이다. 올리브산의 그리스도를 형상화한 조각상은 성 모리스 성당의 보물. 유럽에서 가장 큰 파이프 오르간 중 하나가 있어서인지 성 모리스 성당은 올로모우츠의 음악 공동체에서 꽤나 중요한 위치를 갖고 있다. 여행자들이 특히나 성 모리스 성당을 기억해야 할 이유는 바로 전망대인데, 좁고 구불구불한 계단을 조금만 오르면 성 삼위일체 석주, 호르니 광장, 시청사와 함께 올로모우츠의 전경을 시원하게 감상할 수 있기 때문이다.

지도 P.496-A1 **주소** 8. května 517/15, 779 00 Olomouc **홈페이지** www.moric-olomouc.cz **운영** [전망대] 날씨가 좋은 날 오픈 **휴무** 여행 시기에 맞춰 별도의 확인 필요 **요금** 자발적 기부 **가는 방법** 트램 2, 3, 4, 6번 우 스바티 모르지체 역 하차 후 도보 이동(약 60m).

성 얀 사르칸데르 예배당
Kaple sv. Jana Sarkandra | Chapel of St John Sarkander

네오 바로크 양식의 2층짜리 예배당. 예배당 한가운데는 지하실로 들어가는 입구가 있고 사르칸데르가 살았던 시대의 고문대가 있다. 얀 사르칸데르는 폴란드-체코 로마 가톨릭 신부이자 순교자다. 1620년 폴란드 가톨릭 왕의 군대가 모라비아에 침략하는 것을 도왔다는 죄목으로 요한 사르칸데르는 개신교들에게 고문을 당했고 결국 숨졌다. 하지만 고문 중에도 그는 고해성사의 내용을 누설하지 않았고 이에 1995년 교황 요한 바오로 2세는 그를 성자로 추대했다. 참고로 지금의 예배당 부지는 과거 얀 사르칸데르가 숨졌던 도시의 감옥이었다. 예배당 내부를 한마디로 설명하자면 빛은 돔의 랜턴창에서부터 바닥의 구멍을 통해 지하까지 이어진다. 예배당의 주변 또한 아름답기로 유명하다. 근처의 이중 계단은 성 얀 네포무츠키의 동상으로 장식되어 있고 코너의 틈에는 성 얀 사르칸데르 동상이 있다.

지도 P.496-A1 **주소** Mahlerova 19, 779 00, Olomouc **홈페이지** www.svatymichal.cz/en **운영** 여름 시즌 토~금요일 운영, 투어는 09:00 시작 **휴무** 여행 시기에 맞춰 별도의 확인 필요 **요금** 여행 시기에 맞춰 별도의 확인 필요 **가는 방법** 트램 2, 3, 4, 6번 나몌스티 레푸블리키(Náměstí Republiky) 역에서 도보 이동(약 270m).

분수의 도시 올로모우츠

SPECIAL PAGE

올로모우츠 분수들
Olomouc kašny | Olomouc fountains

바로크의 전성기를 겪었던 만큼 바로크 양식의 분수들이 올로모우츠를 든든히 지키고 있다. 총 6개의 독특한 바로크식 분수로 헤라클레스, 카이사르, 주피터, 머큐리, 넵튠, 트리톤이라는 분수의 이름에서 당시의 예술가들이 고대 신화에서 영감을 받았음을 알 수 있다. 전설에 따르면 로마의 황제 율리우스 카이사르가 올로모우츠를 세웠다고 전해지며, 그의 이름을 딴 분수에서 카이사르가 자랑스럽게 말을 타고 있는 동상을 찾아볼 수 있다. 2002년에는 거북이 조각상이 인상적인 현대적인 아리온 분수가 추가되었다.

1 헤라클레스 분수

Herkulova kašna | Hercules Fountain

실물보다 더 큰 사이즈의 헤라클레스 조각으로 장식되어 있다. 헤라클레스는 7개 머리를 가진 히드라로부터 왼손에 있는 도시의 상징인 체크무늬의 독수리를 보호하고 있다.

`지도 P.496-A1` 주소 Horní náměstí, 779 11, Olomouc Public Space 가는 방법 트램 4, 6번 나메스티 흐르디누(Náměstí Hrdinů) 역 하차 후 도보 이동(약 250m), 트램 2, 3, 4, 6번 우 스바티 모르지체 역 하차 후 도보 이동(약 240m).

2 시저 분수

Caesarova kašna | Caesar Fountain

전설 속 올로모우츠의 설립자인 카이사르를 상징하는 분수. 분수 중 제일 큰 크기로 가장 유명하면서 기술적으로도 뛰어난 바로크 양식을 자랑한다. 분수 중앙에는 위풍당당한 말과 함께 두 명의 남자가 기대 있는데 한 명은 모라바 강, 다른 한 명은 다뉴브 강을 상징한다. 그리고 앉아 있는 개가 조각상을 완성하고 있는데 개는 황제에 대한 도시의 충성심을 상징하고 있다.

`지도 P.496-A1` 주소 Horní náměstí, 779 00, Olomouc 가는 방법 트램 4, 6번 나메스티 흐르디누(Náměstí Hrdinů) 역 하차 후 도보 이동(약 350m), 트램 3, 4, 6, 7번 오크레스니 소우드(Okresní soud) 역 하차 후 도보 이동(약 250m).

3 주피터 분수

Jupiterova kašna | Jupiter Fountain

오른손에 번개를 들고 적들로부터 도시를 지키고 있는 주피터 분수. 로마 최고의 신이자 고대 신과 인간 최고의 통치자인 주피터를 상징적으로 조각해두었다.

지도 P.496-A2 주소 Dolní náměstí, 779 00, Olomouc 가는 방법 트램 4, 6번 나메스티 흐르디누(Náměstí Hrdinů) 역 하차 후 도보 이동(약 400m), 트램 3, 4, 6, 7번 오크레스니 소우드 역 하차 후 도보 이동(약 200m).

4 머큐리 분수

Merkurova kašna | Mercury Fountain

가장 예술적인 바로크 분수 컬렉션으로 평가된다. 상인들의 수호자로 알려진 신 머큐리가 카두세우스(Caduceus)라고 불리는 그의 상징인 지팡이를 오른손에 들고 있고 교차로에 위치하고 있다.

지도 P.496-A1 주소 8. května, 779 00, Olomouc 가는 방법 트램 2, 3, 4, 6번 우 스바티 모르지체 역 하차 후 도보 이동(약 50m).

Tip! 카두세우스란?
머큐리의 지팡이자 막대기로 두 마리의 뱀이 서로 감고 있는 형상이며, 상단 끝에는 두 개의 날개가 있다. 카두케우스로 불리기도 한다.

5 넵튠 분수

1683년 완성된 넵튠 분수는 그리스·로마 신화에서 바다의 신으로 알려진 포세이돈을 묘사하고 있다. 넵튠은 물을 진정시키고 올로모우츠를 지키기 위해 삼지창을 아래로 아래쪽으로 내린 채 서있다.

지도 P.496-A2 **주소** Dolní náměstí, 779 00, Olomouc
가는 방법 트램 3, 4, 6, 7번 오크레스니 소우드 역 하차 후 도보 이동(약 300m).

Neptunova kašna | Neptune Fountain

6 트리톤 분수

트리톤과 소라고둥을 들고 돌고래를 탄 소년의 조각상으로 구성되어 있는 트리톤 분수는 공화국 광장에 위치하고 있다.

지도 P.496-A1 **주소** Náměstí Republiky, 779 00, Olomouc
가는 방법 트램 2, 3, 4, 6번 나메스티 레푸블리키 역 하차 후 도보 이동(약 55m).

Kašna Tritonů | The Triton Fountain

7 아리온 분수

시청의 남서쪽 코너에 위치한 현대적인 분수. 2002년 호르니 광장 재건의 일환으로 만들어진 분수는 고대 그리스 신화에서 영감을 얻어 바로크식 분수로 완성되었다. 그리스의 시인이자 키타라 연주자였던 아리온이 그의 노래에 이끌려 바다에서 구출된 전설을 조각상으로 표현했다. 더운 여름에는 아이들이 분수대에서 놀고 있는 귀여운 모습을 자주 볼 수 있다.

지도 P.496-A2 **주소** Horní náměstí, 779 00, Olomouc **가는 방법** 트램 3, 4, 6, 7번 오크레스니 소우드 역 하차 후 도보 이동(약 200m), 트램 4, 6번 나메스티 흐라디누 역 하차 후 도보 이동(약 300m).

Arionova kašna | Arion Fountain

> 돌니 광장 주변

돌니 광장 Dolní náměstí | Lower Square

올로모우츠의 또 다른 광장으로 바로크 양식의 마리안 기념비와 아름다운 넵튠, 주피터 분수가 위치하고 있다. 올로모우츠의 아래쪽에 위치하고 있어 말 그대로 아래쪽을 뜻하는 돌니 광장이라고 불린다. 광장은 역사적인 주택과 귀족들의 집으로 둘러싸여 있다. 다만, 구시청사, 성 삼위일체 석주, 성당 등의 주요한 관광지들은 호르니 광장 주변에 위치해 있어 상대적으로 돌니 광장으로 갈 일은 많지 않다.

지도 P.496-A2 주소 Dolní náměstí, 779 00, Olomouc 가는 방법 3, 4, 6, 7번 오크레스니 소우드 역 하차 후 도보 이동(약 400m).

> *Travel Plus*
>
> **38번째 집-르네상스 하우엔쉬엘트 궁 Hauenschield's Palace**
>
> 돌니 광장 구석에 위치한 고딕 양식의 3층짜리 건물. 건물 코너에 튀어나온 퇴창(베이 윈도)이 눈에 띄는 건물로, 18세기 초 바로크 양식을 갖고 있고 로마의 시인 오비디우스의 서사시 '메타모르포세이스'에 등장한 신화적인 인물들로 장식되어 있다. 1744~1768년 건물 내에서 연극이 공연되었다고. 1767년, 이 건물에 있는 '검은 독수리'라는 이름의 숙소에 볼프강 아마데우스 모차르트가 가족들과 머물며 '교향곡 6번 F 장조'를 작곡했다고 알려져 있다.

tip!
거리의 이름에서 도시의 중세 거주민들의 직업을 확인해 볼 수 있다. 흐르느취르즈스카(Hrnčířská)는 도공의 거리, 우헬나(Uhelná)는 광부의 거리, 판스카(Panská)는 귀족의 거리라는 뜻이다.

마리안 기념비
Mariánský sloup | Marian Column

성모 마리아의 동상이 있는 마리안 기념비도 마찬가지로 올로모우츠에 위치하고 있다. 통상 한 도시에 하나의 기념비를 가지고 있지만 올로모우츠는 예외적으로 마리안 기념비가 세워진 뒤 성 삼위일체 석주가 세워진 것으로 알려져 있다. 받침대 위에는 전염병에 맞서는 성 파울리나St. Pauline, 성 바르바라St. Barbara, 성 카타리나St. Catherine, 성 로살리아St. Rosalia, 성 로코St. Roch, 성 프란치스코 하비에르St. Francis Xavier, 성 카를로 보로메오St. Charles Borromeo, 성 세바스티아노St. Sebastian 등 8명의 성인으로, 최상단은 성모 마리아로 꾸며진 기념비는 1713~1715년 올로모우츠를 강타했던 흑사병이 끝난 후 희생자들을 기리기 위해 바로크 양식으로 지어졌다.

지도 P.496-A2 **주소** Dolní náměstí, 779 00, Olomouc **홈페이지** tourism.olomouc.eu/sights/fountains-and-columns/marian-column/en **가는 방법** 트램 3, 4, 6, 7번 오크레스니 사우드 역에서 도보 이동(약 300m), 호르니 광장에서 돌니 광장 쪽으로 도보 약 3분.

테레지안 게이트 **Terezská brána** | Theresian Gate

올로모우츠는 30년 전쟁 후인 1655년 요새형 도시로 선언되며 점차 바로크 양식의 요새로 변신해갔다. 그리고 합스부르크의 여제 마리아 테레지아Marie Theresa의 이름을 딴 테레지아 성벽으로 요새화는 정점에 달했다. 덕분에 올로모우츠는 보헤미아 영토뿐만 아니라 당시 광대했던 오스트리아-헝가리 제국의 모든 영토 중 가장 크고도 정교한 요새 중 하나가 되었다. 실제로 1758년 프로이센 군대가 올로모우츠를 포위했을때 공격을 5주 동안이나 견뎠다. 테레지안 게이트라는 이름은 마리아 테레지아가 올로모우츠를 방문하며 붙여졌다. 현재는 게이트 주위의 벽은 허물어지고 문만 홀로 남았다.

지도 P.496-A2 **주소** Palachovo náměstí, 779 00, Olomouc **가는 방법** 트램 3, 4, 6, 7번 오크레스니 소우드 역 하차 후 도보 이동(약 140m).

성 바츨라프 대성당 주변

성 바츨라프 대성당
Katedrála sv. Václava | St. Wenceslas Cathedral

올로모우츠에서도 가장 오래되고도 단연 눈에 띄는 건축물 중 하나로 웅장하고도 아름답다. 1104~1107년 건축을 시작해 1311년 봉헌되었고, 로마네스크 양식은 여러 번의 재건과 1265년의 화재 이후 1880년대를 마지막으로 지금의 네오고딕 양식 모습을 갖게 되었다. 내부의 장식은 화려하고 풍성하며 지하 공간은 올로모우츠의 대주교와 주교를 위한 마지막 휴식 공간으로 사용된다. 남녀노소, 장애를 가리지 않고 누구나 예배를 드리는 모습을 보면 성스러운 대성당의 힘을 고스란히 느끼는 듯하다. 대성당엔 2개의 탑이 있는데 그중 모라비아에서 가장 큰 종이 있는 남쪽 탑의 높이는 무려 100.65m로 모라비아에서 가장 높을 뿐 아니라 체코에서 두 번째로 높다. 교황 요한 바오로 2세가 성인으로 추대한 성 얀 사르칸데르의 성유물이 바로 이곳에 있다. 대성당의 오르간은 체코 낭만주의 시대의 최상급 악기 중 하나다.

지도 P.496-B1 **주소** Václavské náměstí, 779 00 Olomouc **홈페이지** www.katedralaolomouc.cz **운영** [예배 구역] 월·화요일, 목~토요일 06:30~18:00, 수요일 06:30~16:00, 일요일 07:30~18:00 [지하실] 5~9월~토요일 10:00~13:00, 14:00~17:00, 일요일 11:00~17:00 **휴무** 유동적, 여행 시기에 맞춰 별도의 확인 필요 **요금** 무료 **가는 방법** 트램 2, 3, 4, 6번 우 도무(U Dómu) 역 하차 후 도보 이동(약 200m).

tip!
1306년, 대성당 근처에서 일어났던 보헤미아의 왕 바츨라프 3세(당시 16세)의 살인 사건은 아직도 해결되지 않았다.

대주교 박물관
Arcidiecézní muzeum | Archdiocesan Museum

올로모우츠의 지난 1,000여 년간의 역사적 발자취를 살펴볼 수 있는 곳. 올로모우츠 성의 토대가 되었던 오리지널 로마네스크 양식, 인상적인 고딕과 르네상스 시대부터 바로크 양식과 로코코 양식의 인테리어까지 도시가 어떻게 문화와 역사적으로 발전되어 왔는지 보여준다. 상설 전시는 올로모우츠 대교구의 영적 문화를 소개하고 있으며 전시된 12~18세기의 예술 작품 중에서도 특히 16세기 이후 올로모우츠 주교가 수집한 그림들은 지금 봐도 탄성을 자아낸다. 박물관 부지 내에는 유명 작곡가들의 체류를 기념하기 위한 콘서트 홀인 모차르티움Mozarteum이 있다. 실제로 모차르트는 올로모우츠를 방문해 작곡에 영감을 받기도 했다. 대주교 박물관의 하이라이트는 홀 중앙에 위치한 거대하고도 화려한 트로이어의 마차로 당시 올로모우츠의 주교 페르난디드 율리우스 트로이어Ferdinand Julius Troyer가 실제로 예식에 사용했었다.

지도 P.496-A1 주소 Václavské náměstí 3, 771 00, Olomouc 홈페이지 www.olmuart.cz/AMO 운영 화~일요일 10:00~18:00 휴무 매주 월요일, 10월 28일 요금 성인 120Kč, 어린이 70Kč, 가족 260Kč(성인 2명+6~18세 어린이 2명), 6세까지 무료, 매주 일요일 무료, 올로모우츠 카드 소지자 무료 [무료 입장] 부활절 기간(4월 19~21일), 5월 17일, 6월 1일, 9월 7~8일, 9월 28일, 12월 25~26일 가는 방법 성 바츨라프 대성당 바로 앞. 도보 1분 거리. 트램 2, 3, 4, 6번 우 도무 역 하차 후 도보 이동(약 150m).

대주교 궁
Arcibiskupský palác | Archbishop's Palace

오늘날에도 올로모우츠의 주교들을 위한 숙소로 사용되는 건물로 모라비아에서 가장 중요한 초기 바로크 양식에 속하는 건축물. 이탈리아 건축가 필리베르토 루체세Filiberto Luchese의 프로젝트로 르네상스 궁이었던 곳에 지어졌다. 2개의 직사각형 내부 안뜰을 감싸는 2층짜리 7개의 동과 화려한 3개의 정문을 가지고 있다. 대표적인 계단과 종교 의식을 위한 홀은 궁이 얼마나 웅장하고 화려한지 보여준다. 내부 인테리어 바로크 스투코stucco 장식이 아직까지 잘 보존되어 있다. 교황 요한 바오르 2세가 점심을 먹었던 그랜드 홀, 프란츠 요제프 1세가 오스트리아 왕위에 올랐던 왕좌 홀, 마리아 테레지아 여제, 루드비히 판 베토벤이 방문했던 방 등 유럽 역사에서도 유명했던 인사들이 대주교 궁을 방문한 것으로 유명하다.

지도 P.496-A1　**주소** Wurmova 9, 771 01, Olomouc **홈페이지** arcibiskupskypalac.cz/en/home **운영** [가이드 투어] 4월 토·일요일 10:00~12:00, 13:00~17:00 / 5~9월 화~일요일, 공휴일 10:00~12:00, 13:00~17:00 / 10월 토요일, 일요일, 공휴일 10:00~12:00, 13:00~17:00 / 11~3월 예약 시에만 가능, 휴무는 운영일 참고 **요금** 성인 180Kč, 어린이(6~15세)·학생·65세 이상 120Kč, 가족 360Kč(성인 2명+15세 미만의 어린이 2명), 6세 미만 어린이 무료 **가는 방법** 트램 2, 3, 4, 6번 우 도무 역 하차 후 도보 이동(약 150m).

> *tip!*
> **스투코(stucco)란?**
> 건축물의 벽면에 사용되는 미장 재료로 대리석 가루와 점토를 섞어 만든다. 건축의 마무리 작업에 사용되며 방화성과 내구성을 높여준다. 재료로만 끝나는 것이 아니라 부조, 채색 등의 추가 작업이 수반되며 흡사 대리석과 같은 효과를 내기도 한다. 르네상스 양식, 바로크 양식, 이슬람 건축의 중요한 건축 요소이기도 하다.

올로모우츠 근교 여행 성스러운 언덕 주변

성스러운 언덕
Svatý Kopeček | Holy Hill

순례지이기도 한 성스러운 언덕도 올로모우츠의 일부다. 시내에서는 약 8km 정도 떨어진 곳이지만 올로모우츠 동물원 행 버스를 통해 어렵지 않게 도착할 수 있다. 처음에는 작은 예배당이 성스러운 언덕에 건축되었는데 여기에는 재미있는 전설이 내려온다. 성모 마리아가 올로모우츠의 시민이자 와인 상인이었던 얀 안드리셰크Jan Andrýsek의 꿈에 나타나 예배당을 지으라고 했다고. 그 후 건축가 G.P. 텐찰로G.P. Tencallo에 의해 기념비적인 성모 마리아 바실리카가The Church of the Visitation of the Virgin Mary 1679년 완성되었다. 그 후 1721년 현재의 교회 단지가 건설되었다. 성스러운 언덕에서 멀리 올로모우츠의 전경과 평온하고도 비옥하게 펼쳐진 평원을 바라보노라면 답답했던 마음이 탁 풀린다.

지도 P.496-C1 **주소** Sadové náměstí 1, 779 00, Olomouc - Svatý Kopeček **홈페이지** www.svatykopecek.cz **가는 방법** 버스 11번 스바티 코페첵, 바질(Svatý Kopeček, Bazil) 역 하차 후 도보 이동(약 280m).

올로모우츠 동물원
ZOO Olomouc | Olomouc Zoo

올로모우츠 동물원은 성스러운 언덕에 위치하고 있다. 바실리카와는 약 300m 정도로 굉장히 가깝다. 유럽 멸종 위기종 프로그램의 일환으로 여러 동물의 구조에 참여하고 있다. 특이하게도 바닷물 아쿠아리움으로 유명한데 1만 7,000L의 큰 탱크에서 서식하는 흑기 흉상어(블랙 리프 샤크)를 볼 수 있다. 베트남에서 주로 서식하는 일본사슴이 있는 유라시아 사파리, 기린과 오릭스 등을 볼 수 있는 아프리카 사파리를 포함해 약 300여 종의 동물들을 사육하고 있다. 올로모우츠에서 시간이 여유롭거나 자녀가 함께 했을 때의 옵션으로 생각해 둘 만한 곳. 그렇지 않다면 과감히 패스해도 된다.

지도 P.496-C1 **주소** Darwinova 29, 779 00, Olomouc - Svatý Kopeček **홈페이지** www.zoo-olomouc.cz **운영** [1월, 2월, 10월, 11월, 12월] 09:00~16:00 [3월, 9월] 09:00~17:00 [4~8월] 09:00~18:00, 연중무휴 **요금** [3월~10월] 성인 140Kč, 3~15세 어린이·~26세 학생·65세 이상 110Kč, 3세 미만 무료 [11~2월] 성인 100Kč, 3~15세 어린이·~26세 학생·65세 이상 80Kč, 3세 미만 무료 **가는 방법** 버스 11번 스바티 코페첵, 동물원(Svatý Kopeček, ZOO) 역 하차 후 도보 이동(약 600m).

성모 마리아 소바실리카
Bazilika minor Navštívení Panny Marie
Minor Basilica of the Visitation of the Blessed Virgin Mary

성스러운 언덕의 성모 마리아 바실리카는 모 수녀원 격인 흐라디스코Hradisko 쪽을 바라보고 있다. 중앙의 2개 탑과 함께 마치 날개를 펼치고 있는 형상으로 올로모우츠의 독특하고도 중요한 바로크 양식의 건축물이다. 건물 내에는 12명의 사도, 성도 세바스찬과 성 로코의 조각상이 있고 바실리카 뒤에는 회랑과 성모 마리아 예배당이 있다. 우아하고도 화려한 실내 장식이 인상적인 예배당은 체코 예술가들은 물론 외국의 화가와 조각가들이 인테리어에 참여했다. 얀 크리슈토프 한드케Jan Kryštof Handke는 아름다운 4개 대륙의 알레고리를 돔의 펜덴티브에 그렸다. 교황 요한 바오로 2세에 의해 1995년 소바실리카로 승격되었다. 빈자의 성녀라고 불렀던 테레사 수녀도 성모 마리아 바실리카를 생전에 방문했었다.

RESTAURANT ◆ 먹는 즐거움 ◆

이터리 & 베이커리 Eatery & Bakery

롱 스토리 쇼트 호스텔 & 카페 1층에 자리 잡은 레스토랑이자 베이커리. 주로 모라비아 지역의 생산자에게서 공수하는 신선한 체코의 제철 재료로 만든 현대적인 음식을 제공한다. 해당 장소가 과거 군대의 빵집이었던 만큼 그 전통을 잇고자 베이커리를 함께 운영하고 있다. 오픈 키친이 있는 세련된 내부와 현대적인 콘셉트만큼이나 요리나 플레이팅도 훌륭하다. 기본적인 스타터부터 돼지 뱃살을 이용한 메인 요리, 치즈 아이스크림과 같은 독특한 디저트까지 창의적인 아이디어로 탄생한 요리는 눈과 입을 모두 만족시킨다. 버섯을 곁들인 샐러리 수프, 송아지 슈니첼, 비건 땅콩 케이크가 인기다.

지도 P.496-A1 주소 OKoželužská 945, 779 00 Olomouc
홈페이지 www.longstoryshort.cz/eatery-bakery **영업** 매일
가는 방법 트램 2, 3, 4, 6번 우 도무 역에서 도보 이동(약 250m).

tip! 밀 호밀 사워도우, 사워도우 포카치아는 베이커리의 인기 메뉴. 레스토랑은 또한 비건 메뉴를 제공한다.

스바토바츨라프스키 브루어리
Svatováclavský pivovar | St. Wenceslas Brewery

올로모우츠에 위치한 지역 소규모 양조장이며 레스토랑이자 펍으로 저온 살균 및 여과하지 않은 7가지 종류의 맥주를 소개하고 있다. 꽤 규모 있는 크기로 현지인들에게는 골렘이라는 별명으로도 불린다. 지역 양조장답게 지하에서 발효와 숙성을 직접 진행하고 있고 원한다면 맥주를 포장해가는 것도 가능하다. 올로모우츠의 특산품인 치즈 트바루즈키 tvarůžky로 만든 요리, 맥주와 잘 어울리는 특선 요리, 집에서 만든 듯한 요리, 스테이크 런치 메뉴 등 다양한 음식부터 모라비아의 와인까지 함께 판매하고 있다.

지도 P.496-A1 주소 Mariánská 845, 779 00 Olomouc
홈페이지 svatovaclavsky-pivovar.cz **운영** 일요일 11:00~21:00, 월~화요일 11:00~22:30, 수~토요일 11:00~23:00 **가는 방법** 트램 2, 3, 4, 6번 나메스티 레푸블리키 역에서 도보 이동(약 180m).

tip! 호텔 아리곤(Hotel Arigone)에서 무제한 맥주가 제공되는 맥주 스파도 운영하고 있다.

도서관 카페 Coffee Library

팔라츠키 대학교 Palacký University에 있는 도서관이라는 이름의 카페이자 비스트로. 대학생들뿐만 아닌 현지인들이 자주 찾는다. 캐주얼한 분위기, 깊은 향의 커피, 샌드위치나 디저트와 같은 메뉴를 준비해두고 있다. 싱그러운 정원을 바라보고 있는 구조로 답답하지 않고 도심 속 여유를 즐기기 좋은 곳이다.

지도 P.496-A1 **주소** Biskupské náměstí 842, 779 00 Olomouc
홈페이지 www.facebook.com/Coffee-Library 464707550354620
운영 월~금요일 07:00~18:30 휴무 토~일요일 **가는 방법** 트램 2, 3, 4, 6번 나메스티 레푸블리키 역에서 도보 이동(약 250m).

피콜라 에스프레소 바 Pikola Espressobar

작지만 꽤 괜찮은 커피를 테이크아웃할 수 있는 곳. 호르니 광장과 2분 거리로 굉장히 가깝다. 피콜라의 로스터리는 커피 콩을 재배한 농부들의 노력을 염두에 두고 커피의 독특하면서도 본연의 맛을 살리고자 커피콩을 세심하게 로스팅한다. 항상 최고 품질의 커피를 제공한다는 자부심이 있는 카페다.

지도 P.496-A1 **주소** Ostružnická 337/30, 779 00 Olomouc
홈페이지 kafepikola.cz/pikola-olomouc **운영** 월~금요일 07:00~17:00, 토~일요일 09:00~17:00 **가는 방법** 호르니 광장에서 성 바츨라프 대성당 방향으로 도보 2분. 트램 1, 7번 우 스바티 모르지체 역에서 도보 2분.

팬시 프라이스 올로모우츠
FÆNCY FRIES Olomouc

크게 배고프지는 않지만 간단하게 뭔가를 먹고 싶을 때 좋은 메뉴. 평범한 감자에 화려한 혹은 고급이라는 뜻의 단어 팬시가 결합된 가게 이름만큼 제법 세련된 감자튀김을 선보인다. 체코 전역에 지점이 있는 프랜차이즈로 기본 감자튀김에 케첩, 마요네즈, 칠리, 마늘 등으로 소스 옵션이 다양하다. 조금 다른 맛을 느끼고 싶다면 체다 베이컨이나 적양파가 있는 마요네즈 토핑 등의 옵션을 선택할 수도 있다. 뭐니 뭐니 해도 갓 튀긴 감자튀김은 실패하기 어려운 메뉴다.

지도 P.496-A1 **주소** Ztracená 10, 779 00 Olomouc
홈페이지 www.faencyfries.cz **운영** 매일 10:00~20:00
가는 방법 호르니 광장에서 성 바츨라프 대성당 방향으로 도보 3분. 트램 2, 3, 4, 6번 나메스티 레푸블리키 역에서 도보 3분.

SHOPPING ✦ 사는 즐거움 ✦

샨토프카 쇼핑몰
Galerie Šantovka | Shopping Gallery Santovka

올로모우츠를 포함해 올로모우츠 지역에서 가장 큰 종합 쇼핑몰. 체코의 대표적인 천연주의 화장품 마누팍투라를 비롯해 H&M, 간트, 데지구알 등의 패션 브랜드와 알베르트 슈퍼마켓, DM, 극장, 은행 등 다양한 카테고리의 브랜드 약 150여 개와 푸드코트가 입점되어 있다. 유리 천장을 가진 현대적인 건물로 자연광이 들어오게 설계했다.

지도 P.496-A2 **주소** Polská 1, 779 00 Olomouc **홈페이지** www.galeriesantovka.cz/en
운영 [매장] 09:00~21:00 [슈퍼마켓] 07:00~22:00 [주차장] 06:45~00:30 **휴무** 없음
가는 방법 트램 5번 샨토프카(Šantovka) 역 하차 후 도보 이동(약 270m).

ACCOMMODATION ✦ 쉬는 즐거움 ✦

미스 소피 호텔 올로모우츠 Miss Sohpie's Olomouc

역사적인 14세기 건물에 위치한 부티크 호텔로 호르니 광장에서 가깝다. 역사가 깊은 건물에 위치한 만큼 객실은 8개로 규모는 작지만 각 객실의 개성이 확실하며 아늑하다. 특히 꼭대기 방은 천장이 유리로 되어 있어 누워서 밤하늘을 감상할 수도 있다. 2019년에 트립어드바이저의 으뜸 시설상 Certificate of Excellence에 선정되기도 했다. 단, 오래된 건물인 만큼 엘리베이터는 없다.

지도 P.496-A1 **주소** Denisova 33, 779 00, Olomouc **홈페이지** miss-sophies.com/hotel/olomouc **운영** [카페] 매일 07:00~23:00 [정원] 12:00~23:00 휴무 없음 **가는 방법** 트램 2, 3, 4, 6번 나메스티 레푸블리키 역에서 도보 이동(약 120m).

테레시안 호텔 & 스파 Theresian hotel & Spa

2017년 오픈한 호텔로 바로 앞에 있는 테레시안 게이트에서 이름을 따왔다. 네오 바로크 양식의 건물은 1901년 건축가 바츨라프 위트너 Václav Wittner가 지었다. 호텔은 깔끔하고 모던하다. 아기자기함보다는 편리하다는 말이 잘 어울리는 숙소다.

지도 P.496-A2 **주소** Javoříčská 5, 779 00 Olomouc **홈페이지** www.theresian.cz/en/hotel-theresian-olomouc-eng **운영** 연중무휴 **가는 방법** 트램 3, 4, 6, 7번 오크레스니 소우드 역 하차 후 도보 이동(약 140m).

클라리온 콩그레스 올로모우츠 Clarion Congress Olomouc

올로모우츠 중앙역을 마주 보고 위치한 현대적인 시설의 체인 호텔. 125개의 객실과 스위트룸을 소유했으며 올로모우츠에서도 큰 호텔이다. 기차역 바로 앞이고 약 500m만 걸어가면 버스 정류장이 있어 브르노나 모라비아의 다른 도시로의 연결이 굉장히 편리하다. 또한 올로모우츠에서 보기 드물게 주차장이 있다. 호텔에서 편하게 맥주 스파를 즐길 수도 있다.

지도 P.496-B2 **주소** Jeremenkova 36, 779 00 Olomouc **홈페이지** www.clarioncongresshotelolomouc.com/en **운영** 연중무휴 **가는 방법** 올로모우츠 중앙역 바로 앞. 트램 1, 2, 3, 4, 5, 6, 7번 흘라브니 나드라지(Hlavní nádraží) 역 후 도보 이동(180m).

롱 스토리 쇼트 호스텔 & 카페 Long Story Short Hostel & Café

성 바츨라프 대성당 근처에 위치한 호텔이자 호스텔. 1700년대 도시를 감싸던 요새의 일부로 1800년대부터는 군용 빵집이 되기도 했다가 지금은 건물의 역사와 현대적인 감각이 혼합된 독특한 개성을 지닌 세련된 숙소다. 도미토리형 타입의 호스텔 객실은 물론 개인이 머물 수 있는 프라이빗 호텔 룸, 카페 겸 레스토랑도 함께 운영한다. 6인도 함께 머물 수 있는 큰 공간이 있다는 점은 큰 장점이다. 초록빛의 싱그러운 정원은 포토존이기도 하다.

지도 P.496-A1 **주소** Koželužská 945, 779 00 Olomouc **홈페이지** www.longstoryshort.cz **가는 방법** 트램 2, 3, 4, 6번 우 도무 역에서 도보 이동(약 250m).

올로모우츠 특산품

꼬릿꼬릿한 향 **올로모우츠 치즈**

올로모우츠 트바루즈키, 시레취키
Olomoucké tvarůžky | Olomoucké syrečky

올로모우츠케 트바루즈키Tvarůžky 혹은 시레취키syrečky 라고 불리는 올로모우츠의 치즈는 한마디로 강렬하다. 원래는 올로모우츠 근교의 로슈티체Loštice에서 만들어지는 숙성된 연질 치즈로 올로모우츠에서 판매하는 농민의 음식으로 알려져 올로모우츠의 이름을 따왔다고 한다. 치즈에 대한 첫 번째 기록은 15세기로 황제 루돌프 2세Rudolf II가 먹었다고 전해진다. 일반적으로 알고 있는 치즈보다 강렬하다 못해 꼬릿꼬릿하다고 느껴질 정도로 고약한 향이 나는 것이 특징. 황금색에 동그란 모양으로 독특한 맛을 가졌다. 치즈는 탈지 우유를 주원료로 하며 일반적으로 치즈를 만들 때 사용하는 응고 효소인 레닛, 착색제, 향료 그리고 안정화제를 첨가하지 않고 오직 0.6%의 지방만을 함유하고 있으며 단백질, 칼슘 등이 풍부해 영양학적 가치도 높다. 냄새는 조금 강하지만 올로모우츠 특산품으로 한 번쯤은 먹어볼 것을 추천한다.

추천 치즈숍

A.W. 올로모우츠케 트바루즈키
A.W. Olomoucké tvarůžky

로슈티체에 본사가 있는 올로모우츠케 트바루즈키 전문 판매 상점으로 호르니 광장에 위치했으며 트바루즈키 치즈로 만든 유제품 등의 다양한 제품과 독일과 슬로바키아 지역 특산 치즈도 판매하고 있다.

지도 P.496-A1　**주소** Horní náměstí 365/7, 779 00 Olomouc,
홈페이지 www.tvaruzky.cz/company-store-in-olomouc?lang=en
운영 월~금요일 09:00~18:00, 토 03:30~12:30 **휴무** 일요일
가는 방법 트램 2, 4번 우 모르지체 역에서 도보 이동(약 200m).

그란 모라비아 치즈 가게 La Formaggeria Gran Moravia

호르니 광장에 위치한 또 다른 치즈 상점. 현대적인 인테리어에 큰 규모로 눈에 띈다. 트바루즈키 전문점은 아니지만 올로모우츠 근교에 위치한 리토벨 치즈 회사에서 생산한 그레이트 모라비아, 카시오타, 리코타 등 이탈리아식 품질 좋은 치즈를 판매한다.

지도 P.496-A1 **주소** Horní náměstí 285, 779 00 Olomouc **홈페이지** www.laformaggeria.com/olomouc **운영** 월~금요일 09:00~18:00, 토요일 09:00~12:30 **휴무** 일요일 **가는 방법** 트램 2번, 4번 우 모르지체 역에서 도보 이동(약 200m).

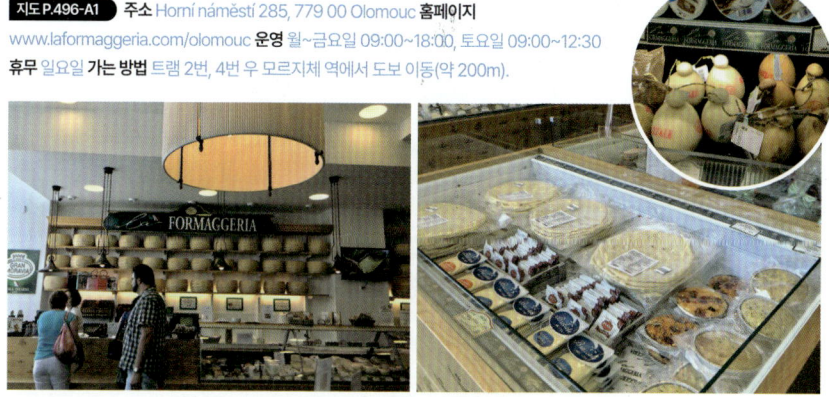

Tip! **올로모우츠 트바루즈키 치즈 축제 Tvarůžky Cheese Festival**

올로모우츠의 자랑스러운 치즈인 트바루즈키에 관한 치즈 축제가 매년 4월 중순에 열린다. 다양한 트바루즈키 치즈가 모여 정말 고약한 냄새를 풍기지만 함께 축제에 참여하는 소규모 현지 양조장의 맥주와 함께라면 냄새도 향기처럼 느껴진다.

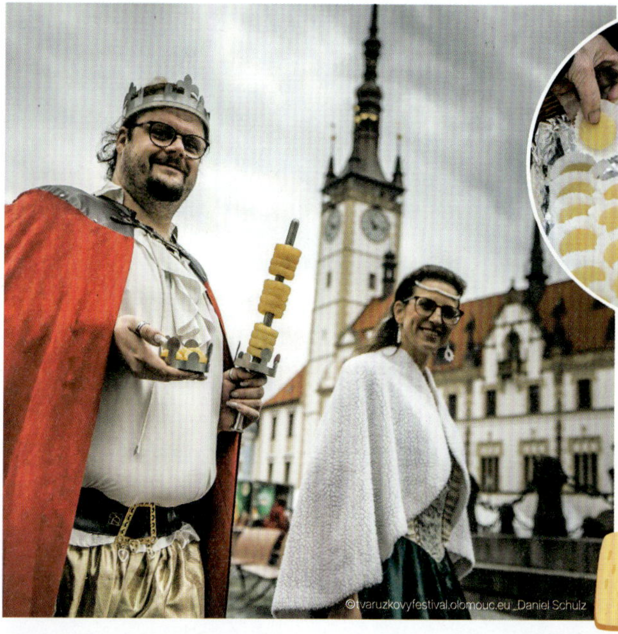

©tvaruzkovyfestival.olomouc.eu_Daniel Schulz

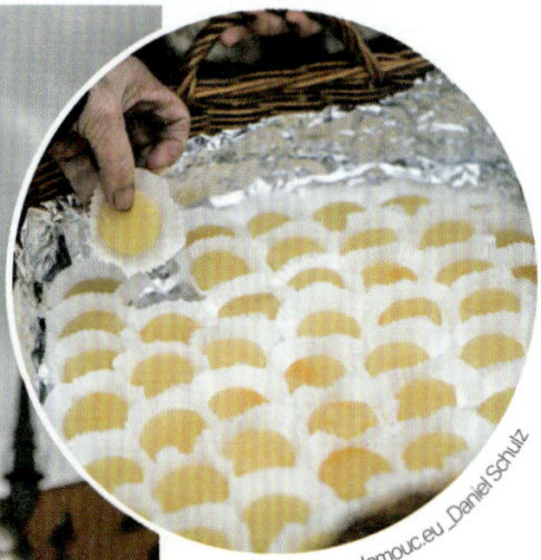

©tvaruzkovyfestival.olomouc.eu_Daniel Schulz

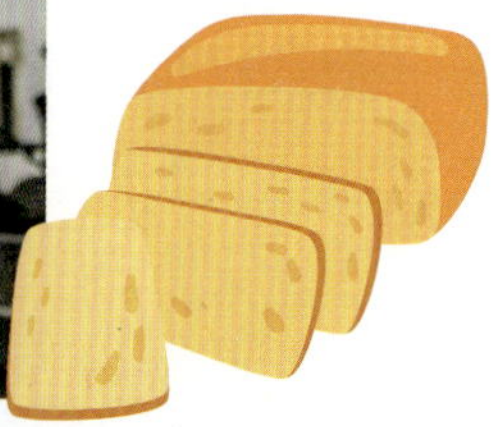

남부 모라비아의 중심,
전통과 현대가 공존하는 힙시티,
브르노
Brno

브르노는 체코에서 두 번째로 큰 도시이자 남부 모라비아의 중심 도시다. 브르노는 중세 30년 전쟁 동안 스웨덴군을 격퇴한 유서 깊은 도시로도 잘 알려져 있다. 반면에 마사리크 대학교Masaryk University, 브르노 공과 대학교 등이 위치해 브르노 전체 인구의 약 16% 정도가 대학생일 정도로 학생층이 많은 젊은 도시이기도 하다. 이에 개성 넘치는 트렌디한 레스토랑, 펍, 카페, 비스트로가 많은 것도 브르노의 매력 포인트 중 하나다. 역사를 간직한 거리는 힙한 장소들로 활기가 가득하고, 거리 곳곳의 서점에서는 학생들의 가득한 열정을 동시에 확인할 수 있는 오묘한 매력을 가지고 있다. 브르노만의 독특한 유머 감각도 브르노를 여행하다 보면 곳곳에서 직접 만날 수 있다. 남부 모라비아의 다른 소도시와도 가까운 것이 장점인데 가능하다면 최소 1박 이상 머무를 것을 추천한다.

Best 5

역사적인 성과 대성당 방문하기

Best 1

체코에서 두 번째로 큰 도시인 만큼 역사적인 성과 대성당이 자리 잡고 있다. 특히 양배추 시장 뒤쪽의 성 베드로와 바오로 대성당은 브르노의 상징이라고도 할 수 있는 대성당이다. 오전 11시에 울리는 정오의 종이 인상적이다. 국가 문화유산에 등재된 슈필베르크 성은 체코 땅과 브르노를 보호하기 위해 13세기에 슈필베르크 언덕 위에 지어진 성으로 역사를 고스란히 담고 있는 것은 물론 환상적인 브르노의 뷰를 즐기기에도 좋다. P.387

Best 2

구 시청사에서 브르노 알아보기

양배추 시장 근처에 위치한 구 시청사는 브르노 여행에서 빼놓을 수 없는 역사적인 장소다. 악어와 똑같이 생긴 브르노 용에 관한 전설, 구 시청사 정문의 구부러진 첨탑 장식에 관한 재미있는 이야기, 브르노 시내를 시원하게 내려다볼 수 있는 63m의 브르노 탑, 저녁이면 환하게 빛나는 브르노 사인 등이 바로 구 시청사와 근처에 있다. P.383

©CzechTourism/Aleš Motejl

Best 3

유네스코 세계유산 탐험하기

브르노에도 유네스코 세계문화유산에 등재된 장소가 있다. 바로 기능주의적 건축물로 유명한 빌라 투겐타트. 빌라가 지어진 1929~1930년 당시의 건축 스타일을 생각하면 합리성과 기능성에 초점을 맞춘 혁신적인 건물이다. 독일 출신의 유명한 건축가였던 루드비히 미스 반 데어 로에Ludwig Mies van der Rohe의 작품이다. P.396

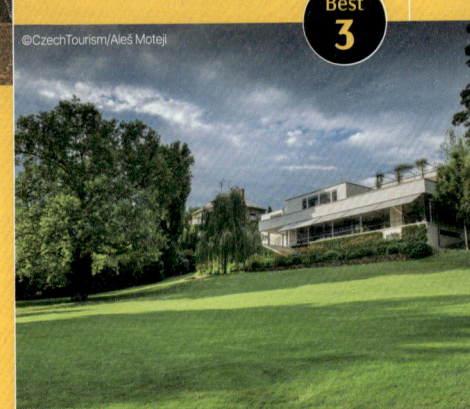

광장에서 현지인처럼 즐기기

Best 4

브르노에는 양배추 시장, 자유 광장 등 개성 있는 다양한 광장이 있다. 양배추 광장의 아기자기한 아이스크림 트럭, 젊은이들이 여기저기 자유롭게 앉아 맥주 마시는 광경을 볼 수 있는 성 제임스 광장, 모라비안 광장의 거대 기마상, 자유 광장의 브르노 천문시계 등 브르노 시내 곳곳을 걸으며 소소한 재미와 자유를 만끽해 보자.

감각적인 브르노식 미식과 트렌디한 바 즐기기

Best 5

대학교가 많은 만큼 젊은 인구 비중이 높은 브르노는 개성 있고 감각적인 레스토랑, 펍과 바, 카페가 넘쳐나 돌아보기에 하루가 부족할 정도다. 특히 브르노의 저녁은 미식과 트렌디한 바를 위해 아껴둘 것. 파인 다이닝 레스토랑 겸 바인 엘리멘트, 루프탑 카페, 현지보다 더 맛있는 베트남 레스토랑, 존재하지 않는 바와 같이 이름부터 브르노식 유머가 넘치는 바 등 독특하면서도 훌륭한 맛을 자랑하는 곳들이 관광객을 기다리고 있다.

브르노 추천코스

DAY 1

📍 **마사리코바 거리** P.390
— 도보 2분 →
📍 **양배추 광장** P.380
— 도보 7분 →
📍 **성 베드로와 바오로 대성당** P.387
— 도보 5분 →
📍 **브르노 구 시청사 및 전망대** P.383
— 도보 2분 →
📍 **자유 광장과 브르노 천문시계** P.388, 389
— 도보 4분 →
📍 **성 제임스 교회 납골당** P.391
— 도보 4분 →
📍 **모라비안 광장과 기마상** P.392, 393

DAY 2

📍 **존재 하지 않는 바** P.406
— 도보 5분 ←
📍 **빌라 투겐타트** P.396
— 도보 25분 →
📍 **슈필베르크 성** P.384
— 도보 13분 →
📍 **모라비안 갤러리** P.384
— 도보 7분 →
📍 **루프탑 카페** P.407
— 도보 1분 →
📍 **지하 미로** P.380
— 도보 5분 →
📍 **엘리먼트 바 & 레스토랑** P.402

브르노 가는 법

남부 모라비아 지역의 중심이라고 불리는 브르노는 체코 프라하와 오스트리아 빈 사이에 위치한다. 규모 면에서도 체코에서 두 번째로 큰 곳으로 교통편이 상당히 잘 연결되어 있는 편. 한국에서 가는 항공편이나 공항은 없지만 기차, 버스가 모두 간다. 프라하에서 출발할 경우 교통 체증이 없는 기차를 추천. 브르노를 기점으로 남부 모라비아 지역의 소도시들을 여행하기에도 상당히 편리하고 오스트리아 빈도 가까워 오스트리아의 여행을 함께 계획해도 좋다.

tip!
브르노 사람들은 프라하 공항보다 약 1시간가량 가까운 빈 공항을 이용하는 사람들도 많다. 프라하에서 시작해 브르노를 거쳐 빈에서 끝나는 일정이 충분히 가능하다.

기차 | Train

- **브르노 중앙역 Brno hlavní nádraží | Brno Main Train Station**

브르노 중앙역은 시내에서 도보로 충분히 이동이 가능한 거리이다. 또한 주변 도시 및 근교 국가와 연결이 잘 되어있어 브르노를 기점으로 함께 여행하기에도 편리하다. 지도 P.501-C2

- **각 도시에서 브르노로 이동하기**

도시	열차명	소요시간 및 요금
프라하 ▶ 브르노	체스케 드라히	약 2시간 35분 소요 (요금 329Kč~)
올로모우츠 ▶ 브르노	체스케 드라히	약 1시간 37분 (요금 145Kč~)
미쿨로프(미쿨로프 나 모라베 역)* ▶ 브르노	체스케 드라히	약 1시간 32분 (요금 97Kč~)
빈 ▶ 브르노	체스케 드라히	약 1시간 26분 (요금 172Kč~)
프라하 ▶ 브르노	레지오젯	약 2시간 34분 소요 (요금 229Kč~)
빈 ▶ 브르노**	레지오젯	약 1시간 28분 (요금 219Kč~)

*브르제츨라프 Břeclav 경유
**오스트리아 출발 → 빈 중앙역(Hbf Main train station, Südtiroler Platz) 탑승

차량 | Car

- **각 도시에서 브르노로 이동하기**

도시	거리 및 소요 시간
프라하 ▶ 브르노	약 206km, 약 2시간 소요
올로모우츠 ▶ 브르노	약 79km, 약 1시간 소요
미쿨로프 ▶ 브르노	약 51km, 약 40분 소요
오스트리아 빈 ▶ 브르노	약 137km, 약 1시간 40분 소요

버스 Bus

- **브르노 버스 터미널(브르노 호텔 그랜드 앞)**
Brno AN u Grandu | Brno Benesova Bus Station(Brno Main Bus Terminal) 지도 P.501-C2

- **각 도시에서 브르노로 이동하기**

도시	도시	소요 시간 및 요금
프라하 ▶ 브르노	레지오젯	약 2시간 30분 소요(요금 249Kč~)
올로모우츠 ▶ 브르노	레지오젯	약 1시간 5분 소요(요금 104Kč~)
오스트리아 빈* ▶ 브르노	레지오젯	약 2시간 5분 소요(요금 169Kč~)
프라하 ▶ 브르노	플릭스버스	약 2시간 35분 소요(요금 €9.99~)
오스트리아 빈* ▶ 브르노	플릭스버스	약 2시간 10분 소요(요금 €23.99~)

*오스트리아 중앙역(Vienna, Hbf Main train station(Südtiroler Platz)

브르노 시내 교통

브르노 시내 자체는 크지 않아서 도보로 여행해도 충분한 곳이다. 만약 브르노 시내를 벗어나거나 조금 더 멀리 나가고 싶을 때는 트램을 이용할 수 있다. 지류 티켓을 이용할 수 있는 것은 물론 요즘에는 컨택트리스(비접촉) 카드 결제가 대세로 트램 내 기계로 편하게 이용 가능하다. 구글 페이 및 애플 페이도 가능. 단, 지류 티켓을 이용할 경우 프라하와 똑같이 활성화를 꼭 시켜야 한다.

대중교통 티켓 구매 인포메이션 센터, 뉴스 가판대, 역, 트램 안(컨택트리스 카드만 가능)
트램 금액 15분권 20Kč, 60분권 25Kč, 24시간권 90Kč

Travel Plus

브르노파스 BRNOPAS
브르노의 다양한 명소에 대해 무료입장 또는 할인을 제공하는 여행자를 위한 패스로, 파스(Pas)는 여권이라는 체코어다. 브르노에서도 가장 유명한 5곳(슈필베르크 성, 구 시청사 탑, 브르노 언더그라운드, 성 베드로와 바울 대성당, 브르노 동물원)을 포함해 현재 알폰스 무하의 대작이라고 불리는 '슬라브 서사시(The Slav Epic)'가 열리는 모라브스키 크룸로프에 무료로 입장할 수 있어 경제적이다.

구매처
온라인 www.gotobrno.cz/en/brnopas
오프라인 투어리스트 인포메이션 센터(시청사 거리, 파넨스카 거리, 기차역),
바르첼로 브르노 팰리스 호텔(Šilingrovo náměstí 2), 호텔 인터내셔널 브르노(Husova 16) 등 18곳

금액 성인 1일권 330Kč, 2일권 450Kč, 3일권 560Kč 어린이(15세 미만) 1일권 220Kč, 2일권 330Kč, 3일권 400Kč

혜택
무료입장 슈필베르크 성, 구시청사 탑, 브르노 언더그라운드, 성 베드로와 바오르 대성당,
브르노 동물원 + 모라브스키 크룸로프 '슬라브 서사시'
할인 모라비아 박물관 30% 할인, 국립 극장 100Kč 할인, 브르노 필하모닉 25% 할인, 미쿨로프 성 10% 할인 등
사용법 구매 후 이메일로 전달되는 QR 코드를 핸드폰에 저장하거나 프린트해서 입장하는 곳에 제시하면 된다.

❶ 브르노 투어리스트 인포메이션 센터
TIC BRNO Information Centres

브르노가 생소하더라도 겁먹지 말자. 친절한 브르노 인포메이션 센터가 여러분을 도와줄 테니까. 브르노에서 꼭 들러야 하는 곳, 가볼 만한 곳, 진정한 브르노의 맛을 즐길 수 있는 곳, 예술적인 영감이 넘치는 곳 등을 추천 받을 수 있다. 대중교통권도 함께 판매하고 있고 근교 여행에 대한 정보도 확인할 수 있다.

지도 P.501-B2 구 시청사 1층, 시청사 거리(Radnická 8) 매일 09:00~18:00
지도 P.501-B2 파넨스카 거리(Panenská 1) 매일 09:00~13:30, 14:00~18:00
지도 P.501-C2 기차역(중앙역 - Nádraží 1) 매일 09:00~12:45, 13:30~17:00

ATTRACTION ◆ 보는 즐거움 ◆

tip!
매년 12월 브르노의 크리스마스 마켓이 열리는 장소 중 한 곳이기도 하다.

날이 좋은 때면 알록달록 귀여운 색깔의 아이스크림 트럭이 광장으로 온다. 아이스크림을 '신의 언덕'이라고 부르는 것에서도 브르노식 유머를 확인할 수 있다.

양배추 시장과 주변

양배추 시장 Zelný trh | Vegetable Market

영어로는 채소 시장이지만 양배추 시장이라는 이름이 더 유명한 곳. 과거 양배추를 포함한 여러 채소를 판매했던 시장이 있던 광장이다. 하지만 현지 관계자에 따르면 채소라는 이름이 정식 명칭이라고 한다. 현지인들에게는 청과물 상인 혹은 시장을 뜻하는 젤냐크Zelňák이라는 별명으로 불리기도 한다. 지난 수백 년 동안 그리고 현재까지도 싱싱한 과일, 채소, 꽃 등을 판매하는 시장은 매일 활기가 넘친다. 광장은 '파르나스'라는 바로크식 분수가 든든히 지키고 있다. 1690~1695년 지어진 이 분수는 자연 암석으로 만들어진 동굴을 상징한다. 고대 제국이었던 바빌로니아, 페르시아, 그리스로 장식되어 있고 스브라트카Svratka 강의 물을 공급하고 있다. 시장의 아래쪽 부분에서는 중세 시대부터 있던 지하 통로, 과거 와인과 음식 저장고 등이 있는 지하 미로로 갈 수 있는 통로가 있는데 브르노의 과거에 대해 확인하고 배울 수 있는 투어가 진행되고 있어 흥미롭다. 광장 주위에는 중부 유럽에서도 가장 오래된 극장 건물 중 하나인 레두타Reduta, 1767년 12월 당시 11세이던 볼프강 아마데우스 모차르트Wolfgang Amadeus Mozart가 콘서트를 열었을 당시를 상기시키는 동상, 모라비아 박물관, 2개의 바로크 궁, 성 삼위일체 석주 등을 만날 수 있다.

지도 P.501-B2 **주소** Zelný trh, 602 00 Brno-střed **운영** 매일, 크리스마스 마켓 등 특별 기간엔 휴무 **가는 방법** 기차역에서 마사리코바(Masarykova) 거리를 지나 도보로 약 5분.

모차르트 동상
Socha W. A. Mozarta | Statue of W. A. Mozart

성인 모차르트의 얼굴과 아이의 몸을 가진 약 2m 길이의 동상이다. 청동으로 주조되었으며 2008년부터 중부 유럽에서 가장 오래된 극장인 레두타 극장 앞 양배추 시장에 자리 잡고 있다. 1767년 12월 볼프강 아마데우스 모차르트Wolfgang Amadeus Mozart는 누이 마리아 안나Maria Anna와 함께 콘서트를 열었는데 240년 뒤 이를 기념하기 위해 세워졌다. 자유를 상징하는 알몸, 찬사를 받는 음악가의 자세 그리고 그의 비극적인 운명을 상징하듯 등에는 천사의 날개가 단 하나만 달려있다.

지도 P.501-B2 **주소** Zelný trh 313, 602 00 Brno-střed-Brno-město **가는 방법** 양배추 광장의 레두타 극장 앞.

지하 미로
Labyrint pod Zelným trhem | Labyrinth Under the Vegetable Market

브르노의 중세 비밀을 한 발자국 가까이 들여다볼 수 있는 곳. 브르노에서 가장 오래된 광장인 양배추 시장 광장 지하에 위치하고 있다. 212번의 발걸음이면 6~8m 아래의 신비로운 중세의 지하로 들어서게 된다. 지하의 통로를 따라가다 보면 역사적인 와인 저장고를 포함해 음식, 맥주 저장고 등 흥미로운 발견이 계속된다. 중세 시대에도 와인을 저장했다는 점에서 얼마나 오랫동안 브르노에서 와인을 만들어 왔고 중요하게 여겼는지 짐작할 수 있다. 심지어 지하에서는 어떤 식으로 빛을 사용해 왔는지 보여준다. 통로는 브르노에 살았던 연금술사의 연구실과 감옥으로 이어지며 17세기 죄수와 어릿광대의 감옥 등에 관한 전시를 만날 수 있다. 사기 수공예인, 상인, 무역상 등에게 행해졌던 형벌까지 브르노의 어두운 면까지도 엿볼 수 있다. 투어는 총 40분 동안 진행되며 아직까지 한국어 오디오 가이드는 없지만 투어 시 영어 리플릿이 제공된다.

지도 P.501-B2 **주소** Zelný trh 21, 658 78 Brno **홈페이지** podzemibrno.cz/en/places/labyrinth-under-the-vegetable-market **운영** 화~일요일 09:00~18:00(1시간마다 진행, 6~9월은 30분 마다 진행) **휴무** 월요일 **요금** 성인 180Kč, 어린이(6~15세)·학생(26세까지)·시니어(65세 이상) 90Kč, 가족(성인 2명+어린이 2명) 420Kč, 6세 미만 어린이 무료, 카메라 촬영 무료, 비디오 촬영 50Kč, 브르노파스 소지자 20% 할인 **가는 방법** 양배추 광장 시장에서 젤니 트르흐(Zelný trh) 트램역 방향의 건물 지하(구글에서 라비린트 포트 젤님 트르헴 Labyrint pod Zelným trhem으로 검색).

tip!
지하 미로는 바로크 시대 때 발견되었다. 전쟁 기간 동안 대피소 역할도 했었다.

브르노 구 시청사에 관한
흥미로운 3가지 전설 직접 확인해 보기

체코 지역들은 각 전설들을 간직하고 있는데 브르노도 예외는 아니다.

전설 1

구 시청사 안에 있는 브르노 용에 관한 전설이다. 먼 옛날 용이 브르노를 집으로 삼고 주민들은 용 때문에 삶을 위협받았다고 한다. 어느 날 용감한 정육점 주인이 용을 잡기 위해 나섰다. 모피에 석회를 가득 담아 함정을 만들었고 용은 그것을 먹고 목이 마른 나머지 강에서 많은 양의 물을 마셨다. 모피 안의 석회는 물과 반응하여 배 안에서 터져 용을 해치울 수 있었다고. 혹은 딱딱히 굳어서 죽었다는 이야기도 있다. 아무튼 시민들은 용의 퇴치를 기념하기 위해 구 시청사 홀 안에 용을 달아두었는데 웃기게도 용은 악어와 똑 닮은 모습이다. 바다가 없던 브르노에서는 악어를 전설 속 용으로 생각했다는 유쾌한 전설도 있다. 용은 브르노의 귀여운 마스코트이기도 하다.

전설 2

두 번째 유명한 전설은 조각가이자 건축가였던 안톤 필그람 Anton Pilgram과 관련된 전설이다. 안톤은 구 시청사의 정문을 짓기 위해 고용되었는데 열심히 정문을 완성했지만 급여를 지급받지 못했다고 한다. 이에 분노해 장식된 중간의 첨탑 하나를 구부렸다고 한다. 또 다른 전설로는 고딕 예술에 심취해서 일부러 떨어지는 듯한 환상을 만들어 아래를 지나는 사람들을 놀라게 했다든가 혹은 너무 취해서 작품을 똑바로 완성할 수 없었다는 이야기가 전해져 내려온다. 그 중에서도 첫 번째 이야기가 가장 신빙성이 있다고 한다.

마지막 전설은 바로 용 옆의 수레바퀴다. 이르지 피르크Jiří Pirk는 레드니체Lednice에서 수레바퀴를 만드는 사람이었다. 그는 나무를 잘라 바퀴를 만들고 약 50km 정도 거리의 브르노까지 바퀴를 굴려서 도착하는 데 하루 안에 가능하다는 내기를 했고 결국 이겼다. 바퀴는 아직도 시청사 통로에 걸려있다.

전설 3

tip!
63m의 브르노 탑에 꼭 올라가 보자. 양배추 시장을 포함해 브르노 시내를 시원하게 내려다볼 수 있다. 저녁이라면 더욱 로맨틱한 분위기를 느낄 수 있다.

tip!
브르노 시청 입구로 쭉 들어가면 기념 촬영을 하기 좋은 브르노 사인이 있다. 2022년에 새로 생겼다. 양배추 시장 쪽에서도 쉽게 접근이 가능하다.

브르노 구 시청사 Stará radnice | Old Town Hall 브르노패스 무료 입장

브르노 중심의 역사적인 건물로 브르노 여행에서 빼놓을 수 없는 중요한 명소다. 브르노 시민들은 과거와 미래, 존경과 명성을 상징하는 구 시청사를 자랑스럽게 여겨왔다. 양배추 시장 근처로 1층에는 브르노 인포메이션 센터가 운영되고 있어 브르노 여행에 필요한 정보를 얻기에도 좋다. 구 시청사의 역사는 1240년대로 거슬러 올라간다. 정문과 아치형 통로는 1511년 고딕 건축가 안톤 필그람의 작품이며 안뜰로 이어지는 르네상스 아케이드는 이탈리안 건축가가 16세기 후반에 건축했다고 알려진다. 그 후 바로크 시기에 리노베이션이 진행될 정도로 굉장히 오래된 역사를 가지고 있다. 오늘날에는 갤러리, 역사에 관한 상설 전시, 콘서트, 연극, 영화 상영 등을 진행하는 등 문화적인 용도로 많이 사용하고 있다.

지도 P.501-B2 **주소** Radnická 369, 602 00 Brno-střed-Brno-město **홈페이지** www.gotobrno.cz/en/place/old-town-hall **운영** [1~3월] 금~일요일 10:00~18:00 [4월] 매일 10:00~18:00 [5월] 매일 10:00~20:00 [6월~9월] 매일 10:00~22:00 [10월] 매일 10:00~21:00 [11월] 일~목요일 12:00~19:00, 금~토요일 12:00~21:00 [12월] 월~목요일 14:00~20:00, 금요일 12:00~22:00, 토요일 10:00~22:00, 일요일 10:00~20:00 [인포메이션 센터] 매일 09:00~18:00 **휴무** 1~3월 월~목요일 **요금** 성인 90Kč, 어린이(6~15세)·학생·시니어(65세 이상) 50Kč, 가족 200Kč, 6세 미만 어린이 무료, 영상 및 카메라 촬영 무료 **가는 방법** 기차역에서 마사리코바 거리를 지나 도보로 약 6분, 양배추 광장에서 도보 1분.

쉴링게르 광장과 그 주변

쉴링게르 광장
Šilingrovo náměstí | Šilinger Square

브르노에서 가장 작은 광장. 지금은 사람이 다니기보다는 차량이 다니는 공간으로 운영된다. 중세 시대에는 돼지를 사고 파는 시장이었다. 돼지 시장이라고도 불렸다. 악취 때문에 브르노 문 너머 도시 벽 외부에 위치하고 있었는데 안전상의 이유로 특정 날짜에만 돼지 시장이 열렸다. 물론 브르노 문도 저녁에는 닫혔다. 브르노 문 내부의 도심에서는 매춘이 금지되어 있었기 때문에 돼지 외에도 매춘부들이 모이는 곳이기도 했다. 19세기 브르노 문과 브르노를 감싸고 있었던 성벽이 허물어졌을 때 광장은 크게 바뀌었다. 19세기 중반, 메슈탄스키 둠Měšťanský dům 혹은 메슈탄스키 팔라츠Měšťanský palác라고 알려진 임대 하우스가 처음으로 건축되었다가 지금은 호텔로 사용되고 있다. 1946년 광장은 브르노 출신의 저명한 정치인이자 기자였던 토마쉬 에두아르드 쉴링게르Tomáš Eduard Šilinger의 이름을 따 지금의 이름을 얻게 되었다. 바르셀로 브르노 펠리스 호텔이 바로 광장 앞이다.

지도 P.501-B2 주소 Šilingrovo náměstí, 602 00 Brno **가는 방법** 브르노 중앙역에서 마사리코바 거리와 카푸친 광장(Kapucínské náměstí)을 지나 도보로 약 9분, 양배추 광장에서 도보로 약 4분.

모라비안 갤러리-응용 예술 박물관
Moravská galerie v Brně-Uměleckoprůmyslové muzeum
Moravian Gallery in Brno - Museum of Applied Arts

모라비안 갤러리는 예술과 디자인에 대한 박물관이다. 중세에서 현대에 이르는 시기의 순수 미술과 디자인을 중점으로 다루며 20만 점이 넘는 예술 작품을 소유하고 있다. 브르노 내 총 6개의 건물에 갤러리가 있고 그중에서 소개하는 곳은 비교적 최근에 오픈한 응용 예술 박물관으로 슈필베르크 성 가까이에 자리 잡고 있다. 컬러풀한 현대 예술 작품들이 큼지막하게 자리 잡은 공간이 단연 눈에 띈다. 로봇이 본인의 얼굴을 우유 거품에 올려주는 첨단 라테 아트도 선보인다.

지도 P.501-B2 주소 Husova 536, 662 26 Brno-střed-Brno-město **홈페이지** moravska-galerie.cz **운영** 수-금-일요일 10:00~18:00, 목요일 10:00~19:00 **휴무** 월~화요일 **요금** 건물마다 상이. 응용 예술 박물관의 경우 자발적인 기부 형식 **가는 방법** 브르노 중앙역에서 카푸친 광장(Kapucínské nám.) 거리와 후소바(Husova) 거리를 따라 도보로 약 12분, 양배추 시장에서 도미니칸 광장을 지나 도보로 약 7분.

슈필베르크 성 Hrad Špilberk | Špilberk Castle 〈브르노파스 무료입장〉

프르제미슬 오타카르 2세Přemysl Otakar II가 체코 땅과 브르노를 보호하기 위해 13세기에 슈필베르크 언덕 위에 지었다. 종종 모라비아 후작의 주거지로 사용되기도 했던 성은 17세기와 18세기에는 바로크식의 거대한 군사 요새로 사용되다가 1783년에는 황제 요제프 2세Josef II에 의해 흉악한 범죄자와 정치범들의 감옥으로 이용되었다. 유럽에서도 가장 혹독한 감옥이자 합스부르크 왕가의 악명 높은 감옥으로도 알려졌는데 이탈리아의 시인 실비오 펠리코Silvio Pellico, 체코에서도 악명이 자자했던 강도 바츨라프 바빈스키Václav Babinský 등이 수감되었던 것으로 유명하다. 두 차례의 세계 대전 중에도 수천 명의 체코의 애국자들이 수감되었고, 독일과 게슈타포의 군대가 그들의 막사로 만드는 등 오랜 시간에 거쳐 브르노와 체코 역사의 산증인이 되어왔다. 그리고 1959년 체코슬로바키아 군대가 슈필베르크 성을 떠나며 이듬해 브르노 시 박물관으로 변신했다가 1962년에는 그 귀중한 가치로 인해 국가 문화유산에 등재되었다. 지금은 브르노의 환상적인 뷰를 제공하고 있을 뿐 아니라 현지인들이 사랑하는 휴식 장소이자 산책 장소다. 브르노 시 박물관, 콘서트, 축제 등을 여는 등 중요한 문화 행사장으로서의 역할도 하고 있다.

지도 P.501-A2　**주소** Špilberk 210/1, 662 24 Brno　**홈페이지** www.spilberk.cz/en
운영 [성 부지] 매일 06:00~23:00 [박물관, 전시, 전망대, 로열 예배당] 매일 10:00~18:00(10월~4월은 일부 전시 월요일 휴무) [투어] 매일 9:00~18:00(10월~4월은 월요일 휴무) **휴무** 시즌에 따라 상이
요금 [전망대와 로열 예배당] 성인 100Kč, 시니어(65세 이상)·어린이(7~15세)·학생(16~26세) 60Kč, 가족 230Kč
[감옥] 성인 140Kč, 시니어(65세 이상)·어린이(7~15세)·학생(16~26세) 85Kč, 가족 325Kč
[성의 이야기(투어)] 성인 180Kč, 시니어(65세 이상)·어린이(7~15세)·학생(16~26세) 110Kč, 가족 415Kč
[돌의 사원과 저수지(투어)] 성인 120Kč, 시니어(65세 이상)·어린이(7~15세)·학생(16~26세) 70Kč, 가족 275Kč
가는 방법 브르노 중앙역에서 트램 4번 탑승 후 오블리니 트르흐(Obilní trh) 역에서 하차 후 도보 약 13분(총 23분 소요). 브르노 중앙역에서 트램 12번 탑승 후 쉬링그로보 나메스티(Šilingrovo náměstí) 역에서 하차 후 도보 17분(총 20분 소요). 양배추 시장에서 남서쪽 방향으로 도보로 약 21분 소요.

슈필베르크 성에서의 전경

카푸친 광장과 그 주변

카푸친 광장 Kapucínské náměstí | Capuchin Square

브르노 중앙역에서 굉장히 가까운 카푸친 광장은 작은 규모에 속하지만 성 베드로와 성 바오로 대성당이 큼지막하게 보이는 멋진 뷰를 가지고 있는 곳이다. 카푸친 광장의 아래는 브르노에서도 굉장히 유명한 장소인데 건축가 모르지츠 그림Mořic Grimm이 지은 바로크식의 카푸친 지하 묘지가 있기 때문. 후원자, 카푸친 교단, 판두르pandur라는 비정규 군대를 지휘했던 악명 높은 베베르지Veveří 성 출신의 진첸도르프Sinzendorf 백작 등을 포함해 유명한 인사들이 지하 묘지에서 영면을 취했고 1780년을 마지막으로 지하 묘지에는 아무도 묻히지 않았다. 환기구와 신선한 공기의 유입, 적절한 토양은 죽은 육신을 미라로 만들기에 충분한 조건이었다고 한다.

tip!
마사리코바(Masarykova) 거리와 카푸친 광장이 만나는 코너의 건물 지붕에는 3마리의 울부짖는 모양의 수탉 조각상이 있다. 18세기, 그 장소에서 영업했던 세 마리의 수탉(U Tří kohoutů)이라는 뜻의 펍이 바로 여기에 있었다고.

지도 P.501-B2 　주소 Kapucínské náměstí, 602 00 Brno-střed
가는 방법 브르노 중앙역에서 도보로 약 4분.

데니스 공원 Denisovy sady | Denis Gardens

브르노와 주변의 아름다운 전경을 조망할 수 있는 곳으로 페트로프 언덕에 있다. 성 베드로와 바오로 대성당과 굉장히 가깝다. 공원의 테라스에서는 슈필베르크 성, 브르노 구시가지를 포함해 날씨가 좋을 때에는 약 40km 거리의 팔라바 언덕까지 보일 정도로 아름다운 뷰를 자랑하는 곳. 본래는 프란티슈코프František라는 이름이었다가 체코슬로바키아의 설립에 기여했던 프랑스 역사가 어니스트 데니스Earnest Denis에 대한 헌정으로 1919년에 데니스 공원이라는 이름을 얻게 되었다. 분수와 1818년 나폴레옹 전쟁의 종식을 기념하는 오벨리스크도 있다.

지도 P.501-B2 　주소 Biskupská 569/4, 602 00 Brno-střed-Brno-město 가는 방법 성 베드로와 바오로 대성당에서 도보로 약 4분, 기차역에서 바슈티(Bašty) 거리를 따라 약 9분.

tip!
공원에서 멋진 트램샷을 남길 수 있다.

성 베드르와 바오로 대성당 브르노패스 무료 입장

Katedrála svatých Petra a Pavla | St. Peter and Paul's Cathedral

양배추 시장 광장 뒤쪽에 위풍당당하게 자리 잡고 있는 브르노의 상징. 오전 11시에 울리는 정오의 종이 특별한 곳이다. 페트로프 언덕에 있는 로마네스크 양식의 바실리카로 브르노 주교가 창설된 후 1777년 건축되었고, 그 후 고딕 양식으로 재건되었다. 지금은 슈필베르크 성과 함께 브르노의 멋진 스카이라인을 담당하고 있다. 내부의 로마네스크 고딕 양식의 지하실, 탑에서 바라보는 브르노의 뷰는 선택이 아닌 필수. 교구 박물관은 근처에 위치하고 있다.

지도 P.501-B2 주소 Petrov 9, 602 00 Brno 2 **홈페이지** www.katedrala-petrov.cz/index.php/cz **운영** [대성당] 월~토요일 08:15~18:30, 일요일 07:00~18:30 [탑과 대성당의 보물] 겨울 시즌(10~4월) 월~토요일 11:00~17:00, 일요일 12:00~17:00 여름 시즌(5~9월) 월~토요일 10:00~18:30, 일요일 12:00~18:30 [지하 묘지] 겨울 시즌(10~4월) 토요일 11:00~17:00, 일요일 12:00~17:00 여름 시즌(5~9월) 토요일 10:00~18:30, 일요일 12:00~08:30, 평일의 경우 요청에 의해서 가능 **휴무** 계절마다 상이 **요금** [탑과 대성당의 보물 전시] 성인 40Kč, 학생, 어린이 30Kč, 가족(어린이 최대 4명) 80Kč **가는 방법** 기차역에서 바슈티(Bašty) 거리를 따라 도보로 약 8분, 양배추 광장에서 도보 5분.

Travel Plus — 정오의 종이 11시에 울리는 이유

정오의 종이 '11시'에 울리는 이유는 무엇일까? 그 이유는 '30년 전쟁'과 관련이 있다. 30년 전쟁 동안 브르노는 스웨덴 군의 침략을 막기 위해 열심히 싸웠다. 스웨덴 군대는 세 달이 넘는 기간 동안 브르노를 포위했지만 큰 성과가 없었고 스웨덴의 장군 토르스텐손(Torstenson)은 마지막으로 정오의 종이 울릴 때까지 브르노를 점령하지 못하면 브르노를 포기할 것을 선언했다. 이에 브르노의 장 루이 라뒤 드 수셰(Jean-Louis Raduit de Souches)는 길고 긴 전쟁을 끝내기 위한 역사적이고 전설적인 결단을 내린다. 바로 11시에 종을 울리는 것! 그렇게 스웨덴 군은 11시에 울린 종이 12시에 울린 것이라고 착각해 결국 후퇴하게 되었고, 그렇게 브르노는 유럽에서 스웨덴을 방어한 전설적인 도시가 되었다. 이후 브르노는 승리를 기념하기 위해 매일 오전 11시에 종을 울린다.

자유 광장과 그 주변

자유 광장 náměstí Svobody | Freedom Square

브르노 역사의 중심에 위치한 가장 인상적인 광장. 자유 광장은 13세기의 기록에서 최초로 확인될 정도로 오랜 시간 브르노를 지켜왔다. 과거 무역로와 도시 하수구로 인해 삼각형 형태를 갖게 되었다. 현지에서는 스보보닥Svoboďák이라는 별명으로 불리기도 한다. 광장은 르네상스 양식으로 신화, 성경과 포도넝쿨로 장식된 리파 군주의 집Dům pánů z Lipé, 1902년 건축된 4명의 거인 집Dům U Čtyř mamlasů, 당시 충격을 주었던 건축가 보후슬라프 푸흐스Bohuslav Fuchs의 기능주의적 외관을 가진 코메르취니Komerční 은행 등 놀라운 건물들로 둘러싸여 있다. 또한 1689년의 초기 바로크 양식의 흑사병 기둥, 브르노에서도 가장 논란이 되었던 검은색 화강암의 천문시계가 모두 여기에 있다.

> **tip!**
> 부활절 마켓, 성 마르틴 테이스팅 축제의 오프닝, 브르노에서 가장 큰 크리스마스 마켓, 와인 축제 등 시즌별로 큼직하면서 다양한 축제들이 열린다.

지도 P.501-B2 **주소** Dominikánské náměstí, 602 00 Brno **가는 방법** 브르노 중앙역에서 마사리코바 거리를 따라 도보로 약 8분, 양배추 시장에서 도보로 약 4분.

성 제임스 광장 Jakubské náměstí | St James Square

현지인들이 사랑하는 광장으로 젊음의 활기가 가득한 곳. 브르노에서는 야쿠박Jakubák이라고 불린다. 트렌디한 카페와 비스트로, 감각적인 바, 숍들이 모여있는 곳으로 현지인들은 물론 여행객들을 매료시킨다. 특히 여름날 밤이면 많은 브르노 젊은이들이 광장에 모여든다. 펍이나 바 밖에 서서 혹은 그냥 바닥에 편히 주저앉아서 저마다 자유로운 모습으로 시원한 맥주와 함께 무더운 여름날을 즐기는 재미있는 광경을 쉽게 목격할 수 있다.

지도 P.501-B1 **주소** Jakubské náměstí, 602 00 Brno **가는 방법** 중앙역에서 마사리코바 거리를 따라 도보로 약 10분. 양배추 시장에서 자유 광장을 지나 도보 약 6분.

브르노 천문시계 Brněnský orloj | Brno Astronomical Clock

자유 광장에 위치한 천문시계는 브르노에서도 가장 많은 논란이 일었던 조각품으로 2010년 세워졌다. 6m에 달하는 높이, 매끈한 검은색의 화강암 재질로 프라하에서 만났던 천문시계와는 완전히 다른 현대적인 외관인 데다가 마치 거대한 총알이 서있는 모습을 연상시키기도 한다. 작품을 담당했던 제작자에 따르면 30년 전쟁 중 스웨덴 군대의 침략에 맞서 브르노를 방어한 것을 기념하는 것이라고 한다. 모양도 모양이지만 시계라는 이름이 무색하게 시간을 알려주는 분침이나 초침, 숫자판이 전혀 없어 도대체 몇 시인지 알 수가 없다는 것도 논란을 더했다. 브르노의 정오를 상징하는 11시에 작은 구슬이 나온다고 하는데 실제로 시각이 지켜지는지, 도대체 몇 개나, 천문시계의 어떤 구멍으로 나오는지는 아무도 모르는 것이 재밌다. 운이 좋게 구슬을 획득했다면? 기념품으로 가져가면 된다.

tip!
브르노는 30년 전쟁에서 성 베드로와 바오로 대성당의 종을 12시가 아닌 11시로 한 시간 땡겨 울려서 스웨덴 군의 침략을 막고 승리할 수 있었다. 제작 의도처럼 시계도 이를 따라서 대성당의 종이 울리는 11시에 구슬을 내보내고 있다.

지도 P.501-B2 **주소** Dominikánské náměstí, 602 00 Brno

체스카 거리

체스카 거리 Česká ulice | Česká Street & 기다리는 아담 Adam Čekač

브르노에서도 굉장히 활기차고 바쁜 거리다. 19세기 말과 20세기 초 요자 바르비치Joža Barvič의 서점이 있던 문화생활의 중심지로 지금의 체스카(체코라는 뜻)라는 이름을 갖게 되었다. 지금은 다양한 해외 브랜드들의 숍들이 거리를 차지하고 있다. 자유 광장에서 시계가 있는 작은 광장을 거치면 체스카 거리로 연결되는데 시계는 브르노에서 인기 있는 만남의 장소이기도 하다.
기다리는 아담Adam Čekač이라는 이름을 가진 브르노에서 가장 작은 청동 조각상을 시계 바로 옆에서 찾아보자. 조각상의 이름처럼 시계의 화살표 위에 앙증맞게 앉아서 친구를 기다리고 있는 듯하다.

지도 P.501-B1 **주소** Česká, 602 00 Brno-střed **가는 방법** 양배추 광장에서 자유 광장을 거쳐 도보로 약 8분.

마사리코바 거리 Masarykova ulice | Masarykova Street

브르노 중앙역과 자유 광장을 이어주는 브르노의 대표적인 거리. 트램, 숍, 서점과 시민들로 활기가 넘친다. 12세기의 기록에 따르면 마사리코바 거리는 도시를 통과하는 주요 무역로로 사용되었다고 전해진다. 한때는 페르디난트 거리 Ferdinand Street라고도 불렸고, 현지 독일 시민들의 만남의 장소로도 사용되었다가, 군주제가 폐지 후 첫 번째 체코슬로바키아 대통령이었던 토마쉬 가리그 마사리크 Tomáš Garrigue Masaryk의 이름을 따 마사리코바라는 이름을 얻게 되었다. 오늘날 마사리코바 거리의 집들은 19세기 후반에서 20세기 초반에 진행되었던 브르노의 대규모 수리 때 건축된 것으로 중세 시대의 원래 건물은 남아있지 않다.

지도 P.501-C2 **주소** Masarykova, 602 00 Brno-střed **가는 방법** 양배추 광장에서 남서쪽으로 도보 약 2분.

tip!
나치 점령 기간 동안 독일 군인 헤르만 괴링(Herman Göring)의 이름으로 불리기도 했다. 1955년 '승리의 길'이라는 뜻의 트르지다 비테즈스트비(třída Vítězství)라는 이름으로 명명되었으나 브르노 현지 시민들은 이를 무시하고 비공식적으로 마사리코바 거리라는 이름을 계속 사용했던 과거가 있다.

성 제임스 성당 Kostel sv. Jakuba | Church of St James

체코에서도 가장 귀중한 후기 고딕 양식의 건축물 하나다. 성 제임스 교회에 관한 기록은 1228년으로 확인된다. 원래는 로마네스크 양식이었으나 후에 고딕 양식의 교회로 변경되었다. 브르노 구 시청사를 건축했던 건축가 안톤 필그램 Anton Pilgram이 건축에 참여했지만 1515년 화재로 중단되었고 결국 1592년에나 완성되었다. 18세기 중반에는 바로크 양식의 인테리어로 변경되었다. 위풍당당한 기둥이 있는 3개의 본당, 아름다운 지하 묘지에는 브르노 시민들과 1645년 스웨덴 군을 성공적으로 막아낸 지휘관 장 루이 드 라뒤 드 수셰 Jean-Louis Raduit de Souches의 묘비들이 있다. 1592년 완공된 약 94m 높이의 교회 탑도 브르노의 전경을 더욱 멋지게 완성한다. 지하에는 2001년 발견된 5만 명 이상의 인골이 있는 납골당이 있다.

tip!
교회 탑에는 페트로프 언덕 그리고 브르노 시청사를 향해 엉덩이를 내밀고 있는 다소 기괴하게 생긴 작은 남자 조각상이 있다. 작은 천사라고도 불리기도 하는데 전설에 따르면 조각가가 당시 브르노의 시의회에 화가 나서 탄생했다고. 또는 중세 시대에의 일반적인 조각상이었다고도 전해진다.

지도 P.501-B1 **주소** Jakubské náměstí, 658 78 Brno-střed
홈페이지 www.svatyjakub.cz
운영 월~일요일 07:00~20:00
휴무 시즌에 따라 다름 **요금** 없음
가는 방법 중앙역에서 마사리코바 거리를 따라 도보로 약 10분. 양배추 시장에서 자유 광장을 지나 도보 약 5분.

성 제임스 성당 납골당 〔브르노파스 무료 입장〕
Kostnice u sv. Jakuba | Ossuary at the Church of St James

유럽에서 두 번째로 큰 납골당으로 무려 5만 명 이상이 묻혀있는 것으로 추정된다. 지금의 성 제임스 광장은 13세기 초에는 원래 성당의 묘지였다. 당시의 많은 성당처럼 성벽 안에 있었던 묘지들은 확장이 가능하지 않았고 공간은 점점 부족해져만 갔다. 결국 매장 10~12년 정도 후 묘지의 유해들을 지하 납골당이라는 특별한 장소로 이전했고, 콜레라나 흑사병과 같은 전염병으로 인해 납골당은 빠르게 채워졌다. 1784년 개혁을 단행했던 요세프 2세에 의해 위생적인 이유로 성당 묘지가 폐쇄되었고 벽은 허물어졌으며 납골당은 잊혀져갔다. 하지만 2001년 세상에 발견되어 단장을 마치고 다시 대중에게 공개된 이후 관광 명소이자 경외의 장소로 많은 이들이 찾고 있다. 납골당을 위해 특별히 작곡된 음악이 특히 인상적인 곳으로 죽음과 삶에 대해 생각하게끔 해준다.

지도 P.501-B1 주소 Jakubské náměstí, 658 78 Brno-střed **홈페이지** podzemibrno.cz/en/places/ossuary-at-the-church-of-st-james **운영** 화~일요일 09:30~18:00(투어 매 30분마다) **휴무** 월요일 **요금** 성인 160Kč 어린이(6~15세)·학생(26세까지)·시니어(65세 이상) 80Kč, 6세 미만 무료, 가족(성인 2명+15세 미만 어린이 2명) 380Kč, 사진 촬영 무료, 캠코더 촬영 50Kč **가는 방법** 중앙역에서 마사리코바 거리를 따라 도보로 약 10분. 양배추 시장에서 자유 광장을 지나 도보 약 5분.

도미니칸 광장
Dominikánské náměstí | Dominican Square

신 시청사와 성 미카엘 성당을 품고 있는 광장으로 양배추 시장 광장 및 자유 광장과도 가깝다. 도미니칸 광장이라는 현재 이름의 유래는 19세기 후반으로 거슬러 올라간다. 원래 이곳은 생선 시장Rybí trh이었다. 20세기에 시청 광장Radniční náměstí이라고도 불렸다가 결국 1990년이 되어서야 도미니칸 광장이라는 이름을 갖게 되었다. 광장 근처의 파넨스카Panenská 거리에 있는 입구는 조폐 전문가의 지하실로 연결되는 입구이기도 하다. 아쉽게도 현재 조폐 전문가의 지하실은 운영되고 있지 않다.

tip!
겨울에는 브르노 크리스마스 마켓이 열리는 장소 중 하나이다. 다른 광장보다도 큰 규모의 베들레헴을 장식해둔다.

지도 P.501-B2 주소 Dominikánské náměstí, 602 00 Brno **가는 방법** 브르노 중앙역에서 마사리코바 거리를 지나 도보로 약 9분, 양배추 시장에서 도보로 약 3분.

모라비안 광장과 그 주변

모라비안 광장
Moravské náměstí | Moravian Square

브르노에서 가장 큰 규모의 광장으로 현지인들은 모라박Moravák이라고 부른다. 광장은 바로크 양식의 성 토마스 성당Kostel sv. Tomáše과 공원을 둘러싸고 있다. 교회 앞에는 한때 주지사의 궁전이라고 불렸던 모라비안 갤러리 Moravská galerie v Brně도 있다. 하지만 광장은 유서 깊은 성당이나 갤러리 외에도 독특한 조각상으로 더 유명하다. 주인공은 바로 브르노식 유머가 엿보이는 약 8m 높이의 요쉬트 후작 기마상. '정의'라는 이름의 조각상이 바로 이 광장에 위치한다.

지도 P.501-B1 **주소** 602 00 Brno-střed **가는 방법** 마사리코바 거리와 라시노바(Rašínova) 거리를 지나 도보로 약 14분, 양배추 시장에서 자유 광장을 지나 도보로 약 9분.

조각상 '정의'
Spravedlnost(Marius Kotrba) | Statue of justice

무거운 블록을 들어 올리는 남자를 묘사하고 있는 조각상으로 2010년 설치되었다. 조각가 마리우스 코트르바Marius Kotrba의 작품으로 브르노의 다른 조각상들과 마찬가지로 정의의 조각상도 상당한 논란을 불러일으켰다. 여러 이유 중 하나는 바로 정의에 대한 고전적인 생각을 버리고 상징에 새로운 형태를 부여했기 때문. 작가는 조각에 대해 '정의는 무겁지만 연약한 것이고, 규칙이나 지배가 아닌 투쟁의 성격을 가진 것이다. 언뜻 보면 힘들어하는 것처럼 보이지만 블록의 균형을 맞춰 가볍게 잡고 있다. 바닥의 물이 블록을 들어 올려주고 있다'라고 설명했다. 유머를 장착한 일부 브르노 시민들은 세탁기를 압류하는 사람이라는 별명을 짓기도 했다고.

지도 P.501-B1 **주소** Moravské náměstí, 60 200 Brno **가는 방법** 마사리코바 거리와 라시노바 거리를 지나 도보로 약 12분, 양배추 시장에서 자유 광장을 지나 도보로 약 7분.

요쉬트 후작 기마상
Jaroslav Róna(Margrave Jošt) | Equestrian Statue of Margrave Jobst of Luxembourg

2015년 창과 방패 그리고 갑옷을 입은 용사의 기마상이 브르노의 모라비안 광장에 모습을 드러냈다. 바닥에서의 높이는 무려 8m로 말의 유난히 긴 다리가 눈에 띈다. 체코의 유명 현대 조각가인 야로슬라프 로나Jaroslav Róna의 작품으로 모라비아의 후작 요쉬트Jošt를 묘사하는 동시에 용기를 풍자하고 있어 조각상은 '용기'라는 이름으로 불리기도 한다. 그는 전설적인 체코 왕 카를 4세의 조카이자 룩셈부르크 왕조 태생이기도 했다. 비정상적인 다리 길이나 요쉬트의 주요 강점이 용기보다는 힘과 외교라는 측면 등에서 동상이 갓 설치되었을 때는 상반된 여러 반응이 오갔다고 한다. 하지만 점점 브르노 시민들의 사랑을 받는 작품이 되었다. 기사의 얼굴은 살짝 기울어진 채로 가려져 있어서 조금 으스스한 느낌을 주는 반면 말은 이빨을 환히 드러내고 있어 묘하게 조화롭다. 기마상의 아래는 기념샷을 찍으려는 사람들로 언제나 붐빈다.

지도 P.501-B1 **주소** Moravské náměstí 611/6, 602 00 Brno-střed **가는 방법** 마사리코바 거리와 라시노바 거리를 지나 도보로 약 12분, 양배추 시장에서 자유 광장을 지나 도보로 약 7분.

> **tip!**
> 왜 사람들은 기마상 아래에서 사진을 찍을까? 기마상의 하이라이트는 바로 말 아래서 찾을 수 있다. 기마상 아래로 들어가 말의 머리 쪽을 향해 위를 올려다볼 것. 외부에서는 볼 수 없는 숨겨진 의외의 재미와 재치가 돋보이는 장면을 목격할 수 있다. 유머러스한 기념샷은 덤.

SPECIAL PAGE

브르노에서 문화 공연 & 축제 즐기기

문화 공연

세계적으로 유명한 예술가들을 배출한 체코는 예술적인 감성이 가득한 국가다. 남부 모라비아의 중심이라고 할 수 있는 브르노에도 국립극장이 3개나 있을 정도로 음악, 오페라, 발레, 클래식 등 예술에 대한 관심은 놀라울 정도. 체코에서 공연은 약 1만 원대부터도 관람할 수 있기 때문에 금액적인 부분도 전혀 부담이 없는 편이다.

브르노 국립 극장 - 야나체크 극장
NdB: Janáčkovo divadlo | Janáček Theatre

1960년 오픈 당시 체코슬로바키아에서 가장 큰 극장으로 규모는 물론 기술적으로도 아주 잘 갖춰졌던 곳이었다. 브르노 오페라와 발레의 성지라고 불리며 건축가 얀 비셰크Jan Višek에 의해 디자인되어 오페라, 발레 공연에 필요한 예술적, 사회적, 기술적인 시설을 모두 갖추고 있다. 극장의 이름은 모라비아에서 태어나 삶과 작품이 브르노와 밀접한 관련이 있었던 레오쉬 야나체크Leoš Janáček의 이름에서 따온 것이다. 2015년 극장 앞 부분에 리노베이션 후 시민들이 쉴 수 있는 휴식 공간과 세련된 조명 분수를 선보였다. 매년 10월경 야나체크 브르노라는 국제 오페라와 음악 축제가 열린다.

지도 P.501-C1 **주소** Roosveltova 31, 602 00 Brno-střed-Brno-město **홈페이지** www.ndbrno.cz/en **운영** 공연에 따라 상이 **휴무** 공연 시즌에 따라 상이 **요금** 오페라 200Kč~ **가는 방법** 양배추 광장에서 자유 광장을 거쳐 도보로 약 10분, 브르노 중앙역에서 베네쇼바(Benešova) 거리와 로오세벨토바(Roosveltova) 거리를 따라 도보 약 12분.

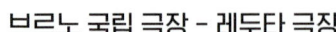

브르노 국립 극장 - 레두타 극장
NdB: divadlo Reduta | Reduta Theatre

중부 유럽에서 가장 오래된 극장으로 1767년 체코어로 된 첫 연극 공연을 진행했고 같은 해 11세였던 볼프강 아마데우스 모차르트가 콘서트를 열었던 역사적인 장소. 양배추 시장 광장 앞에 위치하며 수백 년동안 개조와 리노베이션을 거쳤고, 1945년부터 1993년까지 국립 극장 브르노Státní divadlo Brno의 오페라 앙상블이 이곳에서 공연을 했다. 건축 부문에서 그랑 프리를 수상한 성공적인 리노베이션 공사가 진행된 후 2005년 재개관했다. 브르노 시의회는 공연 외에도 다양한 사교 행사를 갖곤 한다.

지도 P.501-B2 **주소** Zelný trh 313, 602 00 Brno-střed-Brno-město **홈페이지** www.ndbrno.cz/en **운영** 공연에 따라 상이 **휴무** 공연 시즌에 따라 상이 **요금** 발레 250Kč~ **가는 방법** 양배추 시장 광장 동쪽.

브르노 국립 극장 - 마헨 극장
NdB: Mahenovo divadlo | Mahen Theatre

원래는 독일 시립 극장이라는 이름으로 1882년 오픈했다. 완전한 전기 조명을 갖춘 유럽 대륙 최초의 극장으로 조명 설치를 위해 전구 발명가 토머스 앨바 에디슨Thomas Alva Edison이 직접 프로젝트에 참여하기도 했다. 우리가 아는 미국의 발명가 '에디슨'이 맞다. 1919년 브르노 국립 극장의 메인 극장이 되었고 1918~1922년 극장에서 극작가로 활동했던 이르지 마헨Jiří Mahen의 이름을 따 1965년 지금의 마헨 극장이라는 이름을 갖게 되었다. 과거 드라마틱한 앙상블 공연들은 관객들의 열렬한 환호를 받았고 지금도 명성이 높은 감독과 배우로 수준 높은 무대를 이어가고 있다.

지도 P.501-C1 주소 Malinovského náměstí, 1, 657 70 Brno-střed, 체코 홈페이지 www.ndbrno.cz/en 운영 공연에 따라 상이 휴무 공연 시즌에 따라 상이 요금 오페라 230Kč~ 가는 방법 양배추 광장에서 오를리(Orli) 거리를 거쳐 도보로 약 8분, 브르노 중앙역에서 베네쇼바(Benešova) 거리를 따라 도보 약 9분.

축제

브르노의 광장에서는 크고 작은 축제가 열리는 모습을 자주 목격할 수 있다. 자유로운 분위기의 브르노처럼 어떠 기대나 예상 없이 가더라도 늘 새로운 모습을 발견할 수 있다. 가을에는 맥주 축제와 와인 축제가 각각 다른 광장에서 같은 날 열리기도 하는 곳, 바로 브르노다.

브르노 성 마르틴 와인 테이스팅 축제
Vin(n)osti svatého Martina | St. Martin's degustation Brno

성 마르틴의 와인은 프랑스의 보졸레 와인과 동급으로 간주된다. 그해의 첫 와인으로 신선하고 과일 향이 가득하며 불과 몇 주 동안의 숙성을 거친 와인으로 부활절 전 소비를 권장하고 있다. 축제는 매년 11월 11일, 브르노의 대표적인 자유 광장에서 열리는데 오전 11시 정각에 가장 첫 병을 오픈하는 행사를 가진다. 성 마르틴의 와인은 구운 거위 요리와 상당히 잘 어울리는데 이날을 위해 많은 레스토랑과 와인바, 와인 셀러들은 특별한 메뉴를 제안한다. 축제에서는 약 100가지가 넘는 성 마르틴의 와인을 만나볼 수 있다.

©vinazmoravyvinazcech.cz

기간 11월 11일(11월 11일이 평일이라면 주말에 행사가 열리곤 한다)

유네스코 세계문화유산 탐험하기

빌라 투겐타트 Villa Tugendhat 브르노파스 소지자 패스트 트랙

2001년 유네스코 세계문화유산에 등재된 체코의 기능주의적 빌라. 체코슬로바키아 시절 최초의 개인주택이었다. 외관은 지금의 집 형태와 크게 다르지 않다는 느낌을 받는다. 하지만 빌라가 지어진 것은 지금으로부터 거의 100년 전인 1929~1930년이었다는 것. 당시, 장식에 치중하던 건축물이 아닌 에어컨, 개폐식 창문 등 집의 기능과 합리성에 초점을 맞춘 빌라는 굉장히 센세이셔널한 건축물이었다. 건축학적 순수함, 내외부의 상호 연결, 시대를 초월한 기술 장비, 품질 좋고 이국적인 재료, 최상급에 가까운 보존 상태는 빌라 투겐타트를 유네스코에 등재하게 했다고 해도 과언이 아니다. 독일 출신의 유명한 건축가였던 루드비히 미스 반 데어 로에Ludwig Mies van der Rohe의 작품으로 세계에서 가장 중요한 4개의 빌라 중 하나이기도 하다. 2010~2012년까지 복원 공사를 거쳐 정원, 오리지널 가구들의 일부 및 복제품이 내부에 추가되었다. 지하실에서 방문객들은 에어컨, 보일러실, 엔진실, 개폐식 창문 시스템, 세탁실, 암실, 모피 코트를 보관하기 위해 특별히 디자인된 방 등 현대적인 집을 위해 사용된 기술들을 직접 확인해 볼 수 있는 시간을 가질 수 있다. 상설 전시에서는 빌라 투겐타트의 건축 자체와 건설에 참여했던 일꾼들 그리고 1938년까지의 투겐타트 가족의 삶을 일부나마 확인할 수 있다.

지도 P.501-C1 **주소** Černopolní 45, 613 00 Brno **홈페이지** www.tugendhat.eu/en/tour-and-tickets **티켓 구매처** 홈페이지 또는 브르노 투어리스트 인포메이션 센터(파넨스카 거리Panenská Street 지점) **운영** 3~10월(화~일요일) 10:00~18:00, 11~2월(화~일요일) 09:00~17:00 **휴무** 매주 월요일, 비정기적으로 운영 중으로 홈페이지 확인 필수. **가는 방법** 브르노 중앙역에서 트램 7, 9번 탑승 후 데트스카 네모츠니체(Dětská nemocnice) 역에서 하차 후 체르노폴니(Černopolní) 거리를 따라 약 10분 도보 이동(총 17분 소요) 또는 트램 7, 9번 탑승 후 토마노바(Tomanova) 역에서 하차 후 토마노바 거리를 따라 약 7분 도보 이동(총 18분 소요).

©Villa Tugendhat/David Židlický

Tip!

유네스코 세계유산에도 지정된 인기 명소로 최소 3~4개월 전 예약하지 않으면 방문을 장담할 수 없다. 홈페이지를 통해 예약 가능한 날을 공지하고 있고 특히 건축에 관심이 있다면 브르노 여행을 결정하자마자 예약하는 것을 추천한다. 특히 내부는 무조건 예약해야지만 입장이 가능하다. 티켓은 웹사이트 또는 브르노 시내의 파넨스카 거리에 있는 투어리스트 인포메이션 센터에서 구매가 가능하다. 단, 정원 입장은 예약하지 않아도 입장이 가능하다.

ⓒVilla Tugendhat/David Židlický

투어 코스

기본적으로 체코어, 영어, 독일어로 투어가 진행된다. 체코어 투어라도 간단한 영어 리플릿이 제공된다.

STEP 1

기본 투어
- 생활 공간, 침실, 정원
- 약 60분 소요

성인 400Kč, 어린이(6~15세)·시니어(65세 이상)·학생(26세 이하) 250Kč, 가족(성인 2명+어린이 2명) 950Kč, 6세 미만 어린이 무료

STEP 2

확장형 투어
- 생활 공간, 침실, 기술 시설, 정원
- 약 90분 소요

성인 450Kč, 어린이(6세~15세)·시니어(65세 이상)·학생(26세 이하) 300Kč, 가족(성인 2명+어린이 2명) 1,100Kč, 6세 미만 어린이 무료

STEP 3

외부 투어
- 가든 테라스, 3층 테라스, 정원
- 약 40분 소요

성인 200Kč, 어린이(6~15세)·시니어(65세 이상)·학생(26세 이하) 150Kč, 가족(성인 2명+어린이 2명) 400Kč, 6세 미만 어린이 무료

STEP 4

정원
- 기술 시설이 있는 층의 전시 포함, 날씨에 따라 오픈

운영 시간 내 무료 입장

브르노 근교 여행

모라브스키 크룸로프 성
Moravský Krumlov Chateau

모라브스키 크룸로프 성은 모라브스키 크룸로프Moravský Krumlov에 자리 잡고 있다. 마을의 이름은 모라비아를 뜻하는 모라브스키Moravsky와 구불구불하다는 뜻의 체코어 Krum에서 유래했다. 아주 작은 마을이지만 예술을 사랑한다면 모라브스키 크룸로프를 꼭 찾아야 할 이유가 있다. 바로 아르누보 양식의 대가로 알려진 알폰스 무하Alfons Mucha의 역작으로 알려진 거대한 슬라브 서사시 20점이 이곳에 전시되고 있기 때문이다.

가는 법

모라브스키 크룸로프는 워낙 작은 도시로 갈 수 있는 교통 수단이 한정적이다. 뚜벅이 여행자라면 브르노에서 기차를 이용한 후 지역 버스로 환승하는 편이 가장 편리하다. 렌터카를 빌린다면 이동은 더욱 쉽다.

- **기차** : 모라브스키 크룸로프 역 Moravský Krumlov

도시	열차명	소요시간 및 요금
브르노 ▶ 모라브스키 크룸로프	체스케 드라히	약 43분 (요금 72Kč~)
모라브스키 크룸로프 역에서 모라브스키 크룸로프 샤토까지 현지 버스(440 또는 443번)로 환승 또는 택시 이동		

- **차량** : 브르노 ▶ 모라브스키 크룸로프 샤토 : 약 51km, 40분 소요

모라브스키 크룸로프 성 : 알폰스 무하 - 슬라브 서사시를 찾아서

남부 모라비아의 브르노 근교에는 모라브스키 크룸로프 성 Moravský Krumlov Chateau이 있다. 본디 중세의 성이었으나 16세기에 리파Lipá 영주가 통치 기간에 르네상스 성으로 개조되었다. 아늑한 중정을 품은 사각형으로 3층은 우아한 아케이드로 되어 있다. 30년 전쟁 기간 동안 성은 스웨덴 군대에 의해 많은 피해를 입었고 이에 여러 차례 수리되고 재건되었다. 지금의 바로크 양식은 리히텐슈타인Liechtenstein 가문이 소유할 때 이루어졌다.

모라브스키 크룸로프 성이 유명한 것은 역사뿐만이 아니다. 바로 아르누보 양식의 대가로 알려진 알폰스 무하Alfons Mucha의 역작이자 슬라브 민족과 문명에 대한 시리즈 작품인 '슬라브 서사시'가 전시되고 있기 때문. 조국에 대한 사랑으로 작업한 기념비적인 슬라브 서사시는 1911년부터 1926년까지 작업한 것이다. 그의 인생 하반기에 작업한 것이지만 민족을 위한 그의 열정은 식을 줄 몰랐다. 작업을 위해 알폰스 무하는 시부 보헤미아의 즈비로흐Zbiroh 성의 일부를 빌렸고 성이라는 장소는 거대한 그림을 작업하기에 최적의 장소였다. 그림을 그리는 동안 제1차 세계 대전의 발발로 인해 캔버스, 재료 수급에도 어려움을 겪었지만 알폰스 무하는 불굴의 의지로 모두 이겨내고 그림을 지켰고, 그토록 염원하던 대작을 만들어 냈다. 슬라브 서사시는 20개의 그림을 통해 고대부터 현대까지의 슬라브 과거와 역사, 종교와 전쟁을 묘사한다. 그중 10개는 체코의 역사, 10개는 다른 슬라브 지역의 역사적인 장면을 묘사하고 있다. 슬라브 서사시를 통해 민족정신을 고취하고, 체코와 슬라브 민족의 고통과 애환을 표출하며, 슬라브 민족의 유대와 화합을 바랐다. 가장 큰 사이즈의 캔버스는 무려 8m×6m이고 대부분의 그림은 템페라 화법을 기본으로 한다. 다만 일반적인 달걀 템페라가 아닌 안료를 달걀 노른자에 빻아 기름과 물을 적절히 섞은 템페라화로 생동감과 신비감을 주었다.

최상의 상태로 그림을 보존하고 전시하기 위해 모라브스키 크룸로프 성은 대대적인 수리를 마쳤고 슬라브 서사시는 2021년 여름 모라브스키 크룸로프의 품으로 다시 돌아왔다. 전시는 2026년까지 진행될 예정이다.

지도 P.502-A1 **주소** Zámecká 1, 672 01 Moravský Krumlov **홈페이지** www.mucha-epopej.cz **운영** [1~5월, 9~12월] 09:00~16:00 [6~8월] 09:00~17:00(마지막 입장은 폐관 1시간 전) **휴무** 매주 월요일 **요금** 성인 250Kč, 시니어(65세 이상) 170Kč, 학생(10~25세) 150Kč, 10세 미만 어린이 무료

슬라브 서사시 Slovanská epopej | Slav Epic

❶ 슬라브 서사시 연작 No.1 : 슬라브 민족 원래의 고향 'The Slav Epic' cycle No.1 : The Slavs in Their Original Homeland. Between the Turanian Whip and the Sword of the Goths(between the 3rd and 6th centuries AD).(1912)

❷ 슬라브 서사시 연작 No.2 : 뤼겐 섬의 스반토비트 축제 'The Slav Epic' cycle No.2 : The Celebration of Svantovít. When Gods Are at War, Salvation Is
in the Arts(between the 8th and 10th centuries AD).(1912)

❸ 슬라브 서사시 연작 No.3 : 슬라브어 전례식 문서의 도입 'The Slav Epic' cycle No.3 : Introduction of the Slavonic Liturgy. Praise God in Your Mother Tongue(9th century AD).(1912)

❹ 슬라브 서사시 연작 No.4 : 불가리아의 차르 시메온 'The Slav Epic' cycle No.4 : Tsar Simeon of Bulgaria. The Dawn of Slav Literature(10th century AD).(1923)

❺ 슬라브 서사시 연작 No.5 : 보헤미아의 왕 프르제미슬 오타카르 2세 'The Slav Epic' cycle No.5 : The Bohemian King Přemysl Otakar II. The Union of Slav Dynasties(13th century). (1924)

❻ 슬라브 서사시 연작 No.6 : 차르 슈테판 두샨 'The Slav Epic' cycle No.6 : Tsar Štěpán Dušan. The Slavic Code of Law(14th century).(1923)

❼ 슬라브 서사시 연작 No.7 : 크로메르지시의 얀 밀리치 'The Slav Epic' cycle No.7 : Jan Milíč of Kroměříž. The Magic of the Word: A Brothel Converted into a Convent(14th century).(1916)

❽ 슬라브 서사시 연작 No.8 : 그룬발트 전투 이후 'The Slav Epic' cycle No.8 : After the Battle of Grunewald. The Solidarity of the Northern Slavs(1410).(1924)

❾ 슬라브 서사시 연작 No.9 : 베들레헴 예배당에서 설교하는 얀 후스 'The Slav Epic' cycle No.9 : Master Jan Hus Preaching at the Bethlehem Chapel. The Magic of the Word: Truth Prevails(1412).(1916)

❿ 슬라브 서사시 연작 No.10 : 크르지즈키에서의 회의 'The Slav Epic' cycle No.10 : The Meeting at Křížky. The Magic of Words: Sub utraque(1419)(1916)

⓫ 슬라브 서사시 연작 No.11 : 비트코프 전쟁이 끝난 후 'The Slav Epic' cycle No.11 : After the Battle of Vítkov. God is Found in Truth, Not Force(1420)(1923)

⓬ 슬라브 서사시 연작 No.12 : 보드냐니에서의 페트르 헬치츠키 'The Slav Epic' cycle No.12 : Petr Chelčický at Vodňany. Do Not Repay Evil with Evil(1433).(1918)

⓭ 슬라브 서사시 연작 No.13 : 후스파의 왕 포데브라디의 이르지 'The Slav Epic' cycle No.13 : The Hussite King Jiří of Poděbrady. Treaties Are To be Respected(1462).(1923)

⓮ 슬라브 서사시 연작 No.14 : 시게트바르에서 니콜라 즈린스키의 희생 'The Slav Epic' cycle No.14 : The Sacrifice at Szigetvár by Nikola Zrinski. The Shield of Christendom(1566).(1914)

⓯ 슬라브 서사시 연작 No.15 : 이반치체의 크랄리체 성경 인쇄 'The Slav Epic' cycle No.15 : The Brethren School in Ivančice, the Printing of the Czech Bible. God Gave Us the Gift of Language(1578).(1914)

⑯ 슬라브 서사시 연작 No.16 : 얀 아모스 코멘스키의 죽음 'The Slav Epic' cycle No.16 : Jan Amos Komenský. A Glimmer of Hope(1670).(1918)

⑰ 슬라브 서사시 연작 No.17 : 신성한 아토스 산 'The Slav Epic' cycle No.17 : Holy Mount Athos. Vatican of Orthodox Christianity, Sheltering the Oldest Slav Literary Monuments(18th century)(1926)

⑱ 슬라브 서사시 연작 No.18 : 슬라브 린든 나무 아래에서 "청년"의 맹세 'The Slav Epic' cycle No.18 : Oath of the "Youth" under the Slav Linden Tree. The Slav Revival(19th century).(1926, unfinished)

⑲ 슬라브 서사시 연작 No.19 : 러시아 농노 제도의 폐지 'The Slav Epic cycle' No.19 : The Abolition of Serfdom in Russia. To Work in Freedom Is the Foundation of a State(1861)(1914)

⑳ 슬라브 서사시 연작 No.20 : 신성화 : 인류를 위한 슬라브족 'The Slav Epic' cycle No.20 : Apotheosis: Slavs for Humanity. Four Stages of Slav History in Four Colours(1918).(1926)

RESTAURANT ✦ 먹는 즐거움 ✦

엘리먼트 바 & 레스토랑 Element Bar & Restaurant

2020년 브르노에 혜성처럼 등장한 파인 다이닝 레스토랑 & 바. 오픈하자마자 브르노의 핫 플레이스로 등극한 곳이다. 브르노 특유의 감각적이고 힙한 분위기가 고스란히 녹아 있다. 비프 립, 돼지 목살, 오리, 송어 등의 메인 요리와 함께 한국식 양념의 베이비 백 립 요리, 한국의 김치와 모차렐라 치즈로 속을 채운 아란치니 메뉴가 인상적이다. 두 명의 주인 중 한 주인장의 와이프가 바로 한국 사람으로 한국의 건강한 맛과 문화를 브르노에서 선보이고 있다. 참고로 주인장은 유명한 챔피언 바텐더 출신, 공동 주인장은 수석 셰프로 호주, 두바이 등 전 세계에서의 경험을 바탕으로 체코뿐만 아니라 세계의 다양한 문화가 결합한 흥미로운 메뉴를 선보인다. 훌륭한 식사 후 달콤한 디저트로 마무리해 주면 더욱 만족스럽다. 엘리먼트의 바 또한 레스토랑만큼이나 멋지다. 레스토랑과 바의 공간을 분리해 놓아서 칵테일, 각종 주류만도 충분히 즐기고 갈 수 있다. 능숙한 손길로 완성된 칵테일, 진향 향이 가득한 에스프레소 또한 엘리먼트에서 모두 만날 수 있다.

지도 P.501-B1　**주소** Běhounská 108/7, 602 00 Brno-střed-Brno-město　**홈페이지** www.elementbrno.com (예약 추천)
운영 월요일 17:00~24:00, 화~목요일 11:30~24:00, 금요일 11:30~01:00, 토요일 12:00~01:00　**휴무** 일요일
가는 방법 브르노 중앙역에서 마사리코바 거리를 따라 도보로 약 9분, 양배추 시장에서 자유 광장을 지나 도보로 약 5분.

4개의 방 4pokoje

하루에 4번 변화한다는 독특한 콘셉트를 가진 비스트로. 문을 여는 순간부터 닫는 순간까지 다른 콘셉트로 방문객들을 기다리는 곳이다. 언제 어떤 콘셉트로 운영하는지 모른다 해도 걱정하지 말자. 감각적인 형광 핑크빛의 네온사인이 현재의 운영 중인 콘셉트를 친절히 알려준다. 아침에는 커피나 간단한 아침을 즐기는 카페였다면 점심은 직장인들의 점심을 책임지고 오후에는 간단한 식전주를 즐기며 여유를 즐겼다가 밤에는 세련된 바를 새벽까지 만날 수 있다. 메뉴가 자주 바뀌는 편이지만 두부, 데리야키 소스 등을 이용한 아시아식 퓨전 음식 메뉴를 판매하고 있어 일정이 맞는다면 브르노식 아시아 음식을 맛볼 수도 있다.

지도 P.501-C1 주소 Vachova 45, 602 00 Brno-střed-Brno-město 홈페이지 www.miluju4pokoje.cz 운영 일~화요일 08:00~15:00, 17:00~02:00 수~목요일 08:00~15:00, 17:00~03:00, 금~토요일 08:00~15:00, 17:00~05:00 가는 방법 브르노 중앙역에서 베네쇼바(Benešova) 거리를 지나 도보로 약 9분, 양배추 시장에서 자유 광장을 지나 도보로 약 5분

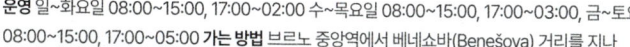

Travel Plus

메도빈카 브르노 Medovinka Brno

아버지와 아들이 운영하는 진짜 체코 꿀을 판매하는 가판대 타입의 숍. 체코의 양봉가로부터 최상급의 체코 꿀을 직접 공급받아 판매한다. 체코의 고산지대, 남부 모라비아, 예세니키 산맥, 중부 보헤미아 등지에서 온 꿀로 라임 나무, 꽃, 라즈베리, 아카시아, 포레스트 등등으로 자연에서 온 정직한 제품이다. 그 외에도 로열 젤리, 화수분, 프로폴리스 등도 구매할 수 있다. 라즈베리 나무에서 채취한 화수분으로 만든 꿀의 경우 약 500g에 약 7,000~8,000원 선으로 가격도 매우 좋다.

지도 P.501-B2 주소 Zelný trh 350, 602 00 Brno-střed 홈페이지 medovinkabrno.cz 운영 월~금요일 07:30~19:00, 토요일 07:30~13:00 휴무 일요일 가는 방법 양배추 광장의 카페 포도브라지 앞.

로칼 우 차이플라 Lokál U Caipla

브르노에 위치한 앰비엔테 그룹의 펍 로칼은 신선한 맥주를 제공하기 위해 맥주 탱크에서 맥주 탭까지의 거리를 최단으로 하고 있다. 브르노의 로칼은 엘리먼트, 존재하지 않는 바 등 브르노에서도 유명한 비스트로가 몰려있는 거리에 자리 잡고 있어 찾기 쉽다. 힙한 브르노의 분위기답게 로칼에 들어서기 전부터 거리에서 맥주를 마시는 현지인들을 보는 것도 하나의 재미. 신선한 필스너 우르켈, 여과 되지 않은 코젤 다크, 로칼 특선 메뉴를 추천. 맥주 그림으로 표기해둔 계산서가 귀엽다.

지도 P.501-B1 **주소** Kozí 115/3, 602 00 Brno-střed **홈페이지** lokal-ucaipla.ambi.cz/en
운영 월~목요일 11:00~24:00, 금~토요일 11:00~01:00, 일요일 11:00~22:00 **가는 방법** 브르노 중앙역에서 요제프스카(Josefská) 거리를 따라 도보로 약 9분, 양배추 시장에서 자유 광장을 지나 도보로 약 6분.

카페 코 - 브르노
Cà Phê Cổ - Brno

브르노에도 베트남 음식점들을 꽤 찾을 수 있다. 그중에서도 카페 코는 현지인들이 애정하는 맛집. 서울에서 먹는 베트남 음식과는 차원이 다른 진정한 베트남의 맛을 자랑한다. 컨템포러리한 인테리어, 베트남 직원들, 진한 고기 육수, 베트남식 향신료 등 고유의 맛과 트렌드 모두 잡았다. 아시아식 음식이 그리울 때 혹은 브르노식 베트남 레스토랑이 궁금할 때 들르면 후회하지 않을 곳.

지도 P.501-B1 **주소** Jezuitská 6/1, 602 00 Brno-střed
홈페이지 www.instagram.com/capheco.brno **운영** 매일 11:00~22:00
가는 방법 브르노 중앙역에서 요제프스카 또는 마사리코바 거리를 따라 도보로 약 10분, 양배추 시장에서 자유 광장을 지나 도보로 약 6분.

슈퍼 판다 서커스 Super Panda Circus

금주법 시대에 비밀스럽게 술을 마시기 위해 탄생했던 비밀스러운 장소를 뜻하는 스피크이지Speakeasy 콘셉트의 바. 간판은 없지만 바르셀로 호텔 근처로 구글 지도에 등록되어 있어 비교적 어렵지 않게 찾을 수 있다. 하지만 비밀스러운 콘셉트인 만큼 바텐더의 허락 후 입장이 가능하다. 바에 들어서면 환상적이면서도 몽환적인 공간으로 순간 이동한 듯하다. 브르노에서도 가장 재미있는 바이자 실험적인 바라고 할 수 있어 언제나 인기다. 정해진 메뉴가 없는 것도 슈퍼 판다 서커스의 특징. 입장한 후 안내에 따라 여러 콘셉트 중 하나를 선택해야 하고, 그것을 기반으로 2층에서 성향에 대한 추가 테스트를 하면 결과에 따른 칵테일을 추천 받을 수 있다. 어떤 칵테일이 어떤 식으로 나올지 모르기 때문에 기다림의 시간 동안 상상히는 직은 재미가 있다. 바 좌석에 앉으면 바텐더가 쉴 새 없이 현란하게 칵테일을 만드는 모습을 관찰할 수 있어 더욱 재밌다. 유쾌한 내부, 독창적인 제조법, 감각적이면서도 신비로운 분위기 등 모든 것이 슈퍼 판다 서커스와 아주 잘 어울린다.

지도 P.501-B2 **주소** Šilingrovo náměstí 257/3, 602 00 Brno-střed **홈페이지** www.superpandacircus.cz/en
운영 월~화요일 19:00~02:00, 수~토요일 18:00~02:00 **휴무** 일요일 **가는 방법** 브르노 중앙역에서 카푸친스케(Kapucínské) 광장을 지나 도보로 약 9분, 양배추 시장에서 남서쪽 방향으로 도보 약 4분.

스코그 어반 허브 SKØG Urban Hub

브르노식 북유럽 감성을 지닌 카페. 브르노의 힙한 감성을 담은 감각적인 인테리어와 따뜻한 커피, 인상적인 서비스가 기다리고 있다. 브르노의 트렌디한 시민들이 모두 모여있는 느낌이랄까? 그렇다고 젊은 이들만 모이는 곳이 아니라 아이와 함께 혹은 가족과 함께하는 손님 등 다양한 연령층의 브르노 시민이 즐길 수 있는 장소다. 카페의 홈메이드 케이크와 플랫 화이트는 아주 잘 어울린다.

지도 P.501-B2 **주소** 5, Dominikánské nám. 187, 602 00 Brno-střed **홈페이지** www.skog.cz **운영** 일요일 09:00~23:00, 월~목요일 08:00~01:00, 금요일 08:00~02:00, 토요일 09:00~02:00 **가는 방법** 브르노 중앙역에서 마사리코바 거리를 따라 도보로 약 8분, 양배추 시장에서 도보 2분.

존재하지 않는 바 Bar, který neexistuje | The bar that doesn't exist

이름부터가 범상치 않다. 유쾌한 브르노식 유머를 타이틀부터 고스란히 담은 존재하지 않는 바는 미국으로 여행을 떠났던 2명의 브르노 대학생들로부터 탄생했다. 존재하지 않는다는 이름과는 다르게 너무도 당당히 존재감을 내뿜고 있는 모습이 묘하게 재밌다. 이름에 걸맞게 내부도 힙한 기운이 넘쳐나는 듯하다. 메뉴판은 마치 잡지를 보는 듯 다채롭고 화려하게 꾸며져 있고 엄청난 종류의 술을 꺼내려고 바텐더가 사다리를 이용해 오르락내리락 거리는 것을 보는 것도 재밌다. 브르노가 자랑스럽게 소개하는 바 중 하나로 뉴욕타임스를 비롯해 여러 매체에 소개된 적이 있을 정도로 분위기는 물론 칵테일도 최고다. 다양한 칵테일 중에서도 바텐더의 시그니처 칵테일을 추천.

지도 P.501-B1 **주소** Dvořákova 1, 602 00 Brno-střed **홈페이지** www.barkteryneexistuje.cz **운영** 일~화요일 17:00~02:00, 수~목요일 17:00~02:30, 금~토요일 17:00~03:30 **가는 방법** 브르노 중앙역에서 요세프스카 거리를 지나 도보로 약 9분, 양배추 광장에서 자유 광장을 지나 도보로 약 6분.

비첸 나 스토야카 Výčep Na Stojáka

성 제임스 광장에 위치한 펍. 서서 마시는 펍이라는 뜻처럼 정말 서서 맥주를 마실 수 있는 테이블이 펍 내외부에 준비되어 있다. 친구들과 편하게 한잔 즐기기 좋은 곳으로 특히 저녁이면 외부에서 삼삼오오 모여 맥주를 즐기는 현지인들을 쉽게 볼 수 있다. 날씨가 좋을 때면 아예 작정하고 바닥에 앉아서 밤을 즐기는 젊은이들이 가득한 광경이 신선하고 또 흥미롭다.

지도 P.501-B1 **주소** Běhounská 16, 602 00 Brno-střed **홈페이지** vycepnastojaka.cz **운영** 월~금요일 12:00~23:30, 토~일요일 14:00~11:30 **가는 방법** 브르노 중앙역에서 마사리코바 거리를 따라 도보로 약 10분, 양배추 시장에서 자유 광장을 지나 도보로 약 6분.

카페 미테 판스카 Cafe Mitte Panská

양배추 시장 근처의 로스터리 카페. 얼핏 보기에는 작지만 안쪽에 멋진 외부 테라스 정원이 숨어있는 귀여운 곳이다. 숙련된 로스터가 정성스럽게 커피콩을 볶고, 정직하게 테스트한 '진짜 커피'를 선보인다는 모토를 가지고 커피를 볶고 있다. 미테는 브르노에 여러 지점을 운영하는데 그중에서 여행자들이 가장 쉽게 갈 수 있는 곳이 바로 가장 첫 번째 미테 카페로 벨키 슈팔리체크Velký Špalíček 쇼핑몰 앞에 있다. 디저트류도 모두 직접 굽는다.

지도 P.501-B2 주소 Panská 7, 602 00 Brno-střed **홈페이지** mitte.cz **운영** 월~금요일 08:00~20:00, 토요일 09:00~20:00, 일요일 09:00~19:00 **가는 방법** 브르노 중앙역에서 마사리코바 거리를 따라 도보로 약 8분, 양배추 시장에서 북동쪽 방향으로 도보로 약 2분.

재즈 카페 포도브라지 Jazz Café Podobrazy

양배추 시장 광장에 있는 건물에 위치한 카페. 트르즈니체 브르노 Tržnice Brno라고 적힌 흰색 건물의 1층에 있어 찾기 쉽다. 커피의 맛도 좋지만 포도브라지 카페를 찾는 이유 중의 하나는 바로 루프탑! 같은 건물 꼭대기에 위치한 루프탑에서 커피를 마실 수 있다는 것이 카페의 큰 장점이자 매력이다. 숨겨진 루프탑에서 양배추 시장 광장, 성 베드로와 바오로 대성당, 크고 작은 브르노 건물들을 디저트 삼아 커피 혹은 와인을 즐기기 좋은 곳이다. 카페가 위치한 건물의 안뜰에 브르노 사인이 있어 인증샷을 남기기에도 좋다.

지도 P.501-B2 주소 Zelný trh 250/14, 602 00 Brno-střed **홈페이지** www.podobrazy.cz **운영** 월~수·토요일 08:00~20:30, 목~금요일 08:00~22:00, 일요일 08:00~20:00 **가는 방법** 브르노 중앙역에서 카푸친스케 광장 거리를 따라 도보로 약 6분, 양배추 시장 바로 앞.

모노그램 에스프레소 바 Monogram Espresso Bar

카푸친 광장에 위치한 모던한 카페. 커피를 마시려는 현지인들과 여행자들로 활기차다. 밖에 서서 커피를 마시는 사람들도 자주 목격할 수 있는 재미있는 곳. 체코와 해외에서 로스터한 엄선된 원두로 다양한 커피를 선보인다. 바리스타는 2004년 런던에서 커피에 입문한 후 크고 작은 카페에서 커피에 대해 더 배우고 또 많은 대회에 참가했다고 한다. 특히 2012, 2015, 2018 체코 바리스타 챔피언십에서 우승해 올해의 바리스타라는 타이틀을 거머쥐기도. 2015년에 열린 월드 바리스타 챔피언십에서는 10등에 랭크될 정도로 커피에 진심인 곳으로 바리스타 트레이닝 코스를 운영하고 있다.

지도 P.501-B2 주소 12, Kapucínské nám. 310, 602 00 Brno-střed **홈페이지** www.monogramespressobar.cz **운영** 월~금요일 08:00~18:00, 토요일 10:00~17:00 **휴무** 일요일 **가는 방법** 브르노 중앙역에서 마사리코바 거리를 따라 도보로 약 3분, 양배추 시장에서 도보로 약 2분.

SHOPPING ✦ 사는 즐거움 ✦

저스트 와인 바 & 숍 드보르자코바 justWINE bar&shop Dvořákova

브르노에 위치한 저스트 와인 바 & 숍 체인 중 자유 광장 옆에 자리 잡은 곳. 와인으로 빼곡한 벽, 캐주얼한 분위기를 갖춘 곳으로 바에서 매일 40여 종 이상의 와인을 괜찮은 가격에 맛볼 수 있고, 내추럴 와인, 모라비아 와인, 프로세코, 화이트 와인, 오렌지 와인 등 여러 종류의 와인 또한 구매할 수 있다. 프라이빗 이벤트를 위한 대관이 가능하다.

지도 P.501-B1 **주소** Dvořákova 24/1, 60200 Brno **홈페이지** www.justwine.cz/wine-bary-prodejny **운영** 월~목요일 13:00~01:00, 금요일 13:00~02:00, 토요일 15:00~02:00, 일요일 15:00~24:00 **가는 방법** 브르노 중앙역에서 요제프스카 거리를 따라 도보 약 9분, 양배추 시장에서 자유 광장을 지나 도보로 약 6분.

비노테카 비나 갤러리 Vinotéka Vinná galerie

와이너리에서 직접 운영하는 와인 전문 숍. 주인장은 와인 생산으로 유명한 미쿨로프의 무슐로프Mušlov에서 비찬 와이너리 및 치즈 농장을 운영하고 있기도 하다. 직접 소유하고 있는 비찬 와이너리 Vican Winery의 와인 외에도 볼라르지크Volařík, 손베르크Sonberk, 라호퍼Lahofer, 스타베크Stávek 등 모라비아의 엄선한 현지 와이너리의 와인과 해외 수입 와인 등 총 700여 종의 와인을 판매 중이다. 농장에서 직접 만든 치즈와 와인을 테이스팅 할 수도 있다. 현지의 와인을 구매하기에 믿을 만한 곳이다.

지도 P.501-C1 **주소** Lužánecká 16, 602 00 Brno-střed **홈페이지** www.vinnagalerie.cz **운영** 월~금요일 14:00~21:00, 토요일 15:00~21:00 **휴무** 일요일 **가는 방법** 양배추 광장에서 자유 광장과 모라비안 광장을 지나 도보로 약 22분 또는 자유 광장역에서 트램 6번 탑승 후 안토닌스카(Antonínská)역 하차 후 도보 이동 약 5분 포함해 총 13분

벨키 슈팔리첵 Velký Špalíček

도미니칸 광장 근처에 있는 쇼핑몰. 총 3층 짜리 건물로 영화관, 테스코 익스프레스, DM 등이 입점해 있어 간단히 장을 보기에 좋다. 쇼핑 스타일과 브랜드는 아무래도 한국과는 다른 편. 특히 유료이지만 화장실을 운영하고 있어 급하게 화장실을 이용할 일이 있을 때 요긴하다.

지도 P.501-B2 **주소** Dominikánská 5, 602 00 Brno-střed **홈페이지** www.velkyspalicek.cz **운영** 월~토요일 9:00~21:00, 일요일 10:00~20:00 **휴무** 공휴일에 따라 유동적, 여행 시기에 맞춰 별도의 확인 필요 **가는 방법** 양배추 광장에서 북동쪽 방향으로 도보 약 4분.

ACCOMMODATION 쉬는 즐거움

브르노 중심부의 경우 돌바닥으로 되어있다. 중앙역이나 양배추 시장에서 모두 걸어서 갈 수 있는 거리이지만 캐리어와 여행 끝까지 함께하고 싶은 경우 호텔까지는 택시를 타고 갈 것을 추천한다.

바르셀로 팰리스 브르노 호텔 Hotel Barceló Brno Palace

쉴링그로 광장 앞에 위치한 바르셀로 Barceló 그룹의 5성급 호텔. 총 119개의 럭셔리 룸, 채광 좋은 로비, 친절한 서비스, 에어컨 시설 등을 완비한 부티크 호텔이다. 가장 기본인 디럭스 객실의 크기는 31m²로 객실 크기 또한 여유롭고 모던하면서도 우아한 인테리어가 멋진 곳이다.

지도 P.501-B2　주소 Šilingrovo nám. 2, 602 00 Brno-střed 홈페이지 www.barcelo.com/en-gb/barcelo-brno-palace 운영 체크인 14:00, 체크아웃 12:00 가는 방법 브르노 중앙역에서 카푸친스케 광장 거리를 따라 도보로 약 9분, 양배추 시장에서 도보로 약 4분.

베스트 웨스턴 프리미어 호텔 인터내셔널 브르노
Best Western Premier Hotel International Brno

현지에서는 베스트 웨스턴이라는 이름보다는 호텔 인터내셔널 브르노라는 이름으로 더 잘 알려져 있다. 슈필베르크 성까지는 단 7분, 자유 광장까지는 도보 약 2분일 정도로 시내에서 굉장히 가깝다. 객실 수가 많고 가성비가 좋아 비즈니스 여행객들이 많다. 단, 호텔 자체는 연식이 있는 편.

지도 P.501-B2　주소 Husova 16/200, 602 00 Brno-střed 홈페이지 www.hotelinternational.cz/en 운영 체크인 14:00, 체크아웃 12:00 가는 방법 브르노 중앙역에서 마사리코바 거리를 따라 도보로 약 9분, 양배추 시장에서 도보로 약 4분. 자유 광장에서 도보 2분.

애니바디 호텔 Hotel Anybody

브르노에만 있는 독특한 콘셉트의 호텔. 객실은 영화를 모티브로 꾸며져 있다. 영화에서 영감을 받아 투숙객들이 직접 영화의 주인공이 되는 경험해 볼 수 있도록 옷, 조명, 소품 등을 객실의 테마에 맞게 준비해두었다. 주인장에 따르면 본인도 몰랐던 본인의 모습을 찾을 수 있는 공간을 만들고 싶었다고. 일반적인 소위 예쁜 객실부터 다소 놀라운 19금 객실까지 준비되어 있으니 새로운 것을 시도해 보고자 하는 여행객은 체크해 볼 것. 로비가 없는 형태로 객실 비밀번호가 체크인 전 전달되는 형태다.

지도 P.501-B2　주소 Zelný trh 10, 602 00 Brno-střed 홈페이지 www.anybody.cz/welcome 운영 체크인 14:00, 체크아웃 10:00 가는 방법 브르노 중앙역에서 마사리코바 거리를 따라 도보로 약 6분, 양배추 시장 바로 앞.

그란데차 호텔 Grandezza Hotel Luxury Palace ★★★★★

브르노 양배추 시장을 시원하게 바라보고 있는 럭셔리 5성급 호텔. 초기 20세기의 건물은 섬세한 재건을 거쳤다. 유서 깊은 건물, 스타일리시한 객실, 최상급 서비스, 훌륭한 미식을 모두 제공하는 곳. 그중에서도 양배추 시장의 환상적인 뷰가 있는 발코니가 있는 객실을 추천한다.

지도 P.501-B2　주소 2, Zelný trh 314, 602 00 Brno-střed 홈페이지 www.grandezzahotel.com/en/ 운영 체크인 14:00, 체크아웃 12:00 가는 방법 브르노 중앙역에서 마사리코바 거리를 따라 도보로 약 5분, 양배추 시장 바로 앞.

비옥한 포도의 땅
미쿨로프
Mikulov

풍요로운 대지, 풍성한 포도가 탐스럽게 익어가는 비옥한 포도밭이 넓게 펼쳐진 곳, 바로 미쿨로프다. 미쿨로프는 브르노 남쪽에 위치한다. 와인 생산에 최적인 테루아를 갖춘 축복 받은 지역으로 팔라바 언덕에는 싱그러운 포도밭들이 그림같이 펼쳐져 있다. 일조량이 풍부하고 체코에서도 연중 강수량이 낮은 곳으로 손꼽히는 미쿨로프는 와인 제작을 위한 포도를 재배하기에 적합해 크고 작은 와이너리들이 이곳에 자리를 잡았다. 매년 9월 초 열리는 체코에서 가장 크고 화려한 와인 축제인 '팔라바 포도 수확제'는 미쿨로프 여행의 하이라이트. 왁자지껄한 축제의 분위기와 함께 달콤한 와인 향이 거리 곳곳에 가득하다. 또한 미쿨로프는 고대 유럽과 아시아를 잇는 교역로인 '앰버 로드Amber Road'에 속하는 중요한 장소이기도 하다.

Best 3

Best 1

체코 최고의 와인을 찾아 떠나는 여행

체코의 남부 모라비아 지역은 체코 전체 포도밭의 약 96%를 차지하는 대표적인 와인 생산 지역이다. 그중에서도 미쿨로프는 체코에서도 일조량이 가장 좋고 비가 적게 내려 와인 생산하는 데 최적의 조건을 갖췄다. 또한 팔라바라는 대표적인 포도 재배 지역이 있는 곳으로 크고 작은 다양한 와인 생산자들을 만날 수 있다. 토착 품종인 팔라바는 미쿨로프에서 꼭 마셔볼 것. 카페에서 다양한 종류의 현지 와인을 글라스로 실컷 마셔보는 것도 와인 산지에서 즐길 수 있는 특권이다.

Best 2

성스러운 언덕으로의 산책

해발 약 363m의 언덕. 미쿨로프 시내를 내려다보고 있다. 이름처럼 성스럽게 위풍당당한 미쿨로프 성, 포도밭이 넓게 펼쳐진 팔라바 언덕 등이 미쿨로프를 바라보고 지켜주는 듯하다. 시내에서도 흰색의 예배당은 무척이나 눈에 잘 띈다. P.418

Best 3

1년에 단 한 번, 와인 축제 즐기기

남부 모라비아의 대표적 와인 산지인 미쿨로프에서는 체코에서 가장 큰 와인 축제가 1년에 한 번 열린다. 바로 매년 9월 초에 열리는 '팔라바 와인 축제'! 테이스팅용 작은 와인 잔을 목에 걸고 다니며 갓 생산된 부르착은 물론 과일향이 기분 좋은 남부 모라비아의 와인을 축제 내내 마실 수 있다. 9월 초에 체코를 여행할 계획이라면 미쿨로프 숙소 예약부터 추천한다. P.425

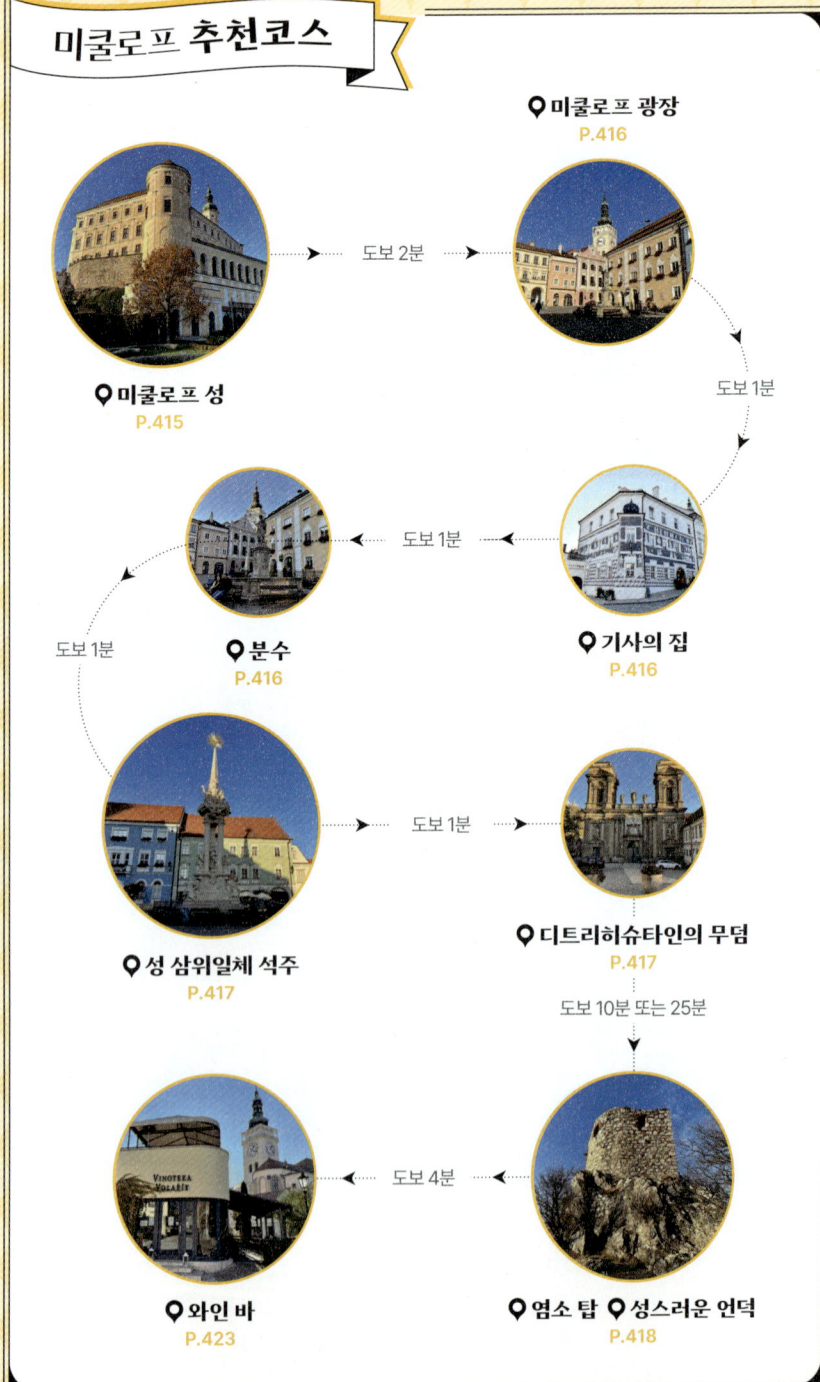

미쿨로프 가는 법

기차 | Train

• **미쿨로프 나 모라베 역** Mikulov na Moravé 지도 P.502-A2

체코의 국영 철도사 체스케 드라히가 프라하 및 주요 도시에서 미쿨로프로 간다. 미쿨로프를 가진 역 이름들이 꽤 있어서 주의할 것. 와인 여행지로 알려진 미쿨로프는 '미쿨로프 나 모라베Mikulov na Moravé' 역으로 티켓을 끊어야 한다. 프라하에서 바로 가는 기차나 버스가 없어 최소 1회 경유는 필수. 남부 모라비아 여행의 중심이 되는 브르노 혹은 다른 와인 마을인 즈노이모와 함께 여행하는 것을 추천한다.

• 각 도시에서 미쿨로프로 이동하기

도시	열차명	소요시간 및 요금
프라하 ▶ 미쿨로프	체스케 드라히	약 4시간 37분 (요금 423Kč~, 브르제츨라프Břeclav 경유)
브르노 ▶ 미쿨로프	체스케 드라히	약 1시간 25분 소요 (요금 86Kč~, 브르제츨라프 경유)
올로모우츠 ▶ 미쿨로프	체스케 드라히	약 1시간 52분 소요 (요금 210Kč~, 브르제츨라프 경유)
즈노이모 ▶ 미쿨로프	체스케 드라히	약 52분 소요 (요금 56Kč~)
오스트리아 빈 ▶ 미쿨로프	체스케 드라히	약 1시간 51분 소요 (요금 226Kč~, 브르제츨라프 경유)

차량 | Car

• 각 도시에서 미쿨로프로 이동하기

도시	거리 및 소요 시간
프라하 ▶ 미쿨로프	약 247km, 약 2시간 30분 소요
브르노 ▶ 미쿨로프	약 50km, 약 45분 소요
올로모우츠 ▶ 미쿨로프	약 125km, 약 1시간 40분 소요
즈노이모 ▶ 미쿨로프	약 55km, 약 50분 소요
오스트리아 빈 ▶ 미쿨로프	약 88 km, 약 1시간 소요

미쿨로프 시내 교통

미쿨로프 시내 자체는 작아서 도보로만 이동해도 충분하다. 대도시처럼 버스나 트램이 다니지도 않는다. 시내 곳곳을 도보로 이동하다 보면 하루 만에 지리를 익힐 수 있을 만큼 귀엽고 사랑스러운 곳임을 알게 된다. 단, 미쿨로프 기차역에서 도심까지는 거리가 있는 편으로 짐은 최대한 가볍게 가져오는 것이 편하다.

ⓘ 미쿨로프 여행자 인포메이션 센터
Tourist Information Centre Mikulov

1993년 오픈한 이후 여행자들에게 많은 도움을 주고 있다. 관광지, 축제와 이벤트, 교통편, 숙박과 식사, 다양한 투어 그리고 와인 셀러 등에 대한 정보를 제공하고 있다. 미쿨로프 지역은 물론 여행객들이 많이 찾는 팔라바Pálava와 레드니체-발티체Lednice-Valtice 지역의 여행 정보 및 지역 축제 티켓, 지도나 지역 특산품과 같은 기념품을 판매하기도 한다.

지도 P.502-B1 **주소** Náměstí 1, 692 01 Mikulov **홈페이지** www.infomikulov.cz **운영** [1·2·3·11·12월] 화~금요일 09:00~16:00, 토요일 09:00~14:00 [4·10월] 월~일요일 9:00~16:00 [5·6·9월] 월~일요일 09:00~17:00 [7·8월] 월~일요일 09:00~18:00 **가는 방법** 미쿨로프 광장에서 북쪽으로 도보 1분.

ATTRACTION ◆ 보는 즐거움 ◆

미쿨로프 성 Zámek Mikulov | Mikulov Castle

미쿨로프 어디에서나 볼 수 있는 아름다운 바로크 양식의 성. 1249년 프르제미슬 오타카르 2세Přemysl Otakar II가 리히텐슈타인Liechtenstein 가문에 영지를 하사했다. 하지만 제2차 세계대전 후 1945년 독일군이 퇴각할 때 화재로 인해 성이 심각하게 파괴되었고 새로운 주인인 디트리히슈타인Dietrichstein 가문이 1719년 이후 지금의 모습으로 재건한 것이다. 현재는 다양한 전시들이 진행 중이다. 19세기의 고딕 시대부터 주교 프란츠 디트리히슈타인의 르네상스 시기, 마리아 테레지아와 나폴레옹 보나파르트가 방문하곤 했던 바로크 시기의 공예품들과 가구들을 박물관 콘셉트로 만날 수 있는 전시 '고딕에서 제국까지', 모라비아의 귀족 가문이었던 디트리히슈타인의 17~20세기의 회화 컬렉션과 함께 당시 성의 역사를 확인할 수 있는 '디트리히슈타인 갤러리', 가문의 열정과 취미에 관한 전시인 '열정과 위엄' 외에도 성의 도서관, 예배당, 1643년부터의 거대한 와인 통이 있는 모라비아의 포도 재배와 와인 생산에 관련된 전시도 빼놓을 수 없겠다. 다만, 내부보다는 외부에서 보는 편이 더 멋진 편이다. 성에 꼭 입장하지 않더라도 아름다운 정원을 위해서라도 들를 만한 가치가 충분하다.

> **tip!**
> '모라비아 포도 재배에 관한 전통' 전시에서 만날 수 있는 거대한 와인 통은 무려 길이가 6.2m이며 가장 큰 부분의 지름은 5.2m로 10만 1,400리터의 와인 보관이 가능하며 무게는 약 26.1톤에 달한다.

지도 P.502-B1 **주소** Zámek 1/4, 692 01 Mikulov
홈페이지 www.rmm.cz/index_en.html **운영** [3·4·10·11월] 금~토요일 09:00~16:00 [5·6·9월] 화~일요일 09:00~17:00 [7·8월] 매일 09:00~18:00 **휴무** 12~2월
가는 방법 미쿨로프 나 모라베 역에서 미쿨로프 광장을 지나 도보로 약 20분, 미쿨로프 광장에서 도보 약 2분.
요금 [가이드 투어] 고딕에서 제국까지, 디트리히슈타인 갤러리 : 성인 180Kč, 어린이·시니어 90Kč, 가족 400Kč
열정과 위엄 - 디트리히슈타인 컬렉션 : 성인 120Kč, 어린이·시니어 60Kč, 가족 300Kč,
성의 지하와 거대한 통 : 성인 120Kč, 어린이·시니어 60Kč, 가족 300Kč
성 도서관 : 성인 120Kč, 어린이·시니어 60Kč, 가족 300Kč
[가이드 없는 투어] 팔라바 지역의 로마인과 독일인 : 성인 120Kč, 어린이·시니어 60Kč, 가족 300Kč
수 세기를 거친 와인 : 성인 120Kč, 어린이·시니어 60Kč, 가족 300Kč [예배당] 무료

미쿨로프 광장과 주변

미쿨로프 광장 Náměstí Mikulov | Mikulov Square

미쿨로프 여행의 중심. 미쿨로프 성 가깝게 이전된 16세기 후 지금의 모습을 유지해왔다. 17세기 후반 르네상스 시기에 세워진 많은 르네상스 양식의 건물은 거의 변하지 않았을 정도로 당시의 모습을 잘 보존하고 있다. 그래피티 장식의 기사의 집, 로마 신화에 나오는 님프 '포모나' 조각상, 18세기 초에 세워진 기념비적인 성 삼위일체 석주 등이 모두 광장에 있다. 유서 깊은 광장은 도시에 의해 보호되고 있다.

지도 P.502-B1 **주소** Náměstí Mikulov, 692 01 Mikulov
가는 방법 미쿨로프 기차역에서 북쪽으로 도보 약 19분.

기사의 집

Sgrafitový dům U Rytířů | Graffiti Knight's House

미쿨로프 광장의 가장 매력적인 11번 집으로 4개의 코너에 앨코브를 가지고 있다. 1591년 1층이 건축된 후 19세기 후반에 2층이 증축되었다. 르네상스식 즈그라피토 기법으로 꾸며진 성경과 고대 그리스·로마 신화의 장면들로 건물은 우아하다. 내부의 아케이드 또한 볼 만하다.

지도 P.502-B1 **주소** Náměstí 24/27, 692 01 Mikulov
가는 방법 미쿨로프 광장 내 (남쪽 방향).

> **tip!**
> 앨코브 Alcove 란?
> 홀이나 복도, 방의 벽 일부를 오목하게 만들어 둔 부분을 말한다.

분수 Kašna | Foundation

1700년경 세워진 다각형 석조 분수. 그리스·로마 신화의 님프 '포모나Pomona' 조각상이 디트리히슈타인 가문의 문양이 새겨진 방패를 들고 있다. 규모가 크지는 않지만 현지인들이 종종 근처에서 수다를 떨거나 휴식을 취하는 곳. 성 삼위일체 석주 바로 옆에 있다.

지도 P.502-B1 **가는 방법** 미쿨로프 광장 내 (북쪽 방향).

디트리히슈타인의 무덤 Ditrichštejnská hrobka | Dietrichstein tomb

미쿨로프와 깊은 관련이 있는 디트리히슈타인 가문의 무덤은 성 앤 성당의 장례 예배당에 안치되어 있다. 성 앤 성당은 순례지인 이탈리아 로레타의 성스러운 집에 영감을 받아 1623~1656년 미쿨로프 광장 아래쪽에 지어졌다. 1784년 끔찍한 화재로 크게 손상되었지만 19세기 중반이 되어 디트리히슈타인 가문의 무덤으로 재건되었다. 성 바츨라프 대성당에 있던 1617~1852년까지의 디트리히슈타인 가문의 유골(약 45명)이 성 앤 성당으로 이관되었다.

지도 P.502-B1 주소 Náměstí 193/5, 692 01 Mikulov 홈페이지 www.mikulov.cz/en/tourist/services/tourist-destinations/sightseeing-object/dietrichstein-tomb 운영 [4·10월] 토~일요일 10:00~16:00 [5·6·9월] 화~일요일 10:00~17:00 [7·8월] 매일 10:00~18:00 휴무 11~3월(단, 그룹의 경우 예약 시 가능) 요금 성인 100Kč, 어린이·시니어 80Kč, 가족(성인 2명+소아 3명) 270Kč 가는 방법 미쿨로프 광장에서 도보로 약 1분.

성 삼위일체 석주 Sousoší Nejsvětější trojice | Statue of the Holy Trinity

미쿨로프 광장 끝 쪽에 위치한 우아한 바로크 양식의 기둥. 1723~1724년 완성된 것으로 전염병 종식 기념탑으로 불리기도 한다. 디트리히슈타인의 왕자 발터 자비에르Walter Xavier와 석공 안드레아스 슈타인 뵈크Andreas Steinböck에 의해 세워졌다. 기둥은 육각형의 바닥을 기초로 토스카나 양식의 3개 기둥이 하나로 삼면체의 피라미드에 합쳐지는 형상이다. 성령이 천국에서 구름, 작은 천사들, 하나님 아버지와 하나님의 아들인 예수 그리스도와 함께 있는 모양으로 풍부하게 장식되어 있다. 성 얀 네포무츠키St. Jan Nepomucký, 성 프란티셰크 사베르스키St. František Xaverský, 성 카렐 보로메이스키St. Karel Boromejský의 조각상들을 찾아볼 수도 있다.

지도 P.502-B1 주소 Náměstí 163/3, 692 01 Mikulov 가는 방법 미쿨로프 광장 내(북쪽 방향).

그 외

염소 탑 Kozí Hrádek | Goat Tower

미쿨로프의 탁 트인 전망을 감상할 수 있는 3대 포인트 중 하나. 염소 언덕의 염소 탑은 북쪽으로부터의 마을과 미쿨로프 성을 보호하는 요새 시스템의 일환이었다. 네오고딕 양식의 요새이자 탑으로 15세기에 건축된 이후 브르노와 빈을 연결하는 전략적인 통로였으며 중요한 무역로를 보호하고 통제했었다. 그리고 미쿨로프 성의 방어 시스템을 향상시켰고 나아가 중부 유럽의 방어 시스템을 발전시켰다. 숙소 '포드 코짐 흐라드켐' 뒤쪽으로 바로 연결되며, 시내에서도 조금만 걸어 올라가면 도착할 수 있을 정도로 가깝다. 참고로 언덕에 올라가기만 해도 미쿨로프의 탁 트인 전경과 성스러운 언덕이 잘 보이기 때문에 꼭 탑에 입장하지 않고도 멋진 사진을 남길 수 있다.

지도 P.502-B1 주소 Na Jámě, 692 01 Mikulov **운영** 탑에 깃발이 꽂히는 날 **요금** 성인 30Kč, 어린이·학생·시니어 20Kč, 6세 미만 무료 **가는 방법** 미쿨로프 광장에서 북쪽으로 도보 약 6분, 숙소 '포드 코짐 흐라드켐'에서 도보 2분.

성스러운 언덕 Svatý kopeček | Holy Hill

미쿨로프에서 가장 중요한 랜드마크 중 하나로 단연 눈에 띈다. 해발 363m의 성스러운 언덕은 희귀한 동식물종의 보호를 위해 1992년부터 자연보호구역으로 지정되었다. 광장의 파란색 표시 트레일을 따라가면 십자가의 길이 나오는데 순백의 성 세바스찬 순례 예배당, 종탑, 신성한 무덤이 있는 언덕의 정상으로 이어진다. 정상에서 바라보는 평화로운 미쿨로프의 전경과 팔라바 언덕에 넓게 펼쳐진 와이너리는 그야말로 환상적. 팔라바 언덕은 중생대 석회암 절벽으로 평평한 정상, 가파른 경사면이 타원형 능선을 보기 좋게 형성하고 있다. 한국의 산에 비해 높지 않고 완만해서 큰 부담이 없고 언덕을 오르는 동안 평온하고도 싱그러운 미쿨로프의 자연을 온전히 즐길 수 있다.

지도 P.502-B1 주소 692 01 Mikulov **가는 방법** 미쿨로프 광장에서 남동쪽 방향으로 도보로 약 25분.

tip!
성스러운 언덕에 오르면 미쿨로프 성을 배경으로 멋진 사진을 남길 수 있다.

RESTAURANT ◆ 먹는 즐거움 ◆

와인 산지인 미쿨로프의 카페에서는 와인을 커피처럼 편하게 마시고 있는 모습을 쉽게 목격할 수 있다. 카페마다 주력으로 하는 와인 브랜드가 다양하고 또 여러 품종을 선보이고 있어 취향에 맞게 선택할 수 있다. 가격 또한 커피값만큼이나 부담이 없는 편. 미쿨로프를 여행한다면 남부 모라비아산 와인을 실컷 마시는 작은 호사를 누릴 수 있다.

쿡 비스트로 KUK Bistro

간단한 음식과 커피를 파는 모던하고 깔끔한 카페. 아침부터 문을 여는 카페이기도 하고 미쿨로프 광장 근처의 위치하고 있어 여행객들이 이용하기 편리하다. 직접 구운 빵, 페이스트리, 케이크 등의 베이커리 메뉴와 신선하고도 든든한 한 끼가 되는 수프, 샐러드, 커피는 물론 와인, 쿡 스피릿 등 주류를 포함한 다양한 음료, 여러 식료품도 함께 판매하고 있다. 현지인도 여행객도 많이 찾는 곳으로 친절한 서비스에서는 미쿨로프의 인심이 느껴지는 듯하다. 미쿨로프 와인을 글라스로도 부담 없이 마실 수 있다.

지도 P.502-B1 주소 Kostelní náměstí. 13, 692 01 Mikulov 홈페이지 www.facebook.com/KUKbistro.mikulov/timeline 운영 매일 08:00~22:00 가는 방법 미쿨로프 광장에서 북서쪽 방향으로 도보 약 1분.

카페 돌체 비타 Cafe Dolce Vita

미쿨로프 성 바로 앞에 위치한 담쟁이 덩굴이 인상적인 카페. 다양한 미쿨로프산 와인, 커피 그리고 디저트 케이크류를 판매하고 있어 언제나 여행객들로 붐빈다. 와인 산지인 만큼 다양한 와인을 글라스로 판매하고 있다. 큰 와이너리보다는 소규모 와이너리의 와인을 판매하는 편. 좋은 곳에 위치하고 있어 분위기나 맛보다는 장소의 힘이 큰 곳이기도 하다. 광장에서 잠시 쉬어가기에 좋은 곳이다.

지도 P.502-B1 주소 Náměstí 29, 692 01 Mikulov 홈페이지 www.cafe-mikulov.cz 운영 월~금요일 9:00~22:00, 토요일 09:00~20:00, 일요일 09:00~21:00 가는 방법 미쿨로프 광장에서 미쿨로프 성 방향으로 도보 약 1분.

마르첼라 이흐나차크 레스토랑 -부티크 호텔 탄즈베르크
Marcela Ihnačák Restaurant- Boutique Hotel Tanzberg

호텔 탄즈베르크 내 위치한 미쿨로프 내 최고의 레스토랑. 현지의 신선한 제철 재료, 현대적이면서도 창의적으로 재해석한 체코와 슬로바키아의 전통 요리, 세련된 인테리어와 분위기를 모두 갖춘 멋진 곳이다. 셰프 마르첼라 이흐나차크Marcel Ihnačák는 슬로바키아 출신으로 TV는 물론 여러 요리책을 집필한 슬로바키아 요리의 전설적인 존재다. 소고기 타르타르, 소고기 스테이크, 파스타, 칠면조 뇨끼 등의 일반 메뉴와 함께 유대인식 메뉴를 판매한다. 성 마르틴의 날(11월 11일)과 같은 축제일 전후로는 전통 칠면조 특별 메뉴를 선보이고 있다. 와인 산지인 미쿨로프인 만큼 한 잔의 와인 혹은 한 병의 와인을 곁들인다면 하루의 마무리까지 완벽하다.

지도 P.501-A1 주소 Husova 8/331, 692 01 Mikulov **홈페이지** www.hotel-tanzberg.cz/restaurace
운영 매일 11:00~22:00 **가는 방법** 미쿨로프 광장에서 북서쪽 방향으로 도보 약 4분.

카페 얀차 Caffe Janča

현지인들이 찾는 케이크 카페. 조각 케이크, 체코식 전통 페이스트리 등 전문으로 판매하는 카페다. 다소 투박해 보이는 메뉴도 있지만 현지인이 맛있다고 인정한 디저트 집이다. 현금만 결제가 가능하고 디자인이 다소 투박해 보이기도 하지만 가격과 쉬어갈 수 있는 공간이 단점을 상쇄하는 곳이다.

지도 P.502-B2 주소 Náměstí 1593/19a, 692 01 Mikulov **운영** 매일 09:00~20:00 **가는 방법** 미쿨로프 광장에서 남쪽 방향으로 도보 약 1분.

SHOPPING ◆ 사는 즐거움 ◆

비노테카 볼라르지크 Vinotéka Volařík | Volařík Wine Shop

체코와 해외에서 여러 상을 수상한 볼라르지크 와이너리에서 운영하는 와인 숍이자 와인 바. 볼라르지크 가족이 운영하는 와이너리로 제2차 세계대전 이후 독일인 거주자로부터 포도 재배 및 양조 기술을 배운 뒤 볼라르지크의 역사가 시작되었다고 한다. 미쿨로프 시내의 볼라르지크가 운영하는 비발디 아파트 1층에 위치하고 있어 와이너리까지 가지 않더라도 볼라르지크 와인을 맛볼 수 있다. 볼라르지크 와이너리에서 생산하는 40가지 이상의 다양한 와인을 판매한다. 와인 바의 역할도 함께하는 만큼 와인을 구매하지 않고 원하는 품종을 개별 글라스로 마실 수도 있어 합리적이다. 올리브, 치즈 등 와인과 곁들일 만한 간단한 메뉴들도 있다. 날씨가 좋다면 성스러운 언덕, 염소 탑, 미쿨로프 성이 보이는 야외 테라스를 추천한다.

지도 P.502-B1 **주소** Kostelní náměstí 155/8, 692 01 Mikulov
이메일 info@mhmikulov.cz (와인 셀러에서의 테이스팅 예약)
홈페이지 mhmikulov.cz/en/volarik-wine-shop
운영 시즌에 따라 상이 **추천 품종** 팔라바, 그뤼너 벨트리너, 리즐링 등
가는 방법 미쿨로프 광장에서 북서쪽 방향으로 도보 약 2분.

tip!
체코에서 발티체 와인 마켓, 킹 오브 와인, 올해의 와인 메이커에서 우승한 이력이 있다.

비노테카 미쿨로프
Vinotéka Mikulov | Mikulov Wine shop

미쿨로프와 남부 모라비아의 와인을 판매하는 숍. 미쿨로프 광장 옆에 자리 잡고 있다. 미쿨로프와 근교에서 양조된 탄즈베르크Tanzberg, 볼라르지크Volařík, 카드른카Kadrnka, 발라즈Baláž, 비노폴Vinofol 등에서부터 남부 모라비아 지역의 대표적인 와이너리인 손베르크Sonberk, 오벨리스크Obelisk, 스타베크Stávek 등까지 현지의 다양한 와인 셀렉션을 제공한다. 그 외에도 오렌지 와인, 아이스 와인, 스트로 와인, 강화 와인 등의 스페셜 와인도 있다. 선택의 폭이 다양하고 또 품질 좋은 와인을 1만~3만 원 선으로 구매할 수 있어 미쿨로프 여행 기념품으로 사가기에도 좋다. 일부 와인은 테이스팅 탭을 이용해 시음해 볼 수도 있다.

지도 P.502-B1 **주소** Náměstí 199/11, 692 01 Mikulov **홈페이지** www.pijuziju.cz/vinarstvi-silova
운영 토~목요일 09:00~12:00, 13:00~19:00, 금~토요일 09:00~12:00, 13:00~22:00 **휴무** 시즌에 따라 상이
가는 방법 미쿨로프 광장에서 북서쪽 방향으로 도보 약 1분.

ACCOMMODATION ◆ 쉬는 즐거움 ◆

호텔 볼라르지크 Hotel Volarik ★★★★ Wellness & Wine

볼라르지크 와이너리에서 운영하는 4성급 호텔. 미쿨로프 곳곳을 여행하기 편리한 곳에 위치하며 편안하면서도 모던함을 갖춘 객실을 운영하고 있다. 이코노미, 컴포트, 테라스 컴포트, 슈페리어 룸 등 여러 카테고리의 방이 있고 주차가 무료 제공된다. 작은 키친 시설이 딸린 스튜디오형 아파트도 운영하고 있어 특히 아이가 있는 가족에게는 좋은 옵션을 제공하는 곳. 더불어 호텔 바에서 만날 수 있는 싱그러운 볼라르지크의 와인 한 잔은 하루를 마무리하기에도 딱이다. 단, 객실 수가 많지 않고 와이너리에서 직접 운영하는 호텔로 현지인에게 인기가 많은 곳인 만큼 미쿨로프 여행이 결정되는 대로 바로 예약하는 것을 추천한다. 지하의 와인 셀러는 이벤트, 행사 등의 대관 행사를 진행하기에 좋다.

지도 P.502-A2 주소 22. dubna 1000/28, 692 01 Mikulov 홈페이지 hotelvolarik.cz/en
와인 셀러 대관 및 테이스팅 문의 420 734 608 569 / event@hotelvolarik.cz
가는 방법 미쿨로프 기차역에서 도보로 약 15분, 미쿨로프 광장에서 남동쪽으로 도보 약 5분.

호텔 갈란트 Hotel Galant ★★★★

미쿨로프에서는 제법 큰 규모의 호텔로 약 125개의 객실을 운영 중이다. 성스러운 언덕 앞으로 루프탑 수영장이 인상적인 곳. 미쿨로프, 팔라바 와이너리 뷰, 아름다운 마을의 뷰가 인상적이다. 호텔은 물, 맥아, 효모와 홉을 이용한 전통적인 맥주 양조 방법으로 직접 맥주를 양조하는 브루어리 겸 레스토랑 및 모라비아 와인을 제공하는 와인 바를 운영하고 있다. 마찬가지로 호텔 내 무료 주차장을 제공하고 있어 렌터카 여행에 메리트 있는 호텔.

지도 P.502-B1 주소 Mlýnská 739, 692 01 Mikulov 홈페이지 mikulov.galant.cz/en
가는 방법 미쿨로프 기차역에서 도보로 약 22분, 미쿨로프 광장에서 남동쪽으로 도보 약 4분.

ZOOM IN

미쿨로프식 전통 숙소
비니 스크렙 포드 코짐 흐라느켐
Vinný sklep Pod Kozím hrádkem

미쿨로프 현지의 분위기를 느낄 수 있는 전통 숙소. 현지의 소규모 와이너리에서 운영하는 숙소로 염소 언덕 아래의 동굴에 자리 잡고 있는 독특한 곳이다. 주인장 '미카엘 솔라르지크Michal Solařik'의 할아버지가 그의 형의 초대로 1947년 슬로바키아에서 이주하며 포드 코짐 흐라드켐과 와인 생산의 역사가 시작되었다. 염소 언덕 아래에 있던 바위와 동굴을 개조하여 숙소와 와인 저장고로 사용하고 있다. 오늘날까지도 직접 생산한 와인들을 시원한 석회암 동굴에서 보관하고 있으며, 미쿨로프의 개성이 가득한 숙소는 동굴의 일부로서 굉장히 독특하고도 멋지다. 객실이 많지 않으니 미리 예약하는 편을 추천. 와인 셀러는 주인장 할아버지의 깜짝 불쇼와 함께하는 와인 테이스팅을 제공하기도 한다. 베이컨을 두른 돼지고기 안심, 소시지와 치즈 플래터 등 와인과 환상의 궁합을 자랑하는 모라비아식 요리가 1층 레스토랑에서 제공된다. 단, 매일 문을 여는 것이 아니기에 식사를 하려면 예약은 필수. 성수기인 7~8월은 계속 운영한다. 와인 셀러와 레스토랑은 개인뿐 아니라 단체 혹은 이벤트 등 단독으로도 이용되기 때문에, 특히 남부 모라비아의 전통 악기인 침벌 행사가 함께하는 일정이라면 그야말로 러키!

지도 P.502-B1 주소 Kozí hrádek, 692 01 Mikulov **이메일** michal.solarik@seznam.cz **홈페이지** podkozimhradkem.cz **운영** 7~8월은 주 단위 숙박 가능, 그 외의 시즌은 개별 문의 **휴무** 시즌별로 상이 **가는 방법** 미쿨로프 광장에서 북서쪽으로 도보 약 5분.

SPECIAL PAGE

미쿨로프에서 탄생한 독특한 맥주
와일드 크리에이처스 브루어리
Wild Creatures Brewery

미쿨로프에서 태어난 특별한 맥주, 정확히는 미쿨로프 시내에서 차로 약 10분 거리의 돌니 두나요비체 Dolní Dunajovice에 양조장이 있다. 체코 맥주라고 하면 아무래도 필스너 타입의 라거를 가장 먼저 떠올린다. 하지만 체코 전역의 소규모 양조장에서는 그들만의 개성이 가득한 맥주를 생산하고 있다. 와인 생산으로 유명한 남부 모라비아에서 탄생한 '와일드 크리에이처 Wild Creatures'의 맥주는 독특한 발효 맥주다. 와일드 크리에이처의 맥주는 바로 와인의 자연 발효에서 영감을 받아 탄생했다. 창업자 이트카 일치코바 Jitka Ilčíková는 마스터 블렌더로 남편인 리보르 일치크 Libor Ilčík와 함께 소규모 가족 와이너리와 현대적인 시설의 대규모 와이너리에서 경력을 쌓았다. 그리고 전통적인 자연 발효 방식의 맥주를 탄생시키기 위해 부단히 연구했고 약 5년의 시간을 거쳐 와일드 크리에이처라는 맥주가 세상에 태어났다. 와인에 대한 전통적인 지식과 현대식 맥주 기술이 접목한 새로운 맥주랄까. 탄산과 함께 톡 쏘는 새콤한 맛이 인상적인 와일드 크리에이처의 맥주는 실험실에서 탄생한 효모가 아닌 야생 및 지역 미생물을 이용해 오크통에서 발효시키며 맥주에 체코의 포도, 살구, 사워 체리 등을 이용한 과일 맥주까지 다양한 맛을 선보인다. 현재 브루어리 투어를 따로 진행하고 있지는 않지만 미쿨로프의 넓은 포도밭 옆에 자리 잡은 이트카의 실험적인 양조장이다. 자랑스러운 발효 맥주는 체코 내에서 만날 수 있는 것은 물론 해외로도 수출하고 있다.

지도 P.502-A1 주소 Mlýnská, 691 85 Dolní Dunajovice 홈페이지 www.wildcreatures.cz

SPECIAL PAGE

1년에 단 1번! 팔라바 와인 축제
Pálavské vinobraní | Pálava Vintage

체코에서 가장 크고 유명한 와인 산지인 미쿨로프에서 펼쳐지는 포도 수확제이자 와인 축제. 미쿨로프를 둘러싼 역사적인 팔라바 언덕에서 탄생한 품질 좋은 포도로 양조한 와인의 생산을 축하하는 기간이다. 축제 기간 내내 과일향이 가득한 달콤한 와인 내음이 마을을 감싸고, 마을은 미쿨로프의 와인을 맛보려는 사람들로 가득하다. 체코 대부분의 와인이 생산되는 남부 모라비아에서

도 미쿨로프 지역의 팔라바 언덕 와이너리에서 생산된 화이트 와인은 최상급으로 꼽힌다. 귀여운 와인 잔을 목에 걸고 미쿨로프에서 생산된 다양하고도 품질 좋은 와인을 골라서 마시는 것도 와인 축제의 묘미. 어린이가 있는 가족도 함께 즐길 수 있도록 와인 양조, 어린이 소믈리에, 포도 재배 과정 등의 프로그램 등도 진행된다. 전통 복장의 퍼레이드, 마치 과거로 돌아간 듯한 동화 같은 거리와 와인 테이스팅, 와인 전시와 노래가 있는 흥겨운 분위기가 축제 기간 동안 계속된다.

기간 2024년 9월 6~8일 **요금** [3일권] 850Kč(얼리버드), 1200Kč(현장 구매) [1일권] 800Kč(금·토요일) 300Kč(일요일, 현장 구매). *12세 이하의 어린이는 입장 무료.

south moravia P.411, P.425, P.438의 일부 사진은 Tourist Authority-South Moravia 제공

작지만 사랑스러운 와인 마을
즈노이모
Znojmo

남부 모라비아의 또 다른 와인 마을. 마을을 유유히 흐르는 디예Dyje 강 위에 위치한 즈노이모는 프르제미슬리드 왕조의 오타카르 I 세Otakar I가 세운 곳으로 1226년 남부 모라비아의 가장 첫 번째 왕실 도시로서의 지위를 부여받았다. 중세의 요새화된 성벽, 역사를 간직한 성당과 예배당, 르네상스 양식을 간직한 유서 깊은 골목, 태초 자연의 모습을 잘 보여주는 아름다운 전망의 포디이 국립공원까지 고루 가지고 있다. 체코에서도 일조량이 많고 비옥한 환경으로 포도가 잘 자라는 체코의 대표적인 와인 산지 중 하나로 매년 9월이면 성대한 와인 축제가 열린다.

Best 3

Best 1

유서 깊은 역사의 흔적 따라가기

성 캐서린 로툰다는 체코의 대표적인 왕조인 프르제미슬의 오타카르 1세가 세운 곳인 만큼 역사적으로 의미가 깊은 곳이다. 성모 마리아와 예수 그리스도의 생애에 관련된 종교적인 그림뿐만 아니라 당시의 체코를 통치하던 프르제미슬 왕조를 찬양하는 묘사를 만날 수 있다. 역사적 의미만큼 멋진 외관은 아니지만 방어에 탁월했던 즈노이모 성에서 찬란했던 과거를 떠올리게 된다. P.433

Best 2

즈노이모의 멋진 뷰와 함께 와인 마시기

작지만 사랑스러운 와인 마을 즈노이모에서 디예Dyje 강, 포디이 국립공원, 성 니콜라스 성당 등의 평화로운 뷰와 함께 와인 한 잔은 필수. 에노테카 와인 바 & 숍 & 카페에서는 환상적인 즈노이모의 뷰를 감상할 수 있는 테라스 석이 있다. 특수 기계를 통해 최상의 상태로 와인 테이스팅을 진행하고 있다.
P.435

현지인처럼 여유 즐기기

즈노이모는 와인뿐만 아니라 현지 맥주 양조로도 유명하다는 사실. 신성 로마 제국의 황제 루돌프 1세가 즈노이모에서 반경 1마일 이내 양조할 수 있는 권리를 부여한 이래 맥주 양조의 역사가 시작된 기록이 있다. 여러 역사적 사건을 거치며 지금은 즈노이모 시립 양조장으로 운영된다. 간단한 하이킹을 즐긴 뒤 시원한 맥주, 맛 좋은 체코 음식과 즈노이모 여행을 마무리하기에 좋다. P.435

Best 3

즈노이모 가는 법

프라하에서 출발할 경우 중간에 갈아타야 하는 기차보다는 한 번에 가는 버스를 추천한다. 버스는 체코의 대표적인 레지오젯 추천. 혹은 플릭스 버스를 이용할 수도 있다. 버스마다 운영하는 시간이 다르니 일정에 맞게 선택하면 된다. 미쿨로프에서 출발한다면 기차로 바로 갈 수 있어 편하다. 조금 더 자유롭게 여행하고 싶다면 아예 렌터카로 편하게 이동할 수도 있다.

기차 | Train

- **즈노이모 역** Vlakové nádraží Znojmo | Znojmo Train Station 지도 P.503-C2

즈노이모 기차역은 버스 정류장 바로 옆이다. 시내까지 도보 약 15분 거리로 충분히 걸을 만하다. 단, 프라하에서 출발하는 기차는 직행이 없어 브르노나 미쿨로프의 같은 근교 도시에서 즈노이모로 이동할 때 기차를 이용하는 것을 추천한다.

- 각 도시에서 즈노이모로 이동하기

도시	열차명	소요시간 및 요금
미쿨로프 나 모라볘 ▶ 즈노이모	체스케 드라히	약 52분 (요금 56Kč~)
브르노 ▶ 즈노이모	체스케 드라히	약 2시간 18분 (요금 86Kč~, 브르제츨라프 경유)
프라하 ▶ 즈노이모	체스케 드라히	약 4시간 3분 (요금 354Kč~, 브르제츨라프 경유)

차량 | Car

- 각 도시에서 즈노이모로 이동하기

도시	거리 및 소요 시간
프라하 ▶ 즈노이모	약 202 km (약 2시간 30분 소요)
미쿨로프 ▶ 즈노이모	약 55 km (약 1시간 소요)
브르노 ▶ 즈노이모	약 71 km (약 1시간 소요)

버스 | Bus

- 각 도시에서 즈노이모로 이동하기

도시	버스명	소요 시간 및 요금
프라하 ▶ 즈노이모	레지오젯	프라하(플로렌츠 터미널)에서 약 3시간 소요(요금 249Kč~)
프라하 ▶ 즈노이모	플릭스버스	프라하(플로렌츠 터미널 또는 기차역)에서 약 2시간 50분 소요 (요금 €7.99~)

즈노이모 시내 교통

즈노이모 시내는 작은 편으로 다른 교통편을 이용할 필요가 없다. 도보로 충분히 이동이 가능하다. 단, 조금 더 편리하고 효율적으로 즈노이모의 명소들을 둘러보고 싶다면 꼬마 기차를 탑승하는 방법이 있다.

즈노이모 관광 꼬마 기차 Znojmo sightseeing train

왕실의 유서 깊은 마을인 즈노이모의 잘 알려진 유명 여행지들을 빠르고 편리하게 둘러볼 수 있다. 운행 시간은 약 90분으로 특히 중세의 자갈길에 자신이 없고 시간이 없는 여행객들에게 좋다. 총 8개의 정류장에서 멈춰 시간에 맞춰 원하는 곳에서 내렸다가 다시 탑승이 가능한 홉 온 홉 오프hop-on hop-off 형태. 원하는 자리에 앉을 수 있다.
운영 5월 1일~9월 30일 (하루 5회) **가격** 70Kč

❶ 즈노이모 투어리스트 인포메이션 센터
Turistické informační centrum (TIC Obroková) | Tourist Information Centre

즈노이모 여행에 관한 전반적인 안내를 받을 수 있는 여행자 정보 센터. 시청사 탑 바로 뒤쪽에 위치해 찾기 쉽다. 즈노이모가 처음이라도 걱정하지 말자. 꼭 가봐야 할 곳을 포함해 둘러볼 만한 곳, 가능한 투어, 카페와 레스토랑까지도 추천해 준다. 도착하자마자 들러서 간단한 지도와 정보를 얻고 여행을 시작해 보자. 즈노이모는 크기가 크지 않은 편으로 아침 일찍 도착한다면 웬만한 곳들은 둘러볼 수 있다.

지도 P.503-B2 주소 Obroková ul. 10, 669 02, Znojmo **홈페이지** www.znojemskabeseda.cz/en/tourist-information-centre **운영** [11~3월] 월~금요일 08:00~18:00, 토요일, 일요일 휴무 [4~6월, 9~10월] 월~금요일 08:00~18:00, 토요일 09:00~17:00, 일요일 10:00~17:00 *주말 점심 시간 12:30~13:00 [7~8월] 월~금요일 08:00~19:00, 토요일 09:00~19:00, 일요일 10:00~18:00 *주말 점심 시간 12:30~13:00 **가는 방법** 마사리크 광장에서 북동쪽으로 도보 약 2분.

ATTRACTION 보는 즐거움

마사리크 광장 주변

마사리크 광장 Masarykovo náměstí | Masaryk Square

즈노이모 여행의 시작점. 광장의 이름은 체코슬로바키아 초대 대통령이었던 토마쉬 가리그 마사리크의 이름을 딴 것이다. 광장 주변으로 수백 년 된 르네상스 양식의 잘 보존된 집들이 옹기종기 모여있다. 중심에는 분수가 당당히 서 있고, 지하에는 장장 27km에 달하는 지하 4층 규모의 즈노이모 언더그라운드가 비밀을 간직한 채 자리 잡고 있다.

지도 P.503-B2 주소 669 02 Znojmo **가는 방법** 즈노이모 버스 정류장에서 북쪽으로 도보 약 10분.

마사리크 광장

마사리크 광장 분수

마사리크 광장 탑

즈노이모 언더그라운드 Znojmo Underground

즈노이모의 거대한 지하 세계. 지하 통로와 저장고는 무려 약 27 km의 길이, 약 4층으로 구성되어 있다. 지하에서 발견된 기록에 따르면 지하 통로가 건설된 것은 14세기에서 15세기라고 한다. 중세 시대의 즈노이모는 주요 무역로였고, 부유했던 상업적 중심지로서 시민들이 사는 건물 지하에는 경제적인 목적, 즉 물품의 보관 등으로 사용되는 지하 공간이 있었다. 하지만 지하 통로가 건설된 궁극적인 목적은 전략적이면서도 방어적인 목적으로 전문가들은 추론하고 있다. 국경 옆의 요새화된 방어 시스템을 가지고 있던 즈노이모에서 꼭 필요한 역할이었다는 것이다. 제2차 세계대전 이후 많이 손상되었지만 지하에 위치한 많은 우물, 단단한 암석의 균열을 통해 지하로 흐르는 지하수 순환 시스템 또한 주목할 만하다. 언더그라운드 투어는 약 1km 구간을 체험하며 즈노이모 투어리스트 인포메이션 센터에서 예약을 받고 있다.

©znojemska beseda

tip!
과거 시청사 건물이었던 마사리크 광장의 디예(Dyje) 쇼핑몰 아래에는 거대한 홀이 있다. 그 아래 중세의 고문실이 있던 것으로 추청하고 있다.

지도 P.503-B2 주소 Obroková 10, 669 02 Znojmo **홈페이지** www.znojemskabeseda.cz/en/tourism/underground **운영** [11~3월] 월~토요일 10:00~17:00, 일요일 10:00~14:00 [4·10월] 매일 10:00~17:00 [5·6·9월] 09:00~17:00 [7·8월] 매일 09:00~18:00 휴무 없음, 단 공휴일에는 변경될 수 있어 여행 시기에 맞춰 별도의 확인 필요 **요금** 성인 130Kč, 어린이(6~15세)·학생(2세까지)·시니어 등 80Kč, 6세 미만 어린이 무료 **가는 방법** 즈노이모 투어리스트 인포메이션 앞 출발.

즈노이모 성
Znojemský Hrad | Znojmo Castle

11세기 중반 이후 체코 프르제미슬리드 가문의 모라비아 왕자들은 디예 강 동쪽 너머 오스트리아에 맞서 국경을 강화할 필요성을 느꼈다. 그렇게 강 계곡과 주위를 관찰하고 방어할 수 있는 새로운 요새가 탄생하게 되었다. 즈노이모 성은 방어에 적합한 위치였고, 오스트리아에서 디예 강 북동쪽을 지나는 상인들의 오래된 길을 보호하기에도 좋았다고 한다. 이에 체코의 통치자들은 체코에서 오스트리아로 가는 길에 자주 들렀고 또 외교적 협상도 많이 이루어졌다. 하지만 나무로 만들어졌던 최초의 즈노이모 성은 포위 공격으로 파괴되었고 1세기에 석조로 재건되었다. 그 후 30년 전쟁, 화재 등을 겪으며 17세기 말에 거의 폐허가 되었다가 19세기에는 군 병원이나 병영으로 사용되었고, 1922년 이후에나 박물관으로 사용하기 위해 개조되었던 역사가 있다. 체코의 다른 성에 비해 외관은 화려한 편은 아니나 중요한 의미가 있던 곳. 현재는 남부 모라비아 박물관으로 사용 중이다.

즈모이노 성 로툰다

지도 P.503-A2 주소 Hradní 84, 669 02 Znojmo **홈페이지** www.muzeumznojmo.cz/en **운영** [4월] 토~일요일 09:00~17:00 [5~9월] 화~일요일 09:00~17:00 [10월] 토~일요일 09:00~17:00 **휴무** [11~3월] 매일 [4월] 월~금요일 [5~9월] 매주 월요일 **요금** [0층 투어] 성인 100Kč, 시니어(65세 이상) 70Kč [전시] 성인 70Kč, 시니어(65세 이상) 50Kč [0층 투어+전시] 성인 150Kč, 시니어(65세 이상) 120Kč **가는 방법** 마사리크 광장에서 남서쪽으로 도보 약 7분.

시청사 탑
Radniční věž | Town hall Tower

즈노이모 구 시청사의 최초 역사는 1260년 시작되었다. 하지만 대화재로 1444년 건물과 탑이 전소된 이후 재건축 과정에서 탑은 아예 별개의 건물로 새롭게 설계되었다. 그 후 1445~1448년 후기 고딕 양식으로 지어진 시청사 탑의 높이는 약 80m(정확히는 79.88m)에 이른다. 이후 지붕과 시계 교체, 전반적인 수리 등을 지속해왔다. 흥미로운 점은 1833년 수리가 이루어졌을 때에는 1656년부터의 즈노이모의 주요 행사와 사건, 도시의 삶을 요약한 책을 돔의 황동 상자 안에 넣었다. 타임머신처럼 말이다. 그리고 대대적인 리노베이션이 이루어질 때마다 당시의 문서가 여전히 보관됐다고 한다. 참고로, 즈노이모가 국경의 요새 시스템을 갖추고 있었던 만큼 탑도 파수꾼이 밤낮으로 즈노이모와 그 주변을 감시하는 데 쓰였고, 1924년까지도 경비원은 탑에서 근무했던 재미있는 이력이 있다(재건축으로 인해 2024년 봄까지 폐쇄 예정).

지도 P.503-B2 주소 Obroková 1/12, 669 02 Znojmo **홈페이지** www.znojemskabeseda.cz/en/clanky-turismus/108-town-hall-tower **운영** [5~6월, 9월] 매일 09:00~12:30, 13:00~17:00 [7~8월] 매일 09:00~12:30, 13:00~18:00 [10~4월] 화~일요일 10:00~12:30, 13:00~16:00 **가는 방법** 마사리크 광장에서 북동쪽으로 도보 약 2분.

성 캐서린 로툰다 Rotunda svaté Kateřiny | Rotunda of St Catherine

로마네스크 양식의 로툰다로 1100년 이전 공작 콘라트 1세 Konrad I와 그의 아들 루이트폴트Luitpold가 새로운 성의 중심에 세웠다. 즈노이모 내에서도 가치가 높은 기념물로 손꼽힌다. 원래는 성모 마리아에게 헌정하는 성의 예배당이었다고 알려진다. 그리고 체코 땅에서 가장 오래된 프레스코 작품 중 하나가 바로 여기에 있다. 성모 마리아와 예수 그리스도의 생애에 관련된 종교적인 그림 외에도 당시 체코를 통치하던 프르제미슬리드Přemyslid 왕조를 찬양하는 묘사가 흥미롭다. 현재 로툰다는 방문객에게 개방되나 날씨의 상황이나 계절에 따라 달라질 수 있다.

지도 P.503-A2 **주소** 5, Hradní 85, 669 02 Znojmo **홈페이지** www.muzeumznojmo.cz/en **운영** [4월] 토~일요일 09:00~17:00 [5~9월] 화~일요일 09:00~17:00 [10월] 토~일요일 09:00~17:00 (단, 비 등의 기상상황에 따라 입장이 제한될 수 있음) **휴무** 시즌마다 상이 **요금** 150Kč **가는 방법** 마사리크 광장에서 남서쪽으로 도보 약 7분.

성 니콜라스 교구 성당
Děkanský chrám svatého Mikuláše | St. Nicholas' Deanery Church

즈노이모의 대표적인 랜드마크. 체코어로 미쿨라셰, 영어로 성 니콜라스는 상인들의 수호성인으로 알려져 있다. 1190년 로마네스크 양식으로 지어진 성당으로 콘라드 오토Conrad Otto 공작이 새로 생긴 즈노이모의 로우카Louka 수도원에 기증했고, 14세기 초반의 큰 화재로 인해 그 이후 여러 단계를 거쳐 재건되었다. 1437년에 룩셈부르크의 지그문트 황제의 시신을 공개적으로 전시한 적이 있는 다소 특이한 이력이 있다. 성당에 들어서면 독특한 고딕 프레스코화, 고딕 양식의 그리스도 조각품, 신성한 분위기에 매료된다. 참고로, 성당의 탑은 19세기 중반에 추가된 것이다. 바로 옆에는 성 바츨라프 예배당Kaple svatého Václava이 있다.

지도 P.503-B2 **주소** Mikulášské nám, 50/3, 669 02 Znojmo **홈페이지** www.farnostznojmo.cz **운영** 09:00~19:00 **휴무** 시즌마다 상이 **가는 방법** 마사리크 광장에서 북동쪽으로 도보 약 6분.

Travel Plus

사진 포인트! 코젤루즈스카 다리 Most Koželužská

즈노이모의 랜드마크인 성 니콜라스 교구 성당과 포도밭을 한눈에 담을 수 있는 곳! 성당에서 아래쪽의 산책길을 따라 포도밭을 지나 내려가야 한다. 반대쪽은 포디이 국립공원으로 이어지는 하이킹 시작점이기도 하다. 단, 경사로라 다시 위로 올라갈 때는 각오와 함께 든든한 체력이 필요하다.

주소 669 02 Znojmo **가는 방법** 성 니콜라스 교구 성당 아래쪽의 산책길을 따라 도보로 약 10~15분.

RESTAURANT 먹는 즐거움

나 크놉 카페 Káva na Knopp | Na Knopp Cafe

현지인이 사랑하는 즈노이모의 카페. 작은 골목에 있어 자칫하면 지나치기 쉽다. 아늑하면서도 적당한 크기의 내부 공간, 친절한 바리스타, 고소한 향의 커피, 정성스러운 홈메이드 디저트들은 나 크놉 카페를 사랑할 수밖에 없게 만든다. 바리스타 대회의 심사위원으로 참여할 만큼 커피에 대해서도 진심. 주인장은 원래 바텐더였다가 커피를 사랑해 바리스타로 전향했다고 한다. 날이 좋다면 골목길의 테라스에서 즈노이모만의 여유를 즐겨도 좋다. 참고로 와인, 맥주, 위스키 등의 간단한 주류 음료도 판매 중이다.

지도 P.503-B1 주소 Malá Michalská 198/6, 669 02 Znojmo 홈페이지 kavanaknopp.cz 운영 월~토요일 09:00~18:00 휴무 일요일 가는 방법 마사리크 광장에서 북동쪽으로 도보 약 7분.

밸런스 커피 & 와인 Balance coffee & wine

와인의 고장인 만큼 와인 바가 있는 카페. 직접 로스팅 한 원두를 이용해 커피를 내리는 곳으로 원재료 품질의 균형을 중요시한다. 와인도 신경 써서 셀렉트했다. VOC 즈노이모 VOC Znojmo라는 명칭 시스템(아펠라시옹)에 포함된 와인들에 더해 즈노이모의 와인 하위 지역, 타 지역, 해외 와인까지도 취급하고 있다. 특히 내추럴 와인에 신경 쓴다고 한다. 하루 종일 즐길 수 있는 아침 메뉴, 홈메이드 디저트, 글루텐 프리 혹은 비건 케이크까지도 선보인다. 카페로서는 특이하게 가이드가 있는 와인 테이스팅과 결합한 즈노이모 시티 투어(체코어)를 진행한다.

지도 P.503-B2 주소 Velká Mikulášská 37/10, 669 02 Znojmo 홈페이지 balancecoffeewine.cz 운영 [여름 시즌(5~9월)] 화~목·일요일 08:00~19:00, 금~토요일 08:00~21:00 [겨울 시즌(10~4월)] 화~목·일요일 09:00~19:00, 금~토요일 09:00~21:00 휴무 월요일 가는 방법 마사리크 광장에서 남서쪽으로 도보 약 1분.

©balancecoffeewine.cz

에노테카 Enoteka znojemskych vin

성 니콜라스 성당이 있는 환상적인 뷰와 함께 즈노이모산 와인을 마실 수 있는 분위기 있는 와인 바 & 숍 & 카페. 즈노이모 와인 지역의 70여 종의 와인을 갖추고 있는 곳으로 클래식한 품종의 와인, 잘 알려진 와인, 내추럴 와인, 스트로 와인, 전통적인 방법으로 만들어지지 않은 와인 등 다양한 와인을 보유하고 있다. 세련된 내부만큼이나 시스템도 현대적이다. 최상의 상태로 시음을 진행하기 위해 와인들은 특수 기계를 이용해 보관되고 있고 카드를 충전해서 원하는 와인을 자유롭게 셀프서비스로 시음하는 형식이다. 와인별 3가지 용량 옵션을 제공하고 있어 선택의 폭이 다채롭다. 즈노이모 와인을 모른다고 아무 와인이나 마시지는 말 것. 평소 선호하는 와인 스타일이 있다면 직원에게 추천을 요청하자. 최대한 원하는 기호의 와인을 추천해 준다. 와인 잔에 대한 디포짓 금액 100Kč가 발생하나 시음 종료 후 와인 잔을 반납하면 돌려준다.

지도 P.503-A1 **주소** Hradní 2, 669 02 Znojmo
홈페이지 www.vinotrh.cz/enoteka **운영** 일~수요일 10:00~20:00, 목요일 10:00~22:00, 금~토요일 10:00~24:00 **가는 방법** 마사리크 광장에서 남서쪽으로 도보 약 6분.

즈노이모 시립 양조장
Znojemský městský pivovar | Znojmo City Brewery

와인으로 잘 알려진 즈노이모가 사실 오랜 맥주 양조 역사도 지니고 있다는 사실을 아는 사람은 많지 않다. 13세기 말, 신성 로마 제국의 황제 루돌프 1세Rudolf I가 즈노이모에 '양조장에 대한 권한'을 '즈노이모에서 반경 1마일 이내 양조할 수 있는 권한'을 부여한 이래 맥주를 생산하기 시

tip!
호스탄(Hostan)은 1363년에 즈노이모에서 활발히 맥주를 생산했던 양조자로 즈노이모 맥주를 상징하는 역사적인 인물이다.

작했다. 양조장의 첫 역사는 1720년 시작했다. 그리고 100년 넘게 잘 운영되다가 세입자가 바뀌며 위기도 겪었고, 제2차 세계대전 이후로는 국유화되기도 했다. 그러다 1993년 호스탄Hotsan이라는 회사를 통해 민영화를 거쳐 현재 즈노이모시 양조장에서 운영하며 과거의 영광스러운 역사를 재현하고 있다. 양조장은 레즈토우라세reZtaurace라는 레스토랑을 함께 운영 중이다. 즈노이모 맥주와 함께 여행을 마무리하기에 더할나위 없다.

지도 P.503-A1 **주소** Hradní 87/2, 669 02 Znojmo **홈페이지** www.pivovarznojmo.cz **운영** 레스토랑 매일 11:00~23:00 **가는 방법** 마사리크 광장에서 남서쪽으로 도보 약 5분.

SPECIAL PAGE

국립공원으로 떠나자
포디이 국립 공원
Národní park Podyjí | Podyjí National Park

'체코의 아마존'이라는 별명을 가진 국립공원이 바로 즈노이모 지역에 있다. 별명과는 조금 다르게 체코에서 가장 작은 국립공원이기도 한 포디이 국립공원은 중부 유럽에서도 중요한 자연 유적지로 분류된다. 순수할 정도로 잘 보존된 강과 계곡, 나무가 울창하게 우거진 풍경에 입을 다물기 힘들다. 자연의 모습을 그대로 간직할 수 있었던 이유는 바로 철의 장막 때문이다. 그로 인해 최소 수년에서 수십 년간 접근이 차단되었었다. 꽃이 만발한 초원, 탐스러운 과일이 자라는 과수원, 자연이 만든 암석 등을 볼 수 있는 것 외에도 특히 눈길을 끄는 것은 바로 쇼베스Šobes 포도밭. 남쪽을 향하는 위치 덕에 따스한 햇볕과 일조량은 물론이고, 경사로 인해 바람을 피할 수 있는 천혜의 위치 덕에 유럽 탑 10개 와인 생산지에 속한다. 여러 코스의 하이킹, 사이클 트레일도 있어 액티비티를 즐기기에도 좋다.

지도 P.503-A2 **주소** 669 02 Znojmo 2 **홈페이지** www.nppodyji.cz **비지터 센터** 671 02 Čížov 176
가는 방법 즈노이모의 코젤루주스카 다리를 건너서 이동 가능.

Tip! 철의 장막이란?
제2차 세계대전 이후 소련을 포함한 공산국가들의 비밀주의와 폐쇄성을 비유적으로 표현한 말이다.

ACCOMMODATION 쉬는 즐거움

호텔 라호퍼 Hotel Lahofer

와인 메이커인 라호퍼에서 운영하는 호텔. 즈노이모의 특성상 규모는 크지 않지만 아기자기한 감성의 3성급 호텔이다. 총 객실은 15개로 가족들이 머물기 좋은 아파트먼트 타입의 객실도 있다. 호텔이 있는 건물의 역사는 13~14세기로 거슬러 올라가지만 객실은 이 시대의 여행에 알맞도록 현대적으로 꾸며두어 불편함이 없다. 전 객실에 에어컨도 설치되어 있고(3인실 및 4인실 제외) 와이너리를 운영하는 만큼 라호퍼의 와인, 즈노이모의 다른 와인 메이커의 와인을 판매하고 있다. 호텔에서 자전거 대여도 가능하다.

지도 P.503-B1 **주소** Veselá 149/13, 669 02 Znojmo **홈페이지** www.hotel-lahofer.cz **운영** 체크인 15:00, 체크아웃 11:00 (리셉션 운영 08:00~19:00) **휴무** 시즌마다 상이 **가는 방법** 마사리크 광장에서 북쪽으로 도보 약 6분.

호텔 클레마르 Hotel Clemar

마사리크 광장에서 단 5분 거리에 위치한 4성급 호텔. 즈노이모의 여느 호텔처럼 수백 년 된 두 개의 건물을 연결해 총 19개의 개성 있는 객실을 운영 중이다. 16세기의 집을 개조해 현대의 감성을 가미한 편안하고도 세련된 호텔로 탄생했다. 자전거 대여 및 보관이 가능하다.

지도 P.503-B1 **주소** Václavské nám. 5/12, 669 02 Znojmo **홈페이지** www.hotelclemar.cz **운영** 체크인 15:00, 체크아웃 11:00 (리셉션 운영 08:00~20:00) **휴무** 없음
가는 방법 마사리크 광장에서 북서쪽으로 도보 약 5분.

호텔 카테리나 Hotel Katerina

20세기 초에 지어진 건물에 자리 잡고 있는 호텔. 2016년에 리노베이션 후 다시 문을 연 작은 규모의 부티크 호텔이다. 총 8개의 아늑하면서도 깔끔한 객실을 운영 중으로 스탠더드, 슈페리어, 아파트먼트 타입의 객실이 있으며 포디이 국립 공원의 독특한 뷰는 호텔의 자랑이다.

지도 P.503-B1 **주소** Na Valech 1556/7, 669 02 Znojmo **홈페이지** hotelkaterina.cz/en **운영** 체크인 15:00, 체크아웃 11:00 (리셉션 운영 09:00~21:00) **휴무** 없음 **가는 방법** 마사리크 광장에서 북서쪽으로 도보 약 11분.

SPECIAL PAGE

즈노이모 와인 축제
즈노이모 히스토릭 빈티지
Znojemské historické vinobraní | Znojmo Historic Vintage

매년 9월 초, 즈노이모에서 열리는 성대한 와인 축제. 축제는 1327년, 체코의 왕인 룩셈부르크의 얀(Jan)과 그의 아내 보헤미아의 엘리슈카Eliška가 즈노이모에 도착했을 때를 기념한다. 당시 즈노이모는 보헤미아의 왕을 위해 성대한 행사를 준비했고, 왕실의 고위 간부에게 법을 이양했는데, 축제의 일부로 아직도 내려오고 있다. 축제 기간 동안 체코 전역을 넘어 세계에서 온 방문객으로 즈노이모는 그 어떤 날보다도 활기가 넘친다. 연극, 콘서트, 불꽃놀이, 경연, 공예품 등의 크고 작은 행사들 중에서도 축제의 하이라이트는 단연 퍼레이드. 얀이 도착했던 1327년으로 돌아가는 듯 중세 복장의 퍼레이드가 화려하게 펼쳐진다. 한국에는 디오니소스라고 잘 알려진 와인과 쾌락의 신인 로마 신화의 주인공 바쿠스Bacchus 신 또한 퍼레이드에 등장한다. 특히 초가을에 열리는 만큼 햇와인 '부르착burčák'과 즈노이모의 놀라운 와인을 마음껏 즐길 수 있는 축제이니 9월 여행이라면 꼭 기억할 것.

Tip! 와인 축제 참여가 결정되었다면 숙소부터 예약할 것. 작은 도시인 데다가 시내 중심의 숙소는 빨리 마감되기 때문이다.

Travel Plus

오이 축제도 있다!
오이의 도시 즈노이모

즈노이모는 무려 440년 이상 오이를 재배해왔다. 예전만큼 생산량은 많지 않지만 아직까지도 현지 생산자들에 의해 오이 생산이 자랑스럽게 이어져오고 있다. 특히 지역 특산품은 오이 피클! 8월에는 오이 축제가 열린다.

SPECIAL PAGE

와인마을 브르비체와 와인 라벨 읽는 법

체코 와인 더 알아보기

귀여운 와인 마을: 브르비체 Vrbice

즈노이모와 미쿨로프 근교에는 브르비체라는 귀여운 와인 마을이 있다. 전통적인 체코의 와인 마을로 사암을 깎아 만든 깜찍한 외관의 와인 저장고 골목으로 유명하다. 내부의 지하는 몇 층씩 겹쳐진 것도 있다고! 그중 일부는 문화 기념물로 보호되고 있을 정도로 민속 건축물로서의 그 가치를 인정받았다. 작은 와인 저장고들로 정확한 운영 시간이 나와있지 않다고 걱정하지 말자. 몇몇의 와인 저장고들은 약속이나 한 듯 예고 없이 운영하기 때문이다.

가는 방법 즈노이모에서 자동차로 약 1시간 10분(약 77km), 미쿨로프에서 자동차로 약 30분(약 28km)

체코 와인 라벨 읽는 법

와이너리 이름
비찬 와이너리
Vican Winery

포도 품종
라인 리슬링
Ryzlink rýnský

당도
드라이 suché

***당도 참고**
드라이 suché
세미 드라이 polosuché
세미 스위트 polosladké
스위트 sladké

뚜껑(체코산)
체코 국기
(없는 경우도 있음)

포도 수확연도(빈티지)
2021년

포도밭
키엔베르크 Kienberg
– 미쿨로프 Mikulov

용량 750ml
알코올 도수 12.5%

음악의 선율이 흐르는 도시
리토미슐
Litomyšl

유서 깊은 역사를 간직한 보헤미아의 아름다운 도시 리토미슐은 세계적인 작곡가 베드르지흐 스메타나의 탄생지로도 유명하다. 또한 1999년 유네스코 세계유산에 등재된 르네상스 양식의 리토미슐 성과 정원, 아름다운 피아리스트 성당과 수도원 정원이 있는 평화로운 분위기의 도시다. 더불어 과거의 전통과 현대적 건축물이 절묘한 조화를 이루는 현대 건축의 중심지이기도 하다. 매년 6~7월에는 리토미슐 성에서 스메타나의 리토미슐이라는 음악 축제가 열린다. 체코에서 두 번째로 오래된 음악 축제로 전 세계 각지의 클래식 음악 애호가들이 리토미슐을 찾는다.

Best 5

Best 2
요제프 바할의 흔적을 찾아서

일러스트레이터이자 인쇄가, 작가, 그래픽 아티스트였던 요제프 바할은 동양 종교와 철학, 신학과 악마학에 관심이 많았고, 그와 관련한 독특한 그림을 그렸다. 포르트모네움 요제프 바할 박물관, 서점 파세카Paseka에서 그의 작품들을 확인할 수 있다. P.450

르네상스 양식의 유네스코 세계유산 감상하기

멋진 즈그라피토 장식, 로맨틱한 정원, 신비로운 지하가 있는 리토미슐 성과 정원을 보기 위해 리토미슐을 들른다 해도 과언이 아니다. 리토미슐 성은 르네상스 시대 귀족 거주지의 완벽한 예시로서 1999년 유네스코 세계유산에 등재되었다. P.447

Best 1

Best 3
바츨라프 하벨 대통령의 흔적을 찾아서

벨벳 혁명을 성공적으로 이끌었던 극작가 출신의 지도자. 체코슬로바키아의 마지막 대통령이자 공산주의 체제 붕괴 후 체코의 첫 번째 대통령이었던 바츨라프 하벨은 체코인들의 사랑을 받았다. 그런 그가 세상을 떠났을 때 체코인들은 슬퍼하며 애도했고 리토미슐 성의 지하에는 그의 심장을 형상화한 바츨라프의 심장이 있다. P.446

Best 4
조각을 통해 체코의 과거 기억하기

조각가 올브람 조우벡의 작품들은 리토미슐 곳곳에서 만날 수 있다. 그의 두 번째 부인을 리토미슐에서 만난 이후 리토미슐에서 많은 활동을 하며 다양한 조각품을 리토미슐에 기증했기 때문. 리토미슐 성의 지하에서 상시 만나볼 수 있는 그의 작품은 공산주의 체제와 그 희생자를 다양한 모습으로 구현한 조각상들로 과거를 잊지 않게끔 한다. P.446

Best 5

체코 국립음악의 뿌리를 찾아

세계적인 작곡가 베드르지흐 스메타나의 생가가 바로 리토미슐에 있다. 매년 여름이면 작곡가 베드르지흐 스메타나의 이름을 딴 클래식 음악 축제가 리토미슐 성을 중심으로 열린다. 참고로 2024년은 스메타나 탄생 200주년이다. P.445

리토미슐 추천코스

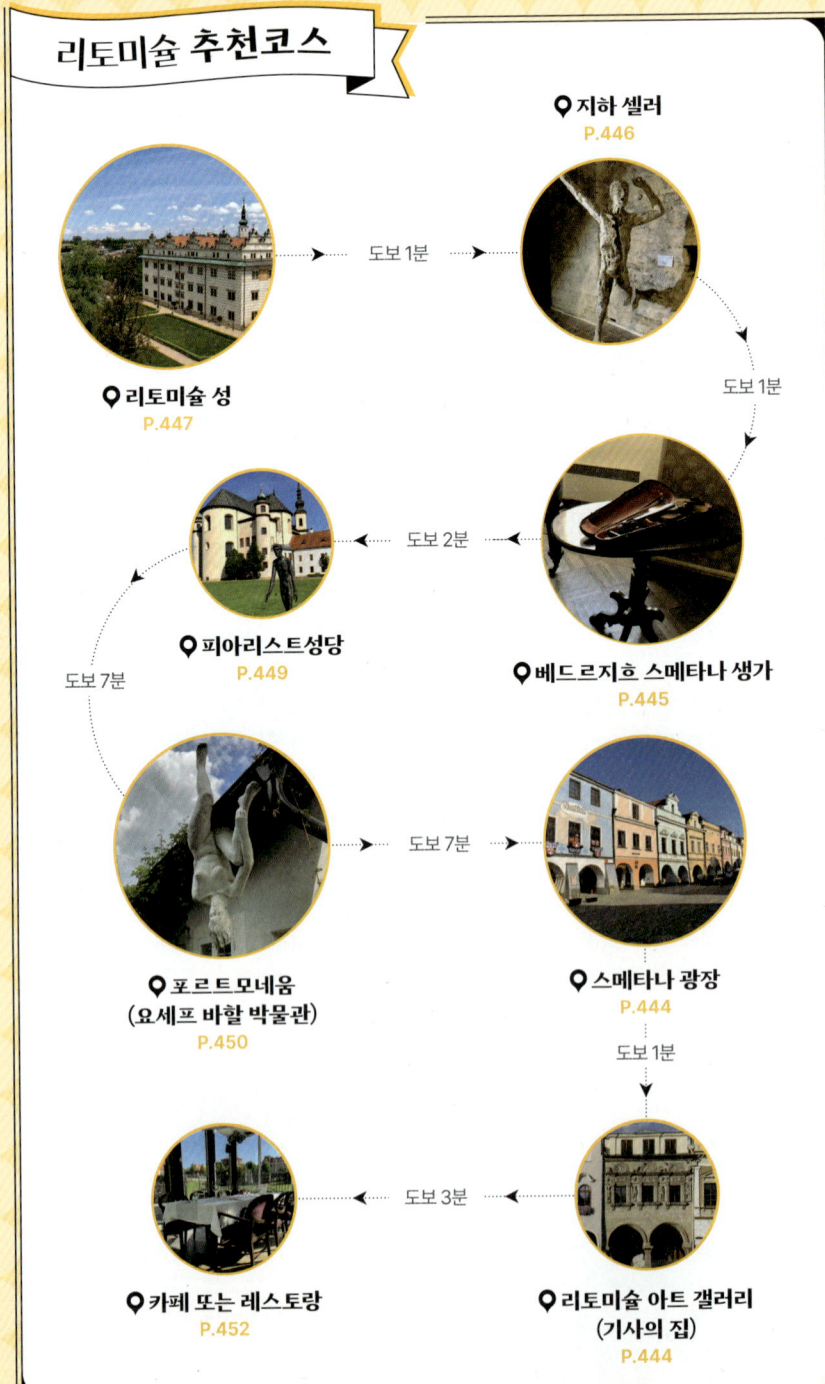

리토미슐 가는 법

리토미슐은 체코 여행을 계획하는 사람들에게도 조금은 생소한 도시다. 파르두비체Pardubice 지역에 속해 있는 곳으로 프라하와 올로모우츠 사이에 위치한다. 거주 인구는 약 1만 명 정도로 소도시에 속한다. 대중교통으로 이동이 가능하나 직행 기차가 없어 갈아타야 한다. 렌터카를 이용하면 편리하다.

기차 | Train

- **리토미슐 역** Litomyšl, Nádražní, 570 01 Litomyšl **지도 P.504-A1**
  체스케 드라히 : 프라하 중앙역에서 약 2시간 20분(요금 297Kč~, 호첸Choceň 경유)

차량 | Car

- 각 도시에서 리토미슐로 이동하기

도시	소요 시간
프라하 ▶ 리토미슐	약 166km, 약 2시간 소요
올로모우츠 ▶ 리토미슐	약 87km, 약 1시간 15분 소요
브르노 ▶ 리토미슐	약 89km, 약 1시간 35분 소요

리토미슐 시내 교통

리토미슐 시내 규모가 크지 않아 도보로 여행하면 된다.

❶ 리토미슐 투어리스트 인포메이션 센터
Informační centrum Litomyšl
Information Center Litomyšl
리토미슐 중심에 위치한 스메타나 광장에 있다. 가볼 만한 곳들, 교통편, 행사와 축제에 관련한 정보들을 확인할 수 있다.

지도 P.504 상단-A2 **주소** Smetanovo nám. 72, 570 01 Litomyšl **운영** 월~금요일 08:30~17:00, 토요일 09:00~12:00 **휴무** 일요일

ATTRACTION 보는 즐거움

스메타나 광장 Smetanovo náměstí | Smetana Square

리토미슐의 유서 깊은 광장이다. 약 500m의 길이의 길쭉한 형태로 뻗어있는 스메타나 광장은 중부 유럽에서도 가장 긴 광장으로 손꼽힌다. 100개의 후기 바로크 양식 혹은 고전주의 양식의 부유한 집들에 둘러싸인 광장은 한때 무역로로 사용되기도 했다. 연중 다양한 문화, 미식 축제나 행사가 열린다.

지도 P.504 상단-A2 **주소** Smetanovo náměstí, 570 01 Litomyšl
가는 방법 리토미슐 기차역에서 동남쪽 방향으로 도보 약 13분.

> **tip!**
> 84번 집 : 체코슬로바키아 시절 활발히 활동했던 여성 작가 보제나 넴코바가 1861년의 마지막 몇 주간 작품을 위해 머물렀던 곳이다. 현재는 골드 스타 호텔로 운영된다.

리토미슐 시티 갤러리(기사의 집)
Městská galerie Litomyšl (Dům U Rytířů)
The Litomyšl City Gallery (House of the Knights)

스메타나 광장의 구시청사 타워 맞은편에 위치한 기사의 집(Dům U Rytířů, 110번째 집)은 1640년 르네상스 양식으로 건축되었다. 리토미슐에서도 가장 아름다운 집 중 하나이자 보헤미아 도시 건축의 보석으로 꼽힌다. 체코의 유명한 작가 알로이스 이라세크Alois Jirásek의 단편 소설에서 '기사의 집'이라는 이름을 얻었는데 석조 외관에서는 2명의 총잡이, 학생, 상인, 심지어는 인어, 유니콘과 같은 흥미로운 캐릭터들로 조각 및 장식되어 있다. 내부는 르네상스 양식의 천장, 양각 양식의 석조 기둥으로 구성되었다. 1977년 재건축이 완료된 후로는 체코의 19~20세기 컬렉션을 소유한 시민 갤러리로 사용되고 있고 현대 미술에 대한 단기 전시가 열리기도 한다. 갤러리는 카드나 체크카드 사용이 가능하지 않으니 현금을 준비하는 것이 좋다.

지도 P.504 상단-A2 **주소** Smetanovo náměstí 110, 570 01 Litomyšl **홈페이지** www.galerie.litomysl.cz
운영 화~일요일 10:00~12:00, 13:00~17:00 **휴무** 월요일 **요금** [성인] 60Kč, 학생·시니어(65세 이상) 30Kč [어린이(18세 미만)·대학생(미술, 미술사 전공) 무료 **가는 방법** 스메타나 광장에서 도보 약 1분.

베드르지흐 스메타나 생가
Rodný byt Bedřicha Smetany | Birthplace of Bedřich Smetana

세계적인 명성의 작곡가 베드르지흐 스메타나Bedřich Smetana가 1824년 탄생한 곳. 원래 이곳은 리토미슐 성의 양조장 1층이었다. 성의 양조장이었던 1층을 현재는 베드르지흐 스메타나 생가로 보존하고 있는데 리토미슐 성 맞은편에 위치하고 있어 찾기 쉽다. 참고로 베드르지흐 스메타나의 아버지는 양조자이자 성 양조장의 임차인이었고, 그가 태어났을 때 맥주 배럴을 열어 직원들에게 돌리고 성대한 축하를 했다고 한다. 지금은 그의 생가로서 그 당시 스메타나 가족의 일상을 엿볼 수 있는 방, 역사적인 인테리어와 가구, 편지와 피아노들이 복원 및 전시되고 있다. 아이들이 직접 즐길 수 있는 프로그램들도 준비되어 있다.

지도 P.504 상단-B1 주소 Regional Museum in Litomyšl, Jiráskova 9, 570 01 Litomyšl 홈페이지 www.rml.cz/en
운영 [4~10월] 토요일 09:00~12:00, 13:00~17:00 [5~9월] 화~일요일 09:00~12:00, 13:00~17:00 휴무 11~3월
요금 성인 40Kč, 어린이(6~15세)·학생·시니어(65세 이상)·장애인 20Kč, 6세 미만 어린이 무료, 가족 140Kč
가는 방법 스메타나 광장에서 북동쪽 방향으로 도보 약 5분.

리토미슐 성-시티 아트 갤러리
*2024년 봄 재오픈 예정

Městská obrazárna
Castle picture gallery

리토미슐 시티 갤러리의 일부로 리토미슐 성 2층에 있다. 2015년 새 단장한 곳으로 리토미슐에 관련된 주옥같은 컬렉션을 보유해 상설 전시를 진행한다. 에밀 피알라Emil Fiala, 요세프 차페크Josef Čapek, 요세프 바할Josef Váchal 그리고 율리우스 마르자크 Julius Mařák의 작품들을 만나볼 수 있다.

> **tip!**
> 즈그라피토sgraffito 양식이란 제일 상단의 색이 마르거나, 혹은 표면이 굳기 전에 긁어내서 하단의 색이 대조적으로 잘 드러나 보이게 하는 선축 기법이다. 미술에서 바탕에 밝은색 색연필이나 크레파스로 칠한 후 어두운 다른 색을 덧칠한 후 뾰족한 도구로 긁어내는 스크래치 기법과 비슷하다.

지하 셸러
*2024년 봄 재오픈 예정

Zámecké sklepení | The Castle Cellars

리토미슐 성 지하에는 와인 저장고와 함께 체코의 유명 조각가 올브람 조우벡Olbram Zoubek의 작품이 전시되고 있다. 그는 두 번째 부인을 리토미슐에서 만난 이후 다양한 조각품을 지역에 기증했다. 특히 공산주의 체제와 그 희생자에 대한 다양한 모습의 조각상이 바로 그것. 또한 공산주의 붕괴 후 첫 대통령이자 극작가였던 바츨라프 하벨의 타계에게 헌정하는 '바츨라프의 심장'이 바로 리토미슐 성의 지하에 있다. 바츨라프의 심장은 국민들로부터 많은 사랑을 받았던 바츨라프 하벨을 기리기 위해 일반적인 동상 대신에 세워진 기념물이다. 그가 서명에 사용했던 하트 모양으로 만들어진 바츨라프의 심장은 그가 세상을 떠난 2011년 후 그를 추모하기 위해 사용되었던 약 2톤 이상의 양초를 이용해 제작되어 더욱 뜻 깊다. 천장을 비롯한 주위에는 거울이 부착되어 있는데 이는 모든 곳에서 심장이 잘 보이게 하기 위해서라고. 와인을 마시며 자유로운 관람이 가능하며 단체 그룹을 위한 성의 지하 공간 대여 및 와인 테이스팅 프로그램을 진행 중이다.

지도 P.504 상단-B1 **주소** Jiráskova 93, 570 01 Litomyšl(리토미슐 성 지하) **홈페이지** www.zameckesklepeni.cz/en **운영** [4·10월] 주말 10:00~16:00 [5월] 화~일요일 10:00~16:00 [6·9월] 화~일요일 10:00~17:00 [7~8월] 매일 10:00~17:00 **휴무** 11~3월 **요금** 성인 60Kč, 학생·시니어 40Kč, 가족(성인 2명+어린이 2명) 120Kč, 샤토 리토미슐 와인 샘플링 15~35Kč

리토미슐 성 *2024년 봄 재오픈 예정
Zámek Litomyšl | Litomyšl Chateau

멋진 즈그라피토 장식, 아름다운 박공 지붕, 우아한 아케이드, 로맨틱한 정원, 신비한 지하는 모두 르네상스 양식의 리토미슐 성에 꼭 맞는 수식어다. 1567년 페른슈타인의 브라티슬라브가 사랑하는 그의 부인 마리 만리케 드 라라에게 선물로 주기 위해 빚이 있음에도 불구하고 짓기를 결심했다고. 이탈리아식 아케이드, 체코식 박공 그리고 즈그라피토가 우아하게 어울리면서도 최상급 건축의 순수함을 여실히 보여준다. 또한 르네상스 시대의 중부 유럽 귀족 거처의 완벽한 예시로 1999년 유네스코 세계유산에 등재된 건축물이기도 하다. 성의 마지막 주인은 발트슈타인-바르텐베르크Waldstein–Wartenberg 귀족 가문으로 성의 극장에서 약 50년 동안 공연을 진행하며 바로크 예술가들을 이끌었다. 흥미롭게도 리토미슐 성 내부에서는 대형 사이즈의 말 그림들을 찾아볼 수 있다. 이는 성의 주인들이 말을 굉장히 사랑했기 때문이다. 심지어 성 안에서도 말을 타고 다녔다고도 전해진다. 성 외부의 즈그라피토 양식은 체코의 유명 조각가 올브람 조우벡과 동료 예술가들이 복원 작업을 한 것이다. 지하에는 올브람 조우벡의 주옥같은 작품들을 만날 수 있다.

지도 P.504 상단-B1 **주소** Jiráskova 93, 570 01 Litomyšl **홈페이지** www.zamek-litomysl.cz/en **운영** 시즌 별 상이 (평균적으로 10:00~16:00, 방문 전 홈페이지 확인 필수) **휴무** 약 11~4월 **요금** [영어 가이드 투어] 성인 200Kč, 청소년(18~24세)·시니어(65세 이상)·장애인 160Kč, 어린이(6~17세) 60Kč, 어린이(5세 이하) 무료 **가는 방법** 스메타나 광장에서 북동쪽 방향으로 도보 약 5분.

Travel Plus
리토미슐 성의 극장 The Palace Theatre

리토미슐 성에는 2개의 커튼, 16개의 무대 세트, 조명 장비 등 당시 모습 그대로 잘 보존된 바로크식 극장이 있다. 150석 규모의 극장은 1798년 개관한 것으로 당시 성의 소유주이자 예술에 관심이 많았던 발트슈타인-바르텐베르크 가문이 여름 별장이었던 리토미슐 성에서도 빈과 동일한 수준의 문화 생활을 즐기기 위해 지었다고. 빈과 프라하의 극장을 꾸몄던 황실의 궁정화가인 요제프 플라쳐(Josef Platzer)가 독특한 무대 장식을 완성했다.

수도원 정원 Klášterní zahrady | Monastery Gardens

수도원들 사이 휴식의 오아시스 같은 곳. 수도원 정원은 피아리스트 성당 바로 앞에 위치한다. 원래는 피아리스트 성당 단지 소속이었으나 2000년 리토미슐 시에 귀속되었다. 지금의 수도원 정원은 조각가 올브람 조우벡의 조각품들로 장식된 분수와 수영장, 잘 조성된 푸릇푸릇한 잔디와 아름다운 꽃들로 가득하다. 스메타나의 아름다운 선율이 부드럽게 흘러나오는 정원에서 평화롭게 휴식을 취하고 있노라면 근심이 절로 사라지는 느낌! 시민들도 사랑하는 공간이다.

지도 P.504 상단-B2 주소 570 01 Litomysl **운영** [1~3월, 11~12월] 08:00~19:00 [4~10월] 08:00~22:00
가는 방법 스메타나 광장에서 북동쪽으로 도보 약 5분.

장로회의 거룩한 십자가 성당
Kostel Povýšení sv. Kříže | Church of the Raising of the Holy Cross and Presbytery

피아리스트 성당 뒤쪽으로 수도원 정원과 맞닿아 있는 성당. 카를 4세에 의해 교육받았던 주교 얀에 의해 어거스틴 수도원의 일부로서 1378년 완성되었다. 수도원은 이후 후스파에게 파괴되었다. 이곳 역시 고딕 양식을 잘 간직하고 있었으나 마찬가지로 1775년과 1814년 화재로 인해 많은 피해를 입었다. 19세기 초 성당 앞 테라스와 계단이 지어졌고, 1775년의 나무 십자가는 1806년에 지금의 돌 십자가로 대체되었다. 성당은 재건을 거쳐 다시 고딕화되었으며 대대적인 복원을 거쳐 현재는 건축적이면서도 예술적인 디테일과 귀중한 기념물 그리고 영적인 자산이 남아있는 중요한 곳이 되었다. 일반인들의 방문은 제한되어 있다.

지도 P.504 상단-B2 주소 Zámecká, 570 01 Litomyšl **가는 방법** 스메타나 광장에서 북동쪽으로 도보 약 6분.

피아리스트 성당과 학교
Piaristický chrám Nalezení sv. Kříže | Piarist Church and College

리토미슐에서 아주 중요한 바로크 양식의 성당이자 건축물. 가난하고 교육 기회가 없는 아이들을 위해 1719년 학교가 건축되었고 3년 뒤 피아리스트 성당이 1722년 바로크 양식으로 완성되었다. 당대 유명한 예술가들이 돔, 제단에 그림을 그리는 등 교회 장식에 기여했다. 하지만 1735년 이후 몇 차례의 화재를 겪으며 제단의 그림이 심하게 손상되는 등 그림은 사본으로 대체되기도 했다. 1820년 설치된 오르간은 한 때는 동부 보헤미아에서 가장 훌륭한 악기 중 하나였으나 안타깝게도 현재는 더 이상 연주되지 않고 있다. 피아리스트 성당은 그 후 디자인적인 재건을 거쳐 2014년 대중에게 다시 오픈했고 더욱 풍성해진 내부와 작품들을 선보였다. 학교는 현재 박물관과 갤러리로 사용되고 있으며 성당과 연결되어 있다.

지도 P.504 상단-A1 주소 Jiráskova, 570 01 Litomyšl 홈페이지 www.zamecke-navrsi.cz/cs/m-69-chram-nalezeni-sv-krize 운영 [4·10월] 주말 및 공휴일 10:00~16:00 [5월] 월~금요일 10:00~16:00, 토~일요일 10:00~18:00 [6~9월] 매일 10:00~18:00 휴무 4·10월 평일, 11월~3월 매일 요금 [전망대 및 전시] 성인 90Kč, 학생·시니어·어린이(10세 이하) 60Kč 가는 방법 스메타나 광장에서 북동쪽으로 도보 약 5분.

tip!
'언덕 위의 천사들(Angels on the Hill)' 전시가 성당에서 진행된다. 바로크 시대부터의 흐라데츠 크랄로베(Hradec Králové) 교구의 컬렉션과 지역 아티스트들의 작품이다. 전시를 감상하며 천사의 뷰포인트라고 불리는 피아리스트 교회의 전망대에 올라가면 유네스코에 등재될 만큼 탄성을 자아내는 아름다운 리토미슐 성과 프랑스식 정원을 한눈에 담을 수 있다.

피아리스트 성당에서 보는 뷰

포르트모네움 – 요제프 바할 박물관
Portmoneum | Museum of Josef Váchal

독창적이면서도 독특한 요제프 바할은 책의 일러스트와 창작자로서의 재능이 가득한 인쇄가이자 작가, 그래픽 아티스트였다. 살아생전에는 크게 인정받지 못했지만 핸드라이팅, 조판, 컬러 및 흑백 목판화, 바인딩까지도 직접 하며 20권 이상의 책을 출판했다. 요제프 바할은 18~19세기의 시와 소설, 동양 종교와 철학, 신학과 악마학에 관심이 많았고 책 작업 이외에도 그의 세계관과 개성이 가득한 자유로운 그림을 그렸다. 박물관은 원래 그의 친구였던 요제프 포르트만Josef Portman의 집으로 1920년 리토미슐에 있는 그의 집 천장과 2개 방의 장식을 요청하면서 역사가 시작되었다. 집안 곳곳은 특히 종교에 관심이 많았던 요제프 바할의 흥미로운 작품들로 가득하다. 포르트모네움이라는 이름은 1924년 출판한 바할의 소설 '피의 소설'에서 유래되었다.

지도 P.504 상단-B2 주소 T. Novákové 75, 570 01 Litomyšl **홈페이지** portmoneum.cz/en **운영** [5~9월] 화~일요일 09:00~12:00, 13:00~17:00 [4·10월] 주말만 09:00~12:00, 13:00~17:00 **휴무** 11~3월 매일, 5~9월 매주 월요일, 4·10월 평일 **요금** 성인 80Kč, 어린이(6~15세)·학생·시니어(65세 이상)·장애인 60Kč, 가족(성인 2명+ 어린이) 220Kč, 어린이(6세까지) 무료, 매달 첫 번째 목요일 무료 **가는 방법** 스메타나 광장에서 동쪽으로 도보 약 8분.

tip!
파세카(Paseka)라는 서점이자 인쇄소는 그의 작품 <피의 소설> 에서 영감을 받았다. 요세파 바할로바(Josefa Váchala) 거리의 코너에 위치한 서점 주변은 그의 작품 속 내용으로 장식되어 있다.

포르트모네움, 스메타나 생가, 지역 박물관 모두 입장할 수 있는 할인 옵션도 있다.

지역 박물관
Regionální muzeum v Litomyšli | Regional Museum

리토미슐의 지역 박물관은 기존 피아리스트 문법 학교였던 곳으로 1891년 최초 설립되었다. 2014년 대대적인 재건을 마치고 대중에게 다시 오픈한 것. '리토미슐-문화와 교육이 도시'라는 상설 전시와 함께 샤토 힐의 건축 역사를 담고 있는 전시를 진행 중이다. 매머드 상아, 요제프 포르트만Josef Portman의 핸드 프린트, 체코에서 가장 오래된 카메라, 프란티셰크 크르지지크František Křižík의 복제 아크등Arc lamp, 리토미슐의 소총맨 유니폼, 사형집행인의 장식된 칼, 리테라티Literati 합창단의 찬송가 책 등 리토미슐과 관련된 역사와 물품들을 전시를 통해 만날 수 있다.

지도 P.504 상단-A1　주소 Jiraskova 9, 570 01 Litomysl 홈페이지 www.rml.cz/en 운영 [1~6월·9~12월] 화~금요일 09:00~12:00, 13:00~17:00, 토~일요일 09:00~17:00 [7~8월] 화~일요일 09:00~17:00 휴무 매주 월요일 요금 성인 80Kč, 어린이(6~15세)·학생·시니어(65세 이상)·장애인 40Kč, 가족 200Kč, 어린이(6세미만) 무료 가는 방법 스메타나 광장에서 북동쪽으로 도보 약 5분.

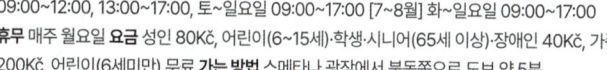
©rml.cz

©rml.cz

©rml.cz

인형과 장난감 박물관
Muzeum domečků panenek a hraček v Litomyšli
Museum of dollhouses, dolls and toys, Litomyšl

리토미슐 성 맞은편 방향에 위치한 인형 박물관으로 1850년대부터의 현재까지의 인형과 장난감들이 전시되어 있다. 리토미슐 전통 복장을 입은 인형부터 바비 인형, 공주의 집, 시골 사람들의 집, 미국 농장의 집 등 특별한 인형과 인형의 집 컬렉션을 비롯해 철도 모형, 장난감 자동차 등 다양한 범위의 인형과 장난감을 만날 수 있다.

©muzeum-domecku-panenek.cz

지도 P.504 상단-B1　주소 Jiraskova 4, Litomysl 570 01 홈페이지 www.muzeum-domecku-panenek.cz 운영 4·10월 주말, 공휴일 10:00~17:00, 5~9월 매일 10:00~17:00 휴무 4·10월 평일 및 11~3월 요금 성인 85Kč, 어린이·학생·시니어·장애인 45Kč, 가족 240Kč 가는 방법 스메타나 광장에서 북동쪽으로 도보 약 6분.

RESTAURANT ♦ 먹는 즐거움 ♦

초코 카페 Chocco Caffé

스메타나 광장에 위치한 117번 집이자 현지인들에게 인기 많은 초콜릿 전문 카페. 아늑한 분위기의 카페에 들어서는 순간 달콤한 향이 가득하다. 최소 30여 가지 이상의 다양한 맛과 모양의 초콜릿들을 판매하고 있으며 체코의 여느 카페처럼 에스프레소, 카푸치노 등의 커피 메뉴와 간단한 주류도 함께 판매하고 있어 잠시 쉬어가기에도 좋다.

지도 P.504 상단-A2 **주소** Smetanovo náměstí. 117, 570 01 Litomyšl **운영** 월~금요일 08:00~18:00, 토요일 08:30~18:00, 일요일 10:00~18:00 **홈페이지** www.ceskepralinky.cz **가는 방법** 스메타나 광장에서 도보 약 1분(광장 내 위치).

레스토랑 베셀카 Restaurace Veselka

리토미슐의 분위기를 담은 레스토랑이자 펍, 현지의 소규모 양조장으로 현지인들이 즐겨 찾는 곳. 포르트모네움-요제프 바할 박물관 근처에 있다. 레스토랑의 맛도 맛이지만 1877년부터 약 50년간 숙박 시설로 사용되었다는 기록이 흥미롭다. 베드르지흐 맥주는 꼭 맛볼 것.

지도 P.504 상단-B2 **주소** T. Novákové 64, 570 01 Litomyšl **홈페이지** litomysl-veselka.cz **운영** 일~목요일 11:00~22:00, 금~토요일 11:00~24:00, 일요일 11:00~22:00 **가는 방법** 스메타나 광장에서 북동쪽으로 도보 약 8분.

ACCOMMODATION ♦ 쉬는 즐거움 ♦

호텔 아플라우스 Hotel Aplaus

리토미슐 중심의 가성비 좋은 4성급 호텔. 근처의 유서 깊은 건물들을 연결해서 만든 건물로 고풍스러운 외관에 현대적이고 깔끔한 시설을 갖추고 있다. 총 21개의 더블룸, 2개의 스위트룸을 운영하는 호텔 아플라우스는 수도원 정원을 바로 뒤에 두고 있다. 호텔 내 레스토랑 보헴Bohém은 인터내셔널한 요리를 선보인다. 특히 코스 요리를 통해 미식에 대한 리토미슐의 자부심을 합리적인 금액으로 확인해 볼 수 있다.

지도 P.504 상단-A2 **주소** Šantovo Náměstí. 181, 570 01 Litomyšl **홈페이지** www.hotelaplaus.cz/en **가는 방법** 스메타나 광장에서 북동쪽으로 도보 약 3분.

스메타나의 리토미슐
Smetanova Litomyšl | Smetana's Litomyšl

체코 국립 음악의 창시자이자 세계적인 작곡가 스메타나의 이름을 딴 음악 축제. 스메타나의 리토미슐은 체코에서 2번째로 오래된 음악 축제로 1946년 처음 시작했다. 체코에서는 가장 큰 규모의 클래식 음악 축제 중 하나에 속한다. 매년 6월 중순에서 7월 초까지 약 18일간 열리는 스메타나의 리토미슐을 요약하면 약 35개의 공연, 2800명의 참석자, 2만 7,000장의 티켓으로 설명할 수 있다. 대표적인 프로그램은 오케스트라, 오페라, 실내악 등으로 구성되어 리토미슐 성을 메인으로 곳곳에서 열린다. 그 외 발레, 교회와 산책로 콘서트 등 다른 장르의 프로그램도 추가로 진행된다. 축제는 아름다운 르네상스 양식의 리토미슐 성이 주된 무대로 접이식 돔이 설치되어 있어 혹시 비가 오더라도 아름다운 선율을 즐기기에 문제가 없다. 참고로 작곡가 베드르지흐 스메타나는 양조업을 하던 집안의 아들로 1824년 리토미슐 성의 양조장에서 태어났다. 2024년은 스메타나의 탄생 200주년을 기념해 더욱 성대한 규모로 축제가 열릴 예정이다(2024년 리토미슐 성 재오픈 예정).

축제 기간 2024년 6월 7일~7월 7일 홈페이지 www.smetanovalitomysl.cz/en/

©František Renza

막달레나 도브로밀라 레티고바의 요리 축제
Gastronomické slavnosti M. D. Rettigové
Culinary Festival of Magdalena Dobromila Rettigová Litomyšl

체코 요리의 대모 격인 막달레나 도브로밀라 레티고바 Magdalena Dobromila Rettigová를 기리기 위한 축제. 막달레나 도브로밀라 레티고바는 애국자였던 남편의 영향으로 체코 국가 부흥 운동에 적극적으로 참여했던 여성이었다. 1826년 체코의 요리법을 책으로 출간했는데 이는 체코어로 쓰인 유일한 요리책이었다고. 다른 것보다도 체코의 요리를 더 높은 수준으로 끌어올려 개성은 물론 국가적 자부심까지 이끌었다고 평가받는다. 축제 기간 동안 그녀의 레시피에 따라 준비된 특별 요리, 요리 콘테스트, 맥주 따르기 등의 행사가 스메타나 광장에서 열린다.

축제 기간 2024년 5월 18~19일 홈페이지 www.gastroslavnosti.cz

섬세하고 영롱한 아름다움
크리스털 밸리
Crystal Valley

북부 보헤미아의 리베레츠 지역에 위치한 크리스털 밸리는 무려 470여 년 이상이나 유리를 생산해 온 전통적인 유리 생산 지역이다. 체코 유리는 투명도, 광채, 경도가 조각과 연마에 매우 적합했고, 섬세하고도 정교한 커팅과 조각 기술이 더해져 우수한 품질의 유리를 생산할 수 있었다. 그렇게 체코의 유리는 보헤미안 크리스털이라는 이름으로 빠르게 인기를 얻었다. 특히 1724년에는 첫 번째 샹들리에 공방이 프라헨Prácheň에 오픈한 후, 컷 트리밍이 적용된 보헤미아 크리스털 샹들리에는 최상급 귀족 사회를 넘어 프랑스의 왕 루이 15세부터 오스트리아의 황후 마리아 테레지아를 거쳐 오스만 제국의 오스만 3세에 이르기까지 엄청난 사랑을 받았다. 그리고 오늘날까지도 프레치오사, 라스빗, 라우티스 등은 지역 사회 수백여 개의 유리 작업장과 공장과 협업하며 지속 가능한 발전을 지속하며 보헤미안 크리스털의 세계적인 명성을 이어오고 있다.

크리스털 밸리 가는 법

크리스털 밸리는 프라하에서 북쪽으로 약 100km 떨어진 곳이다. 크리스털 밸리를 여행하려면 크리스털 밸리에서 가까운 도시인 '리베레츠Liberec'를 거점 도시로 삼는 것이 좋다. 크리스털 밸리가 속한 리베레츠 지역의 중심이 되는 도시로 프라하에서 차량으로 약 1시간 10분 정도 소요된다.

수백여 개의 공방, 작업장, 공장들이 대부분 떨어져 있기 때문에 아무래도 자동차 여행이 편리한 편이다. 전 세계에서 지점을 운영하는 허츠 렌터카를 리베레츠에서 대여할 수 있기 때문에 리베레츠까지는 버스를 이용하고 리베레츠에 도착한 후 렌터카를 이용해 크리스털 밸리를 다녀오는 방법도 있다.

렌터카 Rental Car

- **허츠 렌터카 리베레츠 지점(Liberec - Obnova-Bicom)**
주소 Na Františku 106/4, 460 10 Liberec 10 영업 월~금요일 08:00~17:00 (토, 일요일 휴무)

버스 Bus

- **각 도시에서 크리스털 밸리로 이동하기**

프라하, 체르니 모스트(Praha, Černý Most) 역 출발 - 리베레츠, 퓌그네로바~블라주코바(Liberec, Fügnerova·Blažkova) 역 도착 기준

도시	버스명	소요 시간 및 요금
프라하 ▶ 크리스털 밸리	레지오젯	프라하에서 약 1시간 5분 (요금 109Kč~)
프라하 ▶ 크리스털 밸리	플릭스버스	프라하에서 약 1시간 5분 (요금 €5.99~)

기차 Train

- **리베레츠(Liberec) 역**
- **각 도시에서 크리스털 밸리로 이동하기**

도시	열차명	소요 시간 및 요금
프라하 ▶ 크리스털 밸리	체스케 드라히	프라하에서 약 2시간 31분 (금액 223Kč~, 투르노프 Turnov 경유)

ATTRACTION · 보는 즐거움 ·

체코의 유리 생산 특화 지역으로 크고 작은 공방과 작업장, 공장들이 수백 개에 달한다. 유리로 만든 정원, 유리로 장식된 성당, 크리스털 작업장, 나만의 유리를 직접 만들어 볼 수 있는 체험장, 전 세계에 유리 작품을 납품하는 세계적인 브랜드 등 크리스털 밸리를 여행한다면 꼭 한 번 들러볼 만한 공방과 작업장을 소개한다.

파치네크 글라스 Pačinek Glass

독특하고도 신비로운 유리 정원이 눈길을 끄는 곳. 유리 장인 이르지 파치네크Jiří Pačinek가 운영하는 공방이자 작업장이다. 1990년 유리 분야에서 경력을 쌓기 시작해 1996년 체코의 유명한 유리 제조사 아예토 글라스 그룹에 합류하며 날개를 단 듯 그의 재능을 발전시킬 수 있었다. 아예토의 공동 설립자였던 페트르 노보트니Petr Novotný, 유리 예술계 전설적인 인물인 보르제크 쉬페크Bořek Šípek, 레네 로우비체크René Roubíček, 레옹 애플바움Leon Applebaum등과의 작업 등 그의 지나온 경력은 반짝이는 유리만큼이나 화려하다. 파치네크 글라스는 수준 높은 유리 제품으로도 유명하지만 세계 어디에서도 찾기 힘든 독창적이면서도 창의적인 정원과 유리 성당 등으로도 상당히 잘 알려져 있다. 유리에 식물, 동물, 사물 등 다양한 형태와 색상을 불어 넣었고, 유리들은 빛을 가득 머금고 마치 생명이 깃든 듯 정원의 일부분이 되었다. 공방 앞 성당 또한 그의 독특한 유리 작품들로 성스럽게 장식되어 있다. 농가의 트랙터 창고를 개조한 그의 작업실에는 뜨거운 가마 앞에서 유리에 열을 가하는 작업자, 유리를 직접 불어 형태를 잡는 작업자, 유리를 자르고 연마하는 작업자 등 규모는 작지만 유리 제작자들의 열기로 가득 차 있다. 실제로 가마에서 달궈진 유리를 꺼내 피슈탈라라는 도구를 이용해 직접 불어 유리 제품이 탄생하는 과정을 보는 것은 크리스털 밸리에서 만날 수 있는 특전이다. 파치네크는 그 작품성을 인정받아 2022년 10월에 열린 바티칸의 교황 행사, 2022년 개봉한 넷플릭스 영화 '나이브스 아웃:글라스 어니언' 등에 제품을 납품하며 세계적인 인기를 증명했다. 섬세하고도 개성이 담긴 핸드메이드 유리 제품들은 작업장 2층에서 좋은 가격으로 구매할 수 있다.

지도 P.504 하단-A1 주소 Kunratice u Cvikova 147, 471 55 Kunratice u Cvikova 홈페이지 www.pacinekglass.com/index-en.html#home 가는 방법 리베레츠에서 자동차로 약 25분(약 32km), 프라하에서 자동차로 약 1시간 35분(약 140km).

프레치오사 Preciosa

럭셔리 유리 브랜드로 특히 우아한 샹들리에 제품이 유명한 제조사. 1724년부터 크리스털 밸리 지역에서 유리 생산의 역사를 함께 발전시켜 왔다. 지금의 프레치오사라는 이름은 제2차 세계대전 후 1948년, 크리스털 밸리의 야블로네츠Jablonec, 리베레츠Liberec, 투르노프Turnov 등 25여 개의 크고 작은 유리 작업장과 회사들을 통합해 갖게 된 것이다. 세계적으로 잘 알려져 있고 규모가 큰 만큼 프레치오사는 유리 및 보석 연구소, 자체 개발 연구소를 세워 지속적으로 더 나은 기술과 디자인을 위해 노력하고 있다. 예로부터 귀족과 왕족에게 많은 인기였던 전통 깊은 프레치오사의 보헤미안 크리스털 샹들리에는 21세기의 최첨단 기술과 디자인, 대를 이어오는 장인 정신으로 현재 전 세계의 럭셔리 호텔, 왕궁, 개인 저택과 요트 등 체코를 넘어 해외 여러 장소에서 러브콜을 받는 중이다. 아쉽게도 크리스털 밸리 내의 프레치오사 라이트닝은 일반인에게 공개되지 않으나 매년 11월에 열리는 크리스털 밸리 주간에서는 특별히 공개한다. 프라하에도 프레치오사 쇼룸을 운영하고 있어 클래식한 샹들리에부터 모던한 샹들리에, 우아한 크리스털 보석까지도 한 장소에서 만나볼 수 있다.

지도 P.504 하단-A1 **주소** Nový svět 915, 471 14, Kamenický Šenov **홈페이지** www.preciosalighting.com
가는 방법 리베레츠에서 자동차로 약 45분(약 50km), 파치네크 글라스에서 자동차로 약 23분(약 19km), 프라하에서 자동차로 약 1시간 35분(약 107km)
[프라하 쇼룸] 주소 Rytířská 29, Prague 1 **운영** 매일 10:00~20:00

라스빗 - 글라스 하우스 Lasvit - Glass House

맞춤 조명 설비, 건축용 유리 등을 전문으로 디자인하고 제조하는 체코 기반의 세계적인 브랜드. 과거와 현대의 라스빗이라는 이름은 사랑이라는 뜻의 '라스카Laska'와 빛이라는 뜻의 '스빗svit'이 합쳐진 것이다. 창립자 레온 야키미츠Leon Jakimič는 무려 6대에 걸친 리베레츠의 유리 제조 가문 출신으로 전통을 존중하면서도 감각적이고 세련된 유리 브랜드 '라스빗'을 2007년 론칭했다. 현재는 한국의 롯데월드타워 다이버 홀, 콘래드 호텔의 로비를 포함해 포시즌스 호텔 시카고, 세인트 레지스 호텔 홍콩, 까르띠에 스위스, 체코의 아리아 호텔, 호도프 쇼핑센터 등 전 세계의 호텔 및 상업 시설 등 2,200여 개 이상의 장소에서 사랑스럽고 아름다운 빛을 발산 중이다. 특히 롯데월드타워의 다이버 홀에서 만날 수 있는 작품은 '해녀'를 모티브로 해 더욱 의미 있고 자랑스럽다.

노비 보르Nový Bor의 팔라츠키Palacký 광장에 위치한 라스빗 본사는 200여 년 전 유리 공예 장인들이 거주했던 장소를 개조한 곳으로 블랙 하우스와 글라스 하우스라는 새로운 건물을 추가했다. 전통적인 슬레이트 단열재에서 영감을 받은 타일, 과거의 통나무집을 포함시키면서도 지역 전통을 반영한 유리로 전면을 장식해 현대적이면서 지금의 아이코닉한 모습을 가지게 되었다. 어둠 속 불이 켜진 라스빗 글라스 하우스는 라스빗의 모토를 그대로 나타내는 듯 아름답다.

지도 P.504 하단-A1 **주소** Palackého náměstí, 170, Nový Bor **홈페이지** www.lasvit.com
가는 방법 리베레츠에서 자동차로 약 40분(약 44km), 파치네크 글라스에서 자동차로 약 17분(약 12.5km), 프라하에서 자동차로 약 1시간 30분(약 100km)
[가이드 투어] 운영 금요일 9:00~11:00 ·13:00~15:00(대규모 그룹은 사전 예약 필수), **입장료** 50Kč(라스빗 재단 기부)

아예토 Ajeto

공동 창립자였던 유명 건축가이자 예술가인 보르제크 시페크Bořek Šípek로 인해 설립 초기부터 많은 화제를 모았던 린다바Lindava의 유리 작업장. 1994년부터 시작해 3년마다 세계적인 디자이너, 유리 제작자, 건축가들이 모이는 IGS(국제 유리 심포지엄International Glass Symposium) 기간에 설립되었다.

이탈리아의 유명한 유리 생산지 무라노Murano의 스타일로 제품을 생산하는 아예토의 작품들은 미국 전 대통령 빌 클린턴Bill Clinton, 가수 믹 재거Mick Jagger 등 유명인들이 소장한 것으로도 잘 알려져 있고 체코의 초대 대통령 바츨라프 하벨Václav Havel의 큰 찬사를 받았었다. 아예토는 명성만큼 굵직한 대회의 트로피들을 생산해냈는데 세계 최고의 사이클 대회로 잘 알려진 프랑스의 '투르 드 프랑스 Tour de France', 체코의 권위 있는 연극상인 '탈리아Thalía'의 트로피를 바로 아예토에서 제작한다.

2017년부터는 라스빗 회사의 자회사가 되며 주문형 유리 제품에 중점을 두어 생산 중이다. 아예토의 작업실은 대중에게 공개되어 있어 방문객들은 유리가 만들어지는 과정이 얼마나 어려운지, 그리고 얼마나 신비로운 작업인지 두 눈으로 확인하게 된다. 나만의 유리를 직접 만들어 볼 수 있다는 것도 큰 장점. 공방 바로 옆 세련된 선술집 스타일의 레스토랑 '스클라르스카 크르치마Sklářská Krčma'에서는 장인과 함께 직접 유리를 불어 보고, 색상을 선택하며 모양을 내어 기념품으로 가져갈 수 있다. 레스토랑의 역할에도 충실해서 체코식 식사를 맛보는 동시에 유리 작업자의 입과 손끝에서 탄생하는 유리의 제작 과정을 눈앞에서 바로 확인할 수 있는 독특한 시간과 공간을 선사하는 곳이다.

지도 P.504 하단-A1 **주소** Lindava 167, Cvikov **가는 방법** 리베레츠에서 자동차로 약 33분(약 37km), 파치네크 글라스에서 자동차로 약 8분(약 5km), 프라하에서 자동차로 약 1시간 30분(약 102km)
[레스토랑 스클라르즈카 크르치마] 운영 금~일요일 10:00~17:00(월~목요일 휴무)
홈페이지 www.ajetoglass.com

Travel Plus
아예토 유리 공장

[가이드 투어] 운영 [4~9월] 월~금요일 10:00, 11:00, 12:00 [10~3월] 수~금요일 10:00, 11:00, 12:00
[투어 예약] info@ajetoglass.com(10명 이상은 사전 예약 필수)
요금 성인 150Kč, 소아·학생·시니어 100Kč, 가족(성인 2명+어린이 2명) 450Kč

노보트니 글라스 Novotný Glass

노비 보르Nový Bor에 위치한 가족 경영의 유리 작업장. 세계적인 유리 장인 페트르 노보트니Petr Novotný가 과거의 유치원을 유리 작업장, 박물관, 갤러리, 레스토랑이 있는 유리 복합 단지로 탄생시켰다. 비교적 소규모에 속하지만 창립자 페트르 노보트니는 보르제크 쉬페크Bořek Šípek와 함께 아예토Ajeto를 공동으로 설립했던 주인공이었다.

노보트니 글라스가 더욱 재미있는 이유는 바로 직접 유리를 불어 만든 나만의 유리 제품을 기념품으로 가져갈 수 있다는 것! 작업장은 신기하게도 레스토랑 안에 위치해 식사를 하며 유리 벽 너머로 유리 장인들이 작업하는 모습을 바로 볼 수 있어 꽤나 재밌다.

지도 P.504 하단-A1 주소 Tř. T. G. Masaryka 805, 473 01 Nový Bor **홈페이지** www.novotnyglass.cz/en
운영 [유리 만들기 체험, 박물관 & 갤러리] 화~토요일 09:00~17:00 [레스토랑 후추] 월~목요일, 일요일 11:00~22:00, 금~토요일 11:00~23:00 **가는 방법** 리베레츠에서 자동차로 약 40분(약 43km), 프라하에서 자동차로 약 1시간 25분(약 100km)

라우티스 Rautis

다른 유리 작업장들과 달리 반대 방향인 포니클라Poniklá에 위치한다. 라우티스의 블로운 글라스 비즈로 만든 크리스마스트리 장식은 2020년 유네스코 세계무형유산에 등재되었을 정도로 그 진가를 인정받았다. 만드는 방법은 100% 수공예다. 우선 가느다란 유리 튜브를 불어 은색(도금) 혹은 다른 색을 입히고, 모양에 맞춰 잘라낸 뒤, 줄을 연결해서 모양을 만들어내는 만만치 않은 과정을 거쳐 완성된다. 초기에는 운송 수단, 동물 등을 주로 생산하다가 시간이 지나며 별, 천사 등 크리스마스 모티브로 제작하게 되었다. 오늘날에는 전 세계에서 오직 라우티스만이 블로운 글라스 비즈로 크리스마스트리 장식을 만들어내고 있다고. 작품이 탄생하는 전 과정은 투어를 통해 직접 확인할 수 있다.

지도 P.504 하단-B2 주소 Poniklá 151, 512 42 Poniklá **홈페이지** rautis.cz/en
운영 [투어] 월~금요일 09:00, 11:00, 13:00, 15:00 / 토~일요일, 공휴일 및 여름 방학 시즌 09:00, 10:00, 11:00 12:00, 13:00, 14:00, 15:00 **휴무** 12월 24~25일, 1월 1일, 부활절 월요일 **요금** 어른 130Kč, 어린이 80Kč **가는 방법** 리베레츠에서 자동차로 약 1시간(약 53km), 프라하에서 자동차로 약 1시간 45분(약 128km).

체코 크리스털 더 알아보기

유리 VS 크리스털 무엇이 다를까?

피슈탈라

우리가 잘 아는 유리와 크리스털의 차이는 무엇일까? 크게는 납 함유량으로 둘을 분류하고 있다. 체코의 유리 장인들이 피슈탈라라는 도구를 이용해 직접 불어 유리를 만들 수 있는 이유는 바로 납을 함유하고 있지 않기 때문! 체코의 유리는 일명 '리드-프리'로 순수한 투명함과 아름다움을 자랑한다. 이와 반대로 유럽에서는 최소 24% 이상 납을 함유한 유리를 크리스털로 정의한다. 그리고 고급 체코 크리스털의 경우 약 30%의 납을 함유하고 있다. 재료 또한 차이가 있다. 유리는 주재료가 모래로 다른 재료들과 함께 녹여서 만들고 있고, 크리스털의 경우 일반적으로 유리에 사용되는 수산화나트륨 대신 칼륨이나 산화연을 배합해서 사용한다. 납이 더 많이 함유되어 있기 때문에 유리보다 무겁고, 더욱 큰 굴절을 가져와 일반 유리보다 더 많은 빛을 분산시키기 때문에 유리보다도 더욱 반짝이는 광택을 지니게 된다. 샹들리에가 유리보다는 크리스털로 많이 만들어지는 것이 바로 그 이유. 반면에 컵, 접시 등의 일상생활에서 사용되는 제품은 주로 유리다.

흥미로운 점은 유럽과 미국의 크리스털을 정의하는 기준이 다르다는 것. 미국에서는 1%의 납만 포함해도 크리스털이라고 부르고 있다.

왜 체코의 유리는 크리스털이라고 불릴까?

일반적으로 유리는 크리스털을 포함하는 상위 개념이다. 체코는 이미 16세기, 투명한 무색 유리를 생산하고 있었고 천연 석영석과 비슷한 속성으로 인해 보헤미안 크리스털이라는 이름을 얻었다. 또한 체코를 포함한 유럽에서는 크리스털이라는 단어는 최고급 유리, 굉장히 아름답고 정교한 유리에 사용하고 있기도 하다.

함께 여행하기 좋은 도시

리베레츠 Liberec City

리베레츠는 크리스털 밸리 여행의 관문이 되는 북부 보헤미아의 도시다. 프라하에서 약 95 km 정도의 거리로 약 1시간이면 도착할 수 있다. 리베레츠는 한국인에게는 조금 생소한 곳이지만 18세기 보헤미아에서 가장 큰 제조업의 도시로서 번영을 누렸었다. 그리고 현재, 이제라Jizera 산맥의 여름 시즌 하이킹, 겨울 시즌 스키로 체코인들에게 휴가지로 인기가 많은 곳이다. 마치 SF 영화에서나 나올 법한 과거의 TV 타워이자 현재의 호텔 겸 레스토랑이 있는 산봉우리 예슈테트 Ještěd 또한 독특한 풍경을 자아내고 있다.

리베레츠 시청사 Liberec Town Hall

리베레츠 시청사는 네오 르네상스 양식의 빌딩으로 1893년 건축되었다. 빈의 건축가인 프란츠 노이만Franz Ritter von Neumann이 디자인한 영향인지 빈 시청과 비슷한 것으로도 잘 알려져 있다. 아름다운 시청사를 짓는 데는 프란츠 리비히 주니어Franz Liebieg Jr.가 기부한 10만 개의 금화가 있기에 가능했다. 시청사 내부 홀의 스테인드글라스는 감탄을 자아낼 정도로 아름답다.

지도 P.504 하단-B1 **주소** nám. Dr. E. Beneše 1/1, 460 59 Liberec 1 **홈페이지** www.visitliberec.eu/en **운영** 7~8월 월~금요일 09:00~15:00, 토요일 09:00~11:00 **휴무** 9~6월, 7~8월 일요일 **요금** [서킷 1 : 세레머니얼 홀, 복도, 탑] 성인 100Kč, 소아·학생·시니어 70Kč [서킷 2: 세레머니얼 홀 성인] 50Kč **가는 방법** 리베레츠 버스 터미널에서 남서쪽 방향으로 도보 약 17분.

라드니취니 스클리페크 리베레츠
Radniční sklípek Liberec

역사가 가득한 리베레츠 시청사의 지하 저장고에 자리 잡은 브루어리 & 펍. 스비야니(Svijany) 브루어리는 약 250명을 수용할 수 있을 정도로 큰 규모를 자랑한다. 거의 10년이나 비어 있던 지하 저장고를 과거의 모습을 보존하면서도 현대적인 요소들을 가미한 인테리어로 개조하였다. 유리 생산으로 유명한 지역인 만큼 라스빗의 유리 램프를 사용한다.

지도 P.504 하단-B1 주소 Náměstí Dr. E. Beneše 1/1, 460 59 Liberec 홈페이지 www.sklipekliberec.cz/en 운영 월~목요일 11:00~23:00, 금~토요일 11:00~24:00, 일요일 12:00~17:00 가는 방법 리베레츠 버스 터미널에서 남서쪽 방향으로 도보 약 18분, 시청사 지하.

호스포다 나 루즈쿠
Hospoda Na Růžku

클라리온 그랜드호텔 즐라티 레브 건물에 위치한 현대식 체코 펍. 편안하고 캐주얼한 분위기, 시내와 가까운 접근성으로 부담없이 들를 수 있는 곳이다.

지도 P.504 하단-B1 주소 3, Gutenbergova 126, 460 01 Liberec 홈페이지 www.clariongrandhotelzlatylev.com 운영 매일 가는 방법 리베레츠 버스 터미널에서 남서쪽 방향으로 도보 약 20분. 택시로 약 5분.

피틀로운 그랜드 호텔 임페리얼
Pytloun Grand Hotel Imperial

체코의 부티크 디자인 호텔 체인. 리베레츠에 위치한 피틀로운은 럭셔리하고 편안한 4성급 시설을 3성급 금액으로 제공한다. 리베레츠 버스 터미널 및 기차역, 시내에서 가까운 것도 장점. 특히 리베레츠 지역에서는 곳곳에 아파트 타입, 일반 타입, 레트로 콘셉트 등 다양한 타입의 숙소가 있어 선택의 폭이 넓다.

지도 P.504 하단-B1 주소 1. máje 757/29, 460 07 Liberec 홈페이지 www.pytloun-hotels.cz/en 운영 매일 가는 방법 리베레츠 버스 터미널에서 남서쪽 방향으로 도보 약 6분.

클라리온 그랜드호텔 즐라티 레브
Clarion Grandhotel Zlatý Lev

1904~1905년에 지어진 아르누보 장식의 호텔로 체코어 '즐라티 레브'는 황금 사자라는 뜻이다. 전체적으로 황금 사자를 모티브로 하고 있는 곳으로 오랜 역사만큼 고풍스럽지만 현대적인 안락함도 제공한다.

지도 P.504 하단-B1 주소 3, Gutenbergova 126, 460 01 Liberec 홈페이지 www.clariongrandhotelzlatylev.com 운영 매일 가는 방법 리베레츠 버스 터미널에서 남서쪽 방향으로 도보 약 20분. 택시로 약 5분.

예슈테트 TV 탑 & 호텔 Ještěd TV Tower & Hotel

마치 우주선이 예슈테트 산꼭대기 위에 서있는 듯하다. 해발 1,012m에 위치한 자연과 건축의 완벽한 조화라고 불리는 독특한 형태의 건축물로 과거 TV 송수신기의 역할을 했다가 세월이 변하며 지금은 호텔과 레스토랑으로만 운영 중이다. 건축가 카렐 후바체크Karel Hubáček가 설계한 프로젝트 건축물로 1966~1973년 완성된 후 국제 건축가 연합UIA-International Union of Architects의 페레 상Perret을 수상하며 '20세기의 건물'이라는 타이틀을 획득했다. 생긴 외관만큼이나 내부 인테리어도 SF 영화에 나올 듯 개성 만점. 발밑에 시원하게 펼쳐진 리베레츠의 전경과 함께 구름 위에서 점심을 먹는 것도 꽤나 특별하다.

지도 P.504 하단-A2 **주소** Horní Hanychov 153, 460 08 Liberec **홈페이지** www.jested.cz/en
운영 [레스토랑 영업] 11:00~24:00(시즌에 따라 폐점 시간은 달라질 수 있음) [키오스크 로한카 테라스] 여름 시즌 09:00 오픈(날씨가 좋은 날) **휴무** 12월 24일(레스토랑) **가는 방법** 시내에서 대중교통 이용 시 트램 3번 이용(호르니 하니호프 방면 Horní Hanychov).

보헤미안 파라다이스 Bohemian Paradise | Český ráj

유리가 탄생한 독특한 지형인 만큼 자연을 잘 간직하고 있는 곳. 바로 리베레츠 지역이다. 크리스털 밸리를 여행하고 프라하로 돌아오는 길에 보헤미안 파라다이스 국립 공원(체코어: 체스키 라이)이 있어 잠시 시간을 내어 들러봐도 좋다. 보헤미안 파라다이스는 암석 지형으로 유명하다. 면적은 무려 181km². 대한민국의 전주가 약 206.2km²로 전주보다 조금 작은 정도다. 중생대 시대의 거대한 사암석 무리는 하늘로 솟을 듯 일제히 위를 향해 있다. 깊은 숲, 암석들 사이를 걷노라면 독특하면서도 신비로운 광경에 태초의 자연 속에 있는 것 같다. 체코의 산은 고도가 높지 않고 경사가 완만해 가족들과도 함께 간단한 하이킹을 충분히 즐길 수 있는 곳이다. 워낙 크고 넓은 국립 공원으로 곳곳에 다양한 뷰포인트가 있으니 여행하는 지역에서 이동하기 편한 곳으로 가도 된다. 참고로 현재 유네스코 세계지질공원에 등재되어 있다.

지도 P.504 하단-B2

추천 뷰 포인트

프라호프스케 암석 Prachovské skály(Prachoy Rocks) Blata 15, 506 01 Jičín
마리안스카 전망대 Mariánská vyhlídka 511 01 Hrubá Skála
프르지비쉬나 언덕 Vrch Přívýšina 506 01 Holín
헤롤도바 전망대 Heroldova vyhlídka 295 01 Mnichovo Hradiště 등

체코 근교 여행 준비하기

① 체코 프라하 – 헝가리 부다페스트 : 기차 약 6시간 40분, 자동차 약 5~6시간
② 체코 프라하 – 오스트리아 빈 : 기차 약 4시간, 자동차 약 4시간
③ 체코 프라하 – 오스트리아 할슈타트 : 기차 약 6시간 30분, 자동차 약 5시간
④ 체코 프라하 – 오스트리아 잘츠부르크 : 기차 약 5시간 30분, 자동차 약 4시간 30분
⑤ 체코 프라하 – 독일 드레스덴 : 기차 약 2시간 30분, 자동차 약 1시간 30분
⑥ 체코 프라하 – 독일 빈 : 기차 약 4시간 30분, 자동차 약 3시간 40분

체코는 유럽의 심장부에 위치한 국가로 유럽의 중심이라고도 불린다. 유럽연합 회원국이자 솅겐조약 가입국으로 기차나 자동차로 제약 없이 쉽게 근교 국가를 여행할 수 있다는 것도 큰 장점. 체코만 여행하기 아쉽다면? 독일, 오스트리아, 헝가리, 슬로바키아와 같은 국가와 연결해 함께 여행 계획을 세워봐도 좋다.

헝가리 Hungary

수도 부다페스트는 유럽 3대 야경 중 한 곳으로 손꼽히며 낮보다 더 아름다운 밤을 가진 곳이다. 체코에서는 오스트리아나 독일만큼 가깝지는 않지만 체코, 오스트리아, 헝가리는 동유럽 3개국 코스로 거의 한 코스처럼 여겨진다. 프라하에서 기차로도 약 7시간 가까이 걸리는 거리로 중간에 오스트리아를 들르거나 조금은 생소한 슬로바키아의 브라티슬라바를 경유해서 함께 여행해도 좋다.

사용 통화 Forint(HUF) 포린트

헝가리로 가는 방법

- **기차** : 체스케 드라히, 레지오젯, 헝가리 철도 Magyar Államvasutak - MÁV 이용
  프라하 ▶ 부다페스트 : 약 6시간 40분
- **버스** : 레지오젯 또는 플릭스버스
  프라하 ▶ 부다페스트 : 약 7시간 ~ 7시간 30분(주, 야간 버스)
- **자동차**
  프라하 ▶ 부다페스트 : 약 5~6시간(525km)

추천 여행 지역

- **부다페스트 Budapest**
  부다페스트라는 이름은 서쪽의 부다 Buda와 동쪽의 페스트 Pest를 합친 것이다. 도시를 유유히 흐르는 다뉴브 강을 기점으로 부다와 페스트로 나뉜다. 세체니 다리 Széchenyi Lánchíd는 부다와 페스트를 잇는 최초의 다리로 10년의 공사를 마치고 1849년 완공되었다.
  19세기 어부들이 적의 침입을 막기 위한 방어 활동을 했던 '어부의 요새 Halászbástya', 900여 년간 헝가리 왕실의 궁전이었던 '부다 왕궁 Budavári Palota', 헝가리에서 가장 상징적인 건물로 손꼽히는 '국회의사당 Országház', 헝가리를 건국한 초대 국왕이자 성인이었던 성 이슈트반의 성스러운 오른손(미라)을 보관하고 있는 성 이슈트반 대성당 Szent István Bazilika, 부다페스트 최대 규모이면서 유럽에서도 가장 큰 규모 중 한 곳이라고 알려진 세체니 온천 Széchenyi gyógyfürdő 등 헝가리만의 매력을 간직한 곳들이 많다.

추천 여행 일정

- 프라하 ▶ 브르노 ▶ 브라티슬라바 ▶ 부다페스트
- 프라하 ▶ 브르노 ▶ 빈 ▶ 부다페스트
- 프라하 ▶ 체스키 크룸로프 ▶ 빈 ▶ 부다페스트
- 프라하 ▶ 체스키 크룸로프 ▶ 빈 ▶ 브라티슬라바 ▶ 부다페스트

오스트리아 Austria

체코의 남쪽 부분과 국경을 맞대고 있다. 체코의 체스키 크룸로프에서 남쪽으로 여정을 계속하면 할슈타트와 잘츠부르크까지 이어지는 동선으로 체코와 함께 여행 코스를 구성하기에 좋다. 체코 브루노를 여행한다면 빈에서 여행을 마무리하는 일정으로 고려해 봐도 좋다. 빈 공항이 프라하 공항보다 오히려 더 가깝기 때문. 현지인들도 해외로 나갈 때 프라하 공항보다 빈 공항을 이용하는 경우가 많다. 오스트리아는 예술의 나라라고 불릴 만큼 많은 예술가들과 예술 작품을 배출했다. 알프스가 있는 것도 큰 장점. 스위스 알프스보다 훨씬 합리적인 금액으로 알프스의 풍광을 맘껏 즐길 수 있어 자연을 사랑하는 여행자들에게도 인기다.

사용 통화 Euro 유로

오스트리아로 가는 방법

- **기차 :** 체스케 드라히České dráhy-CD, 레지오젯RegioJet, 오스트리아 철도Österreichische Bundesbahnen-ÖBB

    프라하 ▶ 빈 : 약 4시간

    프라하 ▶ 할슈타트 : 약 6시간 30분(1회 경유)

    프라하 ▶ 잘츠부르크 : 약 5시간 30분(1회 경유)

- **버스 :** 레지오젯RegioJet 또는 플릭스버스FlixBusa

    프라하 ▶ 빈 : 약 4시간 ~ 4시간 30분

    프라하 ▶ 잘츠부르크 : 약 6시간 50분

    체스키 크룸로프 ▶ 잘츠부르크 : 약 3시간 30분

    체스키 크룸로프 ▶ 빈 : 약 3시간

- **자동차**

    프라하 ▶ 빈 : 약 4시간(333km)

    프라하 ▶ 할슈타트 : 약 5시간(367km)

    프라하 ▶ 잘츠부르크 : 약 4시간 30분(375km)

    체스키 크룸로프 ▶ 할슈타트 : 약 3시간(211km)

    체스키 크룸로프 ▶ 잘츠부르크 : 약 2시간 30분(218km)

    체스키 크룸로프 ▶ 빈 : 약 3시간(206km)

tip!
체스키 크룸로프에서는 오스트리아 할슈타트, 잘츠부르크, 빈, 린츠 등으로 편하고 빠르게 이동할 수 있는 셔틀 밴 서비스를 이용할 수 있다. CK 셔틀이라는 회사로 지역마다 다르지만 금액은 1인 약 1,100Kč 정도. 체스키 크룸로프의 원하는 어떤 장소에서든 픽업이 가능하고 샌딩도 도착하는 지역의 호텔, 기차역 등 원하는 대로 선택할 수 있어 짐이 많을 때 편리하게 이동하기 좋다. 특히 렌터카를 이용하고 싶지는 않지만 렌터카와 같은 편리함이 필요할 때 고려해 볼 만하다. 에어컨이 완비된 3인승 차량 또는 8인승 밴으로 운영되며 같은 동선의 다른 여행객들과 함께 이용하게 된다. 프라이빗하게 이동을 원한다면 차를 통째로 예약하는 것도 가능하다(이 경우 금액은 약 5,800Kč부터).
웹사이트 www.ckshuttle.cz

추천 여행 지역

• 빈 Wein

합스부르크 왕가의 화려했던 역사를 간직한 오스트리아의 수도. 합스부르크 왕가의 주거지이자 황실 미술 컬렉션을 보유한 쇤브룬Schönbrunn 궁전, 세계 최대의 구스타프 클림트Gustav Klimt 컬렉션을 보유한 벨베데레Belvedere 궁전, 성 슈테판 대성당과 같은 유명 여행지가 여기에 있다. 더불어 커피하우스 문화, 음악, 왈츠, 무도회 등 오스트리아 예술의 정수를 만날 수 있는 곳이다. '이코노미스트 인텔리전스 유닛Economist Intelligence Unit'은 빈을 '세계에서 가장 살기 좋은 도시' 1위로 선정했다. 173개 도시를 대상으로 안정성, 의료, 교육, 인프라 부문에서 만점을 받았다.

• 할슈타트 Hallstatt

엽서 속에나 볼 법한 말도 안 되는 풍경을 가진 곳. 귀엽고 아기자기한 집, 파란 호수, 우아한 백조, 호수를 둘러싼 푸른 산은 그 자체만으로도 할슈타트를 찾는 이유가 된다. 마을 전체가 세계문화유산에 등재된 곳이다. 잘츠부르크와 함께 여행하는 것이 좋으며 과거 사람과 물자를 실어 나르던 배 '플래텐Plätten'을 타보는 것도 꽤나 재밌다.

• 잘츠부르크 Salzburg

많은 한국인에게 지금까지도 많은 사랑을 받는 영화 '사운드 오브 뮤직'의 배경지다. 특유의 발랄한 분위기 덕분인지 잘츠부르크는 여행하는 내내 콧노래를 부르게 하는 신비한 곳이다. 중부 유럽 최대 규모의 요새이자 환상적인 잘츠부르크의 전경을 자랑하는 '호엔잘츠부르크Hohensalzburg 성', 깜짝 분수가 있는 '헬부룬Hellbrunn 궁전', 바로크 양식이자 영화 '사운드 오브 뮤직'의 '도레미 송'의 배경으로 유명한 '미라벨Mirabell 정원' 등 유럽의 우아한 모습과 사운드 오브 뮤직의 생기 있는 분위기가 도시에 잘 녹아있다. 모차르트의 고향으로 모차르트의 생가가 바로 잘츠부르크에 있다.

추천 여행 일정

- 프라하 ▶ 체스키 크룸로프 ▶ 흘루보카 성 ▶ 할슈타트 ▶ 잘츠부르크
- 프라하 ▶ 체스키 크룸로프 ▶ 흘루보카 성 ▶ 빈
- 프라하 ▶ 브르노 ▶ 미쿨로프 ▶ 빈

독일 Germany

독일은 체코의 서쪽 부분과 국경이 맞닿아 있다. 프라하에서 굉장히 가까워서 부담 없이 여행하기 좋다. 독일의 드레스덴은 프라하에서 기차로 2시간 30분 정도 걸리며 당일치기로 다녀오기 좋다. 베를린은 프라하에서 약 4시간 30분 정도 걸린다. 드레스덴을 찍고 베를린으로 이동해서 베를린을 마지막 여행 장소로 정하는 일정도 효율적이다.

사용 통화 Euro 유로

독일로 가는 방법

- **기차** : 체스케 드라히, 레지오젯, 도이체 반Deutsche Bahn-DB
  프라하 ▶ 드레스덴 : 약 2시간 30분
  프라하 ▶ 베를린 : 약 4시간 30분
- **버스** : 레지오젯 또는 플릭스버스
  프라하 ▶ 드레스덴 : 약 1시간 55분
  프라하 ▶ 베를린 : 약 4시간 30분
- **자동차**
  프라하 ▶ 드레스덴 : 약 1시간 30분(약 147km)
  프라하 ▶ 베를린 : 약 3시간 40분(약 349km)

베를린

드레스덴

드레스덴

추천 여행 지역

- **베를린 Berlin**

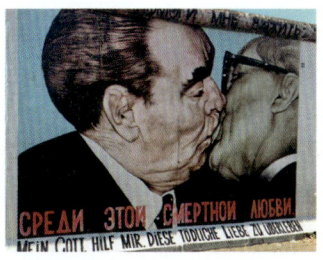

독일의 수도이자 자유의 상징인 도시. 과거의 역사와 아픔을 간직함과 동시에 예술적인 혼으로 승화시킨 작품과 벽화 등을 도시 곳곳에서 볼 수 있다. 세계 최고 중 하나로 손꼽히는 베를린 필 하모닉 오케스트라를 비롯해 다양한 전시, 오페라, 발레 등의 문화 공연을 즐길 수 있다. 또한 도심 내 많은 녹지 공간, 그리고 퀄리티와 가성비를 모두 잡은 독일 브랜드들, 패셔너블한 백화점과 개성 넘치는 숍이 많아 쇼핑을 하기에도 매우 좋은 도시다.

베를린의 냉전과 독일의 통일을 상징하는 1791년 세워진 브란덴부르크 문Brandenburg Gate, 1960년대 건축된 베를린에서 가장 높은 TV 탑, 베를린에서 가장 아름다운 광장으로 알려진 젠다르멘마르크트Gendarmenmarkt, 20개국 100명 이상의 예술가들이 장식한 베를린 벽Berlin Wall, 도심 속 전쟁으로 폐허를 간직한 현대적인 교회 건물이 놀라운 조화를 이룬 카이저 빌헬름 기념 교회Kaiser Wilhelm Memorial Church 등 베를린의 여행은 놀라움의 연속이다.

- **드레스덴 Dresden**

독일에서는 독일의 문화와 아름다움을 한 단어로 드레스덴이라고 표현한다고 한다. 풍부한 문화 예술과 황홀할 만한 아름다움이 조화된 곳. '독일의 피렌체', '엘베 강 위의 피렌체'라는 별명으로도 불린다. 제2차 세계대전 때의 무차별 폭격으로 폐허가 되었지만 혼신의 힘을 다한 재건으로 아름다움을 되찾았다. 드레스덴은 반나절이면 구경할 수 있을 정도로 크지 않은 도시이지만 특히 구시가지의 화려하고 고풍스러운 건물을 배경으로 걷노라면 수백 년 전의 드레스덴을 걷고 있는 듯한 착각까지 든다. 유유히 흐르는 엘베

강, 독일 바로크 양식의 정수로 알려진 츠빙거 궁전Zwinger Palace, 화려한 젬퍼 오페라 하우스Semperoper, 제2차 세계대전도 피해 간 약 2만 5000장의 마이센 타일을 사용한 벽화 '군주들의 행렬', 루터파 개신교회로 알려진 프라우엔 교회 등 하루를 투자하기에 아깝지 않은 도시다. 겨울 시즌이면 열리는 드레스덴의 크리스마스 마켓 또한 일부러 찾아갈 만큼 예쁘다.

추천 여행 일정

- 프라하 ▶ 드레스덴 ▶ 베를린 또는 프라하 ▶ 드레스덴 ▶ 프라하

여행 준비
Before the Travel

체코 여행 준비: 계획편
체코 여행 준비: 항공편
화폐 단위 및 환전, 카드 사용
체코 유심
체코 여행에 편리한 앱 & 웹사이트
체코 병원 & 약국 정보

체코 여행 준비: 계획편

체코 여행 계획 세우기

Step 1 여행 일정 정하기
언제, 며칠 동안, 어느 지역을 여행할지 대략적으로 계획하기

Step 2 항공권 예약하기
계획한 일정에 맞는 최적의 항공권 예약하기. 경유 시간, 항공사, 구매 시기 등에 따라 항공권의 금액은 천차만별이다. 대략적으로 출발 6~3개월 전에 예약할 것을 추천하고, 발권 후에는 바로 좌석을 지정해야 선호하는 자리에 장시간 앉을 수 있다.

Step 3 숙소 예약하기
출·도착 일정이 확정되었다면 실제 여행 일정에 맞게 숙소를 예약하자. 특히 축제 기간이 겹칠 경우 여행이 결정된 즉시 예약을 진행하는 편을 추천한다.

Step 4 여권, 비자 및 필요 서류 준비하기
여권이 없다면 여유 있게 신청할 것. 만약 여권이 있는 상태라면 6개월 이상의 유효 기간이 남아있는지 확인해 봐야 한다. 체코의 경우 대한민국 여권 소지자의 경우 사증 면제 국가로 90일 이내 단기 여행자의 경우 비자가 필요 없다.

Step 5 국내 이동편 예약
세부 일정이 정해졌다면 원하는 일정에 이동할 수 있도록 체코내 도시, 근교 국가 간 이동편을 미리 예약해 두는 편이 편리하다.

Step 6 환전 및 국제 카드 준비하기
약 1주일 전까지 환전 및 카드를 준비를 마칠 것. 특히 카드 발급은 환전보다 시간이 걸리는 편으로 유효 기간에 문제가 없는지 미리 확인하는 것이 좋다. 공항 라운지를 이용할 수 있는 PP카드가 있다면 함께 챙겨두자.

Step 7 짐 싸기
현지의 날씨, 구매한 항공 좌석이 허용하는 무게(위탁 수하물 및 기내용 수하물)를 확인해 짐을 쌀 것. 상비약, 보조 배터리와 여분의 충전 케이블, 지퍼백은 유용한 아이템 중 하나다. 혹시나 한국에 두고 온 것이 있다라고 웬만한 것들은 체코에서도 다 구매할 수 있다.

Step 8 여행자 보험
체코는 여행자 보험 가입 및 영문 보험 증서가 필수다. 질병, 사고, 사망 등의 해외 의료 서비스, 사망, 본국 송환 항목을 포함해 최소 €3만 이상을 보장해야 한다.

Step 9 출국하기
성수기 및 방학 시즌에는 공항이 매우 혼잡할 수 있다. 출발 전 최소 3시간 전 공항에 도착할 수 있도록 출발하자.

나에게 맞는 여행 형태는? 패키지 VS 자유여행

패키지

해외여행이 처음이거나 여행에 자신이 없거나, 언어가 부족하거나, 혼자라 여행이 무서운 여행객에게 좋은 형태다. 여행사나 상품, 테마에 따라 다르지만 한 팀의 규모는 대략 20~40명으로 정해진 일정에 함께 따라다니는 형태다. 전용

차량을 이용하며 한 국가보다는 대개 2개국, 3개국 이상을 한 번에 여행한다. 인원이 많은 만큼 상대적으로 저렴한 금액부터 시작한다.

단, 패키지의 경우 구성원의 연령이 높은 편이다. 차량으로 단체로 이동하기 때문에 시내가 아닌 외곽에 호텔이 있는 경우가 다반사. 새벽같이 일정을 시작해 밤늦게 끝나는 강행군일 경우가 많다. 일행이 마음에 들지 않아도, 일정이나 관광지가 마음에 들지 않아도, 옵션을 하고 싶지 않아도 팀이기 때문에 혼자만 빠지기 어렵다. 하지만 기존에는 자유 시간이 거의 없는 경우가 많았지만 최근에는 자유 시간을 프로그램에 포함시키는 경우가 많아지고 있다.

자유여행

짜인 일정 No, 남들과 함께 하는 일정 No, 내가 원하는 일정과 장소, 지역들을 자유롭게 여행할 수 있어 독립적인 여행객에게 추천하는 형태다. 인터넷의 발달로 항공권, 호텔, 액티비티, 맛집까지도 바로 예약할 수 있고, 본인이 원하는 대로 자유롭게 시간을 계획할 수 있어 특히 젊은 세대들이 선호한다. 여행에 대한 경험치가 높아질수록 자유자재로 일정을 구성할 수 있어 매력적이다.

단, 항공권이나 호텔은 일정에 맞춰 개별적으로 예약하기 때문에 자유여행이 패키지 여행에 비해 저렴하다고는 말하기 어렵다. 특히나 코로나19 이후로 장거리 항공권의 경우 전반적으로 가격이 상승한 상태로 오히려 예산이 더 높아질 수 있음을 염두에 두는 것이 좋다. 또한 현지에서 아프거나 비행기가 결항되는 등 돌발 상황이 생길 경우 여행사 없이 오롯이 혼자 해결해야 한다.

어떤 숙소를 고를까?

하루를 편안하게 마무리할 숙소는 여행 계획에서 굉장히 중요한 부분이다. 이름만 들어도 아는 글로벌 체인부터 체코만의 개성과 감성을 가진 부티크 호텔까지 체코에서 선택할 수 있는 숙소의 폭은 아주 다양하다. 특히 타 유럽 대비 같은 가격이면 더 넓고 좋은 곳에서 머물 수 있다는 것이 큰 장점을 지녔다.

호텔

가장 안전하고 편안한 숙박 형태. 하지만 일정이 길어질수록 예산이 늘어나는 것도 고려해야 한다. 예산을 고려한 가성비 좋은 호텔, 관광지에 가까운 호텔, 기차역에서 가까운 호텔, 럭셔리한 하루를 선사하는 5성급 호텔까지 선택의 폭이 가장 많은 옵션이다.

장기 투숙

한 달 살기, 혹은 2주 이상 체코에서 살아보기를 고려한다면 에어비앤비와 같은 공유 숙박의 형태를 고려할 수 있다. 호텔보다는 저렴한 비용, 주방 시설, 세탁 등 일반적인 주거 시설의 편의성을 제공한다. 단, 체크아웃 후 문제가 생기는 경우가 생기기도 하고 경우에 따라 호스트와 함께 생활할 수도 있으니 예약 시 옵션을 잘 확인할 것.
추천 웹사이트 에어비앤비 www.airbnb.co.kr

> **travel tip!**
> 에어비앤비에서 7박 이상 투숙할 경우 주간 할인, 28박 이상은 월간 할인이 들어간다.

한인 민박

코로나19 전 인기가 많았던 숙박 형태. 한국인이 운영하는 민박으로 3~4인 도미토리 형태가 1박 약 €35~40 선이다(비수기 기준). 장점이라면 한국인들과 여행 정보를 교류할 수 있고 민박집에서 운영하는 투어 참여, 조식으로 한식이 제공된다는 점. 단, 화장실을 함께 사용해야 하고 개인실이 아닐 경우 개인 공간을 가질 수 없다는 점이 아쉽다.
추천 웹사이트 마이리얼트립 www.myrealtrip.com / 민다 www.theminda.com/main

체코 여행 준비: 항공편

직항편인 대한항공을 포함해 전 세계의 여러 항공사가 프라하까지 노선을 운항하고 있다. 가장 빠르게 출·도착할 수 있는 직항편, 업무나 공부 등 하루를 마무리하고 떠날 수 있는 자정 출발편, 항공사의 허브 공항을 구경하는 재미가 있는 경유편 등 프라하로 가는 다양한 항공편을 소개한다.

대한항공 Korean Air

체코를 여행하는 가장 빠르고 편리한 방법. 인천에서 프라하로 바로 가는 직항편을 이용하는 것이다. 국적기인 대한항공은 스카이팀 소속으로 체코 프라하까지 하계 시즌은 주 4회(월, 수, 금, 요일), 동계 시즌은 주 3회(월, 수, 금요일) 운항한다. 약 11시간 10분이면 체코에 도착한다. 세계에서도 손꼽히는 서비스는 물론 환승이 필요 없는 데다가 언어, 음식 등의 걱정이 필요 없는 것 또한 큰 장점. 특히 프라하 여행이 처음이거나 짧은 경유도 원치 않는 여행자들에게 단연코 추천한다. 단, 프로모션이 없을 경우 경유편보다 금액은 높은 편이다.

운항 일정 주 3회(2023년 기준) **출·도착 일정** 인천 12:45 ▶ 프라하 16:55 / 프라하 18:50 ▶ 인천 11:50 (+1일)
홈페이지 www.koreanair.com/kr/ko

터키항공 Turkish Airlines

터키의 국영 항공사로 최대 하루 두 편 운항한다. 그중에서도 밤 출발 편은 거의 자정에 가까운 시간에 인천을 출발하는 큰 장점을 가지고 있다. 더불어 가격도 합리적인 편. 매일 운항하고 있으며 경유지인 이스탄불까지 약 12시간 소요된다. 약 2시간 정도의 적절한 환승 시간을 거쳐 약 2시간 40분 정도면 프라하에 도착한다. 인천에서 밤 출발할 경우 프라하에 오전 도착하고, 프라하에서 역시 저녁에 출발하기 때문에 하루를 꽉 채워 사용할 수 있어 실용적이다. 2019년 기존 아타튀르크 공항에서 새로운 이스탄불 공항으로 이전하며 규모가 더욱 커졌다. 스타얼라이언스 소속으로 아시아나 마일리지 적립이 가능하고 만약 이스탄불 공항에서 환승 시간이 6~24시간일 경우 무료 이스탄불 투어를 제공한다.

운항 일정 매일 **출·도착 일정** 인천 00:15 ▶ 이스탄불 06:20 / 이스탄불 08:10 ▶ 프라하 08:55
프라하 19:05 ▶ 이스탄불 23:45 / 이스탄불 02:20 (+1) ▶ 인천 18:20
홈페이지 www.turkishairlines.com/ko-int

에어프랑스-KLM Air France-KLM

지속 가능한 경영 이념을 그 어떤 곳보다도 적극적으로 이행하고 있는 항공사. 에어프랑스와 KLM의 합병으로 탄생한 유럽의 거대 항공사다. KLM 네덜란드 항공을 선택할 경우 암스테르담 경유, 에어프랑스를 선택할 경우 파리를 경유해 프라하에 도착할 수 있다. 혹은 에어프랑스와 KLM의 항공편을 하나의 여정에 함께 이용하는 스케줄도 가능해서 다양한 시간 편 및 타 국가와 연결하기에도 좋다.

운항 일정 매일
출·도착 일정
KLM 네덜란드 항공 인천 22:40 ▶ 암스테르담 05:20 / 암스테르담 06:50 ▶ 프라하 08:20
프라하 14:20 ▶ 암스테르담 15:55 / 암스테르담 21:45 ▶ 서울 16:25 (+1)
홈페이지 www.klm.co.kr

에어프랑스 인천 09:05 ▶ 파리 16:10 / 파리 20:15 ▶ 프라하 21:55
프라하 15:40 ▶ 파리 17:30 / 파리 21:00 ▶ 서울 15:00 (+1)
홈페이지 wwws.airfrance.co.kr

핀에어 Finnair

핀란드 국적기로 헬싱키를 경유한다. 출발이 약 오후 10~11시에 가까워 하루를 마감한 후 떠날 수 있어 합리적이다. 핀란드에서 탄생한 마리메코 및 이탈라를 기내 어매니티, 냅킨 등으로 제공해 북유럽 특유의 감성과 디자인을 만날 수 있다. 헬싱키 공항에서 환승 시 만날 수 있는 무민 숍은 경유의 즐거움을 더한다.

운항 일정 매일
출·도착 일정 인천 23:00 ▶ 헬싱키 05:40 / 헬싱키 09:40 ▶ 프라하 10:55
프라하 11:40 ▶ 헬싱키 14:50 / 헬싱키 17:35 ▶ 인천 12:20 (+1)
홈페이지 www.finnair.com/kr-ko

카타르항공 Qatar Airways

카타르 도하를 허브로 하는 글로벌 항공사. 스카이 트랙스는 카타르 항공을 세계 최고의 비즈니스 클래스에 10회 선정했고 올해의 항공사로 무려 7번이나 이름을 올렸다. 자정을 조금 넘은 시간에 출발해 도하를 경유한 후 약 6시간의 비행을 거쳐 프라하에는 정오 이후 도착하는 일정이다. 하늘 위의 스위트룸으로 불리는 Q 스위트는 비즈니스 클래스로, 합리적인 금액으로 개인실을 가질 수 있는 것은 물론 4인이 서로 마주 보며 앉을 수 있어 독립된 공간을 원하는 가족 여행객에게 좋다.

운항 일정 매일
출·도착 일정 인천 01:30 ▶ 도하 05:55 / 도하 08:05 ▶ 프라하 13:25 / 도하 02:10 (+1) ▶ 인천 16:55
홈페이지 www.qatarairways.com/ko-kr/homepage.html

폴란드 항공 Polish Airlines

폴란드 항공사로 LOT라고 더 잘 알려져 있다. 한국에서는 폴란드 바르샤바와 브로츠와프, 헝가리 부다페스트까지 3개의 직항노선을 운항하고 있다. 바르샤바에서 프라하까지는 약 1시간 15분이면 도착할 수 있다. 중부 유럽의 항공사인 만큼 가격 경쟁력도 있고 체코와 함께 폴란드, 헝가리를 여행하기 좋다는 장점이 있다.

홈페이지 www.lot.com/kr/en

루프트한자 Lufthansa

독일 최대의 항공사. 유럽 내 다양한 목적지들을 연결하고 있다. 독일의 프랑크푸르트 공항을 메인 허브, 뮌헨을 두 번째 허브로 사용하고 있다. 스타얼라이언스 소속으로 아시아나 마일리지 적립이 가능하다.

홈페이지 www.lufthansa.com/kr/ko/homepage.html

에미레이트 항공 Emirates

아랍에미리트의 항공사로 두바이 공항을 허브 공항으로 사용한다. 우수한 기내 서비스 및 높은 서비스가 인상적인 곳. 스카이트랙스가 올해의 항공사를 수상하기도 했다. 완전 밀폐형 퍼스트 클래스 스위트 좌석은 에미레이트 항공의 자랑. 단 스카이팀이나 스타얼라이언스 어느 곳에도 속하지 않는 스카이워즈 Skywarkds 마일리지를 운영 중인 것이 조금 아쉽다.

홈페이지 www.emirates.com/kr/korean

중화항공

대만의 국영 항공사로 2023년 7월부터 체코에 취항했다. 대한민국에서는 대만의 타이베이를 경유해 프라하로 들어가게 된다. 대만에서의 경유 시간이 약 1시간 정도로 짧고 원할 경우 대만에서 스톱오버를 할 수 있는 것이 장점이다.

홈페이지 www.china-airlines.com/kr/ko

화폐 단위 및 환전, 카드 사용

체코의 공식 통화는 체코 코루나다. 한국에서 환전이 불가능한 것은 아니지만 환율이나 지점이 제한적이어서 유로나 달러로 환전해 현지에서 코루나로 재환전하는 편이 일반적이다. 달러도 가능하지만 유로 환율이 조금 더 유리하다.

통화

화폐 단위

체코는 유럽연합 소속이지만 체코 고유의 화폐 단위를 사용한다. 체코어로 코루나koruna-Kč, 영어로는 체코 크라운 Czech Crown-CZK이라고 불린다. 프라하와 같은 대도시의 일부 상점들은 유로를 받기도 하지만 거스름돈은 체코 코루나로 돌려준다.

동전 단위 1, 2, 5,10, 20, 50
지폐 단위 100, 200, 500,1000, 2000, 5000
환율 1 코루나 = 한화 약 58원(2023년 12월 기준)
환율확인
체코 국립 은행 홈페이지
www.cnb.cz/en/index.html
유럽 중앙 은행 홈페이지
www.ecb.europa.eu/stats/policy_and_exchange_rates/
euro_reference_exchange_rates/html/index.en.html

카드 사용

웬만한 관광지의 경우 비자, 마스터와 같은 국제적으로 통용되는 카드 사용이 가능하다. 하지만 작은 규모의 기념품 상점, 노점의 경우 카드 사용이 가능하지 않은 곳도 종종 있으니 조금이라도 현금을 소지하는 편을 추천한다.

애플 페이

컨택트리스 카드 결제의 대중화로 상점 및 대중교통에서 애플 페이 사용이 가능하다.

travel tip!
체코의 경우 컨택트리스(Contactless) 카드 사용이 굉장히 대중화되어 있는 편이다. 특히 대중교통 내에서는 일반 카드 사용은 제한되고 컨택트리스 카드로만 티켓 구매가 가능하니 컨택트리스 카드를 하나 정도는 준비해 가면 편리하다.

환전

사설 환전소

환전을 위해 가장 대중적으로 이용하는 방법. 편리하고도 좋은 환율로 환전할 수 있는 사설 환전소는 프라하 곳곳에 있지만 특히 판스카Panská 거리와 인드르지슈스카Jindřišská 거리에 많이 몰려있다. 환전소에서 주의할 것은 환전 수수료가 없는지, 환율이 좋은지 확인하는 것이다. 도심 중심의 환전소 경우 수수료 0%를 크게 적어 놓지만 환율을 높게 잡아놓아 실제로 어느 곳보다도 많은 수수료를 떼어가는 곳도 있으니 주의할 것. 프라하 외의 소도시 경우 해당 도시의 인포메이션 센터에서 환전소를 같이 운영하기도 한다.

추천 환전소

인드르지슈스카 거리의 캐피털 익스체인지Capital Exchange, 망고 체인지Mango Change, 판스카Panská 거리의 체르나 루제Černá Růže 쇼핑센터 체인지, 팔라디움Palladium 쇼핑몰 근처의 알파 프라하Alfa Prague 등

travel tip!
한국은행에서 발행한 일부 해외 사용 겸용 체크카드의 경우 해외에서 현금 인출 시 수수료가 부과되지 않는다. 장기 여행으로 현금을 가지고 다니기 부담스럽다면 현지에서 현금 인출이 가능한 카드를 준비하자. 기계에서 바로 체코 코루나로 수수료 없이 인출이 가능하다 (예, 하나 KEB 트래블로그, VIVA X, VIVA+ 체크카드 등).

travel tip!
거리에서 좋은 환율로 환전을 제안하더라도 절대로 환전하지 말 것. 간혹 제일 상단에는 진짜 돈, 하단에는 종이를 주기도 한다. 승인된 환전소만 이용하자.

은행

은행은 약 2%의 환전 수수료 부과 및 최소 환전 금액이 있다.

호텔

대부분의 호텔은 환전 기계 또는 데스크를 통해 환전 서비스를 제공한다. 사설 환전소나 은행보다 환율이 좋지 않지만 급할 때 이용하기 좋다.

체코 유심

체코 유심(USIM) & 이심(eSIM)

체코 여행을 할 때도 현지 유심, 일명 프리페이드 카드PrePaid Card를 이용하면 편리하다. 인터넷 사용과 함께 현지에서 전화가 필요한 상황에서도 이용이 가능하기 때문. 해외 여행객에게는 데이터만 제공되는 유심을 주력으로 판매하고 있어 본인의 일정과 목적에 맞는 유심을 고르면 된다. 유심은 공항, 통신사 매장, 타박, 편의점 등에서 구매할 수 있다. 요즘에는 물리적인 유심이 아닌 디지털 심카드, 즉 eSIM 사용이 점점 늘어나고 있는 추세다. eSIM을 이용할 경우 번거롭게 유심을 교체하거나 분실할 염려가 없고 간단한 절차 후 바로 사용할 수 있어 편리하다.

국내 유심 구매

한국에서도 소셜 커머스, 브랜드 웹사이트를 통해 쉽게 구매 가능하다. 유럽 전역을 커버하는 경우가 대부분으로 체코와 근교 국가를 함께 이용하는 경우 편리하다. 유럽 내 같은 국가 간 통화가 가능한 상품도 있지만 문자는 가능하지 않은 상품이 대다수다.

가격 데이터 10G 기준 약 1만 원대 후반~약 2만 원 선

체코 현지 유심 구매

보다폰 Vodafone

체코 전역에서 쉽게 만날 수 있는 체코의 대표적인 통신사다. 유럽에서도 큰 규모의 네트워크를 자랑한다. 프라하 공항에서 유심 자판기를 판매하고 있어 공항 도착 후 가장 빠르게 구매 가능하다. 시내에서 구매할 경우 조금 더 다양한 플랜을 확인 및 구매할 수 있다. 가장 부담없이 사용할 수 있는 통신사.

▶**대표 요금제**
프리페이드 카드 30(Prepaid Card 30)
가격 200Kč(크레디트 200Kč 포함),
사용 조건 - 전화 3Kč/분, 문자 3Kč/건, 3Kč/10 MB 데이터

방문객을 위한 데이터 15GB/20G
가격 499Kč/649Kč
사용 조건 - 데이터 15GB/20GB 무료, 같은 통신사 내 문자/통화 무료, 타 통신사 통화 130분 무료 (20GB의 경우), 문자 1.9Kč/건
활성화 후 30일 동안 유효

홈페이지 www.vodafone.cz/en

travel tip!
유심 구매이지만 신원 확인을 위해 여권과 같은 신분증 확인을 요청할 수 있다.

오투 O2

보다폰과 비슷한 규모의 통신사로 체코 전역에서 만날 수 있다. 매장은 많은 편인데 웹사이트는 체코어로만 운영하고 있어 매장에서 플랜을 확인해야 하는 것이 조금 아쉽다. 현재 여행객들에게 eSIM을 적극적으로 홍보 및 판매하고 있어 eSIM 사용을 고려하는 여행객에게 추천한다.

▶**대표 요금제**
USIM 데이터 1GB/3GB 가격 179Kč/ 299Kč
eSIM 데이터 10GB 가격 499Kč
홈페이지 O2.cz/esimvisitor

티 모바일 T-Mobile

활발한 서비스를 제공하는 통신사. 체코 내 크기나 규모가 보다폰이나 오투보다 작은 편으로 매장 수도 적은 편.

▶**대표 요금제**
전화 50분 및 문자 50건 요금제 가격 150Kč (크레디트 100Kč 포함) 사용 조건 - 전화 50분, 문자 50건, 데이터 100MB 포함, 전화 4.5Kč/분, 1.9Kč/문자
10GB 데이터/15GB 데이터 요금제 가격 200Kč/가격 299Kč(크레디트 100Kč 포함, 활성화 후 30일 동안 유효)
사용 조건 - 데이터 10GB/15GB 포함, 전화 4.5Kč/분, 1.9Kč/문자
홈페이지 www.t-mobile.cz/osobni

체코 여행에 편리한 앱 & 웹사이트

체코 여행을 준비할 때는 물론 현지에서 유용한 앱을 소개한다. 다른 것은 몰라도 기차, 버스, 택시 및 프라하의 대중교통 앱은 꼭 다운로드해 두도록 하자. 체코 여행이 훨씬 편리해진다.

기차 및 버스

체스케 드라히
České dráhy
체코의 국영 철도사
홈페이지 www.cd.cz/en/default.htm
앱스토어 및 구글 스토어
české dráhy, a.s.Můj vlak

레지오 젯 RegioJet
체코의 기차 및 버스 회사.
체코 전역 및 근교
유럽 국가를 연결
홈페이지 regiojet.com
앱스토어 및 구글 스토어
RegioJet

플릭스 버스 FlixBus
유럽의 버스 회사.
체코의 일부 도시들과
유럽 국가를 연결
홈페이지 global.flixbus.com
앱스토어 및 구글 스토어
FlixBus & FlixTrain

지도

구글 지도
Google Maps
구글에서 제공하는 지도 앱
앱스토어 및 구글 스토어
Google Maps

택시

볼트 Bolt
대표적인 차량공유 서비스 앱
홈페이지 bolt.eu/en/cities/prague
앱스토어 및 구글 스토어 Bolt

우버 Uber
대표적인 차량공유 서비스 앱
홈페이지 www.uber.com/global/en/cities/prague
앱스토어 및 구글 스토어 Uber

프라하 대중교통

PID 리타취카 PID Lítačka
프라하의 대중교통권을 구매 및
사용할 수 있는 앱
홈페이지 pidlitacka.cz/en
앱스토어 및 구글 스토어 PID

프라하 공유 자전거

라임 Lime
전기 자전거 및 전기 스쿠터 대여 앱
홈페이지 www.li.me/en-co
앱스토어 및 구글 스토어
Lime - #RideGreen

넥스트 바이크 nextbike
공유 자전거 대여 앱
홈페이지 www.nextbikeczech.com/en/mesto/prague
앱스토어 및 구글 스토어
Nextbike by TIER

프라하 시외 패스

프라하 비지터 패스
Prague Visitor Pass
관광지 무료입장 및 할인, 대중교통권을
포함한 프라하시 공식 시티패스 앱
홈페이지 praguevisitorpass.eu/?lang=ko-kr
앱스토어 및 구글 스토어 Prague Visitor Pass

체코 병원 & 약국 정보

긴급 전화번호

응급상황
(영어 통화 가능)
112

경찰
158

구급차
155

소방서
150

체코 의료 서비스

잘 알려져 있지 않지만 체코는 꽤 체계적인 의료 시스템을 구축하고 있다. 유럽 소비자 건강 관리 지수(Euro Consumer Health Care Indes)에서 14위를 차지했고 특정 분야에서는 전 세계적으로도 거의 최상급 의료 기술을 자랑하고 있다. 갑작스러운 사고나 질병에 걸렸을 경우 공립 병원, 24시간 약국, 24시간 응급서비스 그리고 개인 병원을 이용할 수 있다. 주요 병원들의 경우 주재원이나 외국인을 위한 외국인 전담 부서를 운영하고 있으며, 의사들의 경우 대부분 영어를 구사하고 있어 체코어를 하지 못해도 걱정하지 않아도 된다. 감기약 같은 비상 상비약의 경우 처방전 없이 약국에서 간단한 상담 후 구매가 가능하다. 특히 프라하의 경우 유료지만 한국어 통역 서비스가 가능한 병원도 있으니 알아두면 유용하다. 참고로 개인 병원에 비해 공립 병원은 대기 시간이 긴 편으로 외국인의 경우 개인 병원 방문을 추천한다.

단, 한국인을 포함해 90일까지 체류가 가능한 무비자로 체코를 여행하는 외국인 여행자들은 본국 송환 규정을 포함한 3만 유로 이상의 여행자 보험 가입이 의무다. 그리고 여행 시 영문 보험 증서를 소지해야 한다.

병원 정보

갑작스러운 사고나 질병, 영업 시간 외 부상의 경우 병원 응급실 이용이 가능하다.

대학병원

▶ **모톨 대학병원**
Fakultní nemocnice v Motole/
Motel University Hospital
홈페이지 www.fnmotol.cz/en

국·공립 병원

외국인을 위한 전담 부서가 운영되는 국·공립 병원을 소개한다.

▶ **군 대학병원**
Ústřední vojenská nemocnice Praha/
Military University hospital Prague
홈페이지 www.uvn.cz/en

▶ **나 호몰세 병원**
Nemocnice Na Homolce/ Na Homolce Hospital
홈페이지 www.homolka.cz/en

▶ **나 불로프체 병원**
Nemocnice Na Bulovce
홈페이지 http://bulovka.cz

개인 병원

소규모 의료 서비스 센터는 체코인들이 선호하는 형태다. 현대적인 서비스, 친근하면서도 편안한 분위기, 최고급 수준의 의료 서비스를 제공한다. 금액은 국·공립 병원보다는 조금 높은 편이다. 영어가 부족하더라도 걱정 말자. 한국어 통역 서비스를 옵션으로 제공해 한국어 진료가 가능한 개인 병원이 프라하에서 운영 중이다.

▶ **유니케어 메디컬 센터** `한국어 진료가 가능한 개인 병원`
Unicare Medical Center s.r.o
가족 중심적인 의료 서비스를 제공하는 병원으로 프라하에 위치한다. 체코 최초의 외국인들을 위한 개인 병원이라고 소개하고 있다. 특히 한국어 통역 서비스를 제공하고 있어 체코 여행 시 위급한 상황에서도 걱정 없이 병원에 방문할 수 있다. 원활한 의사소통과 더불어 현대적인 시설과 신속한 서비스를 제공하는 병원이다. 단, 한국어 통역을 원한다면 예약은 필수. 카카오 채널 및 한국인 전용 이메일 등 한국어 데스크를 운영하고 있어 편리하다.

주소 Na Dlouhém lánu 563/11, Prague 6, 160 00
대표 이메일 reception@unicare.cz
한국어 데스크 korean@unicare.cz
운영 시간 월~금요일 08:00~20:00, 토요일 09:00~13:00
주소 Na Dlouhém lánu 563/11, 160 00 Praha 6-Vokovice
홈페이지 www.unicare.cz/ko
비고 한국어 통역 비용 유료, 예약 필수

▶ **캐나디언 메디컬 센터 프라하** CANADIAN MEDICAL CARE in Prague
지점 1 Ymca Palace, Na Poříčí 1041/32, 110 00 Praha 1
지점 2 Pankrác House, Lomnického 1705/5 (entrance from Lomnického 7) 140 00 Praha 4
www.canadian.cz/en

약국 정보

프라하와 같은 대도시를 포함해 체코 전역에는 여행자들이 편리하게 이용할 수 있는 약국이 곳곳에 있다. 닥터 맥스Dr.Max는 대표적인 체코의 약국 체인. 그 외에도 베누BENU 등 도심에서 약국을 뜻하는 레카르나Lékárna라는 단어를 쉽게 찾을 수 있다. 특히 프라하에서는 24시간 운영하는 약국도 있어 위급상황에 알아두면 요긴하다.

24시간 운영 약국

▶ **레카르나 프란티슈쿠** Lékárna Na Františku
주소 Na Františku 847/8, 110 00 Staré Město

▶ **베누레카르나 프라하7** BENU Lékárna Praha 7, Fr.Křížka
주소 Františka Křížka 683/22, Holešovice, 170 00 Praha 7-Holešovice

▶ **닥터 맥스** Dr.Max
주소 Vítězné nám. 997/13, 160 00 Praha 6-Bubeneč, Czechia

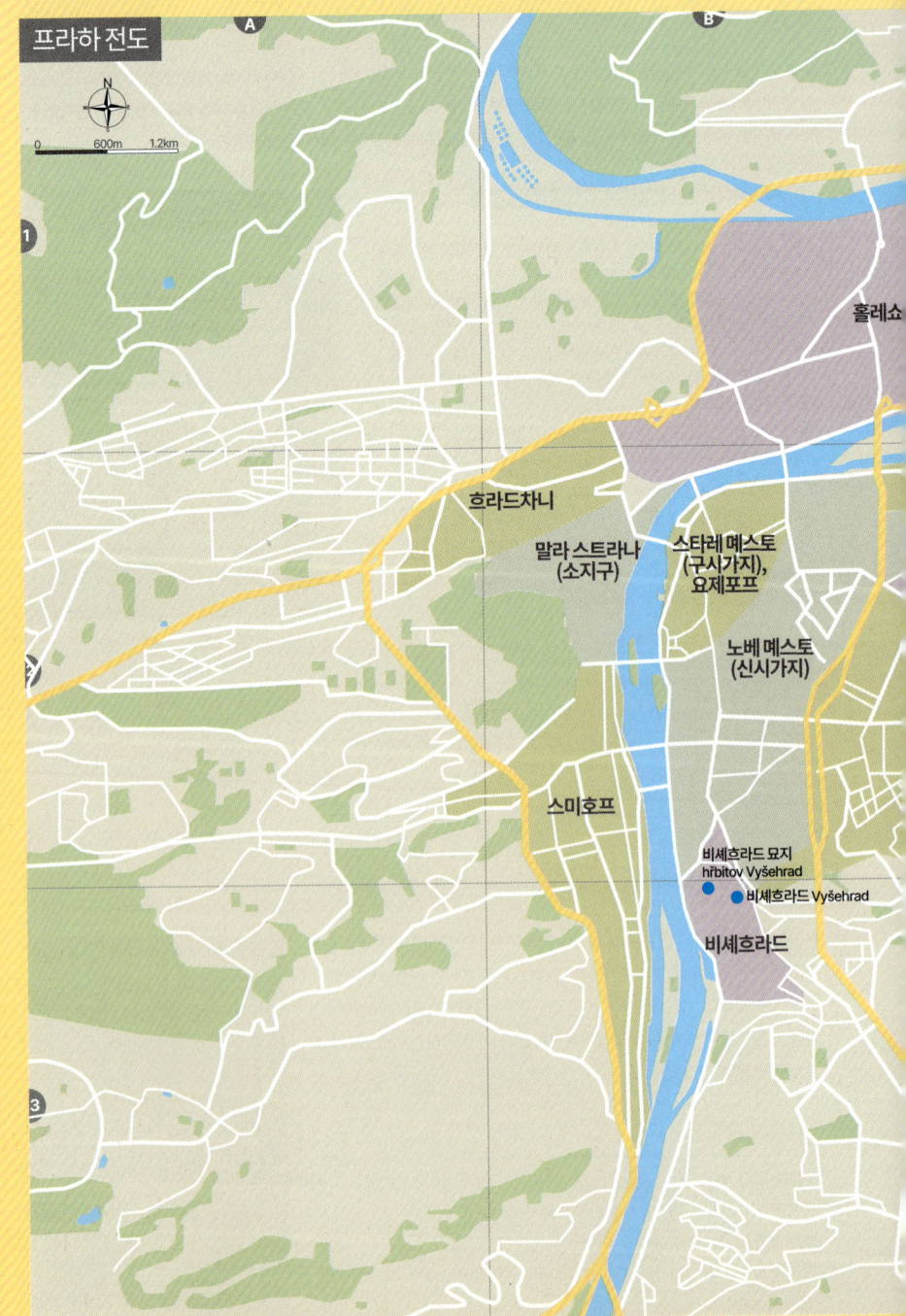

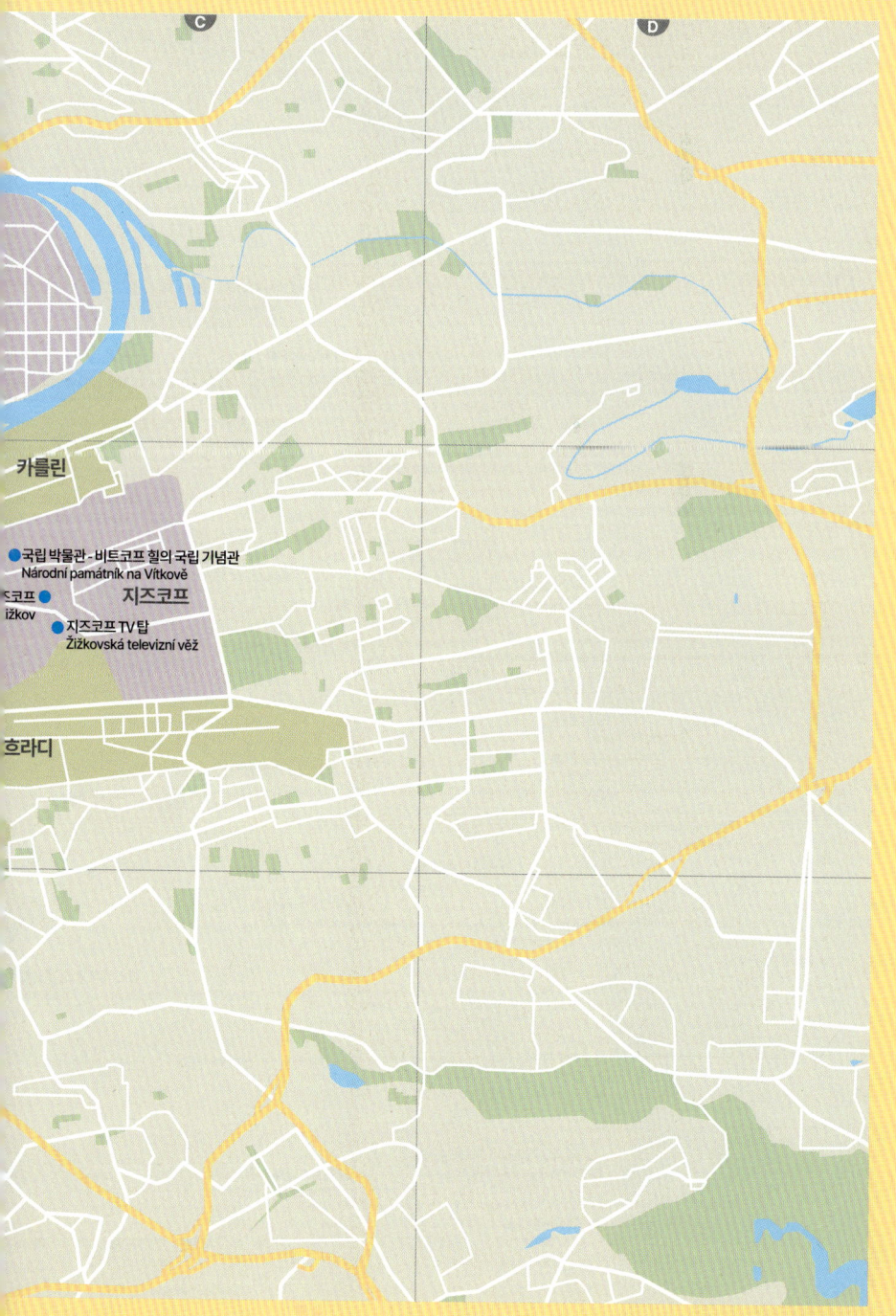

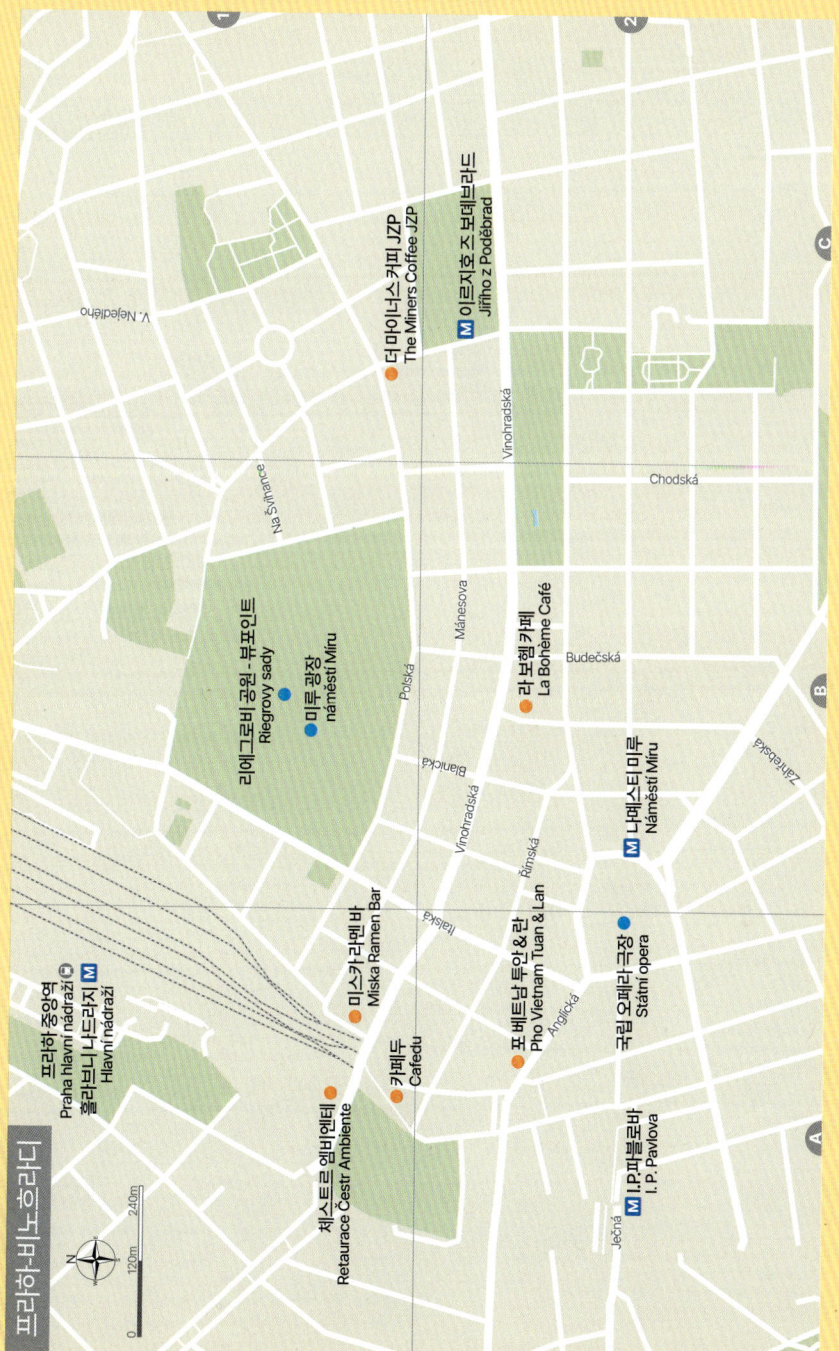

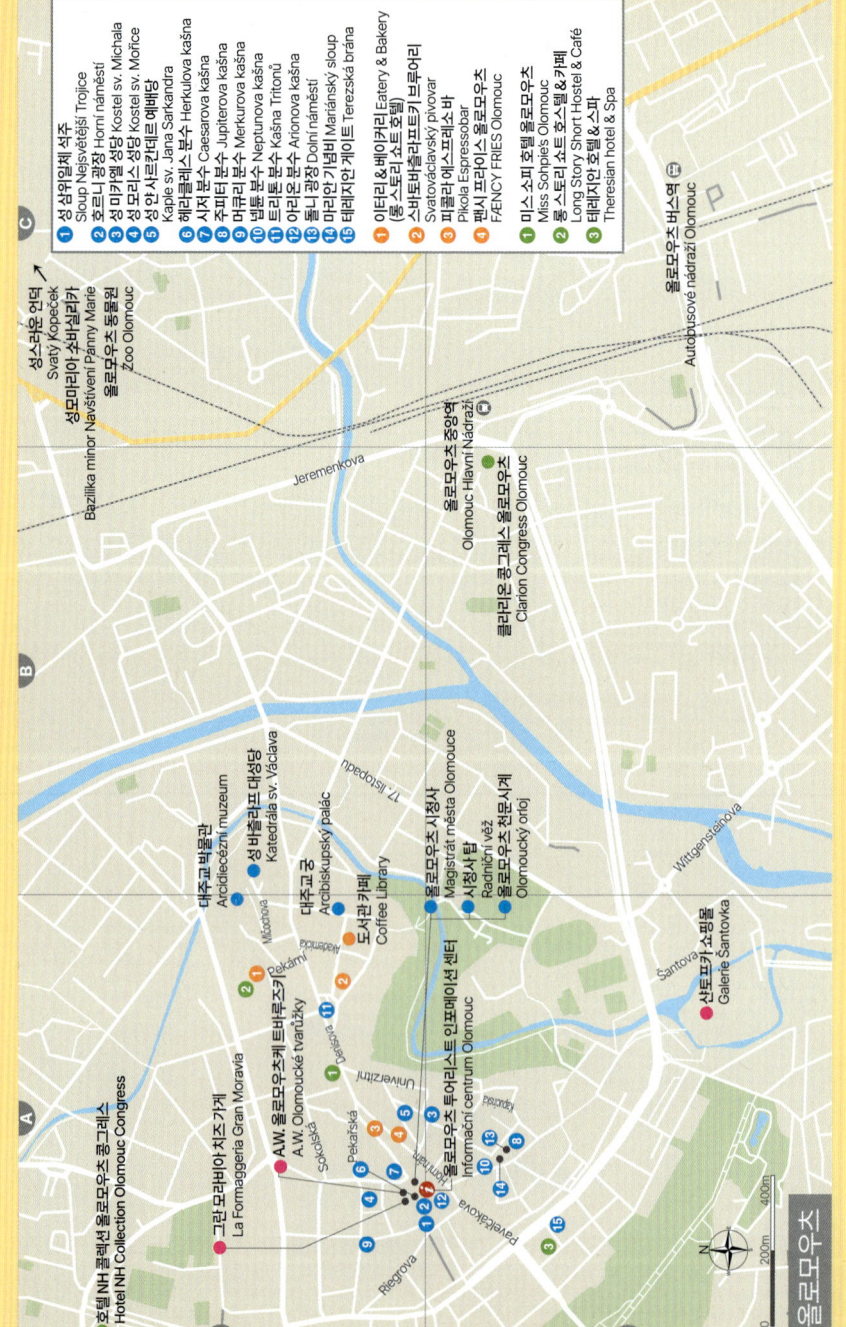

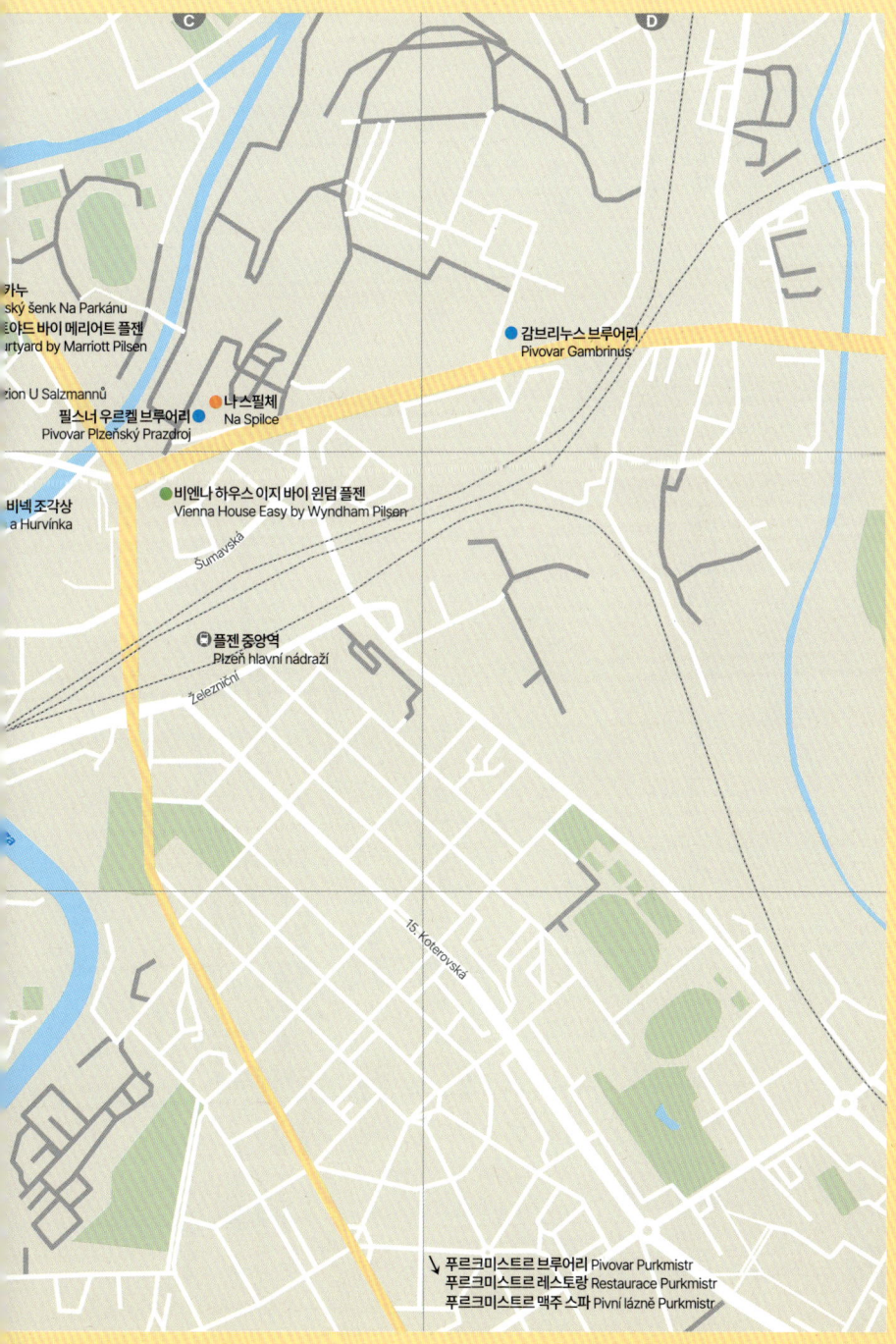

쿠트나호라

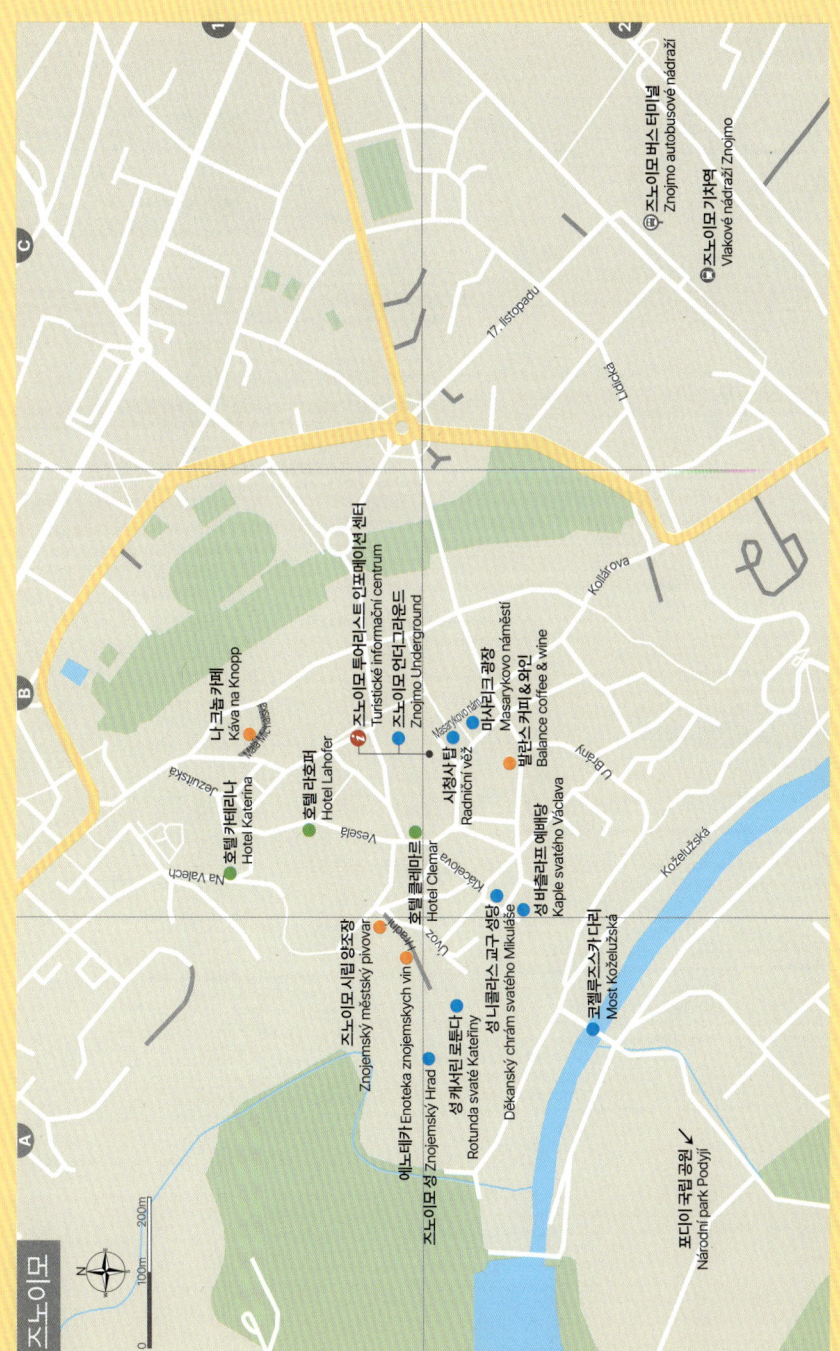

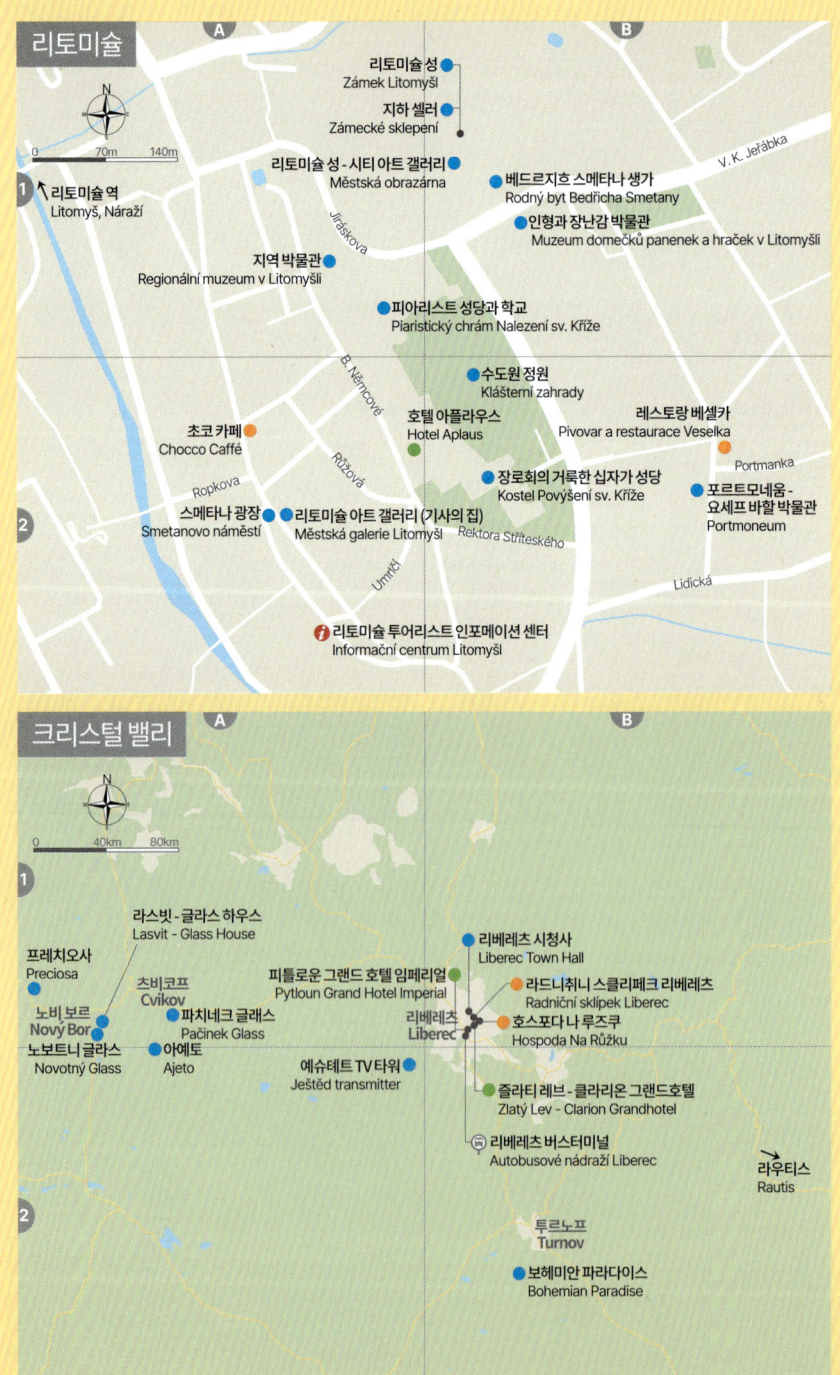

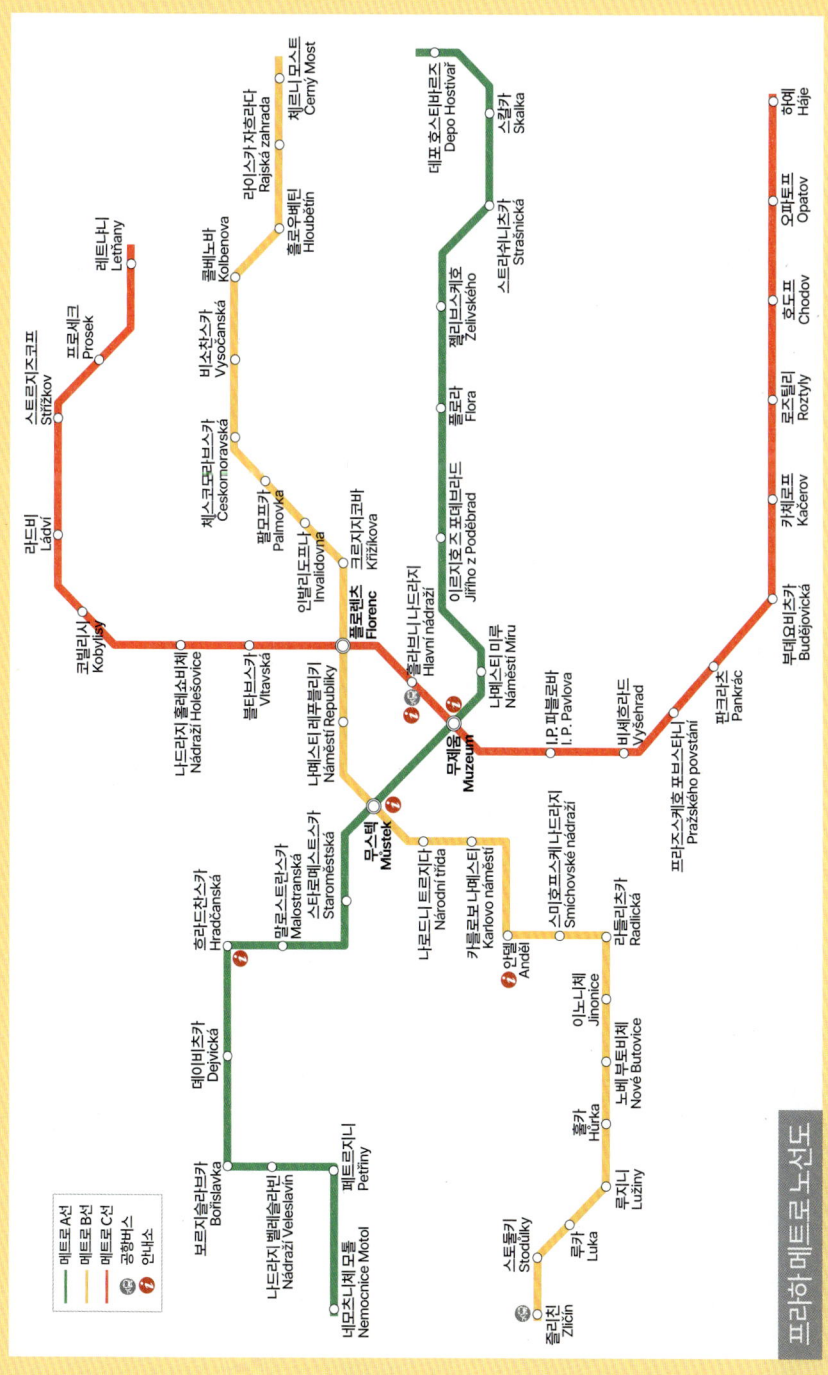

INDEX

ㄱ

감각 박물관	174
감브리누스 브루어리	337
거울 미로	220
검은 성모 마리아의 집	145
공산주의 박물관	176
공산주의 희생자 추모비	221
공화국 광장(노베 메스토)	176
공화국 광장(플젠)	331
괴테 전망대	297
구 예수회 대학-중부 보헤미아 지역 미술관	316
구 왕궁	200
구·신 시나고그	163
구시가지 광장	129
구시가지 교탑	140
구시청사	130
구시청사 탑	130
국립 기술 박물관	229
국립 박물관	170
국립 박물관-비트코프 힐의 국립 기념관	247
국립 오페라 극장	243
국립극장	172

| 기다리는 아담 | 389 |
| 기사의 집 | 416 |

ㄴ

나로드니 트르지다	172
네루도바 거리	213
넵튠 분수	358
노보트니 글라스	460

ㄷ

달리보르카 탑	200
대 시나고그	334
대주교 궁	363
대주교 박물관	362
댄싱 하우스	179
데니스 공원	386
도미니칸 광장	391
독스 갤러리	230
돌니 광장	359
디아나 전망대	296
디트리히슈타인의 무덤	417

ㄹ

라스빗-글라스 하우스	458
라우티스	460
라트란 거리	272
레일웨이 킹덤	225
레트나 공원	229
로레토	205
로브코비츠 궁과 박물관	203
로켓 성	303
루돌피눔	166
리베레츠 시청사	462
리에그로비 공원	243
리토미슐 성	447
리토미슐 성-시티 아트 갤러리	446
리토미슐 시티 갤러리(기사의 집)	444
리토미슐 성의 극장	447
리프노 트리탑 워크	282
릴리스	235

ㅁ

마리안 기념비	360
마리안 기둥	136
마리오네트 박물관	333
마사리코바 거리	390
마사리크 광장	431
말라 스트라나(소지구) 교탑	211
말로스트란스케 광장	211
망토 다리	268
맥주 박물관	147
머큐리 분수	357
모라브스키 크룸로프 성	398
모라비안 갤러리-응용 예술 박물관	384
모라비안 광장	392
모제르 글라스워크스 비지터 센터	299
모차르트 동상	381
무하 박물관	175
믈린스카 콜로나다	292
미루 광장	243
미쿨로프 광장	416
미쿨로프 성	415

ㅂ

바로크 극장	268
바츨라프 광장	169

바츨라프 광장의 상징-성 바츨라프 기마상	170
발트슈타인 궁 & 정원	214
베드르지흐 스메타나 박물관	142
베드르지흐 스메타나 생가	445
베헤로브카 방문자 센터	291
보헤미안 파라다이스	465
볼트	182
부데요비체 문	273
분수(미쿨로프 광장)	416
브레우에로비 공원	322
브루멜의 집	339
브루어리 박물관	333
브르노 구 시청사	383
브르노 국립 극장-레두타 극장	394
브르노 국립 극장-마헨 극장	395
브르노 국립 극장-야나체크 극장	394
브르노 성 마르틴 와인 테이스팅 축제	395
브르노 천문시계	389
브르제브노프 수도원	249
브르지델니 콜로나다	293
브르트바 정원	218
비셰흐라드	239
비셰흐라드 묘지와 슬라빈	240
빌라 투겐타트	396

ㅅ

사도바 콜로나다	294
사슴 점프 전망대	297
샘러 거주지	339
석조 분수	317
성 니콜라스 교구 성당	433
성 니콜라스 교회	135
성 마리아 막달레나 성당	298
성 모리스 성당	355
성 미카엘 성당	354
성 미쿨라쉬 성당 - 말라 스트라나	212
성 바르바라 대성당	314
성 바르톨로메오 대성당	332
성 바츨라프 대성당	361
성 베드로와 성 바울 바실리카	240
성 베드르와 바오로 대성당	387
성 비투스 대성당	198
성 비투스 성당	269
성 삼위일체 석주(호르니 광장)	352

성 삼위일체 석주(미쿨로프 광장)	417	스보르노스티 광장	269
성 안 사르칸데르 예배당	355	스보보다 정자	295
성 제임스 광장	388	스타로프라멘 양조장	225
성 제임스 성당(쿠트나 호라)	319	스트라호프 갤러리	207
성 제임스 성당(브르노)	390	스트라호프 도서관	207
성 제임스 성당 납골당	391	스트라호프 수도원	206
성 조지 바실리카	201	스페이블과 흐루비네크 조각상	335
성 치릴 & 메토디우스 대성당	180	슬리보비체 루돌프 옐리네크 박물관	217
성 캐서린 로툰다	433	승리의 성모 마리아 성당 & 아기 예수	213
성모 마리아 소바실리카	365	시민회관	143
성모 마리아 승천 대성당	321	시저 분수	356
성모 승천 바실리카	207	시청사	331
성스러운 언덕(올로모우츠)	364	시청사 탑(올로모우츠)	353
성스러운 언덕(미쿨로프)	418	시청사 탑(즈노이모)	432
세 왕들의 집	319	신세계	204
세노바즈네 광장	173	신시청사	177
세미나르니 정원	271		
세이델 포토아틀리에 박물관	275		
수도원 정원	448		
쉴링게르 광장	384	아돌프 로스 인테리어	338
슈필베르크 성	385	아리온 분수	358
스메타나 광장	444	아예토	459
		안나 왕비의 여름 궁전	202

안토닌 드보르자크 박물관	178
알로이스 클라인 정자	295
얀 후스 기념물	135
양배추 시장	380
에곤 실레 아트 센터	270
에마우지 수도원(슬라바니 수도원)	181
염소 탑	418
예슈테트 TV 탑 & 호텔	464
올로모우츠 동물원	364
올로모우츠 시청사	353
올로모우츠 천문시계	354
와일드 크리에이처스 브루어리	424
요쉬트 후작 기마상	393
유대인 박물관-구 유대인 묘지	164
유대인 박물관-스페인 시나고그	165
유대인 박물관-핀카스 시나고그	164
이발사의 다리 - 라제브니츠키 다리	273
이탈리안 궁정	318
인드르지슈스카 탑	174
인형과 장난감 박물관	451

자메츠카 콜로나다	295
자유 광장	388
장로회의 거룩한 십자가 성당	448
조각상 '정의'	392
존 레넌 벽	216
주피터 분수	357
즈노이모 성	432
즈노이모 언더그라운드	431
지역박물관	451
지즈코프 TV 탑	247
지하 미로	381
지하 셀러	446

천문시계	131
체스카 거리	389
체스케 부데요비체	284
체스키 크룸로프 성	266
체스키 크룸로프 성 박물관	267
체스키 크룸로프 성 탑	267
체스키 크룸로프 수도원들	274

체스키 크룸로프 지역 박물관	270
체코 음악 박물관	218
첼레트나 거리와 과일 시장	145

ㅋ

카를교	138
카를교 박물관	142
카를로보 광장	177
카를로비 바리 박물관	298
카푸친 광장	386
카프카 박물관	215
캄파 섬	218
코스트니체 납골당(해골 성당)	320
코젤루즈스카 다리	433
크라우스와 보글의 아파트	339
클레멘티눔 & 체코 국립 도서관	141

ㅌ

테레지안 게이트	360
테아트룸 문디	335
툰 1794	302
트르즈니 콜로나다	294

트리톤 분수	358
틴 성모 마리아 성당	134
틴스키 드브르-운겔트	137

ㅍ

파우스트 하우스	178
파치네크 글라스	456
페트르진 정원들	220
페트르진 탑	219
포디이 국립 공원	436
포르트모네움-요제프 바할 박물관	450
푸르크미스트르 맥주 스파	341
푸르크미스트르 브루어리	340
프라하 동물원	230
프라하 성	196
프라하 성 정원들	202
프라하 시립 도서관	147
프라하에서 가장 좁은 골목길	216
프란티슈칸스카 정원	173
프레치오사	457
플젠의 유서 깊은 언더 그라운드	334
피아리스트 성당과 학교	449

필스너 우르켈 브루어리	336
필스너 우르켈: 체험 센터	146

하벨 시장	146
헤라클레스 분수	356
호르니 광장	352
화약탑	144
황금 소로	199
휴고 셈러의 아파트와 리처드 허쉬의 아파트	339
흐라데크-은 박물관과 중세 은광	315
흐라드찬스케 광장	195
흑사병 기둥	317
흘루보카 성	283
히베르니아 극장	175

38번째 집 - 르네상스 하우엔쉬엘트 궁	359

상상 그 이상의

아로마테라피

향기로운 초원을 산책하고 나면,
또 다른 산책을 기다리는 당신을 발견할 거예요.
모든 모험에서의 웰니스

visitczechia.com

#체코여행의이유

럭셔리와 라이프스타일의 만남

andazprague.com 컨셉 바이 하얏트 ANDAZ WORLD OF HYATT

A STAR ALLIANCE MEMBER

WE'RE ALL CONNECTED:
프라하

전 세계 가장 많은 국가로 취항하는 터키항공과 함께하세요.

TURKISH AIRLINES

체코

프렌즈 시리즈 37
프렌즈 체코

발행일 | 초판 1쇄 2024년 1월 8일

지은이 | 권나영

발행인 | 박장희
부문대표 | 정철근
제작총괄 | 이정아
파트장 | 문주미
책임편집 | 박수민
마케팅 | 김주희, 한륜아, 이현지
디자인 | 김성은
지도 디자인 | 양재연

발행처 | 중앙일보에스(주)
주소 | (03909) 서울특별시 마포구 상암산로 48-6
등록 | 2008년 1월 25일 제2014-000178호
문의 | jbooks@joongang.co.kr
홈페이지 | jbooks.joins.com
네이버 포스트 | post.naver.com/joongangbooks
인스타그램 | @j__books

ⓒ권나영, 2024

ISBN 978-89-278-8020-2 14980
ISBN 978-89-278-8003-5 (set)

- 이 책은 저작권법에 따라 보호받는 저작물이므로 무단 전재와 무단 복제를 금하며 책 내용의 전부 또는 일부를 이용하려면 반드시 저작권자와 중앙일보에스(주)의 서면 동의를 받아야 합니다.
- 책값은 뒤표지에 있습니다.
- 잘못된 책은 구입처에서 바꿔 드립니다.

중앙books는 중앙일보에스(주)의 단행본 출판 브랜드입니다.